토익 목표 달성!
Part 7 완전 정복 프로젝트

[TEST 01]을 풀고난 후, Part 7 취약줄을 파악하고 맞춤 학습 플랜을 선택하세요.

(1주 완성
학습 플랜) (2주 완성
학습 플랜) (3주 완성
학습 플랜)

※ 상세 학습 플랜은 16쪽에 있습니다.

각 TEST를 마친 후, 정답 개수를 표시하여 자신의 점수 변화를 확인해보세요.

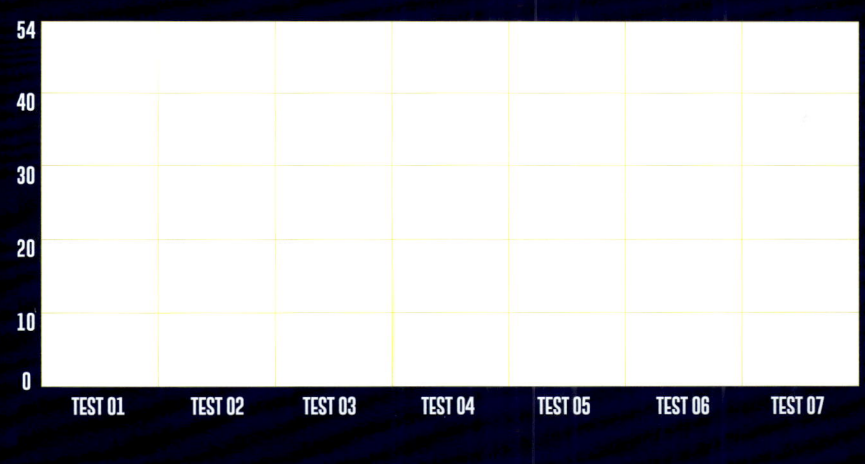

	TEST 01	TEST 02	TEST 03	TEST 04	TEST 05	TEST 06	TEST 07
학습일	/	/	/	/	/	/	/
정답 개수	개	개	개	개	개	개	개
풀이시간	분	분	분	분	분	분	분
리뷰 체크 O/X							

리뷰는 필수!
TEST를 풀고 리뷰 체크리스트로 한번 더 확인하세요.

해커스
토익
READING RC
PART 7 집중공략 777

해커스 어학연구소

7가지 유형별 전략 + 7회분 모의고사

해커스
토익 READING RC

PART 7 집중공략 777

초판 11쇄 발행 2024년 12월 2일

초판 1쇄 발행 2017년 7월 27일

지은이	해커스 어학연구소
펴낸곳	(주)해커스 어학연구소
펴낸이	해커스 어학연구소 출판팀

주소	서울특별시 서초구 강남대로61길 23 (주)해커스 어학연구소
고객센터	02-537-5000
교재 관련 문의	publishing@hackers.com
동영상강의	HackersIngang.com

ISBN	978-89-6542-237-2 (13740)
Serial Number	01-11-01

영어 전문 포털, 해커스영어
Hackers.co.kr
ㅠㅠ 해커스영어

- Part 7 유형별 전략 무료 동영상강의
- 실제 시험 난이도의 토익 온라인 실전모의고사
- 토익 적중예상특강 및 실시간 토익시험 정답 확인 서비스
- 매일 실전 LC/RC 문제 및 토익 보카 TEST 등 다양한 무료 학습

토익인강 1위, 해커스인강
HackersIngang.com
ㅠㅠ 해커스인강

- Part 7 단어암기장 및 단어암기 MP3
- 해커스 토익 스타강사의 본 교재 인강

[토익인강 1위] 2016 헤럴드미디어 상반기 대학생 선호브랜드 대상 '대학생이 선정한 토익인강' 부문
[대한민국 1위 영어사이트] 2016 고객만족브랜드 대상 대한민국 만족도 1위 영어사이트 부문 수상(한국마케팅포럼 주관)

"항상 시간이 부족한 Part 7, 어떻게 공부해야 하나요?"

시간은 부족하고, 답은 보이지 않고…
그렇다고 문제를 많이 풀어봐야 할지, 단어를 외워야 할지,
어떤 식으로 공부해야 할지 감이 잘 잡히지 않습니다.

멀게만 보이는 Part 7 정복의 길, 해커스가 방향을 제시해드립니다.
〈해커스 토익 Part 7 집중공략 777〉은 이런 고민들로부터 출발하여,
특히 Part 7에 어려움을 느끼는 분들에게 학습의 올바른 방향을 제시해드릴 수 있도록 구성되었습니다.
Part 7을 완벽 분석한 문제 유형별 전략을 통해 효율적으로 답을 찾는 법을 익히고,
예제와 실전문제를 통해 전략을 바로 적용해 보면서 완전히 내 것으로 만들고,
최신 경향의 실전모의고사를 풀어보면서 실전 감각을 높이고,
다양한 부가 학습 자료로 실력 굳히기까지,

이 한 권으로 Part 7을 단계적으로 확실하게 끝낼 수 있도록 도와드리겠습니다.

여러분의 꿈을 이루는 데 토익 점수가 걸림돌이 되지 않도록, 〈해커스 토익 Part 7 집중공략 777〉이
Part 7 완전 정복을 향한 길에 처음부터 끝까지 동행하겠습니다.

7가지 유형별 전략과
7회분 실전모의고사로
Part 7 완전 정복!

목차 × CONTENTS

Part 7을 정복하는 유형별 전략

실력을 완성하는 해설집

해커스 토익 Part 7 집중공략 777

실전처럼
풀어보는
문제집
[책 속의 책]

<Part 7 유형별 전략 무료 동영상강의> 듣기
www.Hackers.co.kr

책의 구성 및 학습 방법

01 3단계 구성으로 7가지 유형별 전략을 익히세요.

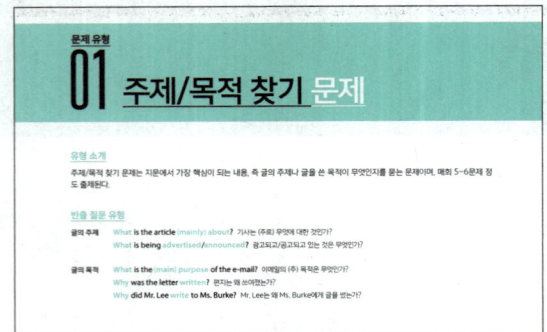

STEP 1
문제 풀이 전략 학습

Part 7에 출제되는 7가지 문제 유형별로 구성된 문제 풀이 전략을 통해 각 유형에 따른 문제 해결 능력을 키울 수 있습니다.

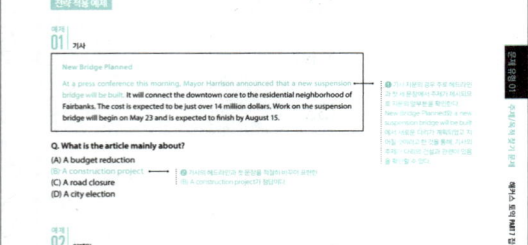

STEP 2
전략 적용 예제 풀이

학습한 전략을 바로 적용해 볼 수 있는 예제를 통해 전략을 완전히 내 것으로 만들 수 있습니다.

STEP 3
실전 문제 풀이

전략 학습을 마무리한 후, 각 전략을 이용하여 실전 문제를 풀어봄으로써 유형별 학습 내용을 실전에 적용해 볼 수 있습니다.

02 출제 경향을 완벽 반영한 7회분의 실전모의고사를 학습하세요.

Part 7 실전모의고사 7회분 수록

토익 출제 경향을 완벽 반영한 7회분의 Part 7 실전모의고사를 통해 토익 Part 7에 집중적으로 대비할 수 있습니다.

마킹까지 실전처럼 할 수 있는
답안지 수록

교재 뒤에 수록된 답안지를 활용해 답안 마킹까지 실제 시험처럼 연습해 봄으로써 실전 감각을 극대화할 수 있습니다.

03 약점을 보완하는 **해석·해설, 리뷰 체크리스트**로 복습하세요.

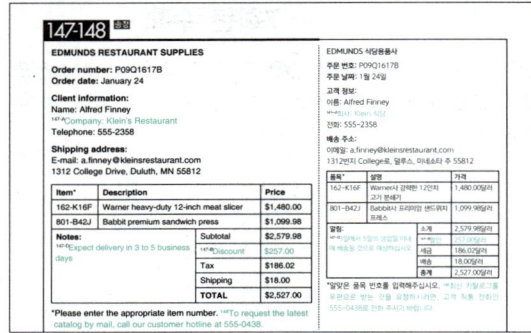

정답과 오답의 근거를 확실하게 짚어주는
해석·해설

모든 문제에 대한 정확한 해석, 문제 유형별 풀이 전략을 적용한 상세한 해설을 통해 모든 지문과 문제를 확실하게 이해하고 전략을 다시 한 번 복습할 수 있습니다.

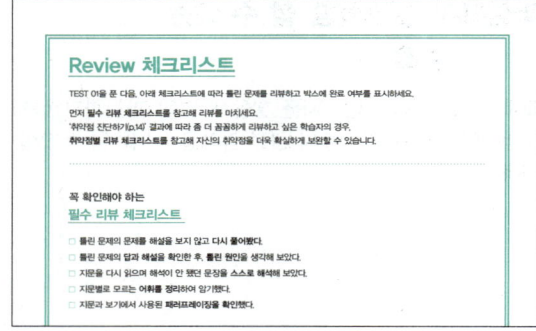

꼼꼼한 복습을 위한 **리뷰 체크리스트**

실전모의고사 문제를 푼 뒤에는, 각 테스트 마지막 페이지에 있는 리뷰 체크리스트를 통해 자신의 취약점을 파악하고 보완해 나갈 수 있습니다.

04 다양한 부가 학습 자료로 실력을 더 빠르게 높이세요.

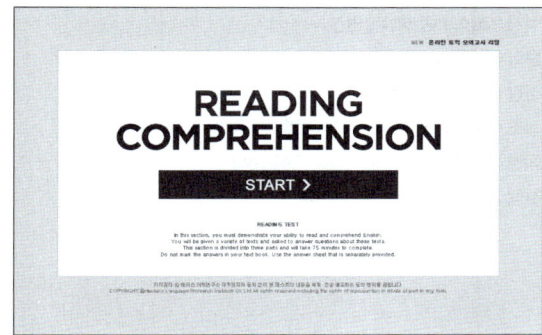

효과적인 학습을 위한
무료 동영상강의 & 온라인 실전모의고사

해커스 토익 Part 7 집중공략 777 교재로 공부하는 학습자들이 혼자서도 효과적으로 공부할 수 있도록 해커스토익(Hackers.co.kr)에서 무료 동영상강의와 온라인 실전모의고사를 제공하며, 토익 적중 예상특강을 비롯한 방대하고 유용한 토익 학습자료를 무료로 이용할 수 있습니다.

어휘력을 키우는 단어 암기 PDF & MP3

해커스인강(HackersIngang.com)에서 단어암기 PDF와 MP3를 무료로 제공하여, 교재에 수록된 테스트의 중요 단어를 복습하고 이동할 때나 자투리 시간에 효율적으로 단어를 암기할 수 있습니다.

토익 소개

토익이란 무엇인가?

TOEIC은 Test Of English for International Communication의 약자로 영어가 모국어가 아닌 사람들을 대상으로 언어 본래의 기능인 '커뮤니케이션' 능력에 중점을 두고 일상생활 또는 국제 업무 등에 필요한 실용영어 능력을 평가하는 시험이다. 토익은 일상생활 및 비즈니스 현장에서 필요로 하는 내용을 평가하기 위해 개발되었고 다음과 같은 실용적인 주제들을 주로 다룬다.

- 협력 개발 : 연구, 제품 개발
- 재무 회계 : 대출, 투자, 세금 회계, 은행 업무
- 일반 업무 : 계약, 협상, 마케팅, 판매
- 기술 영역 : 전기, 공업 기술, 컴퓨터, 실험실
- 사무 영역 : 회의, 서류 업무
- 물품 구입 : 쇼핑, 물건 주문, 대금 지불

- 식사 : 레스토랑, 회식, 만찬
- 문화 : 극장, 스포츠, 피크닉
- 건강 : 의료 보험, 병원 진료, 치과
- 제조 : 생산 조립 라인, 공장 경영
- 직원 : 채용, 은퇴, 급여, 진급, 고용 기회
- 주택 : 부동산, 이사, 기업 부지

토익 파트별 구성

구성		내용	문항 수	시간	배점
Listening Test	Part 1	사진 묘사	6문항(1번–6번)	45분	495점
	Part 2	질의 응답	25문항(7번–31번)		
	Part 3	짧은 대화	39문항, 13지문(32번–70번)		
	Part 4	짧은 담화	30문항, 10지문(71번–100번)		
Reading Test	Part 5	단문 빈칸 채우기(문법/어휘)	30문항(101번–130번)	75분	495점
	Part 6	장문 빈칸 채우기 (문법/어휘/문장 고르기)	16문항, 4지문(131번–146번)		
	Part 7	지문 독해 단일 지문(Single Passage) 이중 지문(Double Passages) 삼중 지문(Triple Passages)	54문항, 15지문(147번–200번) – 29문항, 10지문(147–175번) – 10문항, 2지문(176번–185번) – 15문항, 3지문(186번–200번)		
Total		7 Parts	200문항	120분	990점

토익, 접수부터 성적 확인까지!

01 토익 접수

접수 기간 확인	사진(jpg 형식) 준비	인터넷/애플리케이션 접수

정기 토익의 인터넷 접수 기간을 TOEIC위원회 인터넷 사이트 (www.toeic.co.kr)에서 확인한다.

*추가시험은 연중 상시로 시행되니 인터넷으로 확인하고 접수한다.

➡ 접수 시, jpg 형식의 사진 파일이 필요하므로 미리 준비해둔다.

➡ TOEIC위원회 홈페이지 또는 애플리케이션의 시험 접수 창에서 절차에 따라 정보를 입력한다.

02 토익 응시

준비물

신분증	연필 & 지우개	시계	수험번호를 적어둔 메모	오답노트 & 단어암기장

* 시험 당일 신분증이 없으면 시험에 응시할 수 없으므로, 반드시 ETS에서 요구하는 신분증(주민등록증, 운전면허증, 공무원증 등)을 지참한다. ETS에서 인정하는 신분증 종류는 TOEIC위원회 인터넷 사이트(www.toeic.co.kr)에서 확인 가능하다.

시험 진행 순서

정기시험/추가시험(오전)	추가시험(오후)	진행 내용
AM 09:30 − 09:45	PM 02:30 − 02:45	답안지 작성 및 오리엔테이션
AM 09:45 − 09:50	PM 02:45 − 02:50	쉬는 시간
AM 09:50 − 10:10	PM 02:50 − 03:10	신분 확인 및 문제지 배부
AM 10:10 − 10:55	PM 03:10 − 03:55	듣기 평가(Listening Test)
AM 10:55 − 12:10	PM 03:55 − 05:10	독해 평가(Reading Test)

* 추가시험은 토요일 오전 또는 오후에 시행되므로 이 사항도 꼼꼼히 확인한다.
* 당일 진행 순서에 대해 더 자세한 내용은 해커스토익 사이트(Hackers.co.kr)에서 확인할 수 있다.

03 성적 확인

성적 발표일	시험일로부터 약 10일 이후 (성적 발표 기간은 회차마다 상이함)
성적 확인 방법	TOEIC위원회 인터넷 사이트(www.toeic.co.kr) 혹은 공식 애플리케이션
성적표 수령 방법	우편 수령 또는 온라인 출력 (시험 접수 시 선택) *온라인 출력은 성적 발표 즉시 발급 가능하나, 우편 수령은 약 7일가량의 발송 기간이 소요될 수 있음

Part 7 출제 경향 및 고득점 전략

01 Part 7 **문제 출제 경향** 및 **고득점 전략**

육하원칙, 추론 문제가 많이 출제된다.

· 육하원칙 문제는 매회 19-20문제 정도로 가장 많이 출제되고 있으며, 주로 단편적인 사항에 대해 묻기 때문에 지문의 일부만 보고도 답을 찾을 수 있다.
· 추론 문제는 육하원칙 문제 다음으로 많이 출제되고 있으며, 지문의 내용을 근거로 새로운 사실을 추론해내야 하는 까다로운 유형이다.

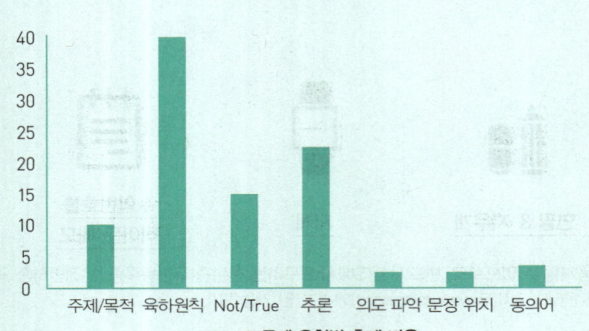

Part 7 문제 유형별 출제 비율

시간 관리 능력, 요점 파악 능력, 추론 능력을 키워야 한다!

비교적 빠르게 풀 수 있는 육하원칙 문제에서 시간을 절약하고, 까다로운 추론 문제에 시간을 투자하는 방식으로 효율적으로 시간을 관리해야 한다. 또한 지문의 모든 내용을 읽지 말고, 문제의 키워드를 중심으로 지문의 핵심 부분만 확인하는 연습을 하고, 지문 내의 단서를 종합하여 새로운 사실을 추론하는 연습을 한다.

02 Part 7 **지문 출제 경향** 및 **고득점 전략**

다중 지문이 까다롭게 출제되고 있으며, 다양한 어휘가 활용된다.

· 다중 지문은 단일 지문보다 전체적인 비중은 적지만, 읽어야 하는 지문의 양이 많고 지문들이 어떻게 연계되어 있는지 파악해야 하기 때문에 난이도가 높은 지문 유형이다. 특히 두 개의 지문에서 각각 단서를 찾아 종합하여 푸는 연계 문제가 까다롭게 출제되고 있다.

· Part 7의 지문에 활용되는 어휘가 점점 더 다양해지고 까다로워지고 있다.

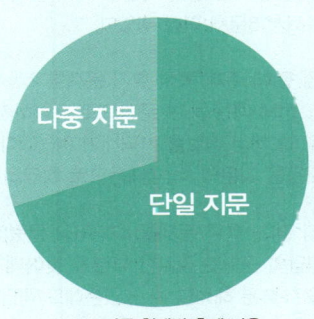

Part 7 지문 형태별 출제 비율

장문 독해 능력, 어휘력을 키워야 한다!

다중 지문을 더 빠르고 정확하게 읽기 위해 평소 다양한 지문을 읽으며 장문 독해력을 키워야 한다. 특히 다중 지문에서 출제되는 연계 문제를 집중적으로 풀어보며 각각의 지문에서 알맞은 단서를 찾아 조합하는 연습을 한다. 또한 다양한 어휘와 빈출 패러프레이징을 미리 익혀두어 까다로운 어휘를 활용한 지문에 대비한다.

나의 Part 7 취약점 찾기

STEP 1
취약점 진단하기

Test 01을 푼 뒤 영역별로 자신에게 해당하는 항목에 체크하고, 각 영역의 점수를 다음 페이지의 그래프에 표시해보세요.

Part 7 독해 능력 구분	진단 항목	개수
Ⓐ 시간 관리 능력	☐ Test 01을 54분 안에 풀지 못했다. ☐ 문제를 풀 때, 효율적인 풀이 순서를 정하지 않았다. ☐ 시험 중 모르는 문제는 답을 찾을 때까지 넘어가지 않았다. ☐ 시간이 부족해서 5문제 이상 찍었다.	/ 4
Ⓑ 요점 파악 능력	☐ Test 01 채점 결과, 주제/목적 찾기 문제를 2개 이상 틀렸다. ☐ 지문을 읽고 전체 내용을 한 문장으로 요약하기 어려웠다. ☐ 지문을 읽을 때 핵심 정보를 가려내기 어려웠다. ☐ 부수적인 내용을 지문의 핵심 내용으로 착각하는 경우가 있었다.	/ 4
Ⓒ 추론 능력	☐ Test 01 채점 결과, 추론 문제를 4개 이상 틀렸다. ☐ 지문에서 정답의 근거가 위치한 부분을 찾아내기 어려웠다. ☐ 지문 내용을 대부분 해석할 수 있었는데도 정답을 고르기 어려울 때가 있었다. ☐ 해설집을 봐도 왜 정답인지 논리적으로 이해하기 어려울 때가 있었다.	/ 4
Ⓓ 장문 독해 능력	☐ Test 01 채점 결과, 연계 문제를 3개 이상 틀렸다. ☐ 길이가 긴 지문을 읽을 때 요지가 무엇인지 파악하기 어려웠다. ☐ 다중 지문 문제를 풀 때, 어디서 단서를 찾아야 할지 감이 잘 잡히지 않았다. ☐ 지문을 읽다 보면 집중력이 떨어져 같은 부분을 여러 번 읽게 되었다.	/ 4
Ⓔ 어휘력	☐ Test 01 채점 결과, 동의어 문제를 2개 이상 틀렸다. ☐ 모르는 단어가 많아서 문장 해석이 되지 않을 때가 자주 있었다. ☐ 독해 중 모르는 단어가 나오면 문맥을 통해 의미를 추측하기 어려웠다. ☐ 지문이나 보기에서 패러프레이징된 부분을 잘 찾지 못했다.	/ 4
합계		/ 20

STEP 2
취약점 파악하기

왼쪽의 '취약점 진단하기' 테스트 결과를 아래 그래프에 표시해, A~E 중 자신이 어느 부분에 취약한지
확인해보세요.

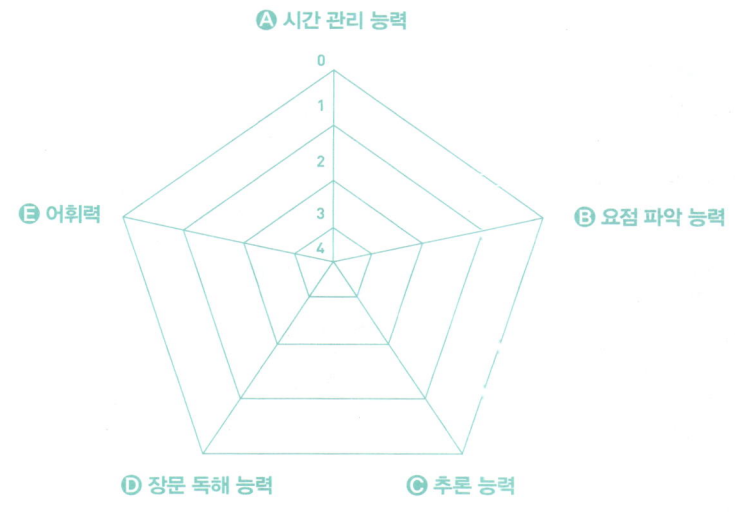

Part 7 독해 능력 구분	취약 영역별 추천 학습 방법
Ⓐ 시간 관리 능력	A 영역이 2점 이상이라면, 시간을 효율적으로 관리하는 연습이 필요한 유형입니다. • 테스트를 풀 때 효율적인 풀이 순서를 정하고, 주어진 시간 내에 가능한 많은 문제를 푸는 연습을 합니다.
Ⓑ 요점 파악 능력	B 영역이 2점 이상이라면, 글의 핵심을 정확하게 파악하는 연습이 필요한 유형입니다. • 주제/목적 찾기 문제 유형을 집중적으로 학습하고, 문제와 지문의 키워드를 찾아 필요한 부분만 찾아 읽는 연습을 합니다.
Ⓒ 추론 능력	C 영역이 2점 이상이라면, 단서를 조합하여 새로운 사실을 추론하는 연습이 필요한 유형입니다. • 추론 문제 유형을 집중적으로 학습하고, 정확한 단서에 근거하여 논리적으로 정답을 고르는 연습을 합니다.
Ⓓ 장문 독해 능력	D 영역이 2점 이상이라면, 지문을 빠르고 정확하게 읽는 연습이 필요한 유형입니다. • 다중 지문을 집중적으로 학습하고, 평소 다양한 영어 지문을 접해보면서 각 지문의 전개 방식에 익숙해집니다.
Ⓔ 어휘력	E 영역이 2점 이상이라면, 어휘와 패러프레이징 연습이 필요한 유형입니다. • 어휘와 바꾸어 표현하기 부분을 따로 정리하여 집중적으로 학습합니다.

※ 세부적인 취약점 보완 체크리스트가 매 테스트 이후에 함께 제공되니, 이를 꼭 활용하여 자신의 취약점을 보완하세요.

수준별 맞춤 학습 플랜

'나의 Part 7 취약점 찾기'(p.14)를 마친 후,
자신의 체크 항목 개수에 맞는 학습 플랜을 선택하고 매일 박스에 체크하며 공부합니다.
취약 영역별 추천 학습 방법(p.15)을 참고하면, 자신의 취약점을 더욱 완벽하게 보완할 수 있습니다.

1주 완성 학습 플랜 (체크 항목 5개 이하)

• 첫째 날에는 TEST 01을 풀고 자신의 체크 항목 개수에 맞는 학습 플랜을 선택합니다.
• 둘째 날과 셋째 날에는 문제 유형별 전략 학습을 하고, 넷째 날부터는 매일 테스트 2회를 풀고 리뷰를 합니다.
• 마지막 날에는 전체 테스트를 총 복습합니다.
• 리뷰를 할 때는 테스트 뒷면에 있는 Review 체크리스트를 참고해, 자신의 취약점을 보완합니다.

	DAY 1	DAY 2	DAY 3	DAY 4	DAY 5	DAY 6	DAY 7
WEEK 1	☐ Test 01 풀기 ☐ 취약점 진단 ☐ Test 01 리뷰	☐ 유형별 전략 01-03 학습	☐ 유형별 전략 04-07 학습	☐ Test 02&03 풀기 ☐ Test 02&03 리뷰	☐ Test 04&05 풀기 ☐ Test 04&05 리뷰	☐ Test 06&07 풀기 ☐ Test 06&07 리뷰	☐ Test 01-07 총 복습

2주 완성 학습 플랜 (체크 항목 6~10개)

• 첫째 날에는 TEST 01을 풀고 자신의 체크 항목 개수에 맞는 학습 플랜을 선택합니다.
• 둘째 날부터 넷째 날까지는 문제 유형별 전략 학습을 하고, 다섯째 날부터는 매일 테스트 1회를 풀고 리뷰를 합니다.
• 리뷰를 할 때는 테스트 뒷면에 있는 Review 체크리스트를 참고해, 자신의 취약점을 보완합니다.

	DAY 1	DAY 2	DAY 3	DAY 4	DAY 5
WEEK 1	☐ Test 01 풀기 ☐ 취약점 진단 ☐ Test 01 리뷰	☐ 유형별 전략 01-02 학습	☐ 유형별 전략 03-04 학습	☐ 유형별 전략 05-07 학습	☐ Test 02 풀기 ☐ Test 02 리뷰
WEEK 2	☐ Test 03 풀기 ☐ Test 03 리뷰	☐ Test 04 풀기 ☐ Test 04 리뷰	☐ Test 05 풀기 ☐ Test 05 리뷰	☐ Test 06 풀기 ☐ Test 06 리뷰	☐ Test 07 풀기 ☐ Test 07 리뷰

3주 완성 학습 플랜 (체크 항목 11개 이상)

- 첫째 날에는 TEST 01을 풀고 자신의 체크 항목 개수에 맞는 학습 플랜을 선택합니다.
- 둘째 날부터 넷째 날까지는 문제 유형별 전략 학습을 하고, 다섯째 날에는 전체 문제 유형별 전략을 총 복습합니다.
  2주차부터는 하루에 각 테스트 1회분을 풀고 리뷰를 마친 후, 2회분씩 심화 학습합니다.
- 마지막 날에는 TEST 07의 심화학습을 마친 후 전체 테스트를 총 복습합니다.
- 리뷰를 할 때는 테스트 뒷면에 있는 Review 체크리스트를 참고해, 자신의 취약점을 보완합니다.

	DAY 1	DAY 2	DAY 3	DAY 4	DAY 5
WEEK 1	☐ Test 01 풀기 ☐ 취약점 진단 ☐ Test 01 리뷰	☐ 유형별 전략 01-02 학습	☐ 유형별 전략 03-04 학습	☐ 유형별 전략 05-07 학습	☐ 유형별 전략 01-07 총 복습
WEEK 2	☐ Test 02 풀기 ☐ Test 02 리뷰	☐ Test 01&02 심화학습	☐ Test 03 풀기 ☐ Test 03 리뷰	☐ Test 04 풀기 ☐ Test 04 리뷰	☐ Test 03&04 심화학습
WEEK 3	☐ Test 05 풀기 ☐ Test 05 리뷰	☐ Test 06 풀기 ☐ Test 06 리뷰	☐ Test 05&06 심화학습	☐ Test 07 풀기 ☐ Test 07 리뷰	☐ Test 07 심화학습 ☐ Test 01-07 총 복습

★ Part 7 실력 향상의 지름길, 리뷰의 중요성

Q. 시험까지 얼마 남지도 않았는데... 시간도 오래 걸리고 귀찮은 리뷰, 꼭 해야 하나요?

A. 네, 리뷰는 반드시 진행하는 것이 좋습니다. 문제를 많이 푸는 것도 중요하지만, 자신이 어떤 부분이 취약해서 많이 틀리는지를 파악하여 이를 보완하는 것이 더 중요합니다. 문제를 풀기만 해서는 성적이 향상되기 어려우며, 리뷰를 해야만 문제를 내 것으로 만들어 빠르게 Part 7 성적 향상을 할 수 있습니다.

풀이 속도를 높이는
Part 7 핵심 스킬

01
질문을 읽고,
풀이 순서를 정하라.

- 먼저 하나의 지문에 포함된 2~5개의 문제에서 질문만 빠르게 훑어본 뒤, 가장 효율적인 문제 풀이 순서를 정한다.

- 풀이 순서를 정하는 기본 원칙은 '적은 양의 지문을 읽고 풀 수 있는 문제를 먼저, 많은 양의 지문을 읽고 풀어야 하는 문제는 나중에 푸는 것'이다.

02
육하원칙 문제,
의도 파악 문제,
동의어 문제를
먼저 풀어라.

- 육하원칙 문제는 질문·보기에 나온 키워드와 관련된 부분의 지문만 읽고도 정답의 근거를 찾을 수 있는 경우가 많으므로, 가장 먼저 푼다.

- 의도 파악 문제와 동의어 문제의 경우, 주어진 단어 혹은 문장 주위만 읽고도 풀 수 있는 경우가 많으므로, 우선적으로 해결한다.

03
문제를 푸는 데
불필요한 부분은
건너뛰며 읽어라.

- Part 7 독해의 기본 원칙은 '지문에서 필요한 정보만 찾아 읽는다'는 것이다. 먼저 질문 혹은 보기를 확인한 뒤, 지문에서 문제를 푸는 데 필요한 부분만 찾아서 읽는다.

- 만약 지문 전체를 읽어야 한다면, 지엽적인 정보는 건너뛰거나 대강 읽고, 중요한 정보는 주의 깊게 읽는 식으로 시간을 관리한다.

04
도표 및 양식 지문은 읽지 마라.

- 도표 및 양식 지문의 경우, **문제를 먼저 확인한 뒤** 표에서 문제 내용과 관련된 항목만을 찾아 읽는다.

- 다중 지문에서 도표 및 양식 지문이 출제될 경우, 우선 건너뛰고 다른 지문과 문제부터 읽는다.

05
1분 이상 풀리지 않는 문제는 과감히 넘어가라.

- 평소 Part 7에서 시간이 부족하다면, 54문제를 모두 풀려고 하기보다는 '주어진 시간 내에 가능한 많은 수의 문제를 푸는 것'을 목표로 삼아야 한다.

- 특히 단일 지문에서 1분 이상 문제가 풀리지 않는다면, 과감하게 다음 문제로 넘어간다. 이후에 시간이 남는다면 이전에 풀지 않고 넘어간 문제들을 다시 한 번 살펴본다.

06
단일 지문 문제는 25분 안에 풀어라.

- 단일 지문 문제(147~175번)의 경우 지문의 양이 비교적 적으므로, 가능한 빠른 속도로 문제를 풀어 뒷부분의 다중 지문 문제(176~200번)를 풀 시간을 확보해야 한다.

- Part 7의 1문제당 풀이 시간은 1분으로 잡되, 다중 지문 문제에서는 더 오랜 시간이 걸릴 수 있음을 감안하여 단일 지문 29문제는 25분 안에 풀이를 마치도록 연습한다.

무료 토익자료 · 취업정보 제공
Hackers.co.kr

PART 7을 정복하는
유형별 전략

01 주제/목적 찾기 문제

유형 소개

주제/목적 찾기 문제는 지문에서 가장 핵심이 되는 내용, 즉 글의 주제나 글을 쓴 목적이 무엇인지를 묻는 문제이며, 매회 5~6문제 정도 출제된다.

빈출 질문 유형

글의 주제   **What** is the article **(mainly) about**? 기사는 (주로) 무엇에 대한 것인가?
          What is being **advertised/announced**? 광고되고/공고되고 있는 것은 무엇인가?

글의 목적   **What** is the **(main) purpose** of the e-mail? 이메일의 (주) 목적은 무엇인가?
          Why was the letter **written**? 편지는 왜 쓰여졌는가?
          Why did Mr. Lee **write** to Ms. Burke? Mr. Lee는 왜 Ms. Burke에게 글을 썼는가?

문제 풀이 전략

전략 01 | 지문의 앞부분에서 주제를 찾는다.

대부분의 경우 주제는 지문의 앞부분에서 찾을 수 있다. 특히 기사 지문의 경우 헤드라인과 첫 세 문장에서, 공고 및 광고 지문의 경우 도입부에서 주제가 제시되며 갑자기 새로운 정보나 소재가 등장하여 주제의 반전이 일어나는 경우는 거의 없다.

전략 02 | 이메일/편지 지문의 주제는 요청 및 응답 표현 주변에서 찾는다.

이메일/편지 지문의 경우 주제가 지문의 중간이나 뒷부분에 나올 수 있다. 이메일/편지는 무엇을 요청하거나 요청 사항에 응답하기 위해 보내는 글이므로, 다음과 같은 요청 및 응답 표현 주변에서 정답의 단서를 찾는다.

요청 표현	I'm writing to ~하기 위해 글을 씁니다 I would like to ~하고자 합니다	I'm pleased / sorry to ~하게 되어 기쁩니다/유감입니다 Please / Could you ~해 주십시오/~해 주실 수 있습니까?
응답 표현	I'm responding to ~에 대한 답변으로 보냅니다 to follow up ~의 후속 조치를 하기 위해	Thank you for ~해 주셔서 감사합니다 in reply to your inquiry 당신의 문의에 대한 답변으로

예제 01 기사

New Bridge Planned

At a press conference this morning, Mayor Harrison announced that a new suspension bridge will be built. It will connect the downtown core to the residential neighborhood of Fairbanks. The cost is expected to be just over 14 million dollars. Work on the suspension bridge will begin on May 23 and is expected to finish by August 15.

Q. What is the article mainly about?

(A) A budget reduction
(B) A construction project
(C) A road closure
(D) A city election

❶ 기사 지문의 경우 주로 헤드라인과 첫 세 문장에서 주제가 제시되므로 지문의 앞부분을 확인한다.
New Bridge Planned와 a new suspension bridge will be built에서 새로운 다리가 계획되었고 지어질 것이라고 한 것을 통해, 기사의 주제가 다리의 건설과 관련이 있음을 확인할 수 있다.

❷ 기사의 헤드라인과 첫 문장을 적절히 바꾸어 표현한 (B) A construction project가 정답이다.

예제 02 이메일

To: Sarah Anders <s.anders@easytax.com>
From: Michael Thompson <thompson@frdesign.com>
Date: June 1
Subject: Tax Documents

Dear Ms. Anders,

I am contacting you regarding financial documents you need to prepare my tax return. I have sent you a package that includes a statement of earnings, receipts for the business expenses, and a copy of my tax records from last year. The courier company assured me that it would be delivered to your office by 3:00 P.M. today. Please contact me once the package has arrived so that I know you've received it. Thank you.

Sincerely,

Michael Thompson

❶ 이메일 지문의 경우 요청 및 응답 표현이 등장한 곳의 주변을 확인한다.
요청 표현인 Please 뒤의 Please contact me once the package has arrived so that I know you've received it에서 소포가 도착하면 당신이 그것을 받은 것을 알 수 있도록 연락해 달라고 한 것을 통해, 이메일의 목적이 배송 확인을 요청하기 위함임을 확인할 수 있다.

Q. Why was the e-mail written?

(A) To request confirmation of delivery
(B) To provide instructions for an assignment
(C) To get information about a payment
(D) To inquire about the contents of a package

❷ 요청 표현 뒤의 문장을 적절히 바꾸어 표현한 (A) To request confirmation of delivery가 정답이다.

정답 p.316 / 해석 p.50

Questions 01-02 refer to the following flyer.

Your Dream Home Awaits You at Mars Bay Estates

Properties at Mars Bay Estates—a real estate development near the southern tip of Ascension Island—are now available for the low opening price of $600,000. Situated right beside Clarence Golf Course and only a 10-minute drive from Ascension Airport, Mars Bay Estates is especially suitable for retirees and families seeking a vacation home. Each house will be two stories tall, with 185 square meters of floor space, and will come with a swimming pool. Most will also have scenic views of the ocean in front and Gannett Hill behind.

Keep in mind that this is just the first phase of development, and property values are sure to rise by the time the much larger second phase begins early next year. The first phase, which involves the construction of 23 homes, will be completed by late September, and the owners will likely be able to move in by October 10. To see what the interiors will look like, drop by our show home at 4 Pyramid Point Road. And for inquiries, call 555-1228.

주제/목적 찾기 문제

01 What is the flyer mainly about?

(A) A travel package
(B) A membership offer
(C) A resort opening
(D) A property sale

02 What can visitors do at 4 Pyramid Point Road?

(A) Sign a purchase agreement
(B) Attend an informational workshop
(C) View the inside of a structure
(D) Get to know their neighbors

Questions 03-04 refer to the following letter.

Yanna's Restaurant
4723 50th Ave.
Lloydminster, AB T9V 0W5

January 20

Donald Harte
5678 51st Ave.
Lloydminster, AB T9V 0W5

Dear Mr. Harte,

I am responding to your letter of January 18, in which you expressed frustration with the noise levels at my establishment. We moved to this location about nine years ago, and noise has never been an issue. However, we recently started screening sports events on our patio, which may be causing problems for residents of nearby buildings.

I would like to assure you that from now on, we will only do this on Saturdays and Sundays. In addition, my staff will encourage customers to keep their voices down when on the patio. Please accept my apologies for disturbing you.

Sincerely,

Yanna Dimitrios
Proprietor, Yanna's Restaurant

03 Why was the letter written?

(A) To confirm a reservation
(B) To introduce a service
(C) To follow up on a complaint
(D) To reject a proposal

04 What does Ms. Dimitrios say she will do?

(A) Limit an activity to weekends
(B) Sponsor a sporting event
(C) Provide training to staff members
(D) Contact nearby residents

정답 p.316 / 해석·해설 p.51

02 육하원칙 문제

유형 소개

육하원칙 문제는 무엇, 언제, 어떻게, 누구, 왜, 어디서 등 지문의 세부 내용에 대해 묻는 문제이며, 매회 19~20문제 정도 출제된다.

빈출 질문 유형

무엇	**What** does Mr. Clark inquire about? Mr. Clark는 무엇에 대해 문의하는가?
언제	**When** will staff receive the message? 직원들은 언제 메시지를 받을 것인가?
어떻게	**How** can Ms. Kahn place a product order? Ms. Kahn은 어떻게 제품을 주문할 수 있는가?
누구	**Who** should contact Ms. Reinhardt? 누가 Ms. Reinhardt에게 연락해야 하는가?
왜	**Why** must the test be conducted? 검사는 왜 실시되어야 하는가?
어디서	**Where** can customers buy the advertised product? 고객들은 어디서 광고된 제품을 구입할 수 있는가?

문제 풀이 전략

전략 01 | 질문의 핵심 어구와 관련된 내용 주변에서 정답의 단서를 찾는다.

질문을 읽고 핵심 어구를 확인한 뒤, 지문에서 질문의 핵심 어구를 그대로 언급하거나 바꾸어 표현한 부분의 주변에서 정답의 단서를 찾는다.

전략 02 | 방문 및 연락의 이유나 요청 사항과 관련된 육하원칙 문제는 지문의 마지막 부분에서 정답의 단서를 찾는다.

육하원칙 문제 중에는 고객이 웹사이트를 방문하거나 회사에 연락해야 하는 이유를 묻거나, 특정한 대상이 하도록 요청 받은 일이 무엇인지를 묻는 문제들이 자주 출제된다. 이러한 문제들은 대부분 지문의 마지막 부분에서 정답의 단서를 찾을 수 있다.

방문 및 연락의 이유	**Why should** customers **visit** the Web site? 고객들은 왜 웹사이트를 방문해야 하는가? **Why might** Mr. Benson **contact** the company? Mr. Benson은 왜 회사에 연락할 것인가?
요청 사항	**What** are staff members **asked** to do? 직원들은 무엇을 하도록 요청되는가? **What** has Mr. Stein been **requested** to do? Mr. Stein은 무엇을 하도록 요청받았는가?

전략 적용 예제

예제 01 이메일

From: Tracy Emerson <t.emerson@adventuretravel.com>
To: Jake Williams <jwilliams@drc.com>

Dear Mr. Williams,

I have made the change you requested to your travel itinerary. In addition, I was able to book a rental car for you through an agency called Ace Motors. There is a branch right across the street from your hotel, and you can get the car anytime after 9:00 A.M. on July 16. Please let me know if you require anything else.

Tracy Emerson

❷ 지문에서 질문의 핵심 어구 July 16이 언급된 부분의 주변을 확인한다.
you can get the car anytime after 9:00 A.M. on July 16에서 7월 16일 오전 9시 이후 언제든지 차를 받을 수 있다는 정답의 단서를 확인할 수 있다.

Q. What should Mr. Williams do on July 16?

❶ 질문의 핵심 어구가 July 16임을 확인한다.

(A) Make a booking
(B) Catch a flight
(C) Pick up a vehicle
(D) Check into a hotel

❸ 정답의 단서를 적절히 바꾸어 표현한 (C) Pick up a vehicle가 정답이다.

예제 02 광고

Express Movers: We Make Moving Easy!

At Express Movers, we provide a full range of services at affordable rates, including:

• **Packing:** We will organize and pack all of your belongings.
• **Transport:** We will bring your items to their destination safely and on schedule.
• **Cleaning:** We will clean your new residence before you arrive.

Visit www.expressmovers.com to read reviews from our many satisfied customers. A reservation can be made by calling 555-9039. We hope to hear from you soon!

❷ 지문 마지막 부분의 Visit www.expressmovers.com to read reviews from our many satisfied customers에서 만족한 고객들로부터의 후기를 보려면 웹사이트를 방문하라는 정답의 단서를 확인한다.

Q. Why should customers visit the Web site?

❶ 방문의 이유를 묻는 육하원칙 문제이므로, 지문의 마지막 부분에서 정답의 단서를 찾는다.

(A) To receive an estimate
(B) To review feedback
(C) To book a service
(D) To submit information

❸ 정답의 단서를 적절히 바꾸어 표현한 (B) To review feedback이 정답이다

정답 p.316 / 해석 p.54

Questions 01-02 refer to the following Web page.

San Diego Technology Employment Fair

About	Companies	Tickets	Contact Us

Whether you are a university graduate searching for your first job or an experienced professional looking to make a career change, be sure to attend the San Diego Technology Employment Fair from September 10 to 15.

This year's event will be significantly larger than those of previous years, with over 300 tech companies from throughout the state setting up recruitment booths. We have also planned a series of seminars led by industry experts to provide jobseekers with the knowledge they require to land a job in the technology sector. If you are interested in attending one of these, you must sign up ahead of time because space is limited.

Tickets are $15.00 for a single day or $65.00 for access to the entire event. If you buy one by August 20, you will receive a 15 percent discount. Click the "Tickets" tab above for more information and instructions on how to order.

Note that the event will not take place at the Harbor Hotel as originally advertised. Instead, it will be held at the Bridgeview Conference Center. We apologize for any inconvenience this may cause.

육하원칙 문제

01 For what must attendees register in advance?

(A) Facility tours
(B) Practice interviews
(C) Information sessions
(D) Technology demonstrations

육하원칙 문제

02 By when must tickets be purchased to receive a discount?

(A) August 15
(B) August 20
(C) September 10
(D) September 15

Questions 03-05 refer to the following memo.

TO: All Employees
FROM: Emma Stevenson, Maintenance manager

From May 10 to 12, the roof of our building will be repaired. Although this will not affect day-to-day business operations, the parking lot directly in front of the office will be inaccessible until the work is completed. To address the shortage of parking spaces, we have come up with the following solution. Members of the accounting department will continue to park in the smaller lot behind the building. However, sales, human resources, and marketing staff will use the garage on Elm Street, and the cost of parking in that facility will be paid for by the company. To receive reimbursement, simply send an e-mail with a copy of your proof of payment to Heidi Ming by May 31. Furthermore, if you have planned to meet with a client in our office during the period when the repair work will be carried out, you should arrange another date. Feel free to contact me at 555-0393 if you have any questions or concerns. Thank you.

03 What is the memo mainly about?

(A) An upcoming corporate event
(B) A new expense policy
(C) A planned office cleaning
(D) A temporary parking plan

육하원칙 문제

05 What are some employees asked to do?

(A) Meet with a supervisor
(B) Inspect a facility
(C) Postpone a payment
(D) Reschedule a meeting

육하원칙 문제

04 Which department will be unaffected by the repair work?

(A) Accounting
(B) Sales
(C) Human resources
(D) Marketing

정답 p.316 / 해석·해설 p.55

03 Not/True 문제

유형 소개

Not/True 문제는 지문 내용을 바탕으로 4개의 보기 중 지문의 내용과 일치하거나 일치하지 않는 보기를 선택하는 문제이며, 매회 9~10 문제 정도 출제된다.

빈출 질문 유형

True 문제	What is mentioned/stated/indicated about Ms. Mayers? Ms. Mayers에 대해 언급된 것은?
	What is true about the meeting? 회의에 대해 사실인 것은?

Not 문제	What is NOT mentioned/stated/indicated in the e-mail? 이메일에서 언급되지 않은 것은?
	What is NOT true about the planned event? 계획된 행사에 대해 사실이 아닌 것은?
	What has NOT been included in the e-mail to Mr. Powell? Mr. Powell에게 보낸 이메일에 포함되지 않은 것은?

문제 풀이 전략

전략 01 | True 문제는 질문만 읽고 정답의 단서를 찾는다.

True 문제는 4개 중 1개의 보기만이 참이므로, 질문의 핵심 어구만 확인한 후 바로 지문에서 정답의 단서를 찾는다.
단, 질문의 핵심 어구가 지문의 특정한 부분이 아니라 지문 전체에 걸쳐 반복적으로 나오는 경우, 보기까지 읽어서 정답의
단서를 찾을 부분을 예측한다.

전략 02 | Not 문제는 보기까지 읽고 정답의 단서를 찾는다.

Not 문제는 4개 중 3개의 보기가 참이므로, 보기까지 읽어서 지문의 내용을 대략적으로 파악한 후, 각 보기와 지문의 내용
을 대조하여 정답을 고른다. 이 때, 오답 보기들은 대부분 지문의 내용을 그대로 언급하지 않고 바꾸어 표현됨에 유의한다.

전략 적용 예제

예제 01 | 기사

> **City Council Approves Extension of Light Rail Transit System**
>
> In a 17 to 1 vote on April 15, the city council allotted $45 million to extend the city's light rail transit (LRT) system. Residents of Harrisburg have been demanding this for some time because they have such a long commute to the city center.
>
> Council member Kyle Meyers stated that the extension is a waste of taxpayer money. "Spending so much to improve public transportation in one district is not fair," he argued.

Q. What is stated about Harrisburg?

(A) It includes the first LRT station.
(B) It is located far from downtown.
(C) It is composed of two districts.
(D) It contributes little tax revenue.

❷ Residents of Harrisburg have been demanding this for some time because they have such a long commute to the city center에서 해리스버그의 주민들은 도심까지 통근 거리가 아주 멀기 때문에 확장 프로젝트를 요구해 왔다는 정답의 단서를 확인한다.

❶ True 문제이므로 질문의 핵심 어구가 Harrisburg임을 확인한 후 바로 지문에서 정답의 단서를 찾는다.

❸ 정답의 단서를 적절히 바꾸어 표현한 (B) It is located far from downtown이 정답이다.

예제 02 | 이메일

> From: Fran Bowyer <f.bowyer@acerealty.com>
> To: Lee Johnson <l.johnson@lyson.com >
>
> Dear Mr. Johnson,
>
> Thank you for expressing an interest in the commercial space downtown. The Davis Street office is on the second floor of Plaza Tower, which is near the Burnside Subway Station. It's a convenient location. The office includes a staff lounge and comes with two private parking spaces. If you would like to arrange an appointment for a viewing, please contact me.
>
> Fran Bowyer

Q. What is NOT true about the Davis Street office?

(A) It comes with reserved parking spots.
(B) It is on the ground level of a building.
(C) It includes a break room for employees.
(D) It is close to a public transportation facility.

❷ The Davis Street office is on the second floor of Plaza Tower, which is near the Burnside Subway Station과 The office includes a staff lounge and comes with two private parking spaces에서 Davis가의 사무실이 Plaza Tower의 2층에 위치해 있고, 가까이에 지하철역이 있고, 직원 휴게실과 전용 주차 공간을 포함한다는 정답의 단서를 확인한다.

❶ Not 문제이므로 질문의 핵심 어구가 the Davis Street office임을 확인한 후, 보기까지 읽어서 지문의 내용을 대략적으로 파악한다.

❸ Not 문제이므로 지문의 내용과 일치하지 않는 (B) It is on the ground level of a building이 정답이다.

정답 p.316 / 해석 p.58

Questions 01-02 refer to the following advertisement.

Special Offer: A digital subscription to *The Bangor Chronicle* for only £12 per month*!

The Bangor Chronicle has been keeping the citizens of Northern Ireland well informed for over 50 years. While the *Chronicle* has stopped producing its print edition, it continues to provide trustworthy reporting through its award-winning digital edition. The newspaper is known for its accurate coverage of national and world events, with new stories available every day.

With a digital subscription, you will be able to read any article the *Chronicle* has ever published by visiting the News Vault section. Access to all of the *Chronicle*'s entertaining word puzzles is available as well.

Click here to become a digital subscriber!

*This offer is only obtainable as a one-year package, for a one-time payment of £144. It is valid until May 15. Former subscribers of the digital edition are not eligible but may resubscribe at the standard rate of £19 per month by visiting www.bchron.com/subplans.

Not/True 문제

01 What is true about *The Bangor Chronicle*?

(A) It runs its own television channel.
(B) It publishes content on a daily basis.
(C) It won an award for its illustrations.
(D) It sells a print edition in Northern Ireland.

Not/True 문제

02 What is NOT mentioned about the special offer?

(A) It is valid for a limited time.
(B) It is available for former subscribers.
(C) It provides access to old articles.
(D) It requires a one-time payment.

Questions 03-05 refer to the following article.

> May 14—It was announced on May 12 that National Parcel and Express Shipments will combine to create a firm called United Post. National Parcel CEO David Anderson will head the new corporation, while Sandra Williams—the current CEO of Express Shipments—will take charge of the company's efforts to expand internationally.
>
> Given that both companies have branches in dozens of cities across the country, it is inevitable that some will be shut down, resulting in layoffs. Employees at affected offices will likely be offered early retirement packages once the merger is completed. However, Mr. Anderson stressed that the goal is to retain as many existing employees as possible.
>
> United Post will be the country's largest courier company and is expected to control over 55 percent of the market. Some industry experts have predicted that the company will actively seek out smaller firms to acquire, further increasing its dominance of the shipping industry. As a result, there is a great deal of interest among investors in the new company.

03 What is the article mainly about?

(A) A corporate merger
(B) A business rivalry
(C) A trade agreement
(D) A product launch

Not/True 문제

05 What is NOT indicated about United Post?

(A) It will have multiple branches.
(B) It will lose some market share.
(C) It will dismiss some employees.
(D) It will take over other companies.

Not/True 문제

04 What is true about Sandra Williams?

(A) She will take charge of developing new merchandise.
(B) She will be promoted to a supervisory position.
(C) She will manage a company's overseas expansion.
(D) She will be transferred to a different branch.

정답 p.316 / 해석·해설 p.59

04 추론 문제

유형 소개

추론 문제는 지문의 내용을 바탕으로 지문에서 직접 언급되지 않은 사항을 추론하는 문제이며, 매회 12~13문제 정도 출제된다.

빈출 질문 유형

전체 정보 추론
[글의 대상] **For whom** is the advertisement **(most likely) intended**? 광고는 누구를 대상으로 하는 것 같은가?
[글의 출처] **Where** would the notice **most likely** be found? 공고는 어디서 볼 수 있을 것 같은가?

세부 정보 추론
What is **suggested**/**implied**/**indicated** about **Mr. Cartwright**? Mr. Cartwright에 대해 암시되는 것은?
What type of business does **Ms. Hanson most likely** work for?
Ms. Hanson은 어떤 종류의 사업체에서 일을 하는 것 같은가?

문제 풀이 전략

전략 01 │ 추론 문제는 **마지막에 푼다.**

추론 문제는 지문의 내용을 충분히 파악하고 난 뒤에 푸는 것이 좋으므로, 육하원칙 문제와 같은 단순한 문제들을 먼저 해결하고 난 뒤에 푼다. 특히 전체 정보 추론 문제는 정답의 단서를 지문 전체에서 찾아야 하므로 가장 마지막에 푼다.

전략 02 │ 다중 지문에서 출제되는 **연계 추론 문제**의 빈출 경향을 파악한다.

연계 문제는 두 개의 지문에서 각각 단서를 찾아 조합해서 정답을 찾는 유형으로, 추론 문제로 자주 출제된다.
연계 추론 문제는 다음과 같은 단서들을 이용하는 경우가 많다.

> • **혜택을 받을 수 있는 조건을 만족했는지를 묻는 문제**
> 하나의 지문에서 '3월 15일 이전에 주문하면 10% 할인을 받을 수 있다'와 같이 혜택에 대한 조건이 제시되면, 다른 지문에서 '고객이 3월 15일 이전에 주문했다'와 같이 대상이 해당 조건을 만족했는지를 찾아 '고객이 할인을 받았다'라는 정답을 고르는 연계 문제가 출제된다.
>
> • **일자리 등의 지원 기회에 대한 자격 요건을 갖추었는지를 묻는 문제**
> 하나의 지문에서 '판매직에 지원하려면 3년 이상의 관련 경험이 필요하다'와 같이 일자리에 지원하기 위해 필요한 자격 요건이 제시되면, 다른 지문에서 '지원자가 3년 이상의 관련 경험을 가지고 있다'와 같이 대상이 해당 자격 요건을 만족했는지를 찾아 '지원자는 일자리에 적합하다'라는 정답을 고르는 연계 문제가 출제된다.
>
> • **가정된 상황이 실제로 일어났는지를 묻는 문제**
> 하나의 지문에서 '만약 날씨가 좋지 않으면 행사는 다른 장소에서 진행될 것이다'와 같이 어떤 상황에 대한 가정이 제시되면, 다른 지문에서 '날씨가 좋지 않았다'와 같이 가정이 실제로 일어났는지를 찾아 '행사가 다른 장소에서 진행되었다'라는 정답을 고르는 연계 문제가 출제된다.

구인 광고 & 이메일

Copy Editor Position

Edgemont Media is seeking a copy editor. The start date for the position is June 30.

Duties
- – Review materials prior to publication for typographical errors
- – Ensure the factual accuracy of content

Qualifications
- – Master's degree in English
- – At least five years' experience as an editor

To apply, send a résumé to Beth Patterson at hr@edgemedia.com. Applications must be received by June 15 to be considered.

❸ Qualifications, At least five years' experience as an editor에서 광고되고 있는 일자리의 필요 조건 중 하나가 편집자로서의 최소 5년의 경력이라는 두 번째 단서를 확인한다.

From: Jack Wilkins <j.wilkins@pbot.com>
To: Beth Patterson <hr@edgemedia.com>
Date: June 10
Subject: Copy Editor Position
Attachment: Résumé

Dear Ms. Patterson,

I would like to apply for the copy editor position advertised on June 5.

I hold a Master's degree in English from the University of Atlanta. I also have three years' experience working at Coral Publishing in New York. During this period, I have been editing textbooks for high school students.

Please contact me if you require additional information or wish to schedule an interview.

Sincerely,

Jack Wilkins

❷ I also have three years' experience working at Coral Publishing에서 일자리에 지원하고 있는 Mr. Wilkins가 출판사에서 3년 동안 일했던 경력을 가지고 있다는 첫 번째 단서를 확인한다.
그런데 그가 지원하는 일자리의 필요 조건이 제시되지 않았으므로 첫 번째 지문인 일자리의 구인 광고를 확인한다.

Q. What is suggested about Mr. Wilkins?

(A) He is enrolled in university classes.
(B) His present company will close down.
(C) His application will be unsuccessful.
(D) He is teaching a high school class.

❶ 질문의 핵심 어구인 Mr. Wilkins가 작성한 두 번째 지문인 이메일을 먼저 확인한다.

❹ Mr. Wilkins는 3년의 경력들 가지고 있다는 첫 번째 단서와 그가 지원하고 있는 일자리의 필요 조건이 최소 5년의 경력이라는 두 번째 단서를 종합할 때, Mr. Wilkins의 지원이 받아들여지지 않을 것이라는 사실을 추론할 수 있다. 따라서 (C) His application will be unsuccessful이 정답이다.

정답 p.316 / 해석 p.62

Questions 01-05 refer to the following Web pages and e-mail.

Palisades Car Rentals

About	**Offers**	Reservations	Contact

For almost a decade, Palisades Car Rentals has been the first choice of travelers. With branches across the country, we provide luxury sedans, sports cars, and SUVs at affordable rates. You can enjoy even greater savings if you take advantage of one of the following offers:

- **Weekday Special:** If your booking does not include a Friday, Saturday, or Sunday, you will receive a 5 percent discount.
- **Long-term Rental:** Get 10 percent off when you rent a vehicle for a period of two weeks or longer.
- **Early Booking:** Submit a reservation at least three months in advance, and we will deduct 15 percent.
- **Winter Promotion:** If you are planning a trip between November and February, you can save 20 percent on your car rental.

If you join the Palisades Premium Rewards Club, you will receive unique benefits such as free insurance.

Palisades Car Rentals

About	Offers	**Reservations**	Contact

Personal Information
Name: Steven Emerson
Phone Number: 555-0813

Address: 1432 Pine Road, Dallas TX, 75043
E-mail: s.emerson@farris.com

Reservation Details
Pick up Location: Boston International Airport
Pick-up Date: Monday, June 14
Vehicle Type: SUV

Return Location: SAME
Return Date: Wednesday, June 16

Requests

I would like to arrange to pick up the car at 7:00 A.M. My flight arrives at Boston International Airport at 6:30 A.M., and I have to be at a client's office downtown by 8:00 A.M. for an important meeting. Please let me know if this is possible and whether there will be an additional charge for the early pick-up. Thank you.

From: Theresa Meadows <customerservice@palisades.com>
To: Steven Emerson <s.emerson@farris.com>
Date: June 21
Subject: Re: Complaint

Dear Mr. Emerson,

I checked our account records after receiving your e-mail yesterday, and it appears that you are correct—you qualify for free insurance. I'm not sure why the employee you dealt with made you pay for this option. The $47.85 insurance fee will be charged back to your credit card on Friday. Please accept our apologies for any inconvenience this error may have caused you. If you have any further questions or concerns, do not hesitate to contact me.

Sincerely,

Theresa Meadows

추론 문제

01 What is suggested about Palisades Car Rentals?

(A) It is a national chain.
(B) It will increase its rates.
(C) It was founded 20 years ago.
(D) It has hired additional staff.

02 How much of a discount did Mr. Emerson receive?

(A) 5 percent
(B) 10 percent
(C) 15 percent
(D) 20 percent

03 What did Mr. Emerson do on June 14?

(A) Dropped off a rental car
(B) Purchased an airline ticket
(C) Met with a customer
(D) E-mailed a service center

추론 문제

04 What is indicated about Mr. Emerson?

(A) He works in an office in Boston.
(B) He is a member of a rewards program.
(C) He was unable to rent an SUV.
(D) He returned a vehicle in the morning.

05 According to the e-mail, what does Ms. Meadows say will happen on Friday?

(A) A fee will be refunded.
(B) An account will be opened.
(C) An application will be submitted.
(D) A record will be updated.

정답 p.316 / 해석·해설 p.63

05 의도 파악 문제

유형 소개

의도 파악 문제는 주로 메시지 대화문 또는 온라인 채팅 대화문에서 인용구가 어떤 의도로 쓰였는지를 파악하는 문제이며, 매회 2문제가 출제된다.

빈출 질문 유형

의도 파악   **At 9:54, what does Mr. Lopez mean when he writes, "For sure"?**
9시 54분에, Mr. Lopez가 "For sure"라고 썼을 때 그가 의도한 것은?

At 7:40 P.M., what does Ms. Royce most likely mean when she writes, "That's too bad"?
오후 7시 40분에, Ms. Royce가 "That's too bad"라고 썼을 때 그녀가 의도한 것 같은 것은?

문제 풀이 전략

전략 01 | 인용구의 의미는 **앞과 뒤의 문장**에서 찾는다.

인용구의 앞과 뒤의 문장을 읽고 인용구가 어떤 의미로 쓰였는지 찾는다. 인용구 바로 앞과 뒤의 문장만 읽고 정답을 찾기 힘들 경우, 인용구 주변의 지문의 흐름을 이해한 후 인용구의 의미를 파악한다.

전략 02 | **인용구로 자주 출제되는 표현**들을 익힌다.

의도 파악 문제의 인용구로는 긍정적 혹은 부정적인 반응 및 응답 표현들이 자주 출제된다.
인용구로 활용되기 쉬운 표현들을 긍정 및 동의의 표현과 부정 및 거절의 표현으로 구분하여 익힌다.

긍정/동의	**Go ahead.** 진행하세요. **Same here.** 저도 마찬가지예요. **Of course. / Sure thing. / Certainly. / Why not?** 물론이죠. **I'm on it. / Agreed. / I couldn't agree more. / You can say that again.** 동의해요.	**No problem.** 문제 없어요. **Good call. / Good idea.** 좋은 생각이에요.	
부정/거절	**I doubt it.** 글쎄요. **That's too bad.** 안됐네요.	**I don't know.** 모르겠네요. **Don't bother.** 신경 쓰지 마세요.	**No way.** 절대 안 돼요. **Not a chance.** 어림도 없어요.

메시지 대화문

David Hawthorne	1:15 P.M.
Is everything prepared for the trade show at the Oak Ridge Convention Center tomorrow?	
Debra Leon	1:16 P.M.
I'm just waiting for the product samples from the warehouse. They should arrive this afternoon.	
David Hawthorne	1:18 P.M.
You mentioned yesterday that your car is being repaired at a service center. Do you want a ride to the convention center?	
Debra Leon	1:20 P.M.
Why not? Taking a taxi would be too expensive.	
David Hawthorne	1:21 P.M.
OK. Let's leave from the office at 8:30 A.M. tomorrow.	

❷ 인용구 앞의 Do you want a ride to the convention center? 에서 David Hawthorne이 컨벤션 센터로 차를 태워줄지 묻자 Debra Leon이 Why not(물론이죠)이라고 하며 동의한 후, Taking a taxi would be too expensive 에서 택시를 타는 건 너무 비쌀 것이라고 했다는 정답의 단서를 확인한다.

Q. At 1:20 P.M., what does Ms. Leon most likely mean when she writes, "Why not"?

❶ 질문을 읽고 인용구인 Why not의 위치를 지문에서 확인한다.

(A) She plans to use public transportation.
(B) She needs help picking up some samples.
(C) She would like a ride to an event.
(D) She wants to be reimbursed for an expense.

❸ 지문에서 인용구가 쓰인 의도를 가장 잘 나타낸 (C) She would like a ride to an event가 정답이다.

정답 p.316 / 해석 p.66

Questions 01-02 refer to the following text-message chain.

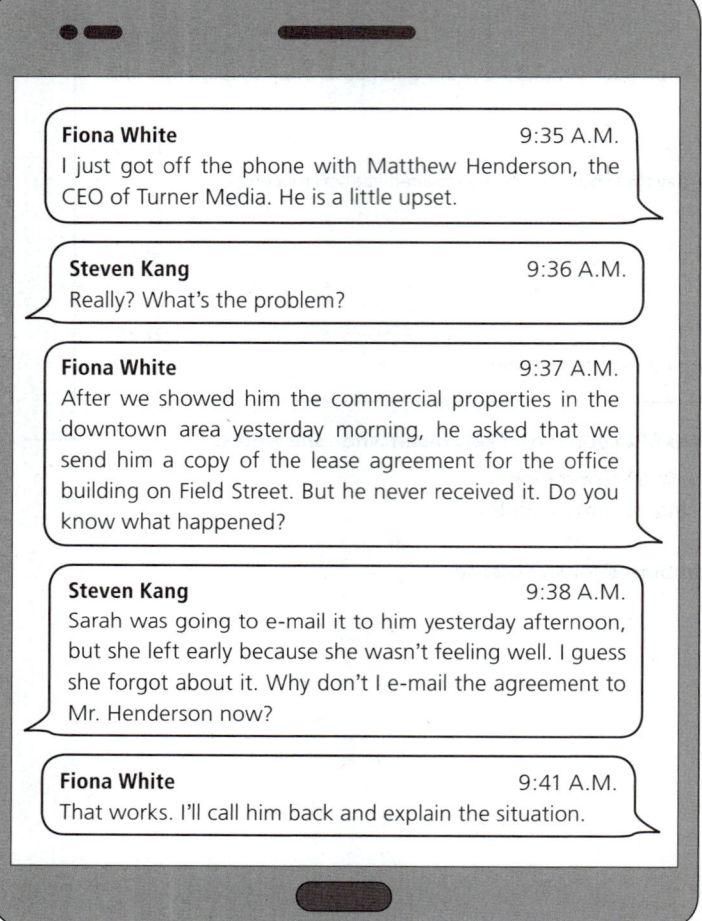

Fiona White　9:35 A.M.
I just got off the phone with Matthew Henderson, the CEO of Turner Media. He is a little upset.

Steven Kang　9:36 A.M.
Really? What's the problem?

Fiona White　9:37 A.M.
After we showed him the commercial properties in the downtown area yesterday morning, he asked that we send him a copy of the lease agreement for the office building on Field Street. But he never received it. Do you know what happened?

Steven Kang　9:38 A.M.
Sarah was going to e-mail it to him yesterday afternoon, but she left early because she wasn't feeling well. I guess she forgot about it. Why don't I e-mail the agreement to Mr. Henderson now?

Fiona White　9:41 A.M.
That works. I'll call him back and explain the situation.

01 Where does Ms. White most likely work?

(A) At a media company
(B) At a law office
(C) At a real estate agency
(D) At an interior design firm

의도 파악 문제

02 At 9:41 A.M., what does Ms. White mean when she writes, "That works"?

(A) An appointment should be made to view a property.
(B) A staff member should be notified of a problem.
(C) A contract should be sent to a client.
(D) An e-mail should be replied to immediately.

Questions 03-04 refer to the following online chat discussion.

Patricia Lawson	2:24 P.M.	I sent you both an e-mail this morning that includes the updated itinerary for next week. Let me know if there are any problems with the travel arrangements.
Lyle Pearson	2:25 P.M.	I was just looking at it. I'm a little worried. We'll be meeting with representatives of five different companies over a period of two days. The schedule is going to be tight.
Marci Mendoza	2:26 P.M.	It should be manageable, though. The only problem I see is with the first meeting. According to the itinerary, our flight lands at 2:00 P.M., but we're supposed to give a presentation to Jackson Harris of Danica Industries at 3:00 P.M.
Lyle Pearson	2:27 P.M.	Good point. That won't leave us much time to pick up the rental car and make it to his office.
Patricia Lawson	2:29 P.M.	We actually arrive at 11 00 A.M. I booked us on an earlier flight, but I guess I forgot to make that change to the itinerary.
Marci Mendoza	2:31 P.M.	In that case, we'll have plenty of time. By the way, do either of you know how much we can claim for meals? I heard that management was planning to increase the reimbursement limit.
Patricia Lawson	2:32 P.M.	Nothing has changed yet. It's still $65 per day. And make sure to keep all of your receipts.

Send

의도 파악 문제

03 At 2:29 P.M., what does Ms. Lawson most likely mean when she writes, "We actually arrive at 11:00 A.M."?

(A) A customer made a complaint.
(B) A presentation has been postponed.
(C) A document contains an error.
(D) A reservation is unconfirmed.

04 What does Ms. Mendoza ask about?

(A) A project's budget
(B) A work assignment
(C) A service's cost
(D) A company policy

정답 p.316 / 해석·해설 p.67

06 문장 위치 찾기 문제

유형 소개

문장 위치 찾기 문제는 지문의 흐름을 파악하여 주어진 문장이 들어갈 가장 적절한 위치를 고르는 문제이며, 매회 2문제가 출제된다.

빈출 질문 유형

문장 위치 찾기 In which of the positions marked [1], [2], [3], and [4] does the following sentence best belong?
[1], [2], [3], [4]로 표시된 위치 중, 다음 문장이 들어갈 곳으로 가장 적절한 것은?

문제 풀이 전략

전략 01 ┃ 주어진 문장 내의 지시대명사와 정관사에 주목한다.

주어진 문장 내에 지시대명사(it, that, these 등)가 있다면, 지문에서 지시대명사가 가리키는 대상을 찾아 그 주변의 빈칸이 있는 위치에 문장을 삽입해 본다. 또한, 주어진 문장 내에 정관사(the)가 있다면, 지문에서 정관사 뒤의 단어와 관련된 내용이 있는 부분을 찾아 그 주변의 빈칸이 있는 위치에 문장을 삽입해 본다. 주어진 문장을 삽입했을 때 가장 자연스러운 위치를 정답으로 선택한다.

전략 02 ┃ 주어진 문장 내의 연결어에 주목한다.

주어진 문장 내에 연결어(however, for example, also 등)가 있다면, 연결어를 통해 주어진 문장의 앞 뒤 맥락을 예상하여 문장이 들어갈 적절한 위치를 찾는다.

전략 적용 예제

예제 01 기사

The popular jazz guitarist Justin Godfrey has announced the dates for his upcoming North American tour. — [1] —. With performances in 15 cities over a two-month period, this tour is Mr. Godfrey's most ambitious to date. — [2] —. "Given that my recent album had higher sales than expected, I decided to schedule as many shows as possible," he explained. — [3] —. Anyone interested in attending one of Mr. Godfrey's concerts should visit www.justinplays.com. — [4] —.

❷ [4]의 앞 문장인 Anyone ~ should visit www.justinplays. com에 the site와 관련된 내용인 www.justinplays.com이 있으므로, [4]에 주어진 문장을 삽입해 본다.

Q. In which of the positions marked [1], [2], [3], and [4] does the following sentence best belong?

"In addition to a tour schedule, the site provides information on where to purchase tickets."

(A) [1]
(B) [2]
(C) [3]
(D) [4]

❶ 주어진 문장 내의 정관사와 그 뒤의 단어인 the site에 주목한다.

❸ [4]에 주어진 문장이 들어가면 Mr. Godfrey의 콘서트들 중 하나에 참여하는 것에 관심이 있는 사람은 www.justinplays.com을 방문하면 되고, 그 사이트는 투어 일정에 더하여 티켓을 어디서 구매할지에 대한 정보를 제공한다는 자연스러운 문맥이 된다. 따라서 (D) [4]가 정답이다.

예제 02 이메일

Dear Ms. Hill,

I would like to express my interest in the sales manager position. — [1] —. I have spent the last 10 years working as a sales representative at Devon Printers. — [2] —. I would like the opportunity to take on more responsibility with a larger company. Therefore, I am very excited about the prospect of working for Core Electronics. — [3] —. I am available for an interview at your earliest convenience. — [4] —. Thank you.

Wayne Porter

❷ [2]의 앞 문장인 I have spent the last 10 years working as a sales representative at Devon Printers에서 Devon 인쇄소에서 10년 동안 영업 담당자로 일해왔다고 했으므로, [2]에 주어진 문장을 삽입해 본다.

Q. In which of the positions marked [1], [2], [3], and [4] does the following sentence best belong?

"However, I feel that it is time to make a change."

(A) [1]
(B) [2]
(C) [3]
(D) [4]

❶ 주어진 문장 내의 연결어 However에 주목한다. 앞 문장과 반대되는 내용을 나타낼 때 쓰는 연결어 However(그러나)를 통해, 주어진 문장 앞에 변화가 필요한 때라고 생각한 것과 반대되는 내용이 있을 것임을 예상한다.

❸ [2]에 주어진 문장이 들어가면 Devon 인쇄소에서 10년을 일해 왔으나, 이제는 변화가 필요한 때라고 생각한다는 자연스러운 문맥이 된다. 따라서 (B) [2]가 정답이다.

정답 p.316 / 해석 p.70

Questions 01-02 refer to the following information.

Welcome to Shingle Lanes, the largest bowling alley in Winona. As a member, you are entitled to use our facilities from 1 to 10 P.M., Tuesday to Sunday. Though you may bowl without making a reservation, it is highly recommended that you book in advance. Each member can reserve a lane for a maximum of two hours per day. — [1] —.

For your convenience, you will receive a locker on your first visit as a member. Lockers can be used to store bags and personal items but not bowling balls. — [2] —. If you would like to keep your ball at Shingle Lanes, you may leave it on the rack next to the reception desk. Make sure that your initials are written on it. — [3] —.

Lastly, as a member, you can receive one free drink and slice of pizza each time you visit. — [4] —. Simply present your membership card at our snack kiosk. You may also qualify for discounts on apparel and gear at our shop.

01 For whom is the information most likely intended?

(A) Front desk staff
(B) Sports event attendees
(C) Parking lot attendants
(D) Recreational facility members

문장 위치 찾기 문제

02 In which of the positions marked [1], [2], [3], and [4] does the following sentence best belong?

"They were not constructed to hold heavy objects."

(A) [1]
(B) [2]
(C) [3]
(D) [4]

City Plans Heritage Trail

Kolkata Times

Many of Kolkata's archaeological treasures are rarely visited. — [1] —. The city government is trying to change this by creating a walking path called the Kolkata Heritage Trail. Along the way, walkers will be able to visit 24 old mansions, all of which are protected heritage sites.

"We want to get visitors to experience the city on foot instead cf in a taxi," says Jaina Nath, head of the Kolkata Tourism Board. — [2] —. She added that the idea for the Kolkata Heritage Trail was partly inspired by Mumbai's Bollywood Boardwalk, which opened two years ago.

When it is officially unveiled on March 4, the Kolkata Heritage Trail will stretch 16 km. It will start at Nivedita Bridge and end at Sealdah Railway Station. — [3] —. The route will be clearly marked, not only with arrow signs on walls but also with a yellow line on the sidewalk.

"To encourage people to do the entire walk, we'll be handing out free booklets at our tourism office. — [4] —. Each mansion will have a stamp booth, and anyone who collects a full set of stamps in their booklet will be able redeem it for a T-shirt," Nath explains. "If I see many people wearing these shirts, I'll know the project has succeeded!"

03 What is NOT stated about the Kolkata Heritage Trail?

(A) It took two years to build.
(B) It will open on March 4.
(C) It includes 24 buildings.
(D) It is 16 kilometers long.

04 How will people be able to receive a T-shirt?

(A) By purchasing some booklets
(B) By entering a competition
(C) By making a reservation
(D) By collecting some stamps

05 In which of the positions marked [1], [2], [3], and [4] does the following sentence best belong?

"In fact, few people even know they exist."

(A) [1]
(B) [2]
(C) [3]
(D) [4]

유형 소개

동의어 문제는 지문에 나온 특정 단어와 가장 유사한 의미를 갖는 단어를 보기 중에서 선택하는 문제이며, 매회 2~5문제 정도 출제된다.

빈출 질문 유형

[단일 지문]   **The word "realized" in paragraph 3, line 2, is closest in meaning to**
3문단 두 번째 줄의 단어 "realized"는 의미상 –와 가장 가깝다.

The phrase "on hand" in paragraph 2, line 3, is closest in meaning to
2문단 세 번째 줄의 표현 "on hand"는 의미상 –와 가장 가깝다.

[다중 지문]   **In the article, the word "performance" in paragraph 1, line 5, is closest in meaning to**
기사에서, 1문단 다섯 번째 줄의 단어 "performance"는 의미상 –와 가장 가깝다.

문제 풀이 전략

전략 01 | 동의어 문제는 **단어의 문맥상 의미**를 파악하여 푼다.

동의어 문제는 단어의 대표적인 사전적 의미만 생각하고 풀어서는 안 되며, 우선 단어가 포함된 문장을 확인한 후에 보기를 읽고 푼다. 동의어 문제에서 단어의 대표적인 의미가 오답 보기로 나오는 경우도 있으므로, 반드시 해당 문맥에서 쓰인 단어의 의미를 확인한다.

전략 02 | **여러 가지 뜻을 가진 단어들의 동의어**를 익힌다.

다음과 같이 여러 가지 뜻을 가진 단어들의 동의어를 짝지어서 익힌다.

confirm	확인하다(verify), 강화하다(fortify), 승인하다(approve)
cover	덮다(spread over), 포함하다(include), 다루다(deal with), 숨기다(conceal)
draw	그리다(sketch), 이끌다(attract)
effective	효율적인(efficient), 유효한(valid)
fairly	꽤(quite), 공정하게(equally, impartially)
run	운영하다(operate), 진행되다(happen), 계속되다(continue)
stress	강조하다(emphasize), 걱정하게 하다(trouble)
support	지지하다(encourage), 지원하다(help), 지탱하다(hold)
term	조건(condition), 기간(period)

전략 적용 예제

기사

Southeast University Announces New Research Laboratory

At a press conference on Thursday, the president of Southeast University Shaun Davis announced a $25 million donation from Cybex Industries. The funds will be used to build and operate a medical research laboratory on campus.

Mr. Davis expressed his appreciation to Cybex Industries for the donation, which is the largest in the university's history. He also stated that the laboratory will likely draw graduate students and professors from across the country. "With its cutting-edge technologies, this facility will make Southeast University a leader in the field of medical research," he stated in his opening remarks. "I believe that we will see a number of important breakthroughs over the next few years."

❷ 지문의 the laboratory will likely draw graduate students and professors from across the country에서 연구소가 국내 전역의 대학원생들과 교수들을 끌어모을 것이라는 문맥을 통해 draw가 '끌어모으다'라는 뜻으로 사용되었음을 확인한다.

Q. The word "draw" in paragraph 2, line 2, is closest in meaning to

❶ 단어의 위치를 확인한 후 지문에 표시해 놓고, 단어가 쓰인 문맥을 확인한다.

(A) sketch
(B) attract
(C) choose
(D) impress

❸ 문맥상 가장 비슷한 의미를 갖는 보기 (B) attract(이끌다)가 정답이다. 단어의 사전적인 의미만을 생각하여 오답 보기인 (A) sketch(그리다)를 고르지 않도록 한다.

정답 p.316 / 해석 p.74

Questions 01-02 refer to the following invitation.

The Elk Lake Performing Arts Center
would like to invite you to
A Night of Music
on Saturday, May 7 from 7:00 to 11:00 P.M.

The evening will feature solo performances by 10 classical musicians, including noted pianist Donald Dubois, who just completed a successful tour of Europe with sold-out shows in Berlin, Paris, and Vienna. Following the concert, there will be a reception hosted by Dana Ping, the director of the center. Snacks and beverages will be served, and Ms. Ping will talk about some of the upcoming concerts that will be held at the center.

All proceeds from this event will be donated to Heritage Learning, a nonprofit group that provides free tutoring to disadvantaged youth. The funds raised will be used to purchase new textbooks and study guides for students.

To order tickets, please call 555-0283 or visit www.elkartscenter.com. More information about Heritage Learning and instructions on how to make additional donations are available on our Web site as well.

01 For what will the proceeds from the event be used?

(A) To pay for classroom renovations
(B) To purchase musical instruments
(C) To employ private tutors
(D) To buy educational materials

동의어 문제

02 The word "available" in paragraph 3, line 2, is closest in meaning to

(A) manageable
(B) adjacent
(C) vacant
(D) accessible

Questions 03-04 refer to the following article.

Head West Coming to the Big Screen

June 14—Heartwood Studio has confirmed that it is planning to produce a film adaptation of Melissa Harding's best-selling novel, *Head West*. This book was released approximately two years ago to critical and popular acclaim. Over 2.5 million copies of the novel have been sold around the world, and it has been translated into 15 languages.

In an interview yesterday, Heartwood Studio's CEO Bruce Spencer said that the company was happy to have acquired the rights to such a popular piece of fiction. "*Head West* has struck a chord with many people from different backgrounds," he added. "This is because the novel explores themes, such as love and family, that almost anyone can relate to."

Although no casting decisions have been announced yet, Mr. Spencer said that the studio is discussing potential contract terms with several well-known stars. David Sawyer, who had the lead role in last summer's blockbuster hit *Hurricane*, is known to be a fan of Ms. Harding's books, causing many people to speculate that he is being considered for the film version of *Head West*. More information about the production will likely be released next month.

동의어 문제

03 The word "confirmed" in paragraph 1, line 1, is closest in meaning to

(A) attained
(B) displayed
(C) approved
(D) verified

04 According to the article, what is Heartwood Studio currently doing?

(A) Hiring script writers
(B) Consulting with fans
(C) Purchasing book rights
(D) Negotiating with actors

정답 p.316 / 해석·해설 p.75

전략 **01** 해석·해설   주제/목적 찾기 문제

예제 01 | 기사

New Bridge Planned	**새로운 다리가 계획되다**
At a press conference this morning, Mayor Harrison announced that a new suspension bridge will be built. It will connect the downtown core to the residential neighborhood of Fairbanks. The cost is expected to be just over 14 million dollars. Work on the suspension bridge will begin on May 23 and is expected to finish by August 15.	오늘 오전 기자 회견에서, Harrison 시장은 새로운 현수교가 건설될 것이라고 발표했다. 그것은 시내 중심부를 페어뱅크스의 거주 지역과 연결해 줄 것이다. 비용은 1천 4백만 달러가 약간 넘을 것으로 예상된다. 현수교 작업은 5월 23일에 시작될 것이며 8월 15일에 완료될 것으로 예상된다.

어휘   press conference phr. 기자 회견 **mayor** n. 시장 **suspension bridge** phr. 현수교 **residential** adj. 거주의, 주거의

What is the article mainly about?	기사는 주로 무엇에 대한 것인가?
(A) A budget reduction	(A) 예산 삭감
(B) A construction project	(B) 건설 프로젝트
(C) A road closure	(C) 도로 폐쇄
(D) A city election	(D) 시 선거

예제 02 | 이메일

To: Sarah Anders <s.anders@easytax.com> From: Michael Thompson <thompson@frdesign.com> Date: June 1 Subject: Tax Documents	수신: Sarah Anders <s.anders@easytax.com> 발신: Michael Thompson <thompson@frdesign.com> 날짜: 6월 1일 제목: 세금 서류들
Dear Ms. Anders,	Ms. Anders께,
I am contacting you regarding financial documents you need to prepare my tax return. I have sent you a package that includes a statement of earnings, receipts for the business expenses, and a copy of my tax records from last year. The courier company assured me that it would be delivered to your office by 3:00 P.M. today. Please contact me once the package has arrived so that I know you've received it. Thank you.	당신이 저의 소득세 신고서를 준비하기 위해 필요로 하는 재정 서류들에 관하여 연락드립니다. 저는 당신에게 수입 내역서, 사업 비용에 대한 영수증, 그리고 저의 작년 세금 기록의 사본 한 부를 포함한 패키지를 보냈습니다. 택배 회사에서 그것이 오늘 오후 3시까지 당신의 사무실로 배송될 것이라고 확인해 주었습니다. 당신이 그것을 수령했음을 제가 알 수 있도록 패키지가 도착하면 저에게 연락주시기 바랍니다. 감사합니다.
Sincerely, Michael Thompson	Michael Thompson 드림

어휘   tax return phr. 소득세 신고서, 납세 신고서 **earning** n. 수입, 소득 **courier** n. 택배 업자, 배달원

Why was the e-mail written?	이메일은 왜 쓰여졌는가?
(A) To request confirmation of delivery	(A) 배송 확인을 요청하기 위해
(B) To provide instructions for an assignment	(B) 업무에 대한 설명을 제공하기 위해
(C) To get information about a payment	(C) 결제에 대한 정보를 얻기 위해
(D) To inquire about the contents of a package	(D) 패키지 내용물에 대해 문의하기 위해

실전 문제

01-02 광고지

Your Dream Home Awaits You at Mars Bay Estates

[01]Properties at Mars Bay Estates—a real estate development near the southern tip of Ascension Island—are now available for the low opening price of $600,000. Situated right beside Clarence Golf Course and only a 10-minute drive from Ascension Airport, Mars Bay Estates is especially suitable for retirees and families seeking a vacation home. Each house will be two stories tall, with 185 square meters of floor space, and will come with a swimming pool. Most will also have scenic views of the ocean in front and Gannett Hill behind.

Keep in mind that this is just the first phase of the development, and property values are sure to rise by the time the much larger second phase begins early next year. The first phase, which involves the construction of 23 homes, will be completed by late September, and the owners will likely be able to move in by October 10. [02]To see what the interiors will look like, drop by our show home at 4 Pyramid Point Road. And for inquiries, call 555-1228.

당신의 꿈의 집이 Mars Bay 부지에서 당신을 기다립니다

[01]어센션 섬의 남쪽 끝 근처의 부동산 개발지인 Mars Bay 부지의 건물들이 60만 달러의 낮은 시가로 지금 구매 가능합니다. Clarence 골프장 바로 옆에 위치하고 어센션 섬 공항에서 차로 고작 10분 거리인 Mars Bay 부지는 특별히 퇴직자들과 별장을 찾는 가족들에게 적합합니다. 각각의 집은 2층으로, 바닥 면적이 185제곱미터일 것이며 수영장이 딸려 있을 것입니다. 대부분의 집들은 또한 앞쪽에는 바다가 있고 뒤쪽에는 Gannett 언덕이 있는 멋진 전망을 가질 것입니다.

이것은 아직 부동산 개발의 첫 번째 단계이며 건물의 가치는 내년 초에 더 큰 규모의 두 번째 단계가 시작할 때쯤 확실히 상승할 것이라는 점을 유념하십시오. 23개 가구의 건설을 포함하는 첫 번째 단계는 9월 말에 완료될 것이고, 소유주들은 10월 10일까지 이사 들어올 수 있을 것입니다. [02]실내가 어떻게 생겼을지 보기 위해서는 4번지 Pyramid Point가에 있는 저희의 모델하우스에 들러주십시오. 문의사항은 555-1228로 전화주십시오.

어휘 **await** v. 기다리다 **property** n. 건물, 소유물 **development** n. (신축건물이 들어선) 개발지, 발달 **opening price** phr. 시가
suitable adj. 적합한, 알맞은 **retiree** n. 퇴직자, 은퇴자 **vacation home** phr. 별장 **story** n. 층, 이야기 **come with** phr. ~이 딸려 있다
scenic adj. 멋진, 경치가 좋은 **phase** n. 단계, 국면 **value** n. (경제적인) 가치, 값 **drop by** phr. 들르다 **show home** phr. 모델하우스

01

What is the flyer mainly about?	광고지는 주로 무엇에 대한 것인가?
(A) A travel package	(A) 여행 패키지
(B) A membership offer	(B) 회원권 제공
(C) A resort opening	(C) 리조트 개관
(D) A property sale	(D) 건물 판매

해설 유형1 | **주제/목적 찾기** 글의 주제　　　　　　　　　　　　　　　　　　　　　　　　　　　정답 (D)

광고지가 주로 무엇에 대한 것인지를 묻는 주제 찾기 문제이므로 지문의 앞부분을 주의 깊게 확인한다. 'Properties at Mars Bay Estates ~ are now available for the low opening price of $600,000.'에서 Mars Bay 부지의 건물들이 60만 달러의 낮은 시가로 지금 구매 가능하다고 한 후, 판매 중인 건물들을 광고하고 있으므로 (D)가 정답이다.

02

What can visitors do at 4 Pyramid Point Road?	방문객들은 4번지 Pyramid Point가에서 무엇을 할 수 있는가?
(A) Sign a purchase agreement	(A) 구매 계약에 서명한다
(B) Attend an informational workshop	(B) 정보를 제공하는 워크숍에 참석한다
(C) View the inside of a structure	(C) 건물의 내부를 둘러본다
(D) Get to know their neighbors	(D) 이웃들을 알아간다

방문객들이 4번지 Pyramid Point가에서 무엇(What)을 할 수 있는지를 묻는 육하원칙 문제이다. 질문의 핵심 어구인 visitors do at 4 Pyramid Point Road와 관련하여, 'To see what the interiors will look like, drop by our show home at 4 Pyramid Point Road.'에서 실내가 어떻게 생겼을지 보기 위해서는 4번지 Pyramid Point가에 있는 모델하우스에 들러달라고 했으므로 (C)가 정답이다.

바꾸어 표현하기

see what the interiors will look like 실내가 어떻게 생겼을지 보다 → **View the inside of a structure** 건물의 내부를 둘러보다

어휘 **agreement** n. 계약, 협정, 합의 **informational** adj. 정보를 제공하는, 정보의 **structure** n. 건물, 구조

03-04 편지

Yanna's Restaurant 4723 50th Ave. Lloydminster, AB T9V 0W5 January 20 Donald Harte 5678 51st Ave. Lloydminster, AB T9V 0W5 Dear Mr. Harte, [03]I am responding to your letter of January 18, in which you expressed frustration with the noise levels at my establishment. We moved to this location about nine years ago, and noise has never been an issue. However, [04]we recently started screening sports events on our patio, which may be causing problems for residents of nearby buildings. [04]I would like to assure you that from now on, we will only do this on Saturdays and Sundays. In addition, my staff will encourage customers to keep their voices down when on the patio. Please accept my apologies for disturbing you. Sincerely, Yanna Dimitrios Proprietor, Yanna's Restaurant	Yanna 식당 4723번지 50번가 로이드민스터, 앨버타 주 T9V 0W5 1월 20일 Donald Harte 5678번지 51번가 로이드민스터, 앨버타 주 T9V 0W5 Mr. Harte께, [03]저희 시설에서의 소음 정도에 관해 불만을 표현하셨던 귀하의 1월 18일자 편지에 대한 답변으로 이 편지를 보냅니다. 저희는 이곳으로 약 9년 전에 이사를 왔고, 소음이 문제가 되었던 적은 없었습니다. 그러나, [04]저희는 최근에 테라스에서 스포츠 경기를 상영하기 시작했고, 아마 이것이 근처 건물의 주민들에게 문제가 되고 있는 것 같습니다. [04]이제부터 저희가 이것을 매주 토요일과 일요일에만 할 것이라는 점을 귀하께 확실히 말씀드리고자 합니다. 게다가, 저희 직원들이 고객들이 테라스에 있을 때에는 목소리를 낮추도록 장려할 것입니다. 귀하께 폐를 끼친 것에 대한 저의 사과를 받아주시기 바랍니다. Yanna Dimitrios 드림 소유주, Yanna 식당

어휘 **express** v. 표현하다, 나타내다 **frustration** n. 불만, 낙담 **noise** n. 소음 **establishment** n. 시설, 기관 **issue** n. 문제(점), 안건 **screen** v. 상영하다; n. 화면 **patio** n. 테라스, 안뜰 **resident** n. 주민, 거주자 **disturb** v. 폐를 끼치다, 방해하다 **proprietor** n. 소유주, 사업주

03

Why was the letter written?	편지는 왜 쓰여졌는가?
(A) To confirm a reservation	(A) 예약을 확인하기 위해
(B) To introduce a service	(B) 서비스를 소개하기 위해
(C) To follow up on a complaint	(C) 항의에 대한 후속 조치를 하기 위해
(D) To reject a proposal	(D) 제안을 거절하기 위해

해설 **유형1 | 주제/목적 찾기** 글을 쓴 이유 정답 (C)

편지가 쓰여진 이유를 묻는 목적 찾기 문제이다. 응답 표현 주변인 'I am responding to your letter of January 18, in which you expressed frustration with the noise levels at my establishment.'에서 자신의 시설에서의 소음 정도에 관한 불만을 표현했던 1월 18일자 편지에 대한 답변으로 이 편지를 보낸다고 했으므로 (C)가 정답이다.

responding to your letter ~ in which you expressed frustration 불만을 표현했던 편지에 대한 답변을 보내다

→ follow up on a complaint 항의에 대한 후속 조치를 하다

어휘 **follow up** phr. 후속 조치를 하다 **reject** v. 거절하다, 거부하다

04

What does Ms. Dimitrios say she will do?	Ms. Dimitrios는 무엇을 할 것이라고 말하는가?
(A) Limit an activity to weekends	(A) 활동을 주말로 제한한다
(B) Sponsor a sporting event	(B) 스포츠 경기를 후원한다
(C) Provide training to staff members	(C) 직원들에게 교육을 제공한다
(D) Contact nearby residents	(D) 근처의 주민들에게 연락한다

해설 유형2 | **육하원칙** What　　　　　　　　　　　　　　　　　정답 (A)

Ms. Dimitrios가 무엇(What)을 할 것이라고 말하는지를 묻는 육하원칙 문제이다. 질문의 핵심 어구인 Ms. Dimitrios say she will do 와 관련하여, 'we recently started screening sports events on our patio'에서 최근에 식당의 테라스에서 스포츠 경기를 상영하기 시작했다고 했고, 'I would like to assure you that from now on, we will only do this on Saturdays and Sundays.'에서 이제부터 식당측, 즉 Ms. Dimitrios는 스포츠 경기 상영을 매주 토요일과 일요일에만 할 것이라고 했으므로 (A)가 정답이다.

바꾸어 표현하기

only do this on Saturdays and Sundays 스포츠 경기 상영을 매주 토요일과 일요일에만 하다 → Limit an activity to weekends 활동을 주말로 제한하다

예제 **01** 이메일

From: Tracy Emerson <t.emerson@adventuretravel.com> To: Jake Williams <jwilliams@drc.com> Dear Mr. Williams, I have made the change you requested to your travel itinerary. In addition, I was able to book a rental car for you through an agency called Ace Motors. There is a branch right across the street from your hotel, and you can get the car anytime after 9:00 A.M. on July 16. Please let me know if you require anything else. Tracy Emerson	발신: Tracy Emerson <t.emerson@adventuretravel.com> 수신: Jake Williams <jwilliams@drc.com> Mr. Williams께, 저는 당신의 여행 일정표를 당신이 요청하신 대로 변경했습니다. 게다가, Ace 자동차라는 대행사를 통해 임대차를 예약할 수 있었습니다. 귀하의 호텔 바로 길 건너에 지점이 있으며, 7월 16일 오전 9시 이후 언제든지 차를 받으실 수 있습니다. 다른 것이 필요하시면 저에게 알려주십시오. Tracy Emerson 드림

어휘　itinerary n. 여행 일정표　rental car phr. 임대 자동차　agency n. 대행사, 대리점

What should Mr. Williams do on July 16? (A) Make a booking (B) Catch a flight (C) Pick up a vehicle (D) Check into a hotel	7월 16일에 Mr. Williams는 무엇을 해야 하는가? (A) 예약을 한다 (B) 비행기에 탑승한다 (C) 차를 찾아간다 (D) 호텔에 체크인한다

예제 **02** 광고

Express Movers: We Make Moving Easy! At Express Movers, we provide a full range of services at affordable rates, including: · **Packing:** We will organize and pack all of your belongings. · **Transport:** We will bring your items to their destination safely and on schedule. · **Cleaning:** We will clean your new residence before you arrive. Visit www.expressmovers.com to read reviews from our many satisfied customers. A reservation can be made by calling 555-9039. We hope to hear from you soon!	Express Movers사: 저희는 이사를 쉽게 만들어드립니다! Express Movers사에서는 다음을 포함한 폭넓은 서비스를 적당한 가격에 제공합니다: · **포장:** 저희는 당신의 모든 소지품들을 정리하여 포장할 것입니다. · **운송:** 저희는 당신의 물건들을 목적지에 안전하고 일정에 맞게 운반할 것입니다. · **청소:** 저희는 당신의 새로운 거주지를 당신이 도착하기 전에 청소할 것입니다. 만족한 많은 고객들로부터의 후기를 보시려면 www.expressmovers.com을 방문하세요. 555-9039로 전화하셔서 예약을 하실 수 있습니다. 당신으로부터 곧 소식을 듣기를 기대합니다!

어휘　affordable adj. (가격이) 적당한, 입수 가능한　rate n. 가격, 요금, 비율　belonging n. 소지품, 물건　destination n. 목적지, 도착지

Why should customers visit the Web site? (A) To receive an estimate (B) To review feedback (C) To book a service (D) To submit information	고객들은 왜 웹사이트를 방문해야 하는가? (A) 견적서를 받기 위해 (B) 의견을 확인하기 위해 (C) 서비스를 예약하기 위해 (D) 정보를 제출하기 위해

01-02 웹페이지

San Diego Technology Employment Fair

About	Companies	Tickets	Contact Us

Whether you are a university graduate searching for your first job or an experienced professional looking to make a career change, be sure to attend the San Diego Technology Employment Fair from September 10 to 15.

This year's event will be significantly larger than those of previous years, with over 300 tech companies from throughout the state setting up recruitment booths. [01]We have also planned a series of seminars led by industry experts to provide jobseekers with the knowledge they require to land a job in the technology sector. If you are interested in attending one of these, you must sign up ahead of time because space is limited.

Tickets are $15.00 for a single day or $65.00 for access to the entire event. [02]If you buy one by August 20, you will receive a 15 percent discount. Click the "Tickets" tab above for more information and instructions on how to order.

*Note that the event will not take place at the Harbor Hotel as originally advertised. Instead, it will be held at the Bridgeview Conference Center. We apologize for any inconvenience this may cause.

샌디에이고 기술 취업 박람회

소개	회사들	티켓	연락처

당신이 첫 직업을 찾고 있는 대학 졸업생이든 직업 변경을 하려고 하는 경력 있는 전문가이든, 9월 10일에서 15일까지 진행되는 샌디에이고 기술 취업 박람회에 꼭 참석하십시오.

올해의 행사는 주 전역의 300개가 넘는 기술 회사들이 채용 부스를 설치하면서 이전 해들의 행사들보다 상당히 더 큰 규모가 될 것입니다. [01]저희는 또한 구직자들에게 그들이 기술 분야에서의 직업을 구하기 위하여 필요로 하는 지식을 제공하기 위해 업계 전문가들이 이끄는 일련의 세미나들을 계획했습니다. 만약 당신이 이것들 중 하나에 참석하는 데 관심이 있다면, 자리가 한정되어 있으므로 미리 등록하셔야 합니다.

티켓은 하루에 15달러 또는 전체 행사 이용에 65달러입니다. [02]8월 20일까지 티켓을 구매하시면, 15퍼센트 할인을 받으실 것입니다. 더 많은 정보 및 구매하는 방법에 대한 안내를 원하시면 상단의 "티켓" 탭을 클릭하십시오.

*행사는 원래 광고되었던 대로 Harbor 호텔에서 열리지 않을 것이라는 점을 유념하십시오. 대신, 행사는 Bridgeview 회의장에서 열릴 것입니다. 이것이 야기할 수 있는 불편에 대해 사과드립니다.

어휘 employment n. 취업, 고용, 직장 graduate n. 졸업생; v. 졸업하다 experienced adj. 경력 있는, 경험 있는 attend v. 참석하다, 참여하다 significantly adv. 상당히, 매우 set up phr. 설치하다 recruitment n. 채용 jobseeker n. 구직자 land a job phr. 직업을 구하다 sector n. 분야, 영역 limited adj. 한정된, 제한된 instruction n. 안내, 설명 originally adv. 원래, 독창적으로

01

For what must attendees register in advance?

(A) Facility tours
(B) Practice interviews
(C) Information sessions
(D) Technology demonstrations

참가자들은 무엇을 위해 미리 등록해야 하는가?

(A) 시설 견학
(B) 연습 면접
(C) 설명회
(D) 기술 시연

해설 유형2 | 육하원칙 What   정답 (C)

참가자들이 무엇(what)을 위해 미리 등록해야 하는지를 묻는 육하원칙 문제이다. 질문의 핵심 어구인 attendees register in advance와 관련하여, 'We have also planned a series of seminars led by industry experts to provide jobseekers with the knowledge they require to land a job in the technology sector. If you are interested in attending one of these, you must sign up ahead of time'에서 구직자들에게 그들이 기술 분야에서의 직업을 구하기 위하여 필요로 하는 지식을 제공하기 위해 업계 전문가들이 이끄는 일련의 세미나들을 계획했다고 했고, 만약 참석하는 데 관심이 있다면 미리 등록해야 한다고 했으므로 (C)가 정답이다.

바꾸어 표현하기
register in advance 미리 등록하다 → sign up ahead of time 미리 등록하다

어휘 information session phr. 설명회

02

By when must tickets be purchased to receive a discount?

(A) August 15
(B) August 20
(C) September 10
(D) September 15

할인을 받기 위해서는 언제까지 티켓이 구매되어야 하는가?

(A) 8월 15일
(B) 8월 20일
(C) 9월 10일
(D) 9월 15일

해설 유형2 | **육하원칙** When　　　　　　　　　　　　　　　　　　　　　　　정답 (B)

할인을 받기 위해서는 언제(when)까지 티켓이 구매되어야 하는지를 묻는 육하원칙 문제이다. 질문의 핵심 어구인 tickets be purchased to receive a discount와 관련하여, 'If you buy one by August 20, you will receive a 15 percent discount.'에서 8월 20일까지 티켓을 구매하면 15퍼센트 할인을 받게 될 것이라고 했으므로 (B)가 정답이다.

03-05 회람

TO: All Employees
FROM: Emma Stevenson, Maintenance manager

03From May 10 to 12, the roof of our building will be repaired. Although this will not affect day-to-day business operations, 03the parking lot directly in front of the office will be inaccessible until the work is completed. To address the shortage of parking spaces, we have come up with the following solution. 04Members of the accounting department will continue to park in the smaller lot behind the building. However, sales, human resources, and marketing staff will use the garage on Elm Street, and the cost of parking in that facility will be paid for by the company. To receive reimbursement, simply send an e-mail with a copy of your proof of payment to Heidi Ming by May 31. Furthermore, 05if you have planned to meet with a client in our office during the period when the repair work will be carried out, you should arrange another date. Feel free to contact me at 555-0393 if you have any questions or concerns. Thank you.

수신: 전 직원
발신: Emma Stevenson, 유지 보수 관리자

03 5월 10일부터 12일까지, 저희 건물의 지붕이 수리될 것입니다. 이것은 회사의 일상적인 운영에는 영향을 주지 않을 것이지만, 03사무실 바로 앞의 주차장은 작업이 완료될 때까지 접근할 수 없을 것입니다. 주차 공간의 부족 현상을 처리하기 위하여 다음의 해결책을 마련했습니다. 04회계 부서의 직원들은 건물 뒤의 더 작은 주차장에 계속해서 주차를 하게 될 것입니다. 그러나 판매, 인사, 그리고 마케팅 직원들은 Elm가의 주차장을 이용하게 될 것이고, 그 시설의 주차 비용은 회사가 지불할 것입니다. 환급을 받기 위해서는, 5월 31일까지 Heidi Ming에게 지불에 대한 증거 서류 복사본을 이메일로 보내기만 하면 됩니다. 또한, 05보수 작업이 진행되는 이 기간 동안에 사무실에서 고객을 만나기로 계획하셨다면, 다른 날짜를 잡으셔야 합니다. 질문이나 우려 사항이 있으시면, 555-0393으로 저에게 언제든지 연락 주십시오. 감사합니다.

어휘 roof n. 지붕, 꼭대기 **day-to-day** adj. 일상의, 그날그날의 **inaccessible** adj. 접근할 수 없는, 접근하기 어려운 **address** v. 처리하다, 다루다
shortage n. 부족, 결핍 **garage** n. 주차장, 차고 **proof** n. 증거, 증명

03

What is the memo mainly about?

(A) An upcoming corporate event
(B) A new expense policy
(C) A planned office cleaning
(D) A temporary parking plan

회람은 주로 무엇에 대한 것인가?

(A) 다가오는 기업 행사
(B) 새로운 비용 정책
(C) 계획된 사무실 청소
(D) 임시 주차 계획

해설 유형1 | **주제/목적 찾기** 글의 주제　　　　　　　　　　　　　　　정답 (D)

회람이 주로 무엇에 대한 것인지를 묻는 주제 찾기 문제이므로 지문의 앞부분을 주의 깊게 확인한다. 'From May 10 to 12, the roof of our building will be repaired.'에서 5월 10일부터 12일까지 회사 건물의 지붕이 수리될 것이라고 했고, 'the parking lot directly in front of the office will be inaccessible ~. To address the shortage of parking spaces, we have come up with the following solution.'에서 공사로 인해 직원들은 사무실 바로 앞의 주차장에 접근할 수 없을 것이며 주차 공간의 부족 현상을 처리하기 위해 다음의 해결책을 마련했다고 한 후, 임시 주차 계획에 대한 세부 사항을 전달하고 있으므로 (D)가 정답이다.

어휘 temporary adj. 임시의, 일시적인

04

Which department will be unaffected by the repair work?

(A) Accounting
(B) Sales
(C) Human resources
(D) Marketing

어떤 부서가 수리 작업에 영향을 받지 않을 것인가?

(A) 회계
(B) 판매
(C) 인사
(D) 마케팅

해설 **유형2 | 육하원칙** Which   정답 (A)

어떤(Which) 부서가 수리 작업에 영향을 받지 않을 것인지를 묻는 육하원칙 문제이다. 질문의 핵심 어구인 department will be unaffected by the repair work와 관련하여, 'Members of the accounting department will continue to park in the smaller lot behind the building.'에서 회계 부서의 직원들은 건물 뒤의 더 작은 주차장에 계속해서 주차를 하게 될 것이라고 했으므로 (A)가 정답이다.

바꾸어 표현하기
will be unaffected by the repair work 수리 작업에 영향을 받지 않을 것이다 → will continue to park in ~에 계속해서 주차를 하게 될 것이다

05

What are some employees asked to do?

(A) Meet with a supervisor
(B) Inspect a facility
(C) Postpone a payment
(D) Reschedule a meeting

일부 직원들은 무엇을 하도록 요청되는가?

(A) 관리자를 만난다
(B) 시설을 점검한다
(C) 지불을 연기한다
(D) 미팅 일정을 변경한다

해설 **유형2 | 육하원칙** What   정답 (D)

일부 직원들이 무엇(What)을 하도록 요청되는지를 묻는 육하원칙 문제이므로 지문의 마지막 부분을 확인한다. 질문의 핵심 어구인 some employees asked to do와 관련하여, 'if you have planned to meet with a client in our office during the period when the repair work will be carried out, you should arrange another date'에서 보수 작업이 진행되는 기간 동안에 직원들이 사무실에서 고객을 만나기로 계획했다면 다른 날짜를 잡아야 한다고 했으므로 (D)가 정답이다.

바꾸어 표현하기
arrange another date 다른 날짜를 잡다 → Reschedule a meeting 미팅 일정을 변경하다

예제 01 기사

City Council Approves Extension of Light Rail Transit System

In a 17 to 1 vote on April 15, the city council allotted $45 million to extend the city's light rail transit (LRT) system. Residents of Harrisburg have been demanding this for some time because they have such a long commute to the city center.

Council member Kyle Meyers stated that the extension is a waste of taxpayer money. "Spending so much to improve public transportation in one district is not fair," he argued.

시 의회가 경량전철 시스템의 확장을 승인하다

4월 15일 17대 1의 투표로, 시 의회는 시의 경량전철(LRT) 시스템을 확장하는 데에 4천 5백만 달러를 할당했다. 도심까지 통근 거리가 아주 멀기 때문에 해리스버그의 주민들은 한동안 이것을 요구해왔다.

의회 의원인 Kyle Meyers는 이 확장은 납세자들의 돈을 낭비하는 것이라고 말했다. "한 지역의 대중교통을 향상시키기 위해 그렇게 많은 돈을 쓰는 것은 공평하지 않습니다."라고 그는 주장했다.

어휘   **extension** n. 확장, 연장   **light rail transit** phr. 경량전철   **allot** v. 할당하다, 배당하다   **commute** n. 통근 거리, 통근   **taxpayer** n. 납세자

What is stated about Harrisburg?

(A) It includes the first LRT station.
(B) It is located far from downtown.
(C) It is composed of two districts.
(D) It contributes little tax revenue.

해리스버그에 대해 언급된 것은?

(A) 최초의 LRT역을 포함한다.
(B) 도심에서 멀리 위치해있다.
(C) 두 지역으로 구성되어 있다.
(D) 세입에 적게 기여한다.

어휘   **compose** v. 구성하다, 작곡하다   **contribute** v. 기여하다, 기부하다   **revenue** n. 수입, 수익

예제 02 이메일

From: Fran Bowyer <f.bowyer@acerealty.com>
To: Lee Johnson <l.johnson@lyson.com>

Dear Mr. Johnson,

Thank you for expressing an interest in the commercial space downtown. The Davis Street office is on the second floor of Plaza Tower, which is near the Burnside Subway Station. It's a convenient location. The office includes a staff lounge and comes with two private parking spaces. If you would like to arrange an appointment for a viewing, please contact me.

Fran Bowyer

발신: Fran Bowyer <f.bowyer@acerealty.com>
수신: Lee Johnson <l.johnson@lyson.com>

Mr. Johnson께,

시내의 상업 공간에 관심을 표해주신 것에 대해 감사드립니다. 이 Davis가의 사무실은 Plaza Tower의 2층에 위치해 있고, Plaza Tower는 Burnside 지하철역 가까이에 있습니다. 이곳은 편리한 위치에 있습니다. 사무실은 직원 휴게실을 포함하고 두 개의 전용 주차 공간이 딸려 있습니다. 사무실을 구경하기 위한 약속을 잡고 싶으시다면, 저에게 연락 주시기 바랍니다.

Fran Bowyer 드림

어휘   **commercial** adj. 상업의, 상업적인   **lounge** n. 휴게실, 라운지   **private** adj. 전용의, 사적인

What is NOT true about the Davis Street office?

(A) It comes with reserved parking spots.
(B) It is on the ground level of a building.
(C) It includes a break room for employees.
(D) It is close to a public transportation facility.

Davis가 사무실에 대해 사실이 아닌 것은?

(A) 지정된 주차 공간이 딸려있다.
(B) 건물의 1층에 있다.
(C) 직원들을 위한 휴게실을 포함한다.
(D) 대중교통 시설과 가깝다.

어휘   **reserved** adj. 지정된, 예약한   **ground level** phr. 1층

실전 문제

01-02 광고

[02-C]Special Offer: A digital subscription to *The Bangor Chronicle* for only £12 per month*!

The Bangor Chronicle has been keeping the citizens of Northern Ireland well informed for over 50 years. [01-D]While the *Chronicle* has stopped producing its print edition, it continues to provide trustworthy reporting through its award-winning digital edition. [01-B]The newspaper is known for its accurate coverage of national and world events, with new stories available every day.

[02-C]With a digital subscription, you will be able to read any article the *Chronicle* has ever published by visiting the News Vault section. Access to all of the *Chronicle's* entertaining word puzzles is available as well.

Click here to become a digital subscriber!

*[02-D]This offer is only obtainable as a one-year package, for a one-time payment of £144. [02-A]It is valid until May 15. [02-B]Former subscribers of the digital edition are not eligible but may resubscribe at the standard rate of £19 per month by visiting www.bchron.com/subplans.

[02-C]특별 할인: *Bangor Chronicle*지를 오직 월 12파운드로 디지털 구독하세요!*

*Bangor Chronicle*지는 50년이 넘는 기간 동안 북아일랜드 시민들이 정보들을 잘 알고 있도록 해 왔습니다. [01-D]*Chronicle*지는 인쇄판을 생산하는 것을 중단했지만, 수상 경력이 있는 디지털판을 통해 신뢰할 수 있는 소식을 계속해서 제공합니다. [01-B]이 신문은 매일의 새로운 기사들과 함께 국내 및 세계의 사건들에 대한 정확한 보도로 알려져 있습니다.

[02-C]디지털 구독을 하면, 여러분은 뉴스 보관소 섹션을 방문하여 *Chronicle*지가 지금까지 출판한 어떤 기사든 읽으실 수 있을 것입니다. *Chronicle*지의 재미있는 낱말 퍼즐 또한 전부 이용 가능합니다.

디지털 구독자가 되시려면 여기를 클릭하세요!

*[02-D]이 할인은 144파운드의 일시 납입으로, 1년 상품으로만 이용하실 수 있습니다. [02-A]할인은 5월 15일까지 유효합니다. [02-B]디지털판의 이전 구독자들은 자격이 없으나 www.bchron.com/subplans를 방문하셔서 월 19파운드의 일반 요금으로 재구독하실 수 있습니다.

어휘 subscription n. 구독, 가입, 기부 trustworthy adj. 신뢰할 수 있는, 든든한 award-winning adj. 수상 경력이 있는, 상을 받은 accurate adj. 정확한, 정밀한 coverage n. (신문·텔레비전·라디오의) 보도, 보상 범위 story n. 기사, 이야기 vault n. (귀중품) 보관실, 금고 obtainable adj. 이용할 수 있는, 구할 수 있는 one-time payment phr. 일시 납입 resubscribe v. 재구독하다

01

What is true about *The Bangor Chronicle*?

(A) It runs its own television channel.
(B) It publishes content on a daily basis.
(C) It won an award for its illustrations.
(D) It sells a print edition in Northern Ireland.

*Bangor Chronicle*지에 대해 사실인 것은?

(A) 독자적인 텔레비전 채널을 운영한다.
(B) 매일 콘텐츠를 발행한다.
(C) 삽화로 상을 받았다.
(D) 북아일랜드에서 인쇄판을 판매한다.

해설 유형3 | Not/True True 문제   정답 (B)

질문의 핵심 어구인 *The Bangor Chronicle*과 관련된 내용을 지문에서 찾아 각 보기와 대조하는 Not/True 문제이다. (A)와 (C)는 지문에 언급되지 않은 내용이다. (B)는 'The newspaper ~ with new stories available every day.'에서 *Bangor Chronicle*지에 매일 새로운 기사들이 있다고 했으므로 지문의 내용과 일치한다. 따라서 (B)가 정답이다. (D)는 'While the *Chronicle* has stopped producing its print edition'에서 *Chronicle*지가 인쇄판을 생산하는 것을 중단했다고 했으므로 지문의 내용과 일치하지 않는다.

바꾸어 표현하기
new stories available every day 매일의 새로운 기사 → publishes content on a daily basis 매일 콘텐츠를 발행하다

어휘 run v. 운영하다, 작동하다 on a daily basis phr. 매일 illustration n. 삽화, 실례

02

What is NOT mentioned about the special offer?

(A) It is valid for a limited time.
(B) It is available for former subscribers.
(C) It provides access to old articles.
(D) It requires a one-time payment.

특별 할인에 대해 언급되지 않은 것은?

(A) 한정된 기간 동안 유효하다.
(B) 이전 구독자들이 이용 가능하다.
(C) 예전 기사들에 대한 이용권을 제공한다.
(D) 일시불로 지불되어야 한다.

질문의 핵심 어구인 the special offer와 관련된 내용을 지문에서 찾아 각 보기와 대조하는 Not/True 문제이다. (A)는 'It is valid until May 15.'에서 특별 할인이 5월 15일까지 유효하다고 했으므로 지문의 내용과 일치한다. (B)는 'Former subscribers of the digital edition are not eligible'에서 디지털판의 이전 구독자들은 특별 할인에 대한 자격이 없다고 했으므로 지문의 내용과 일치하지 않는다. 따라서 (B)가 정답이다. (C)는 'Special Offer: A digital subscription to *The Bangor Chronicle*'과 'With a digital subscription, you will be able to read any article the *Chronicle* has ever published'에서 특별 할인이 *Bangor Chronicle*지의 디지털 구독을 제공하며, 디지털 구독을 하면 *Chronicle*지가 지금까지 출판한 어떤 기사든 읽을 수 있을 것이라고 했으므로 지문의 내용과 일치한다. (D)는 'This offer is only obtainable ~ for a one-time payment of £144.'에서 특별 할인은 144파운드의 일시 납입으로만 이용 가능하다고 했으므로 지문의 내용과 일치한다.

바꾸어 표현하기

be able to read any article the *Chronicle* has ever published *Chronicle*지가 지금까지 출판한 어떤 기사든 읽을 수 있다
→ provides access to old articles 예전 기사들에 대한 이용권을 제공하다
only obtainable ~ for a one-time payment 일시 납입으로만 이용 가능하다 → requires a one-time payment 일시불로 지불되어야 한다

03-05 기사

May 14—03It was announced on May 12 that National Parcel and Express Shipments will combine to create a firm called United Post. National Parcel CEO David Anderson will head the new corporation, while 04-CSandra Williams—the current CEO of Express Shipments—will take charge of the company's efforts to expand internationally.

05-A/CGiven that both companies have branches in dozens of cities across the country, it is inevitable that some will be shut down, resulting in layoffs. Employees at affected offices will likely be offered early retirement packages once the merger is completed. However, Mr. Anderson stressed that the goal is to retain as many existing employees as possible.

United Post will be the country's largest courier company and is expected to control over 55 percent of the market. Some industry experts have predicted that 05-Dthe company will actively seek out smaller firms to acquire, further increasing its dominance of the shipping industry. As a result, there is a great deal of interest among investors in the new company.

5월 14일—035월 12일 National Parcel사와 Express Shipments사는 United Post사라고 불리는 회사를 만들기 위해 합병할 것이라고 알려졌다. National Parcel사의 최고 경영자 David Anderson은 새로운 기업을 이끌 것이고, 반면 04-CExpress Shipments사의 현 최고 경영자인 Sandra Williams는 국제적으로 확장하려는 회사의 활동을 담당할 것이다.

05-A/C두 회사 모두 국내 전역의 수십 개의 도시에 지점을 가지고 있다는 것을 고려하면, 일부가 폐쇄되는 것은 불가피하며, 해고 조치로 이어질 것이다. 영향을 받은 사무실의 직원들은 합병이 완료되면 명예 퇴직금을 받게 될 것이다. 하지만, Mr. Anderson은 가능한 많은 기존 직원들을 유지하는 것이 목표임을 강조했다.

United Post사는 국내 최대의 택배회사가 될 것이고 시장의 55퍼센트를 넘게 장악할 것으로 예상된다. 일부 산업 전문가들은 05-D이 회사는 매입할 작은 회사들을 적극적으로 찾을 것이고, 배송 산업에서의 우세를 더욱 증가시킬 것으로 예상했다. 그 결과, 투자가들 사이에서 이 새로운 회사에 대한 관심이 높다.

어휘 combine v. 합병하다, 결합하다 head v. 이끌다, 책임지다 effort n. 활동, 노력 inevitable adj. 불가피한, 필연적인 result in phr. 야기하다, 결과적으로 ~이 되다 layoff n. 해고 조치, (직무·활동 등의) 일시 중지 기간 early retirement package phr. 명예퇴직금 stress v. 강조하다, 스트레스를 주다 retain v. 유지하다, 보유하다 control v. 장악하다, 통제하다 acquire v. 매입하다, 얻다 dominance n. 우세, 지배 a great deal of phr. 많은, 다량의 investor n. 투자가

03

What is the article mainly about?	기사는 주로 무엇에 대한 것인가?
(A) A corporate merger	(A) 기업 합병
(B) A business rivalry	(B) 사업 경쟁
(C) A trade agreement	(C) 무역 협정
(D) A product launch	(D) 상품 출시

기사가 주로 무엇에 대한 것인지를 묻는 주제 찾기 문제이므로 지문의 첫 세 문장을 주의 깊게 확인한다. 'It was announced on May 12 that National Parcel and Express Shipments will combine to create a firm called United Post.'에서 National Parcel사와 Express Shipments사가 United Post사라고 불리는 회사를 만들기 위해 합병할 것이라고 알려졌다고 했으므로 (A)가 정답이다.

바꾸어 표현하기

combine to create a firm 회사를 만들기 위해 합병하다 → corporate merger 기업 합병

어휘   rivalry   n. 경쟁, 대항

04

What is true about Sandra Williams?	Sandra Williams에 대해 사실인 것은?
(A) She will take charge of developing new merchandise.	(A) 새로운 상품을 개발하는 것을 담당할 것이다.
(B) She will be promoted to a supervisory position.	(B) 관리직으로 승진할 것이다.
(C) She will manage a company's overseas expansion.	(C) 회사의 해외 확장을 관리할 것이다.
(D) She will be transferred to a different branch.	(D) 다른 지점으로 전근을 갈 것이다.

해설 유형3 | Not/True True 문제   정답 (C)

질문의 핵심 어구인 Sandra Williams와 관련된 내용을 지문에서 찾아 각 보기와 대조하는 Not/True 문제이다. (A), (B), (D)는 지문에 언급되지 않은 내용이다. (C)는 'Sandra Williams—the current CEO of Express Shipments—will take charge of the company's efforts to expand internationally'에서 Express Shipments사의 현 최고 경영자인 Sandra Williams는 국제적으로 확장하려는 회사의 활동을 담당할 것이라고 했으므로 지문의 내용과 일치한다. 따라서 (C)가 정답이다.

어휘   supervisory adj. 관리의, 감독의   overseas adj. 해외의, 외국의   transfer v. 전근 가다, 옮기다

05

What is NOT indicated about United Post?	United Post사에 대해 언급되지 않은 것은?
(A) It will have multiple branches.	(A) 여러 지점을 가질 것이다.
(B) It will lose some market share.	(B) 시장 점유율의 일부를 잃을 것이다.
(C) It will dismiss some employees.	(C) 일부 직원들을 해고할 것이다.
(D) It will take over other companies.	(D) 다른 회사들을 인수할 것이다.

해설 유형3 | Not/True Not 문제   정답 (B)

질문의 핵심 어구인 United Post와 관련된 내용을 지문에서 찾아 각 보기와 대조하는 Not/True 문제이다. (A)와 (C)는 'Given that both companies have branches in dozens of cities across the country, it is inevitable that some will be shut down, resulting in layoffs.'에서 합병하여 United Post사가 되는 두 회사가 모두 국내 전역의 수십 개의 도시에 지점을 가지고 있는데 그 중 일부가 폐쇄된다고 했고, 해고 조치를 야기할 것이라고 했으므로 지문의 내용과 일치한다. (3)는 지문에 언급되지 않은 내용이다. 따라서 (B)가 정답이다. (D)는 'the company will actively seek out smaller firms to acquire'에서 United Post사가 매입할 작은 회사들을 적극적으로 찾을 것이라고 했으므로 지문의 내용과 일치한다.

바꾸어 표현하기

resulting in layoffs 해고 조치를 야기하다 → dismiss some employees 일부 직원들을 해고하다
actively seek out smaller firms to acquire 매입할 작은 회사들을 적극적으로 찾다 → take over other companies 다른 회사들을 인수하다

어휘   dismiss v. 해고하다, (생각을) 떨쳐 버리다   take over phr. 인수하다, 인계받다

구인 광고 & 이메일

Copy Editor Position

Edgemont Media is seeking a copy editor. The start date for the position is June 30.

Duties
– Review materials prior to publication for typographical errors
– Ensure the factual accuracy of content

Qualifications
– Master's degree in English
– At least five years' experience as an editor

To apply, send a résumé to Beth Patterson at hr@edgemedia.com. Applications must be received by June 15 to be considered.

교정 편집자직

Edgemont 미디어 회사는 교정 편집자를 찾고 있습니다. 이 일자리의 근무 시작일은 6월 30일입니다.

직무
– 출판 이전에 오타가 있는지 자료들을 검토한다
– 내용이 사실에 입각하여 정확한지 확인한다

필요 조건
– 영어 석사 학위
– 편집자로서의 최소 5년의 경력

지원하시려면, Beth Patterson에게 hr@edgemedia.com으로 이력서를 보내주시기 바랍니다. 지원서가 고려되기 위해서는 6월 15일까지 수령되어야 합니다.

From: Jack Wilkins <j.wilkins@pbot.com>
To: Beth Patterson <hr@edgemedia.com>
Date: June 10
Subject: Copy Editor Position
Attachment: Résumé

Dear Ms. Patterson,

I would like to apply for the copy editor position advertised on June 5.

I hold a Master's degree in English from the University of Atlanta. I also have three years' experience working at Coral Publishing in New York. During this period, I have been editing textbooks for high school students.

Please contact me if you require additional information or wish to schedule an interview.

Sincerely,

Jack Wilkins

발신: Jack Wilkins <j.wilkins@pbot.com>
수신: Beth Patterson <hr@edgemedia.com>
날짜: 6월 10일
제목: 교정 편집자직
첨부: 이력서

Ms. Patterson께,

저는 6월 5일자로 광고된 교정 편집자직에 지원하고 싶습니다.

저는 Atlanta 대학에서의 영어 석사 학위를 가지고 있습니다. 저는 또한 뉴욕에 있는 Coral 출판사에서 3년 동안 일했던 경력을 가지고 있습니다. 이 기간 동안, 저는 고등학교 학생들을 위한 교과서를 편집했습니다.

만약 추가적인 정보가 필요하시거나 면접 일정을 잡길 원하시면 저에게 연락 주십시오.

Jack Wilkins 드림

지문 1 **copy editor** phr. 교정자, 교열 담당자 **duty** n. 직무, 의무 **typographical error** phr. (인쇄물의) 오타, 오식 **factual** adj. 사실에 입각한, 사실의
    accuracy n. 정확, 정밀도 **qualification** n. 필요 조건, 자격

지문 2 **hold** v. 가지고 있다, 보유하다 **textbook** n. 교과서

What is suggested about Mr. Wilkins?

(A) He is enrolled in university classes.
(B) His present company will close down.
(C) His application will be unsuccessful.
(D) He is teaching a high school class.

Mr. Wilkins에 대해 암시되는 것은?

(A) 대학 수업에 등록되어 있다.
(B) 현재 회사가 문을 닫을 것이다.
(C) 지원이 받아들여지지 않을 것이다.
(D) 고등학교 수업을 가르친다.

01-05 웹페이지 웹페이지 이메일

Palisades Car Rentals

About	**Offers**	Reservations	Contact

For almost a decade, Palisades Car Rentals has been the first choice of travelers. [01]With branches across the country, we provide luxury sedans, sports cars, and SUVs at affordable rates. You can enjoy even greater savings if you take advantage of one of the following offers:

- [02]**Weekday Special:** If your booking does not include a Friday, Saturday, or Sunday, you will receive a 5 percent discount.
- **Long-term Rental:** Get 10 percent off when you rent a vehicle for a period of two weeks or longer.
- **Early Booking:** Submit a reservation at least three months in advance, and we will deduct 15 percent.
- **Winter Promotion:** If you are planning a trip between November and February, you can save 20 percent on your car rental.

[04]*If you join the Palisades Premium Rewards Club, you will receive unique benefits such as free insurance.*

Palisades 자동차 대여 회사

소개	할인	예약	연락

거의 10년 동안, Palisades 자동차 대여 회사는 여행객들이 첫 번째로 선택하는 곳이었습니다. [01]전국 각지의 지점들에서, 저희는 고급 세단, 스포츠카, SUV를 저렴한 요금으로 제공합니다. 다음 할인들 중 하나를 이용하시면 당신은 더 많은 절약 기회를 즐기실 수 있습니다:

- [02]주중 특가: 당신의 예약이 금요일, 토요일, 일요일을 포함하지 않는다면, 당신은 5퍼센트 할인을 받을 것입니다.
- 장기간 대여: 2주 또는 더 오랜 기간 동안 대여를 할 때 10퍼센트 할인을 받으세요.
- 조기 예약: 최소 3개월 전에 미리 예약을 하세요, 그러면 15퍼센트를 공제해 드릴 것입니다.
- 겨울 할인: 11월과 2월 사이에 여행을 계획 중이라면, 자동차 대여 시 20퍼센트를 절약할 수 있습니다.

[04]*Palisades 프리미엄 보상 클럽에 가입하시면, 무료 보험과 같은 특별한 혜택들을 받으실 것입니다.*

Palisades Car Rentals

About	Offers	**Reservations**	Contact

Personal Information
Name: Steven Emerson
Phone Number: 555-0813

Address: 1432 Pine Road, Dallas TX, 75043
E-mail: s.emerson@farris.com

Reservation Details
Pick up Location: Boston International Airport
[02/03]Pick-up Date: Monday, June 14

Return Location: SAME
[02]Return Date: Wednesday, June 16

Vehicle Type: SUV

Requests

[03]I would like to arrange to pick up the car at 7:00 A.M. My flight arrives at Boston International Airport at 6:30 A.M., and [03]I have to be at a client's office downtown by 8:00 A.M. for an important meeting. Please let me know if this is possible and whether there will be an additional charge for the early pick-up. Thank you.

Palisades 자동차 대여 회사

소개	할인	예약	연락

개인 정보
이름: Steven Emerson
전화번호: 555-0813

주소: 1432 Pine가, 댈러스 텍사스 주, 75043
이메일: s.emerson@farris.com

예약 세부 사항
찾는 장소: 보스턴 국제 공항
[02/03]찾는 날짜: 6월 14일 월요일

반납 장소: 동일함
[02]반납 날짜: 6월 16일 수요일

차량 종류: SUV

요청 사항

[03]저는 오전 7시에 차를 찾을 수 있도록 하고 싶습니다. 제 비행기가 보스턴 국제 공항에 오전 6시 30분에 도착하고, [03]저는 중요한 미팅을 위해 시내에 있는 고객의 사무실에 오전 8시까지 가야 합니다. 이것이 가능한지와 차를 일찍 찾는 것에 대한 추가적인 요금이 있을지 저에게 알려주시기 바랍니다. 감사합니다.

From: Theresa Meadows <customerservice@palisades.com>
To: Steven Emerson <s.emerson@farris.com>
Date: June 21
Subject: Re: Complaint

Dear Mr. Emerson,

I checked our account records after receiving your e-mail yesterday, and it appears that you are correct—[04]you qualify for free insurance. I'm not sure why the employee you dealt with made you pay for this option. [05]The $47.85 insurance fee will be charged ◯

발신: Theresa Meadows <customerservice@palisades.com>
수신: Steven Emerson <s.emerson@farris.com>
날짜: 6월 21일
제목: 회신: 불만 사항

Mr. Emerson께,

저는 어제 귀하의 이메일을 받은 후에 저희의 계정 기록을 살펴보았고, [04]귀하가 무료 보험을 받을 자격이 있다는 귀하의 말이 맞는 것 같습니다. 귀하께서 상대하셨던 직원이 왜 이 선택 사항에 대해 지불하게 했는지 잘 모르겠습니다. [05]47.35달러의

back to your credit card on Friday. **Please accept our apologies for any inconvenience this error may have caused you. If you have any further questions or concerns, do not hesitate to contact me.**

Sincerely,

Theresa Meadows

보험료가 금요일에 귀하의 신용카드로 환불될 것입니다. 이 실수가 귀하에게 야기했을 불편에 대한 저희의 사과를 받아 주시기 바랍니다. 다른 질문이나 걱정이 있으시면, 저에게 연락하는 것을 주저하지 마십시오.

Theresa Meadows 드림

지문 1 decade n. 10년 branch n. 지점, 분과 affordable adj. 저렴한, 알맞은 rate n. 요금, 비율 saving n. 절약, 저금
take advantage of phr. ~을 이용하다, ~을 기회로 활용하다 vehicle n. 차량, 운송 수단 in advance phr. 미리 deduct v. 공제하다, 빼다
unique adj. 특별한, 독특한 insurance n. 보험, 보험금

지문 2 charge n. 요금; v. 청구하다, 부담시키다

지문 3 complaint n. 불만 (사항), 항의 account n. 계정, 계좌 deal with phr. 상대하다, 처리하다 inconvenience n. 불편; v. 불편하게 하다

01

What is suggested about Palisades Car Rentals?

(A) It is a national chain.
(B) It will increase its rates.
(C) It was founded 20 years ago.
(D) It has hired additional staff.

Palisades 자동차 대여 회사에 대해 암시되는 것은?

(A) 전국적인 체인점이다.
(B) 요금을 올릴 것이다.
(C) 20년 전에 설립되었다.
(D) 직원을 추가로 고용했다.

해설 **유형4 | 추론** 세부 정보   정답 (A)

질문의 핵심 어구인 Palisades Car Rentals에 대해 추론하는 문제이므로 Palisades 자동차 대여 회사와 관련된 내용이 언급된 첫 번째 웹페이지에서 관련 내용을 확인한다. 첫 번째 웹페이지의 'With branches across the country, we provide luxury sedans, sports cars, and SUVs at affordable rates.'에서 Palisades 자동차 대여 회사가 전국 각지의 지점들에서 차량들을 저렴한 요금으로 제공한다고 했으므로, Palisades 자동차 대여 회사는 국내에 여러 지점을 가지고 있는 전국적인 체인점이라는 사실을 추론할 수 있다. 따라서 (A)가 정답이다.

02

How much of a discount did Mr. Emerson receive?

(A) 5 percent
(B) 10 percent
(C) 15 percent
(D) 20 percent

Mr. Emerson은 얼마의 할인을 받았는가?

(A) 5퍼센트
(B) 10퍼센트
(C) 15퍼센트
(D) 20퍼센트

해설 **유형2 | 육하원칙** 연계 문제   정답 (A)

질문의 핵심 어구인 a discount ~ Mr. Emerson receive에서 Mr. Emerson이 얼마(How much)의 할인을 받았는지를 묻고 있으므로 Mr. Emerson의 예약에 관한 세부사항이 언급된 두 번째 웹페이지를 먼저 확인한다.

단서 1 두 번째 웹페이지의 'Pick-up Date: Monday, June 14', 'Return Date: Wednesday, June 16'에서 Mr. Emerson이 차를 찾는 날짜가 6월 14일 월요일이고, 반납 날짜가 6월 16일 수요일이라고 했다. 그런데 Mr. Emerson이 어떤 할인을 받을 수 있는지 제시되지 않았으므로 첫 번째 웹페이지에서 관련 내용을 확인한다.

단서 2 첫 번째 웹페이지의 'Weekday Special: If your booking does not include a Friday, Saturday, or Sunday, you will receive a 5 percent discount.'에서 차량 대여 예약이 금요일, 토요일, 일요일을 포함하지 않으면 주중 특가로 5퍼센트 할인을 받을 수 있음을 확인할 수 있다.

두 단서를 종합할 때, Mr. Emerson은 월요일부터 수요일까지 예약을 했으므로 주중 특가로 5퍼센트 할인을 받을 것임을 알 수 있다. 따라서 (A)가 정답이다.

03

What did Mr. Emerson do on June 14?

(A) Dropped off a rental car
(B) Purchased an airline ticket
(C) Met with a customer
(D) E-mailed a service center

Mr. Emerson은 6월 14일에 무엇을 했는가?

(A) 임대차를 갖다 주었다
(B) 항공권을 구매했다
(C) 고객을 만났다
(D) 서비스 센터에 이메일을 보냈다

해설 유형2 | 육하원칙 What   정답 (C)

Mr. Emerson이 6월 14일에 무엇(What)을 했는지를 묻는 육하원칙 문제이므로 질문의 핵심 어구인 Mr. Emerson do on June 14과 관련된 내용이 언급된 두 번째 웹페이지를 확인한다. 두 번째 웹페이지의 'Pick-up Date: Monday, June 14'에서 Mr. Emerson이 6월 14일에 차를 찾을 것이라고 했고, 'I would like to arrange to pick up the car at 7:00 A.M.'과 'I have to be at a client's office downtown by 8:00 A.M. for an important meeting'에서 오전 7시에 차를 찾고 싶고 중요한 미팅을 위해 고객의 사무실에 오전 8시까지 가야 한다고 했으므로 (C)가 정답이다.

바꾸어 표현하기

be at a client's office ~ for an important meeting 중요한 미팅을 위해 고객의 사무실에 가다 → Met with a customer 고객을 만났다

04

What is indicated about Mr. Emerson?

(A) He works in an office in Boston.
(B) He is a member of a rewards program.
(C) He was unable to rent an SUV.
(D) He returned a vehicle in the morning.

Mr. Emerson에 대해 암시되는 것은?

(A) 보스턴에 있는 사무실에서 일한다.
(B) 보상 프로그램의 회원이다.
(C) SUV를 대여할 수 없었다.
(D) 오전에 차량을 반납했다.

해설 유형4 | 추론 연계 문제   정답 (B)

질문의 핵심 어구인 Mr. Emerson에게 보내진 이메일을 먼저 확인한다.
[단서 1] 세 번째 지문(이메일)의 'you qualify for free insurance'에서 귀하, 즉 Mr. Emerson은 무료 보험을 받을 자격이 있다고 했다. 그런데 Mr. Emerson이 왜 무료 보험을 받을 자격이 있는지 제시되지 않았으므로 첫 번째 지문인 웹페이지에서 관련 내용을 확인한다.
[단서 2] 첫 번째 지문(웹페이지)의 'If you join the Palisades Premium Rewards Club, you will receive unique benefits such as free insurance.'에서 Palisades 프리미엄 보상 클럽에 가입하면 무료 보험 혜택을 받을 수 있다는 사실을 확인할 수 있다.
두 단서를 종합할 때, Mr. Emerson이 Palisades 프리미엄 보상 클럽에 가입했기 때문에 무료 보험을 받을 자격이 있다는 사실을 추론할 수 있다. 따라서 (B)가 정답이다.

05

According to the e-mail, what does Ms. Meadows say will happen on Friday?

(A) A fee will be refunded.
(B) An account will be opened.
(C) An application will be submitted.
(D) A record will be updated.

이메일에 따르면, Ms. Meadows는 금요일에 무슨 일이 있을 것이라고 말하는가?

(A) 비용이 환불될 것이다.
(B) 계정이 열릴 것이다.
(C) 신청서가 제출될 것이다.
(D) 기록이 업데이트될 것이다.

해설 유형2 | 육하원칙 What   정답 (A)

이메일에 따르면 Ms. Meadows가 금요일에 무슨(what) 일이 있을 것이라고 말하는지를 묻는 육하원칙 문제이므로 세 번째 지문인 이메일에서 관련 내용을 확인한다. 이메일의 'The $47.85 insurance fee will be charged back to your credit card on Friday.'에서 47.85달러의 보험료가 금요일에 귀하, 즉 Mr. Emerson의 신용카드로 환불될 것이라고 했으므로 (A)가 정답이다.

메시지 대화문

David Hawthorne	1:15 P.M.
Is everything prepared for the trade show at the Oak Ridge Convention Center tomorrow?	
Debra Leon	1:16 P.M.
I'm just waiting for the product samples from the warehouse. They should arrive this afternoon.	
David Hawthorne	1:18 P.M.
You mentioned yesterday that your car is being repaired at a service center. Do you want a ride to the convention center?	
Debra Leon	1:20 P.M.
Why not? Taking a taxi would be too expensive.	
David Hawthorne	1:21 P.M.
OK. Let's leave from the office at 8:30 A.M. tomorrow.	

David Hawthorne	오후 1시 15분
내일 Oak Ridge 컨벤션 센터에서 있을 무역 박람회를 위한 모든 것이 준비되었나요?	
Debra Leon	오후 1시 16분
지금 창고로부터 제품 샘플들이 오길 기다리고 있는 중이에요. 오늘 오후에 도착할 거예요.	
David Hawthorne	오후 1시 18분
어제 당신의 차가 서비스 센터에서 수리 중이라고 말했었죠. 컨벤션 센터까지 차를 태워주는 것을 원하나요?	
Debra Leon	오후 1시 20분
물론이죠. 택시를 타는 것은 너무 비쌀 거예요.	
David Hawthorne	오후 1시 21분
좋아요. 내일 사무실에서 오전 8시 30분에 출발하도록 하죠.	

어휘　**trade show** phr. 무역 박람회　**warehouse** n. 창고, 도매점

At 1:20 P.M., what does Ms. Leon most likely mean when she writes, "Why not"?	오후 1시 20분에, Ms. Leon이 "Why not"이라고 썼을 때 그녀가 의도한 것 같은 것은?
(A) She plans to use public transportation.	(A) 대중교통을 이용할 계획이다.
(B) She needs help picking up some samples.	(B) 몇몇 샘플을 찾는 데 도움이 필요하다.
(C) She would like a ride to an event.	(C) 행사로 가는 차가 필요하다.
(D) She wants to be reimbursed for an expense.	(D) 비용을 환급받고 싶어 한다.

01-02 메시지 대화문

Fiona White   9:35 A.M.
I just got off the phone with Matthew Henderson, the CEO of Turner Media. He is a little upset.

Steven Kang   9:36 A.M.
Really? What's the problem?

Fiona White   9:37 A.M.
01After we showed him the commercial properties in the downtown area yesterday morning, he asked that we send him a copy of the lease agreement for the office building on Field Street. But he never received it. Do you know what happened?

Steven Kang   9:38 A.M.
Sarah was going to e-mail it to him yesterday afternoon, but she left early because she wasn't feeling well. I guess she forgot about it. 02Why don't I e-mail the agreement to Mr. Henderson now?

Fiona White   9:41 A.M.
That works. I'll call him back and explain the situation.

Fiona White   오전 9시 35분
방금 Turner 미디어 회사의 최고 경영자인 Matthew Henderson과 통화를 마쳤어요. 그는 약간 화가 났어요.

Steven Kang   오전 9시 36분
정말요? 무엇이 문제인가요?

Fiona White   오전 9시 37분
01우리가 어제 오전에 그에게 시내의 상업 용지를 보여준 후에, 그가 Field가에 있는 사무실 건물에 대한 임대 계약서 한 부를 보내달라고 요청했었어요. 하지만 그가 그것을 받지 못했네요. 무슨 일이 있었는지 알고 있나요?

Steven Kang   오전 9시 38분
Sarah가 어제 오후에 그에게 이메일을 보내려고 했었는데, 몸이 좋지 않아 일찍 갔어요. 그녀가 그것을 잊어버린 것 같네요. 02제가 지금 Mr. Henderson에게 이메일로 계약서를 보내는 게 어때요?

Fiona White   오전 9시 41분
그러면 되겠네요. 그에게 다시 전화를 걸어서 상황을 설명할게요.

어휘   commercial property phr. 상업 용지, 상업용 부동산   lease agreement phr. 임대 계약서

01

Where does Ms. White most likely work?

(A) At a media company
(B) At a law office
(C) At a real estate agency
(D) At an interior design firm

Ms. White는 어디에서 일하는 것 같은가?

(A) 미디어 회사에서
(B) 법률 사무소에서
(C) 부동산 중개소에서
(D) 실내장식 디자인 회사에서

해설 유형4 | 추론 세부 정보   정답 (C)

질문의 핵심 어구인 Ms. White ~ work에 대해 추론하는 문제이다. 'After we showed him the commercial properties in the downtown area yesterday morning, he asked that we send him a copy of the lease agreement for the office building on Field Street.'에서 Ms. White가 어제 오전에 고객에게 상업 용지를 보여주었고 고객이 임대 계약서를 보내달라고 요청했다고 했으므로, Ms. White는 부동산 중개소에서 일한다는 사실을 추론할 수 있다. 따라서 (C)가 정답이다.

02

At 9:41 A.M., what does Ms. White mean when she writes, "That works"?

(A) An appointment should be made to view a property.
(B) A staff member should be notified of a problem.
(C) A contract should be sent to a client.
(D) An e-mail should be replied to immediately.

오전 9시 41분에, Ms. White가 "That works"라고 썼을 때 그녀가 의도한 것은?

(A) 부동산을 보기 위한 약속이 잡혀야 한다.
(B) 직원이 문제를 통보받아야 한다.
(C) 계약서가 고객에게 보내져야 한다.
(D) 이메일이 즉시 답장되어야 한다.

해설 유형5 | 의도 파악   정답 (C)

Ms. White가 의도한 것을 묻는 문제이므로, 질문의 인용어구(That works)가 언급된 주변 문맥을 확인한다. 'Why don't I e-mail the agreement to Mr. Henderson now?'에서 Steven Kang이 자신이 지금 Mr. Henderson에게 이메일로 계약서를 보내는 게 어떠냐고 묻자, Ms. White가 'That works.'(그러면 되겠네요)라고 한 것을 통해, Ms. White는 계약서를 고객에게 보내야 한다고 생각한다는 것을 알 수 있다. 따라서 (C)가 정답이다.

Patricia Lawson	2:24 P.M.

I sent you both an e-mail this morning that includes the updated itinerary for next week. Let me know if there are any problems with the travel arrangements.

Lyle Pearson	2:25 P.M.

I was just looking at it. I'm a little worried. We'll be meeting with representatives of five different companies over a period of two days. The schedule is going to be tight.

Marci Mendoza	2:26 P.M.

It should be manageable, though. The only problem I see is with the first meeting. 03According to the itinerary, our flight lands at 2:00 P.M., but we're supposed to give a presentation to Jackson Harris of Danica Industries at 3:00 P.M.

Lyle Pearson	2:27 P.M.

Good point. That won't leave us much time to pick up the rental car and make it to his office.

Patricia Lawson	2:29 P.M.

We actually arrive at 11:00 A.M. 03I booked us on an earlier flight, but I guess I forgot to make that change to the itinerary.

Marci Mendoza	2:31 P.M.

In that case, we'll have plenty of time. By the way, 04do either of you know how much we can claim for meals? I heard that management was planning to increase the reimbursement limit.

Patricia Lawson	2:32 P.M.

Nothing has changed yet. It's still $65 per day. And make sure to keep all of your receipts.

Patricia Lawson	오후 2시 24분

제가 오늘 오전에 여러분 모두에게 업데이트된 다음 주 여행 일정표를 포함한 이메일을 보냈어요. 만약 여행 계획에 문제가 있으면 저에게 알려주세요.

Lyle Pearson	오후 2시 25분

그것을 보고 있는 중이었어요. 저는 약간 걱정이 되네요. 우리는 이틀의 기간 동안 다섯 개의 다른 회사들의 대표들과 만날 거예요. 일정이 빠듯할 것 같아요.

Marci Mendoza	오후 2시 26분

하지만 감당할 수 있을 것 같아요. 제가 생각하는 유일한 문제는 첫 번째 회의예요. 03여행 일정표에 따르면, 우리의 비행기가 오후 2시에 착륙하는데, 우리는 오후 3시에 Danica Industries사의 Jackson Harris에게 발표를 하기로 되어 있어요.

Lyle Pearson	오후 2시 27분

좋은 지적이에요. 임대차를 찾아서 그의 사무실로 가기까지 시간이 많이 없겠네요.

Patricia Lawson	오후 2시 29분

사실 우리는 오전 11시에 도착해요. 03제가 더 이른 비행기를 예약했는데, 여행 일정표에 변경 사항을 반영하는 것을 잊어버린 것 같네요.

Marci Mendoza	오후 2시 31분

그 경우에는, 우리에게 충분한 시간이 있겠네요. 그나저나, 04두 분 중 누군가 우리가 식사에 얼마를 청구할 수 있는지 아시나요? 제가 듣기로는 경영진이 환급 상한선을 올릴 계획이라고 했거든요.

Patricia Lawson	오후 2시 32분

아직 아무것도 바뀌지 않았어요. 여전히 하루에 65달러예요. 그리고 모든 영수증을 꼭 챙기도록 해요.

어휘 itinerary n. 여행 일정표 **arrangement** n. 계획, 준비 **tight** adj. (여유가 없이) 빠듯한, 엄격한 **manageable** adj. 감당할 수 있는, 처리할 수 있는 **claim** v. 청구하다, 주장하다 **management** n. 경영진, 경영

03

At 2:29 P.M., what does Ms. Lawson most likely mean when she writes, "We actually arrive at 11:00 A.M."?

(A) A customer made a complaint.
(B) A presentation has been postponed.
(C) A document contains an error.
(D) A reservation is unconfirmed.

오후 2시 29분에, Ms. Lawson이 "We actually arrive at 11:00 A.M."이라고 썼을 때 그녀가 의도한 것 같은 것은?

(A) 고객이 불평을 했다.
(B) 발표가 연기되었다.
(C) 서류가 오류를 포함한다.
(D) 예약이 확인되지 않았다.

해설 유형5 | 의도 파악   정답 (C)

Ms. Lawson이 의도한 것을 묻는 문제이므로, 질문의 인용어구(We actually arrive at 11:00 A.M.)가 언급된 주변 문맥을 확인한다. 'According to the itinerary, our flight lands at 2:00 P.M.'에서 Marci Mendoza가 여행 일정표에 따르면 비행기가 오후 2시에 착륙한다고 하자, Ms. Lawson이 'We actually arrive at 11:00 A.M.'(사실 우리는 오전 11시에 도착해요)이라고 한 후, 'I booked us on an earlier flight, but I guess I forgot to make that change to the itinerary.'에서 자신이 더 이른 비행기를 예약했는데 여행 일정표에 변경 사항을 반영하는 것을 잊어버린 것 같다고 했으므로 Ms. Lawson이 나누어준 일정표의 정보가 정확하지 않다는 것을 알 수 있다. 따라서 (C)가 정답이다.

What does Ms. Mendoza ask about?	Ms. Mendoza는 무엇에 대해 문의하는가?
(A) A project's budget	(A) 프로젝트의 예산
(B) A work assignment	(B) 업무 배정
(C) A service's cost	(C) 서비스의 비용
(D) A company policy	(D) 회사 정책

해설 유형2 | 육하원칙 What   정답 (D)

Ms. Mendoza가 무엇(What)에 대해 문의하는지를 묻는 육하원칙 문제이다. 질문의 핵심 어구인 Ms. Mendoza ask about과 관련하여, 'do either of you know how much we can claim for meals? I heard that management was planning to increase the reimbursement limit.'에서 Ms. Mendoza가 회사에 식사 비용으로 얼마를 청구할 수 있는지를 물으며 경영진이 환급 상한선을 올릴 계획이라는 것을 들었다고 했으므로 (D)가 정답이다.

예제 01 | 기사

The popular jazz guitarist Justin Godfrey has announced the dates for his upcoming North American tour. — [1] —. With performances in 15 cities over a two-month period, this tour is Mr. Godfrey's most ambitious to date. — [2] —. "Given that my recent album had higher sales than expected, I decided to schedule as many shows as possible," he explained. — [3] —. Anyone interested in attending one of Mr. Godfrey's concerts should visit www.justinplays.com. — [4] —.	인기 있는 재즈 기타리스트 Justin Godfrey가 다가오는 그의 북미 투어 날짜를 발표했다. — [1] —. 2개월 동안 15개 도시에서의 공연을 하는 이번 투어는 지금까지 Mr. Godfrey의 가장 대규모 투어이다. — [2] —. "저의 최신 앨범이 예상보다 많이 판매된 점을 고려하여, 가능한 많은 공연 일정을 잡기로 결정했습니다."라고 그가 설명했다. — [3] —. Mr. Godfrey의 콘서트들 중 하나에 참여하는 것에 관심이 있는 사람은 www.justinplays.com을 방문하면 된다. — [4] —.

어휘   **performance** n. 공연, 연주회   **ambitious** adj. 대규모의, 야심적인   **to date** phr. 지금까지

In which of the positions marked [1], [2], [3], and [4] does the following sentence best belong? "In addition to a tour schedule, the site provides information on where to purchase tickets." (A) [1] (B) [2] (C) [3] (D) [4]	[1], [2], [3], [4]로 표시된 위치 중, 다음 문장이 들어갈 곳으로 가장 적절한 것은? "투어 일정에 더하여, 사이트에서는 티켓을 어디서 구매할지에 대한 정보를 제공한다." (A) [1] (B) [2] (C) [3] (D) [4]

예제 02 | 이메일

Dear Ms. Hill, I would like to express my interest in the sales manager position. — [1] —. I have spent the last 10 years working as a sales representative at Devon Printers. — [2] —. I would like the opportunity to take on more responsibility with a larger company. Therefore, I am very excited about the prospect of working for Core Electronics. — [3] —. I am available for an interview at your earliest convenience. — [4] —. Thank you. Wayne Porter	Ms. Hill께, 저는 판매 관리자직에 대한 관심을 표하고자 합니다. — [1] —. 저는 지난 10년 동안 Devon 인쇄소에서 판매 담당자로 일해왔습니다. — [2] —. 저는 더 큰 회사에서 더 많은 책임을 맡게 되는 기회를 원하고 있습니다. 따라서, 저는 Core Electronics사에서 일하게 되는 가능성에 대해 매우 기대하고 있습니다. — [3] —. 저는 가급적 빠른 시일 내에 인터뷰를 할 수 있습니다. — [4] —. 감사합니다. Wayne Porter 드림

어휘   **take on** phr. (일 등을) 맡다, 책임을 지다   **responsibility** n. 책임, 책무   **prospect** n. 가능성, 전망

In which of the positions marked [1], [2], [3], and [4] does the following sentence best belong? "However, I feel that it is time to make a change." (A) [1] (B) [2] (C) [3] (D) [4]	[1], [2], [3], [4]로 표시된 위치 중, 다음 문장이 들어갈 곳으로 가장 적절한 것은? "그러나, 변화가 필요한 때라고 생각했습니다." (A) [1] (B) [2] (C) [3] (D) [4]

01-02 안내문

[01]Welcome to Shingle Lanes, the largest bowling alley in Winona. As a member, you are entitled to use our facilities from 1 to 10 P.M., Tuesday to Sunday. Though you may bowl without making a reservation, it is highly recommended that you book in advance. Each member can reserve a lane for a maximum of two hours per day. — [1] —.

For your convenience, you will receive a locker on your first visit as a member. [02]Lockers can be used to store bags and personal items but not bowling balls. — [2] —. [02]If you would like to keep your ball at Shingle Lanes, you may leave it on the rack next to the reception desk. Make sure that your initials are written on it. — [3] —.

Lastly, as a member, you can receive one free drink and slice of pizza each time you visit. — [4] —. Simply present your membership card at our snack kiosk. You may also qualify for discounts on apparel and gear at our shop.

[01]위노나에서 가장 큰 볼링장인 Shingle Lanes에 오신 것을 환영합니다. 회원으로서, 여러분은 화요일부터 일요일, 오후 1시에서 10시까지 저희의 시설들을 이용할 자격이 있습니다. 예약 없이 볼링을 할 수 있지만, 미리 예약하는 것이 강력히 권장됩니다. 각각의 회원은 하루에 최대 2시간까지 레인을 예약할 수 있습니다. — [1] —.

귀하의 편의를 위해, 회원으로서 첫 방문을 하실 때 개인 물품 보관함을 받으실 것입니다. [02]개인 물품 보관함은 가방이나 개인적인 물건들을 보관하는 데 이용될 수 있지만 볼링공은 안됩니다. — [2] —. [02]만약 Shingle Lanes에 공을 보관하고 싶으시다면, 접수처 옆에 있는 선반 위에 놔두실 수 있습니다. 반드시 공에 여러분의 이니셜이 적혀있도록 해주십시오. — [3] —.

마지막으로, 회원으로서 여러분은 방문하실 때마다 무료 음료수와 피자 한 조각을 받으실 수 있습니다. — [4] —. 회원증을 간식 매점에서 제시해 주시기만 하면 됩니다. 여러분은 또한 저희의 매장에서 의류와 장비에 대한 할인을 받을 자격이 있습니다.

어휘 **bowling alley** phr. 볼링장 **facility** n. 시설, 재능 **in advance** phr. 미리, 사전에 **maximum** n. 최대 **convenience** n. 편의, 편리 **locker** n. 개인 물품 보관함 **store** v. 보관하다, 저장하다 **rack** n. 선반 **initial** n. 이니셜, 이름의 첫 글자 **present** v. 제시하다, 보여주다 **kiosk** n. 매점 **qualify** v. ~할 자격이 있다, 자격증을 얻다 **apparel** n. 의류 **gear** n. 장비, 장치

01

For whom is the information most likely intended?

(A) Front desk staff
(B) Sports event attendees
(C) Parking lot attendants
(D) Recreational facility members

안내문은 누구를 대상으로 하는 것 같은가?

(A) 접수처 직원들
(B) 스포츠 경기 참석자들
(C) 주차장 안내원들
(D) 오락시설 회원들

해설 유형4 | 추론 전체 정보   정답 (D)

지문 곳곳에 퍼져 있는 여러 단서를 종합하여 안내문의 대상을 추론하는 문제이다. 'Welcome to Shingle Lanes, the largest bowling alley in Winona. As a member, you are entitled to use our facilities from 1 to 10 P.M., Tuesday to Sunday.'에서 위노나에서 가장 큰 볼링장인 Shingle Lanes에 온 것을 환영하며 회원들은 화요일부터 일요일, 오후 1시에서 10시까지 시설들을 이용할 수 있다고 한 후, 회원으로서 이용할 수 있는 서비스들에 대해 설명하고 있으므로 볼링장 회원을 대상으로 하는 안내문임을 추론할 수 있다. 따라서 (D)가 정답이다.

02

In which of the positions marked [1], [2], [3], and [4] does the following sentence best belong?

"They were not constructed to hold heavy objects."

(A) [1]
(B) [2]
(C) [3]
(D) [4]

[1], [2], [3], [4]로 표시된 위치 중, 다음 문장이 들어갈 곳으로 가장 적절한 것은?

"그것들은 무거운 물건을 보관하기 위해 지어진 것이 아닙니다."

(A) [1]
(B) [2]
(C) [3]
(D) [4]

지문의 흐름상 주어진 문장이 들어가기에 가장 적절한 곳을 고르는 문제이다. They were not constructed to hold heavy objects에서 그것들은 무거운 물건들을 보관하기 위해 지어진 것이 아니라고 했으므로, 문장이 물건을 보관하는 것에 대한 내용이 나오는 부분에 들어가야 함을 알 수 있다. [2]의 앞 문장인 'Lockers can be used to store bags and personal items but not bowling balls.'에서 개인 물품 보관함은 가방이나 개인적인 물건들을 보관하는 데 이용될 수 있지만 볼링공은 안 된다고 했고, 뒤 문장인 'If you would like to keep your ball at Shingle Lanes, you may leave it on the rack next to the reception desk.'에서 접수처 옆의 선반에 공을 보관할 수 있다고 했으므로 [2]에 제시된 문장이 들어가면 개인 물품 보관함에는 가방이나 개인적인 물건들을 보관해야 하며, 보관함은 볼링공과 같은 무거운 물건을 보관하기 위한 것이 아니기 때문에 볼링공은 접수처 옆의 선반 위에 보관해야 한다는 자연스러운 문맥이 된다는 것을 알 수 있다. 따라서 (B)가 정답이다.

03-05 기사

City Plans Heritage Trail 　　　　　　　　　　　　　　*Kolkata Times*

05Many of Kolkata's archaeological treasures are rarely visited. — [1] —. The city government is trying to change this by creating a walking path called the Kolkata Heritage Trail. 03-CAlong the way, walkers will be able to visit 24 old mansions, all of which are protected heritage sites.

"We want to get visitors to experience the city on foot instead of in a taxi," says Jaina Nath, head of the Kolkata Tourism Board. — [2] —. She added that the idea for the Kolkata Heritage Trail was partly inspired by Mumbai's Bollywood Boardwalk, which opened two years ago.

03-BWhen it is officially unveiled on March 4, 03-Dthe Kolkata Heritage Trail will stretch 16 km. It will start at Nivedita Bridge and end at Sealdah Railway Station. — [3] —. The route will be clearly marked, not only with arrow signs on walls but also with a yellow line on the sidewalk.

"To encourage people to do the entire walk, we'll be handing out free booklets at our tourism office. — [4] —. Each mansion will have a stamp booth, and 04anyone who collects a full set of stamps in their booklet will be able redeem it for a T-shirt," Nath explains. "If I see many people wearing these shirts, I'll know the project has succeeded!"

시에서 문화유산 탐방길을 계획하다 　　　　　　　*Kolkata Times*지

05콜카타의 많은 고고학적 유산들은 거의 방문되지 않는다. — [1] —. 시 정부는 콜카타 문화유산 탐방길이라고 불리는 산책로를 만들어냄으로써 이것을 바꾸기 위해 노력하고 있다. 03-C길을 따라서, 산책자들은 24개의 오래된 대저택을 방문할 수 있을 것인데, 그곳들은 모두 보존되고 있는 문화유산 등록지이다.

"저희는 방문객들이 택시 안에서가 아니라 걸어서 도시를 경험하게 하고 싶습니다."라고 콜카타 관광청장인 Jaina Nath는 말했다. — [2] —. 그녀는 콜카타 문화유산 탐방길에 대한 생각은 2년 전에 공개된 뭄바이의 발리우드 판자 산책로에서 일부 영감을 받았다고 덧붙였다.

03-B3월 4일에 공식적으로 공개될 때, 03-D콜카타 문화유산 탐방길은 16킬로미터에 걸쳐 뻗어 있을 것이다. 길은 Nivedita 다리에서 시작하여 Sealdah 철도역에서 끝날 것이다. — [3] —. 이 경로는 벽의 화살표 표시뿐만 아니라 보도 위 노란 줄로도 뚜렷하게 표시될 것이다.

"사람들이 길 전체를 다 걷도록 장려하기 위해, 저희는 관광 사무소에서 무료 책자를 나누어 줄 것입니다. — [4] —. 각각의 저택에는 도장 부스가 있을 것이고, 04그들의 책자에 도장을 전부 모은 사람이라면 누구든지 그것을 티셔츠로 교환할 수 있을 것입니다."라고 Nath가 설명한다. "만약 제가 많은 사람들이 이 티셔츠를 입고 있는 것을 본다면, 프로젝트가 성공했다는 것을 알게 될 것입니다!"

어휘 | heritage n. (국가·사회의) 유산, 상속 재산　archaeological adj. 고고학의　rarely adv. 거의 ~하지 않는　walking path phr. 산책로
mansion n. 대저택　protect v. 보존하다, 보호하다　heritage site phr. 문화유산 등록지　partly adv. 일부, 부분적으로　inspire v. 영감을 주다
boardwalk n. 판자 산책로　officially adv. 공식적으로, 정식으로　unveil v. 공개하다, 발표하다　stretch v. (어떤 지역에 걸쳐) 뻗어 있다, 펼쳐지다
railway n. 철도　mark v. 표시하다, 나타내다　sidewalk n. 보도, 도로　hand out phr. 나누어 주다　redeem v. 교환하다, 보완하다

03

What is NOT stated about the Kolkata Heritage Trail?

(A) It took two years to build.
(B) It will open on March 4.
(C) It includes 24 buildings.
(D) It is 16 kilometers long.

콜카타 문화유산 탐방길에 대해 언급되지 않은 것은?

(A) 짓는 데 2년이 걸렸다.
(B) 3월 4일에 공개될 것이다.
(C) 24개의 건물을 포함한다.
(D) 16킬로미터 길이이다.

해설 유형3 | Not/True Not 문제   정답 (A)

질문의 핵심 어구인 the Kolkata Heritage Trail과 관련된 내용을 지문에서 찾아 각 보기와 대조하는 Not/True 문제이다. (A)는 지문에 언급되지 않은 내용이다. 따라서 (A)가 정답이다. (B)는 'When it is officially unveiled on March 4'에서 콜카타 문화유산 탐방길이 3월 4일에 공식적으로 공개된다고 했으므로 지문의 내용과 일치한다. (C)는 'Along the way, walkers will be able to visit 24 old mansions'에서 탐방길을 따라서 24개의 오래된 대저택이 있다고 했으므로 지문의 내용과 일치한다. (D)는 'the Kolkata Heritage Trail will stretch 16 km'에서 탐방길이 16킬로미터에 걸쳐 뻗어 있을 것이라고 했으므로 지문의 내용과 일치한다.

04

How will people be able to receive a T-shirt?

(A) By purchasing some booklets
(B) By entering a competition
(C) By making a reservation
(D) By collecting some stamps

사람들은 어떻게 티셔츠를 받을 수 있을 것인가?

(A) 책자를 구매함으로써
(B) 대회에 출전함으로써
(C) 예약을 함으로써
(D) 도장을 모음으로써

해설 유형2 | 육하원칙 How   정답 (D)

사람들이 어떻게(How) 티셔츠를 받을 수 있을 것인지를 묻는 육하원칙 문제이다. 질문의 핵심 어구인 people be able to receive a T-shirt와 관련하여, 'anyone who collects a full set of stamps in their booklet will be able redeem it for a T-shirt'에서 책자에 도장을 전부 모은 사람이라면 누구든지 그것을 티셔츠로 교환할 수 있을 것이라고 했으므로 (D)가 정답이다.

05

In which of the positions marked [1], [2], [3], and [4] does the following sentence best belong?

"In fact, few people even know they exist."

(A) [1]
(B) [2]
(C) [3]
(D) [4]

[1], [2], [3], [4]로 표시된 위치 중, 다음 문장이 들어갈 곳으로 가장 적절한 것은?

"사실, 그것들이 존재한다는 것조차 아는 사람이 거의 없다."

(A) [1]
(B) [2]
(C) [3]
(D) [4]

해설 유형6 | 문장 위치 찾기   정답 (A)

지문의 흐름상 주어진 문장이 들어가기에 가장 적절한 곳을 고르는 문제이다. In fact, few people even know they exist에서 사실 그것들이 존재한다는 것조차 아는 사람이 거의 없다고 했으므로, 문장이 사람들이 잘 알지 못하는 것에 대해 언급하는 부분에 들어가야 함을 알 수 있다. [1]의 앞 문장인 'Many of Kolkata's archaeological treasures are rarely visited.'에서 콜카타의 많은 고고학적 유산들은 거의 방문되지 않는다고 했으므로, [1]에 제시된 문장이 들어가면 콜카타의 고고학적 유산들은 거의 방문되지 않으며 사실 그것들이 존재한다는 것조차 아는 사람이 거의 없다는 자연스러운 문맥이 된다는 것을 알 수 있다. 따라서 (A)가 정답이다.

기사

Southeast University Announces New Research Laboratory	Southeast 대학교가 새로운 연구소를 발표하다
At a press conference on Thursday, the president of Southeast University Shaun Davis announced a $25 million donation from Cybex Industries. The funds will be used to build and operate a medical research laboratory on campus.	목요일의 기자회견에서, Southeast 대학교의 총장인 Shaun Davis는 Cybex Industries사로부터 2천 5백만 달러의 기부금을 받았다고 발표했다. 이 기금은 교내의 의학 연구소를 짓고 운영하는 데 사용될 것이다.
Mr. Davis expressed his appreciation to Cybex Industries for the donation, which is the largest in the university's history. He also stated that the laboratory will likely draw graduate students and professors from across the country. "With its cutting-edge technologies, this facility will make Southeast University a leader in the field of medical research," he stated in his opening remarks. "I believe that we will see a number of important breakthroughs over the next few years."	Mr. Davis는 Cybex Industries사에게 기부에 대한 그의 감사를 표했는데, 이 기부금은 대학 역사상 가장 큰 금액이다. 그는 또한 연구소가 국내 전역의 대학원생들과 교수들을 끌어모을 것이라고 말했다. "최첨단 기술과 함께, 이 시설은 Southeast 대학교를 의학 연구 분야의 선두주자로 만들 것입니다."라고 그는 기조 연설에서 말했다. "저희가 다음 몇 년 동안 많은 중요한 발전들을 보게 될 것이라고 생각합니다."

어휘   research laboratory phr. 연구소   press conference phr. 기자회견   donation n. 기부(금)   fund n. 기금, 자금
appreciation n. 감사, 감탄   graduate student phr. 대학원생   cutting-edge adj. 최첨단의   opening remark phr. 기조 연설
breakthrough n. 발전, 발견, 돌파구

The word "draw" in paragraph 2, line 2, is closest in meaning to	2문단 두 번째 줄의 단어 "draw"는 의미상 −와 가장 가깝다.
(A) sketch	(A) 그리다
(B) attract	(B) 이끌다
(C) choose	(C) 선택하다
(D) impress	(D) 감명을 주다

01-02 초대장

The Elk Lake Performing Arts Center
would like to invite you to
A Night of Music
on Saturday, May 7 from 7:00 to 11:00 P.M.

The evening will feature solo performances by 10 classical musicians, including noted pianist Donald Dubois, who just completed a successful tour of Europe with sold-out shows in Berlin, Paris, and Vienna. Following the concert, there will be a reception hosted by Dana Ping, the director of the center. Snacks and beverages will be served, and Ms. Ping will talk about some of the upcoming concerts that will be held at the center.

[01]All proceeds from this event will be donated to Heritage Learning, a nonprofit group that provides free tutoring to disadvantaged youth. [01]The funds raised will be used to purchase new textbooks and study guides for students.

To order tickets, please call 555-0283 or visit www.elkartscenter.com. More information about Heritage Learning and instructions on how to make additional donations are available on our Web site as well.

Elk 호수 공연 예술 센터가
당신을 초대합니다
음악의 밤
5월 7일 토요일 오후 7시부터 11시까지

이날 저녁은 베를린, 파리, 빈에서 매진된 공연들을 하며 성공적인 유럽 투어를 이제 막 마친 유명한 피아노 연주가인 Donald Dubois를 포함한 10명의 클래식 음악가들의 솔로 공연을 포함할 것입니다. 공연 이후에, 센터장인 Dana Ping이 주최하는 축하 연회가 있을 것입니다. 간식과 음료가 제공될 것이고, Ms. Ping은 센터에서 열릴 몇몇 다가오는 공연들에 대해 이야기할 것입니다.

[01]이 행사의 모든 수익금은 사회적으로 혜택을 받지 못하는 청소년들에게 무료 수업을 제공하는 비영리 단체인 Heritage Learning에 기부될 것입니다. [01]모아진 기금은 학생들을 위한 새로운 교재와 학습 안내서를 구매하는 데 사용될 것입니다.

E 켓을 주문하시려면, 555-0283으로 전화 주시거나 www.elkartscenter.com에 방문해주시기 바랍니다. Heritage Learning에 대한 더 많은 정보와 추가적인 기부 방법에 대한 안내 또한 저희 웹사이트에서 이용 가능합니다.

어휘 noted adj. 유명한, 잘 알려져 있는 sold-out adj. 매진된, 품절의 reception n. 축하 연회, 접수처 host v. 주최하다; n. 주인
beverage n. 음료수 upcoming adj. 다가오는, 곧 있을 proceeds n. 수익금, 이익 nonprofit adj. 비영리적인
disadvantaged adj. 사회적으로 혜택을 받지 못하는, 불리한 조건에 놓인 instruction r. 안내, 지시, 설명

01

For what will the proceeds from the event be used?

(A) To pay for classroom renovations
(B) To purchase musical instruments
(C) To employ private tutors
(D) To buy educational materials

행사의 수익금은 무엇을 위해 사용될 것인가?

(A) 교실 개조 비용을 지불하기 위해
(B) 악기를 구매하기 위해
(C) 개인 강사를 고용하기 위해
(D) 교육 자료를 구매하기 위해

해설 유형2 | 육하원칙 What　　　　　　　　　　　　　　　　　　　　　　　정답 (D)

행사의 수익금이 무엇(what)을 위해 사용될 것인지를 묻는 육하원칙 문제이다. 질문의 핵심 어구인 the proceeds from the event be used와 관련하여, 'All proceeds from this event will be donated to Heritage Learning'에서 이 행사의 수익금은 Heritage Learning에 기부될 것이라고 했고, 'The funds raised will be used to purchase new textbooks and study guides for students.'에서 모아진 기금은 학생들을 위한 새로운 교재와 학습 안내서를 구매하는 데 사용될 것이라고 했으므로 (D)가 정답이다.

바꾸어 표현하기

purchase new textbooks and study guides for students 학생들을 위한 새로운 교재와 학습 안내서를 구매하다
→ buy educational materials 교육 자료를 구매하다

02

The word "available" in paragraph 3, line 2, is closest in meaning to

(A) manageable
(B) adjacent
(C) vacant
(D) accessible

3문단 두 번째 줄의 단어 "available"은 의미상 –와 가장 가깝다.

(A) 관리할 수 있는
(B) 가까운
(C) 비어 있는
(D) 이용 가능한

해설 유형7 | 동의어   정답 (D)

available을 포함하는 구절 'instructions on how to make additional donations are available on our Web site'에서 available이 '이용 가능한'이라는 뜻으로 사용되었다. 따라서 '이용 가능한'이라는 뜻을 가진 (D)가 정답이다.

03-04 기사

Head West Coming to the Big Screen

June 14—Heartwood Studio has confirmed that it is planning to produce a film adaptation of Melissa Harding's best-selling novel, *Head West*. This book was released approximately two years ago to critical and popular acclaim. Over 2.5 million copies of the novel have been sold around the world, and it has been translated into 15 languages.

In an interview yesterday, Heartwood Studio's CEO Bruce Spencer said that the company was happy to have acquired the rights to such a popular piece of fiction. "*Head West* has struck a chord with many people from different backgrounds," he added. "This is because the novel explores themes, such as love and family, that almost anyone can relate to."

Although no casting decisions have been announced yet, Mr. Spencer said that [04]the studio is discussing potential contract terms with several well-known stars. David Sawyer, who had the lead role in last summer's blockbuster hit *Hurricane*, is known to be a fan of Ms. Harding's books, causing many people to speculate that he is being considered for the film version of *Head West*. More information about the production will likely be released next month.

*Head West*가 극장으로 옵니다

6월 14일—Heartwood 영화사는 Melissa Harding의 베스트셀러 소설인 *Head West*를 각색한 영화를 제작할 계획임을 확인해 주었다. 이 책은 대략 2년 전에 출판되어 평단과 대중의 찬사를 받았다. 이 소설은 전 세계적으로 250만 부가 넘게 팔렸고, 15개의 언어로 번역되었다.

어제의 인터뷰에서, Heartwood 영화사의 최고 경영자인 Bruce Spencer는 회사는 이렇게 인기 있는 소설 작품의 판권을 얻게 되어서 기쁘다고 말했다. "*Head West*는 다른 배경을 가진 많은 사람들의 공감을 불러일으켰습니다."라고 그는 덧붙였다. "이것은 소설이 거의 누구나 공감할 수 있는 사랑과 가족과 같은 주제들을 탐구하기 때문입니다."

아직 배역 선정에 대한 결정은 알려지지 않았지만, Mr. Spencer는 [04]영화사가 여러 유명한 스타들과 잠재적인 계약 조건에 대해 논의 중이라고 말했다. 지난 여름의 블록버스터 히트작인 *Hurricane*의 주연이었던 David Sawyer는 Ms. Harding의 책들의 팬으로 알려져 있어, 많은 사람들이 그가 *Head West*의 영화 버전에 고려되고 있다고 추측하게 만들었다. 제작에 관한 더 많은 정보는 다음 달에 공개될 듯하다.

어휘 adaptation n. 각색, 적응 approximately adv. 대략, 거의 critical adj. 평단의, 비평가들의 popular adj. 대중들의, 인기 있는
acclaim n. 찬사, 칭찬 translate v. 번역하다, 바꾸다 acquire v. 얻다, 습득하다 right n. 판권, 저작권 fiction n. 소설, 허구
strike a chord phr. 공감을 불러일으키다, 심금을 울리다 background n. 배경, 배후 사정 explore v. 탐구하다, 탐험하다
relate to phr. ~에 공감하다, ~와 관련되다 casting n. 배역 선정 term n. 조건, 용어 speculate v. 추측하다, 깊이 생각하다

03

The word "confirmed" in paragraph 1, line 1, is closest in meaning to

(A) attained
(B) displayed
(C) approved
(D) verified

1문단 첫 번째 줄의 단어 "confirmed"는 의미상 –와 가장 가깝다.

(A) 이루다
(B) 전시하다
(C) 승인하다
(D) 확인하다

정답 (D)

confirmed를 포함하는 구절 'Heartwood Studio has confirmed that it is planning to produce a film adaptation'에서 confirmed가 '확인하다'라는 의미로 사용되었다. 따라서 '확인하다'라는 뜻을 가진 (D)가 정답이다.

04

According to the article, what is Heartwood Studio currently doing?

(A) Hiring script writers
(B) Consulting with fans
(C) Purchasing book rights
(D) Negotiating with actors

기사에 따르면, Heartwood 영화사는 현재 무엇을 하고 있는가?

(A) 대본 작가 고용하기
(B) 팬들과 협의하기
(C) 책의 판권을 구매하기
(D) 배우들과 협상하기

해설 **유형2 | 육하원칙** What **정답 (D)**

Heartwood 영화사가 현재 무엇(what)을 하고 있는지를 묻는 육하원칙 문제이다. 질문의 핵심 어구인 Heartwood Studio currently doing과 관련하여, 'the studio is discussing potential contract terms with several well-known stars'에서 영화사가 여러 유명한 스타들과 잠재적인 계약 조건에 대해 논의 중이라고 했으므로 (D)가 정답이다.

바꾸어 표현하기
discussing potential contract terms with several well-known stars 여러 유명한 스타들과 잠재적인 계약 조건에 대해 논의하다
→ Negotiating with actors 배우들과 협상하다

어휘 negotiate v. 협상하다, 교섭하다

해커스 토익 **PART 7**
집중공략 *777*

실력을
완성하는
해설집

TEST

01

해석 · 해설

EDMUNDS RESTAURANT SUPPLIES

Order number: P09Q1617B
Order date: January 24

Client information:
Name: Alfred Finney
147-A Company: Klein's Restaurant
Telephone: 555-2358

Shipping address:
E-mail: a.finney@kleinsrestaurant.com
1312 College Drive, Duluth, MN 55812

Item*	Description	Price
162-K16F	Warner heavy-duty 12-inch meat slicer	$1,480.00
801-B42J	Babbit premium sandwich press	$1,099.98

Notes:		
147-D Expect delivery in 3 to 5 business days	Subtotal	$2,579.98
	147-B Discount	$257.00
	Tax	$186.02
	Shipping	$18.00
	TOTAL	$2,527.00

*Please enter the appropriate item number. 148 To request the latest catalog by mail, call our customer hotline at 555-0438.

EDMUNDS 식당용품사

주문 번호: P09Q1617B
주문 날짜: 1월 24일

고객 정보:
이름: Alfred Finney
147-A 회사: Klein 식당
전화: 555-2358

배송 주소:
이메일: a.finney@kleinsrestaurant.com
1312번지 College로, 덜루스, 미네소타 주 55812

품목*	설명	가격
162-K16F	Warner사 강력한 12인치 고기 분쇄기	1,480.00달러
801-B42J	Babbit사 프리미엄 샌드위치 프레스	1,099.98달러

알림:		
147-D 3일에서 5일의 영업일 이내에 배송될 것으로 예상하십시오	소계	2,579.98달러
	147-B 할인	257.00달러
	세금	186.02달러
	배송	18.00달러
	총계	2,527.00달러

*알맞은 품목 번호를 입력해주십시오. 148 최신 카탈로그를 우편으로 받는 것을 요청하시려면, 고객 직통 전화인 555-0438로 전화 주시기 바랍니다.

어휘 **heavy-duty** adj. 강력한, 튼튼한 **business day** phr. 영업일 **subtotal** n. 소계 **tax** n. 세금, 부담 **appropriate** adj. 알맞은, 적절한 **latest** adj. 최신의, 최근의 **hotline** n. 직통 전화, 상담 전화

147

난이도 ○○●● 중

What is NOT true about Mr. Finney?

(A) He works at a dining establishment.
(B) He got a discount on a purchase.
(C) He will be reimbursed for tax.
(D) He will receive an order in less than a week.

Mr. Finney에 대해 사실이 아닌 것은?

(A) 식당에서 일한다.
(B) 구매에 대한 할인을 받았다.
(C) 세금을 환불받을 것이다.
(D) 주문품을 일주일 이내에 받을 것이다.

해설 유형3 | **Not/True** Not 문제

정답 (C)

질문의 핵심 어구인 Mr. Finney와 관련된 내용을 지문에서 찾아 각 보기와 대조하는 Not/True 문제이다. (A)는 'Company: Klein's Restaurant'에서 Mr. Finney의 회사가 Klein 식당이라고 했으므로 지문의 내용과 일치한다. (B)는 'Discount, $257.00'에서 257달러를 할인받았다고 했으므로 지문의 내용과 일치한다. (C)는 지문에 언급되지 않은 내용이다. 따라서 (C)가 정답이다. (D)는 'Expect delivery in 3 to 5 business days'에서 3일에서 5일의 영업일 이내에 배송될 것으로 예상하라고 했으므로 지문의 내용과 일치한다.

바꾸어 표현하기

in 3 to 5 business days 3일에서 5일의 영업일 이내에 → in less than a week 일주일 이내에

148

난이도 ○○○● 하

Why would Mr. Finney contact Edmunds Restaurant Supplies?

(A) To report a change of address
(B) To obtain a list of items for sale
(C) To increase the quantity of an order
(D) To take advantage of a promotional offer

Mr. Finney는 왜 Edmunds 식당용품사에 연락할 것인가?

(A) 주소 변경을 알리기 위해
(B) 판매 품목의 목록을 얻기 위해
(C) 주문의 수량을 늘리기 위해
(D) 판촉 할인을 이용하기 위해

해설 유형2 | 육하원칙 Why 　　　　　　　　　　　　　　　　　　정답 (B)

Mr. Finney가 왜(Why) Edmunds 식당용품사에 연락할 것인지를 묻는 육하원칙 문제이므로 지문의 마지막 부분을 확인한다. 질문의 핵심 어구인 contact Edmunds Restaurant Supplies와 관련하여, 'To request the latest catalog by mail, call our customer hotline at 555-0438.'에서 최신 카탈로그를 우편으로 받는 것을 요청하려면 고객 직통 전화로 전화하라고 했으므로 (B)가 정답이다.

바꾸어 표현하기

catalog 카탈로그 → a list of items for sale 판매 품목의 목록

어휘　quantity n. 수량　take advantage of phr. 이용하다, 활용하다　promotional adj. 판촉의, 홍보의　offer n. 할인, 제안

149-150 초대장

**You are cordially invited to attend
the Nancy K. Laughlin Library Dedication Ceremony
on June 1 at 11:00 A.M.**

The city of Martindale is delighted to announce the completion of [149]its newest public library, which will be named after Nancy K. Laughlin. Ms. Laughlin established an adolescent reading program and served the community of Martindale as a librarian for over 40 years. She and her family will be present at the event.

[150-A]The ceremony, sponsored by the Martindale Chamber of Commerce, will be held outside the entrance of the library. [150-D]Light refreshments will be served following the event. [150-B]The staff of the new library will lead tours of the facility every 30 minutes, starting from the circulation desk.

If you plan to attend and would like to reserve a seat, please call Martin Krause at 555-5454. [150-C]Standing room is also available to the public and does not require a reservation.

6월 1일 오전 11시에 열릴
Nancy K. Laughlin 도서관 준공식에
참석해 주실 것을 진심 어린 마음으로 초대합니다

Martindale 시는 [149]Nancy K. Laughlin의 이름을 따서 명명될 최신 공립 도서관의 완공을 알리게 되어 기쁩니다. Ms. Laughlin은 청소년 독서 프로그램을 창설하고 40년 넘게 Martindale 시 지역 사회에서 사서로 근무했습니다. 그녀와 그녀의 가족들이 행사에 참석할 것입니다.

[150-A]Martindale 시 상공회의소의 후원을 받는 이 기념식은 도서관 입구 밖에서 열릴 것입니다. [150-D]행사 이후에 가벼운 다과가 제공될 것입니다. [150-B]새 도서관의 직원들이 30분마다 대출 데스크에서부터 시작하는 시설 견학을 이끌 것입니다.

만약 귀하께서 참석할 계획이 있으시고 좌석을 예약하길 원하신다면, Martin Krause에게 555-5454로 전화 주시기 바랍니다. [150-C]입석 또한 일반인에게 개방되어 있으며 예약이 필요하지 않습니다.

어휘　dedication ceremony phr. 준공식　name after phr. ~의 이름을 따서 명명하다　establish v. 창설하다, 설립하다　adolescent n. 청소년　serve v. 근무하다, 제공하다　refreshment n. 다과　circulation desk phr. 대출 데스크　standing room phr. 입석

149 　　　　　　　　　　　　　　　　　난이도 ○○●● 중

After whom is the new library named?

(A) A member of a city council
(B) The founder of a youth program
(C) The head of a publishing company
(D) A recently promoted staff member

새로운 도서관은 누구의 이름을 따서 명명되는가?

(A) 시 의회 의원
(B) 청년 프로그램 창립자
(C) 출판사 사장
(D) 최근 승진한 직원

해설 유형2 | 육하원칙 Whom 　　　　　　　　　　　　　　　　　　정답 (B)

새로운 도서관이 누구(whom)의 이름을 따서 명명되는지를 묻는 육하원칙 문제이다. 질문의 핵심 어구인 the new library named와 관련하여, 'its newest public library, which will be named after Nancy K. Laughlin'과 'Ms. Laughlin established an adolescent reading program'에서 최신 공립 도서관이 Nancy K. Laughlin의 이름을 따서 명명될 것인데, Ms. Laughlin은 청소년 독서 프로그램을 창설했다고 했으므로 (B)가 정답이다.

바꾸어 표현하기

established an adolescent reading program 청소년 독서 프로그램을 창설했다 → The founder of a youth program 청년 프로그램 창립자

What is NOT true about the event?

(A) It is supported by a local organization.
(B) It will feature guided visits around a facility.
(C) It is open solely to those with invitations.
(D) It will include snacks after the main activity.

행사에 대해 사실이 아닌 것은?

(A) 지역 단체의 후원을 받는다.
(B) 시설 곳곳의 가이드 견학을 포함할 것이다.
(C) 오로지 초대장을 가진 사람들에게만 개방된다.
(D) 주요 행사 후에 간식을 제공할 것이다.

해설 유형3 | **Not/True** Not 문제   정답 (C)

질문의 핵심 어구인 the event와 관련된 내용을 지문에서 찾아 각 보기와 대조하는 Not/True 문제이다. (A)는 'The ceremony, sponsored by the Martindale Chamber of Commerce'에서 기념식이 Martindale 시 상공회의소의 후원을 받는다고 했으므로 지문의 내용과 일치한다. (B)는 'The staff of the new library will lead tours of the facility every 30 minutes'에서 새 도서관의 직원들이 30분마다 시설 견학을 이끌 것이라고 했으므로 지문의 내용과 일치한다. (C)는 'Standing room is also available to the public'에서 입석은 일반인에게 개방된다고 했으므로 지문의 내용과 일치하지 않는다. 따라서 (C)가 정답이다. (D)는 'Light refreshments will be served following the event.'에서 행사 이후에 가벼운 다과가 제공될 것이라고 했으므로 지문의 내용과 일치한다.

바꾸어 표현하기
sponsored by the Martindale Chamber of Commerce Martindale 시 상공회의소의 후원을 받다
→ supported by a local organization 지역 단체의 후원을 받다
tours of the facility 시설 견학 → visits around a facility 시설 곳곳의 견학

어휘 support v. 후원하다, 지원하다 solely adv. 오로지, 단독으로

151-152 편지

February 20

Sharon Russell
6531 Sylvan Lake Drive
Sylvan Lake, AB
T4S 1S3 Canada

Dear Ms. Russell,

151According to our records, your auto insurance will expire on March 22. Please visit one of our branches to renew your coverage should you desire to continue using your vehicle. To find the location closest to you, visit www.alautoinsurance.ca. Or, for your convenience, you may also make the payment by credit card on the same site.

I am also pleased to inform you that 152you now qualify for a 12 percent discount on your policy due to your perfect driving record over the past five years. This will be reflected in the cost of your policy.

We thank you for your continued patronage.

Client Services
Alberta Automobile Insurance Agency (AAIA)

2월 20일

Sharon Russell
6531번지 실반 레이크로
실반 레이크, 앨버타 주
T4S 1S3 캐나다

Ms. Russell께,

151저희 기록에 따르면, 귀하의 자동차 보험은 3월 22일에 만료될 것입니다. 만약 귀하의 차량을 계속해서 이용하기를 원하신다면 저희의 지점들 중 한 곳을 방문하셔서 보험을 갱신하시기 바랍니다. 가장 가까운 지점을 찾으시려면, www.alautoinsurance.ca를 방문해주십시오. 또는, 귀하의 편의를 위해 동일한 사이트에서 신용카드로 지불하셔도 됩니다.

저는 또한 152이제 귀하가 지난 5년 동안의 무사고 운전 기록으로 인해 귀하의 보험에 12퍼센트 할인을 받을 자격이 있다는 것을 알리게 되어 기쁩니다. 이것은 귀하의 보험료에 반영될 것입니다.

귀하의 지속적인 애용에 감사 드립니다.

고객 서비스 부서 드림
Alberta 자동차 보험 대리점(AAIA)

어휘 expire v. 만료되다, 끝나다 branch n. 지점 renew v. 갱신하다, 연장하다 for one's convenience phr. ~의 편의를 위해
qualify v. ~할 자격이 있다 policy n. 보험 상품, 보험 증서 perfect driving record phr. 무사고 운전 기록 reflect v. 반영하다, 나타내다
patronage n. 애용, 후원

What is the purpose of the letter?

(A) To announce a new method of payment
(B) To persuade a customer to expand coverage
(C) To inform a client of an expiration date
(D) To accept an insurance policy application

편지의 목적은 무엇인가?

(A) 새로운 지불 방식을 알리기 위해
(B) 보험 적용 범위를 늘리도록 고객을 설득하기 위해
(C) 고객에게 만료 날짜를 알려주기 위해
(D) 보험 가입 신청서를 수락하기 위해

해설 유형1 | **주제/목적 찾기** 글의 목적 정답 (C)

편지의 목적을 묻는 목적 찾기 문제이므로 지문의 앞부분을 주의 깊게 확인한다. 'According to our records, your auto insurance will expire on March 22.'에서 기록에 따르면 편지 수신자인 Ms. Russell의 자동차 보험이 3월 22일에 만료될 것이라고 한 후, 보험 갱신에 대한 안내를 하고 있으므로 (C)가 정답이다.

어휘 method of payment phr. 지불 방식

What does the letter suggest about Ms. Russell?

(A) She made a request for information.
(B) She is a first-time customer of AAIA.
(C) She has already submitted a payment.
(D) She has had no driving accidents for five years.

편지가 Ms. Russell에 대해 암시하는 것은?

(A) 정보를 요청했다.
(B) AAIA를 처음으로 이용하는 고객이다.
(C) 이미 납부금을 냈다.
(D) 5년 동안 운전 사고가 없었다.

해설 유형4 | **추론** 세부 정보 정답 (D)

질문의 핵심 어구인 Ms. Russell에 대해 추론하는 문제이다. 'you now qualify for a 12 percent discount on your policy due to your perfect driving record over the past five years'에서 이제 귀하, 즉 Ms. Russell이 지난 5년 동안의 무사고 운전 기록으로 인해 보험에 12퍼센트 할인을 받을 자격이 있다고 했으므로 Ms. Russell이 5년 동안 운전 사고가 없었다는 사실을 추론할 수 있다. 따라서 (D)가 정답이다.

바꾸어 표현하기
perfect driving record 무사고 운전 기록 → has had no driving accidents 운전 사고가 없었다

153-154 메시지 대화문

| **Anna Yang** | 3:05 P.M. |

[153]Are you still at the office? I forgot some documents I need for my presentation at Benson Legal Services this afternoon.

| **Lloyd O'Connor** | 3:06 P.M. |

You're in luck. [153]Where did you leave them?

| **Anna Yang** | 3:07 P.M. |

Check on my desk. They should be in a blue folder labeled "Benson Legal" next to my phone.

| **Lloyd O'Connor** | 3:12 P.M. |

Found it. I'll bring the folder with me to the meeting. Are you already at their office? I thought Mr. Benson wanted to get together with us at 4 P.M.

| **Anna Yang** | 3:13 P.M. |

I'm at a print shop right now. [154]Mr. Benson asked to see some examples of other buildings we designed. I thought that it would be good to have some images printed to show him along with the blueprints.

| Anna Yang | 오후 3시 5분 |

[153]아직 사무실에 계신가요? 제가 오늘 오후 Benson 법률 사무소에서 있을 프레젠테이션에 필요한 몇 가지 서류를 깜박했어요.

| Lloyd O'Connor | 오후 3시 6분 |

운이 좋으시네요. [153]그것들을 어디에 놔두었나요?

| Anna Yang | 오후 3시 7분 |

제 책상을 확인해보세요. 그것들은 저의 전화기 옆에 "Benson Legal"이라고 적힌 파란색 폴더 안에 있을 거예요.

| Lloyd O'Connor | 오후 3시 12분 |

찾았어요. 제가 폴더를 회의에 가져갈게요. 이미 그들의 사무실에 도착했나요? Mr. Benson이 저희와 오후 4시에 만나길 원했던 것 같은데요.

| Anna Yang | 오후 3시 13분 |

저는 지금 인쇄소에 있어요. [154]Mr. Benson이 우리가 설계했던 다른 건물들의 예시들을 보고 싶다고 요청했거든요. 그에게 설계도와 함께 보여줄 이미지들을 인쇄해두면 좋을 것 같다고 생각했어요.

TEST 1

TEST 2

TEST 3

TEST 4

TEST 5

TEST 6

TEST 7

해커스 토익 PART 7 집중공략 777

| Lloyd O'Connor | 3:14 P.M. | Lloyd O'Connor | 오후 3시 14분 |

Lloyd O'Connor   3:14 P.M.

Excellent idea. This would be a major project for us, so we need to do everything we can to ensure that he selects our firm.

Lloyd O'Connor   오후 3시 14분

좋은 생각이네요. 이것은 우리에게 중요한 프로젝트가 될 것이니, 그가 우리 회사를 반드시 선택하도록 우리가 할 수 있는 모든 것을 해야 해요.

어휘   **label** v. 적다, 분류하다   **get together** phr. 만나다, 모으다   **blueprint** n. 설계도, 청사진   **ensure** v. 반드시 ~하게 하다

153

난이도 ○●●● 상

At 3:06 P.M., what does Mr. O'Connor mean when he writes, "You're in luck"?

(A) He has prepared for a presentation.
(B) He has not forgotten a file.
(C) He has not left an office yet.
(D) He has met with a client already.

오후 3시 6분에, Mr. O'Connor가 "You're in luck"이라고 썼을 때 그가 의도한 것은?

(A) 프레젠테이션을 준비했다.
(B) 파일을 잊지 않았다.
(C) 아직 사무실을 떠나지 않았다.
(D) 이미 고객을 만났다.

해설 유형5 | 의도 파악   정답 (C)

Mr. O'Connor가 의도한 것을 묻는 문제이므로, 질문의 인용어구(You're in luck)가 언급된 주변 문맥을 확인한다. 'Are you still at the office? I forgot some documents I need for my presentation'에서 Anna Yang이 Mr. O'Connor에게 아직 사무실에 있는지 물으며 자신이 프레젠테이션에 필요한 몇 가지 서류를 깜박했다고 하자, Mr. O'Connor가 'You're in luck. Where did you leave them?'에서 'You're in luck.'(운이 좋으시네요)이라고 하면서 서류들을 어디에 두었냐고 한 것을 통해 Mr. O'Connor가 아직 사무실에 있다는 것을 알 수 있다. 따라서 (C)가 정답이다.

154

난이도 ○○●● 중

Where does Ms. Yang most likely work?

(A) At a print shop
(B) At a Web design company
(C) At an architectural firm
(D) At a law office

Ms. Yang은 어디에서 일할 것 같은가?

(A) 인쇄소에서
(B) 웹디자인 회사에서
(C) 건축 회사에서
(D) 법률 사무소에서

해설 유형4 | 추론 세부 정보   정답 (C)

질문의 핵심 어구인 Ms. Yang ~ work에 대해 추론하는 문제이다. 'Mr. Benson asked to see some examples of other buildings we designed. I thought that it would be good to have some images printed to show him along with the blueprints.'에서 Ms. Yang이 고객인 Mr. Benson이 자신들이 설계했던 다른 건물들의 예시를 보고 싶다고 요청했고 그에게 설계도와 함께 인쇄된 이미지들을 보여주면 좋을 것이라고 했으므로 Ms. Yang이 건축 회사에서 일한다는 사실을 추론할 수 있다. 따라서 (C)가 정답이다.

155-157 설명서

Blue Lake Aquariums
Instructions for Testing the pH Value of Aquarium Water

At Blue Lake Aquariums, our expertise lies in creating beautiful, healthy homes for your aquatic pets. [155]In order to ensure that conditions in your tank are optimal for its inhabitants, it is essential that you measure the pH value of the water on a regular basis. For accurate results, please adhere to the following instructions using the chemical test kit included in your Aquarium Starter Package. — [1] —.

Testing the Water Using the pH Test Kit
Clean the test tube provided in the kit. [156-A]Dip the tube into the tank water and fill it to the 5-milliliter line. — [2] —. Using a dropper,

Blue Lake 수족관
수족관 물의 pH 값을 검사하기 위한 설명서

Blue Lake 수족관에서, 저희는 귀하의 수중 동물들을 위해 아름답고 건강한 서식지를 만드는 데 전문 지식이 있습니다. [155]귀하의 탱크 안의 상태가 서식 동물들에게 확실히 최적이 되도록 하기 위해, 수중 pH 값을 주기적으로 측정하는 것은 필수적입니다. 정확한 결과를 위해, 귀하의 수족관 초보자 패키지에 포함된 화학 검사 세트 사용 시 다음의 지시를 따라주시기 바랍니다. — [1] —.

pH 검사 세트를 사용한 물 검사
검사 세트 안에 제공된 시험관을 닦아주십시오. [156-A]시험관을 탱크 안의 물에 담그고 5밀리리터 눈금까지 채우십시오.

TEST 1

TEST 2

TEST 3

TEST 4

TEST 5

TEST 6

TEST 7

place three drops of the test chemicals into the tube. Put the lid on the tube and lightly shake it for one minute. — [3] —. ¹⁵⁷Compare the resulting shade of liquid to the colors on the chemical color range card. ^{156-C/157}The water should have a pH value of between 6.5 and 7.5. — [4] —. ^{156-B}Repeat this process once a week.

— [2] —. 스포이트를 이용하여, 검사용 화학 물질을 시험관 속으로 세 방울 떨어뜨려 주십시오. 시험관의 뚜껑을 덮고 1분 동안 가볍게 흔드십시오. — [3] —. ¹⁵⁷액체의 결과 색상을 화학 색상 범위 카드의 색상과 비교하십시오. ^{156-C/157}물은 5.5와 7.5 범위 사이의 pH 값을 가지고 있어야 합니다. — [4] —. ^{156-B}이 과정을 매주 한 번씩 반복하십시오.

어휘　aquarium n. 수족관　value n. 값, 가치　expertise n. 전문 지식　optimal adj. 최적의, 최상의　inhabitant n. 서식 동물, 거주자　measure v. 측정하다, 재다　on a regular basis phr. 주기적으로　accurate adj. 정확한, 정밀한　adhere to phr. ~을 따르다, ~을 고수하다　instruction n. 지시, 설명　kit n. (특정한 목적용 도구) 세트　dip v. 담그다, 내려가다　dropper n. 스포이트, 적적기　lid n. 뚜껑

155

난이도 ○○●● 중

Why must a test be conducted?

(A) To check whether an aquarium is defective
(B) To measure an aquarium's capacity
(C) To preserve a proper tank environment
(D) To maintain the correct temperature

검사는 왜 실시되어야 하는가?

(A) 수족관에 결함이 있는지 확인하기 위해
(B) 수족관의 수용량을 측정하기 위해
(C) 적절한 탱크 환경을 보존하기 위해
(D) 적절한 온도를 유지하기 위해

해설 유형2 | **육하원칙** Why　　　　　　　　　　　　　　　　　정답 (C)

검사가 왜(Why) 실시되어야 하는지를 묻는 육하원칙 문제이다. 질문의 핵심 어구인 a test be conducted와 관련하여, 'In order to ensure that conditions in your tank are optimal for its inhabitants, it is essential that you measure the pH value of the water on a regular basis.'에서 탱크 안의 상태가 서식 동물들에게 확실히 최적이도록 하기 위해 수중 pH 값을 주기적으로 측정하는 것이 필수적이라고 했으므로 (C)가 정답이다.

바꾸어 표현하기

ensure that conditions in your tank are optimal 탱크 안의 상태가 확실히 최적이도록 하다
→ preserve a proper tank environment 적절한 탱크 환경을 보존하다

어휘　defective adj. 결함이 있는, 불완전한　capacity n. 수용량, 재능　preserve v. 보존하다, 지키다　proper adj. 적절한, 제대로 된

156

난이도 ○●●● 상

What is NOT included in the instructions?

(A) The amount of water needed for a test
(B) The recommended frequency of a procedure
(C) The ideal range of results
(D) The method for adjusting the pH balance

설명서에 포함되지 않은 것은?

(A) 검사에 필요한 물의 양
(B) 검사 절차의 권장 빈도
(C) 결과의 이상적인 범위
(D) pH 균형을 조정하는 방법

해설 유형3 | **Not/True** Not 문제　　　　　　　　　　　　　정답 (D)

설명서에 포함되지 않은 내용을 지문에서 찾아 각 보기와 대조하는 Not/True 문제이다. 이 문제는 질문에 핵심 어구가 없으므로 각 보기의 핵심 어구와 관련된 내용을 지문에서 찾아 대조한다. (A)는 'Dip the tube into the tank water and fill it to the 5-milliliter line.'에서 시험관을 탱크 안의 물에 담그고 5밀리리터 눈금까지 채우라고 했으므로 지문에 포함된 내용이다. (B)는 'Repeat this process once a week.'에서 검사 과정을 매주 한 번씩 반복하라고 했으므로 지문에 포함된 내용이다. (C)는 'The water should have a pH value of between 6.5 and 7.5.'에서 물은 6.5와 7.5 범위 사이의 pH 값을 가지고 있어야 한다고 했으므로 지문에 포함된 내용이다. (D)는 지문에 언급되지 않은 내용이다. 따라서 (D)가 정답이다.

어휘　frequency n. 빈도, 자주 일어남　ideal adj. 이상적인, 가장 알맞은　range n. 범위, 다양성　adjust v. 조정하다, 조절하다

157

In which of the positions marked [1], [2], [3], and [4] does the following sentence best belong?

"However, if it falls outside of this range, you will need to speak with one of our representatives."

(A) [1]
(B) [2]
(C) [3]
(D) [4]

[1], [2], [3], [4]로 표시된 위치 중, 다음 문장이 들어 갈 곳으로 가장 적절한 것은?

"그러나 만약 그것이 이 범위 밖에 있다면, 귀하는 저희 의 담당자 중 한 명과 상의해야 할 것입니다."

(A) [1]
(B) [2]
(C) [3]
(D) [4]

해설 유형6 | 문장 위치 찾기 　　　　　　　　　　　　　　　　　　　　　　정답 (D)

지문의 흐름상 주어진 문장이 들어가기에 가장 적절한 곳을 고르는 문제이다. However, if it falls outside of this range, you will need to speak with one of our representatives에서 그러나 만약 그것이 이 범위 밖에 있다면 담당자 중 한 명과 상의해야 할 것이라 고 했으므로, 문장이 특정 범위에 대해 언급하는 부분에 들어가야 함을 알 수 있다. [4]의 앞부분인 'Compare the resulting shade of liquid to the colors on the chemical color range card.'에서 액체의 결과 색상을 화학 색상 범위 카드의 색상과 비교하라고 했고, 'The water should have a pH value of between 6.5 and 7.5.'에서 물은 6.5와 7.5 범위 사이의 pH 값을 가지고 있어야 한다고 했 으므로, [4]에 제시된 문장이 들어가면 반대로 결과가 이 범위 밖에 있으면 담당자와 상의해야 한다는 자연스러운 문맥이 된다는 것을 알 수 있다. 따라서 (D)가 정답이다.

어휘　fall outside　phr. ~의 범위 밖에 있다, ~에 포함되지 않다

158-160　[광고]

CLEAN, SPOTLESS DISHES

Cleaning dishes can be difficult, especially when your dishwashing detergent fails to remove spots on your plates and glasses. That is why [158]you should try Waterfall, the powdered dishwashing tablet from Total Soap Incorporated! Waterfall uses a patented rinsing formula that targets grease and grime.

Each box contains 50 tablets made of dishwashing powder. Simply place a tablet in your dishwasher before turning on the machine. The powder will dissolve in the water, and when the dishwasher is finished running, all your cookware will be sparkling clean. It is just that simple.

[159-D]From now until March 17, we are offering a 10 percent discount on boxes of Waterfall. [160]If you are curious to read customer reviews of Waterfall, visit our Web site at www.totalsoap.com.

깨끗하고 얼룩 없는 식기

식기를 세척하는 것은 어려울 수 있는데, 특히 식기세척제가 당신의 접시나 유리잔의 얼룩을 제거하지 못할 때 그렇습니 다. 그것이 바로 [158]당신이 Total Soap사의 분말형 식기세척 세제 Waterfall을 써봐야 하는 이유입니다! Waterfall은 기 름과 때를 겨냥한 특허받은 세척 기술을 사용합니다.

각 상자는 식기세척 분말로 만들어진 50개의 세제로 구성되 어 있습니다. 기계를 작동시키기 전에 식기세척기에 세제 하 나를 넣어 주십시오. 분말은 물에 녹을 것이며, 식기세척기가 작동을 완료하면, 당신의 모든 요리 기구들은 반짝거릴 정도 로 깨끗할 것입니다. 이렇게 간단합니다.

[159-D]지금부터 3월 17일까지, 저희는 Waterfall 상자들에 10퍼센트 할인을 제공하고 있습니다. [160]만약 Waterfall에 대한 고객들의 의견을 읽고 싶으시다면, 저희의 웹사이트인 www.totalsoap.com을 방문해 주십시오.

어휘　spotless　adj. 얼룩이 없는, 아주 깨끗한　dishwashing detergent　phr. 식기세척제　powdered　adj. 분말형의, 가루의　tablet　n. 세제, 소형 비누 patented　adj. 특허를 받은, 특징적인　grease　n. 기름　grime　n. 때, 먼지　dissolve　v. 녹다, 분해하다　cookware　n. 요리 기구 sparkling　adj. 반짝거리는

158

What is being advertised?

(A) A set of dishware
(B) A new dishwasher
(C) A brand of detergent
(D) A scrubbing sponge

광고되고 있는 것은 무엇인가?

(A) 식기류 세트
(B) 새로운 식기세척기
(C) 세제 브랜드
(D) 세척 스펀지

TEST 1

TEST 2

TEST 3

TEST 4

TEST 5

TEST 6

TEST 7

해커스 토익 PART 7 집중공략 177

해설 **유형1 | 주제/목적 찾기** 글의 주제 　　　　　　　　　　　　　　　　　　　　　　　　　정답 (C)

광고되고 있는 것을 묻는 주제 찾기 문제이므로 지문의 앞부분을 주의 깊게 확인한다. 'you should try Waterfall, the powdered dishwashing tablet from Total Soap Incorporated'에서 Total Soap사의 분말형 식기세척 세제인 Waterfall을 써보라고 권하고 있으므로 (C)가 정답이다.

어휘　dishware n. 식기류, 접시류　scrub v. 세척하다, 문질러 씻다

159

난이도 ○○●● 중

What is indicated about Waterfall?

(A) It should only be used on glass items.
(B) It comes in different sizes.
(C) It is sold at online shopping malls.
(D) It is being offered for a reduced price.

Waterfall에 대해 언급된 것은?

(A) 유리로 만들어진 제품에만 사용되어야 한다.
(B) 다양한 크기로 나온다.
(C) 온라인 쇼핑몰에서 판매된다.
(D) 할인된 가격으로 제공되고 있다.

해설 **유형3 | Not/True** True 문제 　　　　　　　　　　　　　　　　　　　　　　　　　정답 (D)

질문의 핵심 어구인 Waterfall과 관련된 내용을 지문에서 찾아 각 보기와 대조하는 Not/True 문제이다. (A), (B), (C)는 지문에 언급되지 않은 내용이다. (D)는 'From now until March 17, we are offering a 10 percent discount on boxes of Waterfall.'에서 지금부터 3월 17일까지 Waterfall 상자들에 10퍼센트 할인을 제공하고 있다고 했으므로 지문의 내용과 일치한다. 따라서 (D)가 정답이다.

바꾸어 표현하기

10 percent discount 10퍼센트 할인 → reduced price 할인된 가격

160

난이도 ○○●● 중

Why would a customer visit the Web site?

(A) To order a free sample of merchandise
(B) To review feedback from consumers
(C) To learn how to use an item
(D) To request assistance from a technician

고객은 왜 웹사이트를 방문할 것인가?

(A) 상품의 무료 샘플을 주문하기 위해
(B) 고객들의 의견을 확인하기 위해
(C) 물품의 사용 방법을 알아보기 위해
(D) 기술자의 도움을 요청하기 위해

해설 **유형2 | 육하원칙** Why 　　　　　　　　　　　　　　　　　　　　　　　　　정답 (B)

고객이 왜(Why) 웹사이트를 방문할 것인지를 묻는 육하원칙 문제이므로 지문의 마지막 부분을 확인한다. 질문의 핵심 어구인 a customer visit the Web site와 관련하여, 'If you are curious to read customer reviews of Waterfall, visit our Web site'에서 만약 Waterfall에 대한 고객들의 의견을 읽고 싶다면 웹사이트를 방문해달라고 했으므로 (B)가 정답이다.

바꾸어 표현하기

read customer reviews 고객들의 의견을 읽다 → review feedback from consumers 고객들의 의견을 확인하다

어휘　merchandise n. 상품, 제품　consumer n. 고객, 소비자　assistance n. 도움, 원조

161-163 공고

Interlink Transit Notice

[161]Users of Interlink Transit's northern line are asked to take note that, starting on August 15, express buses will be added to weekday routes that start and end at Fairview Shores. [162]This change has been made to facilitate the start of the fall semester at Brandley College. [163-B]Express buses will operate from 7:00 A.M. until 2:00 P.M., Monday to Friday. [163-C]Weekend and holiday bus schedules will not be affected. [163-D]The charge will remain the same for taking an express bus, and the usual reduced rates for students and seniors will still apply. For more information, contact ⊙

Interlink 교통 공고

[161]Interlink 교통의 북부 노선 이용자들은 8월 15일부터 Fairview 해변에서 출발하고 끝나는 평일 노선에 급행 버스들이 증편된다는 사실에 주목하실 것이 요청됩니다. [162]이러한 변동 사항은 Brandley 대학의 가을 학기 개강을 용이하게 하기 위해 실시되었습니다. [163-B]급행 버스는 월요일부터 금요일, 오전 7시부터 오후 2시까지 운행할 것입니다. [163-C]주 말과 휴일의 버스 일정은 영향을 받지 않을 것입니다. [163-D]급행 버스를 이용하더라도 요금은 동일하게 유지될 것이며, 학생과 고령자를 위한 일반 할인가도 여전히 적용될 것입니다.

Interlink Transit's customer care center at 555-2309, or visit www.interlinkorlando.net.

더 많은 정보를 위해서는 555-2309로 Interlink 교통의 고객 서비스 센터에 연락해 주시거나, www.interlinkorlando.net을 방문해주시기 바랍니다.

어휘   transit n. 교통, 운송   take note phr. 주목하다   express bus phr. 급행 버스, 고속버스   facilitate v. 용이하게 하다, 가능하게 하다
        operate v. 운행하다, 운영하다, 작동하다   senior n. 고령자, 노인   apply v. 적용되다, 신청하다

161

난이도 ○○○● 하

Why was the notice written?

(A) To publicize a fare reduction
(B) To apologize for a discontinuation of services
(C) To report the addition of bus routes
(D) To announce changes to a holiday schedule

공고는 왜 쓰여졌는가?

(A) 요금 할인을 알리기 위해
(B) 서비스 중단에 대해 사과하기 위해
(C) 버스 노선의 증편을 알리기 위해
(D) 연휴 일정에 대한 변동 사항을 알리기 위해

해설 유형1 | 주제/목적 찾기 글을 쓴 이유   정답 (C)

공고가 쓰여진 이유를 묻는 목적 찾기 문제이므로 지문의 앞부분을 주의 깊게 확인한다. 'Users of Interlink Transit's northern line are asked to take note that, starting on August 15, express buses will be added to weekday routes'에서 Interlink 교통의 북부 노선 이용자들은 8월 15일부터 평일 노선에 급행 버스들이 증편된다는 사실에 주목할 것이 요청된다고 한 후, 버스 노선의 증편에 대해 자세히 설명하고 있으므로 (C)가 정답이다.

어휘   fare n. 요금, 승객   reduction n. 할인, 축소   discontinuation n. 중단, 정지

162

난이도 ○○○● 하

For whom were the express buses most likely added?

(A) Suburban commuters
(B) Student passengers
(C) Monthly pass holders
(D) Holiday travelers

급행 버스는 누구를 위해 증편된 것 같은가?

(A) 교외 통근자
(B) 학생 승객
(C) 월간 승차권 소지자
(D) 휴가 여행객

해설 유형4 | 추론 세부 정보   정답 (B)

질문의 핵심 어구인 For whom were the express buses ~ added에 대해 추론하는 문제이다. 'This change has been made to facilitate the start of the fall semester at Brandley College.'에서 이러한 변동 사항, 즉 급행 버스의 증편은 Brandley 대학의 가을 학기 개강을 용이하게 하기 위해 실시되었다고 했으므로, 급행 버스는 대학생 승객들을 위해 증편되었다는 사실을 추론할 수 있다. 따라서 (B)가 정답이다.

어휘   suburban adj. 교외의, 평범한   commuter n. 통근자   holder n. 소지자

163

난이도 ○○●● 중

What is stated about the express buses?

(A) They will travel to an industrial area.
(B) They will not operate on weekdays.
(C) They will have a new weekend schedule.
(D) They will not require users to pay more.

급행 버스에 대해 언급된 것은?

(A) 공업 지역으로 운행할 것이다.
(B) 평일에는 운행하지 않을 것이다.
(C) 새로운 주말 일정을 갖게 될 것이다.
(D) 이용자들이 요금을 더 많이 지불하게 하지 않을 것이다.

해설 유형3 | Not/True True 문제   정답 (D)

질문의 핵심 어구인 the express buses와 관련된 내용을 지문에서 찾아 각 보기와 대조하는 Not/True 문제이다. (A)는 지문에 언급되지 않은 내용이다. (B)는 'Express buses will operate from 7:00 A.M. until 2:00 P.M., Monday to Friday.'에서 급행 버스는 월요일부터 금요일, 오전 7시부터 오후 2시까지 운행할 것이라고 했으므로 지문의 내용과 일치하지 않는다. (C)는 'Weekend and holiday bus schedules will not be affected.'에서 주말과 휴일의 버스 일정은 영향을 받지 않을 것이라고 했으므로 지문의 내용과 일치하지 않는다. (D)는 'The charge will remain the same for taking an express bus'에서 급행 버스를 이용하더라도 요금은 동일하게 유지될 것이라고 했으므로 지문의 내용과 일치한다. 따라서 (D)가 정답이다.

To: David Pastrino <d.pastrino@prestaurant.com>
From: Bill Hallberg <b.hallberg@gvfarms.com>
Date: January 15
Subject: Order

Dear Mr. Pastrino,

[164]Thank you for writing to us regarding the delivery you received last Monday. We would like to sincerely apologize for our errors. I understand that you received 10 crates of eggs instead of 12, and that we sent you low-fat milk instead of whole milk. You must have ended up with someone else's order.

[165]We recently hired a new delivery person, and he is still adjusting to his duties. I have spoken with him, and he assured me that the same mistake will not be made again. [166]To compensate for any inconvenience caused by these oversights, we want to offer you a complimentary one-week supply of eggs and milk. [167]When you receive your regular delivery next Monday, the invoice will only include charges for your other weekly orders of cheese, yogurt, and cream. I hope you will find this a satisfactory resolution.

Sincerely,

Bill Hallberg
Green Valley Farms

수신: David Pastrino <d.pastrino@prestaurant.com>
발신: Bill Hallberg <b.hallberg@gvfarms.com>
날짜: 1월 15일
제목: 주문품

Mr. Pastrino께,

[164]지난주 월요일에 귀하께서 받으신 배송품과 관련하여 저희에게 편지를 보내주신 것에 대해 감사드립니다. 저희는 실수에 대해 진심으로 사과드리고 싶습니다. 귀하께서 달걀 12상자 대신 10상자를 받으셨고, 전유 대신에 저지방 우유를 받으셨음을 알고 있습니다. 귀하께서 다른 고객 분의 주문품을 받게 되신 것 같습니다.

[165]저희는 최근에 새로운 배송기사를 고용했으며, 그는 아직 그의 직무에 적응하는 중입니다. 제가 그와 이야기를 해보았는데, 그는 저에게 같은 실수가 다시는 생기지 않을 것이라고 장담했습니다. [166]이 실수가 야기했던 어떤 불편에 대해서라도 보상해드리기 위해, 저희는 일주일 분 달걀과 우유 공급을 무료로 제공하고 싶습니다. [167]다음 주 월요일 귀하께서 정기 배송을 받으실 때, 송장은 귀하의 다른 주간 주문품들인 치즈, 요거트, 그리고 크림의 금액만 포함할 것입니다. 저는 귀하께서 이것을 만족스러운 해결방안이라고 생각해 주시기를 바랍니다.

Bill Hallberg 드림
Green Valley 농장

어휘 regarding prep. ~와 관련하여 delivery n. 배송품, 배송 sincerely adv. 진심으로 error n. 실수, 오류 crate n. 상자 low-fat milk phr. 저지방 우유 whole milk phr. 전유 adjust v. 적응하다, 조정하다 duty n. 직무, 의무 assure v. 장담하다, 확인하다 compensate v. 보상하다, 배상하다 inconvenience n. 불편 cause v. 야기하다, 초래하다 oversight n. 실수, 간과 complimentary adj. 무료의, 칭찬하는 invoice n. 송장 resolution n. 해결방안, 결정

164

난이도 ○○●● 중

Why was the e-mail written?

(A) To complain about an order
(B) To request a list of food items
(C) To make amends for an error
(D) To discuss renewing a contract

이메일은 왜 쓰여졌는가?

(A) 주문품에 대해 불평하기 위해
(B) 식품 목록을 요청하기 위해
(C) 실수에 대해 보상하기 위해
(D) 계약 갱신에 대해 논의하기 위해

해설 유형 1 | 주제/목적 찾기 글을 쓴 이유 정답 (C)

이메일이 쓰여진 이유를 묻는 목적 찾기 문제이다. 응답 표현 주변인 'Thank you for writing to us regarding the delivery ~. We would like to sincerely apologize for our errors.'에서 배송품과 관련하여 편지를 보내준 것에 대해 고맙고 실수에 대해 진심으로 사과하고 싶다고 한 후, 실수로 인한 불편을 보상할 방안에 대해 이야기하고 있으므로 (C)가 정답이다.

어휘 make amends for phr. ~을 보상하다 renew v. 갱신하다, 재개하다

165

난이도 ○○●● 중

Why was there a problem with the delivery?

(A) The restaurant relocated to a different neighborhood.
(B) A supplier's employee lacks experience.
(C) Mr. Pastrino made a modification to a weekly order.
(D) Mr. Hallberg misread some details on an order form.

배송에 왜 문제가 있었는가?

(A) 식당이 다른 지역으로 이전했다.
(B) 공급자의 직원이 경험이 부족하다.
(C) Mr. Pastrino가 주간 주문을 변경했다.
(D) Mr. Hallberg가 주문서의 세부 내용을 잘못 읽었다.

해설 유형2 | 육하원칙 Why 정답 (B)

배송에 왜(Why) 문제가 있었는지를 묻는 육하원칙 문제이다. 질문의 핵심 어구인 a problem with the delivery와 관련하여, 'We recently hired a new delivery person, and he is still adjusting to his duties.'에서 농장이 최근에 새로운 배송기사를 고용했으며 그는 아직 그의 직무에 적응하는 중이라고 했으므로 (B)가 정답이다.

어휘 relocate v. 이전하다 neighborhood n. 지역, 지방 lack v. 부족하다, ~이 없다 modification n. 변경, 수정 misread v. 잘못 읽다, 오해하다

166

What does Mr. Hallberg offer?

(A) A shipping charge refund
(B) Some complimentary items
(C) A coupon for online purchases
(D) Express delivery for a future order

Mr. Hallberg는 무엇을 제공하는가?

(A) 배송비 환불
(B) 몇 가지 무료 상품
(C) 온라인 구매를 위한 쿠폰
(D) 향후 주문에 대한 고속 배송

해설 유형2 | 육하원칙 What 정답 (B)

Mr. Hallberg가 무엇을(What) 제공하는지를 묻는 육하원칙 문제이다. 질문의 핵심 어구인 Mr. Hallberg offer와 관련하여, 'To compensate for any inconvenience caused by these oversights, we want to offer you a complimentary one-week supply of eggs and milk.'에서 Mr. Hallberg가 실수가 야기했을 어떤 불편에 대해서라도 보상하기 위해 일주일 분 달걀과 우유 공급을 무료로 제공하고 싶다고 했으므로 (B)가 정답이다.

167

What is suggested about Green Valley Farms?

(A) It only sells organic products.
(B) It has a partnership agreement with another supplier.
(C) It plans to move its storage facility.
(D) It regularly brings shipments to Mr. Pastrino.

Green Valley 농장에 대해 암시되는 것은?

(A) 유기농 제품만 판매한다.
(B) 다른 공급 회사와 제휴 계약을 맺었다.
(C) 저장 시설을 이전할 계획이다.
(D) Mr. Pastrino에게 정기적으로 배송을 제공한다.

해설 유형4 | 추론 세부 정보 정답 (D)

질문의 핵심 어구인 Green Valley Farms에 대해 추론하는 문제이다. 'When you receive your regular delivery next Monday, the invoice will only include charges for your other weekly orders of cheese, yogurt, and cream.'에서 귀하, 즉 Mr. Pastrino가 다음 주 월요일 정기 배송을 받을 때 송장은 주간 주문품들의 금액만 포함할 것이라고 했으므로 Green Valley 농장이 Mr. Pastrino에게 매주 월요일마다 정기적으로 물건을 배송한다는 사실을 추론할 수 있다. 따라서 (D)가 정답이다.

어휘 organic adj. 유기농의 partnership agreement phr. 제휴 계약 supplier n. 공급 회사, 제조업체 regularly adv. 정기적으로, 자주

168-171 기사

[168]Westgate Bus Terminal Will Offer More for Travelers
By Harriet Gardner

[168]At a media event last Thursday morning, the Springvale Transit Authority revealed the brand-new Westgate Bus Terminal. — [1] —. Members of the press were treated to a short talk by transit authority director Warren Middleton before being guided through the state-of-the-art terminal.

Westgate is much more spacious than the City Bus Terminal, which it has replaced. — [2] —. It has parking bays for more than 40 buses and two ticketing areas. In addition, [169-A/C/D]the terminal building has six retail spaces, a coffee shop, and three restaurants, [169-B]with a BGA Bank branch soon to come. A spokesperson for

[168]Westgate 버스 터미널이 여행객들에게 더 많은 것을 제공할 것이다
Harriet Gardner 작성

[168]지난주 목요일 오전 언론 행사에서, Springvale 교통 당국은 완전히 새로운 Westgate 버스 터미널을 공개했다. — [1] —. 기자들은 최첨단 터미널을 안내받기 전 교통 당국의 책임자인 Warren Middleton의 짧은 연설을 들었다.

Westgate는 그것이 대체한 시 버스 터미널보다 훨씬 더 넓다. — [2] —. 이것은 40대 이상의 버스들을 위한 주차 구역과 두 개의 매표 구역을 가지고 있다. 게다가, [169-A/C/D]터미널 건물에는 [169-B]아직 들어설 BGA 은행 지점을 포함해 여섯 개의 소매점, 한 개의 커피숍, 그리고 세 개의 식당이 있다. 교통 당국의 대변인은 모든 소매점들과 식당들은 이미 임

the transit authority said that all retail and dining spaces have been leased already. — [3] —

The facilities are a much-needed improvement over the City Bus Terminal, and there is sure to be far less congestion during peak travel hours. However, [171]the interior design and décor are somewhat bland. — [4] —. Muted colors such as gray, black, and white are used everywhere.

The structure was built at a cost of $42 million and will be fully operational in two weeks.

다 되었다고 말했다. — [3] —.

이 시설들은 시 버스 터미널에 꼭 필요했던 개선이며, 가장 혼잡한 이동 시간 동안에 교통 체증이 훨씬 더 줄어들 것이 분명하다. 그러나, [171]인테리어 디자인과 실내 장식은 다소 단조롭다. — [4] —. 회색, 검은색, 흰색과 같은 부드러운 색들이 모든 곳에 사용되었다.

건축물은 4,200만 달러의 비용으로 건설되었으며 2주 후에 온전히 운영될 준비를 갖출 것이다.

어휘 transit authority phr. 교통 당국 reveal v. 공개하다, 드러내다 brand-new adj. 온전히 새로운 state-of-the-art adj. 최첨단의, 최신식의 spacious adj. 넓은, 거대한 replace v. 대체하다, 대신하다 bay n. 구역, 구간 lease v. 임대하다, 대여하다 congestion n. 교통 체증, 혼잡 décor n. 장식 somewhat adv. 다소, 약간 bland adj. 단조로운, 개성 없는 operational adj. 운영될 준비를 갖춘, 경영상의

168

난이도 ○○●● 중

What is the purpose of the article?

(A) To announce an upcoming building project
(B) To discuss a new city transit system
(C) To report on a newly opened facility
(D) To introduce a transport authority executive

기사의 목적은 무엇인가?

(A) 다가오는 건축 프로젝트를 알리기 위해
(B) 새로운 도시 교통 시스템에 대해 논의하기 위해
(C) 새로 공개된 시설에 대해 알리기 위해
(D) 교통 당국 임원진을 소개하기 위해

해설 유형1 | 주제/목적 찾기 글의 목적   정답 (C)

기사의 목적을 묻는 목적 찾기 문제이므로 지문의 헤드라인과 첫 세 문장을 주의 깊게 확인한다. 'Westgate Bus Terminal Will Offer More for Travelers'에서 Westgate 버스 터미널이 여행객들에게 더 많은 것을 제공할 것이라고 했고, 'At a media event last Thursday morning, the Springvale Transit Authority revealed the brand-new Westgate Bus Terminal.'에서 Springvale 교통 당국이 완전히 새로운 Westgate 버스 터미널을 공개했다고 한 후 Westgate 버스 터미널에 대해 설명하고 있으므로 (C)가 정답이다.

어휘 upcoming adj. 다가오는, 곧 있을 executive n. 임원진, 운영진

169

난이도 ○○●● 중

What is NOT currently housed in the Westgate Bus Terminal?

(A) Dining establishments
(B) A bank branch office
(C) A beverage seller
(D) Retail outlets

Westgate 버스 터미널에 현재 입점되지 않은 것은?

(A) 식당
(B) 은행 지점
(C) 음료 가게
(D) 소매점

해설 유형3 | Not/True Not 문제   정답 (B)

질문의 핵심 어구인 currently housed in Westgate Bus Terminal과 관련된 내용을 지문에서 찾아 각 보기와 대조하는 Not/True문제이다. (A), (C), (D)는 'the terminal building has six retail spaces, a coffee shop, and three restaurants'에서 터미널 건물에는 여섯 개의 소매점, 한 개의 커피숍, 그리고 세 개의 식당이 있다고 했으므로 지문의 내용과 일치한다. (B)는 'with a BGA Bank branch soon to come'에서 터미널 건물에 BGA 은행 지점이 머지않아 들어설 것이라고 한 것을 통해서 은행 지점은 현재 터미널 건물에 없음을 알 수 있으므로 지문의 내용과 일치하지 않는다. 따라서 (B)가 정답이다.

바꾸어 표현하기
restaurants 식당 → Dining establishments 식당
coffee shop 커피숍 → beverage seller 음료 가게
retail spaces 소매점 → Retail outlets 소매점

해커스 토익 PART 7 집중공략 77

170

The word "Muted" in paragraph 3, line 4, is closest in meaning to (A) Subdued (B) Silent (C) Arbitrary (D) Speechless	3문단 네 번째 줄의 단어 "Muted"는 의미상 −와 가장 가깝다. (A) 부드러운 (B) 조용한 (C) 임의적인 (D) 말을 못 하는

해설 유형7 | 동의어   정답 (A)

Muted를 포함하는 구절 'Muted colors such as gray, black, and white'에서 Muted가 '부드러운, 밝지 않은'이라는 뜻으로 사용되었다. 따라서 '부드러운, 은은한'이라는 뜻을 가진 (A)가 정답이다.

171

In which of the positions marked [1], [2], [3], and [4] does the following sentence best belong? "There is no artwork to speak of, and the walls are bare." (A) [1] (B) [2] (C) [3] (D) [4]	[1], [2], [3], [4]로 표시된 위치 중, 다음 문장이 들어갈 곳으로 가장 적절한 것은? "이렇다 할 만한 예술품이 없고, 벽은 텅 비어있다." (A) [1] (B) [2] (C) [3] (D) [4]

해설 유형6 | 문장 위치 찾기   정답 (D)

지문의 흐름상 주어진 문장이 들어가기에 가장 적절한 곳을 고르는 문제이다. There is no artwork to speak of, and the walls are bare에서 이렇다 할 만한 예술품이 없고 벽은 텅 비어있다고 했으므로, 문장이 건물의 장식이나 인테리어를 언급하는 부분에 들어가야 함을 알 수 있다. [4]의 앞 부분인 'the interior design and décor are somewhat bland'에서 버스 터미널의 인테리어 디자인과 실내 장식은 다소 단조롭다고 했으므로, [4]에 제시된 문장이 들어가면 버스 터미널의 실내 장식이 다소 단조로우며 이렇다 할 만한 예술품이 없고 벽은 텅 비어있다는 자연스러운 문맥이 된다는 것을 알 수 있다. 따라서 (D)가 정답이다.

어휘   **artwork** n. 예술품, 삽화   **bare** adj. 텅 빈, 헐벗은

172-175   온라인 채팅 대화문

Sandra Quinney 4:34 P.M. 173-BIt's about my interview with Isabel Chou on Wednesday. 173-DShould I mainly ask about her upcoming exhibition?	**Sandra Quinney** 오후 4시 34분 173-B수요일에 있을 Isabel Chou와의 제 인터뷰에 관해서 말인데요. 173-D제가 주로 그녀의 다가오는 전시회에 대해 물어봐야 할까요?
Katrina Adeline 4:36 P.M. 173-DActually, I don't want you to focus too much on that. 172Harry already covered her career, current work, and solo show at Blinding Comet Gallery in the main article.	**Katrina Adeline** 오후 4시 36분 173-D사실 당신이 그것에 너무 많이 집중하지 않았으면 해요. 172Harry가 이미 주요 기사에서 그녀의 경력, 현재 작품과 Blinding Comet 미술관에서 하는 단독 전시에 대해서 다뤘어요.
Sandra Quinney 4:37 P.M. Then I'll have to approach it from a different angle. Any ideas?	**Sandra Quinney** 오후 4시 37분 그러면 저는 다른 관점에서 접근해야 하겠네요. 다른 의견이 있으신가요?
Harry Wright 4:39 P.M. I'm sure our readers are interested in getting to know Ms. Chou better. 173-AWhy don't you focus on the aspects of her life not directly related to her work? Ask about her childhood, her family, and her hobbies.	**Harry Wright** 오후 4시 39분 우리의 독자들이 Ms. Chou를 더 잘 알고 싶어 할 것이라고 확신해요. 173-A그녀의 일과 직접적으로 연관되지 않은 생활 측면에 초점을 맞추는 게 어때요? 그녀의 어린 시절, 가족과 취미들에 대해서 물어봐요.

Sandra Quinney 4:41 P.M. I'll go with your idea, Harry. And will I be taking the pictures?	**Sandra Quinney** 오후 4시 41분 당신의 제안대로 할게요, Harry. 그리고 제가 사진 촬영도 할까요?
Katrina Adeline 4:42 P.M. Myron might be able to accompany you. Myron, you're free on Wednesday afternoon, right?	**Katrina Adeline** 오후 4시 42분 Myron이 당신과 동행할 수 있을 거예요. Mryon, 수요일 오후에 다른 계획은 없는 거죠?
Myron Haas 4:46 P.M. Sure. ¹⁷⁴I enjoyed covering the Bathurst Street Art Week with you, Sandra.	**Myron Haas** 오후 4시 46분 물론이죠. ¹⁷⁴당신과 Bathurst가 예술 주간을 다룰 수 있어서 좋았어요, Sandra.
Sandra Quinney 4:46 P.M. Me too. And I think the story turned out well. ¹⁷⁵Why don't we go together in my car?	**Sandra Quinney** 오후 4시 46분 저도 그래요. 그리고 기사가 잘 되었던 것 같아요. ¹⁷⁵제 차로 같이 가는 게 어때요?
Myron Haas 4:46 P.M. ¹⁷⁵I have a shoot at Sandspit Park that morning, so I'll be close to the studio.	**Myron Haas** 오후 4시 46분 ¹⁷⁵저는 오전에 Sandspit 공원에서 촬영이 있어서 스튜디오와 가까울 거예요.
Sandra Quinney 4:47 P.M. Got it. ¹⁷⁵See you there.	**Sandra Quinney** 오후 4시 47분 알겠어요. ¹⁷⁵거기에서 봐요.

어휘 **exhibition** n. 전시회, 박람회 **cover** v. 다루다, 포함시키다 **current** adj. 현재의, 지금의 **angle** n. 관점, 각도 **idea** n. 의견, 제안 **aspect** n. 측면, 양상 **directly** adv. 직접적으로, 곧장 **childhood** n. 어린 시절 **accompany** v. 동행하다, 동반하다 **free** adj. 다른 계획이 없는, 무료의 **shoot** n. 촬영

172

난이도 ○○○● 하

Who most likely is Isabel Chou?	Isabel Chou는 누구인 것 같은가?
(A) A magazine editor	(A) 잡지 편집자
(B) A reporter	(B) 기자
(C) A gallery owner	(C) 미술관 소유주
(D) An artist	(D) 예술가

해설 **유형4 | 추론** 세부 정보 정답 (D)

질문의 핵심 어구인 Isabel Chou에 대해 추론하는 문제이다. 'Harry already covered her career, current work, and solo show at Blinding Comet Gallery in the main article.'에서 Harry가 이미 주요 기사에서 그녀, 즉 Ms. Chou의 경력, 현재 작품과 Blinding Comet 미술관에서 하는 단독 전시에 대해서 다룰 것이라고 했으므로 Isabel Chou가 예술가라는 사실을 추론할 수 있다. 따라서 (D)가 정답이다.

173

난이도 ○○●● 중

What is mentioned about the upcoming interview?	다가오는 인터뷰에 대해 언급된 것은?
(A) It will concern Ms. Chou's personal life.	(A) Ms. Chou의 개인적인 생활을 다룰 것이다.
(B) It will be conducted by Mr. Wright.	(B) Mr. Wright에 의해 진행될 것이다.
(C) It will be recorded with a video camera.	(C) 비디오카메라로 녹화될 것이다.
(D) It will focus on Ms. Chou's exhibition.	(D) Ms. Chou의 전시회에 중점을 둘 것이다.

해설 **유형3 | Not/True** True 문제 정답 (A)

질문의 핵심 어구인 the upcoming interview와 관련된 내용을 지문에서 찾아 각 보기와 대조하는 Not/True 문제이다. (A)는 'Why don't you focus on the aspects of her life not directly related to her work? Ask about her childhood, her family, and her hobbies.'에서 Harry Wright가 Ms. Chou와의 인터뷰에서 그녀의 일과 직접적으로 연관되지 않은 생활 측면에 초점을 맞추고 그녀의 어린 시절, 가족과 취미들에 대해서 물어보라고 했으므로 지문의 내용과 일치한다. 따라서 (A)가 정답이다. (B)는 'It's about my interview with Isabel Chou on Wednesday.'에서 Sandra Quinney가 수요일에 자신이 Isabel Chou와 인터뷰를 할 것이라고 했으므로 지문의 내용과 일치하지 않는다. (C)는 지문에 언급되지 않은 내용이다. (D)는 'Should I mainly ask about her upcoming exhibition?'에서 Sandra Quinney가 인터뷰에서 주로 Ms. Chou의 다가오는 전시회에 대해 물어봐야 할지 묻자, 'Actually, I don't want you to focus too much on that.'에서 Katrina Adeline이 사실 그것, 즉 전시회에 너무 많이 집중하지 않았으면 한다고 했으므로 지문의 내용과 일치하지 않는다.

174

난이도 ○○●● 중

What can be inferred about Mr. Haas?

(A) He has worked with Ms. Quinney before.
(B) He is an amateur photographer.
(C) He has visited Ms. Chou's workplace.
(D) He will organize a photography exhibit.

Mr. Haas에 대해 추론될 수 있는 것은?

(A) 이전에 Ms. Quinney와 함께 일한 적이 있다.
(B) 아마추어 사진작가이다.
(C) Ms. Chou의 작업실에 방문한 적이 있다.
(D) 사진 전시회를 준비할 것이다.

해설 유형4 | __추론__ 세부 정보　　　　　　　　　　　　　　　　　　　정답 (A)

질문의 핵심 어구인 Mr. Haas에 대해 추론하는 문제이다. 'I enjoyed covering the Bathurst Street Art Week with you, Sandra.'에서 Mr. Haas가 당신, 즉 Ms. Quinney와 Bathurst가 예술 주간을 다룰 수 있어서 좋았다고 했으므로 Mr. Haas는 이전에 Ms. Quinney와 함께 일한 적이 있다는 사실을 추론할 수 있다. 따라서 (A)가 정답이다.

175

난이도 ○○●● 중

At 4:47 P.M., what does Ms. Quinney mean when she writes, "Got it"?

(A) She will join Mr. Haas at an art festival.
(B) She will pick up Mr. Haas at a park.
(C) She will meet Mr. Haas at a studio.
(D) She will visit Mr. Haas at an office.

오후 4시 47분에, Ms. Quinney가 "Got it"이라고 썼을 때 그녀가 의도한 것은?

(A) Mr. Haas와 예술 행사에 참여할 것이다.
(B) 공원에서 Mr. Haas를 태울 것이다.
(C) 스튜디오에서 Mr. Haas를 만날 것이다.
(D) 사무실에서 Mr. Haas를 방문할 것이다.

해설 유형5 | __의도 파악__　　　　　　　　　　　　　　　　　　　　정답 (C)

Ms. Quinney가 의도한 것을 묻는 문제이므로, 질문의 인용어구(Got it)가 언급된 주변 문맥을 확인한다. 'Why don't we go together in my car?'에서 Sandra Quinney가 자신의 차로 같이 가는 게 어떤지 묻자, 'I have a shoot at Sandspit Park that morning, so I'll be close to the studio.'에서 Myron Haas가 오전에 Sandspit 공원에서 촬영이 있어서 스튜디오와 가까울 것이라고 했고, Ms. Quinney가 'Got it. See you there.'에서 'Got it.'(알겠어요)이라고 하면서 거기에서 보자고 한 것을 통해 그녀가 스튜디오에서 Mr. Haas를 만날 것임을 알 수 있다. 따라서 (C)가 정답이다.

지문 1

City Council Approves Beautification Project

In a unanimous vote, the Halifax City Council approved a proposed city improvement project at a cost of $7.4 million. [176-A]Work will include landscaping in public areas and renovation of bus stops and restrooms.

[176-D]The city will spend $1.8 million redeveloping the existing cruise ship docks and terminal. [176-B/C]Plans call for the construction of another berth, new outdoor seating areas, and a food court that will serve a variety of cuisines. Additionally, all facilities will be redecorated to give them a more modern look.

The highlight of the beautification plan is the installation of 20 pieces of art throughout the downtown area. [179]All artwork will be created by regional artists, including stone carver Shirley Weiss and muralist Rick Dawson. The city has decided to go with 12 artists for this project for now, although proposals from artists residing within the province are still being accepted.

Alison Sparrow, a spokesperson for Halifax's urban improvement committee, said, "This is great news for local residents and businesses. [178]It will improve conditions for visitors during the tourist season. And with the upgraded cruise ship dock, we'll be able to draw even more people."

The improvement project will take place over the next three years. It will be funded through local taxes and grants from the provincial government.

지문 2

TO: Alison Sparrow <aspar@halifax.gov.ca>
FROM: Sam Ravenwood <sraven@sendmail.com>
SUBJECT: City art installation proposals
ATTACHMENT: Photos
DATE: April 28

Dear Ms. Sparrow,

[179]My name is Sam Ravenwood, and I am currently studying under Shirley Weiss, who was selected to showcase one of her pieces in the city. Ms. Weiss believes that you may also be interested in my work and advised me to submit an application for the city's beautification project.

[180]I have attached a folder that includes a few photographs of my own carvings, sculptures, and statues. It also contains a short personal biography. Should you like to see some of my artwork up close, Ms. Weiss has given me some space at her studio to use. It is a long trip from Halifax, so I understand if you are unable to travel here.

It would be a great honor to have my work featured in the city, and I look forward to hearing from you soon.

Sincerely yours,

Sam Ravenwood

ㅅ 의회가 미화 프로젝트를 승인하다

만장일치의 표결로, 핼리팩스 시 의회는 740만 달러의 비용으로 제안된 도시 개선 프로젝트를 승인하였다. [176-A]작업은 공공 구역의 조경과 버스 정류장과 화장실의 보수를 포함할 것이다.

[176-D]시는 기존의 유람선 부두와 터미널을 재개발하는 데 180만 달러를 소비할 것이다. [176-B/C]계획은 선박의 다른 정박지, 새로운 실외 좌석 구역, 그리고 다양한 요리들을 제공할 식당가의 건설을 필요로 한다. 게다가, 모든 시설들은 더 현대적인 외관을 제공하기 위해 새로 장식될 것이다.

미화 계획의 가장 중요한 부분은 20점의 예술 작품을 도심 지역 전역에 설치하는 것이다. [179]모든 예술 작품들은 석재 조각가 Shirley Weiss와 벽화가 Rick Dawson을 포함한 지역의 예술가들에 의해 만들어질 것이다. 지역 내에 거주하고 있는 예술가들의 신청서 접수를 여전히 받고 있지만, 시는 우선은 이 프로젝트에 12명의 예술가를 선발하기로 결정했다.

핼리팩스 도시 개선 위원회의 대변인인 Alison Sparrow는 '이것은 지역 주민들과 사업체들에게 좋은 소식입니다. [180]이것은 관광 성수기 동안 방문객들을 위한 환경을 개선할 것입니다. 그리고 개선된 유람선 부두와 함께, 우리는 한층 더 많은 사람들을 끌어모을 수 있을 것입니다.'라고 말했다.

개선 프로젝트는 향후 3년 동안 진행될 것이다. 그것은 지방세과 지방 정부의 보조금을 통해 자금을 지원받을 것이다.

수신: Alison Sparrow <aspar@halifax.gov.ca>
발신: Sam Ravenwood <sraven@sendmail.com>
제목: 시 예술품 설치 신청서
첨부: 사진
날짜: 4월 28일

Ms. Sparrow께,

[179]제 이름은 Sam Ravenwood이고, 저는 현재 Shirley Weiss의 밑에서 공부 중이며, 그녀는 시에 그녀의 작품 중 하나를 전시하도록 선발되었습니다. Ms. Weiss는 귀하께서 저의 작품에도 관심을 가질 것이라고 생각하며, 시의 미화 프로젝트에 신청서를 제출할 것을 권하셨습니다.

[180]저의 조각, 조각품과 조각상의 사진을 포함한 폴더를 첨부했습니다. 폴더는 또한 제 약력을 포함하고 있습니다. 혹시 귀하께서 저의 예술 작품들을 가까이에서 보고 싶으시다면, Ms. Weiss가 저에게 사용하라고 그녀의 스튜디오의 공간을 제공해 주셨습니다. 핼리팩스에서 오래 걸린다는 것을 알고 있으므로, 여기에 올 수 없으시다 해도 이해합니다.

제 작품이 시의 특색이 될 수 있다면 큰 영광일 것이며, 귀하에게 조만간 소식 듣기를 기대합니다.

Sam Ravenwood 드림

해커스 토익 PART 7 집중공략 777

지문 1 approve v. 승인하다, 찬성하다 beautification n. 미화, 장식 unanimous adj. 만장일치의, 동의하는 vote n. 표결, 투표; v. 투표하다 landscaping n. 조경 renovation n. 보수, 수리 redevelop v. 재개발하다 dock n. 부두, 선창 call for phr. ~을 필요로 하다, 요구하다 berth n. 정박지, 숙소 cuisine n. 요리 redecorate v. 새로 장식하다, 다시 꾸미다 modern adj. 현대적인, 현대의 look n. 외관, 겉모습 highlight n. 가장 중요한 점, 볼거리 regional adj. 지역의, 지방의 stone carver phr. 석재 조각가 muralist n. 벽화가 for now phr. 우선은, 현재로는 proposal n. 신청서, 제안 reside v. 거주하다, 살다 province n. 지역, 지방 spokesperson n. 대변인 urban adj. 도시의 condition n. 환경, 상황 draw v. 끌어모으다, 불러들이다 grant n. 보조금; v. 승인하다

지문 2 currently adv. 현재, 지금 showcase v. 전시하다, 진열하다 application n. 신청서, 지원 carving n. 조각, 조각술 short personal biography phr. (개인의) 약력 honor n. 영광, 명예 feature v. ~의 특색이 되다, 특별히 포함하다

176

난이도 ○●●● 상

What is NOT part of the city council's beautification plan? | 시 의회의 미화 계획의 일부가 아닌 것은?

(A) Renovating some public restrooms | (A) 일부 공중 화장실을 보수하는 것
(B) Adding more outdoor seating spaces | (B) 더 많은 실외 좌석 공간을 추가하는 것
(C) Creating an area with various dining choices | (C) 다양한 식사 선택권이 있는 구역을 만드는 것
(D) Constructing a new cruise ship terminal | (D) 새로운 유람선 터미널을 건설하는 것

해설 유형3 | **Not/True** Not 문제 정답 (D)

질문의 핵심 어구인 the city council's beautification plan과 관련된 내용을 지문에서 찾아 각 보기와 대조하는 Not/True 문제이므로 첫 번째 지문인 시 의회의 미화 계획에 관한 기사에서 관련 내용을 확인한다. (A)는 'Work will include ~ renovation of bus stops and restrooms.'에서 미화 계획이 버스 정류장과 화장실의 보수를 포함할 것이라고 했으므로 지문의 내용과 일치한다. (B)와 (C)는 'Plans call for the construction of ~ new outdoor seating areas, and a food court that will serve a variety of cuisines.'에서 미화 계획은 새로운 실외 좌석 구역과 다양한 요리들을 제공할 식당가의 건설을 필요로 한다고 했으므로 지문의 내용과 일치한다. (D)는 'The city will spend $1.8 million redeveloping the existing cruise ship docks and terminal.'에서 시는 기존의 유람선 부두와 터미널을 재개발하는 데 180만 달러를 소비할 계획이라고 했지 새로운 유람선 터미널을 건설하겠다는 것이 아니므로 지문의 내용과 일치하지 않는다. 따라서 (D)가 정답이다.

바꾸어 표현하기
food court that will serve a variety of cuisines 다양한 요리들을 제공할 식당가
→ area with various dining choices 다양한 식사 선택권이 있는 구역

177

난이도 ○●●● 상

In the article, the phrase "go with" in paragraph 3, line 3, is closest in meaning to | 기사에서, 3문단 세 번째 줄의 표현 "go with"는 의미상 ~와 가장 가깝다.

(A) select | (A) 선발하다
(B) accompany | (B) 동반하다
(C) promote | (C) 승진시키다
(D) submit | (D) 제출하다

해설 유형7 | 동의어 정답 (A)

첫 번째 지문인 기사의 go with를 포함하는 구절 'The city has decided to go with 12 artists for this project for now'에서 go with가 '선발하다'라는 뜻으로 사용되었다. 따라서 '선발하다'라는 뜻을 가진 (A)가 정답이다.

178

난이도 ○○●● 중

According to Ms. Sparrow, what is the goal of the project? | Ms. Sparrow에 따르면, 프로젝트의 목적은 무엇인가?

(A) To bring larger businesses to the region | (A) 지역에 더 큰 사업체들을 데려오기 위해
(B) To attract additional tourists | (B) 추가적인 관광객들을 끌어모으기 위해
(C) To increase sales for local artists | (C) 지역 예술가들을 위한 판매를 증가시키기 위해
(D) To raise the employment rate | (D) 취업률을 높이기 위해

TEST 1

TEST 2

TEST 3

TEST 4

TEST 5

TEST 6

TEST 7

해커스 토익 PART 7 집중공략 777

해설 유형2 | 육하원칙 What   정답 (B)
Ms. Sparrow에 따르면 프로젝트의 목적이 무엇(what)인지를 묻는 육하원칙 문제이므로 질문의 핵심 어구인 the goal of the project 와 관련된 내용이 언급된 첫 번째 지문인 기사를 확인한다. 기사의 'It will improve conditions for visitors during the tourist season. And with the upgraded cruise ship dock, we'll be able to draw even more people.'에서 미화 프로젝트가 관광 성수기 동안 방문 객들을 위한 환경을 개선할 것이고 한층 더 많은 사람들을 끌어모을 수 있을 것이라고 했으므로 (B)가 정답이다.

어휘 business n. 사업체, 경영 raise v. 높이다, 올리다 employment rate phr. 취업률

179
난이도 ○ ● ● ● 상

What is suggested about Mr. Ravenwood?

(A) He has already begun working on his city art project.
(B) He recently opened his own sculpture studio.
(C) He is a finalist in an art competition.
(D) He works as an apprentice for a stone carver.

Mr. Ravenwood에 대해 암시되는 것은?

(A) 시 예술 프로젝트 작업을 이미 시작하였다.
(B) 최근에 자신의 조각품 스튜디오를 개장하였다.
(C) 미술 대회의 결승전 진출자이다.
(D) 석재 조각가의 견습생으로 일하고 있다.

해설 유형4 | 추론 연계 문제   정답 (D)

질문의 핵심 어구인 Mr. Ravenwood가 보낸 이메일을 먼저 확인한다.

단서 1 두 번째 지문(이메일)의 'My name is Sam Ravenwood, and I am currently studying under Shirley Weiss'에서 Sam Ravenwood가 현재 자신은 Shirley Weiss의 밑에서 공부 중이라고 했다. 그런데 Shirley Weiss가 누구인지 제시되지 않았으므로 기 사에서 관련 내용을 확인한다.

단서 2 첫 번째 지문(기사)의 'All artwork will be created by regional artists, including stone carver Shirley Weiss'에서 Shirley Weiss는 석재 조각가라는 사실을 확인할 수 있다.

두 단서를 종합할 때, Mr. Ravenwood가 석재 조각가의 견습생으로 일한다는 사실을 추론할 수 있다. 따라서 (D)가 정답이다.

바꾸어 표현하기
studying under ~의 밑에서 공부하다 → works as an apprentice for ~의 견습생으로 일하다

어휘 finalist n. 결승전 진출자 apprentice n. 견습생, 실습생

180
난이도 ○ ○ ○ ● 하

What did Mr. Ravenwood send to Ms. Sparrow?

(A) An invitation to an art exhibit
(B) Images of some artwork
(C) An application form for a contest
(D) Details on Ms. Weiss's career

Mr. Ravenwood가 Ms. Sparrow에게 보낸 것은 무엇 인가?

(A) 미술 전시회 초대장
(B) 예술 작품의 사진
(C) 대회 신청서
(D) Ms. Weiss의 경력 세부 사항

해설 유형2 | 육하원칙 What   정답 (B)

Mr. Ravenwood가 Ms. Sparrow에게 보낸 것이 무엇(What)인지를 묻는 육하원칙 문제이므로 질문의 핵심 어구인 Mr. Ravenwood send to Ms. Sparrow와 관련된 내용이 언급된 두 번째 지문인 이메일을 확인한다. 이메일의 'I have attached a folder that includes a few photographs of my own carvings, sculptures, and statues.'에서 Mr. Ravenwood가 자신의 조각, 조각품과 조각상의 사진 을 포함한 폴더를 첨부했다고 했으므로 (B)가 정답이다.

지문 1

GreenJet Airlines: Discount Air Travel with all the Extras!

A discount air ticket isn't so reasonable when passengers are required to fork out extra cash for baggage, seat selection, meals, and even beverages. But [182]at GreenJet Airlines, we don't have hidden charges, like many other airlines do. At the same time [183]we have started offering more flights to several of our current destinations in North America thanks to the purchase of 10 Condor-750 jet airliners last month.

We are continually improving our fleet, and we offer free baggage allowance* to all passengers. Not only that, but [181-A]complimentary beverages and snacks are served on all flights, and hot meals are free of charge on any flight that is five hours or longer. [181-C]Vegetarian options are also available for a small extra charge. [181-B]All seats are equipped with our HiFlyer entertainment console, which is full of music and movie options. [181-D]Headphones are provided for free.

It's time to stop paying for all the extras when you travel! Check out our incredibly low prices at www.greenjetairlines.com, and book your way to an affordable vacation today!

*Standard: 1 checked bag (25 kilograms maximum)
[185]Premium: 2 checked bags (50 kilograms maximum combined)

GreenJet 항공사: 모든 추가 사항이 포함된 할인 항공 여행!

승객들이 수하물, 좌석 선택, 식사와 심지어 음료에 대해 추가적인 돈을 들여야 할 경우 할인 항공권은 그다지 합리적인 것이 아닙니다. 하지만 [182]GreenJet 항공사에서는 다른 많은 항공사들이 하는 것처럼 숨겨진 요금을 가지고 있지 않습니다. 동시에 [183]지난달에 10대의 Condor-750 제트 항공기를 구매한 덕분에 저희는 현재 운항을 제공하는 북미 내 몇몇 목적지로 가는 더 많은 항공편을 제공하기 시작했습니다.

저희는 끊임없이 저희의 비행기를 개선하고 있으며 모든 승객들에게 무료 수하물 허용량*을 제공합니다. 그뿐만이 아니라, [181-A]무료 음료와 간식이 모든 비행에서 제공되고, 5시간 또는 그 이상 걸리는 모든 비행에서는 따뜻한 식사가 무료입니다. [181-C]약간의 추가 비용으로 채식 식사도 선택 가능합니다. [181-B]모든 좌석은 HiFlyer 오락기가 장착되어 있는데, 그것은 음악과 영화 선택권으로 가득합니다. [181-D]헤드폰은 무료로 제공됩니다.

이제는 당신이 여행할 때 모든 추가 사항들에 대해 지불하는 것을 멈출 때입니다! www.greenjetairlines.com에서 저희의 믿기 힘들 정도로 낮은 가격을 확인해보시고, 저렴한 휴가로 가는 길을 오늘 예약해 보십시오!

*기본: 수하물 한 개(최대 25킬로그램)
[185]프리미엄: 수하물 두 개(합쳐서 최대 50킬로그램)

지문 2

TO   Bookings <bookings@greenjetairlines.com>
FROM   Lana Miller <lanamiller@housemail.com>
DATE   November 29
SUBJECT   Inquiries

Dear Madam or Sir,

I recently booked two tickets to Cancun through your online reservation system. [184]My husband and I are taking the trip to celebrate our anniversary. I have a request regarding our tickets for this flight, however. My reservation number is LM-40394875.

[185]We would like to upgrade to Premium tickets. I confirmed on your Web site that such tickets are available, and I have enough points on my GreenJet Rewards card to cover the cost of the upgrade.

Also, I was wondering if GreenJet Airlines has any partner car rental agencies in the Cancun area. We would be interested in exploring the area while there, and it would be great if we could rent a vehicle from an affiliated business.

I look forward to your response.

Lana Miller

수신   예약 <bookings@greenjetairlines.com>
발신   Lana Miller <lanamiller@housemail.com>
날짜   11월 29일
제목   문의

담당자께,

저는 최근에 귀사의 온라인 예약 시스템을 통해 칸쿤으로 가는 티켓을 두 장 예약했습니다. [184]저의 남편과 저는 우리의 기념일을 축하하기 위해 여행을 하는 것입니다. 그런데, 저희 비행기 티켓에 관해 한 가지 요청 사항이 있습니다. 저의 예약 번호는 LM-40394875입니다.

[185]저희는 프리미엄 티켓으로 업그레이드하고 싶습니다. 귀사의 웹사이트에서 현재 그런 티켓이 이용 가능하다는 것을 확인했고, 저의 GreenJet 보상 카드에 업그레이드 비용을 충당할 수 있는 충분한 포인트를 가지고 있습니다.

또한, 저는 GreenJet 항공사가 칸쿤 지역에 제휴를 맺은 자동차 대여점이 있는지 궁금합니다. 저희는 그곳에 있는 동안 지역을 답사하는 데 관심이 있어, 제휴 업체에서 차량을 빌릴 수 있다면 좋을 것 같습니다.

귀하의 답변을 기다립니다.

Lana Miller 드림

지문 1   **reasonable** adj. 합리적인, 타당한   **fork out** phr. 돈을 들이다   **baggage** n. 수하물   **beverage** n. 음료   **destination** n. 목적지, 도착지
     fleet n. 비행기, 함대   **allowance** n. 허용량, 할당량   **complimentary** adj. 무료의, 칭찬하는   **free of charge** phr. 무료의
     affordable adj. 저렴한, 입수 가능한   **checked bag** phr. 수하물

지문 2   **inquiry** n. 문의, 질문   **celebrate** v. 축하하다, 기념하다   **anniversary** n. 기념일   **reservation number** phr. 예약 번호
     confirm v. 확인하다, 확정하다   **cover** v. 충당하다, 덮다   **car rental agency** phr. 자동차 대여점   **explore** v. 답사하다, 탐험하다
     affiliated business phr. 제휴 업체

What might some passengers pay for on GreenJet flights?

(A) Snacks and beverages
(B) Access to an entertainment system
(C) Special meals
(D) Audio accessories

일부 승객들은 GreenJet 비행기에서 무엇에 대해 지불할 것 같은가?

(A) 간식과 음료
(B) 오락 시스템 이용
(C) 특별한 식사
(D) 오디오 용품

해설 유형4 | **추론** 세부 정보　　　　　　　　　　　정답 (C)

질문의 핵심 어구인 some passengers pay for on GrennJet flights에 대해 추론하는 문제이므로 GreenJet 항공사의 광고인 첫 번째 지문에서 관련 내용을 확인한다. 광고의 'Vegetarian options are also available for a small extra charge.'에서 약간의 추가 비용으로 채식 식사도 선택 가능하다고 했으므로, 일부 승객들이 GreenJet 비행기에서 채식 식사를 위해 비용을 지불할 것이라는 사실을 추론할 수 있다. 따라서 (C)가 정답이다. (A), (B), (D)는 음료, 간식, 헤드폰은 무료로 제공된다고 했고, 모든 좌석은 HiFlyer 오락기가 장착되어 있다고 했으므로 답이 될 수 없다.

바꾸어 표현하기
Vegetarian options 채식 식사 선택권 → Special meals 특별한 식사

What is indicated about GreenJet Airlines' competitors?

(A) None have a rewards plan.
(B) Many have uncomfortable seating.
(C) Some have unexpected fees.
(D) They use older aircraft.

GreenJet 항공사의 경쟁사들에 대해 암시되는 것은?

(A) 아무도 보상 제도를 가지고 있지 않다.
(B) 많은 곳들이 불편한 좌석을 가지고 있다.
(C) 일부는 예기치 않은 비용을 가지고 있다.
(D) 오래된 항공기를 사용한다.

해설 유형4 | **추론** 세부 정보　　　　　　　　　　　정답 (C)

질문의 핵심 어구인 GreenJet Airlines' competitors에 대해 추론하는 문제이므로 GreenJet 항공사의 광고인 첫 번째 지문에서 관련 내용을 확인한다. 광고의 'at GreenJet Airlines, we don't have hidden charges like many other airlines do'에서 GreenJet 항공사에서는 다른 많은 항공사들이 하는 것처럼 숨겨진 요금을 가지고 있지 않다고 했으므로 경쟁사들은 명시된 비용 외에 숨겨진 요금을 가지고 있다는 사실을 추론할 수 있다. 따라서 (C)가 정답이다.

According to the advertisement, what did GreenJet Airlines do last month?

(A) Increased the number of flights for some routes
(B) Introduced additional destinations within North America
(C) Lowered its fares for Premium tickets
(D) Partnered with several major hotel chains

광고에 따르면, GreenJet 항공사는 지난달에 무엇을 했는가?

(A) 몇몇 노선에 대한 비행기 수를 늘렸다
(B) 북미 내의 추가 목적지를 도입했다
(C) 프리미엄 티켓의 요금을 내렸다
(D) 주요 호텔 체인점과 제휴를 맺었다

해설 유형2 | **육하원칙** What　　　　　　　　　　　정답 (A)

광고에 따르면 GreenJet 항공사가 지난달에 무엇(what)을 했는지를 묻는 육하원칙 문제이므로 첫 번째 지문인 광고에서 관련 내용을 확인한다. 광고의 'we have started offering more flights to several of our current destinations in North America thanks to the purchase of 10 Condor-750 jet airliners last month'에서 지난달에 10대의 Condor-750 제트 항공기를 구매한 덕분에 현재 운항을 제공하는 북미 내 몇몇 목적지로 가는 더 많은 항공편을 제공하기 시작했다고 했으므로 (A)가 정답이다. (B)는 현재 항공사에서 운항을 제공하는 목적지로 가는 항공편을 늘렸다고 했지 추가적인 목적지를 도입한 것은 아니므로 답이 될 수 없다.

어휘　route n. 노선　lower v. 내리다, 낮추다　fare n. 요금　partner v. 제휴를 맺다

TEST 1
TEST 2
TEST 3
TEST 4
TEST 5
TEST 6
TEST 7

해커스 토익 PART 7 집중공략 777

Why is Ms. Miller traveling to Cancun?

(A) To participate in a business conference
(B) To take a tour of historical attractions
(C) To commemorate a special date
(D) To watch a sports competition

Ms. Miller는 왜 칸쿤으로 여행을 가는가?

(A) 비즈니스 회의에 참석하기 위해
(B) 역사적인 명소를 여행하기 위해
(C) 특별한 날을 기념하기 위해
(D) 스포츠 경기를 관람하기 위해

해설 유형2 | **육하원칙** Why   정답 (C)

Ms. Miller가 왜(Why) 칸쿤으로 여행을 가는지를 묻는 육하원칙 문제이므로 질문의 핵심 어구인 Ms. Miller traveling to Cancun과 관련된 내용이 언급된 두 번째 지문인 이메일을 확인한다. 이메일의 'My husband and I are taking the trip to celebrate our anniversary.'에서 Ms. Miller는 남편과 기념일을 축하하기 위해 여행을 하는 것이라고 했으므로 (C)가 정답이다.

바꾸어 표현하기
celebrate our anniversary 기념일을 축하하다 → commemorate a special date 특별한 날을 기념하다

What is suggested about Ms. Miller?

(A) She will be permitted to take two bags on her trip.
(B) She must make an additional payment for her flight.
(C) She can rent a car through GreenJet Airline's Web site.
(D) She plans to attend a wedding ceremony.

Ms. Miller에 대해 암시되는 것은?

(A) 그녀의 여행에 가방 두 개를 가지고 가는 것이 허용될 것이다.
(B) 그녀의 비행에 대해 추가 요금을 내야 한다.
(C) GreenJet 항공사 웹사이트를 통해 차를 대여할 수 있다.
(D) 결혼식에 참석할 계획이다.

해설 유형4 | **추론** 연계 문제   정답 (A)

질문의 핵심 어구인 Ms. Miller가 작성한 이메일을 먼저 확인한다.
단서1 두 번째 지문(이메일)의 'We would like to upgrade to Premium tickets.'에서 Ms. Miller가 프리미엄 티켓으로 업그레이드하고 싶다고 했다. 그런데 프리미엄 티켓으로 업그레이드하면 어떤 혜택이 있는지 제시되지 않았으므로 광고에서 관련 내용을 확인한다.
단서2 첫 번째 지문(광고)의 'Premium: 2 checked bags (50 kilograms maximum combined)'에서 프리미엄 서비스를 이용하는 고객들은 수하물 두 개를 가져오도록 허용된다는 사실을 확인할 수 있다.
두 단서를 종합할 때, Ms. Miller가 여행에 가방 두 개를 가지고 갈 수 있다는 사실을 추론할 수 있다. 따라서 (A)가 정답이다.

지문 1

TO: Arthur Gage <arthur28@mailhub.com>
FROM: Customer Support <support@worldstore.com>
SUBJECT: Survey
DATE: January 10

Dear Mr. Gage,

You've been a loyal customer of ours for a while now, having made 15 orders from our store in the past year. Because of this, we are wondering if you'd mind providing feedback about your experience shopping with us. 186-DAs we hope to become one of the leading online retail stores in the US, we are always anxious to hear how we can improve our service. And for this purpose 186-Bwe ask customers to complete a survey every three months. 187If you take the survey before January 30, you will be entered into a raffle for a free 49-inch Visionary Tech television.

To take the survey, please click here.

Sincerely,

WorldStore Customer Support

수신: Arthur Gage <arthur28@mailhub.com>
발신: 고객 지원 <support@worldstore.com>
제목: 설문조사
날짜: 1월 10일

Mr. Gage께,

귀하께서는 이제 한동안 저희의 단골 고객이셨고, 작년에 저희 매장으로부터 15개의 주문을 하셨습니다. 그렇기 때문에, 저희는 귀하께서 저희와의 쇼핑 경험에 관해 의견을 주실 수 있는지 궁금합니다. 186-D저희는 미국을 주도하는 온라인 소매점들 중 하나가 되기를 원하기 때문에, 언제나 고객들로부터 어떻게 저희의 서비스를 개선할 수 있을지에 대해 듣고 싶습니다. 그리고 이러한 목적으로 186-B저희는 3개월마다 고객들에게 설문조사를 작성하도록 요청드립니다. 187만약 귀하께서 1월 30일 이전에 설문조사를 해주신다면, Visionary Tech사의 무료 49인치 텔레비전을 탈 수 있는 추첨 행사에 참여하게 될 것입니다.

설문조사를 하기 위해서는, 여기를 클릭해 주십시오.

WorldStore사 고객 지원 드림

지문 2

187CUSTOMER SURVEY FORM

Name: Arthur Gage
187**Date:** January 25

1. **Overall, how do you feel about WorldStore's service?**
Very dissatisfied   Dissatisfied   Neutral   Satisfied   Very Satisfied

2. **How often do your orders arrive on time?**
Never   Seldom   Sometimes   Often   Always

3. 188**Have you ever returned items because they were damaged during shipping?**
Yes   No

   If yes, how often does this happen?
   Seldom   Sometimes   Often   Always

4. **Is WorldStore the online retailer you use the most?**
Yes   No

5. **Are there any ways we can improve our service?**

   > There should be a paid membership plan that includes free shipping. I order from this store a lot, and I always have to pay shipping fees.

187고객 설문조사 양식

이름: Arthur Gage
187날짜: 1월 25일

1. 전반적으로, WorldStore사의 서비스에 대해 어떻게 생각하십니까?
   매우 불만족   불만족   보통   만족   매우 만족

2. 귀하의 주문은 얼마나 자주 제때에 도착합니까?
   전혀 그렇지 않다   가끔   종종   자주   항상

3. 188물품이 배송 중에 손상되어서 반품을 한 적이 있습니까?
   네   아니오

   만약 그렇다면, 얼마나 자주 이런 일이 발생합니까?
   가끔   종종   자주   항상

4. Worldsotre사가 귀하가 가장 많이 이용하는 온라인 소매점입니까?
   네   아니오

5. 저희 서비스를 개선할 방안이 있습니까?
   > 무료 배송을 포함하는 유료 멤버십 제도가 있어야 합니다. 저는 이 매장에서 자주 주문을 하는데, 항상 배송비를 내야 합니다.

지문 3

WORLDSTORE COMPANY NEWSLETTER
Survey Underscores How Company Can Become Better

To see how we could improve our service as we enter our third year of operation, our customer support department contacted 1,000 regular customers who had been buying products from us frequently and asked them to fill out a questionnaire. They provided some very helpful feedback.

WORLDSTORE사 소식지
설문조사가 회사가 어떻게 더 나아질 수 있을지를 보여주다

우리가 운영 3년 차에 들어서면서 어떻게 우리의 서비스를 향상시킬 수 있을지 알아보기 위해, 우리의 고객 지원 부서는 우리로부터 제품들을 자주 구입했던 1,000명의 단골 고객들에게 연락하여 그들에게 설문지를 작성해 줄 것을 요청했습니다. 그들은 매우 도움이 되는 몇몇 의견들을 제공했습니다.

What we've **determined** from the survey is that, overall, our customers are quite satisfied with our service. Just over 80 percent of them said that orders always arrive on time, and [188]only 16 percent said they had returned an item because it was damaged—we always provide full refunds in such cases. [190]Overwhelmingly, the number one suggestion was for us to offer monthly sales on various items, which we will follow through with in order to increase customer satisfaction. A small number of people also suggested that we include a free shipping option.

To view the full results of our survey, turn to page 8 of this newsletter.

우리가 설문조사로부터 알아낸 것은, 전반적으로 우리의 고객들이 우리의 서비스에 꽤 만족한다는 것이었습니다. 그들 중 80퍼센트를 조금 넘는 수가 주문이 언제나 제때에 도착한다고 했고, [188]오직 16퍼센트만이 물품이 손상되어서 반품한 적이 있다고 했는데, 그러한 경우에 우리는 항상 전액 환불을 제공합니다. [190]압도적으로 가장 많았던 제안은 우리가 다양한 물품들에 월간 할인을 제공했으면 한다는 것이었고, 우리는 고객 만족을 높이기 위해 이것을 이행할 것입니다. 소수의 사람들은 또한 우리가 무료 배송 선택권을 포함할 것을 제안했습니다.

설문조사의 완전한 결과를 보려면, 이 소식지의 8페이지를 봐주십시오.

지문 1 **loyal customer** phr. 단골 고객 **feedback** n. 의견, 피드백 **anxious** adj. ~하고 싶어 하는, 열망하는 **enter into** phr. 참가하다, 시작하다 **raffle** n. 추첨 행사, 복권 행사

지문 2 **overall** adv. 전반적으로, 대체로 **on time** phr. 제때에 **paid** adj. 유료의, 지불된 **shipping fee** phr. 배송비, 운송료

지문 3 **underscore** v. ~을 강조하다, ~에 밑줄을 긋다 **operation** n. 운영, 작동, 수술 **questionnaire** n. 설문지 **helpful** adj. 도움이 되는, 유용한 **full refund** phr. 전액 환불 **overwhelmingly** adv. 압도적으로, 대단히 **follow through with** phr. ~을 이행하다, 완수하다

186

난이도 ○○●● 중

What is stated about WorldStore?

(A) It is an international chain store.
(B) It regularly gathers opinions from customers.
(C) It is moving its headquarters to the US.
(D) It is a product review Web site.

WorldStore사에 대해 언급된 것은?

(A) 국제적인 체인점이다.
(B) 정기적으로 고객들로부터 의견을 수집한다.
(C) 미국으로 본사를 옮길 것이다.
(D) 제품 리뷰 웹사이트이다.

해설 유형3 | **Not/True** True 문제 　　　　　　　　　　　　　　　　　　　　　　　　정답 (B)

질문의 핵심 어구인 WorldStore와 관련된 내용을 지문에서 찾아 각 보기와 대조하는 Not/True 문제이므로 WorldStore사가 언급된 첫 번째 지문인 이메일에서 관련 내용을 확인한다. (A)와 (C)는 지문에 언급되지 않은 내용이다. (B)는 'we ask customers to complete a survey every three months'에서 WorldStore사가 3개월마다 고객 설문조사를 실시한다고 했으므로 지문의 내용과 일치한다. 따라서 (B)가 정답이다. (D)는 'As we hope to become one of the leading online retail stores in the US'에서 WorldStore사가 온라인 소매점임을 알 수 있으므로 지문의 내용과 일치하지 않는다.

어휘 **international** adj. 국제적인 **gather** v. 수집하다, 모으다 **headquarters** n. 본사, 본부

187

난이도 ○●●● 상

What is indicated about Mr. Gage?

(A) He does not use WorldStore often.
(B) He sometimes does not receive orders on time.
(C) He began using WorldStore in the last six months.
(D) He will have a chance to win a prize.

Mr. Gage에 대해 암시되는 것은?

(A) WorldStore사를 자주 이용하지 않는다.
(B) 종종 제때에 주문품을 받지 않는다.
(C) 지난 6개월 내에 WorldStore사를 이용하기 시작했다.
(D) 상품을 탈 기회를 얻을 것이다.

해설 유형4 | **추론** 연계 문제 　　　　　　　　　　　　　　　　　　　　　　　　정답 (D)

질문의 핵심 어구인 Mr. Gage에게 보내진 이메일을 먼저 확인한다.
단서 1 첫 번째 지문(이메일)의 'If you take the survey before January 30, you will be entered into a raffle for a free 49-inch Visionary Tech television.'에서 Mr. Gage가 1월 30일 이전에 설문조사를 한다면 Visionary Tech사의 무료 49인치 텔레비전을 탈 수 있는 추첨 행사에 참여하게 될 것이라고 했다. 그런데 Mr. Gage가 언제 설문조사를 했는지 제시되지 않았으므로 설문지에서 관련 내용을 확인한다.
단서 2 두 번째 지문(설문지)의 'CUSTOMER SURVEY FORM'과 'Date: January 25'에서 Mr. Gage가 1월 25일에 고객 설문조사 양식을 작성했음을 확인할 수 있다.
두 단서를 종합할 때, Mr. Gage가 1월 30일 이전에 설문조사를 했으므로 경품 추첨 행사에 참여하게 되어 상품을 탈 기회를 얻을 것이라는 사실을 추론할 수 있다. 따라서 (D)가 정답이다.

TEST 1

TEST 2

TEST 3

TEST 4

TEST 5

TEST 6

TEST 7

해커스 토익 PART 7 집중공략 777

188

What has Mr. Gage most likely received from WorldStore before?

(A) A full refund for a product
(B) A gift certificate for electronics
(C) A discount on a new product
(D) A membership card

Mr. Gage는 이전에 WorldStore사로부터 무엇을 받았을 것 같은가?

(A) 제품의 전액 환불
(B) 전자 기기 상품권
(C) 신상품 할인
(D) 멤버십 카드

해설 유형4 | **추론** 연계 문제

정답 (A)

질문의 핵심 어구인 Mr. Gage ~ received from WorldStore before와 관련된 내용이 언급된 설문지를 먼저 확인한다.

단서 1 두 번째 지문(설문지)의 'Have you ever returned items because they were damaged during shipping?', 'Yes'에서 물품이 배송 중에 손상되어서 반품한 적이 있냐는 물음에 Mr. Gage가 그렇다고 대답했다. 그런데 물품이 배송 중에 손상되면 무엇이 제공되는지 제시되지 않았으므로 소식지에서 관련 내용을 확인한다.

단서 2 세 번째 지문(소식지)의 'only 16 percent said they had returned an item because it was damaged—we always provide full refunds in such cases'에서 고객의 16퍼센트만이 물품이 손상되어서 반품한 적이 있다고 했고, 그러한 경우에 WorldStore사는 항상 전액 환불을 제공한다는 사실을 확인할 수 있다.

두 단서를 종합할 때, Mr. Gage가 물품이 배송 중에 손상되어서 WorldStore사에 반품했을 때 전액 환불을 받았을 것이라는 사실을 추론할 수 있다. 따라서 (A)가 정답이다.

어휘 gift certificate phr. 상품권 electronics n. 전자 기기, 전자 공학

189

In the newsletter, the word "determined" in paragraph 2, line 1, is closest in meaning to

(A) decided
(B) presented
(C) learned
(D) revised

소식지에서, 2문단 첫 번째 줄의 단어 "determined"는 의미상 –와 가장 가깝다.

(A) 결정하다
(B) 제시하다
(C) 알게 되다
(D) 수정하다

해설 유형7 | **동의어**

정답 (C)

세 번째 지문인 소식지의 determined를 포함하는 구절 'What we've determined from the survey is that, overall, our customers are quite satisfied with our service.'에서 determined가 '알아내다'라는 뜻으로 사용되었다. 따라서 '알게 되다'라는 뜻을 가진 (C)가 정답이다.

190

According to the newsletter, what will WorldStore do?

(A) Establish a customer support center
(B) Provide monthly discounts on items
(C) Guarantee timely deliveries
(D) Offer a free shipping service

소식지에 따르면, WorldStore사는 무엇을 할 것인가?

(A) 고객 지원 센터를 개설한다
(B) 물품들에 월간 할인을 제공한다
(C) 시기적절한 배송을 보장한다
(D) 무료 배송 서비스를 제공한다

해설 유형2 | **육하원칙** What

정답 (B)

소식지에 따르면 WorldStore사가 무엇(what)을 할 것인지를 묻는 육하원칙 문제이므로 세 번째 지문인 소식지를 확인한다. 소식지의 'Overwhelmingly, the number one suggestion was for us to offer monthly sales on various items, which we will follow through with in order to increase customer satisfaction.'에서 설문조사 결과 가장 많았던 고객들의 제안은 회사가 다양한 물품들에 월간 할인을 제공했으면 한다는 것이었고, 고객 만족을 높이기 위해 회사가 이것을 이행할 것이라고 했으므로 (B)가 정답이다.

바꾸어 표현하기

offer monthly sales 월간 할인을 제공하다 → Provide monthly discounts 월간 할인을 제공하다

어휘 guarantee v. 보장하다, 약속하다 timely adj. 시기적절한, 때맞춘

지문 1

CALLING ALL ACTORS BETWEEN THE AGES OF 18 AND 27

Shooting will begin this June for Season 2 of the college-themed TV drama *School's In*, and we'll need plenty of extras to help us out. If you're an actor between the ages of 18 and 27, we'd like to hear from you. Right now we're seeking people who can play college students in a garden scene. [192]The shoot will take place on June 24, at Farson University's Cobb Rose Garden, between 8 A.M. and 4 P.M. [192]Lunch from a local restaurant will be provided at 12 P.M. [191]If you're available during that time frame, please send a portrait photo, résumé, and contact information to casting@nsg.com by May 24. Be sure to write "Cobb Rose Garden Scene" in the subject line as e-mails sent without this heading will not be read. Selected applicants will be given a call 10 days before the shoot.

모든 18세에서 27세 사이의 배우들을 모집합니다

대학을 주제로 한 텔레비전 드라마 *School's In*의 두 번째 시즌을 위한 촬영이 이번 6월에 시작될 것이고, 저희를 도와 줄 많은 단역 배우가 필요할 것입니다. 만약 당신이 18세에서 27세 사이의 배우라면, 저희는 당신으로부터 소식을 듣기를 원합니다. 현재 저희는 정원 장면에서 대학교 학생들을 연기할 수 있는 분들을 찾고 있습니다. [192]촬영은 Farson 대학교의 Cobb 장미 정원에서 6월 24일 오전 8시에서 오후 4시 사이에 있을 것입니다. [192]점심은 오후 12시에 지역 식당으로부터 제공될 것입니다. [191]만약 당신이 그 시간대에 가능하시다면, 사진, 이력서, 연락 정보를 5월 24일까지 casting@nsg.com으로 보내 주십시오. 제목에 "Cobb 장미 정원 장면"을 반드시 써 주시기를 바라며 이러한 제목이 없는 이메일은 열람되지 않을 것입니다. 선발된 지원자들은 촬영 10일 전에 연락을 받게 될 것입니다.

지문 2

Attention All Farson University Students

[192]The Cobb Rose Garden will be closed on June 24 for the filming of an episode of the show *School's In*. In addition, [192]the parking lot behind the garden and adjacent to the McCormick Dormitory will be open only to those involved in the event, including the television network NSG and Plaza Diner. [193]If you have parked there, please move your car before June 24 or it will be towed. If you have any issues moving your car, please give campus security a call.

All other university facilities will remain open. [195]We've been informed that this is the only time the show will be shot at Cobb Rose Garden, though there may be other shoots on campus. Stay tuned for more information.

David Hart
Dean of Farson University

모든 Farson 대학교 학생들은 주목해 주십시오

[192]Cobb 장미 정원이 6월 24일에 쇼 *School's In*의 한 에피소드를 촬영하기 위해 문을 닫을 것입니다. 또한, [192]정원 뒤에 있는 McCormick 기숙사 인근의 주차장은 텔레비전 방송국 NSG사와 Plaza Diner를 포함한 행사 관계자들에게만 개방될 것입니다. [193]만약 여러분이 그곳에 주차했다면, 6월 24일 이전에 차를 옮겨주시기 바라며 그렇지 않으면 그것은 견인될 것입니다. 만약 차를 옮기는 데 어떠한 문제라도 있다면, 교내 경비 담당 부서로 전화 주십시오.

모든 다른 대학 시설들은 열려있을 것입니다. [195]저희는 이번만 Cobb 장미 정원에서 쇼가 촬영될 것이라고 통지 받았지만, 교내에서 다른 촬영이 있을 수도 있습니다. 더 많은 정보를 위해 계속해서 주목해 주십시오.

David Hart 드림
Farson 대학교 학장

지문 3

New Season of *School's In* Brings the Drama
By Susan Richards

School's In, the hit show by NSG, returned this Thursday with a dramatic first episode to start its second season, filmed partly on the campus of Farson University.

The story picks up where the last season left off, with protagonist Luke Marshall (Nick Billings) struggling to pass his freshman year of college, while also dealing with relationship problems. [195]The season premiere comes to a climax when Luke encounters his former girlfriend Sarah (Amanda Stuart) in a rose garden, but she pretends not to see him. So far, online reactions to the episode have been positive, with many commentators calling it an exciting beginning to what is sure to be a great season.

*School's In*의 새로운 시즌이 극적으로 시작하다
Susan Richards 작성

Farson 대학교 교정에서 부분적으로 촬영된 NSG사의 히트 쇼인 *School's In*이 두 번째 시즌을 시작하기 위해 극적인 첫 번째 에피소드로 이번 주 목요일에 돌아왔다.

이야기는 지난 시즌이 중단됐던 곳으로 다시 돌아가는데, 주인공 Luke Marshall(Nick Billings)이 인간 관계 문제를 다루면서 대학 신입생으로서의 한 해를 보내기 위해 애쓰게 된다. [195]시즌의 첫 화는 Luke가 그의 옛 여자친구인 Sarah(Amanda Stuart)를 장미 정원에서 마주치지만 그녀가 그를 보지 못한 척할 때 절정에 이른다. 지금까지 에피소드에 대한 온라인 반응은 긍정적이었고, 많은 후기 작성자들이 그것을 멋진 시즌을 향한 흥미로운 시작이라고 했다.

지문 1 **call** v. 모집하다, 부르다 **extra** n. 단역 배우, 추가되는 것 **take place** phr. 일어나다, 개최되다 **time frame** phr. 시간, 기간
portrait n. 인물 사진, 초상화 **heading** n. 제목, 주제 **applicant** n. 지원자, 후보자

지문 2 **adjacent** adj. 인접한, 가까운 **dormitory** n. 기숙사 **tow** v. 견인하다, 끌다 **security** n. 경비 담당 부서, 보안 **facility** n. 시설, 기능
stay tuned phr. 계속해서 주목하라, 채널 고정 **dean** n. 학장, 학부장

지문 3 **dramatic** adj. 극적인, 감동적인 **partly** adv. 부분적으로, 어느 정도 **pick up** phr. (중단된 주제·상황으로) 다시 돌아가다, 다시 하다
protagonist n. 주인공, 주역 **struggle** v. 애쓰다, 고심하다 **freshman** n. (대학의) 신입생, 1학년생 **deal with** phr. 다루다, 처리하다
encounter v. 마주치다, 맞닥뜨리다 **pretend** v. ~인 척 하다, 가장하다 **reaction** n. 반응, 반작용

191

난이도 ○○○● 하

According to the advertisement, what should actors submit?

(A) Clips from their previous films
(B) A picture of themselves
(C) Footage of them reading a script
(D) Proof that they are university students

광고에 따르면, 배우들은 무엇을 제출해야 하는가?

(A) 이전 영화들의 동영상
(B) 자신들의 사진
(C) 대본을 읽는 장면
(D) 대학생이라는 증거

해설 유형2 | 육하원칙 What 　　　　　　　　　　　　　　　　　 정답 (B)

광고에 따르면 배우들은 무엇(what)을 제출해야 하는지를 묻는 육하원칙 문제이므로 첫 번째 지문인 광고에서 관련 내용을 확인한다.
광고의 'If you're available during that time frame, please send a portrait photo'에서 촬영 시간대에 가능하다면 사진을 보내달라
고 했으므로 (B)가 정답이다.

어휘 **clip** n. 동영상, 클립 **footage** n. (특정한 사건을 담은) 장면, 화면 **script** n. 대본, 원고

192

난이도 ●●●● 최상

What will happen during the shoot?

(A) Extras will be assigned speaking roles.
(B) Plaza Diner will provide catering.
(C) A scene will be filmed in a parking lot.
(D) Acting coaches will provide assistance.

촬영 중에 무슨 일이 일어날 것인가?

(A) 단역 배우들이 대사를 하는 역할을 맡을 것이다.
(B) Plaza Diner가 출장 음식을 제공할 것이다.
(C) 장면이 주차장에서 촬영될 것이다.
(D) 연기 강사들이 도움을 줄 것이다.

해설 유형2 | 육하원칙 연계 문제 　　　　　　　　　　　　　　 정답 (B)

질문의 핵심 어구인 happen during the shoot에서 촬영 중에 무슨(What) 일이 있을 것인지를 묻고 있으므로 촬영에 대한 내용이 언급
된 광고를 먼저 확인한다.
단서 1 첫 번째 지문(광고)의 'The shoot will take place on June 24'와 'Lunch from a local restaurant will be provided at
12 P.M.'에서 6월 24일에 있을 촬영에서 점심이 오후 12시에 지역 식당으로부터 제공될 것이라고 했다. 그런데 지역 식당이 어디인지
제시되지 않았으므로 공고에서 관련 내용을 확인한다.
단서 2 두 번째 지문(공고)의 'The Cobb Rose Garden will be closed on June 24 for the filming'과 'the parking lot ~ will be
open only to those involved in the event, including the television network NSG and Plaza Diner'에서 6월 24일 촬영 시 주차장
이 텔레비전 방송국 NSG사와 Plaza Diner를 포함한 행사 관계자들에게만 개방될 것임을 확인할 수 있다.
두 단서를 종합할 때, 6월 24일 촬영 때 지역 식당 Plaza Diner가 점심을 제공할 것임을 알 수 있다. 따라서 (B)가 정답이다.

어휘 **assign** v. (일·책임 등을) 맡기다, 파견하다

193

난이도 ○○●● 중

According to the notice, what should students do before June 24?

(A) Sign up for a dining plan
(B) Leave McCormick Dormitory
(C) Pay for a parking pass
(D) Move vehicles from an area

공고에 따르면, 학생들은 6월 24일 이전에 무엇을 해야
하는가?

(A) 식사를 신청한다
(B) McCormick 기숙사를 떠난다
(C) 주차권의 비용을 지불한다
(D) 구역으로부터 차를 옮긴다

해설 유형2 | 육하원칙 What 　　　　　　　　　　　　　　　　　 정답 (D)

공고에 따르면 학생들은 6월 24일 이전에 무엇(what)을 해야 하는지를 묻는 육하원칙 문제이므로 두 번째 지문인 공고에서 관련 내용
을 확인한다. 공고의 'If you have parked there, please move your car before June 24'에서 그곳, 즉 주차장에 주차를 했다면 6월
24일 이전에 차를 옮겨달라고 했으므로 (D)가 정답이다.

어휘 **sign up for** phr. ~을 신청하다

In the article, the phrase "left off" in paragraph 2, line 1, is closest in meaning to

(A) missed
(B) shifted
(C) occurred
(D) stopped

기사에서, 2문단 첫 번째 줄의 표현 "left off"는 의미상 ~와 가장 가깝다.

(A) 놓치다
(B) 옮기다
(C) 발생하다
(D) 중단하다

해설 유형7 | 동의어　　　　　　　　　　　　　　　　　　　　　　　　　정답 (D)

세 번째 지문인 기사의 left off를 포함하는 구절 'The story picks up where the last season left off'에서 left off가 '중단하다'라는 뜻으로 사용되었다. 따라서 '중단하다'라는 뜻을 가진 (D)가 정답이다.

What is suggested about Cobb Rose Garden?

(A) It is only being used for a season premiere.
(B) It is adjacent to a campus security office.
(C) It is the only garden at Farson University.
(D) It is open exclusively to people at a nearby dormitory.

Cobb 장미 정원에 대해 암시되는 것은?

(A) 시즌의 첫 화를 위해서만 사용된다.
(B) 교내 경비 담당 부서 사무실과 가깝다.
(C) Farson 대학교의 유일한 정원이다.
(D) 가까운 기숙사의 사람들에게만 독점적으로 개방된다.

해설 유형4 | 추론 연계 문제　　　　　　　　　　　　　　　　　　　　정답 (A)

질문의 핵심 어구인 Cobb Rose Garden에 대한 내용이 언급된 공고를 먼저 확인한다.

단서1 두 번째 지문(공고)의 'We've been informed that this is the only time the show will be shot at Cobb Rose Garden'에서 이번만 Cobb 장미 정원에서 School's In 쇼가 촬영될 것이라고 했다. 그런데 Cobb 장미 정원에서 촬영되는 School's In 쇼가 어떤 것인지 제시되지 않았으므로 기사에서 관련 내용을 확인한다.

단서2 세 번째 지문(기사)의 'The season premiere comes to a climax when ~ in a rose garden'에서 School's In 시즌 첫 화에 장미 정원이 등장한다는 사실을 확인할 수 있다.

두 단서를 종합할 때, Cobb 장미 정원은 School's In의 시즌 첫 에피소드 촬영을 위해서만 사용된다는 사실을 추론할 수 있다. 따라서 (A)가 정답이다.

어휘　exclusively adv. 독점적으로, 배타적으로

196-200 　광고지　양식　이메일

지문 1

Unique Lighting Suppliers

Unique Lighting Suppliers always treats each office with special care, taking into consideration its specific requirements. For over seven years, we have made sure our customers receive reasonably priced, high-quality services.

We offer a variety of lighting types, wattages, and prices.
· LED (60 watts) $80 per light*
· Fluorescent (40 watts) $65 per light
· Neon (28 watts) $50 per light

There is a $2 installation fee per light (any kind)
*[197]Buy 20 or more LED lights and get free installation (only applicable for LED installation)

Fill out a quote request form online at www.uniquelighting.com. We guarantee you will be sent a quote within 24 hours of submitting the form. And remember, the more details you provide, the better!

Unique 조명 용품점

Unique 조명 용품점은 언제나 각 사무실의 특정한 요구 조건들을 고려하여 특별한 주의를 기울여 그들을 대합니다. 7년이 넘는 기간 동안, 저희는 고객들이 합리적인 가격의 고품질 서비스를 받도록 해왔습니다.

저희는 다양한 조명 종류, 전력량, 그리고 가격을 제공합니다.
· LED(60 와트) 조명당 80달러*
· 형광등(40 와트) 조명당 65달러
· 네온(28 와트) 조명당 50달러

조명당 2달러의 설치비가 있습니다(모든 종류에 해당)
*[197]20개 이상의 LED 조명을 구입하시고 무료 설치를 받으세요(LED 설치에만 적용됩니다)

www.uniquelighting.com에서 온라인으로 견적 요청서를 작성하세요. 저희는 여러분이 양식을 제출하고 24시간 이내에 견적을 받을 것을 보장합니다. 그리고 기억하세요, 더 많은 세부 사항들을 제공할수록 더 좋습니다!

TEST 1

TEST 2

TEST 3

TEST 4

TEST 5

TEST 6

TEST 7

해커스 토익 PART 7 집중공략 777

지문 2

Unique Lighting Suppliers
Quote Request Form

Today's date	Monday, February 27
Name	Martha Holland
[196]Company	Chrome Graphics and Design
E-mail address	MHolland@chromegandd.com
Telephone	922-555-9317
Address	1920 S. Wabash St., Chicago, IL
[198]Delivery and installation date (please include three dates in order of preference)	1) Monday, March 6 2) Wednesday, March 8 3) Thursday, March 9
[197]Number of items requested	(25) LED Lights
Comments	We currently use fluorescent lights in our office, but [196]my boss wants to switch to LED lights since they consume less energy and are better for the environment. We are going to be renovating our office in a couple of months, so we may order 15 more fixtures at a later date.

Unique 조명 용품점
견적 요청서

오늘의 날짜	2월 27일, 월요일
이름	Martha Holland
[196]회사	Chrome 그래픽과 디자인사
이메일 주소	MHolland@chromegandd.com
전화번호	922-555-9317
주소	1920번지 S. Wabash가, 시카고, 일리노이 주
[198]배달 및 설치 날짜(선호하는 순으로 세 개의 날짜를 적어주세요)	1) 3월 6일, 월요일 2) 3월 8일, 수요일 3) 3월 9일, 목요일
[137]요청한 물품 개수	(25개) LED 조명
의견	저희는 현재 사무실에서 형광등을 쓰고 있지만, [196]저희 사장님께서 LED 조명이 더 적은 에너지를 소모하고 환경에 더 좋기 때문에 LED 조명으로 바꾸길 원하십니다. 저희는 몇 달 내에 사무실 보수를 할 것이어서, 나중에 15개의 비품을 더 주문할지도 모릅니다.

지문 3

To: Martha Holland <MHolland@chromegandd.com>
From: Claire Harp <claire@uniquelighting.com>
Date: February 28
Subject: Chrome Graphics and Design Quote Request
Attachment: Quote_101A

Dear Ms. Holland,

Thank you for submitting a quote request form. We would love to help you replace the lighting in your company's office.

I've attached a quote for 25 LED lights, as you requested. [200]Our company was founded five years ago today, and for this reason all orders are 10% off this week. This discount is noted in the attached quote. [198]Unfortunately, we are fully booked on Monday and Thursday. We can, however, accommodate your delivery and installation request on the other day you indicated.

We appreciate your business!

Sincerely,

Claire Harp
Unique Lighting Suppliers

수신: Martha Holland <MHolland@chromegandd.com>
발신: Claire Harp <claire@uniquelighting.com>
날짜: 2월 28일
제목: Chrome 그래픽과 디자인사 견적 요청
첨부: 견적서_101A

Ms. Holland께,

견적 요청서를 보내주셔서 감사합니다. 저희는 귀사의 사무실의 조명을 교체하는 것을 기꺼이 도와드릴 것입니다.

요청하신 대로 25개의 LED 조명에 대한 견적서를 첨부했습니다. [200]저희 회사가 5년 전 오늘 설립되었고, 이러한 이유로 이번 주의 모든 주문들은 10퍼센트 할인이 됩니다. 이 할인은 첨부된 견적서에 언급되어 있습니다. [198]유감스럽게도, 저희는 월요일과 목요일에는 예약이 꽉 차 있습니다. 하지만, 저희는 귀가가 언급하신 다른 날에 귀하의 배송 및 설치 요청에 응할 수 있습니다.

거래에 감사드립니다!

Claire Harp 드림
Unique 조명 용품점

지문 1 **treat** v. 대하다, 처리하다 **requirement** n. 요구 조건 **reasonably** adv. 합리적으로, 타당하게 **wattage** n. 전력량, 와트 수 **fluorescent** n. 형광등; adj. 형광성의 **neon** n. 네온 **applicable** adj. 적용되는, 해당되는 **quote** n. 견적액, 시세 **guarantee** v. 보장하다

지문 2 **preference** n. 선호, 애호 **currently** adv. 현재, 지금 **boss** n. 사장, 상관 **switch** v. 바꾸다, 전환하다 **consume** v. 소모하다, 소비하다 **renovate** v. 보수하다, 개조하다 **fixture** n. 비품, 시설, 설비

지문 3 **found** v. 설립하다, 세우다 **note** v. 언급하다, 주목하다 **unfortunately** adv. 유감스럽거도, 불행하게도

196

Why does Chrome Graphics and Design want to switch to LED lights?

(A) They are less expensive.
(B) They help to save energy.
(C) They are easier to install.
(D) They are less fragile.

Chrome 그래픽과 디자인사는 왜 LED 조명으로 바꾸고 싶어 하는가?

(A) 덜 비싸다.
(B) 에너지를 절약하게 해준다.
(C) 설치하기가 더 쉽다.
(D) 쉽게 깨지지 않는다.

해설 유형2 | 육하원칙 Why   정답 (B)

Chrome 그래픽과 디자인사가 왜(Why) LED 조명으로 바꾸고 싶어 하는지를 묻는 육하원칙 문제이므로 질문의 핵심 어구인 Chrome Graphics and Design과 관련된 내용이 언급된 두 번째 지문인 양식을 확인한다. 양식의 'Company, Chrome Graphics and Design'과 'my boss wants to switch to LED lights since they consume less energy'에서 Chrome 그래픽과 디자인사의 사장이 LED 조명이 더 적은 에너지를 소모하기 때문에 LED 조명으로 바꾸길 원한다고 했으므로 (B)가 정답이다.

바꾸어 표현하기
consume less energy 더 적은 에너지를 소모하다 → help to save energy 에너지를 절약하게 해준다

어휘 fragile adj. 깨지기 쉬운

197

What is indicated about Ms. Holland?

(A) She wants to return a shipment.
(B) She will pay with a credit card.
(C) She will receive a complimentary installation.
(D) She wants various types of lights.

Ms. Holland에 대해 암시되는 것은?

(A) 배송품을 반송하고 싶어 한다.
(B) 신용카드로 지불할 것이다.
(C) 무료 설치를 받을 것이다.
(D) 다양한 종류의 조명을 원한다.

해설 유형4 | 추론 연계 문제   정답 (C)

질문의 핵심 어구인 Ms. Holland와 관련된 내용이 언급된 양식을 먼저 확인한다.
단서 1 두 번째 지문(양식)의 'Number of items requested, (25) LED Lights'에서 Ms. Holland가 25개의 LED 조명을 구입했다고 했다. 그런데 LED 조명 주문 시의 조건이 제시되지 않았으므로 광고지에서 관련 내용을 확인한다.
단서 2 첫 번째 지문(광고지)의 'Buy 20 or more LED lights and get free installation'에서 20개 이상의 LED 조명을 구입하면 무료 설치를 받을 수 있다는 사실을 확인할 수 있다.
두 단서를 종합할 때, Ms. Holland는 20개 이상의 LED 조명을 구입했으므로 무료 설치를 받을 것이라는 사실을 추론할 수 있다. 따라서 (C)가 정답이다.

어휘 shipment n. 배송품, 수송

198

When will the lights probably be installed at Chrome Graphics and Design?

(A) February 28
(B) March 6
(C) March 8
(D) March 9

Chrome 그래픽과 디자인사에 조명이 언제 설치될 것 같은가?

(A) 2월 28일
(B) 3월 6일
(C) 3월 8일
(D) 3월 9일

해설 유형4 | 추론 연계 문제   정답 (C)

질문의 핵심 어구인 When ~ the lights ~ be installed at Chrome Graphics and Design과 관련된 내용이 언급된 양식을 먼저 확인한다.
단서 1 두 번째 지문(양식)의 'Delivery and installation date (please include three dates in order of preference)'와 'Monday, March 6', 'Wednesday, March 8', 'Thursday, March 9'에서 Chrome 그래픽과 디자인사가 선호하는 배달 및 설치 날짜로 3월 6일 월요일, 3월 8일 수요일, 3월 9일 목요일을 선택했다. 그런데 언제 배달 및 설치가 진행될지 제시되지 않았으므로 이메일에서 관련 내용을 확인한다.

TEST 1

TEST 2

TEST 3

TEST 4

TEST 5

TEST 6

TEST 7

단서2 세 번째 지문(이메일)의 'Unfortunately, we are fully booked on Monday and Thursday. We can, however, accommodate your delivery and installation request on the other day you indicated.'에서 Unique 조명 용품점이 월요일과 목요일에는 예약이 꽉 차 있지만 Chrome 그래픽과 디자인사가 언급한 다른 날에 배송 및 설치 요청에 응할 수 있다는 사실을 확인할 수 있다. 두 단서를 종합할 때, 월요일과 목요일을 제외한 3월 8일 수요일에 조명이 설치될 것이라는 사실을 추론할 수 있다. 따라서 (C)가 정답이다.

199

난이도 ○●●● 상

In the e-mail, the word "accommodate" in paragraph 2, line 4, is closest in meaning to

(A) provide room for
(B) get used to
(C) assume
(D) fulfill

이메일에서, 2문단 네 번째 줄의 단어 "accommodate"는 의미상 –와 가장 가깝다.

(A) 공간을 제공하다
(B) 익숙해지다
(C) 추정하다
(D) 만족시키다

해설 유형7 | 동의어   정답 (D)

세 번째 지문인 이메일의 accommodate를 포함하는 구절 'We can, however, accommodate your delivery and installation request'에서 accommodate가 '(요구 등에) 부응하다'라는 뜻으로 사용되었다. 따라서 '(필요 요건 등을) 만족시키다'라는 뜻을 가진 (D)가 정답이다.

200

난이도 ○○●● 중

According to the e-mail, why is Unique Lighting Suppliers providing a discount this week?

(A) To celebrate a product launch
(B) To clear out its warehouse
(C) To mark an anniversary
(D) To attract new customers

이메일에 따르면, Unique 조명 용품점은 왜 이번 주에 할인을 제공하는가?

(A) 상품 출시를 기념하기 위해
(B) 창고를 비우기 위해
(C) 기념일을 축하하기 위해
(D) 새로운 고객들을 끌어모으기 위해

해설 유형2 | 육하원칙 Why   정답 (C)

이메일에 따르면 Unique 조명 용품점이 왜(why) 이번 주에 할인을 제공하는지를 묻는 육하원칙 문제이므로 세 번째 지문인 이메일에서 관련 내용을 확인한다. 이메일의 'Our company was founded five years ago today, and for this reason all orders are 10% off this week.'에서 Unique 조명 용품점이 5년 전 오늘 설립되었고 이러한 이유로 이번 주의 모든 주문들은 10퍼센트 할인이 된다고 했으므로 (C)가 정답이다.

어휘   celebrate v. 기념하다, 축하하다   launch n. 출시, 개시   clear out phr. ~을 비우다, 청소하다   warehouse n. 창고   mark v. 축하하다, 기념하다   attract v. 끌어모으다, 유인하다

TEST

02

해석 · 해설

Tidy-Mate Professional Housekeeping Services
Serving Morgantown for over 30 years

[148-B]Tidy-Mate provides basic cleaning services to residential customers. [148-D]Choose from one-time, weekly, biweekly, or monthly visits that include:

· [147-B]Dusting picture frames, mirrors, shelves, and furniture
· Wiping, mopping, and [147-C]disinfecting floors
· [147-A]Vacuuming carpets and upholstery
· Reducing clutter and [147-D]disposing of household trash

To schedule an appointment, call 555-2309.

Our courteous and fully trained staff members are eager to assist you. [148-C]We supply all the gear and only use safe cleaning materials.

Tidy-Mate사 전문 가사 서비스
30년이 넘는 기간 동안 모건타운에 서비스를 제공

[148-B]Tidy-Mate사는 주거 고객들에게 기본적인 청소 서비스를 제공합니다. 다음을 포함하는 [148-D]1회, 주 1회, 2주 1회, 또는 월 1회 방문 중에서 고르세요:

· [147-B]사진 액자, 거울, 책장, 가구 먼지 털기
· [147-C]바닥 닦기, 걸레질하기, 소독하기
· [147-A]카펫 및 소파 커버 진공 청소하기
· 잡동사니 정리 및 [147-D]가정 쓰레기 처리하기

예약 일정을 잡으시려면, 555-2309로 전화주세요.

저희의 친절하고 충분히 훈련된 직원들이 당신을 도와드리기를 간절히 원하고 있습니다. [148-C]저희는 모든 장비를 제공하며 안전한 청소 도구만을 사용합니다.

어휘 housekeeping adj. 가사의, 가정의 serve v. 서비스를 제공하다, 접대하다 residential adj. 주거의, 거주의 biweekly adj. 2주에 한 번의, 격주의
dust v. 먼지를 털다 wipe v. 닦다, 씻다 mop v. 걸레질하다 disinfect v. 소독하다 vacuum v. 진공 청소하다; n. 진공
upholstery n. (소파 등의) 커버, 덮개 clutter n. 잡동사니, 혼란 dispose of phr. ~을 처리하다 household adj. 가정의
courteous adj. 친절한, 정중한 be eager to phr. ~하기를 간절히 원하다 gear n. 장비, 장치

147

난이도 ○○●● 중

What service is NOT offered by Tidy-Mate?

(A) Cleaning carpets
(B) Wiping away dust
(C) Disinfecting toilets
(D) Discarding garbage

Tidy-Mate사에 의해 제공되는 서비스가 아닌 것은?

(A) 카펫 청소하기
(B) 먼지 닦아내기
(C) 화장실 소독하기
(D) 쓰레기 버리기

해설 유형3 | Not/True Not 문제   정답 (C)

질문의 핵심 어구인 service ~ offered by Tidy-Mate와 관련된 내용을 지문에서 찾아 각 보기와 대조하는 Not/True 문제이다. (A)는 'Vacuuming carpets'에서 카펫의 진공 청소 서비스를 제공한다고 했으므로 지문의 내용과 일치한다. (B)는 'Dusting picture frames, mirrors, shelves, and furniture'에서 사진 액자, 거울, 책장, 가구의 먼지 털기 서비스를 제공한다고 했으므로 지문의 내용과 일치한다. (C)는 'disinfecting floors'에서 바닥을 소독해 준다고 했지 화장실을 소독해 준다고 한 것은 아니므로 지문의 내용과 일치하지 않는다. 따라서 (C)가 정답이다. (D)는 'disposing of household trash'에서 가정 쓰레기 처리 서비스를 제공한다고 했으므로 지문의 내용과 일치한다.

바꾸어 표현하기

disposing of household trash 가정 쓰레기 처리하기 → Discarding garbage 쓰레기 버리기

어휘 discard v. 버리다, 처분하다 garbage n. 쓰레기

148

난이도 ○○●● 중

What is mentioned about Tidy-Mate?

(A) It has multiple branches.
(B) It serves corporate clients.
(C) It brings its own equipment.
(D) It offers a one-year contract.

Tidy-Mate사에 대해 언급된 것은?

(A) 다수의 지점을 가지고 있다.
(B) 기업 고객들에게 서비스를 제공한다.
(C) 자체 장비를 가져온다.
(D) 1년 계약을 제공한다.

TEST 1

TEST 2

TEST 3

TEST 4

TEST 5

TEST 6

TEST 7

해설 유형3 | Not/True True 문제 정답 (C)

질문의 핵심 어구인 Tidy-Mate와 관련된 내용을 지문에서 찾아 각 보기와 대조하는 Not/True 문제이다. (A)는 지문에 언급되지 않은 내용이다. (B)는 'Tidy-Mate provides basic cleaning services to residential customers.'에서 Tidy-Mate사가 주거 고객들에게 기본적인 청소 서비스를 제공한다고 했으나, 기업 고객에게도 서비스를 제공하는지는 알 수 없으므로 지문의 내용과 일치하지 않는다. (C)는 'We supply all the gear'에서 모든 장비를 자신들, 즉 Tidy-Mate사가 제공한다고 했으므로 지문의 내용과 일치한다. 따라서 (C)가 정답이다. (D)는 'Choose from one-time, weekly, biweekly, or monthly visits'에서 1회, 주 1회, 2주 1회, 또는 월 1회 방문 서비스 중에서 고르라고 했으므로 지문의 내용과 일치하지 않는다.

바꾸어 표현하기

supply all the gear 모든 장비를 제공한다 → brings its own equipment 자체 장비를 가져온다

어휘 **multiple** adj. 다수의, 다양한 **corporate** adj. 기업의, 공동의

149-150 회람

MEMORANDUM

TO: West Columbia Air flight attendants
FROM: Martin Buckwell, Personnel director
DATE: August 9
SUBJECT: Training

[149]All newly hired West Columbia Air flight attendants are required to attend a training program. This will be conducted in Seattle at our corporate headquarters from September 3 to October 5. Sessions will take place on weekdays and cover topics ranging from performing your duties during emergency situations to interacting with unruly travelers. You'll also learn about a flight attendant's regular tasks, such as making announcements over the intercom and serving food and beverages.

Everyone will be staying at the Gulf Island Hotel, located just a five-minute walk from the training center. [150]Please get in touch with the organizer of the training program, Jane Meyers, and give her your full name and phone number since she's in charge of your accommodation.

회람

수신: West Columbia 항공 승무원들
발신: Martin Buckwell, 인사 담당자
날짜: 8월 9일
제목: 교육

[149]West Columbia 항공의 모든 신입 승무원들은 교육 프로그램에 참석할 것이 요구됩니다. 이것은 시애틀의 자사 본사에서 9월 3일부터 10월 5일까지 열릴 것입니다. 교육은 평일에 진행될 것이며 긴급 상황 중에 직무를 수행하는 것부터 다루기 힘든 여행객들과 소통하는 것에 이르는 주제들을 다룰 것입니다. 여러분은 또한 기내 통신을 통해 공지를 하는 것과 음식 및 음료를 제공하는 것과 같은 승무원의 일상적인 업무들에 대해서도 배우게 될 것입니다.

모든 직원들은 교육 센터에서 도보로 5분 거리에 위치한 Gulf Island 호텔에서 머무를 것입니다. [150]교육 프로그램 기획자인 Jane Meyers가 여러분의 숙소를 담당하고 있으므로 그녀에게 연락하여 성명과 전화번호를 전달해주시기 바랍니다.

어휘 **flight attendant** phr. 승무원 **training** n. 교육, 연수 **headquarters** n. 본사 **cover** v. 다루다, 포함시키다 **duty** n. 직무, 의무, 임무 **interact** v. 소통하다, 상호 작용하다 **unruly** adj. 다루기 힘든, 제멋대로 구는 **intercom** n. 기내 통신, 구내방송 **accommodation** n. 숙소, 합의

149 난이도 ○○○● 하

What is the memo mainly about?

(A) The relocation of an airline's main office
(B) The details of a training course
(C) The plans for a recruitment session
(D) The need to hire additional flight attendants

회람은 주로 무엇에 대한 것인가?

(A) 항공사 본사의 이전
(B) 교육 과정의 세부 사항
(C) 채용 기간을 위한 계획
(D) 추가적인 승무원을 고용하는 것의 필요성

해설 유형1 | 주제/목적 찾기 글의 주제 정답 (B)

회람이 주로 무엇에 대한 것인지를 묻는 주제 찾기 문제이므로 지문의 앞부분을 주의 깊게 확인한다. 'All newly hired West Columbia Air flight attendants are required to attend a training program.'에서 West Columbia 항공의 모든 신입 승무원들은 교육 프로그램에 참석할 것이 요구된다고 한 후, 교육 프로그램과 관련된 세부 정보를 제공하고 있으므로 (B)가 정답이다.

어휘 **relocation** n. 이전, 재배치 **airline** n. 항공사 **main office** phr. 본사 **recruitment** r. 채용

150

What is suggested about Ms. Meyers?

(A) She will lead some sessions.
(B) She is a former airline employee.
(C) She is Mr. Buckwell's manager.
(D) She will make hotel reservations.

Ms. Meyers에 대해 암시되는 것은?

(A) 몇몇 교육을 이끌 것이다.
(B) 과거 항공사 직원이다.
(C) Mr. Buckwell의 관리자이다.
(D) 호텔 예약을 할 것이다.

해설 유형4 | 추론 세부 정보　　　　　　　　　　　정답 (D)

질문의 핵심 어구인 Ms. Meyers에 대해 추론하는 문제이다. 'Please get in touch with ~ Jane Meyers, and give her your full name and phone number since she's in charge of your accommodation.'에서 Ms. Meyers가 숙소를 담당하고 있으니 그녀에게 성명과 전화번호를 전달해달라고 했으므로 Ms. Meyers가 호텔 예약을 할 것이라는 사실을 추론할 수 있다. 따라서 (D)가 정답이다.

151-152 　메시지 대화문

Pablo Henriquez　　　　　　　　　　　[11:20 A.M.]
Have you reached the airport? I'm stuck in traffic, but I think I'll be at the parking lot in 10 minutes.

Amina Sahnoun　　　　　　　　　　　[11:21 A.M.]
I got here around eleven o'clock. ¹⁵¹Do you think you'll make it?

Pablo Henriquez　　　　　　　　　　　[11:23 A.M.]
It's looking tight. ¹⁵¹Boarding closes 30 minutes before takeoff, right?

Amina Sahnoun　　　　　　　　　　　[11:24 A.M.]
I think so. ¹⁵²To save time, you should head straight to the check-in machines.

Pablo Henriquez　　　　　　　　　　　[11:27 A.M.]
How do those work?

Amina Sahnoun　　　　　　　　　　　[11:28 A.M.]
Pretty simple. You just need to enter your reservation number and make a few selections. Once the pass print out, you can drop off your luggage and go through security.

Pablo Henriquez　　　　　　　　　　　[11:30 A.M.]
Got it. I'm here now. See you in the boarding lounge.

Pablo Henriquez　　　　　　　　　　　[오전 11시 20분]
공항에 도착하셨나요? 차가 막히지만, 저는 10분 안에 주차장에 도착할 것 같아요.

Amina Sahnoun　　　　　　　　　　　[오전 11시 21분]
저는 11시쯤 여기에 도착했어요. ¹⁵¹시간에 맞춰 올 수 있을 것 같나요?

Pablo Henriquez　　　　　　　　　　　[오전 11시 23분]
빠듯할 것 같아요. ¹⁵¹탑승은 이륙 30분 전에 끝나는 것이 맞죠?

Amina Sahnoun　　　　　　　　　　　[오전 11시 24분]
그런 것 같아요. ¹⁵²시간을 절약하기 위해, 탑승 수속 기계로 곧장 가도록 해요.

Pablo Henriquez　　　　　　　　　　　[오전 11시 27분]
그것들은 어떻게 작동되나요?

Amina Sahnoun　　　　　　　　　　　[오전 11시 28분]
꽤 간단해요. 그냥 예약 번호를 입력하고 몇 가지 선택 사항을 고르면 돼요. 탑승권이 인쇄되면, 수하물을 맡기고 보안 검색을 통과할 수 있어요.

Pablo Henriquez　　　　　　　　　　　[오전 11시 30분]
알겠어요. 이제 도착했어요. 탑승 라운지에서 만나요.

어휘 stuck in traffic phr. 교통이 막힌, 교통이 정체된　make it phr. 시간 맞춰 가다, (모임 등에) 참석하다　boarding n. (비행기에의) 탑승, 승차
takeoff n. 이륙, 출발　straight adv. 곧장, 똑바로　luggage n. 수하물, 짐

151

At 11:23 A.M., what does Mr. Henriquez mean when he writes, "It's looking tight"?

(A) He may have to pay an extra fee for luggage.
(B) He is having trouble finding a parking spot.
(C) He is concerned that seats are fully booked.
(D) He may not be able to board a plane on time.

오전 11시 23분에, Mr. Henriquez가 "It's looking tight"라고 썼을 때 그가 의도한 것은?

(A) 수하물에 추가 비용을 지불해야 할 수도 있다.
(B) 주차 공간을 찾는 데 어려움을 겪고 있다.
(C) 좌석이 모두 예약되었을까 봐 걱정한다.
(D) 제시간에 비행기에 탑승할 수 없을지도 모른다.

TEST 1
TEST 2
TEST 3
TEST 4
TEST 5
TEST 6
TEST 7

해커스 토익 PART7 집중공략 777

해설 유형5 | 의도 파악 정답 (D)

Mr. Henriquez가 의도한 것을 묻는 문제이므로, 질문의 인용어구 'It's looking tight.'가 언급된 주변 문맥을 확인한다. 'Do you think you'll make it?'에서 Amina Sahnoun이 시간에 맞춰 올 수 있을 것 같은지 묻자, Mr. Henriquez가 'It's looking tight.'(빠듯할 것 같아요)라고 한 후, 'Boarding closes 30 minutes before takeoff, right?'에서 탑승이 이륙 30분 전에 끝나는 것이 맞는지 확인한 것을 통해 Mr. Henriquez가 제시간에 비행기에 탑승할 수 없을지도 모른다고 생각함을 알 수 있다. 따라서 (D)가 정답이다.

어휘 **on time** phr. 제시간에, 정각에

152

난이도 ○○○● 하

What does Ms. Sahnoun advise Mr. Henriquez to do?

(A) Make a new reservation
(B) Speak to a flight attendant
(C) Use an automated service
(D) Download a mobile ticket

Ms. Sahnoun은 Mr. Henriquez에게 무엇을 하라고 조언하는가?

(A) 새로운 예약을 한다
(B) 승무원과 이야기한다
(C) 자동화 서비스를 이용한다
(D) 모바일 티켓을 다운로드한다

해설 유형2 | 육하원칙 What 정답 (C)

Ms. Sahnoun이 Mr. Henriquez에게 무엇(What)을 하라고 조언하는지를 묻는 육하원칙 문제이다. 질문의 핵심 어구인 Ms. Sahnoun advise Mr. Henriquez to do와 관련하여, 'To save time, you should head straight to the check-in machines.'에서 Ms. Sahnoun이 Mr. Henriquez에게 시간을 절약하기 위해 탑승 수속 기계로 곧장 가라고 했으므로 (C)가 정답이다.

바꾸어 표현하기
check-in machines 탑승 수속 기계 → automated service 자동화 서비스

어휘 **automated** adj. 자동화된, 자동의

153-154 회람

TO: All Beaumont Department Store sales staff
FROM: Madeleine Phillippe, Sales director
SUBJECT: Holiday arrangements
DATE: October 28

¹⁵³⁻ᴮThe holiday season will soon be upon us, so I would like to start arranging work schedules. The store usually closes from December 31 to January 1, but unlike last year, we will stay open from 10 A.M. to 3 P.M. on December 31. Staff willing to work on that day will receive overtime and an additional day of paid vacation to use at their leisure. If you are interested, please notify your department manager.

I am also sure that many of you will be traveling for the holidays and may wish to use your vacation days in December or January. Those wishing to do so are kindly asked to submit a leave application to the administrative office by November 10. ¹⁵⁴Failure to meet this deadline may result in the rejection of a leave request.

Should you have any inquiries regarding the above information, call me at extension 92, or contact Bobby Depuis, our associate sales director, at extension 98.

수신: Beaumont 백화점의 모든 판매 사원들
발신: Madeleine Phillippe, 판매 담당자
제목: 연휴 준비
날짜: 10월 28일

¹⁵³⁻ᴮ연휴 시즌이 조만간 다가올 것이므로, 저는 근무 일정 조정을 시작하고자 합니다. 매장은 보통 12월 31일부터 1월 1일까지 문을 닫지만, 작년과는 달리 우리는 12월 31일에 오전 10시부터 오후 3시까지 문을 열 것입니다. 그날 근무를 하고자 하는 직원들은 초과 근무 수당과 한가한 때에 사용할 수 있는 하루의 추가 유급 휴가를 받게 될 것입니다. 관심이 있으시다면, 여러분의 부서 관리자에게 알려주시기 바랍니다.

저는 또한 여러분 중 많은 분들이 연휴에 여행을 갈 것이며 12월과 1월 중 휴가를 사용하길 원할 것이라고 확신합니다. 그렇게 하고 싶은 분들은 11월 10일까지 행정실로 휴가 신청서를 제출할 것이 정중히 요청됩니다. ¹⁵⁴이 마감 기한을 지키지 못하면 휴가 요청이 거절될 수 있습니다.

귀의 정보에 관해 어떤 문의사항이라도 있으시다면, 저에게 내선번호 92번으로 전화하시거나, 부 판매 담당자인 Bobby Depuis에게 내선번호 98번으로 연락하십시오.

어휘 **sales staff** phr. 판매 사원 **arrangement** n. 준비, 예정, 계획 **overtime** n. 초과 근무 수당, 초과 근무 **paid** adj. 유급의, 유료의 **at one's leisure** phr. 한가한 때에, 느긋하게 **notify** v. 알리다, 통지하다 **submit** v. 제출하다, 항복하다 **leave** n. 휴가; v. 떠나다 **application** n. 신청서, 지원서, 적용 **administrative office** phr. 행정실, 관리사무실 **failure** n. ~하지 않음, 실패 **rejection** n. 거절, 배제

153

What is mentioned about Beaumont Department Store?

(A) It has increased its overtime rate.
(B) It will have a different holiday schedule this year.
(C) It is holding a seasonal promotion.
(D) It will open later than usual on December 31.

Beaumont 백화점에 대해 언급된 것은?

(A) 초과 근무 수당금을 인상했다.
(B) 올해에는 다른 연휴 일정을 가질 것이다.
(C) 시즌 특유 판촉 행사를 열고 있다.
(D) 12월 31일에는 평소보다 늦게 문을 열 것이다.

해설 유형3 | **Not/True** True 문제 　　　　　　　　　　　　　　　　　　　　　정답 (B)

질문의 핵심 어구인 Beaumont Department Store와 관련된 내용을 지문에서 찾아 각 보기와 대조하는 Not/True 문제이다. (A)는 지문에 언급되지 않은 내용이다. (B)는 'The holiday season will soon be upon us, so I would like to start arranging work schedules.'에서 연휴 시즌이 조만간 다가올 것이므로 근무 일정 조정을 시작하고자 한다고 했고, 'The store usually closes from December 31 ~ but unlike last year, we will stay open from 10 A.M. to 3 P.M. on December 31.'에서 매장은 보통 12월 31일부터 문을 닫지만 작년과는 달리 그날 오전 10시부터 오후 3시까지 문을 열 것이라고 했으므로 지문의 내용과 일치한다. 따라서 (B)가 정답이다. (C)와 (D)는 지문에 언급되지 않은 내용이다.

어휘 **rate** n. 임금, 요금, 비율 **seasonal** adj. 시즌 특유의, 계절적인

154

According to Ms. Phillippe, what will happen if a deadline is not met?

(A) An establishment will not open on time.
(B) Extra work shifts will be added.
(C) Planned meetings may be canceled.
(D) Requests may not be approved.

Ms. Phillippe에 따르면, 마감 기한이 지켜지지 않으면 무슨 일이 일어날 것인가?

(A) 시설이 제시간에 문을 열지 않을 것이다.
(B) 교대 근무가 추가될 것이다.
(C) 계획된 회의들이 취소될 수 있다.
(D) 요청이 승인되지 않을 수 있다.

해설 유형2 | **육하원칙** What 　　　　　　　　　　　　　　　　　　　　　　　정답 (D)

Ms. Phillippe에 따르면 마감 기한이 지켜지지 않으면 무슨(what) 일이 일어날 것인지를 묻는 육하원칙 문제이다. 질문의 핵심 어구인 happen if a deadline is not met과 관련하여, 'Failure to meet this deadline may result in the rejection of a leave request.'에서 마감 기한을 지키지 못하면 휴가 요청이 거절될 수도 있다고 했으므로 (D)가 정답이다.

바꾸어 표현하기

rejection of a leave request 휴가 요청의 거절 → Requests may not be approved 요청이 승인되지 않을 수 있다

어휘 **establishment** n. 시설, 기관 **shift** n. 교대 근무 (시간) **approve** v. 승인하다, 찬성하다

155-157 기사

[155]Market Square Nears Completion

By Timothy Hartwell

YORKVILLE—[155]Construction is nearly finished on Market Square, an outdoor shopping district in the centre of Yorkville. The square, which is set to officially open on June 5, will consist of a cobblestone walkway, a fountain, a variety of businesses, and a sculpture by local artist James Thurwell.

[156]The plaza is the centrepiece of Mayor Hugh Granley's efforts to revitalise the central business district. "After 5 P.M., when everyone goes home from work, our city centre becomes completely empty," Granley said in a recent speech. "Cities like Liverpool, Sheffield, and Manchester have thriving city centres. I see no reason why that shouldn't be true of Yorkville as well."

[155]Market 광장이 완공에 가까워지다

Timothy Hartwell 작성

요크빌—[155]요크빌 중심에 있는 야외 쇼핑 구역인 Market 광장의 공사가 거의 끝났다. 광장은 6월 5일에 공식적으로 개장할 예정이며, 조약돌 산책로, 분수대, 다양한 상점들과 지역 예술가 James Thurwell의 조각품으로 이루어질 것이다.

[156]이 광장은 중심 상업 지역을 재활성화시키려는 시장 Hugh Granley의 노력의 중심물이다. "모든 이들이 퇴근하고 집에 갈 시간인 오후 5시 이후에, 우리의 시내는 완전히 텅 빕니다."라고 Granley가 최근 연설에서 말했다. "리버풀, 셰필드 그리고 맨체스터와 같은 도시들에는 번화가가 있습니다. 저는 그것이 왜 요크빌에는 해당되지 않아야 하는지 모르겠습니다."

When it opens, Market Square will have several restaurants, a few cafés, a mobile phone retailer, and some clothing shops. All will be open into the evening, while the cafés and some eateries will remain open past midnight.

[157]If Market Square succeeds in making Yorkville's central business district a popular entertainment destination, Mayor Granley says he will increase its size two years from now to accommodate even more businesses.

개장 시, Market 광장에는 여러 개의 식당, 몇 개의 카페, 휴 대 전화 소매점과 몇 개의 의류 매장이 있을 것이다. 모든 곳 들은 저녁까지 운영할 것이며, 카페들과 몇 군데의 식당들은 자정이 지나서까지 열려 있을 것이다.

[157]만약 Market 광장이 요크빌의 중심 상업 지역을 인기 있 는 오락거리가 모여있는 곳으로 만드는 데 성공한다면, 시장 Granley는 지금으로부터 2년 후에 더 많은 상점들을 수용할 수 있도록 그 규모를 확장시킬 것이라고 말한다.

어휘 near v. ~에 가까워지다; adj. 가까운 completion n. 완공, 완성, 성취 be set to phr. ~하도록 예정되어 있다 cobblestone n. 조약돌, 자갈 fountain n. 분수대, 원천 sculpture n. 조각품, 조소 centerpiece/centrepiece n. 중심물, 주요 특징 mayor n. 시장 revitalize/revitalise v. 재활성화시키다, 새로운 활력을 불어넣다 thriving adj. 번화한, 번영하는 retailer n. 소매점, 소매업 eatery n. 식당, 음식점 accommodate v. 수용하다, 공간을 제공하다

155

난이도 ○○●● 중

Why was the article written?

(A) To announce a mayor's speech
(B) To recommend some new restaurants
(C) To publicize an urban project
(D) To praise a new sculpture

기사는 왜 쓰여졌는가?

(A) 시장의 연설을 알리기 위해
(B) 몇몇 새로운 식당을 추천하기 위해
(C) 도시 사업을 알리기 위해
(D) 새로운 조각품을 칭찬하기 위해

해설 유형1 | 주제/목적 찾기 글을 쓴 이유
정답 (C)

기사가 쓰여진 이유를 묻는 목적 찾기 문제이므로 지문의 헤드라인과 첫 세 문장을 주의 깊게 확인한다. 'Market Square Nears Completion'과 'Construction is nearly finished on Market Square, an outdoor shopping district in the centre of Yorkville.'에서 요크빌 중심에 있는 야외 쇼핑 구역인 Market 광장의 공사가 거의 끝났다고 한 후, 시의 중심 상업 지역의 재활성화를 목적으로 하는 Market 광장의 건설 계획에 대해 설명하고 있으므로 (C)가 정답이다.

어휘 publicize v. 알리다, 홍보하다 urban adj. 도시의 praise v. 칭찬하다; n. 칭찬

156

난이도 ○○●● 중

What does the article suggest about Market Square?

(A) It will contain many spaces for artists.
(B) It is expected to draw people downtown.
(C) It was funded by local businesses.
(D) It resembles a plaza in Manchester.

기사가 Market 광장에 대해 암시하는 것은?

(A) 예술가들을 위한 많은 공간을 포함할 것이다.
(B) 시내로 사람들을 끌어모을 것으로 기대된다.
(C) 지역 사업체들에 의해 자금을 지원받았다.
(D) 맨체스터에 있는 광장과 비슷하다.

해설 유형4 | 추론 세부 정보
정답 (B)

질문의 핵심 어구인 Market Square에 대해 추론하는 문제이다. 'The plaza is the centrepiece of Mayor Hugh Granley's efforts to revitalise the central business district.'에서 Market 광장은 중심 상업 지역을 재활성화시키려는 시장 Hugh Granley의 노력의 중심 물이라고 했으므로, Market 광장이 시내로 사람들을 끌어모을 것으로 기대된다는 사실을 추론할 수 있다. 따라서 (B)가 정답이다.

어휘 draw v. 끌어모으다, 유인하다 resemble v. 비슷하다, 닮다

157

난이도 ○○●● 중

What will the mayor most likely do if the project succeeds?

(A) Hold a public celebration
(B) Launch a tourism campaign
(C) Rename a business district
(D) Add more commercial space

프로젝트가 성공하면 시장은 무엇을 할 것 같은가?

(A) 공개적인 기념행사를 연다
(B) 관광 캠페인을 시작한다
(C) 상업 지역을 개명한다
(D) 상업 공간을 추가한다

질문의 핵심 어구인 the mayor ~ do if the project succeeds에 대해 추론하는 문제이다. 'If Market Square succeeds ~ Mayor Granley says he will increase its size two years from now to accommodate even more businesses.'에서 만약 Market 광장이 요크빌의 중심 상업 지역을 인기 있는 오락거리가 모여있는 곳으로 만드는 데 성공한다면 시장 Granley는 더 많은 상점들을 수용할 수 있도록 그 규모를 확장시킬 것이라고 했으므로, 그가 Market 광장에 상업 공간을 추가할 것이라는 사실을 추론할 수 있다. 따라서 (D) 가 정답이다.

바꾸어 표현하기

increase its size ~ to accommodate even more businesses 더 많은 상점들을 수용할 수 있도록 규모를 확장하다
→ Add more commercial space 상업 공간을 추가하다

어휘 **celebration** n. 기념행사, 축하 **launch** v. 시작하다, 개시하다 **rename** v. 개명하다 **commercial** adj. 상업적인, 이익이 되는

158-160 안내문

Attention: Blaine Forest Campfire Regulations	주목: Blaine 산림 캠프파이어 규정
[158]Please note that overnight campers at Blaine Forest National Park are permitted to build fires as long as they obey the following guidelines:	[158]Blaine 산림 국립 공원에서 하룻밤을 보내는 야영객들은 다음 지침을 준수하는 한 불을 피우는 것이 허용된다는 것에 유의해 주시기 바랍니다:
1. Campfires are only allowed in officially designated locations. These include all four of the park's campgrounds.	1. 캠프파이어는 공식적으로 지정된 장소에서만 허용됩니다. 이 장소들은 공원의 야영지 네 곳 모두를 포함합니다.
2. [159-A]Every campsite has a fire pit. Do not start fires outside of these enclosures, and make sure that burning pieces of wood do not extend beyond them.	2. [159-A]모든 야영지에는 불구덩이가 있습니다. 이러한 불구덩이 밖에서는 불을 피우지 말아주시고, 불씨가 있는 목재들이 그 밖으로 넘어가지 않도록 해주십시오.
3. [159-C]Do not use any wood from the forest. Campers may buy firewood from local retailers or purchase bundles at campground offices for $10 each.	3. [159-C]산림의 어떤 목재도 사용하지 마십시오. 야영객들은 현지의 상점에서 장작을 구매하거나 야영지 사무소에서 한 묶음을 10달러에 구매할 수 있습니다.
4. Be sure to put out your fire completely. Buckets are available at the water station for this purpose.	4. 반드시 불을 완전히 끄도록 해주십시오. 이를 위해 급수소에 있는 양동이를 이용하실 수 있습니다.
5. Do not dispose of your trash in a fire pit as this may attract unwanted wildlife. [159-B]Please take all garbage with you when you leave the forest.	5. 원치 않는 야생 동물들을 끌어모을 수 있으므로 불구덩이에 쓰레기를 버리지 마십시오. [159-B]산림을 떠날 때 모든 쓰레기를 가지고 가시기 바랍니다.
Fire extinguishers and other safety equipment are located at campground offices. [160]If you see smoke or fire outside of the permitted locations, report it immediately by dialing 555-9111. We kindly thank you for cooperating. By doing so, you can help to prevent a destructive forest fire.	소화기와 다른 안전 장비들이 야영지 사무소에 배치되어 있습니다. [160]만약 허용된 장소 밖에서 연기나 불을 보신다면, 555-9111로 전화를 걸어 즉시 알려주시기 바랍니다. 여러분의 협조에 진심으로 감사드립니다. 이렇게 함으로써, 여러분은 파괴적인 산림 화재가 발생하는 것을 예방하는 데 도움을 주실 수 있습니다.

어휘 **obey** v. 준수하다, 복종하다 **designated** adj. 지정된, 임명한 **pit** n. 구덩이, 구멍 **bundle** n. 묶음, 꾸러미 **put out** phr. (불을) 끄다 **bucket** n. 양동이 **unwanted** adj. 원치 않는, 불필요한 **wildlife** n. 야생 동물 **garbage** n. 쓰레기 **fire extinguisher** phr. 소화기 **equipment** n. 장비, 설비 **smoke** n. 연기 **immediately** adv. 즉시, 곧 **dial** v. 전화를 걸다 **cooperate** v. 협조하다, 협력하다 **destructive** adj. 파괴적인, 해로운

158

난이도 ○○○● 하

For whom is the information most likely intended?	안내문은 누구를 대상으로 하는 것 같은가?
(A) Forestry industry workers	(A) 산림 관리업 직원들
(B) National park staff members	(B) 국립 공원 직원들
(C) Camping area visitors	(C) 야영지 방문객들
(D) Fire department employees	(D) 소방서 직원들

해설 유형4 | 추론 전체 정보 　　　　　　　　　　　　　　　　정답 (C)

지문 곳곳에 퍼져 있는 여러 단서를 종합하여 안내문의 대상을 추론하는 문제이다. 'Please note that overnight campers at Blaine Forest National Park are permitted to build fires as long as they obey the following guidelines'에서 Blaine 산림 국립 공원에서 하룻밤을 보내는 야영객들은 다음 지침을 준수하는 한 불을 피우는 것이 허용된다는 것에 유의해 달라고 한 후, 야영객들이 불을 사용할 때 지켜야 할 사항들을 세부적으로 설명하고 있으므로 야영지 방문객을 대상으로 하는 안내문임을 추론할 수 있다. 따라서 (C)가 정답이다.

어휘　forestry n. 삼림 관리, 임업　fire department phr. 소방서, 소방국

159

난이도 ●●● 상

What is NOT listed as a policy of Blaine Forest National Park?

(A) Fires must only be lit within designated sites.
(B) Waste must be removed when leaving.
(C) Wood from the forest must not be used for burning.
(D) Campers must not use campfires for cooking.

Blaine 산림 국립 공원의 방침으로 나열되지 않은 것은?

(A) 불은 지정된 장소 내에서만 피워져야 한다.
(B) 쓰레기는 떠날 때 반드시 수거되어야 한다.
(C) 산림의 목재는 불을 피우는 데 사용되어서는 안 된다.
(D) 야영객들은 요리를 위해 캠프파이어를 사용해서는 안 된다.

해설 유형3 | Not/True Not 문제 　　　　　　　　　　　　　　정답 (D)

질문의 핵심 어구인 a policy of Blaine Forest National Park와 관련된 내용을 지문에서 찾아 각 보기와 대조하는 Not/True 문제이다. (A)는 'Every campsite has a fire pit. Do not start fires outside of these enclosures'에서 모든 야영지에는 불구덩이가 있고 이 불구덩이 밖에서는 불을 피우지 말라고 했으므로 지문의 내용과 일치한다. (B)는 'Please take all garbage with you when you leave the forest.'에서 산림을 떠날 때 모든 쓰레기를 가지고 가라고 했으므로 지문의 내용과 일치한다. (C)는 'Do not use any wood from the forest.'에서 산림의 어떤 목재도 사용하지 말라고 했으므로 지문의 내용과 일치한다. (D)는 지문에 언급되지 않은 내용이다. 따라서 (D)가 정답이다.

바꾸어 표현하기
take all garbage 모든 쓰레기를 가지고 가다 → Waste ~ be removed 쓰레기가 수거되다

어휘　waste n. 쓰레기, 낭비

160

난이도 ○○●● 중

Why would visitors call the number provided?

(A) To reserve a space at a campground
(B) To notify park staff of unauthorized fires
(C) To ask about the location of safety equipment
(D) To report a problem with garbage disposal

방문객들은 왜 제공된 번호로 전화할 것인가?

(A) 야영지의 자리를 예약하기 위해
(B) 공원 직원에게 허가되지 않은 불에 대해 알리기 위해
(C) 안전 장비의 위치를 문의하기 위해
(D) 쓰레기 처리에 관련된 문제를 보고하기 위해

해설 유형2 | 육하원칙 Why 　　　　　　　　　　　　　　　　정답 (B)

방문객들이 왜(Why) 제공된 번호로 전화할 것인지를 묻는 육하원칙 문제이므로 지문의 마지막 부분을 확인한다. 질문의 핵심 어구인 visitors call the number provided와 관련하여 'If you see smoke or fire outside of the permitted locations, report it immediately by dialing 555-9111.'에서 만약 허용된 장소 밖에서 연기나 불을 보면 555-9111로 전화를 걸어 즉시 알려달라고 했으므로 (B)가 정답이다.

바꾸어 표현하기
fire outside of the permitted locations 허용된 장소 밖에서의 불 → unauthorized fires 허가되지 않은 불

어휘　unauthorized adj. 허가되지 않은, 권한이 없는

Andre Booyens [1:10 P.M.] I see that most technology team members are logged in now. [162]Does anyone know when Melina Fourie will be joining us?	**Andre Booyens** [오후 1시 10분] 이제 기술 팀원들 대부분이 로그인한 것으로 보이네요. [162]Melina Fourie가 언제 참여할 것인지 아는 사람 있나요?
Riana Swart [1:11 P.M.] She's attending the director's meeting.	**Riana Swart** [오후 1시 11분] 그녀는 임원 회의에 참석하고 있는 중이에요.
Andre Booyens [1:13 P.M.] OK. Let's get going. [161]At our last session we agreed that the SA Sports Time application needs to be improved. Naleli, have you had time to go through the user comments?	**Andre Booyens** [오후 1시 13분] 좋아요. 시작해봅시다. [161]지난 회의에서 우리는 SA Sports Time 애플리케이션의 개선이 필요하다는 것에 동의했어요. Naleli, 이용자들의 의견을 살펴볼 시간이 있었나요?
Naleli Mthembu [1:13 P.M.] Yes. Lots of people complained that the headlines at the top of the page switch too quickly.	**Naleli Mthembu** [오후 1시 13분] 네. 많은 사람들이 페이지 맨 위의 헤드라인이 너무 빨리 바뀐다는 것에 불만이 있었어요.
Donna Phiri [1:14 P.M.] [163-A]And some users said they wanted to browse the daily news by scrolling up and down, not side to side. [163-B]Others reported that some photographs in the articles weren't clear enough.	**Donna Phiri** [오후 1시 14분] [163-A]그리고 몇몇 이용자들은 일간 뉴스를 좌우가 아닌 위아래로 화면을 이동하며 열람하고 싶다고 말했어요. [163-B]다른 사람들은 기사의 몇몇 사진들이 충분히 선명하지 않다고 했어요.
Riana Swart [1:14 P.M.] Those are the main things we need to fix.	**Riana Swart** [오후 1시 14분] 그것들이 우리가 고쳐야 할 주된 것들이군요.
Andre Booyens [1:14 P.M.] Do you agree, Lwazi?	**Andre Booyens** [오후 1시 14분] 동의하나요, Lwazi?
Lwazi Mabena [1:15 P.M.] I'm on board with simplifying the user interface.	**Lwazi Mabena** [오후 1시 15분] 이용자 인터페이스를 단순화하는 것에 동의해요.
Andre Booyens [1:15 P.M.] Before we move on, were there any other big complaints, Naleli?	**Andre Booyens** [오후 1시 15분] 넘어가기 전에, 다른 큰 불만 사항이 있었나요, Naleli?
Naleli Mthembu [1:16 P.M.] Well, [163-D]a lot of users were frustrated by the advertisements. They're in the way and a bit too easy to open accidentally.	**Naleli Mthembu** [오후 1시 16분] 음, [163-D]많은 이용자들이 광고를 불만스러워해요. 그것들이 방해가 되고 뜻하지 않게 열리기 쉽거든요.
Andre Booyens [1:17 P.M.] I see. Then Lwazi and Donna, [164]I'd like you to consider these points and submit a detailed analysis about how to fix them. Riana and Naleli, you can work on incorporating the advertisements more smoothly.	**Andre Booyens** [오후 1시 17분] 그렇군요. 그럼 Lwazi와 Donna, [164]여러분이 이러한 점들을 고려하여 그것들을 어떻게 해결할 것인지에 대한 자세한 분석 결과를 제출해줬으면 좋겠어요. Riana와 Naleli, 여러분은 광고를 더 자연스럽게 포함하는 일을 해주세요.

어휘 **switch** v. 바뀌다, 전환되다 **browse** v. 열람하다, 둘러보다 **scroll** v. 화면 이동하다, 스크롤하다 **clear** adj. (색깔이) 선명한, 명확한, 맑은 **simplify** v. 단순화하다, 간소화하다 **frustrated** adj. 불만스러워하는, 좌절감을 느끼는 **in the way** phr. 방해가 되어, 길을 막고 **accidentally** adv. 뜻하지 않게, 우연히 **analysis** n. 분석 결과, 분석 **incorporate** v. 포함하다, 설립하다

161

난이도 ○○●● 중

Why did Mr. Booyens write to the team members?

(A) To announce a company decision
(B) To figure out ways to improve a product
(C) To inform them about user feedback
(D) To summarize the results of a meeting

Mr. Booyens는 왜 팀원들에게 메시지를 썼는가?

(A) 회사의 결정을 알리기 위해
(B) 제품을 개선할 방법을 알아내기 위해
(C) 이용자 의견을 팀원들에게 알리기 위해
(D) 회의의 결과를 요약하기 위해

해설 유형1 | **주제/목적 찾기** 글을 쓴 이유

정답 (B)

Mr. Booyens가 팀원들에게 메시지를 쓴 이유를 묻는 목적 찾기 문제이다. 'At our last session we agreed that the SA Sports Time application needs to be improved.'에서 Mr. Booyens가 지난 회의에서 자신들이 SA Sports Time 애플리케이션의 개선이 필요하다는 것에 동의했다고 한 후, 애플리케이션에 관한 이용자들의 의견과 그에 따른 개선 방안에 대해 논의하고 있으므로 (B)가 정답이다.

어휘 **figure out** phr. 알아내다, 이해하다 **summarize** v. 요약하다, 개괄하다

162

At 1:11 P.M., what does Ms. Swart mean when she writes, "She's attending the director's meeting"?

(A) Ms. Fourie would like to reschedule a team meeting.
(B) Ms. Fourie can perform several tasks at the same time.
(C) Ms. Fourie is no longer a member of the technology team.
(D) Ms. Fourie will be unable to participate in a discussion.

오후 1시 11분에, Ms. Swart가 "She's attending the director's meeting"이라고 썼을 때 그녀가 의도한 것은?

(A) Ms. Fourie는 팀 회의 일정을 변경하고 싶어 한다.
(B) Ms. Fourie는 동시에 여러 가지 업무를 수행할 수 있다.
(C) Ms. Fourie는 더 이상 기술 팀원이 아니다.
(D) Ms. Fourie는 논의에 참여할 수 없을 것이다.

해설 유형5 | 의도 파악 정답 (D)

Ms. Swart가 의도한 것을 묻는 문제이므로, 질문의 인용어구(She's attending the director's meeting)가 언급된 주변 문맥을 확인한다. 'Does anyone know when Melina Fourie will be joining us?'에서 Andre Booyens가 Melina Fourie가 논의에 언제 참여할 것인지 아는 사람이 있는지 묻자 Ms. Swart가 'She's attending the director's meeting.'(그녀는 임원 회의에 참석하고 있는 중이에요)라고 한 것을 통해, Ms. Swart는 Ms. Fourie가 임원 회의에 참석하고 있기 때문에 곧 진행될 논의에 참여할 수 없을 것이라고 생각한다는 것을 알 수 있다. 따라서 (D)가 정답이다.

어휘 **perform** v. 수행하다, 공연하다 **no longer** phr. 더 이상 ~이 아니다

163

What is NOT mentioned about SA Sports Time?

(A) Its news is updated every day.
(B) It features some images.
(C) It was designed by a user.
(D) It includes promotional content.

SA Sports Time에 대해 언급되지 않은 것은?

(A) 뉴스가 매일 업데이트된다.
(B) 몇몇 이미지를 포함한다.
(C) 이용자에 의해 설계되었다.
(D) 홍보 콘텐츠를 포함하고 있다.

해설 유형3 | Not/True Not 문제 정답 (C)

질문의 핵심 어구인 SA Sports Time과 관련된 내용을 지문에서 찾아 각 보기오 대조하는 Not/True 문제이다. (A)는 'And some users said they wanted to browse the daily news by scrolling up and down, not side to side.'에서 SA Sports Time이 일간 뉴스를 제공함을 알 수 있으므로 지문의 내용과 일치한다. (B)는 'Others reported that some photographs in the articles weren't clear enough.'에서 SA Sports Time의 기사가 몇몇 사진들을 포함함을 알 수 있으므로 지문의 내용과 일치한다. (C)는 지문에 언급되지 않은 내용이다. 따라서 (C)가 정답이다. (D)는 'a lot of users were frustrated by the advertisements'에서 SA Sports Time이 광고를 포함함을 알 수 있으므로 지문의 내용과 일치한다.

바꾸어 표현하기
daily news 일간 뉴스 → news is updated every day 뉴스가 매일 업데이트되다
advertisements 광고 → promotional content 홍보 콘텐츠

어휘 **feature** v. 포함하다; n. 특징 **promotional** adj. 홍보의, 판촉의

164

What does Mr. Booyens want to receive?

(A) A grant proposal
(B) A solution report
(C) A complaint form
(D) A budget estimate

Mr. Booyens는 무엇을 받고 싶어 하는가?

(A) 보조금 신청서
(B) 대책 보고서
(C) 항의 양식
(D) 예산 견적서

Mr. Booyens가 무엇(What)을 받고 싶어 하는지를 묻는 육하원칙 문제이다. 질문의 핵심 어구인 Mr. Booyens want to receive와 관련하여, 'I'd like you to consider these points and submit a detailed analysis about how to fix them'에서 Mr. Booyens가 논의된 문제점들을 어떻게 해결할 것인지에 대한 자세한 분석 결과를 제출해달라고 했으므로 (B)가 정답이다.

바꾸어 표현하기

detailed analysis about how to fix them 문제점들을 어떻게 해결할 것인지에 대한 자세한 분석 결과 → solution report 대책 보고서

어휘 grant n. 보조금; v. 승인하다 proposal n. 신청, 제안, 제의

165-167 이메일

TO	Joanna Denver <jden@westmail.com>
FROM	Richard Mason <rmason@majorflooring.com>
SUBJECT	Re: Service inquiry
[165]DATE	January 12

Dear Ms. Denver,

[165]Thank you for your inquiry yesterday regarding our services and products. I understand that [166]you would like to replace the tile flooring in your firm's lobby with marble. I'm pleased to say that we offer a wide array of styles and colors to choose from. I suggest you visit our store and showroom at 54 Lexington Street to look at the available products. We have some new stock from Italy that you may be interested in. [167-A]Please keep in mind that our imported and domestically produced tiles have different prices. And of course, labor costs will be added to the amount you are charged for flooring.

Regarding the work, removal and installation will take us several days. [167-C]And as our employees are off on weekends, you will have to schedule time for us during the week. You can expect noise and disturbances, and [167-D]your staff will not be able to enter the lobby while the work is being performed. Also note that the newly laid flooring should not be walked on for 24 hours. [167-B]After the work is completed, we provide one complimentary cleaning.

Should you require any further information, please let me know.

Sincerely,

Richard Mason
Proprietor, Major Flooring

수신	Joanna Denver <jden@westmail.com>
발신	Richard Mason <rmason@majorflooring.com>
제목	회신: 서비스 문의
[165]날짜	1월 12일

Ms. Denver께,

[165]저희 서비스와 제품에 관한 귀하의 어제 자 문의에 감사드립니다. [166]귀하께서 회사 로비의 타일 바닥을 대리석으로 교체하기 원하신다는 것을 알겠습니다. 저희는 선택할 수 있는 다양한 스타일과 색상을 제공한다는 점을 말씀드리게 되어 기쁩니다. 저는 귀하께서 54번지 Lexington가에 있는 저희 매장과 상품 진열실을 방문하셔서 직접 구매 가능한 제품들을 확인하는 것을 추천합니다. 저희는 귀하께서 관심을 가지실 수도 있는 이탈리아산의 새로운 물건을 몇 가지 가지고 있습니다. [167-A]저희의 수입된 타일들과 국내에서 생산된 타일들은 가격이 다르다는 사실을 유념해 주십시오. 그리고 물론, 인건비는 바닥재에 청구될 비용에 추가될 것입니다.

작업에 관련하여, 제거와 설치는 며칠 걸릴 것입니다. [167-C]그리고 저희 직원들이 주말에는 쉬기 때문에, 주중에 저희와 시간 일정을 잡아야 할 것입니다. 소음과 방해가 예상되며, [167-D]작업이 진행되는 동안 귀사의 직원들은 로비에 출입할 수 없을 것입니다. 또한 새로 설치한 바닥 위에서 24시간 동안 걸어서는 안 된다는 것에 유의하십시오. [167-B]작업이 완료된 후, 저희는 무료 청소를 1회 제공합니다.

만약 추가적인 정보가 필요하시다면 저에게 알려주시기 바랍니다.

Richard Mason 드림
경영자, Major Flooring사

어휘 regarding prep. ~에 관한 flooring n. 바닥, 바닥재 marble n. 대리석 a wide array of phr. 다양한 showroom n. 상품 진열실, 전시실 stock n. 물건, 재고품; v. 갖추다 import v. 수입하다, 들여오다 domestically adv. 국내에서, 가정적으로 labor cost phr. 인건비, 노동비 disturbance n. 방해, 소란 complimentary adj. 무료의 proprietor n. 경영자, 소유주

165

What most likely happened on January 11?

(A) Tiles were ordered from Italy.
(B) Installation of marble flooring was completed.
(C) Major Flooring began operations.
(D) Ms. Denver requested some information.

1월 11일에 무슨 일이 일어났던 것 같은가?

(A) 이탈리아로부터 타일이 주문되었다.
(B) 대리석 바닥의 설치가 완료되었다.
(C) Major Flooring사가 운영을 시작했다.
(D) Ms. Denver가 몇 가지 정보를 요청했다.

TEST 1

TEST 2

TEST 3

TEST 4

TEST 5

TEST 6

TEST 7

해설 유형4 | 추론 세부 정보　　　　　　　　　　　　　　　　　　　　정답 (D)

질문의 핵심 어구인 happened on January 11에 대해 추론하는 문제이다. 'DATE, January 12'에서 이메일이 보내진 날짜가 1월 12일이라는 것을 알 수 있고, 'Thank you for your inquiry yesterday regarding our services and products.'에서 서비스와 제품에 관한 귀하, 즉 Ms. Denver의 어제 자 문의에 감사하다고 했으므로 어제, 즉 1월 11일에 Ms. Denver가 Major Flooring사에 정보를 요청했다는 사실을 추론할 수 있다. 따라서 (D)가 정답이다.

바꾸어 표현하기
inquiry yesterday regarding our services and products 서비스와 제품에 관한 어제 자 문의
→ requested some information 몇 가지 정보를 요청했다

어휘　begin operations　phr. 운영을 시작하다

166　　　　　　　　　　　　　　　　　　　　　　　　　　　난이도 ○○●● 중

What is Ms. Denver interested in doing?　　　　　　　　Ms. Denver는 무엇을 하는 것에 관심이 있는가?

(A) Constructing a residential building　　　　　　　　　(A) 주거 건물을 건설하는 것
(B) Viewing some imported products　　　　　　　　　　(B) 몇 가지 수입품들을 보는 것
(C) Renovating her company's lobby　　　　　　　　　　(C) 회사의 로비를 개조하는 것
(D) Changing a previously selected color　　　　　　　　(D) 이전에 선택한 색상을 변경하는 것

해설 유형2 | 육하원칙 What　　　　　　　　　　　　　　　　　정답 (C)

Ms. Denver가 무엇(What)을 하는 것에 관심이 있는지를 묻는 육하원칙 문제이다. 질문의 핵심 어구인 Ms. Denver interested in doing과 관련하여, 'you would like to replace the tile flooring in your firm's lobby with marble'에서 당신, 즉 Ms. Denver가 회사 로비의 타일 바닥을 대리석으로 교체하기를 원한다고 했으므로 (C)가 정답이다.

바꾸어 표현하기
replace the tile flooring in your firm's lobby 회사 로비의 타일 바닥을 교체하다 → Renovating her company's lobby 회사의 로비를 개조하는 것

167　　　　　　　　　　　　　　　　　　　　　　　　　　　난이도 ○○●● 중

What is NOT true about Major Flooring?　　　　　　　　Major Flooring사에 대해 사실이 아닌 것은?

(A) The cost of its materials varies.　　　　　　　　　　(A) 재료의 가격이 다르다.
(B) It provides a free follow-up service.　　　　　　　　(B) 무료 후속 서비스를 제공한다.
(C) It undertakes projects on weekends.　　　　　　　　(C) 주말 동안 작업을 한다.
(D) It restricts access while work is ongoing.　　　　　　(D) 작업이 진행되는 동안 접근을 제한한다.

해설 유형3 | Not/True Not 문제　　　　　　　　　　　　　정답 (C)

질문의 핵심 어구인 Major Flooring과 관련된 내용을 지문에서 찾아 각 보기와 대조하는 Not/True 문제이다. (A)는 'Please keep in mind that our imported and domestically produced tiles have different prices.'에서 수입된 타일들과 국내에서 생산된 타일들은 가격이 다르다고 했으므로 지문의 내용과 일치한다. (B)는 'After the work is completed, we provide one complimentary cleaning.' 에서 작업이 완료된 후 무료 청소를 1회 제공한다고 했으므로 지문의 내용과 일치한다. (C)는 'And as our employees are off on weekends'에서 직원들이 주말에는 쉰다고 했으므로 지문의 내용과 일치하지 않는다. 따라서 (C)가 정답이다. (D)는 'your staff will not be able to enter the lobby while the work is being performed'에서 작업이 진행되는 동안 직원들은 로비에 출입할 수 없을 것이라고 했으므로 지문의 내용과 일치한다.

바꾸어 표현하기
complimentary cleaning 무료 청소 → free follow-up service 무료 후속 서비스
not be able to enter 출입할 수 없다 → restricts access 접근을 제한하다

어휘　vary　v. 다르다, 바꾸다　undertake　v. 하다, 착수하다, 약속하다　restrict　v. 제한하다, 방해하다

Dubai to Welcome Swiss Watchmaker

Top luxury brands from around the world have established retail operations in Dubai, and later this year, Swiss watchmaker Lancy will follow suit. — [1] —. 168-DIt will be setting up a branch in Royal Mall, a six-story complex with more stores than any other shopping space in the city.

169Naseer Al-Faheem, owner of Royal Mall, stated at a press conference this week, 171"To reach this agreement, I had to convince representatives of the iconic Swiss brand that our mall was a suitable place to sell their timepieces." — [2] —. The family firm has a history of being highly selective about where its watches are sold. Mr. Al-Faheem addressed this challenge by offering Lancy a central retail space within his mall. Clearly, his approach has worked. — [3] —.

As Lancy spokesperson Liliane Segal explained, "Mr. Al-Faheem took appropriate steps to ensure that 170-CLancy would be given the respect it is due given its 60-year history." The store opening is scheduled to take place on March 15 and will be attended by officials from both the watchmaker and the mall. — [4] —.

두바이가 스위스의 시계 제조업체를 환영하다

전 세계의 최고급 브랜드들이 두바이에서 소매 사업체를 설립해왔고, 올해 말 스위스의 시계 제조업체인 Lancy사도 그 뒤를 따를 것이다. — [1] —. 168-DLancy사는 두바이의 어떤 쇼핑 공간보다 더 많은 상점이 있는 6층짜리 복합 건물인 Royal 쇼핑몰에 지점을 열 것이다.

169Royal 쇼핑몰의 소유인인 Naseer Al-Faheem은 이번 주 기자 회견에서 171"이 합의에 이르기 위해, 저는 그 상징적인 스위스 브랜드의 대표들에게 그들의 시계를 판매하기에 우리의 쇼핑몰이 적합한 곳이라는 것을 설득해야만 했습니다." 라고 말했다. — [2] —. 이 가족 기업은 어디에서 그들의 시계가 판매되는지를 매우 까다롭게 선택해왔던 전략이 있다. Mr. Al-Faheem은 Lancy사에게 그의 쇼핑몰 중앙에 있는 소매점을 제공함으로써 이 문제를 다뤘다. 의심할 여지 없이, 그의 방법은 성공했다. — [3] —.

Lancy사의 대변인인 Liliane Segal은 "Mr. Al-Faheem은 170-CLancy사의 60년 역사를 고려했을 때 회사가 받아야 할 존중을 표하기 위해 적절한 조치를 취했습니다."라고 설명했다. 매장의 개점은 3월 15일에 진행될 것으로 예정되어 있고 시계 제조업체와 쇼핑몰 양측의 임원들이 참석할 것이다. — [4] —.

어휘 | **establish** v. 설립하다, 이루다 **retail** adj. 소매의, 소매를 하는 **operation** n. 사업체, 기업, 작용 **follow suit** phr. 전례를 따르다, 따라 하다
story n. 층, 기사 **press conference** phr. 기자 회견 **reach** v. 이르다, 도달하다 **convince** v. 설득하다, 납득시키다
representative n. 대표, 대리인 **iconic** adj. 상징적인, 우상의 **timepiece** n. 시계 **selective** adj. 까다로운, 선택적인
address v. (어려운 문제 등을) 다루다, 처리하다 **approach** n. 방법, 접근법 **take steps to** phr. ~하기 위해 조치를 취하다
due adj. 마땅한, 예정된 **given** conj. ~을 고려하여 **official** n. 임원, 공직자

168

난이도 ○○○● 하

What does the article mention about Royal Mall?

(A) It employs international sales staff.
(B) It will open a second location.
(C) It is connected to a luxury hotel.
(D) It will include a new store.

기사가 Royal 쇼핑몰에 대해 언급하는 것은?

(A) 해외 판매 직원을 고용한다.
(B) 두 번째 지점을 열 것이다.
(C) 고급 호텔과 연결되어 있다.
(D) 새로운 상점을 포함할 것이다.

해설 유형3 | Not/True True 문제 정답 (D)

질문의 핵심 어구인 Royal Mall과 관련된 내용을 지문에서 찾아 각 보기와 대조하는 Not/True 문제이다. (A), (B), (C)는 지문에 언급되지 않은 내용이다. (D)는 'It will be setting up a branch in Royal Mall'에서 Lancy사가 Royal 쇼핑몰에 지점을 열 것이라고 했으므로 지문의 내용과 일치한다. 따라서 (D)가 정답이다.

어휘 | **employ** v. 고용하다, 이용하다

169

난이도 ○○●● 중

Who is Mr. Al-Faheem?

(A) A sales representative at a shopping mall
(B) The proprietor of a business establishment
(C) A public relations officer at a watch company
(D) The architectural designer of a city landmark

Mr. Al-Faheem은 누구인가?

(A) 쇼핑몰의 판매 직원
(B) 사업 시설의 소유자
(C) 시계 회사의 홍보 담당자
(D) 시 주요 건축물의 건축 디자이너

TEST 1

TEST 2

TEST 3

TEST 4

TEST 5

TEST 6

TEST 7

해커스 토익의 PART 7 집중공략 177

해설 유형2 | 육하원칙 Who
정답 (B)

Mr. Al-Faheem이 누구(Who)인지를 묻는 육하원칙 문제이다. 질문의 핵심 어구인 Mr. Al-Faheem과 관련하여, 'Naseer Al-Faheem, owner of Royal Mall'에서 Mr. Al-Faheem이 Royal 쇼핑몰의 소유자라고 했으므로 (B)가 정답이다.

바꾸어 표현하기
owner of Royal Mall Royal 쇼핑몰의 소유자 → proprietor of a business establishment 사업 시설의 소유자

어휘 public relations phr. 홍보, 섭외 architectural adj. 건축의, 건축학의 landmark n. 주요 건축물, 획기적인 사건

170
난이도 ○○●● 중

What does Ms. Segal mention about Lancy?	Ms. Segal이 Lancy사에 대해 언급하는 것은?
(A) It has inspired other retailers to open stores in Dubai.	(A) 다른 소매상들이 두바이에서 매장을 열도록 고무했다.
(B) It has opened other outlets in the region.	(B) 지역에서 다른 매장들을 열었다.
(C) It has been in operation for more than half a century.	(C) 반세기 넘는 기간 동안 운영해왔다.
(D) It has sold products online for several years.	(D) 몇 년 동안 온라인으로 제품을 판매해왔다.

해설 유형3 | Not/True True 문제
정답 (C)

질문의 핵심 어구인 Lancy사에 대해 Ms. Segal이 언급한 내용을 지문에서 찾아 각 보기와 대조하는 Not/True 문제이다. (A), (B), (D)는 지문에 언급되지 않은 내용이다. (C)는 'Lancy would be given the respect it is due given its 60-year history'에서 Lancy사가 60년의 역사를 가지고 있다고 했으므로 (C)가 정답이다.

바꾸어 표현하기
60-year history 60년의 역사 → has been in operation for more than half a century 반세기 넘는 기간 동안 운영해오다

어휘 inspire v. 고무하다, 격려하다 half a century phr. 반세기

171
난이도 ○●●● 상

In which of the positions marked [1], [2], [3], and [4] does the following sentence best belong?	[1], [2], [3], [4]로 표시된 위치 중, 다음 문장이 들어갈 곳으로 가장 적절한 것은?
"Wary of diminishing its brand value, Lancy was not easily persuaded."	"브랜드 가치를 떨어뜨리는 것을 경계하여, Lancy사는 쉽게 설득되지 않았다."
(A) [1]	(A) [1]
(B) [2]	(B) [2]
(C) [3]	(C) [3]
(D) [4]	(D) [4]

해설 유형6 | 문장 위치 찾기
정답 (B)

지문의 흐름상 주어진 문장이 들어가기에 가장 적절한 곳을 고르는 문제이다. Wary of diminishing its brand value, Lancy was not easily persuaded에서 브랜드 가치를 떨어뜨리는 것을 경계하여 Lancy사는 쉽게 설득되지 않았다고 했으므로, 문장이 Lancy사를 설득하는 것과 관련된 내용이 나오는 부분에 들어가야 함을 알 수 있다. [2]의 앞 문장인 '"To reach this agreement, I had to convince representatives of the iconic Swiss brand that our mall was a suitable place to sell their timepieces."'에서 Mr. Al-Faheem이 Lancy사의 대표들에게 그들의 시계를 판매하기에 자신의 쇼핑몰이 적합한 곳이라는 것을 설득해야만 했다고 했으므로, [2]에 제시된 문장이 들어가면 Lancy사의 시계를 판매하기에 Mr. Al-Faheem의 쇼핑몰이 적합한 곳이라는 것을 설득해야 했으나 Lancy사는 브랜드 가치를 떨어뜨리는 것을 경계하여 쉽게 설득되지 않았다는 자연스러운 문맥이 된다는 것을 알 수 있다. 따라서 (B)가 정답이다.

어휘 wary adj. 경계하는, 조심하는 diminish v. 떨어뜨리다, 줄어들다

ANNUAL REPORT OF THE CITY ENGINEER

Peyton, Colorado

Due to an unusually long cold period this year, [172]some improvements scheduled to start in March were delayed until the first week of April. — [1] —. [172]Nevertheless, all work is now proceeding at a good pace, and expectations are high that the backlog will be eliminated by mid-May.

The resurfacing of Mile Road, which connects Main Street to State Highway 24, was completed on schedule and within budget.
In addition, several local roads within the city limits were repaired. Throughout the city, 16 road signs were replaced. — [2] —.

[173-C]Ongoing improvements to increase public safety include the installation of wheelchair ramps outside employee entrances to public buildings. [173-A]Malfunctioning traffic and crosswalk signals are also being repaired. — [3] —.

As approved by the city council last year in an effort to lower operating costs, [174-C]all water mains are to be replaced with larger pipes. [175]Parts for the replacement project have been ordered. — [4] —.

Finally, [174-A/B/D]a price estimate for the landscaping of sections of Peyton Highway will be submitted next month, with work expected to start in June. [174-A/B/D]Included in this are the costs of trees, shrubs, lighting, and concrete dividers.

Prepared by:

Charles Whitney, City Engineer
City of Peyton

시 엔지니어의 연간 보고서

Peyton, 콜로라도 주

올해 대단히 길었던 추운 기간 때문에, [172]3월에 시작하기로 예정되었던 일부 개량 공사가 4월 첫 주까지 연기되었습니다. — [1] —. [172]그럼에도 불구하고, 모든 작업은 현재 활발하게 진행되고 있으며, 5월 중순까지 밀린 작업이 다 없어질 것이라는 기대감이 높습니다.

Main가를 24번 주립 고속도로로 연결하는 Mile로의 재포장 작업은 일정대로 그리고 예산 내에서 완료되었습니다. 또한, 시 경계 내의 몇몇 지방 도로들이 보수되었습니다. 도시 전역에 걸쳐서 16개의 도로 표지판들이 교체되었습니다. — [2] —.

[173-C]공공의 안전을 높이기 위한 현재 진행 중인 개량 공사는 공공 건물의 직원 출입구 외부에 휠체어 진입로를 설치하는 것을 포함합니다. [173-A]오작동하는 교통 신호등과 횡단보도 신호등도 또한 수리되고 있는 중입니다. — [3] —.

운영비를 절감하려는 노력으로 작년에 시 의회에 의해 승인되었다시피, [174-C]모든 수도관들은 더 큰 배관들로 교체될 예정입니다. [175]교체 작업을 위한 부품들은 주문되었습니다. — [4] —.

마지막으로, [174-A/B/D]Peyton 고속도로 구역의 조경 사업에 대한 가격 견적서가 다음 달에 제출될 것이며, 작업은 6월에 시작될 것으로 예상됩니다. [174-A/B/D]여기에는 나무, 관목, 조명과 콘크리트 중앙 분리대의 비용이 포함되어 있습니다.

작성자:

Charles Whitney, 시 엔지니어
Peyton 시

어휘 unusually adv. 대단히, 평소와 달리 improvement n. 개량 공사, 개선 nevertheless adv. 그럼에도 불구하고, 그렇기는 하지만
at a good pace phr. 활발하게, 상당한 속도로 backlog n. 밀린 작업, 재고 eliminate v. 없애다, 삭제하다 resurface v. 재포장하다
on schedule phr. 일정대로 ongoing adj. 진행 중인 public safety phr. 공공의 안전, 치안 ramp n. 진입로, 경사로
malfunctioning adj. 오작동하는 approve v. 승인하다, 찬성하다 in an effort to phr. ~하려는 노력으로 lower v. 절감하다, 줄이다
water main phr. 수도관 landscaping n. 조경 shrub n. 관목 lighting n. 조명, 점등 divider n. 중앙 분리대, 칸막이

172

난이도 ○○●● 중

Why was the report written?

(A) To approve the recommencement of repairs
(B) To outline the progress of infrastructure projects
(C) To explain payments made to work crews
(D) To halt maintenance operations

보고서는 왜 쓰여졌는가?

(A) 수리의 재개를 승인하기 위해
(B) 사회 기반 시설 작업의 진행 상황을 설명하기 위해
(C) 작업 인부들에게 지불된 금액을 설명하기 위해
(D) 보수 작업을 중단하기 위해

해설 유형1 | 주제/목적 찾기 글을 쓴 이유

정답 (B)

보고서가 작성된 이유를 묻는 목적 찾기 문제이므로 지문의 앞부분을 주의 깊게 확인한다. 'some improvements ~ were delayed'와 'Nevertheless, all work is now proceeding at a good pace'에서 일부 개량 공사가 연기되었음에도 불구하고 모든 작업은 현재 활발하게 진행되고 있다고 한 후, 도로의 재포장, 신호등 수리 및 수도관 교체와 같은 다양한 사회 기반 시설 공사의 진행 상황에 대해 설명하고 있으므로 (B)가 정답이다.

어휘 recommencement n. 재개 outline v. 설명하다; n. 개요, 윤곽 infrastructure n. 사회 기반 시설 halt v. 중단하다, 멈추다

Which project is currently taking place?

(A) The addition of crosswalk signals
(B) The expansion of a parking area
(C) The improvement of wheelchair access
(D) The repainting of faded signs

현재 어떤 프로젝트가 진행 중인가?

(A) 횡단보도 신호등 추가
(B) 주차 구역 확장
(C) 휠체어 접근 개선
(D) 바랜 표지판 도색

해설 유형2 | **육하원칙** Which

정답 (C)

현재 어떤(Which) 프로젝트가 진행 중인지를 묻는 육하원칙 문제이다. 질문의 핵심 어구인 project ~ currently taking place와 관련하여, 'Ongoing improvements ~ include the installation of wheelchair ramps outside employee entrances to public buildings.'에서 현재 진행 중인 개량 공사는 공공 건물의 직원 출입구 외부에 휠체어 진입로를 설치하는 것을 포함한다고 했으므로 (C)가 정답이다. (A)는 'Malfunctioning traffic and crosswalk signals are also being repaired.'에서 오작동하는 교통 신호등과 횡단보도 신호등을 수리하는 중이라고 했지 신호등을 추가하는 것은 아니므로 답이 될 수 없다.

바꾸어 표현하기
currently taking place 현재 진행 중인 → Ongoing 현재 진행 중인

어휘 expansion n. 확장, 팽창 faded adj. 바랜, 시든

Which item is NOT included in the cost estimate for Peyton Highway?

(A) Plant varieties
(B) Lighting equipment
(C) Water mains
(D) Concrete dividers

Peyton 고속도로의 비용 견적서에 포함되지 않은 항목은?

(A) 식물 품종들
(B) 조명 장치
(C) 수도관
(D) 콘크리트 중앙 분리대

해설 유형3 | **Not/True** Not 문제

정답 (C)

질문의 핵심 어구인 item ~ included in the cost estimate for Peyton Highway와 관련된 내용을 지문에서 찾아 각 보기와 대조하는 Not/True 문제이다. (A), (B), (D)는 'a price estimate for the landscaping of sections of Peyton Highway will be submitted next month'에서 Peyton 고속도로 구역의 조경 사업에 대한 가격 견적서가 다음 달에 제출될 것이라고 한 후, 'Included in this are the costs of trees, shrubs, lighting, and concrete dividers.'에서 여기에는 나무, 관목, 조명과 콘크리트 중앙 분리대의 비용이 포함되어 있다고 했으므로 지문의 내용과 일치한다. (C)는 'all water mains are to be replaced with larger pipes'에서 모든 수도관들은 더 큰 배관들로 교체될 예정이라고 했지 수도관의 비용이 견적서에 포함된 것은 아니므로 지문의 내용과 일치하지 않는다. 따라서 (C)가 정답이다.

바꾸어 표현하기
trees, shrubs 나무와 관목 → Plant varieties 식물 품종들

In which of the positions marked [1], [2], [3], and [4] does the following sentence best belong?

"They are expected to arrive in May."

(A) [1]
(B) [2]
(C) [3]
(D) [4]

[1], [2], [3], [4]로 표시된 위치 중, 다음 문장이 들어갈 곳으로 가장 적절한 것은?

"그것들은 5월에 도착할 것으로 예상됩니다."

(A) [1]
(B) [2]
(C) [3]
(D) [4]

해설 유형6 | **문장 위치 찾기**

정답 (D)

지문의 흐름상 주어진 문장이 들어가기에 가장 적절한 곳을 고르는 문제이다. They are expected to arrive in May에서 그것들은 5월에 도착할 것으로 예상된다고 했으므로, 문장이 물건의 주문과 관련된 내용이 나오는 부분에 들어가야 함을 알 수 있다. [4]의 앞 문장인 'Parts for the replacement project have been ordered.'에서 교체 작업을 위한 부품들이 주문되었다고 했으므로, [4]에 제시된 문장이 들어가면 주문된 부품들이 5월에 도착할 것으로 예상된다는 자연스러운 문맥이 된다는 것을 알 수 있다. 따라서 (D)가 정답이다.

지문 1

Global Music Festival

[176]The annual Global Music Festival, held each year in London's Ludlow Park, is back and bigger than ever. After extensive negotiations, the concert organizers were allotted the entire park rather than just a portion of it, thereby [176]permitting the use of three stages instead of two for the first time in the history of the event.

Concert organizer Stanley Finch stated that each stage will be outfitted to highlight a different variety of music. Stage 1 will focus on stringed instruments, Stage 2 will feature vocalists, and Stage 3 will showcase percussion instruments. Mr. Finch hopes this arrangement will make it easier for people to find performers they want to see.

Although organizers are still booking acts, numerous headliners have already been selected. On July 8, the acclaimed Senegalese drummer Mamadou Niang will perform on Stage 3. And on the 10th, Chinese pipa player Shu Lin will close the night with a concert on Stage 1. Lastly, [178]on the final night of the event, July 11, we will welcome a special mystery performer to close the festival. This performance will start at 8 P.M. on Stage 2.

[177]An eclectic assortment of foods will be available during the festival, with vendors selling snacks and beverages from various nations.

지문 2

TO: Kate O'Connell <kate@kateoconnellmusic.com>
FROM: Pat Dolan <pat@dublinmusicmanagement.com>
SUBJECT: Global Music Festival
DATE: June 12

Dear Kate,

[178]I'm happy to tell you that I've booked you a spot at the upcoming Global Music Festival in Ludlow Park, London. It's an internationally significant event, and I think performing there will give you an opportunity to reach a new fan base. [178]Your special set will take place on July 11 at 8 P.M. on Stage 2.

I spoke to [179]Stanley Finch, the concert organizer, and he said that every year on the first morning of the event, he meets with musicians to go over some basic rules and to give them an overview of the park's layout. Thus, everyone is asked to convene at the main entrance by 10 A.M.

Ludlow Park is located in the heart of London's commercial district, so it will be easy to secure you lodging in the vicinity. I'll contact you with further information about your accommodation soon.

Sincerely,

Pat Dolan

세계 음악 축제

[176]런던의 Ludlow 공원에서 매년 개최되는 연례 세계 음악 축제가 다시 돌아왔으며 그 어느 때보다 더욱 규모가 크다. 폭넓은 협상 끝에, 공연 기획자들은 공원의 일부 대신에 전체를 할당받았으며, 그로 인해 [176]이 공연의 역사상 처음으로 2개의 무대 대신 3개의 무대 사용이 허용된다.

공연 기획자인 Stanley Finch는 각 무대가 다양한 음악들을 돋보이게 하기 위해 준비될 것이라고 말했다. 무대 1은 현악기에 초점이 맞춰질 것이며, 무대 2는 가수들을 특징으로 할 것이고, 무대 3은 타악기를 선보일 것이다. Mr. Finch는 이러한 배치가 사람들이 보고 싶은 공연자를 더 쉽게 찾을 수 있게 하기를 바란다.

기획자들이 아직도 공연자들과 출연 계약을 하는 중이지만, 많은 인기 스타들이 이미 선정되었다. 7월 8일에, 호평을 받는 세네갈 드러머인 Mamadou Niang이 무대 3에서 공연을 할 것이다. 그리고 10일에는 중국의 비파 연주자인 Shu Lin이 무대 1에서의 공연으로 그날 밤을 마무리할 것이다. 마지막으로, [178]행사의 마지막 날인 7월 11일 밤, 우리는 축제를 마무리 지을 수수께끼의 특별 공연자를 맞이할 것이다. 이 공연은 오후 8시에 무대 2에서 시작할 것이다.

[177]축제 동안에는 매우 다양한 음식들을 접할 수 있을 것이고, 노점들이 여러 나라의 간식과 음료를 판매할 것이다.

수신: Kate O'Connell <kate@kateoconnellmusic.com>
발신: Pat Dolan <pat@dublinmusicmanagement.com>
제목: 세계 음악 축제
날짜: 6월 12일

Kate에게,

[178]저는 런던의 Ludlow 공원에서 열릴 다가오는 세계 음악 축제에 당신의 자리를 예약해 두었다는 것을 알리게 되어 기쁩니다. 이것은 국제적으로 중요한 행사이며, 저는 그곳에서 공연을 하는 것이 당신에게 새로운 팬 층에 도달할 수 있는 기회를 제공할 것이라고 생각합니다. [178]당신의 특별 무대는 7월 11일 오후 8시에 무대 2에서 열릴 것입니다.

제가 [179]공연 기획자인 Stanley Finch와 이야기해 보았는데, 그는 매년 행사의 첫날 아침에 몇 가지 기본적인 수칙들을 점검하고 공원 배치를 전반적으로 설명하기 위해 연주자들을 만난다고 말했습니다. 따라서, 모두가 오전 10시까지 정문에서 모이는 것이 요구됩니다.

Ludlow 공원은 런던의 상업 지구의 중심부에 위치해 있으므로, 근처에 숙박시설을 확보해 드리는 것은 쉬울 것입니다. 당신의 숙소에 대한 추가 정보와 관련하여 조만간 연락 드리겠습니다.

Pat Dolan 드림

지문 1 extensive adj. 폭넓은, 광범위한　negotiation n. 협상, 교섭　allot v. 할당하다, 분배하다　entire adj. 전체의, 완전한
outfit v. 준비하다, (복장·장비를) 갖추어 주다　highlight v. 돋보이게 하다, 강조하다　stringed instrument phr. 현악기
vocalist n. 가수, 보컬리스트　percussion instrument phr. 타악기　arrangement n. 배치, 준비　act n. 공연자, 행위
headliner n. 인기 스타, 저명 인사　acclaimed adj. 호평을 받는　mystery n. 수수께끼, 신비　eclectic adj. 다방면에 걸친, 절충적인
an assortment of phr. 다양한　vendor n. 노점, 행상인

TEST 1

TEST 2

TEST 3

TEST 4

TEST 5

TEST 6

TEST 7

해커스 토익 PART 7 집중공략 177

지문 2 **upcoming** adj. 다가오는 **reach** v. 도달하다, 이르다 **fan base** phr. 팬 층 **go over** phr. 점검하다, 검토하다 **layout** n. 배치, 설계 **commercial district** phr. 상업 지구 **secure** v. 확보하다, 보호하다 **lodging** n. 숙박시설, 하숙 **in the vicinity** phr. 근처에 **accommodation** n. 숙소, 합의

176

난이도 ○○●● 중

According to the article, what will be different about this year's Global Music Festival?

(A) It will last longer than last year's event.
(B) It will feature locally based musicians.
(C) It will take place outside an urban area.
(D) It will occupy a larger space than previously.

기사에 따르면, 올해 세계 음악 축제는 무엇이 다를 것인가?

(A) 지난해의 행사보다 더 오래 진행될 것이다.
(B) 현지 기반의 음악가들을 특징으로 할 것이다.
(C) 도심지의 밖에서 진행될 것이다.
(D) 이전보다 더 넓은 공간을 점유할 것이다.

해설 유형2 | **육하원칙** What · 정답 (D)

기사에 따르면 올해 세계 음악 축제는 무엇(what)이 다를 것인지를 묻는 육하원칙 문제이므로 첫 번째 지문인 기사에서 관련 내용을 확인한다. 기사의 'The annual Global Music Festival ~ is back and bigger than ever.'에서 연례 세계 음악 축제가 다시 돌아왔으며 그 어느 때보다 더욱 규모가 크다고 한 후, 'permitting the use of three stages instead of two for the first time in the history of the event'에서 이 공연의 역사상 처음으로 2개의 무대 대신 3개의 무대 사용이 허용된다고 했으므로 (D)가 정답이다.

바꾸어 표현하기

use of three stages instead of two for the first time in the history of the event 이 공연의 역사상 처음으로 2개의 무대 대신 3개의 무대를 사용하다
→ occupy a larger space than previously 이전보다 더 넓은 공간을 점유하다

어휘 **occupy** v. 점유하다, 차지하다

177

난이도 ○○●● 중

What will be sold at the festival?

(A) Discounted souvenirs
(B) Autographed posters
(C) International cuisine
(D) Festival-related attire

행사에서 무엇이 판매될 것인가?

(A) 할인된 기념품
(B) 사인된 포스터
(C) 국제적인 요리
(D) 축제와 관련된 옷

해설 유형2 | **육하원칙** What · 정답 (C)

행사에서 무엇(What)이 판매될 것인지를 묻는 육하원칙 문제이므로 질문의 핵심 어구인 sold at the festival과 관련된 내용이 언급된 첫 번째 지문인 기사를 확인한다. 기사의 'An eclectic assortment of foods will be available during the festival, with vendors selling snacks and beverages from various nations.'에서 축제 동안에는 매우 다양한 음식들을 접할 수 있고 노점들이 여러 나라의 간식과 음료를 판매할 것이라고 했으므로 (C)가 정답이다.

바꾸어 표현하기

snacks and beverages from various nations 여러 나라의 간식과 음료 → International cuisine 국제적인 요리

어휘 **souvenir** n. 기념품 **autograph** v. 사인하다, 자필 서명하다 **attire** n. 옷, 복장

178

난이도 ○○●● 중

What will Ms. O'Connell do?

(A) Perform at the end of a festival
(B) Play with a group of violinists
(C) Accompany a percussionist on stage
(D) Make her debut as a solo artist

Ms. O'Connell은 무엇을 할 것인가?

(A) 축제의 마지막에 공연한다
(B) 바이올린 연주자들과 함께 연주한다
(C) 무대에 타악기 연주자를 동반한다
(D) 솔로 연주자로서 데뷔한다

질문의 핵심 어구인 Ms. O'Connell do에서 Ms. O'Connell이 무엇(What)을 할 것인지를 묻고 있으므로 Ms. O'Connell에게 보내진 이메일을 먼저 확인한다.

단서 1 두 번째 지문(이메일)의 'I'm happy to tell you that I've booked you a spot at the upcoming Global Music Festival in Ludlow Park, London.'에서 Ms. O'Connell에게 런던의 Ludlow 공원에서 열릴 다가오는 세계 음악 축제에 그녀의 자리를 예약해 두었다고 한 후, 'Your special set will take place on July 11 at 8 P.M. on Stage 2.'에서 그녀의 특별 무대는 7월 11일 오후 8시에 무대 2에서 열릴 것이라고 했다. 그런데 특별 무대가 어떤 공연인지 제시되지 않았으므로 기사에서 관련 내용을 확인한다.

단서 2 첫 번째 지문(기사)의 'on the final night of the event, July 11, we will welcome a special mystery performer to close the festival. This performance will start at 8 P.M. on Stage 2.'에서 행사의 마지막 날인 7월 11일 밤에 축제를 마무리 지을 수수께끼의 특별 공연자를 맞이할 것이라고 했고, 그 공연은 오후 8시에 무대 2에서 시작할 것임을 확인할 수 있다.

두 단서를 종합할 때, Ms. O'Connell은 행사의 마지막 날인 7월 11일에 축제를 마무리 짓는 공연을 할 것임을 알 수 있다. 따라서 (A)가 정답이다.

바꾸어 표현하기

performer to close the festival 축제를 마무리 지을 공연자 → Perform at the end of a festival 축제의 마지막에 공연하다

179

What is indicated about Mr. Finch? | Mr. Finch에 대해 암시되는 것은?

(A) He is Ms. O'Connell's manager. | (A) Ms. O'Connell의 매니저이다.
(B) He has organized past performances. | (B) 과거의 공연들을 기획했었다.
(C) He writes reviews for a music magazine. | (C) 음악 잡지에 논평을 쓴다.
(D) He is a well-known stage designer. | (D) 유명한 무대 디자이너이다.

질문의 핵심 어구인 Mr. Finch에 대해 추론하는 문제이므로 Mr. Finch에 대한 내용이 언급된 두 번째 지문인 이메일에서 관련 내용을 확인한다. 이메일의 'Stanley Finch, the concert organizer, and he said that every year on the first morning of the event, he meets with musicians to go over some basic rules and to give them an overview of the park's layout'에서 공연 기획자인 Stanley Finch가 매년 세계 음악 축제 행사의 첫날 아침에 몇 가지 기본적인 수칙들을 점검하고 공원 배치를 전반적으로 설명하기 위해 연주자들을 만난다고 했으므로, Mr. Finch가 과거 세계 음악 축제들의 공연들도 기획한 적이 있다는 사실을 추론할 수 있다. 따라서 (B)가 정답이다.

어휘 **review** n. 논평, 비평   **well-known** adj. 유명한, 잘 알려진

180

In the e-mail, the word "convene" in paragraph 2, line 3, is closest in meaning to | 이메일에서, 2문단 세 번째 줄의 단어 "convene"은 의미상 ~와 가장 가깝다.

(A) gather | (A) 모이다
(B) compile | (B) 편집하다
(C) socialize | (C) 교제하다
(D) cooperate | (D) 협력하다

두 번째 지문인 이메일의 convene을 포함하는 구절 'everyone is asked to convene at the main entrance by 10 A.M.'에서 convene이 '모이다'라는 뜻으로 사용되었다. 따라서 '모이다'라는 뜻을 가진 (A)가 정답이다.

지문 1

May 11

Countrywide Tours
Postbus 530
3505 AP, Amsterdam
Netherlands

Dear Madam or Sir,

My husband and I have just returned from a five-day vacation booked through your company to Ayia Napa, Cyprus. I chose this destination based on your brochure, which advertised an affordable and relaxing holiday at a hotel near Nissi Beach. [181]Ms. Young, the travel consultant who assisted me, promised to book us a quiet room facing the ocean if we bought a package that also included a flight. We asked for a morning departure and paid a total of €3,000.

[181]However, we did not get what we expected. First of all, our flight was delayed and arrived at Nicosia Airport in the early evening. Second, while we were warmly welcomed by the staff at Hotel Nero, our room was at the rear of the building, directly above the hotel's boisterous outdoor restaurant. [182]We requested a quieter room on a higher floor and were given one after paying €100 for a room upgrade. Finally, as we learned the following morning, the resort was so far from the nearest beach that we had to take a taxi each time we went there. Thus, I believe I am entitled to compensation.

In the end, what should have been an economical and relaxing trip turned out to be quite the opposite. [185]I was planning to reserve a spot on Greek Islands Getaway, the cruise you offer in July, but now I'm not sure I'll do so.

Sincerely,

Lorraine Peluso

지문 2

May 20

Lorraine Peluso
Prinses 27
3516 AP 190-D, Amsterdam
Netherlands

Dear Ms. Peluso,

On behalf of Countrywide Tours, I sincerely apologize for the difficulties you encountered on your recent excursion to Cyprus. [183]I have called the hotel to find out what went wrong with your room reservation and will make sure that similar mistakes do not happen again.

We would be happy to refund the €100 you paid for a room upgrade. However, the need for transportation to and from the beach is noted in the package brochure that Ms. Young gave you, so that amount cannot be refunded. In place of that, [185]we would be happy to offer a 10 percent discount on the travel package you are considering for July.

5월 11일

Countrywide 여행사
Postbus 530
3505 AP, 암스테르담
네덜란드

곤계자분께,

저 남편과 저는 귀사를 통해 예약했던 키프로스 Ayia Napa로의 5일 동안의 휴가에서 이제 막 돌아왔습니다. 저는 귀사의 브로셔에 근거하여 이 행선지를 선택했는데, 그 브로셔는 Nissi 해변 근처 호텔에서의 저렴하고 편안한 휴가를 광고했습니다. [181]저를 도와주신 여행 상담사 Ms. Young은 만약 우리가 항공편도 포함된 상품을 구매한다면 바다를 바라보는 조용한 객실을 예약해줄 것을 약속했습니다. 우리는 아침 출발편을 요구했고 총 3,000유로를 지불하였습니다.

[181]그러나, 우리는 기대했던 것을 얻지 못했습니다. 우선, 우리의 비행기는 연착되었고 초저녁에 니코시아 공항에 도착했습니다. 둘째로, Nero 호텔의 직원들로부터 따뜻한 환영을 받긴 했지만, 우리의 방은 건물의 뒤쪽, 호텔의 시끄러운 야외 식당 바로 위에 위치하고 있었습니다. [182]우리는 더 위층에 있는 좀 더 조용한 객실로 바꿔달라고 요청하였으며, 객실 업그레이드를 위해 100유로를 지불한 후 그렇게 할 수 있었습니다. 마지막으로, 그다음 날 아침에 알게 되었듯이, 리조트가 가장 가까운 해변으로부터 너무 멀어서 갈 때마다 택시를 타야 했습니다. 그러므로, 저는 보상을 받을 말한 자격이 있다고 생각합니다.

결국에는, 경제적이고 편안했어야 했던 여행이 정반대가 되었습니다. [185]저는 귀사가 7월에 제공하는 유람선 여행인 Greek Islands Getaway의 예약을 하려고 계획 중이었는데, 그렇게 해야 할지 현재로서는 확신이 생기지 않습니다.

Lorraine Peluso 드림

5월 20일

Lorraine Peluso
Prinses 27
3516 AP 190-D, 암스테르담
네덜란드

Ms. Peluso께,

Countrywide 여행사를 대표하여, 귀하께서 키프로스로의 최근 여행에서 접하신 어려움에 대해 진심으로 사과드립니다. [183]귀하의 객실 예약과 관련하여 무엇이 잘못되었는지 알아보기 위해 호텔에 연락을 했고 비슷한 실수가 다시 발생하지 않도록 할 것입니다.

귀하께서 객실 업그레이드에 지불하신 100유로는 기꺼이 환불해드리도록 하겠습니다. 하지만, 해변으로 오고 가는 교통편의 필요성은 Ms. Young이 귀하께 드린 상품 브로셔에 기저되어 있으므로, 그 금액은 환불될 수 없습니다. 그 대신에, [185]귀하께서 7월에 가는 것을 고려 중이신 여행 상품에 대한 10퍼센트 할인을 기꺼이 제공해드리고 싶습니다.

Please contact me at 555-2853 if I can be of any further assistance.	제가 더 도와드릴 것이 있다면 555-2853으로 저에게 연락해주시기 바랍니다.
Kindest regards,	
Jacob Campbell Head supervisor, Countrywide Tours	Jacob Campbell 드림 최고 감독자, Countrywide 여행사

지문 1 **destination** n. 행선지, 목적지 **affordable** adj. 저렴한, 가격이 알맞은 **rear** n. 뒤쪽; adj. 뒤쪽의 **boisterous** adj. 시끄러운, 활기가 넘치는
be entitled to phr. ~을 받을 자격이 있다 **compensation** n. 보상, 배상 **economical** adj. 경제적인, 실속 있는

지문 2 **on behalf of** phr. ~을 대표하여 **encounter** v. 접하다, 부딪히다 **excursion** n. 여행, 소풍

181

난이도 ○○○● 하

Why did Ms. Peluso write the letter?	Ms. Peluso는 왜 편지를 썼는가?
(A) To thank a travel agency for its assistance	(A) 여행사에게 도움에 대해 감사하기 위해
(B) To request a change to a travel itinerary	(B) 여행 일정의 변경을 요청하기 위해
(C) To complain about staff members at a hotel	(C) 호텔의 직원들에 대해 불평하기 위해
(D) To express dissatisfaction with a service	(D) 서비스에 대한 불만을 나타내기 위해

해설 유형1 | **주제/목적 찾기** 글을 쓴 이유 정답 (D)

Ms. Peluso가 편지를 쓴 이유를 묻는 목적 찾기 문제이므로 Ms. Peluso가 작성한 첫 번째 편지를 확인한다. 특별히 이 문제는 지문의 중반에 목적 관련 내용이 언급되었음에 주의한다. 첫 번째 편지의 'Ms. Young, the travel consultant who assisted me, promised to book us a quiet room facing the ocean'에서 자신, 즉 Ms. Peluso를 도와준 여행 상담사 Ms. Young은 바다를 바라보는 조용한 객실을 예약해줄 것을 약속했다고 한 후, 'However, we did not get what we expected.'에서 그러나 자신들은 기대했던 것을 얻지 못했다고 하며 서비스에 대해 불만족한 사항들을 설명하고 있으므로 (D)가 정답이다.

어휘 travel itinerary phr. 여행 일정 dissatisfaction n. 불만, 불만족

182

난이도 ○○●● 중

What is suggested about Hotel Nero?	Nero 호텔에 대해 암시되는 것은?
(A) It is located near an airport.	(A) 공항 근처에 위치해 있다.
(B) It recently underwent renovations.	(B) 최근에 보수 공사를 했다.
(C) It operates a shuttle service for guests.	(C) 손님들을 위한 셔틀 서비스를 운행한다.
(D) It charges extra for higher rooms.	(D) 위층 객실들에 추가 요금을 청구한다.

해설 유형4 | **추론** 세부 정보 정답 (D)

질문의 핵심 어구인 Hotel Nero에 대해 추론하는 문제이므로 Nero 호텔과 관련된 내용이 언급된 첫 번째 편지를 확인한다. 첫 번째 편지의 'We requested a quieter room on a higher floor and were given one after paying €100 for a room upgrade.'에서 Ms. Peluso가 Nero 호텔에서 더 위층에 있는 좀 더 조용한 객실로 바꿔달라고 요청하자 객실 업그레이드를 위해 100유로를 지불한 후 그렇게 할 수 있었다고 했으므로, Nero 호텔은 위층 객실들에는 추가 요금을 청구한다는 사실을 추론할 수 있다. 따라서 (D)가 정답이다.

183

난이도 ○○○● 하

What did Mr. Campbell do?	Mr. Campbell은 무엇을 했는가?
(A) Contacted a hotel	(A) 호텔에 연락했다
(B) Mailed out a form	(B) 양식을 발송했다
(C) Held a training session	(C) 교육을 진행했다
(D) Changed a tour package	(D) 여행 상품을 변경했다

해설 유형2 | 육하원칙 What   정답 (A)

해설 유형2 | 육하원칙 What   정답 (A)

Mr. Campbell이 무엇(What)을 했는지를 묻는 육하원칙 문제이므로 Mr. Campbell이 작성한 두 번째 편지에서 관련 내용을 확인한다. 두 번째 편지의 'I have called the hotel to find out what went wrong with your room reservation'에서 Mr. Campbell이 객실 예약과 관련하여 무엇이 잘못되었는지 알아보기 위해 호텔에 연락했다고 했으므로 (A)가 정답이다.

184
난이도 ○●●● 상

In the second letter, the phrase "In place of" in paragraph 2, line 3 is closest in meaning to

(A) Instead of
(B) In addition to
(C) In terms of
(D) At a location of

두 번째 편지에서, 2문단 세 번째 줄의 표현 "In place of"는 의미상 ~와 가장 가깝다.

(A) ~을 대신하여
(B) ~에 더하여
(C) ~에 관하여
(D) ~에 위치하여

해설 유형7 | 동의어   정답 (A)

두 번째 편지의 In place of를 포함하는 구절 'In place of that, we would be happy to offer a 10 percent discount'에서 In place of 가 '~ 대신에'라는 뜻으로 사용되었다. 따라서 '~을 대신하여'라는 뜻을 가진 (A)가 정답이다.

185
난이도 ○○●● 중

What will Ms. Peluso receive if she signs up for Greek Islands Getaway?

(A) Free accommodations
(B) Additional excursions
(C) A price reduction
(D) A flight upgrade

Ms. Peluso는 Greek Islands Getaway를 신청하면 무엇을 받을 것인가?

(A) 무료 숙박
(B) 추가 여행
(C) 요금 할인
(D) 항공편 업그레이드

해설 유형2 | 육하원칙 연계 문제   정답 (C)

질문의 핵심 어구인 Ms. Peluso receive if she signs up for Greek Islands Getaway에서 Ms. Peluso가 Greek Islands Getaway 를 신청하면 무엇(What)을 받을 것인지를 묻고 있으므로 Greek Islands Getaway가 언급된 첫 번째 편지를 먼저 확인한다.

단서1 첫 번째 편지의 'I was planning to reserve a spot on Greek Islands Getaway, the cruise you offer in July'에서 Ms. Peluso가 Countrywide 여행사에서 7월에 제공하는 유람선 여행인 Greek Islands Getaway의 예약을 하려고 계획 중이었다고 했다. 그런데 Greek Islands Getaway를 신청하면 무엇을 받게 되는지 제시되지 않았으므로 두 번째 편지에서 관련 내용을 확인한다.

단서2 두 번째 편지의 'we would be happy to offer a 10 percent discount on the travel package you are considering for July' 에서 Countrywide 여행사는 Ms. Peluso가 7월에 가는 것을 고려 중인 여행 상품에 대한 10퍼센트 할인을 기꺼이 제공할 것이라고 했음을 확인할 수 있다.

두 단서를 종합할 때, Ms. Peluso가 Countrywide 여행사가 7월에 제공하는 여행 상품 Greek Islands Getaway를 신청하면 10퍼센트 할인을 받을 수 있음을 알 수 있다. 따라서 (C)가 정답이다.

바꾸어 표현하기
10 percent discount 10퍼센트 할인 → price reduction 요금 할인

지문 1

Back Issue Order Form   *Garden Vanguard* magazine

[186]Please note that we cannot guarantee the availability of every issue.

Costs of Back Issues	Number and Description of Issues Requested	[186]No. of Copies
– Rare issues (#1-100) : £29.99 each – Old issues (#101-200) : £14.99 each – Recent issues (#201 and later) : £3.99 each	#17 (Luisa Mastrangeli shown on cover)	1
	#82 (Schmidt Estate shown on cover)	1
	[190]#120 (10-year anniversary special)	1
	#197 (Pinto Botanical Garden shown on cover)	1
	#257 (Turba Manor shown on cover)	1

Name: Tracie Blount
Address: 33B Gors Avenue, Swansea, Wales, UK SA2 8PP
E-mail Address: tblount@notepad.com
Credit Card Type: Bellwether
Number: 2377-2374-7773-1012
Expiry Date: January 11

[186]**Shipping** is £2.60 for one copy, £3.10 for two copies, £4.50 for three to four issues, and £6.00 for five or more copies, up to a limit of 20.

지문 2

To: Tracie Blount <tblount@notepad.com>
From: Paddy Delmonte <pd@gardenvanguard.co.uk>
Date: July 8
Subject: Request

Dear Ms. Blount,

[187]I received your back issue order form on July 6. [186]Regrettably, issue no. 82 was no longer in our inventory. So, [186/187]four copies were shipped together on July 7, and they should arrive at your address in four to five business days. A total of £75.86, tax included, has been charged to your credit card. Please understand that I have done my best to satisfy your request. Thank you for your interest in *Garden Vanguard* magazine.

Sincerely,

Paddy Delmonte
Customer Service representative
Garden Vanguard magazine

지문 3

Miscellanea Mania   [189]An online marketplace for sports memorabilia, commemorative stamps, rare coins, and more!

[190]**For Sale: Large set of *Garden Vanguard* magazines!**
(Item has been viewed 17 times)

지난 호 주문 양식   *Garden Vanguard*지

[186]매 호의 입수 가능성은 보장할 수 없다는 것을 유념해 주십시오.

지난 호의 가격	요청된 호의 번호와 설명	[186]부수
– 희귀한 호(1-100번) : 호당 29.99파운드 – 오래된 호(101-200번) : 호당 14.99파운드 – 최신호(201번 이후) : 호당 3.99파운드	17번(Luisa Mastrangeli가 표지에 등장)	1부
	82번(Schmidt 부지가 표지에 등장)	1부
	[190]120번(10주년 기념일 특집)	1부
	197번(Pinto 식물원이 표지에 등장)	1부
	257번(Turba 대저택이 표지에 등장)	1부

이름: Tracie Blount
주소: 33B Gors가, 스완지, 웨일스, 영국 SA2 8PP
이메일 주소: tblount@notepad.com
신용카드 종류: Bellwether
번호: 2377-2374-7773-1012
유효 기간: 1월 11일

[186]배송은 한 부에 2.60파운드, 두 부에 3.10파운드, 세 부에서 네 부에 4.50파운드, 다섯 부 이상에서 20부까지 6.00파운드입니다.

수신: Tracie Blount <tblount@notepad.com>
발신: Paddy Delmonte <pd@gardenvanguard.co.uk>
날짜: 7월 8일
제목: 요청

Ms. Blount께,

[187]7월 6일에 귀하의 지난 호 주문 양식을 받았습니다. [186]유감스럽게도, 82번 호는 더 이상 저희의 재고에 없었습니다. 따라서, [186/187]7월 7일에 네 부가 함께 배송되었고, 그것들은 4일에서 5일의 영업일 내에 귀하의 주소에 도착할 것입니다. 세금을 포함하여 총 75.86파운드가 귀하의 신용카드에 청구되었습니다. 제가 귀하의 요청을 이행하기 위하여 최선을 다했다는 것을 이해해 주십시오. *Garden Vanguard*지에 대한 귀하의 관심에 감사드립니다.

Paddy Delmonte 드림
고객 서비스 직원
*Garden Vanguard*지

Miscellanea Mania   [189]스포츠 기념품, 기념 우표, 희귀한 동전 등을 위한 온라인 장터!

[190]판매 중: *Garden Vanguard*지 대량 세트!
(이 글은 17번 조회되었습니다)

Category: Magazines
[190]Seller: Ralph Nader
Price: £800

Description:
I assembled this collection, spanning exactly 250 issues, by subscribing to *Garden Vanguard* for over 20 years. Though some of the issues are slightly worn, the majority are in excellent condition. [190]Of special note is a perfect copy of the issue commemorating the magazine's first decade. Its cover was specially designed by cartoonist Sam Rosado. Feel free to contact me if you have any questions.

분류: 잡지
[190]판매자: Ralph Nader
가격: 800파운드

설명:
저는 *Garden Vanguard*지를 20년 넘게 구독함으로써 정확히 250호에 이르는 이 수집품을 모았습니다. 몇 호들은 약간 낡았지만, 대부분은 훌륭한 상태입니다. [190]특별히 중요한 것은 잡지의 첫 10주년을 기념하는 호의 완벽한 한 부입니다. 그것의 표지는 만화가 Sam Rosado에 의해 특별히 디자인되었습니다. 질문이 있으시면 언제든지 저에게 연락해 주세요.

지문 1 back issue phr. (신문, 잡지의) 지난 호, 과월호 note v. 유념하다, 주의하다 guarantee v. 보장하다, 약속하다
availability n. (입수) 가능성, 유효성 rare adj. 희귀한, 드문 cover n. 표지, 덮개 estate n. 부지, 단지, 소유지 anniversary n. 기념일
botanical garden phr. 식물원 manor n. 대저택, 영토

지문 2 regrettably adv. 유감스럽게도, 애석하게도 inventory n. 재고, 물품 목록 charge v. (요금·값을) 청구하다, 부과하다

지문 3 marketplace n. 장터, 시장 memorabilia n. 기념품, 수집품 commemorative adj. (중요 인물·사건을) 기념하는 for sale phr. 팔려고 내놓은
assemble v. 모으다, 모이다 span v. (넓은 범위·많은 것에) 이르다, 걸치다 slightly adv. 약간, 조금 majority n. 대부분, 대다수
of note phr. 중요한, 아주 흥미로운 cartoonist n. 만화가

186

How much was Ms. Blount charged for shipping?

(A) £2.60
(B) £3.10
(C) £4.50
(D) £6.00

Ms. Blount는 배송비로 얼마를 청구받았는가?

(A) 2.60파운드
(B) 3.10파운드
(C) 4.50파운드
(D) 6.00파운드

해설 유형2 | 육하원칙 연계 문제 정답 (C)

질문의 핵심 어구인 Ms. Blount charged for shipping에서 Ms. Blount가 배송비로 얼마(How much)를 청구받았는지를 묻고 있으므로 배송비와 관련된 내용이 언급된 양식을 먼저 확인한다.
단서 1 첫 번째 지문(양식)의 'No. of copies'에서 Ms. Blount가 잡지를 총 다섯 부 주문했고, 'Shipping is £2.60 for one copy, £3.10 for two copies, £4.50 for three to four issues, and £6.00 for five or more copies, up to a limit of 20.'에서 각 부수에 따른 배송비가 제시되었다. 그런데 'Please note that we cannot guarantee the availability of every issue.'에서 매 호의 입수 가능성은 보장할 수 없다고 한 것에서 Ms. Blount가 주문한 대로 실제 다섯 부가 배송되었는지 알 수 없으므로 이메일에서 관련 내용을 확인한다.
단서 2 두 번째 지문(이메일)의 'Regrettably, issue no. 82 was no longer in our inventory. So, four copies were shipped together on July 7'에서 82번 호 잡지의 재고가 없어서 총 네 부가 Ms. Blount에게 배송되었음을 확인할 수 있다.
두 단서를 종합할 때, Ms. Blount는 잡지 네 부에 대한 배송비로 4.50파운드를 청구받았음을 알 수 있다. 따라서 (C)가 정답이다.

187

Why was the e-mail written?

(A) To report that an order has been processed
(B) To offer compensation for undelivered items
(C) To send a catalog of magazine titles
(D) To state that a subscription was renewed

이메일은 왜 쓰여졌는가?

(A) 주문이 처리되었음을 알리기 위해
(B) 배송되지 않은 물품들에 대한 보상을 제공하기 위해
(C) 잡지 출판물들의 카탈로그를 보내기 위해
(D) 구독이 갱신되었음을 명시하기 위해

해설 유형1 | 주제/목적 찾기 글을 쓴 이유 정답 (A)

이메일이 쓰여진 이유를 묻는 목적 찾기 문제이므로 두 번째 지문인 이메일의 내용을 확인한다. 이메일의 'I received your back issue order form on July 6.'와 'four copies were shipped together on July 7'에서 고객의 잡지 주문 양식을 받았으며 물품이 배송되었음을 알리고 있으므로 (A)가 정답이다.

어휘 process v. 처리하다, 가공하다 undelivered adj. 배송되지 않은, 석방되지 않은 title n. 출판물, 표제 renew v. 갱신하다, 재개하다

TEST 2 해석·해설 137

188

In the e-mail, the word "satisfy" in paragraph 1, line 4, is closest in meaning to

(A) please
(B) improve upon
(C) assist
(D) carry out

이메일에서, 1문단 네 번째 줄의 단어 "satisfy"는 의미상 ‒와 가장 가깝다.

(A) 기쁘게 하다
(B) 더 낫게 하다
(C) 돕다
(D) 이행하다

해설 유형7 | 동의어 　　　　　　　　　　　　　　　　　　　　　　정답 (D)

두 번째 지문인 이메일의 satisfy를 포함하는 구절 'I have done my best to satisfy your request'에서 satisfy가 '이행하다, 완수하다'라는 뜻으로 사용되었다. 따라서 '이행하다'라는 뜻을 가진 (D)가 정답이다.

189

Who would most likely visit Miscellanea Mania?

(A) Graphic designers
(B) Stamp collectors
(C) Magazine editors
(D) Sports players

누가 Miscellanea Mania를 방문할 것 같은가?

(A) 그래픽 디자이너들
(B) 우표 수집가들
(C) 잡지 편집자들
(D) 스포츠 선수들

해설 유형4 | 추론 세부 정보 　　　　　　　　　　　　　　　　　정답 (B)

질문의 핵심 어구인 visit Miscellanea Mania에 대해 추론하는 문제이므로 세 번째 지문인 Miscellanea Mania의 광고에서 관련 내용을 확인한다. 광고의 'An online marketplace for sports memorabilia, commemorative stamps, rare coins, and more!'에서 Miscellanea Mania가 스포츠 기념품, 기념 우표, 희귀한 동전 등을 위한 온라인 장터라고 했으므로 우표 수집가들이 Miscellanea Mania를 방문할 것이라는 사실을 추론할 수 있다. 따라서 (B)가 정답이다.

190

What is suggested about Mr. Nader's set of magazines?

(A) Some of the copies have been signed.
(B) It contains a copy of issue number 120.
(C) All of its issues are in excellent condition.
(D) It includes one devoted to Turba Manor.

Mr. Nader의 잡지 세트에 대해서 암시되는 것은?

(A) 몇 부는 사인이 되어 있다.
(B) 120번 호 한 부를 포함한다.
(C) 모든 호들이 훌륭한 상태이다.
(D) Turba 대저택을 다룬 호를 포함한다.

해설 유형4 | 추론 연계 문제 　　　　　　　　　　　　　　　　　정답 (B)

질문의 핵심 어구인 Mr. Nader's set of magazines와 관련된 내용이 언급된 광고를 먼저 확인한다.

단서 1 세 번째 지문(광고)의 'For Sale: Large set of *Garden Vanguard* magazines!', 'Seller: Ralph Nader', 'Of special note is a perfect copy of the issue commemorating the magazine's first decade.'에서 Mr. Nader가 판매하는 *Garden Vanguard*지 세트에서 특별히 중요한 것은 잡지의 첫 10주년을 기념하는 호의 완벽한 한 부라고 했다. 그런데 *Garden Vanguard*지의 10주년을 기념하는 호가 무엇인지 제시되지 않았으므로 양식을 확인한다.

단서 2 첫 번째 지문(양식)의 '#120 (10-year anniversary special)'에서 *Garden Vanguard*지의 120번 호가 잡지의 10주년 기념일 특집호라는 것을 확인할 수 있다.

두 단서를 종합할 때, Mr. Nader의 잡지 세트는 잡지의 10주년을 기념하는 120번 호 한 부를 포함한다는 사실을 추론할 수 있다. 따라서 (B)가 정답이다.

지문 1

To: StockCom Cable <service@stockcom.net>
From: Paul Thomas <pst@regularlink.com>
Date: February 16
Subject: New cable box (Account #092725)
Attachment: Request form

To Whom It May Concern,

I'm having a problem with my cable box—it doesn't turn on. [192]I called the Lakeridge location to ask for advice at around 9 A.M. on February 15. The person I spoke with, whose name I can't remember, told me to unplug the cable box, wait five minutes, and then plug it back in. The box turned on, so I thought the problem had been fixed. However, when I came home from work last night, I saw that it had stopped working again.

[191]Anyway, I am writing because I was told yesterday that if the problem reoccurred, I'd have to download a form from your Web site and fill it out to request a new cable box. I have attached the form to this e-mail. Could you please send someone to replace the device? I would really like this fixed before the Jameson Tigers vs. Allgate Wizards basketball game this weekend.

Regards,

Paul Thomas

지문 2

[192]StockCom Cable Call Center Staff Time Sheet (February 15)

Name	Location	Time In*	Time Out*
Bob Kendall	Bakersville	9:07 A.M.	5:08 P.M.
Andrea Strube	Bakersville	10:10 A.M.	6:14 P.M.
[192]Edgar Grayson	Lakeridge	8:35 A.M.	4:39 P.M.
Lisa Miller	Lakeridge	10:03 A.M.	6:05 P.M.

Reminder

[193-B]You must submit a service report on a daily basis that lists all issues reported by customers.

[194]*Managers: Please confirm that these times are consistent with those registered in the payroll system for your location.

지문 3

To: Paul Thomas <pst@regularlink.com>
From: StockCom Cable <service@stockcom.net>
Date: February 17
Subject: Re: New cable box (Account #092725)

Dear Mr. Thomas,

Thank you for sending in the request form. I'm sorry to hear that you have had some issues with your cable box. Will you be home between 8 A.M. and 10 A.M. tomorrow? If so, I will certainly be able to send someone to set up the replacement equipment in time for you to watch the game.

수신: StockCom 케이블사 <service@stockcom.net>
발신: Paul Thomas <pst@regularlink.com>
날짜: 2월 16일
제목: 새 케이블 박스(계정 번호 092725)
첨부: 신청 양식

관계자분께,

저 케이블 박스와 관련하여 문제를 겪고 있는데, 그것이 켜지지 않습니다. [192]저는 2월 15일 오전 9시쯤에 Lakeridge 지점에 조언을 구하기 위해 전화했습니다. 이름이 기억나지 않는 저와 통화하였던 분은, 제게 케이블 박스의 플러그를 뽑고, 5분을 기다리고, 다시 플러그를 꽂으라고 했습니다. 박스가 켜졌기 때문에, 저는 문제가 해결되었다고 생각했습니다. 그러나 어젯밤 제가 일하고 집으로 돌아왔을 때, 저는 케이블 박스가 다시 작동을 멈춘 것을 발견했습니다.

[191]어쨌든, 만약 문제가 다시 일어나면 새로운 케이블 박스를 요청하기 위해 귀사의 웹사이트에서 양식을 다운로드하여 작성해야 할 것이라고 어제 들었기 때문에 이메일을 씁니다. 그 양식을 이 이메일에 첨부해 두었습니다. 기기를 교체할 누군가를 보내주실 수 있나요? 이번 주에 있는 Jameson Tigers 대 Allgate Wizards 농구 경기 전에 고쳐졌으면 정말 좋겠습니다.

Paul Thomas 드림

---

[192]StockCom 케이블사 콜센터 직원 근무 시간 기록표 (2월 15일)

이름	지점	출근 시간*	퇴근 시간*
Bob Kendall	Bakersville	오전 9시 7분	오후 5시 8분
Andrea Strube	Bakersville	오전 10시 10분	오후 6시 14분
[192]Edgar Grayson	Lakeridge	오전 8시 35분	오후 4시 39분
Lisa Miller	Lakeridge	오전 10시 3분	오후 6시 5분

상기 알림 사항

[193-B]여러분은 고객들이 알린 모든 문제를 기록한 서비스 보고서를 매일 제출해야 합니다.

[194]*관리자분들: 이 시간들이 여러분의 지점의 임금 대장 시스템에 등록되어 있는 시간과 일치하는지 확인해 주십시오.

수신: Paul Thomas <pst@regularlink.com>
발신: StockCom 케이블사 <service@stockcom.net>
날짜: 2월 17일
제목: 회신: 새 케이블 박스(계정 번호 092725)

Mr. Thomas께,

신청 양식을 보내주셔서 감사합니다. 귀하의 케이블 박스와 관련하여 몇몇 문제를 겪으셨다는 것을 듣게 되어 유감입니다. 내일 오전 8시에서 10시 사이에 자택에 계실 건가요? 만약 그렇다면, 제가 귀하께서 경기를 보실 수 있도록 시간에 맞춰 교체 기기를 설치할 누군가를 확실히 보내드릴 수 있을 것입니다.

해커스 토익 PART 7 집중공략 777

We will provide the installation at no charge, but [195]the new cable box will cost $20, which will be applied to your bill next month.

Sincerely,

[194]Amy Farrington
Manager, StockCom Cable
Lakeridge Branch

저희는 설치를 무료로 해드릴 것이지만, [195]새 케이블 박스에 20달러의 비용이 들 것이고, 이는 귀하의 다음 달 청구서에 적용될 것입니다.	

[194]Amy Farrington 드림
관리자, StockCom 케이블사
Lakeridge 지점

지문 1 **turn on** phr. 켜지다, 켜다 **unplug** v. (전기) 플러그를 뽑다 **reoccur** v. 다시 일어나다, 재발생하다 **replace** v. 교체하다, 대체하다
device n. 기기, 장치

지문 2 **time sheet** phr. 근무 시간 기록표 **submit** v. 제출하다, 제시하다 **on a daily basis** phr. 매일 **list** v. 기록하다, 작성하다; n. 목록
consistent adj. 일치하는, 일관된, 지속적인 **payroll** n. 임금 대장, 급료 지불 명부

지문 3 **in time for** phr. ~에 시간 맞춰, 늦지 않게 **installation** n. 설치, 장치 **at no charge** phr. 무료로 **apply** n. 적용하다, 신청하다

191

난이도 ○○●● 중

Why was the first e-mail written?

(A) To cancel a service
(B) To request a form
(C) To claim compensation
(D) To submit a document

첫 번째 이메일은 왜 쓰여졌는가?

(A) 서비스를 취소하기 위해
(B) 양식을 요청하기 위해
(C) 보상을 요구하기 위해
(D) 서류를 제출하기 위해

해설 유형1 | 주제/목적 찾기 글을 쓴 이유   정답 (D)

첫 번째 이메일이 쓰여진 이유를 묻는 목적 찾기 문제이므로 첫 번째 이메일의 내용을 확인한다. 이메일의 요청 표현 주변인 'Anyway, I am writing because ~ I'd have to download a form ~ and fill it out to request a new cable box. I have attached the form to this e-mail.'에서 새로운 케이블 박스를 요청하기 위해 양식을 다운로드하여 작성했고 이메일에 그 양식을 첨부해 두었다고 했으므로 (D)가 정답이다.

바꾸어 표현하기
attached the form 양식을 첨부했다 → submit a document 서류를 제출하다

어휘 **claim** v. 요구하다, 주장하다 **compensation** n. 보상, 대가

192

난이도 ○○●● 중

Who most likely did Mr. Thomas speak with on February 15?

(A) Lisa Miller
(B) Edgar Grayson
(C) Bob Kendall
(D) Andrea Strube

Mr. Thomas는 2월 15일에 누구와 이야기한 것 같은가?

(A) Lisa Miller
(B) Edgar Grayson
(C) Bob Kendall
(D) Andrea Strube

해설 유형4 | 추론 연계 문제   정답 (B)

질문의 핵심 어구인 Mr. Thomas speak with on February 15와 관련된 내용이 언급된 첫 번째 이메일을 먼저 확인한다.
단서 1 첫 번째 지문(이메일)의 'I called the Lakeridge location to ask for advice at around 9 A.M. on February 15.'에서 Mr. Thomas가 2월 15일 오전 9시쯤에 StockCom 케이블사의 Lakeridge 지점에 조언을 구하기 위해 전화했다고 했다. 그런데 2월 15일 오전 9시쯤에 어떤 직원이 Lakeridge 지점에 있었는지 제시되지 않았으므로 기록지에서 관련 내용을 확인한다.
단서 2 두 번째 지문(기록지)의 'StockCom Cable Call Center Staff Time Sheet (February 15)'과 'Edgar Grayson, Lakeridge, 8:35 A.M., 4:39 P.M.'에서 2월 15일 StockCom 케이블사 콜센터의 Lakeridge 지점에서 Edgar Grayson이 오전 8시 35분에서 오후 4시 39분까지 근무했다는 사실을 확인할 수 있다.
두 단서를 종합할 때, Mr. Thomas는 2월 15일 오전 9시쯤에 Lakeridge 지점의 Edgar Grayson과 통화했다는 사실을 추론할 수 있다. 따라서 (B)가 정답이다.

What is indicated about the StockCom Cable call centers?

(A) Employees receive overtime pay for working late.
(B) Employees are required to submit paperwork each day.
(C) Customers can speak with service staff at any time.
(D) All conversations with customers are recorded.

StockCom 케이블사 콜센터에 대해 언급된 것은?

(A) 직원들은 늦게까지 일하는 것에 대해 초과 근무 수당을 받는다.
(B) 직원들은 매일 서류를 제출할 것을 요구받는다.
(C) 고객들은 어느 때나 서비스 직원들과 통화할 수 있다.
(D) 고객들과의 모든 대화는 녹음된다.

해설 유형3 | Not/True True 문제   정답 (B)

질문의 핵심 어구인 StockCom Cable call centers와 관련된 내용을 지문에서 찾아 각 보기와 대조하는 Not/True 문제이므로 두 번째 지문인 StockCom 케이블사 콜센터의 기록지에서 관련 내용을 확인한다. (A), (C), (D)는 지문에 언급되지 않은 내용이다. (B)는 'You must submit a service report on a daily basis that lists all issues reported by customers.'에서 직원들은 고객들이 알린 모든 문제들을 기록한 서비스 보고서를 매일 제출해야 한다고 했으므로 지문의 내용과 일치한다. 따라서 (B)가 정답이다.

바꾸어 표현하기

submit a service report on a daily basis 서비스 보고서를 매일 제출하다 → submit paperwork each day 매일 서류를 제출하다

어휘 paperwork n. 서류, 서류 작업 conversation n. 대화, 회화

What is suggested about Ms. Farrington?

(A) She will take an item to Mr. Thomas's home.
(B) She is in charge of confirming staff working hours.
(C) She will take the afternoon off on February 18.
(D) She was not in the office on the day Mr. Thomas called.

Ms. Farrington에 대해 암시되는 것은?

(A) Mr. Thomas의 자택에 물품을 가져갈 것이다.
(B) 직원 근무 시간을 확인하는 일을 담당한다.
(C) 2월 18일 오후에 쉴 것이다.
(D) Mr. Thomas가 전화한 날에 사무실에 없었다.

해설 유형4 | 추론 연계 문제   정답 (B)

질문의 핵심 어구인 Ms. Farrington이 작성한 두 번째 이메일을 먼저 확인한다.
단서1 세 번째 지문(이메일)의 'Amy Farrington', 'Manager, StockCom Cable'에서 Amy Farrington이 StockCom 케이블사의 관리자임을 알 수 있다. 그런데 StockCom 케이블사의 관리자의 업무가 무엇인지 제시되지 않았으므로 기록지에서 관련 내용을 확인한다.
단서2 두 번째 지문(기록지)의 '*Managers: Please confirm that these times are consistent with those registered in the payroll system for your location.'에서 StockCom 케이블사의 관리자들은 직원들이 기록한 시간이 각 지점의 임금 대장 시스템에 등록되어 있는 시간과 일치하는지 확인하는 업무를 맡았음을 확인할 수 있다.
두 단서를 종합할 때, Ms. Farrington은 관리자로서 직원 근무 시간을 확인하는 일을 담당한다는 사실을 추론할 수 있다. 따라서 (B)가 정답이다.

바꾸어 표현하기

confirm that these times are consistent with those registered in the payroll system 직원들이 기록한 시간이 임금 대장 시스템에 등록되어 있는 시간과 일치하는지 확인한다 → confirming staff working hours 직원 근무 시간을 확인하다

어휘 be in charge of phr. ~을 담당하다 take off phr. ~(동안)을 쉬다

What information is provided in the second e-mail?

(A) The contact information of a technician
(B) The set-up instructions for a product
(C) The amount due for a device
(D) The terms of a warranty agreement

두 번째 이메일에 어떤 정보가 제시되었는가?

(A) 기술자의 연락 정보
(B) 제품에 대한 설치 안내
(C) 지불해야 할 기기 금액
(D) 보증서의 조건

해설 유형2 | 육하원칙 What   정답 (C)

두 번째 이메일에 어떤(What) 정보가 제시되었는지를 묻는 육하원칙 문제이므로 두 번째 이메일에서 관련 내용을 확인한다. 이메일의 'the new cable box will cost $20'에서 새 케이블 박스에 20달러의 비용이 들 것이라고 했으므로 (C)가 정답이다.

어휘 technician n. 기술자 amount n. 액수, 총액 due adj. 지불해야 하는, 예정된 term n. 조건, 기간, 용어 warranty agreement phr. 보증서

TEST 1
TEST 2
TEST 3
TEST 4
TEST 5
TEST 6
TEST 7
해커스 토익 PART 7 집중공략 777

지문 1

http://artfulmovingcompany.com

Entrust us with your most precious possessions—your art. We have years of experience shipping individual objects, sets of museum pieces, and private collections. Custom-made shipping materials are provided, and temperature-controlled transportation can be arranged upon request. We examine your treasured artworks in advance to determine the safest way to move them. [198]Please note that we require a copy of the certificate of ownership before shipping any painting.

Our standard prices are as follows:

Overnight US shipping = $600
Overnight international shipping = $1,000
Two-day US shipping = $400*
[199]Two-day international shipping = $800*

[199]*Special August promotion: Receive overnight shipping for the price of two-day shipping

http://artfulmovingcompany.com

당신의 가장 귀중한 소유물인 미술품을 저희에게 맡기십시오. 저희는 개별 물품들, 박물관 작품들, 개인 소장품들을 배송한 수년의 경험이 있습니다. 맞춤식 배송 자재들이 제공되고, 요청 시 온도 조절이 가능한 운송 수단이 준비될 수 있습니다. 저희는 당신의 귀중한 미술품들을 이동할 가장 안전한 방법을 알아내기 위해 그것들을 미리 검사합니다. [198]저희는 모든 그림을 배송하기 전에 소유권 증명서의 복사본을 요구한다는 것을 알아두십시오.

저희의 표준요금은 다음과 같습니다:

익일 미국 배송 = 600달러
익일 국제 배송 = 1,000달러
2일 미국 배송 = 400달러*
[199]2일 국제 배송 = 800달러*

[199]*8월 특별 판촉 행사: 2일 배송의 요금으로 익일 배송을 받으세요

지문 2

Artful Moving Company
Order Estimate Request Form

Today's Date	August 4
Name	Ji-hu Jeong
E-Mail Address	ji.hu@seoulmuseumfinearts.com
Phone Number	(305) 555-3477
[197-D/198]Delivery Item	1 framed painting
Comments	As this painting is over 200 years old, [197-C]it can be damaged easily by moisture and high temperatures. [197-B]The person who donated it to the museum will be moving out of her house in Miami in a few weeks, so the shipment must be scheduled immediately. I should also mention that the frame is quite heavy.

Artful 운송 회사
주문 견적 요청 양식

오늘 날짜	8월 4일
이름	Ji-hu Jeong
이메일 주소	ji.hu@seoulmuseumfinearts.com
전화번호	(305) 555-3477
[197-D/198]배송 물품	액자에 넣은 그림 1개
의견	이 그림은 200년보다 오래되었으므로, [197-C]습기와 고온에 의해 쉽게 손상될 수 있습니다. [197-B]이 그림을 박물관에 기증하신 분은 몇 주 후에 마이애미에 있는 그녀의 집에서 이사 나가실 것이므로, 배송 일정은 즉시 잡아져야 합니다. 또한 그림의 액자가 꽤 무겁다는 것을 말씀드립니다.

지문 3

To: Ji-hu Jeong <ji.hu@seoulmuseumfinearts.com>
From: Rachel Cohen <rcohen@artfulmoving.com>
Date: August 5
Subject: Order details

Dear Mr. Jeong,

Thank you for requesting an estimate from Artful Moving. Over the phone, [199]you asked for our overnight international shipping service from Miami to Seoul. Since we received your order estimate request form this month, you are eligible for our August promotion.

In order to prepare the best possible packaging for your artwork, one of our specialists will visit the pick-up location on August 9 ○

수신: Ji-hu Jeong <ji.hu@seoulmuseumfinearts.com>
발신: Rachel Cohen <rcohen@artfulmoving.com>
날짜: 8월 5일
제목: 주문 세부 사항

Mr. Jeong께,

Artful 운송 회사에 견적서를 신청해 주셔서 감사드립니다. 전화상으로, [199]귀하께서는 마이애미에서 서울로 가는 익일 국제 배송 서비스를 요청하셨습니다. 저희가 귀하의 주문 견적 요청 양식을 이번 달에 받았으므로, 귀하께서는 저희의 8월 판촉 행사를 누릴 자격이 있습니다.

귀하의 미술품을 위한 가능한 최선의 포장을 준비하기 위해, 저희 전문가들 중 한 명이 귀하의 지시에 따라 8월 9일 오후

at 4:30 P.M., according to your directions. ²⁰⁰At this time, our representative will check the dimensions and weight of the object.

Sincerely,

Rachel Cohen
Artful Moving Company

4시 30분에 물품 수령 장소를 방문할 것입니다. ²⁰⁰이때, 저희 직원이 물품의 치수와 무게를 확인할 것입니다.

Rachel Cohen 드림
Artful 운송 회사

지문 1 **entrust** v. 맡기다, 위임하다 **precious** adj. 귀중한, 값비싼 **possession** n. 소유물, 소지품 **individual** adj. 개별적인, 개인의
private collection phr. 개인 소장품 **custom-made** adj. 맞춤식의, 주문 제작한 **temperature** n. 온도, 기온 **artwork** n. 미술품, 삽화
determine n. 알아내다, 결정하다 **certificate** n. 증명서, 자격증 **ownership** n. 소유권 **overnight shipping** phr. 익일 배송

지문 2 **framed** adj. 액자에 넣은, 틀에 끼운 **moisture** n. 습기, 수분 **donate** v. 기증하다, 기부하다 **immediately** adv. 즉시, 바로

지문 3 **eligible** adj. 자격이 있는, 적격의 **packaging** n. 포장, 포장재 **specialist** n. 전문가. 전공자 **direction** n. 지시, 방향 **dimension** n. 치수, 크기
weight n. 무게, 체중

196

난이도 ○○●● 중

In the Web page, the word "examine" in paragraph 1, line 4, is closest in meaning to

(A) interrogate
(B) test
(C) explore
(D) inspect

웹페이지에서, 1문단 네 번째 줄의 단어 "examine"은 의미상 –와 가장 가깝다.

(A) 심문하다
(B) 시험하다
(C) 탐구하다
(D) 검사하다

해설 유형7 | 동의어
정답 (D)

첫 번째 지문인 웹페이지의 examine을 포함하는 구절 'We examine your treasured artworks'에서 examine이 '검사하다'라는 뜻으로 사용되었다. 따라서 '검사하다, 면밀하게 살피다'라는 뜻을 가진 (D)가 정답이다.

197

난이도 ○○●● 중

What does Mr. Jeong mention about the item to be shipped?

(A) It will be sold at an auction.
(B) It will be placed in a private collection.
(C) It can be damaged by heat.
(D) It does not have a frame.

Mr. Jeong이 배송될 물품에 대해 언급하는 것은?

(A) 경매에서 팔릴 것이다.
(B) 개인 소장품에 들어갈 것이다.
(C) 열에 의해 손상될 수 있다.
(D) 액자를 가지고 있지 않다.

해설 유형3 | Not/True True 문제
정답 (C)

질문의 핵심 어구인 the item to be shipped와 관련하여 Mr. Jeong이 언급한 내용을 지문에서 찾아 각 보기와 대조하는 Not/True 문제이므로 Mr. Jeong이 작성한 두 번째 지문인 양식에서 관련 내용을 확인한다. (A)는 지문에 언급되지 않은 내용이다. (B)는 'The person who donated it to the museum'에서 배송될 그림이 박물관에 기증되었다고 했으므로 지문의 내용과 일치하지 않는다. (C)는 'it can be damaged easily by ~ high temperatures'에서 그림이 고온에 의해 쉽게 손상될 수 있다고 했으므로 지문의 내용과 일치한다. 따라서 (C)가 정답이다. (D)는 'Delivery Item, 1 framed painting'에서 배송 물품인 그림에 액자가 있다고 했으므로 지문의 내용과 일치하지 않는다.

바꾸어 표현하기
can be damaged easily by ~ high temperatures 고온에 의해 쉽게 손상될 수 있다 → can be damaged by heat 열에 의해 손상될 수 있다

어휘 **auction** n. 경매; v. 경매로 팔다

198

What is suggested about Mr. Jeong?

(A) He owns a residence in Miami.
(B) He should provide a document.
(C) He has used Artful Moving Company before.
(D) He represents a charitable organization.

Mr. Jeong에 대해 암시되는 것은?

(A) 마이애미에 주택을 가지고 있다.
(B) 서류를 제공해야 한다.
(C) 이전에 Artful 운송 회사를 이용해 본 적이 있다.
(D) 자선 단체를 대표한다.

해설 유형4 | **추론** 연계 문제 　　　　　　　　　　　　　　정답 (B)

질문의 핵심 어구인 Mr. Jeong이 작성한 양식을 먼저 확인한다.

단서 1 두 번째 지문(양식)의 'Delivery Item, 1 framed painting'에서 Mr. Jeong이 Artful 운송 회사에 그림의 배송을 신청했다고 했다. 그런데 Artful 운송 회사에서 그림을 배송할 때의 조건이 제시되지 않았으므로 웹페이지에서 관련 내용을 확인한다.

단서 2 첫 번째 지문(웹페이지)의 'Please note that we require a copy of the certificate of ownership before shipping any painting.'에서 Artful 운송 회사는 모든 그림을 배송하기 전에 소유권 증명서의 복사본을 요구한다는 사실을 확인할 수 있다.

두 단서를 종합할 때, Mr. Jeong이 Artful 운송 회사에 그림의 배송을 신청했으므로 소유권 증명서의 복사본을 제출해야 한다는 사실을 추론할 수 있다. 따라서 (B)가 정답이다.

바꾸어 표현하기

a copy of the certificate of ownership 소유권 증명서의 복사본 → a document 서류

어휘 residence n. 주택, 거주지　represent v. 대표하다, 대리하다　charitable organization phr. 자선 단체

199

How much will Mr. Jeong pay for the moving service?

(A) $400
(B) $600
(C) $800
(D) $1,000

Mr. Jeong은 배송 서비스에 얼마를 지불할 것인가?

(A) 400달러
(B) 600달러
(C) 800달러
(D) 1,000달러

해설 유형2 | **육하원칙** 연계 문제 　　　　　　　　　　　　　　정답 (C)

질문의 핵심 어구인 Mr. Jeong pay for the moving service에서 Mr. Jeong이 배송 서비스에 얼마(How much)를 지불할 것인지를 묻고 있으므로 Mr. Jeong에게 보내진 이메일을 먼저 확인한다.

단서 1 세 번째 지문(이메일)의 'you asked for our overnight international shipping service from Miami to Seoul. ~ you are eligible for our August promotion.'에서 Mr. Jeong이 마이애미에서 서울로 가는 익일 국제 배송 서비스를 요청했으며 8월 판촉 행사를 누릴 자격이 있다고 했다. 그런데 8월 판촉 행사가 무엇인지 제시되지 않았으므로 웹페이지에서 관련 내용을 확인한다.

단서 2 첫 번째 지문(웹페이지)의 '*Special August promotion: Receive overnight shipping for the price of two-day shipping'에서 8월 특별 판촉 행사로 2일 배송의 요금으로 익일 배송을 받을 수 있다고 했고, 'Two-day international shipping = $800*'에서 2일 국제 배송의 요금은 800달러임을 확인할 수 있다.

두 단서를 종합할 때, Mr. Jeong은 8월 특별 판촉 행사로 인해 익일 국제 배송 요금 대신 2일 국제 배송 요금인 800달러를 지불할 것임을 알 수 있다. 따라서 (C)가 정답이다.

According to Ms. Cohen, what will her company do?

(A) Measure an item
(B) Provide complimentary shipping
(C) Reschedule a delivery
(D) Insure a shipment

Ms. Cohen에 따르면, 그녀의 회사는 무엇을 할 것인가?

(A) 물품을 측정한다
(B) 무료 배송을 제공한다
(C) 배송 일정을 다시 잡는다
(D) 배송품의 보험을 든다

해설 유형2 | **육하원칙** What　　　　　　　　　　　　　　　　　　　　정답 (A)

Ms. Cohen에 따르면 그녀의 회사는 무엇(what)을 할 것인지를 묻는 육하원칙 문제이므로 Ms. Cohen이 작성한 세 번째 지문인 이메일에서 관련 내용을 확인한다. 이메일의 'At this time, our representative will check the dimensions and weight of the object.'에서 Ms. Cohen의 회사, 즉 Artful 운송 회사의 직원이 방문 시 물품의 치수와 무게를 확인할 것이라고 했으므로 (A)가 정답이다.

바꾸어 표현하기
check the dimensions and weight of the object 물품의 치수와 무게를 확인하다 → Measure an item 물품을 측정하다

어휘 **measure** v. 측정하다, 평가하다; n. 조치 **insure** v. 보험에 들다, 보증하다

TEST

03

해석 · 해설

Garden King
Healthy food has never tasted so delicious!

Start your day off on the right foot at Garden King! [147]Garden King Incorporated is pleased to announce that all its branches nationwide are now serving breakfast selections from 7 to 11 A.M.

Choose from a variety of nutritious new sandwiches, wraps, and full meals. And as with our lunch menu, all our breakfast ingredients are completely organic. Not only that, but [148-A]we don't use trans fats, artificial flavors, or chemical additives in our foods. [148-B]Customers can also create their own items by selecting from a range of ingredients.

[148-D]See what our breakfast items look like at www.gardenking.com. And push the "Like" button on any of our social media sites to receive a coupon, sent directly to your mobile device, for a free egg-and-cheese breakfast sandwich!

Garden King
건강한 음식이 이렇게 맛있을 수 있습니다!

Garden King에서 여러분의 하루를 순조롭게 시작해 보세요! [147]Garden King사는 이제 전국의 모든 지점들이 오전 7시부터 11시까지 아침 메뉴를 제공한다는 것을 알리게 되어 기쁩니다.

다양한 영양가 높은 새로운 샌드위치들, 랩 샌드위치들과 정식 식사들 중에서 골라보세요. 그리고 저희의 점심 메뉴와 같이, 저희의 모든 아침 메뉴 재료는 완전히 유기농입니다. 그뿐만 아니라, [148-A]저희는 음식에 트랜스 지방, 인공 조미료, 화학 첨가제를 쓰지 않습니다. [148-B]고객들은 또한 다양한 재료들을 골라서 자신만의 메뉴를 만들 수 있습니다.

[148-D]www.gardenking.com에서 저희의 아침 메뉴들이 어떻게 생겼는지 확인해 보세요. 그리고 저희의 소셜 미디어 사이트들 중 어느 곳에서나 "좋아요" 버튼을 누르시고 여러분의 모바일 기기로 바로 전송될 무료 계란 치즈 아침 샌드위치 쿠폰을 받으세요!

어휘 **on the right foot** phr. 순조롭게, 적당하게 **nutritious** adj. 영양가 높은, 건강에 좋은 **organic** adj. 유기농의, 화학 비료를 쓰지 않는 **artificial** adj. 인공의, 인위적인 **additive** n. 첨가제, 첨가물 **a range of** phr. 다양한 **directly** adv. 바로, 곧장, 직접적으로

147
난이도 ○○○● 하

What is the advertisement mainly about?

(A) Reduced food prices
(B) Additional menu options
(C) Free meal deliveries
(D) New restaurant branches

광고는 주로 무엇에 대한 것인가?

(A) 할인된 음식 가격
(B) 추가 메뉴 옵션
(C) 무료 식사 배달
(D) 새로운 식당 지점

해설 유형1 | **주제/목적 찾기** 글의 주제
정답 (B)

광고가 주로 무엇에 대한 것인지를 묻는 주제 찾기 문제이므로 지문의 앞부분을 주의 깊게 확인한다. 'Garden King Incorporated is pleased to announce that all its branches nationwide are now serving breakfast selections'에서 Garden King사는 이제 전국의 모든 지점들이 아침 메뉴를 제공한다는 것을 알리게 되어 기쁘다고 한 후, 새롭게 제공되는 메뉴의 세부 사항에 관해 설명하고 있으므로 (B)가 정답이다.

148
난이도 ○○●● 중

What is NOT indicated about Garden King's items?

(A) They are free of artificial flavors.
(B) They can be custom-made.
(C) They can be ordered online.
(D) They are shown on a Web site.

Garden King의 메뉴들에 대해 언급되지 않은 것은?

(A) 인공 조미료가 없다.
(B) 주문 제작될 수 있다.
(C) 온라인으로 주문될 수 있다.
(D) 웹사이트에서 볼 수 있다.

해설 유형3 | **Not/True** Not 문제
정답 (C)

질문의 핵심 어구인 Garden King's items와 관련된 내용을 지문에서 찾아 각 보기와 대조하는 Not/True 문제이다. (A)는 'we don't use ~ artificial flavors ~ in our foods'에서 Garden King은 음식에 인공 조미료를 쓰지 않는다고 했으므로 지문의 내용과 일치한다. (B)는 'Customers can also create their own items by selecting from a range of ingredients.'에서 고객들이 다양한 재료를 골라 자신만의 메뉴를 만들 수 있다고 했으므로 지문의 내용과 일치한다. (C)는 지문에 언급되지 않은 내용이다. 따라서 (C)가 정답이다. (D)는 'See what our breakfast items look like at www.gardenking.com.'에서 www.gardenking.com에서 Garden King의 아침 메뉴들이 어떻게 생겼는지 확인해 보라고 했으므로 지문의 내용과 일치한다.

바꾸어 표현하기

don't use ~ artificial flavors 인공 조미료를 쓰지 않는다 → free of artificial flavors 인공 조미료가 없다

create their own items 자신만의 메뉴를 만들다 → custom-made 주문 제작된

어휘   **free of** phr. ~이 없는, ~에서 자유로운

149-150 메시지 대화문

Greg Harper 2:10 P.M.	**Greg Harper** 오후 2시 10분
How did the interviews go this morning? [149]Were there any promising candidates for the sales position?	오늘 아침 인터뷰는 어땠나요? [149]판매직을 위한 유망한 후보자들이 있었나요?
Sarah Wilson 2:12 P.M.	**Sarah Wilson** 오후 2시 12분
We may need to post another advertisement. [149]I couldn't find a good fit for our company.	다른 광고를 게시해야 할 것 같아요. [149]우리 회사에 잘 맞는 사람을 찾지 못했어요.
Greg Harper 2:13 P.M.	**Greg Harper** 오후 2시 13분
I'm not sure if we have time to start the hiring process over. Patrick Miles is retiring in less than a month, and we'll need to find his replacement soon.	우리가 채용 과정을 다시 시작할 시간이 있는지 모르겠네요. Patrick Miles가 한 달 내에 은퇴할 것이고, 우리는 그의 후임자를 곧 찾아야 할 거예요.
Sarah Wilson 2:14 P.M.	**Sarah Wilson** 오후 2시 14분
[150]What about using a recruitment agency? We worked with a firm called Personnel Solutions to fill a vacancy in the finance department last year. They connected us with several qualified accountants, and the fee was quite reasonable.	[150]채용 대행사를 이용하는 건 어때요? 우리는 작년에 재무부의 공석을 채우기 위해 Personnel Solutions라는 회사와 길을 했었어요. 그들은 우리를 자격이 있는 여러 회계사들과 견결해주었고, 비용도 꽤 적당했어요.
Greg Harper 2:15 P.M.	**Greg Harper** 오후 2시 15분
I like that idea. Why don't you set up a meeting for tomorrow afternoon?	좋은 생각이네요. 내일 오후에 미팅을 잡는 게 어때요?
Sarah Wilson 2:16 P.M.	**Sarah Wilson** 오후 2시 16분
OK. I'll call them now.	알았어요. 그들에게 지금 전화할게요.

어휘   **promising** adj. 유망한, 촉망되는 **candidate** n. 후보자, 지원자 **fit** n. 잘 맞는 것; v. 적합하다 **start over** phr. 다시 시작하다
replacement n. 후임자, 대신할 사람 **recruitment agency** phr. 채용 대행사 **vacancy** n. 공석, 결원 **qualified** adj. 자격이 있는, 적임의
accountant n. 회계사 **reasonable** adj. (가격이) 적당한, 합리적인

149

난이도 ○○●● 중

At 2:12 P.M., what does Ms. Wilson most likely mean when she writes, "We may need to post another advertisement"?	오후 2시 12분에, Ms. Wilson이 "We may need to post another advertisement"라고 썼을 때 그녀가 의도한 것 같은 것은?
(A) None of the applicants are suitable.	(A) 지원자들 중 누구도 적합하지 않다.
(B) More positions have become available.	(B) 더 많은 일자리들이 지원 가능해졌다.
(C) A different hiring process will be used.	(C) 다른 채용 과정이 사용될 것이다.
(D) Some interviews were postponed.	(D) 몇몇 인터뷰들이 연기되었다.

해설 유형5 | 의도 파악   정답 (A)

Ms. Wilson이 의도한 것을 묻는 문제이므로, 질문의 인용어구(We may need to post another advertisement)가 언급된 주변 문맥을
확인한다. 'Were there any promising candidates for the sales position?'에서 Greg Harper가 판매직을 위한 유망한 후보자들이
있었는지 묻자, Ms. Wilson이 'We may need to post another advertisement.'(다른 광고를 게시해야 할 것 같아요)라고 한 후,
'I couldn't find a good fit for our company.'에서 회사에 잘 맞는 사람을 찾지 못했다고 했으므로 Ms. Wilson은 판매직에 지원한 사
람들 중 누구도 적합하지 않다고 생각했음을 알 수 있다. 따라서 (A)가 정답이다.

어휘   **applicant** n. 지원자, 신청자 **suitable** adj. 적합한, 적당한 **postpone** v. 연기하다, 미루다

난이도 ○○●● 중

What does Ms. Wilson recommend?	Ms. Wilson은 무엇을 제안하는가?
(A) Calling a finance department	(A) 재무부에 전화하는 것
(B) Meeting with some coworkers	(B) 몇몇 동료들과 만나는 것
(C) Requesting a fee reduction	(C) 요금 할인을 요청하는 것
(D) Contacting an employment agency	(D) 채용 대행사에 연락하는 것

해설 유형2 | 육하원칙 What

정답 (D)

Ms. Wilson이 무엇(What)을 제안하는지를 묻는 육하원칙 문제이다. 질문의 핵심 어구인 Ms. Wilson recommend와 관련하여, 'What about using a recruitment agency?'에서 Ms. Wilson이 채용 대행사를 이용하는 것이 어떤지 제안했으므로 (D)가 정답이다.

바꾸어 표현하기

recruitment agency 채용 대행사 → employment agency 채용 대행사

어휘 coworker n. 동료, 협력자 reduction n. 할인, 축소, 감소

151-152 공고

NOTICE: Residents of Ash Avenue

[151]Please note that the Copperton Department of Public Works will be installing a new water line along the length of Ash Avenue starting on August 22.

The project is expected to take two weeks, and those working or residing on the street will experience some inconvenience during this time. Only two lanes will be open to traffic for the duration of the work instead of the regular four, so heavy congestion is expected.

Furthermore, parking on either side of Ash Avenue will not be allowed. [152]Vehicles must be removed by the evening of August 21, or they will be towed the next day at the owners' expense.

We also recommend keeping windows and doors shut as the work is likely to stir up dust.

Thank you for your patience and cooperation.

공고: Ash가의 주민들께

[151]Copperton 공공사업부가 8월 22일부터, Ash가를 따라서 새로운 송수관을 설치할 것임을 알아두시기 바랍니다.

이 프로젝트는 2주가 걸릴 것으로 예상되며, 그 거리에서 일하거나 거주하는 분들은 이 기간 동안 약간의 불편을 겪으실 것입니다. 공사 기간 중에는 평상시의 네 개의 도로 대신 두 개의 도로만이 차량들에게 열릴 것이므로, 극심한 정체가 예상됩니다.

게다가, Ash가의 어느 쪽에도 주차하는 것이 허용되지 않을 것입니다. [152]차량들은 8월 21일 저녁까지 치워져야 하며, 그렇지 않으면 그것들은 다음 날 소유자의 비용으로 견인될 것입니다.

또한 공사가 먼지를 일으킬 것으로 예상되기 때문에 창문들과 문들을 닫아 놓는 것을 권유합니다.

여러분의 인내와 협조에 감사드립니다.

어휘 install v. 설치하다, 임명하다 water line phr. 송수관, 해안선 inconvenience n. 불편, 귀찮은 일 regular adj. 평상시의, 보통의, 규칙적인 congestion n. 정체, 혼잡 tow v. 견인하다, 끌다 at one's expense phr. ~의 비용으로 likely adj. ~할 것으로 예상되는, 그럴듯한 stir up phr. 불러일으키다, 고무하다 dust n. 먼지, 티끌 patience n. 인내, 참을성 cooperation n. 협조, 협동

난이도 ○○○● 하

What is the notice mainly about?	공고는 주로 무엇에 대한 것인가?
(A) The opening of new roads	(A) 새로운 도로들의 개통
(B) Revised traffic regulations	(B) 변경된 교통 규정들
(C) The renovation of a building	(C) 건물의 수리
(D) Planned installation work	(D) 계획된 설치 작업

해설 유형1 | 주제/목적 찾기 글의 주제

정답 (D)

공고가 주로 무엇에 대한 것인지를 묻는 주제 찾기 문제이므로 지문의 앞부분을 주의 깊게 확인한다. 'Please note that the Copperton Department of Public Works will be installing a new water line along the length of Ash Avenue starting on August 22.'에서 Copperton 공공사업부가 8월 22일부터 Ash가를 따라서 새로운 송수관을 설치할 것임을 알아두길 바란다고 한 후, 설치 작업에 대한 세부 내용을 전달하고 있으므로 (D)가 정답이다.

According to the notice, what will happen by August 22?

(A) Ash Avenue will be repaved.
(B) Ash Avenue will be cleared of parked cars.
(C) Some buildings will be inaccessible.
(D) Some traffic signals will be installed.

공고에 따르면, 8월 22일까지 무슨 일이 일어날 것인가?

(A) Ash가가 재포장될 것이다.
(B) Ash가에 주차된 차량들이 치워질 것이다.
(C) 몇몇 건물에 접근할 수 없을 것이다.
(D) 몇몇 교통 신호등이 설치될 것이다.

해설 유형2 | 육하원칙 What   정답 (B)

8월 22일까지 무슨(what) 일이 일어날 것인지를 묻는 육하원칙 문제이다. 질문의 핵심 어구인 happen by August 22와 관련하여, 'Vehicles must be removed by the evening of August 21, or they will be towed the next day at the owners' expense.'에서 차량들은 8월 21일 저녁까지 Ash가에서 치워져야 하며 그렇지 않으면 다음 날, 즉 8월 22일에 소유자의 비용으로 견인될 것이라고 했으므로 (B)가 정답이다.

바꾸어 표현하기

Vehicles must be removed 차량들은 치워져야 한다 → be cleared of parked cars 주차된 차량들이 치워진다

어휘 **repave** v. 재포장하다 **inaccessible** adj. 접근할 수 없는, 얻기 어려운 **traffic signal** phr. 교통 신호등, 교통 신호

153-155 일정표

Weekly Schedule: Mr. James Sheridan, Executive producer

Please note that the location has changed for one of your meetings on Friday. [155]Previously, Mr. Gabriel asked to meet with you and Ms. Harris on the set, but he would now rather meet with both of you in the director's office. Below is your finalized schedule for May 8-12.

Day	Time	Location	Event
[154]MONDAY	9:30 A.M.	Conference Room F	Production meeting –Changes to script will be reviewed
	2 P.M.	[155-C]On set	[154/155-C]Design meeting –Latest information on sets and costumes will be provided
TUESDAY	10 A.M.	Conference Room F	Casting session 1 –Mainly to be conducted by casting manager
[155-B]WEDNESDAY	12:30 P.M.	Conference Room D	[153/155-B]Financing meeting –Funding goals will be discussed; a light lunch will be served
[155-A]THURSDAY	10 A.M.	[155-A]Larch Crescent Theater	Casting session 2 –Second round of auditions will be held
[155-D]FRIDAY	[155-D]9 A.M.	Director's office	[155-D]Casting review –Actors will be chosen for main roles
	2:30 P.M.	Conference Room F	Publicity department meeting –Movie poster designs will be considered

주간 일정: Mr. James Sheridan, 제작 책임자

금요일에 있는 회의들 중 하나의 장소가 변경되었다는 것을 알아두십시오. [155]이전에는 Mr. Gabriel이 당신과 Ms. Harris를 촬영장에서 만날 것을 요청했었지만, 그는 이제 두 분을 임원실에서 만나고 싶어 하십니다. 아래는 당신의 5월 8일부터 12일까지의 확정된 일정입니다.

요일	시간	장소	행사
[154]월요일	오전 9시 30분	F 회의실	제작 회의 –대본 변경 사항이 검토될 것임
	오후 2시	[155-C]촬영장	[154/155-C]디자인 회의 –무대 장치와 의상에 대한 최신 정보가 제공될 것임
화요일	오전 10시	F 회의실	캐스팅 세션 1 –주로 캐스팅 매니저에 의해 진행될 것임
[155-B]수요일	오후 12시 30분	D 회의실	[153/155-B]재정 회의 –목표 자금이 논의될 것이고 가벼운 식사가 제공될 것임
[155-A]목요일	오전 10시	[155-A]Larch Crescent 극장	캐스팅 세션 2 –2차 오디션이 열릴 것임
[155-D]금요일	[155-D]오전 9시	임원실	[155-D]캐스팅 검토 –주연 배우들이 선정될 것임
	오후 2시 30분	F 회의실	홍보부 회의 –영화 포스터 디자인이 고려될 것임

어휘 **set** n. 촬영장, 무대 장치 **finalized** adj. 확정된, 완료된 **conference room** phr. 회의실 **production** n. (영화·연극 등의) 제작, 제조, 생산
costume n. 의상, 복장 **funding** n. 자금, 재정 지원 **publicity department** phr. 홍보부, 선전부

153

During which event will a meal be provided?

(A) A production meeting
(B) A financing meeting
(C) A casting review
(D) A publicity department meeting

어떤 행사 동안 식사가 제공될 것인가?

(A) 제작 회의
(B) 재정 회의
(C) 캐스팅 검토
(D) 홍보부 회의

해설 유형2 | **육하원칙** Which   정답 (B)

어떤(which) 행사 동안 식사가 제공될 것인지를 묻는 육하원칙 문제이다. 질문의 핵심 어구인 a meal be provided와 관련하여, 'Financing meeting ~ a light lunch will be served'에서 재정 회의에서 가벼운 식사가 제공될 것이라고 했으므로 (B)가 정답이다.

154

When most likely will Mr. Sheridan discuss stage design?

(A) On Monday
(B) On Tuesday
(C) On Wednesday
(D) On Thursday

Mr. Sheridan은 언제 무대 디자인에 대해 논의할 것 같은가?

(A) 월요일에
(B) 화요일에
(C) 수요일에
(D) 목요일에

해설 유형4 | **추론** 세부 정보   정답 (A)

질문의 핵심 어구인 Mr. Sheridan discuss stage design에 대해 추론하는 문제이다. 'MONDAY', 'Design meeting —Latest information on sets ~ will be provided'에서 월요일 디자인 회의에서 무대 장치에 대한 최신 정보가 제공될 것이라고 했으므로 Mr. Sheridan은 월요일에 무대 디자인에 대해 논의할 것이라는 사실을 추론할 수 있다. 따라서 (A)가 정답이다.

155

What does the schedule indicate about Mr. Sheridan?

(A) He will spend Thursday in a conference room.
(B) He will have a discussion about advertisements on Wednesday.
(C) He will visit a movie set to conduct an audition.
(D) He will make a casting selection on Friday morning.

일정표가 Mr. Sheridan에 대해 언급하는 것은?

(A) 목요일을 회의실에서 보낼 것이다.
(B) 수요일에 광고에 대해 논의를 할 것이다.
(C) 오디션을 진행하기 위해 영화 촬영장을 방문할 것이다.
(D) 금요일 오전에 배역 선정을 할 것이다.

해설 유형3 | **Not/True** True 문제   정답 (D)

질문의 핵심 어구인 Mr. Sheridan과 관련된 내용을 지문에서 찾아 각 보기와 대조하는 Not/True 문제이다. (A)는 'THURSDAY', 'Larch Crescent Theater'에서 목요일을 Larch Crescent 극장에서 보낼 것이라고 했으므로 지문의 내용과 일치하지 않는다. (B)는 'WEDNESDAY', 'Financing meeting —Funding goals will be discussed'에서 수요일에 재정 회의에서 목표 자금에 대해 논의할 것이라고 했으므로 지문의 내용과 일치하지 않는다. (C)는 'On set', 'Design meeting —Latest information on sets and costumes will be provided'에서 촬영장에서 디자인 회의를 할 것이고 무대 장치와 의상에 대한 최신 정보가 제공될 것이라고 했으므로 지문의 내용과 일치하지 않는다. (D)는 'FRIDAY', '9 A.M.', 'Casting review —Actors will be chosen for main roles'에서 금요일 오전에 주연 배우들이 선정될 것이라고 했으므로 지문의 내용과 일치한다. 따라서 (D)가 정답이다.

바꾸어 표현하기
Actors will be chosen for main roles 주연 배우들이 선정되다 → **make a casting selection** 배역 선정을 하다

Cumberland County Artists' Retreat

Are you an aspiring visual artist? Do you want to spend part of the summer in Connecticut, meeting with other artists and developing your craft? If so, consider participating in [156]Belleview College's Cumberland County Artists' Retreat (CCAR). For three weeks in July, we will host a group of artists at our main campus. Participants will be provided with a dormitory room, art supplies, and meals. They will be able to attend classes taught by established artists. The highlight of this year's CCAR will be the opportunity to attend a special lecture by famous sculptor David Henderson. [157]Register before May 5 and receive free tickets to the *New Artists* show at the New York Museum of Contemporary Art.

컴벌랜드 자치주 예술가 휴양 여행

장차 시각 예술가가 되고자 하십니까? 다른 예술가들과 만나고 당신의 기술을 발전시키며 코네티컷에서 여름의 일부를 보내고 싶습니까? 만약 그렇다면, [156]Belleview 대학의 컴벌랜드 자치주 예술가 휴양 여행(CCAR)에 참여하는 것을 고려해 보세요. 7월의 3주 동안, 저희는 본 캠퍼스에서 예술가 집단을 모실 것입니다. 참가자들은 기숙사 방, 미술 용품, 식사를 제공받을 것입니다. 그들은 저명한 예술가들이 가르치는 수업들에 참석할 수 있을 것입니다. 올해 CCAR에서 가장 주목할 만한 점은 유명한 조각가인 David Henderson의 특별 강의에 참여할 수 있는 기회일 것입니다. [157]5월 5일 전에 등록하시고 뉴욕 현대미술관에서 열리는 *New Artists* 전시의 무료 티켓을 받으세요.

어휘 **retreat** n. 휴양 여행, 은거; v. 후퇴하다 **aspiring** adj. 장차 ~가 되려는, 야심이 있는 **visual artist** phr. 시각 예술가 **craft** n. 기술, 공예 **dormitory** n. 기숙사, 공동 침실 **art supply** phr. 미술 용품 **established** adj. 저명한, 인정받는 **opportunity** n. 기회 **sculptor** n. 조각가 **contemporary art** phr. 현대미술

156

난이도 ○○●● 중

Where will the event be held?

(A) At an educational institution
(B) At a community center
(C) At an art museum
(D) At a government facility

행사는 어디에서 열릴 것인가?

(A) 교육기관에서
(B) 시민 문화회관에서
(C) 미술관에서
(D) 정부 기관에서

해설 유형2 | 육하원칙 Where 　　　　　　　정답 (A)

행사가 어디(Where)에서 열릴 것인지를 묻는 육하원칙 문제이다. 질문의 핵심 어구인 the event be held와 관련하여, 'Belleview College's Cumberland County Artists' Retreat (CCAR)'과 'For three weeks in July, we will host a group of artists at our main campus.'에서 컴벌랜드 자치주 예술가 휴양 여행이 Belleview 대학의 본 캠퍼스에서 열릴 것이라고 했으므로 (A)가 정답이다.

어휘 **educational institution** phr. 교육기관 **community center** phr. 시민 문화회관

157

난이도 ○○●● 중

How can participants receive free entry to an exhibition?

(A) By presenting a CCAR membership card
(B) By registering for a certain class
(C) By contributing some artwork
(D) By signing up for the CCAR before a deadline

참가자들은 어떻게 전시의 무료 입장권을 받을 수 있는가?

(A) CCAR의 회원권을 제시함으로써
(B) 특정 수업에 등록함으로써
(C) 몇몇 미술품을 기증함으로써
(D) 기한 이전에 CCAR에 등록함으로써

해설 유형2 | 육하원칙 How 　　　　　　　정답 (D)

참가자들이 어떻게(How) 전시의 무료 입장권을 받을 수 있는지를 묻는 육하원칙 문제이다. 질문의 핵심 어구인 participants receive free entry to an exhibition과 관련하여, 'Register before May 5 and receive free tickets to the *New Artists* show'에서 5월 5일 전에 CCAR에 등록하고 *New Artists* 전시의 무료 티켓을 받으라고 했으므로 (D)가 정답이다.

어휘 **entry** n. 입장할 수 있는 권리, 가입 **contribute** v. 기증하다, 기여하다

해커스 토익 PART 7 집중공략 777

[158]We are pleased to inform you that the hours of operation for this building's dining facilities have been extended. This has been done to avoid potential overcrowding due to recent staffing increases. The following changes have been made:

FACILITY	[159-D]LOCATION	[159-C]PREVIOUS HOURS	[159-A/C]NEW HOURS*
[159-D]Cafeteria	6th floor	11:30 A.M. – 1:30 P.M.	11 A.M. – 2 P.M.
[159-A/C/D]Coffee shop	1st floor	8 A.M. – 4 P.M.	7 A.M. – 7 P.M.
Snack bar	12th floor	10 A.M. – 5 P.M.	8 A.M. – 6 P.M.

[159-A]*New hours go into effect on March 4.

In addition to the extended hours, the company will be starting a renovation project on the 6th floor on March 20. This will involve enlarging the dining area there to provide room for 80 additional people. A new service counter will also be added, allowing us to offer meals to staff faster. The project is expected to be completed by April 1.

And finally, [160]staff can now find out, in real time, how many seats are available in dining facilities by checking the company Web site. Simply log in with your ID number and password, and click on the "Dining Seats" tab. You'll be able to find out in advance if a facility is full or crowded and plan your meals or breaks accordingly.

[158]여러분께 건물 식당 시설의 운영 시간이 연장되었음을 알리게 되어 기쁩니다. 이는 최근의 직원 증가로 인해 일어날 수 있는 혼잡을 피하기 위해서 이루어졌습니다. 다음의 변화가 실시되었습니다:

시설	[159-D]장소	[159-C]이전 운영 시간	[159-A/C]새로운 운영 시간*
[159-D]구내식당	6층	오전 11시 30분 – 오후 1시 30분	오전 11시 – 오후 2시
[159-A/C/D]커피숍	1층	오전 8시 – 오후 4시	오전 7시 – 오후 7시
간이식당	12층	오전 10시 – 오후 5시	오전 8시 – 오후 6시

[159-A]*새로운 운영 시간은 3월 4일에 시행됩니다.

연장된 운영 시간에 더해서, 회사는 3월 20일부터 6층에서 보수 작업을 시작할 것입니다. 이는 추가로 80명을 더 수용하기 위해 그곳의 식사 구역을 확장하는 것을 포함할 것입니다. 새로운 서비스 카운터 역시 추가될 것이고, 이는 직원들에게 식사를 더 빨리 제공할 수 있도록 할 것입니다. 이 작업은 4월 1일까지 완료될 것으로 예상됩니다.

그리고 마침내, [160]직원들은 이제 회사 웹사이트를 확인함으로써 식당 시설에 얼마나 많은 좌석이 이용 가능한지 실시간으로 알 수 있습니다. 여러분의 ID 번호와 비밀번호로 로그인 하시고 "식당 좌석" 탭을 누르세요. 여러분은 시설이 꽉 찼거나 붐비는지 미리 확인할 수 있을 것이고 그에 따라 식사나 휴식을 계획할 수 있을 것입니다.

어휘 hours of operation phr. 운영 시간 extend v. 연장하다, 확대하다 potential adj. 가능성이 있는, 잠재적인 overcrowding n. 혼잡, 초만원 cafeteria n. 구내식당 snack bar phr. 간이식당 go into effect phr. 시행되다, 발효하다 involve v. 포함하다, 수반하다 enlarge v. 확장하다, 확대하다 in real time phr. 실시간으로, 즉시, 동시에 accordingly adv. 그에 따라서, 부응해서

158

난이도 ○○●● 중

For whom is the notice most likely intended?

(A) Cafeteria staff members
(B) Company employees
(C) Construction workers
(D) Maintenance technicians

공고는 누구를 대상으로 하는 것 같은가?

(A) 구내식당 직원들
(B) 회사 직원들
(C) 공사 인부들
(D) 정비사들

해설 유형4 | 추론 전체 정보 정답 (B)

지문 곳곳에 퍼져 있는 여러 단서를 종합하여 공고의 대상을 추론하는 문제이다. 'We are pleased to inform you that the hours of operation for this building's dining facilities have been extended. This has been done to avoid potential overcrowding due to recent staffing increases.'에서 건물 식당 시설의 운영 시간이 연장되었음을 알리게 되어 기쁘며 이는 최근의 직원 증가로 인한 혼잡을 피하기 위해서라고 한 후, 연장된 시간에 더해 회사가 보수 작업을 시작할 것이고, 직원들은 식당 시설이 꽉 찼거나 붐비는지 확인한 후 식사나 휴식을 계획할 수 있을 것이라고 한 것에서 회사의 식당 시설을 이용하는 직원들을 대상으로 하는 공고임을 추론할 수 있다. 따라서 (B)가 정답이다.

어휘 maintenance technician phr. 정비사

159

난이도 ○●●● 중

What is indicated about the coffee shop?

(A) It will open at 7 A.M. on March 4.
(B) It will be renovated from March 20 to April 1.
(C) Its operating hours will not be changed.
(D) It is located on the same floor as the cafeteria.

커피숍에 대해 언급된 것은?

(A) 3월 4일은 오전 7시에 열 것이다.
(B) 3월 20일부터 4월 1일까지 보수될 것이다.
(C) 운영 시간이 바뀌지 않을 것이다.
(D) 구내식당과 같은 층에 위치해 있다.

해설 유형3 | Not/True True 문제   정답 (A)

질문의 핵심 어구인 the coffee shop과 관련된 내용을 지문에서 찾아 각 보기와 대조하는 Not/True 문제이다. (A)는 'Coffee shop', 'NEW HOURS*, 7 A.M. – 7 P.M.', '*New hours go into effect on March 4.'에서 커피숍의 새로운 운영 시간이 오전 7시부터 오후 7시까지이고 새로운 운영 시간은 3월 4일에 시행된다고 했으므로 지문의 내용과 일치한다. 따라서 (A)가 정답이다. (B)는 지문에 언급되지 않은 내용이다. (C)는 'Coffee shop', 'PREVIOUS HOURS, 8 A.M. – 4 P.M.', 'NEW HOURS*, 7 A.M. – 7 P.M.'에서 커피숍의 운영 시간이 변경될 것임을 알 수 있으므로 지문의 내용과 일치하지 않는다. (D)는 'Cafeteria', 'LOCATION, 6th floor'와 'Coffee shop', 'LOCATION, 1st floor'에서 커피숍은 구내식당과 다른 층에 위치한 것을 알 수 있으므로 지문의 내용과 일치하지 않는다.

160

난이도 ○○●● 중

What can be found on the company's Web site?

(A) Lists of daily menus
(B) Current information on seating
(C) Directions to dining facilities
(D) Plans for a renovation project

회사 웹사이트에서 무엇을 볼 수 있는가?

(A) 일일 메뉴의 목록
(B) 좌석에 관한 현재 정보
(C) 식당 시설로 가는 길 안내
(D) 보수 작업에 대한 계획

해설 유형2 | 육하원칙 What   정답 (B)

회사 웹사이트에서 무엇(What)을 볼 수 있는지를 묻는 육하원칙 문제이다. 질문의 핵심 어구인 found on the company's Web site와 관련하여, 'staff can now find out, in real time, how many seats are available in dining facilities by checking the company Web site'에서 직원들은 회사 웹사이트를 확인함으로써 식당 시설에 얼마나 많은 좌석이 이용 가능한지 실시간으로 알 수 있다고 했으므로 (B)가 정답이다.

161-164   기사

Hope for Mount Hope

A worrying trend has become noticeable in the San Diego district of Mount Hope over the past decade. "There used to be a grocery shop on this corner and a smaller convenience store where you could get milk and canned goods a couple of blocks down," says Nicole Jackson, a long-term resident. "Now they're both gone."

Mount Hope has been losing many of its stores in recent years, and the area is now at risk of becoming a 161-B"food desert." This term refers to an area where affordable, nutritious food is hard to find, especially for people without cars. Many people in the neighborhood now have to walk for 30 minutes to reach a grocery store. — [1] —.

There are signs that things may soon be looking up, however. — [2] —. 162-BThe San Diego City Council recently approved a revitalization plan for the area. 163A key part of this is a new shopping plaza that is due to open there at the start of next year. It will include a small grocery store, a bakery, a butcher shop, and several restaurants. 164Meanwhile, a large supermarket is expected to open on the western edge of the district, which has relatively affordable land and is close to downtown. — [3] —.

Mount Hope의 희망

걱정스러운 추세가 지난 10년간 샌디에이고 지방인 Mount Hope에서 뚜렷이 드러나고 있다. "예전엔 이 모퉁이에 식료품 가게와 몇 블록 아래에 우유와 통조림 제품들을 구할 수 있는 편의점이 있었는데"라고 장기 거주자인 Nicole Jackson이 말한다. "이제 둘 다 사라져 버렸어요."

Mount Hope은 최근 몇 년간 많은 가게들을 잃어왔고, 그 지역은 이제 161-B"음식 사막"이 되어버릴 위험에 처해있다. 이 용어는 특히 차가 없는 사람들에게 있어 적당한 가격의 영양분이 풍부한 음식을 찾기 어려운 지역을 나타낸다. 인근의 많은 사람들은 이제 식료품 가게에 도달하기 위해 30분을 걸어야 한다. — [1] —.

그러나, 상황이 곧 나아질 것으로 보이는 신호들이 있다. — [2] —. 162-B샌디에이고 시 의회는 최근 이 지역의 재활성화 계획을 승인했다. 163이 계획의 핵심적인 부분은 내년 초에 그곳에서 개장할 예정인 새로운 쇼핑몰이다. 그것은 작은 식료품 가게, 빵집, 정육점과 몇몇 식당을 포함할 것이다. 164한편, 지방의 서쪽 변두리에 대형 슈퍼마켓이 문을 열 예정인데, 그곳은 가격이 비교적 적당하면서 시내와 가까운 부지를 가지고 있다. — [3] —.

TEST 3 해석·해설   **155**

The plans still leave large areas of the district underserved. — [4] —. But they are a step in the right direction, and local residents are optimistic about the impact they will have.

이 계획들은 여전히 그 지방의 많은 지역들을 서비스가 불충분한 상태로 남겨둔다. — [4] —. 그러나 그것들은 올바른 방향으로 가는 한 걸음이며, 지역 주민들은 그것들이 미칠 영향에 대해 낙관적이다.

어휘 **worrying** adj. 걱정스러운, 우려되는 **noticeable** adj. 뚜렷한, 분명한, 중요한 **convenience store** phr. 편의점 **canned** adj. 통조림으로 된 **long-term** adj. 장기의, 장기적인 **at risk of** phr. ~의 위험에 처한 **term** n. 용어, 기간, 조건 **affordable** adj. 적당한 가격의 **look up** phr. 나아지다, 찾아보다 **city council** phr. 시 의회 **revitalization** n. 재활성화 **key** adj. 핵심적인, 필수적인 **be due to** phr. ~할 예정이다 **butcher shop** phr. 정육점 **meanwhile** adv. 한편, 그동안에 **relatively** adv. 비교적, 상대적으로 **underserved** adj. 서비스가 불충분한 **optimistic** adj. 낙관적인, 긍정적인 **impact** n. 영향, 충격

161

난이도 ○○●● 중

What does the article mention about food deserts?

(A) They are becoming less common in most cities.
(B) They are areas with limited access to groceries.
(C) They are regions that are unsuitable for growing crops.
(D) They are mainly situated in urban neighborhoods.

기사가 음식 사막에 대해 언급하는 것은?

(A) 대부분의 도시에서 덜 흔한 일이 되고 있다.
(B) 식료품에 제한된 접근성을 가진 지역들이다.
(C) 농작물 재배에 적합하지 않은 지역들이다.
(D) 주로 도시 지역에 위치해 있다.

해설 유형3 | Not/True True 문제   정답 (B)

질문의 핵심 어구인 food deserts와 관련된 내용을 지문에서 찾아 각 보기와 대조하는 Not/True 문제이다. (A), (C), (D)는 지문에 언급되지 않은 내용이다. (B)는 '"food desert"'와 'This term refers to an area where affordable, nutritious food is hard to find, especially for people without cars.'에서 "음식 사막"이라는 용어는 특히 차가 없는 사람들에게 있어 적당한 가격의 영양분이 풍부한 음식을 찾기 어려운 지역을 나타낸다고 했으므로 지문의 내용과 일치한다. 따라서 (B)가 정답이다.

바꾸어 표현하기
area where affordable, nutritious food is hard to find 적당한 가격의 영양분이 풍부한 음식을 찾기 어려운 지역
→ **areas with limited access to groceries** 식료품에 제한된 접근성을 가진 지역들

어휘 **common** adj. 흔한, 일반적인 **limited** adj. 제한된, 한정된 **unsuitable** adj. 적합하지 않은, 알맞지 않은 **urban** adj. 도시의

162

난이도 ○○●● 중

What is stated about Mount Hope?

(A) Its property taxes have been rising.
(B) The city council has decided to improve it.
(C) A new expressway will be built through it.
(D) Its residents are moving to other areas.

Mount Hope에 대해 언급된 것은?

(A) 재산세가 오르고 있다.
(B) 시 의회가 이곳을 발전시키기로 결정했다.
(C) 새로운 고속도로가 이곳을 관통하여 건설될 것이다.
(D) 주민들이 다른 지역으로 떠나고 있다.

해설 유형3 | Not/True True 문제   정답 (B)

질문의 핵심 어구인 Mount Hope과 관련된 내용을 지문에서 찾아 각 보기와 대조하는 Not/True 문제이다. (A), (C), (D)는 지문에 언급되지 않은 내용이다. (B)는 'The San Diego City Council recently approved a revitalization plan for the area.'에서 샌디에이고 시 의회가 Mount Hope 지역의 재활성화 계획을 승인했다고 했으므로 지문의 내용과 일치한다. 따라서 (B)가 정답이다.

바꾸어 표현하기
approved a revitalization plan 재활성화 계획을 승인했다 → **decided to improve it** 발전시키기로 결정했다

어휘 **property tax** phr. 재산세 **expressway** n. 고속도로

163

난이도 ○○○● 하

What will open early next year in Mount Hope?

(A) A parking facility
(B) A shopping center
(C) A medical clinic
(D) An office complex

내년 초에 Mount Hope에서 무엇이 개장할 것인가?

(A) 주차 시설
(B) 쇼핑 센터
(C) 병원
(D) 사무실 단지

해설 유형2 | 육하원칙 What

해설 유형2 | 육하원칙 What   정답 (B)

내년 초에 Mount Hope에서 무엇(What)이 개장할 것인지를 묻는 육하원칙 문제이다. 질문의 핵심 어구인 open early next year in Mount Hope과 관련하여, 'A key part of this is a new shopping plaza that is due to open there at the start of next year.'에서 이 계획, 즉 Mount Hope의 재활성화 계획의 핵심적인 부분으로서 새로운 쇼핑몰이 내년 초에 개장할 예정이라고 했으므로 (B)가 정답이다.

164

난이도 ○●●● 상

In which of the positions marked [1], [2], [3], and [4] does the following sentence best belong?

"It is hoped that this will bring more people into the area, encouraging more businesses to open as well."

(A) [1]
(B) [2]
(C) [3]
(D) [4]

[1], [2], [3], [4]로 표시된 위치 중, 다음 문장이 들어갈 곳으로 가장 적절한 것은?

"이것이 지역에 더 많은 사람들을 데려와서 더 많은 사업체들의 개업 역시 촉진시키는 것이 기대된다."

(A) [1]
(B) [2]
(C) [3]
(D) [4]

해설 유형6 | 문장 위치 찾기   정답 (C)

지문의 흐름상 주어진 문장이 들어가기에 가장 적절한 곳을 고르는 문제이다. It is hoped that this will bring more people into the area, encouraging more businesses to open as well에서 이것이 지역에 더 많은 사람들을 데려와서 더 많은 사업체들의 개업 역시 촉진시키는 것이 기대된다고 했으므로, 문장이 지역에 더 많은 사람들을 데려올 수 있는 일과 관련된 부분에 들어가야 함을 알 수 있다. [3]의 앞 문장인 'Meanwhile, a large supermarket is expected to open on the western edge of the district, which has relatively affordable land and is close to downtown.'에서 지방의 서쪽 변두리에 대형 슈퍼마켓이 문을 열 예정이라고 했으므로, [3]에 제시된 문장이 들어가면 지역에 대형 슈퍼마켓을 여는 것이 더 많은 사람들을 데려와서 더 많은 사업체들의 개업 역시 촉진시킬 것으로 기대된다는 자연스러운 문맥이 된다는 것을 알 수 있다. 따라서 (C)가 정답이다.

165-167 이메일

To: Tanner Atkins <t.atkins@shomemail.com>
From: Rachel Simpson <r.simpson@haq.com>
Date: May 12
Subject: Appointment Change

Dear Mr. Atkins,

165-DYou have an appointment to see Dr. Hamm tomorrow at 11 A.M. Unfortunately, the doctor has been scheduled to conduct an emergency operation at the hospital that day, and 165-Dwe must change your appointment. We tried to contact you by phone but were unsuccessful. — [1] —. We would like to ask you to come in at 10 A.M. on May 14. If that is inconvenient, May 16 at 11:30 A.M. is also available. — [2] —. Please tell us which date you prefer in your reply to this e-mail. If you can't make either time, call us at 555-0090, and we'll try to fit you into another opening.

167Also, we have noticed that your personal information and health records have not been updated for over a year. — [3] —. 167Thus, we will do the update at your next appointment. Make sure to arrive 15 minutes early to complete the documents. 165-A/166Remember to bring your driver's license and insurance card so that we can make a copy of each one.

Thank you for your understanding. We look forward to seeing you soon. — [4] —.

수신: Tanner Atkins <t.atkins@shomemail.com>
발신: Rachel Simpson <r.simpson@haq.com>
날짜: 5월 12일
제목: 예약 변경

Mr Atkins께,

165-D귀하께서는 Dr. Hamm에게 내일 오전 11시에 진찰을 받는 것으로 예약이 잡혀 있습니다. 유감스럽게도, 의사 선생님께서는 그날에 병원에서 응급 수술을 시행할 예정이셔서 165-C저희는 귀하의 예약을 변경해야만 합니다. 저희는 귀하께 전화로 연락을 시도했지만 실패했습니다. — [1] —. 귀하께서 5월 14일 오전 10시에 오시는 것을 요청드리고자 합니다. 만약 그 시간이 불편하시다면, 5월 16일 오전 11시 30분 역시 가능합니다. — [2] —. 귀하께서 선호하시는 날짜를 이 이메일의 답장에 말씀해주시기 바랍니다. 만약 이 둘 중 어느 쪽에도 시간을 맞출 수 없으시다면, 저희에게 555-0090으로 전화 주시면 다른 빈 시간에 오실 수 있도록 허보겠습니다.

167또한, 저희는 귀하의 개인 정보와 건강 기록이 1년 이상 업데이트되지 않았다는 것을 발견했습니다. — [3] —. 167따라서, 저희는 귀하의 다음 예약 때 업데이트를 할 것입니다. 서류를 작성하기 위해 반드시 15분 일찍 도착해 주십시오. 저희가 각 서류를 복사할 수 있도록 165-A/166귀하의 운전 면허증과 보험증을 가져오는 것을 기억해 주십시오.

이해해주셔서 감사합니다. 귀하를 곧 뵙기를 기대합니다. — [4] —.

Sincerely,

Rachel Simpson
Patient coordinator

Rachel Simpson 드림
환자 담당자

어휘 **appointment** n. 예약, 약속, 지명 **emergency operation** phr. 응급 수술 **unsuccessful** adj. 실패한, 성공하지 못한
opening n. 빈자리, 틈, 개통 **driver's license** phr. 운전 면허증

165

난이도 ○○●● 중

What is the main purpose of the e-mail?

(A) To ask a new patient for documents
(B) To provide information about a surgery
(C) To confirm an appointment
(D) To reschedule an upcoming visit

이메일의 주 목적은 무엇인가?

(A) 새로운 환자로부터 서류를 받기 위해
(B) 수술에 관한 정보를 제공하기 위해
(C) 예약을 확인하기 위해
(D) 다가오는 방문 일정을 변경하기 위해

해설 유형1 | 주제/목적 찾기 글의 목적 정답 (D)

이메일의 목적을 묻는 목적 찾기 문제이므로 지문의 앞부분을 주의 깊게 확인한다. 'You have an appointment to see Dr. Hamm tomorrow at 11 A.M.'과 'we must change your appointment'에서 내일 오전 11시에 진찰 예약이 잡혀 있는데 그것을 변경해야 한다고 한 후, 새로운 방문 일정을 잡는 것에 대해 이야기하고 있으므로 (D)가 정답이다. (A)는 'Remember to bring your driver's license and insurance card'에서 운전 면허증과 보험증을 가져오라고 했지만 이메일 수신인인 Mr. Atkins가 새로운 환자가 아니므로 답이 될 수 없다. (C)는 예약을 변경하는 것이지 확인하는 것이 아니므로 답이 될 수 없다.

어휘 **surgery** n. 수술, 진료

166

난이도 ○○●● 중

What is one thing that Mr. Atkins is asked to do?

(A) E-mail some medical history details
(B) Fill out an online document
(C) Bring an insurance application form
(D) Provide a piece of identification

Mr. Atkins가 하도록 요청받은 한 가지 일은 무엇인가?

(A) 몇몇 병력 세부 사항을 이메일로 보낸다
(B) 온라인 양식을 작성한다
(C) 보험 신청서를 가져온다
(D) 신분증을 제공한다

해설 유형2 | 육하원칙 What 정답 (D)

Mr. Atkins가 하도록 요청받은 한 가지 일은 무엇(What)인지를 묻는 육하원칙 문제이므로 지문의 마지막 부분을 확인한다. 질문의 핵심 어구인 Mr. Atkins is asked to do와 관련하여, 'Remember to bring your driver's license'에서 운전 면허증을 가져오라고 했으므로 (D)가 정답이다.

바꾸어 표현하기
driver's license 운전 면허증 → a piece of identification 신분증

어휘 **medical history** phr. 병력 **fill out** phr. 작성하다 **application form** phr. 신청서, 지원서

167

난이도 ○○●● 중

In which of the positions marked [1], [2], [3], and [4] does the following sentence best belong?

"The law requires that the hospital collect current information from all patients regularly."

(A) [1]
(B) [2]
(C) [3]
(D) [4]

[1], [2], [3], [4]로 표시된 위치 중, 다음 문장이 들어갈 곳으로 가장 적절한 것은?

"법은 병원이 모든 환자들의 최신 정보를 정기적으로 수집하는 것을 요구합니다."

(A) [1]
(B) [2]
(C) [3]
(D) [4]

해설 유형6 | 문장 위치 찾기   정답 (C)

지문의 흐름상 주어진 문장이 들어가기에 가장 적절한 곳을 고르는 문제이다. The law requires that the hospital collect current information from all patients regularly에서 법은 병원이 모든 환자들의 최신 정보를 정기적으로 수집하는 것을 요구한다고 했으므로, 문장이 환자들의 정보를 정기적으로 수집하는 것과 관련된 부분에 들어가야 함을 알 수 있다. [3]의 앞 문장인 'Also, we have noticed that your personal information and health records have not been updated for over a year.'에서 병원은 환자의 개인 정보와 건강 기록이 1년 이상 업데이트되지 않았다는 것을 발견했다고 했고, 뒤 문장인 'Thus, we will do the update at your next appointment.' 에서 따라서 환자의 다음 예약 때 업데이트를 할 것이라고 했으므로, [3]에 제시된 문장이 들어가면 환자의 정보가 1년 이상 업데이트되지 않았는데, 법은 병원이 정기적으로 환자의 정보를 수집하는 것을 요구하므로 다음 방문 때 환자의 정보를 업데이트할 것이라는 자연스러운 문맥이 된다는 것을 알 수 있다. 따라서 (C)가 정답이다.

168-171 온라인 채팅 대화문

Katherine Park　9:22 A.M.	**Katherine Park**　오전 9시 22분
[168]I'm a little worried. There haven't been many bookings over the past month. At this rate, many of our rooms are going to be empty during the peak season.	[168]조금 걱정이 되네요. 지난 한 달 동안 예약이 많지 않았어요. 이런 식으로는 우리 객실 중 많은 수가 성수기 동안에 빌 거예요.
Bill Collins　9:23 A.M.	**Bill Collins**　오전 9시 23분
I suspect it's because of the [169]new resort on Fergus Point that opened in May.	저는 그게 [169]5월에 문을 연 Fergus Point의 새로운 리조트 때문이라고 짐작해요.
Jane Pearson　9:24 A.M.	**Jane Pearson**　오전 9시 24분
I think so, too. A friend of mine just started working there, and she told me that they're almost fully booked for the summer.	저도 그렇게 생각해요. 제 친구가 얼마 전에 거기서 일하기 시작했는데, 그들은 여름 예약이 거의 꽉 차 있다고 말했어요.
Katherine Park　9:26 A.M.	**Katherine Park**　오전 9시 26분
In that case, we need to figure out how to attract more customers. [170]Any suggestions?	그렇다면 고객들을 끌어모을 수 있는 방법을 생각해내야겠네요. [170]제안 있으신가요?
Jane Pearson　9:30 A.M.	**Jane Pearson**　오전 9시 30분
Maybe we should make some changes. We could replace the beds and armchairs in the rooms.	변화를 좀 줄 수 있을 거예요. 객실의 침대와 안락의자를 바꿀 수도 있어요.
Katherine Park　9:31 A.M.	**Katherine Park**　오전 9시 31분
[170]But that would be costly and take a long time to implement as well. We need to do something now. What about you, Bill?	[170]하지만 그건 비용이 많이 들 것이고 시행하는 데 시간도 많이 걸릴 거예요. 우리는 지금 무언가를 해야 해요. 당신은 어때요, Bill?
Bill Collins　9:32 A.M.	**Bill Collins**　오전 9시 32분
How about holding a promotional event? Guests who book for two nights could stay one more night for free. Or, we could just lower our prices temporarily.	홍보 행사를 여는 게 어때요? 이틀 밤을 예약하는 손님들은 하룻밤을 공짜로 묵을 수 있는 거죠. 아니면, 임시로 가격을 내릴 수도 있어요.
Katherine Park　9:34 A.M.	**Katherine Park**　오전 9시 34분
That's probably the best option. [171]Last spring, we cut our room rates by 15 percent, and it was really effective. We'll do something similar for the summer.	그게 아마 최선이겠네요. [171]지난봄에, 객실 요금을 15퍼센트 내렸는데 정말 효과적이었어요. 여름에도 비슷한 것을 하도록 해요.

어휘 booking n. 예약, 장부 기입 at this rate phr. 이런 식으로는, 이런 상태로는 peak season phr. 성수기 suspect v. 짐작하다, 의심하다 figure out phr. 생각해내다, 이해하다 attract v. 끌어모으다, 불러일으키다 armchair n. 안락의자 costly adj. 많은 비용이 드는, 대가가 큰 implement v. 시행하다, 이행하다 temporarily adv. 임시로, 일시적으로 effective adj. 효과적인, 실질적인

168
난이도 ○○○● 하

Why is Ms. Park concerned?	Ms. Park은 왜 염려하는가?
(A) Several customers have complained.	(A) 몇몇 고객들이 항의했다.
(B) Many rooms are double-booked.	(B) 많은 방들이 이중으로 예약되었다.
(C) Few reservations have been made.	(C) 예약이 많지 않았다.
(D) Some furniture is outdated.	(D) 몇몇 가구들이 구식이다.

해설 **유형2 | 육하원칙** Why   정답 (C)

Ms. Park이 왜(Why) 염려하는지를 묻는 육하원칙 문제이다. 질문의 핵심 어구인 Ms. Park concerned와 관련하여, 'I'm a little worried. There haven't been many bookings over the past month.'에서 Ms. Park이 지난 한 달 동안 예약이 많지 않아서 걱정된 다고 했으므로 (C)가 정답이다.

바꾸어 표현하기

There haven't been many bookings 예약이 많지 않았다 → Few reservations have been made 예약이 많지 않았다

어휘 double-book v. 이중으로 예약을 받다 outdated adj. 구식의, 기한이 지난

169
난이도 ○○○● 하

What happened in May?	5월에 무슨 일이 일어났는가?
(A) A resort was remodeled.	(A) 리조트가 리모델링되었다.
(B) A hotel underwent an expansion.	(B) 호텔이 확장되었다.
(C) A restaurant was closed.	(C) 레스토랑이 문을 닫았다.
(D) A facility began operating.	(D) 시설이 영업을 시작했다.

해설 **유형2 | 육하원칙** What   정답 (D)

5월에 무슨(What) 일이 일어났는지를 묻는 육하원칙 문제이다. 질문의 핵심 어구인 happened in May와 관련하여, 'new resort on Fergus Point that opened in May'에서 Bill Collins가 5월에 Fergus Point에 새로운 리조트가 문을 열었다고 했으므로 (D)가 정답이다.

어휘 undergo v. 겪다, 받다 expansion n. 확장, 확대 operate v. 영업하다, 작동하다

170
난이도 ○○●● 중

At 9:31 A.M., what does Ms. Park mean when she writes, "What about you, Bill"?	오전 9시 31분에, Ms. Park이 "What about you, Bill" 이라고 썼을 때 그녀가 의도한 것은?
(A) She needs a volunteer for a task.	(A) 일을 위한 자원자가 필요하다.
(B) She requires an explanation.	(B) 설명이 필요하다.
(C) She wants an idea to be approved.	(C) 의견이 승인되기를 원한다.
(D) She is seeking another suggestion.	(D) 다른 제안을 찾고 있다.

해설 **유형5 | 의도 파악**   정답 (D)

Ms. Park이 의도한 것을 묻는 문제이므로, 질문의 인용어구(What about you, Bill)가 언급된 주변 문맥을 확인한다. 'Any suggestions?'에서 Ms. Park이 모두에게 제안이 있는지 물었고, 'But that would be costly and take a long time to implement as well. We need to do something now.'에서 Jane Pearson이 제안한 내용은 비용과 시간이 많이 들 것이며 우리는 지금 무언가를 해 야 한다고 한 후, 'What about you, Bill?'(당신은 어때요, Bill)이라고 한 것을 통해, Ms. Park은 제안된 내용 외에 또 다른 제안을 원한 다는 것을 알 수 있다. 따라서 (D)가 정답이다.

171
난이도 ○○●● 중

What does Ms. Park decide to do?	Ms. Park은 무엇을 하기로 결정하는가?
(A) Extend operating hours	(A) 운영 시간을 연장한다
(B) Offer a seasonal discount	(B) 계절 할인을 제공한다
(C) Provide hotel vouchers	(C) 호텔 상품권을 제공한다
(D) Create marketing materials	(D) 마케팅 자료를 만든다

해설 **유형2 | 육하원칙** What   정답 (B)

Ms. Park은 무엇(What)을 하기로 결정하는지를 묻는 육하원칙 문제이다. 질문의 핵심 어구인 Ms. Park decide to do와 관련하여, 'Last spring, we cut our room rates by 15 percent, and it was really effective. We'll do something similar for the summer.'에 서 Ms. Park이 지난봄에 객실 요금을 15퍼센트 내렸는데 효과적이었다며 여름에도 비슷한 것을 할 것이라고 했으므로 (B)가 정답이다.

어휘 extend v. 연장하다, 확장하다 seasonal adj. 계절의, 시즌 특유의

July 23

Daphne Larue
898 Whitson Way
Birmingham, AL 35212

Dear Ms. Larue,

When we met last week, [173]you requested that I send a formal bid to design and maintain a Web site for your new business, Larue Ladies' Wear. I am excited to have the opportunity to create a site that will help promote your clothing line. I have seven years of experience as a freelance Web site designer, and [174]many of my previous clients had their own clothing lines as well. I propose the following services and charges:

– [175-B]Web Site Planning and Design: $3,500
– Domain Name: $50
– Host Site: $100 annually
– [175-C]Site Maintenance for the First Year: $500
– [175-D]Changes After First Year: $50 per hour

I can also provide more details on a social media campaign that I could start to bring traffic to your Web site for a cost of around $500 per month. Can you meet next Tuesday, July 30, for lunch? I'd be happy to answer any questions in the meantime. Please let me know by giving me a call at 555-7684.

Sincerely,

Michael Nelson

7월 23일

Daphne Larue
898번지 Whitson가
버밍햄, 앨라배마 주 35212

Ms. Larue께,

저희가 지난주에 만났을 때, [173]귀하께서는 저에게 귀하의 새로운 사업체인 Larue 여성복의 웹사이트 디자인과 유지에 대한 공식적인 가격 제시를 보내달라고 요청하셨습니다. 저는 귀하의 의류 제품 홍보를 도울 사이트를 만들 기회를 갖게 되어 기쁩니다. 저는 프리랜서 웹사이트 디자이너로서 7년의 경력을 가지고 있고, [174]제 이전 고객들 중 많은 분들 또한 그들 자신의 의류 제품을 가지고 있었습니다. 저는 다음의 서비스와 요금을 제시합니다:

– [175-B]웹사이트 계획과 디자인: 3,500달러
– 도메인명: 50달러
– 호스트 사이트: 매년 100달러
– [175-C]처음 1년 동안의 사이트 유지관리: 500달러
– [175-D]처음 1년 후의 변경 사항: 시간당 50달러

저는 또한 매달 약 500달러의 비용으로 귀하의 웹사이트에 고객들을 끌어오기 시작할 수 있는 소셜 미디어 캠페인에 대해 더 많은 세부 정보를 제공해드릴 수 있습니다. 다음 주 화요일인 7월 30일 점심에 만날 수 있을까요? 그 사이에 어떤 질문들이라도 기꺼이 대답해 드리겠습니다. 555-7684로 전화 주셔서 제게 알려주시기 바랍니다.

Michael Nelson 드림

어휘 bid n. 가격 제시, 입찰 business n. 사업체, 사업 line n. 제품, 사업 client n. 고객, 의뢰인 traffic n. 사람의 왕래, 통신, 교통

172

난이도 ○○●● 중

The word "formal" in paragraph 1, line 1, is closest in meaning to

(A) regular
(B) superficial
(C) official
(D) polite

1문단 첫 번째 줄의 단어 "formal"은 의미상 ~와 가장 가깝다.

(A) 정기적인
(B) 표면적인
(C) 공식적인
(D) 정중한

해설 유형7 | 동의어   정답 (C)

formal을 포함하는 구절 'you requested that I send a formal bid'에서 formal이 '공식적인, 정식의'라는 뜻으로 사용되었다. 따라서 '공식적인'이라는 뜻을 가진 (C)가 정답이다.

173

난이도 ○○●● 중

Why does Ms. Larue need a Web site?

(A) To promote a class on fashion design
(B) To list her business experience
(C) To receive feedback from customers
(D) To advertise her products

Ms. Larue는 왜 웹사이트를 필요로 하는가?

(A) 패션 디자인 수업을 광고하기 위해
(B) 사업 경력을 나열하기 위해
(C) 고객들로부터 의견을 받기 위해
(D) 제품을 광고하기 위해

해설 유형2 | 육하원칙 Why

Ms. Larue가 왜(Why) 웹사이트를 필요로 하는지를 묻는 육하원칙 문제이다. 질문의 핵심 어구인 Ms. Larue need a Web site와 관련하여, 'you requested that I send a formal bid to design and maintain a Web site for your new business, Larue Ladies' Wear. I am excited to have the opportunity to create a site that will help promote your clothing line.'에서 귀하, 즉 Ms. Larue가 Mr. Nelson에게 자신의 새로운 사업체인 Larue 여성복의 웹사이트의 디자인과 유지에 대한 공식적인 가격 제시를 보내달라고 요청했고, Mr. Nelson이 그녀의 의류 제품 홍보를 도울 사이트를 만들 기회를 갖게 되어 기쁘다고 했으므로 (D)가 정답이다.

바꾸어 표현하기

promote your clothing line 의류 제품을 홍보하다 → advertise her products 제품을 광고하다

174

What can be inferred about Mr. Nelson?

(A) He has done projects for clothing companies.
(B) He collaborates with a public relations firm.
(C) He studied graphic design at university.
(D) He attended a fashion show last week.

Mr. Nelson에 대해 추론될 수 있는 것은?

(A) 의류 회사들을 위한 프로젝트들을 했었다.
(B) 홍보 회사들과 공동으로 일한다.
(C) 대학에서 그래픽 디자인을 공부했다.
(D) 지난주에 패션쇼에 참석했다.

해설 유형4 | 추론 세부 정보

질문의 핵심 어구인 Mr. Nelson에 대해 추론하는 문제이다. 'many of my previous clients had their own clothing lines as well'에서 Mr. Nelson의 이전 고객들 중 많은 사람들이 자신의 의류 제품을 가지고 있었다고 했으므로 Mr. Nelson이 의류 회사들을 위한 프로젝트들을 했다는 사실을 추론할 수 있다. 따라서 (A)가 정답이다.

바꾸어 표현하기

had their own clothing lines 자신의 의류 제품을 가지고 있다 → clothing companies 의류 회사

어휘   collaborate v. 공동으로 일하다, 협력하다   public relations phr. 홍보, 섭외

175

What is NOT included in Mr. Nelson's bid?

(A) Photography editing
(B) Developing a Web site
(C) Maintenance for 12 months
(D) Extra modifications

Mr. Nelson의 가격 제시에 포함되지 않은 것은?

(A) 사진 편집
(B) 웹사이트 개발
(C) 12개월 동안의 유지관리
(D) 추가 수정

해설 유형3 | Not/True Not 문제

질문의 핵심 어구인 Mr. Nelson's bid와 관련된 내용을 지문에서 찾아 각 보기와 대조하는 Not/True 문제이다. (A)는 지문에 언급되지 않은 내용이다. 따라서 (A)가 정답이다. (B)는 'Web Site Planning and Design'에서 웹사이트 계획과 디자인이 가격 제시에 포함되어 있으므로 지문의 내용과 일치한다. (C)는 'Site Maintenance for the First Year'에서 처음 1년 동안의 사이트 유지관리가 가격 제시에 포함되어 있으므로 지문의 내용과 일치한다. (D)는 'Changes After First Year'에서 처음 1년 후의 변경 사항이 가격 제시에 포함되어 있으므로 지문의 내용과 일치한다.

바꾸어 표현하기

Planning and Design 계획과 디자인 → Developing 개발
Changes After First Year 처음 1년 후의 변경 사항 → Extra modifications 추가 수정

지문 1

Why not install one of Cucinotta Appliances' kitchen units in your office?

Kitchen facilities at the office can help increase employee productivity by reducing the amount of time spent going for coffee, meals, or snacks outside. It gives staff the option of preparing a simple meal at work or bringing something from home to reheat.

[176-B]Our kitchen units are created to meet the needs of employees in a variety of work environments and are compact enough to fit into any staff room. We offer the following three units:

Standard Compact Kitchen Unit	Premium Compact Kitchen Unit	[178]Supreme Compact Kitchen Unit
– Teapot – Mini refrigerator – Two-door storage cupboard **Only $1,450**	– Coffee maker – Mini refrigerator – Two-door storage cupboard – One-burner hotplate – Toaster **Only $1,750**	– Espresso machine – Medium-size refrigerator – [178]Microwave oven – Cutlery drawer – Countertop oven [178]**Only $1,950**

One of our staff members will visit your workplace to take measurements and find out exactly how to meet your needs. [177]To schedule a visit, call 1-800-555-3847.

[179-C]Customers who request multiple units in a single order are eligible for a 20 percent discount! [179-A]All purchases delivered to companies located in the Boston area will receive free installation. Order forms are available on our Web site or at our branches on 4022 Atlantic Avenue and 390 Hanover Street.

지문 2

Cucinotta Appliances
4022 Atlantic Avenue
Boston, MA 02121

Order Form

NAME	Davis Pembroke
[179-B]COMPANY	Trident Incorporated
PHONE	(617) 555-3948
[179-A/180-A]ADDRESS	[180-A]788 Truman Parkway, [179-A]Boston
CODE	CSKU-300
[178/179-C]PRODUCT	Compact Kitchen Unit
[178]COST	$1,950

Payment Information

An invoice including all applicable taxes and discounts will be sent to you within three business days of your order being received. Items will be delivered and installed once payment has been made in full.

Comments

[180-A]The address provided above is my company's billing address. The kitchen unit will need to be installed in another building in our complex. [180-B]Please deliver it to 993 Neponset Avenue, which intersects with Truman Parkway. [179-D]It's right next to the building where you delivered a kitchen unit to us last month.

당신의 사무실에 Cucinotta Appliances사의 주방 설비 중 하나를 설치하는 것이 어떻습니까?

사무실에 주방 설비를 두는 것은 밖으로 커피, 식사 또는 간식을 사러 나가는 시간을 절약함으로써 직원의 생산성을 높이는 것을 도울 수 있습니다. 이는 직원들에게 직장에서 간단한 식사를 준비하거나 집에서 무언가를 가져와서 다시 데울 수 있는 선택권을 줍니다.

[176-B]저희의 주방 설비는 다양한 근무 환경에 있는 직원들의 필요를 충족시키기 위해 만들어졌고 어떤 직원 사무실에도 알맞을 정도로 소형입니다. 저희는 다음의 세 가지 설비를 제공합니다:

스탠다드 소형 주방 설비	프리미엄 소형 주방 설비	[178]슈프림 소형 주방 설비
– 찻주전자 – 소형 냉장고 – 양문형 보관용 찬장 오직 1,450달러	– 커피 제조기 – 소형 냉장고 – 양문형 보관용 찬장 – 버너 1개가 있는 열판 – 토스터기 오직 1,750달러	– 에스프레소 기계 – 중형 냉장고 – [178]전자레인지 – 식기 도구 서랍 – 카운터톱 오븐 [178]오직 1,950달러

저희 직원들 중 한 명이 당신의 근무 공간에 방문하여 치수를 재고 정확히 어떻게 당신의 필요를 충족시킬 것인지를 알아낼 것입니다. [177]방문 일정을 잡기 위해서는, 1-800-555-3847로 전화해 주십시오.

[179-C]한 번의 주문에 여러 개의 설비를 요청하는 고객들은 20퍼센트 할인을 받을 자격이 있습니다! [179-A]보스턴 지역에 위치한 회사들로 배송되는 모든 구매품들은 무료 설치를 받을 것입니다. 주문 양식은 저희 웹사이트 또는 4022번지 Atlantic가와 390번지 Hanover가에 있는 저희 지점들에서 구할 수 있습니다.

Cucinotta Appliances사
4022번지 Atlantic가
보스턴, 매사추세츠 주 02121

주문 양식

이름	Davis Pembroke
[176-B]회사	Trident사
전화	(617) 555-3948
[179-A/180-A]주소	[180-A]788번지 Truman 공원로, [179-A]보스턴
코드	CSKU-300
[178/179-C]제품	소형 주방 설비
[178]비용	1,950달러

지불 정보

모든 해당하는 세금과 할인을 포함한 송장은 귀하의 주문이 접수되고 3일의 영업일 내에 발송될 것입니다. 물품들은 지불이 전부 이루어지면 배송되고 설치될 것입니다.

으견

[180-A]위에 제공된 주소는 저희 회사의 청구서 주소입니다. 주방 설비는 저희 단지의 다른 건물에 설치되어야 할 것입니다. 그것을 Truman 공원로와 교차하는 [180-B]993번지 Neponset가로 배달해 주십시오. [179-D]건물은 귀사에서 지난달에 저희에게 주방 설비를 배달했던 건물의 바로 옆에 있습니다.

TEST 1 | TEST 2 | TEST 3 | TEST 4 | TEST 5 | TEST 6 | TEST 7

해커스 토익의 PART 7 집중공략 777

지문 1 **kitchen unit** phr. 주방 설비 **productivity** n. 생산성, 생산력 **reheat** v. (식은 음식을) 다시 데우다
work environment phr. 근무 환경, 작업 환경 **compact** adj. 소형의, 간편한 **microwave oven** phr. 전자레인지 **drawer** n. 서랍

지문 2 **invoice** n. 송장, 청구서 **applicable** adj. 해당되는, 적용되는 **in full** phr. 전부, 빠짐없이 **billing address** phr. 청구서 주소
intersect v. 교차하다, 가로지르다

176

What does the flyer mention about Cucinotta Appliances' products?

(A) They can be shipped internationally.
(B) They are designed for workplaces.
(C) They come with a one-year warranty.
(D) They are for professional cooks.

광고지가 Cucinotta Appliances사의 제품에 대해서 언급하는 것은?

(A) 국제적으로 배송될 수 있다.
(B) 근무 공간을 위해 만들어졌다.
(C) 1년간의 품질 보증이 딸려 있다.
(D) 전문적인 요리사들을 위한 것이다.

해설 유형3 | Not/True True 문제 　　　　　　　　　　　　　　　　　　　정답 (B)

질문의 핵심 어구인 Cucinotta Appliances' products와 관련된 내용을 광고지에서 찾아 각 보기와 대조하는 Not/True 문제이므로 첫 번째 지문인 광고지에서 관련 내용을 확인한다. (A), (C), (D)는 지문에 언급되지 않은 내용이다. (B)는 'Our kitchen units are created to meet the needs of employees in a variety of work environments'에서 저희, 즉 Cucinotta Appliances사의 주방 설비는 다양한 근무 환경에 있는 직원들의 필요를 충족시키기 위해 만들어졌다고 했으므로 지문의 내용과 일치한다. 따라서 (B)가 정답이다.

어휘 **warranty** n. 품질 보증, 품질 보증서 **professional** adj. 전문적인, 직업의

177

Why would customers call Cucinotta Appliances?

(A) To ask for an order form
(B) To book a visit
(C) To provide payment details
(D) To schedule a delivery

고객들은 왜 Cucinotta Appliances사에 전화할 것인가?

(A) 주문 양식을 요청하기 위해
(B) 방문을 예약하기 위해
(C) 지불 세부 사항을 제공하기 위해
(D) 배달 일정을 잡기 위해

해설 유형2 | 육하원칙 Why 　　　　　　　　　　　　　　　　　　　　정답 (B)

고객들이 왜(Why) Cucinotta Appliances사에 전화할 것인지를 묻는 육하원칙 문제이므로 질문의 핵심 어구인 customers call Cucinotta Appliances와 관련된 내용이 언급된 첫 번째 지문인 광고의 마지막 부분을 확인한다. 광고지의 'To schedule a visit, call 1-800-555-3847.'에서 방문 일정을 잡기 위해서는 1-800-555-3847로 전화해 달라고 했으므로 (B)가 정답이다.

178

What will be included in the kitchen unit purchased by Trident Incorporated?

(A) A teapot
(B) A toaster
(C) A microwave
(D) A hotplate

Trident사가 구입한 주방 설비에 무엇이 포함될 것인가?

(A) 찻주전자
(B) 토스터기
(C) 전자레인지
(D) 열판

해설 유형2 | 육하원칙 연계 문제 　　　　　　　　　　　　　　　　　정답 (C)

질문의 핵심 어구인 included in the kitchen unit purchased by Trident Incorporated에서 Trident사가 구입한 주방 설비에 무엇 (What)이 포함될 것인지를 묻고 있으므로 Trident사의 Mr. Pembroke가 작성한 주문 양식을 먼저 확인한다.

단서 1 두 번째 지문(주문 양식)의 'PRODUCT, Compact Kitchen Unit'과 'COST, $1,950'에서 Trident사가 소형 주방 설비 제품을 1,950달러의 비용으로 주문한 것을 알 수 있다. 그런데 각 제품에 대한 세부 정보가 제시되지 않았으므로 광고지에서 관련 내용을 확인한다.

단서 2 첫 번째 지문(광고지)의 'Supreme Compact Kitchen Unit', 'Only $1,950', 'Microwave oven'에서 슈프림 소형 주방 설비의 가격이 1,950달러이며 전자레인지를 포함하는 것을 확인할 수 있다.

두 단서를 종합할 때, Trident사가 구입한 주방 설비에는 전자레인지가 포함될 것임을 알 수 있다. 따라서 (C)가 정답이다.

179

What is NOT suggested about Mr. Pembroke?

(A) He will receive free installation.
(B) He is employed by Trident Incorporated.
(C) He is eligible to receive a discount on his order.
(D) He has ordered from Cucinotta Appliances previously.

Mr. Pembroke에 대해 암시되지 않은 것은?

(A) 무료 설치를 받을 것이다.
(B) Trident사에 고용되어 있다.
(C) 그의 주문에 대해 할인을 받을 자격이 있다.
(D) 이전에 Cucinotta Appliances사에서 주문한 적이 있다.

해설 유형4 | 추론 연계 문제 　　　　　　　　　　　　　　 정답 (C)

Mr. Pembroke와 그의 주문에 대해 묻는 문제이므로 두 지문 모두를 확인한다. (A)는 광고지의 'All purchases delivered to companies located in the Boston area will receive free installation.'에서 보스턴 지역에 위치한 회사들로 배송되는 모든 구매품들은 무료 설치를 받을 것이라고 했고, 주문 양식의 'ADDRESS', 'Boston'에서 Mr. Pembroke의 회사가 보스턴에 있음을 알 수 있으므로 추론될 수 있는 내용이다. (B)는 주문 양식의 'COMPANY, Trident Incorporated'에서 Mr. Pembroke가 Trident사의 직원임을 알 수 있으므로 추론될 수 있는 내용이다. (C)는 광고지의 'Customers who request multiple units in a single order are eligible for a 20 percent discount!'에서 한 번의 주문에 여러 개의 설비를 요청하는 고객들은 20퍼센트 할인을 받을 자격이 있다고 했는데 주문 양식의 'PRODUCT, Compact Kitchen Unit'에서 Mr. Pembroke가 하나의 설비만을 요청했으므로 추론될 수 없는 내용이다. 따라서 (C)가 정답이다. (D)는 주문 양식의 'It's right next to the building where you delivered a kitchen unit to us last month.'에서 Cucinotta Appliances사에서 지난달에 자신들에게 주방 설비를 배달했다고 했으므로 추론될 수 있는 내용이다.

180

Where will the purchase be delivered?

(A) 788 Truman Parkway
(B) 993 Neponset Avenue
(C) 4022 Atlantic Avenue
(D) 390 Hanover Street

구매품은 어디로 배달될 것인가?

(A) 788번지 Truman 공원로
(B) 993번지 Neponset가
(C) 4022번지 Atlantic가
(D) 390번지 Hanover가

해설 유형2 | 육하원칙 Where 　　　　　　　　　　　　　　 정답 (B)

구매품이 어디(Where)로 배달될 것인지를 묻는 육하원칙 문제이므로 질문의 핵심 어구인 the purchase be delivered와 관련된 내용이 언급된 두 번째 지문인 주문 양식을 확인한다. 주문 양식의 'Please deliver it to 993 Neponset Avenue'에서 주문품을 993번지 Neponset가로 배달해 달라고 했으므로 (B)가 정답이다. (A)는 'ADDRESS', '788 Truman Parkway'에서 회사의 주소가 788번지 Truman 공원로라고 했지만, 'The address provided above is my company's billing address. The kitchen unit will need to be installed in another building'에서 제공된 주소는 회사의 청구서 주소이고 주방 설비는 다른 건물에 설치되어야 할 것이라고 했으므로 답이 될 수 없다.

181-185 　이메일　이메일

지문 1

To: Connie Harris <CHarris@valucore.com>
From: Joshua Mendel <J.Mendel@workprep.com>
Date: September 9
Subject: Furniture inquiry

Dear Ms. Harris,

Recently, an acquaintance of mine, John Bender, told me that your company was planning to discard old but usable furniture that was used in your training center classrooms. [182-C]I run the nonprofit organization Work Prep Foundation, which provides jobseekers with support and guidance. We offer on-site exam preparation courses as well as workshops on job searching. [181]I am writing to ask you to consider donating some of the furniture to us.

수신: Connie Harris <CHarris@valucore.com>
발신: Joshua Mendel <J.Mendel@workprep.com>
날짜: 9월 9일
제목: 가구 문의

Ms. Harris께,

최근에, 저의 지인인 John Bender가 귀사가 교육 센터 교실들에서 사용되었던 오래되었지만 사용할 수 있는 가구들을 버릴 계획이라는 것을 제게 말해주었습니다. [182-C]저는 구직자들에게 지원과 지도를 제공하는 Work Prep Foundation이라는 비영리 단체를 운영하고 있습니다. 저희는 직업 탐색에 관한 워크숍뿐만 아니라 시험 준비반 현장 강의를 제공합니다. [181]귀하께서 저희에게 가구 몇 점을 기부하는 것을 고려해주시길 부탁드리고자 이 이메일을 씁니다.

We have already received a generous donation of used computers from local schools and a corporate grant for course materials. [184]At this point all we need are desks, tables, and chairs for our computer lab and two classrooms.

If you are able to donate any of these items, please let me know. Thank you for considering this request.

Sincerely,

Joshua Mendel
Director, Work Prep Foundation

저희는 이미 지역 학교들로부터 중고 컴퓨터들의 후한 기부와 강의 자료들을 위한 기업 보조금을 받았습니다. [184]지금 시점에서 저희가 필요한 것은 컴퓨터실과 2개의 교실을 위한 책상, 테이블, 의자뿐입니다.

만약 귀하께서 이 물품들 중 어느 것이든 기부해주실 수 있다면 제게 알려주시기 바랍니다. 요청을 고려해주셔서 감사합니다.

Joshua Mendel 드림
이사, Work Prep Foundation

지문 2

To: Joshua Mendel <J.Mendel@workprep.com>
From: Connie Harris <CHarris@valucore.com>
Date: September 9
Subject: Re: Furniture inquiry

Dear Mr. Mendel,

We were delighted to receive your e-mail and to hear about the wonderful work that you do through your organization. Your request was very timely as we have been trying to figure out what to do with the old furniture. Donating it to a nonprofit entity will make ValuCore eligible for a tax deduction, so we are happy to assist you.

Most of the furniture is slightly worn but still functional. [184]We have desks, chairs, bookshelves, and tables. Some of the desks have holes to pass electrical cords through.

Please stop by my office any day next week. If I am not immediately available, my assistant, Linda McKay, can show you the furniture. You can mark any piece that you want for your facility. [185]Also, let me know if you plan to pick up the items or if we should deliver them. I hope to hear from you soon.

Sincerely,

Connie Harris
Assets manager, ValuCore

수신: Joshua Mendel <J.Mendel@workprep.com>
발신: Connie Harris <CHarris@valucore.com>
날짜: 9월 9일
제목: 회신: 가구 문의

Mr. Mendel께,

저희는 이메일을 받아 귀하의 단체를 통해 귀하가 하시는 홀륭한 일에 대해 듣게 되어 기뻤습니다. 저희가 낡은 가구들을 어떻게 할지 생각하고 있었던 중이었기에 귀하의 요청은 매우 시기적절했습니다. 가구를 비영리 단체에 기부하는 것은 ValuCore사가 세금 공제를 받을 수 있는 자격을 줄 것이기에, 저희는 귀하를 기꺼이 도와드리겠습니다.

대부분의 가구들은 약간 낡았지만 여전히 제대로 기능합니다. [184]저희는 책상, 의자, 책꽂이, 테이블을 가지고 있습니다. 몇몇 책상들에는 전기선을 통과시킬 수 있는 구멍이 있습니다.

다음 주 중 어느 요일이든지 제 사무실에 들러주시기 바랍니다. 만약 제가 바로 시간이 나지 않는다면, 제 비서인 Linda McKay가 귀하께 가구를 보여줄 수 있습니다. 귀하의 시설을 위해 원하시는 어떤 가구라도 표시해 놓으실 수 있습니다. [185]또한 귀하께서 가구를 가져가실 계획인지 혹은 저희가 가구를 배달해야 하는지 알려주십시오. 귀하로부터 곧 답변을 받기를 바랍니다.

Connie Harris 드림
자산 관리자, ValuCore사

지문 1 acquaintance n. 지인, 친분 usable adj. 사용할 수 있는 nonprofit organization phr. 비영리 단체 jobseeker n. 구직자
guidance n. 지도, 안내 on-site adj. 현장의, 현지의 corporate adj. 기업의, 법인의 grant n. 보조금; v. 승인하다

지문 2 timely adj. 시기적절한 entity n. 단체, 독립체 eligible adj. 자격이 있는, 적격인 tax deduction phr. 세금 공제 slightly adv. 약간, 조금
worn adj. 낡은, 닳은 functional adj. 기능을 다하는, 실용적인 bookshelf n. 책꽂이 electrical cord phr. 전기선
mark v. 표시하다, 나타내다

181

난이도 ○○●● 중

Why did Mr. Mendel write to Ms. Harris?

(A) To order a set of used furniture
(B) To invite her to join an organization
(C) To offer to teach a career development class
(D) To ask for a charitable contribution

Mr. Mendel은 왜 Ms. Harris에게 이메일을 썼는가?

(A) 중고 가구 한 세트를 주문하기 위해
(B) 단체에 가입할 것을 권하기 위해
(C) 경력개발 수업을 가르치는 것을 제안하기 위해
(D) 자선 기부를 요청하기 위해

TEST 1

TEST 2

TEST 3

TEST 4

TEST 5

TEST 6

TEST 7

해설 유형1 | 주제/목적 찾기 글을 쓴 이유   정답 (D)

Mr. Mendel이 Ms. Harris에게 이메일을 쓴 이유를 묻는 목적 찾기 문제이므로 Mr. Mendel이 작성한 첫 번째 이메일에서 관련 내용을 확인한다. 첫 번째 이메일의 요청 표현 주변인 'I am writing to ask you to consider donating some of the furniture to us.'에서 우리, 즉 Mr. Mendel의 비영리 단체에 Ms. Harris가 가구를 기부하는 것을 고려해주기를 부탁하기 위해 이메일을 쓴다고 했으므로 (D)가 정답이다.

바꾸어 표현하기

donating some of the furniture 가구 몇 점을 기부하다 → charitable contribution 자선 기부

어휘   invite v. 권하다, 초대하다   career development phr. 경력개발

182

난이도 ○○●● 중

What is indicated about Mr. Mendel?	Mr. Mendel에 대해 언급된 것은?
(A) He remodels public buildings.	(A) 공공 건물들을 리모델링한다.
(B) He is a recruiter for an enterprise.	(B) 회사의 채용 담당자이다.
(C) He manages an employment assistance group.	(C) 취업 지원 단체를 운영한다.
(D) He attended job training with Ms. Harris.	(D) Ms. Harris와 함께 직무 교육에 참석했다.

해설 유형3 | Not/True   True 문제   정답 (C)

질문의 핵심 어구인 Mr. Mendel과 관련된 내용을 지문에서 찾아 각 보기와 대조하는 Not/True 문제이므로 Mr. Mendel이 보낸 첫 번째 이메일에서 관련 내용을 확인한다. (A), (B), (D)는 지문에 언급되지 않은 내용이다. (C)는 'I run the nonprofit organization Work Prep Foundation, which provides jobseekers with support and guidance.'에서 Mr. Mendel이 구직자들에게 지원과 지도를 제공하는 Work Prep Foundation이라는 비영리 단체를 운영하고 있다고 했으므로 지문의 내용과 일치한다. 따라서 (C)가 정답이다.

바꾸어 표현하기

nonprofit organization ~ which provides jobseekers with support and guidance 구직자들에게 지원과 지도를 제공하는 비영리 단체
→ employment assistance group 취업 지원 단체

어휘   enterprise n. 회사, 기업   manage v. 운영하다, 관리하다   assistance n. 지원, 원조

183

난이도 ○○●● 중

In the first e-mail, the word "discard" in paragraph 1, line 2, is closest in meaning to	첫 번째 이메일에서, 1문단 두 번째 줄의 단어 "discard"는 의미상 -와 가장 가깝다.
(A) ignore	(A) 무시하다
(B) disregard	(B) 소홀히 하다
(C) bring up	(C) 기르다
(D) dispose of	(D) 처분하다

해설 유형7 | 동의어   정답 (D)

첫 번째 이메일의 discard를 포함하는 구절 'your company was planning to discard old but usable furniture'에서 discard가 '버리다'라는 뜻으로 사용되었다. 따라서 '처분하다'라는 뜻을 가진 (D)가 정답이다

184

난이도 ○●●● 상

What is suggested about Ms. Harris?	Ms. Harris에 대해 암시되는 것은?
(A) She is in charge of decorating an office interior.	(A) 사무실 내부를 장식하는 것에 책임이 있다.
(B) She may not have to provide bookshelves to Mr. Mendel.	(B) Mr. Mendel에게 책꽂이를 제공하지 않아도 될 수 있다.
(C) She makes regular donations to an organization.	(C) 단체에 정기적으로 기부를 한다.
(D) She plans to go on a business trip next week.	(D) 다음 주에 출장을 갈 계획이다.

질문의 핵심 어구인 Ms. Harris가 작성한 두 번째 이메일을 먼저 확인한다.

단서 1 두 번째 이메일의 'We have desks, chairs, bookshelves, and tables.'에서 Ms. Harris는 책상, 의자, 책꽂이, 테이블을 가지고 있다고 했다. 그런데 Mr. Mendel이 필요로 하는 물품들이 무엇인지 제시되지 않았으므로 첫 번째 이메일에서 관련 내용을 확인한다.

단서 2 첫 번째 이메일의 'At this point all we need are desks, tables, and chairs'에서 Mr. Mendel이 지금 시점에서 필요한 것은 책상, 테이블, 의자뿐이라고 했음을 확인할 수 있다.

두 단서를 종합할 때, Ms. Harris는 Mr. Mendel이 필요로 하지 않는 물품인 책꽂이를 제공하지 않아도 될 수 있다는 사실을 추론할 수 있다. 따라서 (B)가 정답이다.

어휘　business trip phr. 출장

185
난이도 ○○●● 중

What does Ms. Harris want Mr. Mendel to tell her?

(A) How he will obtain the furniture
(B) What type of tables he needs
(C) When he can stop by an office
(D) Where they can hold a meeting

Ms. Harris는 Mr. Mendel이 그녀에게 무엇을 말해주기를 원하는가?

(A) 어떻게 가구를 취득할 것인지
(B) 무슨 종류의 테이블을 필요로 하는지
(C) 언제 사무실을 들를 수 있는지
(D) 언제 그들이 미팅을 할 수 있는지

해설 유형2 | 육하원칙 What　　　　　　　　　　　　　　　　　　　　　　　　　　정답 (A)

Ms. Harris는 Mr. Mendel이 그녀에게 무엇을(What) 말해주기를 원하는지를 묻는 육하원칙 문제이므로 질문의 핵심 어구인 Ms. Harris want Mr. Mendel to tell her와 관련된 내용이 언급된 두 번째 이메일을 확인한다. 두 번째 이메일의 'Also, let me know if you plan to pick up the items or if we should deliver them.'에서 Ms. Harris가 Mr. Mendel이 가구를 가져갈 계획인지 혹은 자신들이 배달을 해야 하는지 알려달라고 했으므로 (A)가 정답이다.

지문 1

Lightning Study Speed-Reading Classes

In many occupations, the ability to read quickly and accurately is of vital importance. [186]With Lightning Study Classes, you could double or even triple the number of words you can read per minute and improve your reading comprehension.

[186]Check out our upcoming classes:

· Beginner Speed-Reading (every Tuesday, begins February 18)
· [188]Read a Novel in an Hour (only on March 5)
· Speed-Reading for Business (every Thursday, begins March 20)
· Newspaper Speed-Reading (only on March 24)

Just fill out the form at www.lightningread.com to sign up. [189]Each class has a maximum capacity of 10 students, so we can give everyone the personal attention they deserve. Students who sign up for two or more classes will receive a discount.

Lightning Study 속독법 수업

닮은 직업에 있어서 빠르고 정확하게 읽는 능력은 대단히 중요합니다. [186]Lightning Study 수업들과 함께, 여러분은 분당 읽을 수 있는 글자의 수를 두 배 혹은 세 배로 늘릴 수 있으며 독해력을 향상시킬 수 있습니다.

[186]다가오는 수업들을 확인해 보십시오:

· 초보자 속독법(매주 화요일, 2월 18일 시작)
· [188]한 시간 내에 소설 읽기(3월 5일만)
· 업무를 위한 속독법(매주 목요일, 3월 20일 시작)
· 신문 속독법(3월 24일만)

등록하기 위해서는 www.lightningread.com에서 양식을 작성만 해주십시오. [189]각 수업의 최대 정원은 10명의 학생이기 때문에, 저희는 모두에게 그들이 받아야 하는 개인적 관심을 제공할 수 있습니다. 2개 이상의 수업에 등록하는 학생들은 할인을 받을 것입니다.

지문 2

Lightning Study Speed-Reading Sign-Up Form

Today's Date	Wednesday, February 12
Name	Stanley Dugan
E-mail Address	duganstanley@myemail.com
Telephone	(304) 555-8767
Address	2782 W. Morrison Ave., Tampa, FL
Paid Class/Seminar	(1) Three-week class (1) One-time class
Comments/Questions	[187-B]I've never taken a speed-reading lesson, so I think the beginner class will be perfect for me. I'm really excited! [187-C]I am a lawyer, so I spend a lot of time reading legal documents at work. I hope I can learn how to do this task more quickly. Also, I noticed there is a discount for signing up for two classes, so [188]I will also be taking a one-time class as well. I enjoy reading books, so that one sounds interesting.

Lightning Study 속독법
등록 양식

오늘의 날짜	2월 12일, 수요일
기름	Stanley Dugan
기메일 주소	duganstanley@myemail.com
전화	(304) 555-8767
주소	2782번지 W. Morrison가, 탬파, 플로리다 주
지불한 수업 및 세미나	(1) 3주 수업 (1) 1회 수업
의견 및 질문	[187-B]저는 한 번도 속독법 수업을 들어본 적이 없기 때문에, 초급자 수업이 저에게 잘 맞을 것이라고 생각합니다. 매우 기대됩니다! [187-C]저는 번호사여서, 직장에서 많은 시간을 법률 문서를 읽는 데 보냅니다. 저는 이 업무를 더 빨리하는 법을 배울 수 있기를 바랍니다. 또한, 저는 2개의 수업을 등록하면 할인이 된다는 것을 알았기에 [188]1회 수업도 들을 것입니다. 저는 책을 읽는 것을 즐기기 때문에, 그 수업은 흥미로울 것 같습니다.

지문 3

To: Stanley Dugan <duganstanley@myemail.com>
From: Marcella Perez <marcella@ligntningstudy.com>
Date: Friday, February 14
Subject: Sign-Up Form Response

Dear Mr. Dugan,

[189]I'm looking forward to instructing you in my three-week Beginner Speed-Reading class. You registered just in time, and the class is now full. Most of the students are working professionals like you.

Please bring the textbook with you to our first lesson, and read

수신: Stanley Dugan <duganstanley@myemail.com>
밭신: Marcella Perez <marcella@ligntningstudy.com>
낱짜: 2월 14일, 금요일
제목: 등록 양식 답변

Mr. Dugan께,

[189]당신을 저의 3주 초보자 속독법 수업에서 가르치는 것을 고 대하고 있습니다. 당신은 마침 제때에 등록하셨고, 이제 수업은 정원이 꽉 찼습니다. 대부분의 학생들은 당신처럼 일을 하-고 있는 전문직 종사자들입니다.

우리의 첫 번째 수업에 교재를 가져와 주시고, 1단원을 미리

TEST 1 TEST 2 TEST 3 TEST 4 TEST 5 TEST 6 TEST 7

해커스 토익 PART 7 집중공략 777

Unit 1 ahead of time. In the event that the textbook hasn't arrived at the address specified on your form by tomorrow, please let me know.

See you on Tuesday!

Sincerely,

Marcella Perez
Lightning Study Instructor

읽어와 주세요. 교재가 당신의 양식에 명시된 주소로 내일까지 도착하지 않을 경우, 저에게 알려주세요.

화요일에 봅시다!

Marcella Perez 드림
Lightning Study 강사

지문 1 **speed-reading** n. 속독법, 속독 **occupation** n. 직업, 점유 **ability** n. 능력, 재능, 기량 **accurately** adv. 정확히, 정밀하게
of vital importance phr. 대단히 중요한 **comprehension** n. 이해력, 이해 **novel** n. 소설; adj. 기발한 **capacity** n. 정원, 수용력, 능력
attention n. 관심, 주의 **deserve** v. 받을 만하다, ~의 가치가 있다

지문 2 **legal** adj. 법률의, 합법의 **task** n. 업무, 과제 **notice** v. 알다, 주목하다

지문 3 **instruct** v. 가르치다, 지시하다 **just in time** phr. 마침 좋은 때에 **professional** n. 전문직 종사자; adj. 전문적인, 직업의
ahead of time phr. 미리, 예정보다 빨리 **in the event that** phr. ~할 경우에는

186

난이도 ○○●● 중

What is the purpose of the advertisement?

(A) To encourage enrollment in classes
(B) To recruit instructors for new programs
(C) To announce mandatory training sessions
(D) To promote an online educational program

광고의 목적은 무엇인가?

(A) 수업 등록을 장려하기 위해
(B) 새로운 프로그램에 강사들을 채용하기 위해
(C) 의무 교육 과정에 대해 알리기 위해
(D) 온라인 교육 프로그램을 홍보하기 위해

해설 유형1 | **주제/목적 찾기** 글의 목적   정답 (A)

광고의 목적을 묻는 목적 찾기 문제이므로 첫 번째 지문인 광고의 내용을 확인한다. 광고의 'With Lightning Study Classes, you could double or even triple the number of words you can read per minute and improve your reading comprehension.'에서 Lightning Study 수업들에서 분당 읽을 수 있는 글자의 수를 늘리고 독해력을 향상시킬 수 있다고 했고, 'Check out our upcoming classes'에서 다가오는 수업들을 확인해 보라고 한 후, 수업 등록에 관한 세부 사항들에 대해 설명하고 있으므로 (A)가 정답이다.

어휘 **enrollment** n. 등록, 가입, 입학 **mandatory** adj. 의무의, 필수의 **promote** v. 홍보하다, 촉진하다

187

난이도 ○○○● 중

What does the form indicate about Mr. Dugan?

(A) He changed careers recently.
(B) He has taken speed-reading class before.
(C) He works in the legal field.
(D) He has to purchase a textbook.

양식이 Mr. Dugan에 대해 언급하는 것은?

(A) 최근에 직업을 바꿨다.
(B) 이전에 속독법 수업을 들어본 적이 있다.
(C) 법조계에서 일한다.
(D) 교재를 구매해야 한다.

해설 유형3 | **Not/True** True 문제   정답 (C)

질문의 핵심 어구인 Mr. Dugan과 관련된 내용을 양식에서 찾아 각 보기와 대조하는 Not/True 문제이므로 두 번째 지문인 양식에서 관련 내용을 확인한다. (A)는 지문에 언급되지 않은 내용이다. (B)는 'I've never taken a speed-reading lesson'에서 Mr. Dugan이 한 번도 속독법 수업을 들어본 적이 없다고 했으므로 지문의 내용과 일치하지 않는다. (C)는 'I am a lawyer'에서 Mr. Dugan이 변호사라고 했으므로 지문의 내용과 일치한다. 따라서 (C)가 정답이다. (D)는 지문에 언급되지 않은 내용이다.

188

난이도 ○○● 상

Which class will Mr. Dugan attend only once?

(A) Beginner Speed-Reading
(B) Read a Novel in an Hour
(C) Speed-Reading for Business
(D) Newspaper Speed-Reading

Mr. Dugan이 한 번만 참석할 수업은 어떤 것인가?

(A) 초보자 속독법
(B) 한 시간 내에 소설 읽기
(C) 업무를 위한 속독법
(D) 신문 속독법

해설 유형2 | **육하원칙** 연계 문제   정답 (B)

질문의 핵심 어구인 class ~ Mr. Dugan attend only once에서 Mr. Dugan이 한 번만 참석할 수업은 어떤(Which) 것인지를 묻고 있으므로 Mr. Dugan이 작성한 양식을 먼저 확인한다.

단서1 두 번째 지문(양식)의 'I will also be taking a one-time class as well. I enjoy reading books, so that one sounds interesting.'에서 Mr. Dugan이 1회 수업을 들을 것이고 자신은 책을 읽는 것을 즐기기 때문에 그 수업은 흥미로울 것 같다고 했다. 그런데 책을 읽는 것과 관련된 1회 수업이 무엇인지 제시되지 않았으므로 광고에서 관련 내용을 확인한다.

단서2 첫 번째 지문(광고)의 'Read a Novel in an Hour (only on March 5)'에서 한 시간 내에 소설 읽기라는 수업이 3월 5일에 한 번만 제공됨을 확인할 수 있다.

두 단서를 종합할 때, Mr. Dugan이 한 번만 참석할 수업은 책을 읽는 것과 관련된 한 시간 내에 소설 읽기라는 수업임을 알 수 있다. 따라서 (B)가 정답이다.

189

What can be inferred about Beginner Speed-Reading class?

(A) It will include a short break.
(B) It will have 10 students.
(C) It will feature guest lecturers.
(D) It will meet twice a week.

초보자 속독법 수업에 대해 추론될 수 있는 것은?

(A) 짧은 휴식시간을 포함할 것이다.
(B) 10명의 학생들이 있을 것이다.
(C) 초청 강사를 포함할 것이다.
(D) 일주일에 두 번 열릴 것이다.

해설 유형4 | **추론** 연계 문제   정답 (B)

질문의 핵심 어구인 Beginner Speed-Reading class가 언급된 이메일을 먼저 확인한다.

단서1 세 번째 지문(이메일)의 'I'm looking forward to instructing you in my three-week Beginner Speed-Reading class. You registered just in time, and the class is now full.'에서 초보자 속독법 수업의 정원이 꽉 찼다고 했다. 그런데 초보자 속독법 수업의 정원이 몇 명인지 제시되지 않았으므로 광고에서 관련 내용을 확인한다.

단서2 첫 번째 지문(광고)의 'Each class has a maximum capacity of 10 students'에서 각 수업의 최대 정원은 10명의 학생임을 확인할 수 있다.

두 단서를 종합할 때, 최대 정원이 10명인 수업이 꽉 찼다고 했으므로 초보자 속독법 수업에는 10명의 학생들이 있을 것이라는 사실을 추론할 수 있다. 따라서 (B)가 정답이다.

어휘 **meet** v. (모임 등이) 열리다, 회합하다

190

In the e-mail, the word "specified" in paragraph 2, line 2, is closest in meaning to

(A) corrected
(B) confirmed
(C) described
(D) stated

이메일에서, 2문단 두 번째 줄의 단어 "specified"는 의미상 ~와 가장 가깝다.

(A) 고쳐지다
(B) 확정되다
(C) 묘사되다
(D) 명시되다

해설 유형7 | **동의어**   정답 (D)

세 번째 지문인 이메일의 specified를 포함하는 구절 'the address specified on your form'에서 specified가 '명시되다'라는 뜻으로 사용되었다. 따라서 '명시되다'라는 뜻을 가진 (D)가 정답이다.

지문 1

http://www.b2htradeshow.com

| Home | **About** | Schedule | Contact us |

The first-ever Beauty 2 Health (B2H) Trade Show will be held on July 11 and 12. Salons, 191-Cbeauty product manufacturers, and industry professionals from across the US are invited to participate. As more than 10,000 members of the public are expected to attend, B2H will be an invaluable opportunity to show off your products and services.

B2H offers:

- ✓ 191-BThree different types of booths: Premium (20 x 20 feet), Standard (15 x 10 feet), and Basic (10 x 7.5 feet)
- ✓ 191-ATwo performance venues that you can book to present lectures, show movies, or hold contests
- ✓ 194A preregistration vendor discount of 50 percent off for two-day booth rentals

To book an exhibition space and/or reserve a venue, please e-mail us at info@b2htradeshow.com. We would be happy to answer any questions you might have.

지문 2

To: Tricia Sayen <tsayen@renabeauty.com>
From: Christian Candela <ccandela@renabeauty.com>
Subject: Trade Show
Date: June 1

Hi Tricia,

I'm writing about the upcoming B2H Trade Show. First of all, please contact the organizers to make sure our registration was processed. I also want to discuss a few details of our plans for the event.

192I think it would be great to have Monique Harcourt speak to attendees about how she started and expanded Rena Beauty. Furthermore, we should offer a discount to people at the trade show who register for our salon services and stock our booth with shampoo and conditioner samples for them to take home. 195Phyllis suggested that we offer haircuts in our booth to demonstrate our services, and I'd like you to do this. If you are willing, please tell the organizers to make the arrangements when you contact them.

Let me know when you hear back from the event organizers. We need to have everything wrapped up as soon as possible.

Christian

지문 3

To: Tricia Sayen <tsayen@renabeauty.com>
From: Beauty 2 Health <info@b2htradeshow.com>
Subject: Confirmation
Date: June 3

Dear Ms. Sayen,

I'm writing to confirm Rena Beauty's participation at the Beauty

---

http://www.b2htradeshow.com

| 홈 | 소개 | 일정 | 연락처 |

사상 최초의 Beauty 2 Health(B2H) 무역 박람회가 7월 11일과 12일에 열릴 것입니다. 191-C미국 전역의 상점들, 미용제품 제조사들, 업계 전문가들이 참여하도록 권유됩니다. 10,000명이 넘는 대중들이 참석할 것으로 기대되기 때문에, B2H는 여러분의 제품과 서비스를 자랑할 귀중한 기회가 될 것입니다.

B2H는 제공합니다:

- ✓ 191-B세 가지 다른 종류의 부스: 프리미엄(20x20 피트), 표준(15x10 피트), 기본(10x7.5 피트)
- ✓ 191-A강의를 하거나, 영화를 보여주거나, 경연을 열기 위해 예약할 수 있는 두 개의 공연장
- ✓ 194사전 등록하는 판매사에게는 2일 부스 대여에 50퍼센트 할인을 제공

전시 공간을 예약하거나 장소를 예약하시려면, info@b2htradeshow.com으로 저희에게 이메일을 보내주십시오. 여러분이 가질 수 있는 어떤 질문도 기꺼이 대답해 드릴 것입니다.

수신: Tricia Sayen <tsayen@renabeauty.com>
발신: Christian Candela <ccandela@renabeauty.com>
제목: 무역 박람회
날짜: 6월 1일

안녕하세요 Tricia,

다가오는 B2H 무역 박람회와 관련하여 이메일을 씁니다. 우선, 주최자들에게 연락해서 우리의 등록이 처리되었는지 확인해 주십시오. 저는 또한 우리의 행사 계획에 관한 몇 가지 세부 사항들을 논의하고 싶습니다.

192저는 Monique Harcourt가 참석자들에게 그녀가 어떻게 Rena Beauty사를 시작하고 확장했는지에 대해 연설하게 하는 것은 매우 좋을 것이라고 생각합니다. 게다가, 우리는 무역 박람회에서 우리 상점의 서비스에 등록하는 사람들에게 할인을 해주어야 하며 그들이 집에 가져갈 수 있도록 샴푸와 컨디셔너 샘플들을 부스에 갖춰둬야 합니다. 195Phyllis는 우리의 서비스를 시연하기 위해 우리 부스에서 머리 손질을 해주는 것을 제안했고, 저는 당신이 이것을 해주기를 바랍니다. 만약 그렇게 하기를 원하신다면, 주최자들에게 연락할 때 그들에게 준비를 해 달라고 말해주시기 바랍니다.

행사 주최자들에게 다시 연락이 오면 알려주시기 바랍니다. 우리는 가능한 한 빨리 모든 것을 마무리 지어야 합니다.

Christian 드림

수신: Tricia Sayen <tsayen@renabeauty.com>
발신: Beauty 2 Health <info@b2htradeshow.com>
제목: 확인
날짜: 6월 3일

Ms. Sayen께,

Rena Beauty사가 Beauty 2 Health 무역 박람회에 이틀 모

2 Health Trade Show for both days and to let you know that [194]your company qualifies for a 50 percent discount on the booth rental fee. We are so delighted that Ms. Harcourt will be appearing on stage. [195]The booth will be ready for the demonstrations, and the lecture is set for 2 P.M. on the 11th. If you need any assistance, please let me know.

Sincerely,

Inga Hendrickson
Trade Show assistant

드 참여하는 것을 확인하고 [194]귀사가 부스 대여 요금에 50퍼센트 할인을 받을 자격이 있다는 것을 알려드리기 위해 이메일을 씁니다. 저희는 Ms. Harcourt가 무대에 설 것이라는 사실에 매우 기쁩니다. [195]부스는 시연을 위해 준비될 것이며, 강의는 11일 오후 2시로 준비되었습니다. 어떠한 도움이라도 필요하시면 알려주시기 바랍니다.

Inga Hendrickson 드림
무역 박람회 보조원

지문 1 **first-ever** adj. 사상 최초의, 생전 처음의 **trade show** phr. 무역 박람회 **salon** n. (ㅁ 용실 같은) 상점, 응접실 **manufacturer** n. 제조사, 생산 회사 **industry** n. 업계, 산업 **invaluable** adj. 귀중한, 매우 유용한 **show off** phr. 자랑하다, 뽐내다 **performance** n. 공연, 성과 **preregistration** n. 사전 등록 **vendor** n. 판매사, 행상인

지문 2 **upcoming** adj. 다가오는, 곧 있을 **organizer** n. 주최자, 창시자 **expand** v. 확장시키다-, 확대하다 **stock** v. 갖추다, 저장하다 **demonstrate** v. 시연하다, 입증하다 **arrangement** n. 준비, 마련, 주선

지문 3 **qualify for** phr. ~할 자격이 있다, 자격을 얻다 **delighted** adj. 기쁜, 즐거운

191

난이도 ○○●● 중

What is NOT indicated about the trade show?

(A) It may have film screenings.
(B) It offers different booth options.
(C) It is open to cosmetics makers.
(D) It will be free to attend.

무역 박람회에 대해 언급되지 않은 것은?

(A) 영화 상영이 있을 수도 있다.
(B) 다양한 부스 선택권을 제공한다.
(C) 화장품 제조사들에게 열려있다.
(D) 무료로 참석할 수 있을 것이다.

해설 유형3 | Not/True Not 문제   정답 (D)

질문의 핵심 어구인 the trade show와 관련된 내용을 지문에서 찾아 각 보기와 대조하는 Not/True 문제이므로 무역 박람회를 소개하는 첫 번째 지문인 웹사이트에서 관련 내용을 확인한다. (A)는 'Two performance venues that you can book to ~ show movies'에서 영화를 보여주기 위해 예약할 수 있는 공연장이 있다고 했으므로 지문의 내용과 일치한다. (B)는 'Three different types of booths'에서 세 가지 다른 종류의 부스가 있다고 했으므로 지문의 내용과 일치한다. (C)는 'beauty product manufacturers ~ are invited to participate'에서 미용제품 제조사들이 박람회에 참여하도록 권유된다고 했으므로 지문의 내용과 일치한다. (D)는 지문에 언급되지 않은 내용이다. 따라서 (D)가 정답이다.

바꾸어 표현하기
show movies 영화를 보여주다 → film screenings 영화 상영
beauty product manufacturers 미용제품 제조사들 → cosmetics makers 화장품 제조사들

어휘 **screening** n. 상영, 심사 **cosmetic** n. 화장품; adj. 미용을 위한

192

난이도 ○○●● 중

Who most likely is Ms. Harcourt?

(A) A company founder
(B) An event organizer
(C) A personal assistant
(D) A show host

Ms. Harcourt는 누구인 것 같은가?

(A) 회사 창립자
(B) 행사 주최자
(C) 개인 비서
(D) 쇼 진행자

해설 유형4 | 추론 세부 정보   정답 (A)

질문의 핵심 어구인 Ms. Harcourt에 대해 추론하는 문제이므로 Ms. Harcourt와 관련된 내용이 언급된 첫 번째 이메일에서 관련 내용을 확인한다. 첫 번째 이메일의 'I think it would be great to have Monique Harcourt speak to attendees about how she started and expanded Rena Beauty.'에서 Monique Harcourt가 참석자들에게 그녀가 어떻게 Rena Beauty사를 시작하고 확장했는지에 대해 연설하게 하는 것은 매우 좋을 것이라고 생각한다고 했으므로, Ms. Harcourt는 Rena Beauty사의 창립자라는 사실을 추론할 수 있다. 따라서 (A)가 정답이다.

193

In the first e-mail, the phrase "wrapped up" in paragraph 3, line 1, is closest in meaning to

(A) sent
(B) delivered
(C) settled
(D) packaged

첫 번째 이메일에서, 3문단 첫 번째 줄의 표현 "wrapped up"은 의미상 –와 가장 가깝다.

(A) 보내지다
(B) 배달되다
(C) 결정되다
(D) 포장되다

해설 유형7 | 동의어   정답 (C)

첫 번째 이메일의 wrapped up을 포함하는 구절 'We need to have everything wrapped up as soon as possible.'에서 wrapped up이 '마무리되다'라는 뜻으로 사용되었다. 따라서 '결정되다'라는 뜻을 가진 (C)가 정답이다.

194

What is suggested about Rena Beauty?

(A) It will release a new product line.
(B) It rented multiple trade show booths.
(C) It will participate in a contest.
(D) It signed up for an event in advance.

Rena Beauty사에 대해 암시되는 것은?

(A) 새로운 제품군을 출시할 것이다.
(B) 여러 개의 무역 박람회 부스를 대여했다.
(C) 경연에 참여할 것이다.
(D) 행사에 미리 등록했다.

해설 유형4 | 추론 연계 문제   정답 (D)

질문의 핵심 어구인 Rena Beauty사와 관련된 내용이 언급된 두 번째 이메일을 먼저 확인한다.

단서 1 세 번째 지문(이메일)의 'your company qualifies for a 50 percent discount on the booth rental fee'에서 귀사, 즉 Rena Beauty사는 부스 대여 요금에 50퍼센트 할인을 받을 자격이 있다고 했다. 그런데 할인 자격을 어떻게 얻는지에 대한 세부 정보가 제시되지 않았으므로 웹사이트에서 관련 내용을 확인한다.

단서 2 첫 번째 지문(웹사이트)의 'A preregistration vendor discount of 50 percent off for two-day booth rentals'에서 사전 등록하는 판매사에게는 2일 부스 대여에 50퍼센트 할인이 제공된다는 것을 확인할 수 있다.

두 단서를 종합할 때, Rena Beauty사가 사전 등록을 했으므로 부스 대여 요금에 50퍼센트 할인을 받을 자격이 있다는 사실을 추론할 수 있다. 따라서 (D)가 정답이다.

바꾸어 표현하기

preregistration 사전 등록 → signed up for an event in advance 행사에 미리 등록했다

195

What did Ms. Sayen probably agree to do?

(A) Collect samples from competitors
(B) Give a speech about her employer
(C) Demonstrate a service
(D) Pay a registration deposit

Ms. Sayen은 무엇을 하기로 동의한 것 같은가?

(A) 경쟁사들로부터 샘플을 모은다
(B) 고용주에 관한 연설을 한다
(C) 서비스를 시연한다
(D) 등록 보증금을 낸다

해설 유형4 | 추론 연계 문제   정답 (C)

질문의 핵심 어구인 Ms. Sayen ~ agree to do와 관련된 내용이 언급된 첫 번째 이메일을 먼저 확인한다.

단서 1 첫 번째 이메일의 'Phyllis suggested that we offer haircuts in our booth to demonstrate our services, and I'd like you to do this. If you are willing, please tell the organizers to make the arrangements when you contact them.'에서 Rena Beauty사의 서비스를 시연하기 위해 부스에서 머리 손질을 하는 것을 Ms. Sayen이 해주었으면 좋겠다고 했고, 만약 그렇게 하기를 원한다면 주최자들에게 준비를 해달라고 하라고 했다. 그런데 Ms. Sayen이 주최자들에게 서비스 시연 준비를 부탁했는지의 여부가 제시되지 않았으므로 두 번째 이메일에서 관련 내용을 확인한다.

단서 2 두 번째 이메일의 'The booth will be ready for the demonstrations'에서 행사 주최자들이 Rena Beauty사의 서비스 시연을 준비할 것이라고 했음을 확인할 수 있다.

두 단서를 종합할 때, Ms. Sayen이 서비스 시연을 하는 것에 동의했기 때문에 행사 주최자들에게 준비를 해 줄 것을 부탁했다는 사실을 추론할 수 있다. 따라서 (C)가 정답이다.

지문 1

Exonbury City Council	November 24

[196]Update on Foot-Friendly District

[196]The Foot-Friendly District (FFD) project was approved by the Exonbury Planning Committee on November 22. The decision followed a feasibility study undertaken by Winchester and Sons, an urban design firm, which concluded that the FFD would benefit local citizens and businesses alike. By limiting town centre access to pedestrians and cyclists, parking problems will be eliminated, and vehicle-related accidents will be prevented. Visitor numbers are expected to surge as well.

It must be kept in mind during the planning of the FFD that the new restrictions may affect Smyth's Car Park on Kenn Road; residents of [197]Beacon Flats on Otterton Street; small businesses on Lympstone Lane; and workers at Yarner Office Complex, accessible from Filham Street. [199]The city council is considering letting vehicles enter the FFD only in emergency situations. However, it will solicit public opinion by e-mail during the month of December before making a final decision.

지문 2

To: ECC Feedback <contact@usecc.co.uk>
From: Bronwen Hampshire <bwen@runepixel.co.uk>
Date: December 16
Subject: Concerns about FFD

Dear Exonbury City Council,

As the owner of Didworthy Grocery in downtown Exonbury, I have been closely following the developments related to the Foot-Friendly District. I have some concerns about the plan. [197]At present, I can park in front of my shop, right next to Beacon Flats. However, if the FFD goes into effect, I will have to park in the car park on Shute Lane. I also foresee major difficulties with having merchandise delivered by truck. [198]I would like to know what measures will be taken for me to keep my business running smoothly.

Regards,

Bronwen Hampshire

지문 3

Attention [199]FFD Privilege Permit Holder

Enclosed, you will find your new FFD Privilege Permit. Please read these guidelines carefully.

– Be aware that your permit remains invalid unless signed.
– If you lose your permit, you must visit the Exonbury City Council building in person to apply for a replacement.
– To gain admittance to the FFD, [200-C]present this pass at East Kingsway Gate.
– Delivery truck drivers are asked to enter the FFD before 9 A.M. and after 9 P.M. During this time, [200-B]you may park immediately in front of your delivery location as long as the unloading is completed within one hour.

Exonbury 시 의회 | 11월 24일

[196]보행자 친화 구역에 대한 최신 정보

[196]보행자 친화 구역(FFD) 프로젝트가 11월 22일 Exonbury 계획 위원회에 의해 승인되었다. 이 결정은 도시 설계 회사인 Winchester and Sons사가 착수한 실현 가능성 연구에 뒤따랐고, 회사는 FFD가 지역 주민들과 사업체들 모두에게 이로울 것이라고 결론 내렸다. 시내 출입을 보행자들과 자전거 이용자들만 할 수 있도록 제한함으로써, 주차 문제는 없어질 것이고, 차량 관련 사고가 방지될 것이다. 방문자 수도 급등할 것으로 예상된다.

FFD의 계획 과정에서 새로운 규제들은 Kenn로의 Smyth 주차장, [197]Otterton가의 Beacon 아파트의 주민들, Lympstone로의 작은 가게들과 Filham가로부터 접근 가능한 Yarner 사무실 단지의 직원들에게 영향을 미칠 것임을 유념해야 한다. [199]시 의회는 차량들이 비상 상황에만 FFD에 들어오도록 허용하는 것을 고려하고 있다. 그러나, 시 의회는 최종 결정을 내리기 전에 12월 한 달 동안 이메일로 대중들의 의견을 요청할 것이다.

수신: ECC 피드백 <contact@usecc.co.uk>
발신: Bronwen Hampshire <bwen@runepixel.co.uk>
날짜: 12월 16일
제목: FFD에 관한 우려

Exonbury 시 의회께,

Exonbury 시내의 Didworthy 식료품 가게의 주인으로서, 저는 보행자 친화 구역과 관련된 진전 상황을 주의 깊게 지켜보고 있었습니다. 저는 계획에 대해 몇 가지 우려 사항이 있습니다. [197]지금 저는 Beacon 아파트 바로 옆에 있는 제 가게 앞에 주차할 수 있습니다. 그러나 만약 FFD가 시행되면, 저는 Shute로의 주차장에 주차해야 할 것입니다. 저는 또한 트럭으로 상품들을 배달시키는 것에 큰 어려움이 있을 것이라 생각합니다. [198]제 사업체가 계속 원활하게 운영되도록 하기 위해 어떤 조치들이 취해질 것인지 알고 싶습니다.

Bronwen Hampshire 드림

[199]FFD 면제 허가증 소지자는 주목해 주십시오

귀하의 새 FFD 면제 허가증이 동봉되어 있습니다. 이 지침들을 주의 깊게 읽어주시기 바랍니다.

– 귀하의 허가증은 서명되지 않으면 효력이 없을 것이라는 점을 알아두십시오.
– 만약 허가증을 잃어버리시면, 대체 허가증을 신청하기 위해 직접 Exonbury 시 의회를 방문하셔야 합니다.
– FFD에 입장하시려면, [200-C]이 통행증을 East Kingsway 출입구에서 제시하십시오.
– 배달 트럭 운전자들은 오전 9시 이전과 오후 9시 이후에 FFD에 입장하도록 요청됩니다. 이 시간 동안, [200-B]짐을 내리는 것이 한 시간 내에 끝나는 한 귀하께서는 배달 장소 바로 앞에 주차하실 수 있습니다.

– Between 9 A.M. and 9 P.M., you may only park in the Freight Zone at 12 Kenn Road.
– 200-A Parking along the Melplash River is restricted at all times.

If you have any questions, call (0116) 555-0920.

– 오전 9시에서 오후 9시 사이에, 귀하께서는 12번지 Kenn로의 Freight 구역에만 주차하실 수 있습니다.
– 200-A Melplash강을 따라 주차하는 것은 언제나 제한됩니다.

만약 질문이 있으시면, (0116) 555-0920으로 전화 주십시오.

지문 1 **committee** n. 위원회 **follow** v. 뒤따르다, 따라가다, 유심히 지켜보다 **feasibility** n. 실현 가능성, 타당성 **undertake** v. 착수하다, 약속하다 **conclude** v. 결론을 내리다, 끝내다 **alike** adv. 모두, 마찬가지로 **pedestrian** n. 보행자 **eliminate** v. 없애다, 삭제하다 **prevent** v. 방지하다, 막다 **surge** v. 급등하다, 급증하다 **restriction** n. 규제, 제한 **flat** n. 아파트, 평면 **solicit** v. 요청하다, 간청하다

지문 2 **closely** adv. 주의 깊게, 밀접하게 **at present** phr. 지금은, 현재는 **go into effect** phr. 시행되다, 효력이 발생되다 **foresee** v. ~일 것이라고 생각하다, 예견하다 **merchandise** n. 상품, 물품 **measure** n. 조치; v. 측정하다 **smoothly** adv. 원활하게, 순조롭게

지문 3 **privilege** n. 면제, 특권, 명예 **permit** n. 허가증; v. 허락하다 **holder** n. 소지자, 소유주 **invalid** adj. 효력 없는, 근거 없는 **in person** phr. 직접, 몸소 **replacement** n. 대체물, 교체 **admittance** n. 입장, 들어감 **present** v. 제시하다, 수여하다

196

What does the article mainly discuss?

(A) A way to secure funding for a municipal project
(B) The decision to implement a plan
(C) An effort to modernize infrastructure
(D) A campaign to promote walking

기사는 주로 무엇에 대한 것인가?

(A) 시 프로젝트를 위한 자금을 확보하는 방법
(B) 계획을 시행하기로 한 결정
(C) 사회 기반 시설을 현대화하려는 노력
(D) 걷기를 장려하는 캠페인

해설 유형1 | 주제/목적 찾기 글의 주제   정답 (B)

기사가 주로 무엇에 대한 것인지를 묻는 주제 찾기 문제이므로 첫 번째 지문인 기사의 헤드라인과 첫 세 문장을 주의 깊게 확인한다. 기사의 'Update on Foot-Friendly District'에서 보행자 친화 구역에 대한 최신 정보를 제공하고 있음을 알 수 있고, 'The Foot-Friendly District (FFD) project was approved by the Exonbury Planning Committee on November 22.'에서 보행자 친화 구역(FFD) 프로젝트가 11월 22일 Exonbury 계획 위원회에 의해 승인되었다고 한 후 FFD 프로젝트의 시행에 대한 세부 사항을 설명하고 있으므로 (B)가 정답이다.

어휘 **secure** v. 확보하다 **municipal** adj. 시의 **modernize** v. (시스템, 방법 등을) 현대화하다 **infrastructure** n. 사회 기반 시설, 공공 기반 시설

197

Where does Ms. Hampshire currently park her car?

(A) Along Shute Lane
(B) Near Kenn Road
(C) Along Otterton Street
(D) Near Lympstone Lane

Ms. Hampshire는 현재 어디에 그녀의 차를 주차하는가?

(A) Shute로를 따라
(B) Kenn로 주위에
(C) Otterton가를 따라
(D) Lympstone로 주위에

해설 유형2 | 육하원칙 연계 문제   정답 (C)

질문의 핵심 어구인 Ms. Hampshire currently park her car에서 Ms. Hampshire가 현재 어디(Where)에 그녀의 차를 주차하는지를 묻고 있으므로 Ms. Hampshire가 작성한 이메일을 먼저 확인한다.

단서 1 두 번째 지문(이메일)의 'At present, I can park in front of my shop, right next to Beacon Flats.'에서 Ms. Hampshire는 지금 Beacon 아파트 바로 옆에 있는 자신의 가게 앞에 주차할 수 있다고 했다. 그런데 Beacon 아파트가 어디에 있는지 제시되지 않았으므로 기사에서 관련 내용을 확인한다.

단서 2 첫 번째 지문(기사)의 'Beacon Flats on Otterton Street'에서 Beacon 아파트는 Otterton가에 있음을 확인할 수 있다.

두 단서를 종합할 때, Ms. Hampshire는 현재 Beacon 아파트가 있는 Otterton가에 주차한다는 것을 알 수 있다. 따라서 (C)가 정답이다.

198

What does Ms. Hampshire request?

(A) Financial assistance with transportation costs
(B) Official confirmation that a petition was received
(C) Stronger efforts to preserve a historic district
(D) A solution to a problem affecting businesses

Ms. Hampshire는 무엇을 요청하는가?

(A) 교통비에 대한 재정적 지원
(B) 청원이 접수되었다는 공식적인 확인
(C) 역사적인 구역을 보호하기 위한 더 큰 노력
(D) 사업체들에게 영향을 주는 문제점에 대한 해결책

해설 **유형2 | 육하원칙** What **정답 (D)**

Ms. Hampshire가 무엇(What)을 요청하는지를 묻는 육하원칙 문제이므로 Ms. Hampshire가 작성한 두 번째 지문인 이메일을 확인한다. 이메일의 'I would like to know what measures will be taken for me to keep my business running smoothly.'에서 Ms. Hampshire가 자신의 사업체가 계속 원활하게 운영되도록 하기 위해 어떤 조치들이 취해질 것인지 알고 싶다고 했으므로 (D)가 정답이다.

바꾸어 표현하기

what measures will be taken for me to keep my business running smoothly 사업처가 계속 원활하게 운영되도록 하기 위해 어떤 조치들이 취해질지 → A solution to a problem affecting businesses 사업체들에게 영향을 주는 문제점에 대한 해결책

어휘 financial adj. 재정의, 금융의 assistance n. 지원, 원조 transportation cost phr. 교통비, 운송비 petition n. 청원, 탄원, 소송 receive v. 접수하다, 수락하다 preserve v. 보호하다, 보존하다 historic adj. 역사적인 solution n. 해결책, 해법

199

난이도 ●●●● 최상

What is indicated about Exonbury City Council?

(A) It made special allowances to meet a public demand.
(B) It hired Winchester and Sons to design a parking facility.
(C) It had to delay a project because of delivery problems.
(D) It was forced to reduce the budget for a plan.

Exonbury 시 의회에 대해 암시되는 것은?

(A) 대중의 요구를 만족시키기 위해 특별 허가를 했다.
(B) 주차 시설을 설계하려고 Winchester and Sons사를 고용했다.
(C) 배송 문제 때문에 프로젝트를 연기해야 했다.
(D) 계획에 대한 예산을 줄이도록 강요받았다.

해설 **유형4 | 추론** 연계 문제 **정답 (A)**

질문의 핵심 어구인 Exonbury City Council이 언급된 기사를 먼저 확인한다.

단서1 첫 번째 지문(기사)의 'The city council is considering letting vehicles enter the FFD only in emergency situations. However, it will solicit public opinion by e-mail during the month of December before making a final decision.'에서 Exonbury 시 의회는 차량들이 비상 상황에만 FFD에 들어오도록 허용하는 것을 고려하고 있으나, 최종 결정을 내리기 전에 12월 한 달 동안 이메일로 대중들의 의견을 요청할 것이라고 했다. 그런데 대중들의 의견이 어떻게 반영되었는지 제시되지 않았으므로 안내문에서 관련 내용을 확인한다.

단서2 세 번째 지문(안내문)의 'FFD Privilege Permit Holder'에서 시 의회에서 FFD 면제 허가증을 발부했음을 확인할 수 있다.

두 단서를 종합할 때, Exonbury 시 의회는 차량들이 FFD에 들어오는 것을 허용하지 않으려 했으나 FFD에 들어갈 수 있는 특별 면제 허가증을 발부한 것에서 대중들의 의견을 반영했다는 사실을 추론할 수 있다. 따라서 (A)가 정답이다.

바꾸어 표현하기

Privilege Permit 면제 허가증 → special allowances 특별 허가
solicit public opinion 대중들의 의견을 요청하다 → meet a public demand 대중의 요구를 만족시키다

어휘 allowance n. 허가, 승인, 수당 demand n. 요구, 수요; v. 요구하다

200

난이도 ○●●● 상

What are FFD Privilege Permit holders NOT instructed to do?

(A) Avoid parking in a certain area
(B) Remain parked for a limited time
(C) Use a designated entrance
(D) Sign a log sheet for visitors

FFD 면제 허가증 소지자들이 하도록 지시된 것이 아닌 것은?

(A) 특정 구역에 주차하는 것을 피한다
(B) 제한된 시간 동안에 주차를 한다
(C) 지정된 입구를 사용한다
(D) 방문자 기록지에 서명한다

해설 **유형3 | Not/True** Not 문제 **정답 (D)**

질문의 핵심 어구인 FFD Privilege Permit holders ~ instructed to do와 관련된 내용을 지문에서 찾아 각 보기와 대조하는 Not/True 문제이므로 세 번째 지문인 FFD 면제 허가증 소지자를 위한 안내문에서 관련 내용을 확인한다. (A)는 'Parking along the Melplash River is restricted at all times.'에서 Melplash강을 따라 주차하는 것은 언제나 제한된다고 했으므로 지문의 내용과 일치한다. (B)는 'you may park ~ as long as the unloading is completed within one hour'에서 짐을 내리는 것이 한 시간 내에 끝나는 한 주차를 할 수 있다고 했으므로 지문의 내용과 일치한다. (C)는 'present this pass at East Kingsway Gate'에서 통행증을 East Kingsway 출입구에서 제시하라고 했으므로 지문의 내용과 일치한다. (D)는 지문에 언급되지 않은 내용이다. 따라서 (D)가 정답이다.

TEST

04

해석 · 해설

Granny May's Lodge

Fall is the best time of the year to visit upstate New York for a weekend getaway as the foliage colors are glorious. [147-B]Granny May's Lodge is situated in a beautiful location where you can enjoy the natural setting of the surrounding countryside. Our main building features six tastefully decorated rooms, each with a queen-size bed and a large bathroom. [147-D]All guests can also enjoy a scrumptious complimentary breakfast in the dining room.

If you are traveling with friends or family members, consider renting one of our cottages. [148-A]Each includes two bedrooms, a living room, a bathroom, and [148-D]a patio overlooking nearby Lake George.

Come and enjoy our relaxing retreat this fall. To view prices and availability and [147-A]to make a reservation, visit www.grannymays.com.

Granny May 별장

나뭇잎 색들이 눈부시게 아름답기 때문에 가을은 주말 여행으로 뉴욕 주 북부 지방을 방문하기에 가장 좋은 때입니다. [147-B]Granny May 별장은 인근 전원의 자연 환경을 즐길 수 있는 아름다운 장소에 위치해 있습니다. 저희의 본관은 고상하게 장식된 6개의 객실을 포함하고 있으며, 각각의 객실에는 퀸사이즈 침대와 넓은 화장실이 있습니다. [147-D]모든 손님들은 또한 식당에서 굉장히 맛있는 무료 아침 식사를 즐길 수 있습니다.

만약 친구들이나 가족들과 여행을 한다면, 저희의 별채 중 하나를 대여하는 것을 고려해보십시오. [148-A]각 별채는 2개의 침실, 1개의 거실, 화장실 그리고 [148-D]근처의 George 호수를 내려다보는 테라스를 포함하고 있습니다.

오셔서 이번 가을에 저희의 편안한 휴양지를 즐기십시오. 요금과 이용 가능 여부를 보시고 [147-A]예약을 하시려면 www.grannymays.com을 방문해주십시오.

어휘 **getaway** n. 여행, 휴가 **foliage** n. 나뭇잎 **glorious** adj. 눈부시게 아름다운, 영예로운 **setting** n. 환경, 배경 **surrounding** adj. 인근의, 주위의
countryside n. 전원, 시골 **tastefully** adv. 고상하게, 품위 있게 **scrumptious** adj. 굉장히 맛있는, 훌륭한
complimentary adj. 무료의, 칭찬하는 **cottage** n. 별채, 산장 **patio** n. 테라스, 안뜰 **overlook** v. 내려다보다, 간과하다
retreat n. 휴양지, 은거

147

난이도 ○○●● 중

What is NOT true about Granny May's Lodge?

(A) It allows online bookings.
(B) It is located in a rural area.
(C) It is only open in the fall.
(D) It provides free meals to guests.

Granny May 별장에 대해 사실이 아닌 것은?

(A) 온라인 예약을 허용한다.
(B) 전원 지역에 위치하고 있다.
(C) 가을에만 문을 연다.
(D) 손님들에게 무료 식사를 제공한다.

해설 유형3 | **Not/True** Not 문제
정답 (C)

질문의 핵심 어구인 Granny May's Lodge와 관련된 내용을 지문에서 찾아 각 보기와 대조하는 Not/True 문제이다. (A)는 'to make a reservation, visit www.grannymays.com'에서 예약을 하려면 웹사이트를 방문하라고 했으므로 지문의 내용과 일치한다. (B)는 'Granny May's Lodge is situated in a beautiful location where you can enjoy the natural setting of the surrounding countryside.'에서 Granny May 별장은 인근 전원의 자연 환경을 즐길 수 있는 아름다운 장소에 위치해 있다고 했으므로 지문의 내용과 일치한다. (C)는 지문에 언급되지 않은 내용이다. 따라서 (C)가 정답이다. (D)는 'All guests can also enjoy a scrumptious complimentary breakfast in the dining room.'에서 모든 손님들은 식당에서 굉장히 맛있는 무료 아침 식사를 즐길 수 있다고 했으므로 지문의 내용과 일치한다.

바꾸어 표현하기
complimentary breakfast 무료 아침 식사 → free meals 무료 식사

어휘 **allow** v. 허용하다, 허락하다 **rural** adj. 전원의, 시골의 **meal** n. 식사

148

난이도 ○○○● 하

What is mentioned about the cottages?

(A) They have two bathrooms.
(B) They come in a variety of sizes.
(C) They include cooking facilities.
(D) They are close to a lake.

별채에 대해 언급된 것은?

(A) 2개의 욕실이 있다.
(B) 다양한 크기로 되어있다.
(C) 요리 시설을 포함하고 있다.
(D) 호수와 가깝다.

해설 유형3 | **Not/True** True 문제   정답 (D)

질문의 핵심 어구인 the cottages와 관련된 내용을 지문에서 찾아 각 보기와 대조하는 Not/True 문제이다. (A)는 'Each includes two bedrooms, a living room, a bathroom'에서 각 별채에는 2개의 침실, 1개의 거실과 화장실이 있다고 했으므로 지문의 내용과 일치하지 않는다. (B)와 (C)는 지문에 언급되지 않은 내용이다. (D)는 'a patio overlooking nearby Lake George'에서 별채에 근처의 George 호수를 내려다보는 테라스가 있다고 했으므로 지문의 내용과 일치한다. 따라서 (D)가 정답이다.

149-151   공고

FRANKLIN POWER
Notice: All customers

[151-B]In order to reduce expenditures and improve efficiency, [151-A]Franklin Power will adopt a paperless system next year. Starting January 1, [149]billing statements will be sent by e-mail or text message each month. Customers can indicate their preferred method of delivery by logging into their accounts at www.franklinpower.org and selecting the appropriate option. Alternatively, [150]we will accommodate those who wish to continue receiving paper bills in the mail for an additional charge of $2 per month.

Furthermore, signed request forms will no longer need to be submitted to arrange for services such as temporary power suspensions or additional meter readings. Instead, customers should send an e-mail to service@franklinpower.org. [151-C]If necessary, a customer service agent will call you after the request has been received to set up a time for a technician to visit your home or business.

If you have any questions or concerns about the new system, please call our toll-free service line at 1-800-555-6009.

FRANKLIN 전력회사
공고: 모든 고객 분들

[151-B]비용을 절감하고 효율성을 높이기 위해, [151-A]Franklin 전력회사는 내년부터 종이를 쓰지 않는 시스템을 채택할 것입니다. 1월 1일을 시작으로 [149]청구서는 매달 이메일이나 문자 메시지로 전송될 것입니다. 고객들은 www.franklinpower.org에서 그들의 계정으로 접속하여 알맞은 옵션을 선택함으로써 선호하는 전달 방법을 명시할 수 있습니다. 그렇지 않으면, [150]저희는 월 2달러의 추가 요금으로 계속해서 우편으로 종이 명세서를 받길 원하는 고객 분들의 편의를 도모할 것입니다.

뿐만 아니라, 일시적인 전력 중단이나 추가적인 미터기 검침과 같은 서비스를 요청하기 위해 더 이상 서명된 신청서를 제출할 필요가 없습니다. 대신, 고객들은 service@franklinpower.org로 이메일을 보내셔야 합니다. [151-C]필요한 경우, 기술자가 귀하의 가정이나 사업체에 방문할 시간을 정하기 위해 신청이 접수된 이후 고객 서비스 직원이 전화를 드릴 것입니다.

새로운 시스템에 대해 질문이나 문제가 있으시다면, 수신자 부담 번호인 1-800-555-6009로 전화 주시기 바랍니다.

어휘 expenditure n. 비용, 지출 efficiency n. 효율성, 능률 adopt v. 채택하다, 입양하다 paperless adj. 종이를 쓰지 않는 billing statement phr. 청구서 indicate v. 명시하다, 나타내다 preferred adj. 선호하는, 우선의 account n. 계정, 계좌 appropriate adj. 알맞은, 적절한 alternatively adv. 그렇지 않으면, 대신에 accommodate v. 편의를 도모하다, 수용하다 temporary adj. 일시적인, 임시의 suspension n. 중단, 연기 meter reading phr. 미터기 검침 concern n. 문제, 걱정 toll-free adj. 수신자 부담의, 무료의

149   난이도 ○○●● 중

According to the notice, why should customers log in to their accounts?

(A) To select a billing method
(B) To send a service request
(C) To pay a monthly charge
(D) To provide feedback

공고에 따르면, 고객들은 왜 그들의 계정에 접속해야 하는가?

(A) 청구 방법을 선택하기 위해
(B) 서비스 신청서를 보내기 위해
(C) 월별 요금을 지불하기 위해
(D) 의견을 제공하기 위해

해설 유형2 | 육하원칙 Why   정답 (A)

고객들이 왜(why) 그들의 계정에 접속해야 하는지를 묻는 육하원칙 문제이다. 질문의 핵심 어구인 customers log in to their accounts와 관련하여, 'billing statements will be sent by e-mail or text message each month'와 'Customers can indicate their preferred method of delivery by logging into their accounts at www.franklinpower.org and selecting the appropriate option.'에서 청구서는 매달 이메일이나 문자 메시지로 전송될 것인데 고객들은 www.franklinpower.org에서 그들의 계정으로 접속하여 알맞은 옵션을 선택함으로써 선호하는 청구서 전달 방법을 명시할 수 있다고 했으므로 (A)가 정답이다.

바꾸어 표현하기

indicate their preferred method of delivery 선호하는 청구서 전달 방법을 명시하다 → select a billing method 청구 방법을 선택하다

What will Franklin Power charge an additional fee for?

(A) Arranging unscheduled meter readings
(B) Processing online payments
(C) Updating customer account information
(D) Issuing printed copies of documents

Franklin 전력회사는 무엇에 대해 추가 비용을 청구할 것인가?

(A) 예정에 없던 미터기 검침 일정을 잡는 것
(B) 온라인 지불을 처리하는 것
(C) 고객의 계정 정보를 업데이트하는 것
(D) 인쇄된 서류를 발급하는 것

해설 유형2 | **육하원칙** What · 정답 (D)

Franklin 전력회사가 무엇(What)에 대해 추가 비용을 청구할 것인지를 묻는 육하원칙 문제이다. 질문의 핵심 어구인 Franklin Power charge an additional fee와 관련하여, 'we will accommodate those who wish to continue receiving paper bills in the mail for an additional charge of $2 per month'에서 고객들은 월 2달러의 추가 요금으로 계속해서 우편으로 종이 명세서를 받을 수 있다고 했으므로 (D)가 정답이다.

바꾸어 표현하기

receiving paper bills 종이 명세서를 받다 → Issuing printed copies of documents 인쇄된 서류를 발급하다

What is NOT mentioned about Franklin Power?

(A) It will implement a new system.
(B) It is trying to reduce its costs.
(C) It schedules some appointments by phone.
(D) It is planning to adjust service prices.

Franklin 전력회사에 대해 언급되지 않은 것은?

(A) 새로운 시스템을 시행할 것이다.
(B) 비용을 줄이려고 노력하고 있다.
(C) 전화로 일부 예약 일정을 잡는다.
(D) 서비스 가격을 조정하려고 계획 중이다.

해설 유형3 | **Not/True** Not 문제 · 정답 (D)

질문의 핵심 어구인 Franklin Power와 관련된 내용을 지문에서 찾아 각 보기와 대조하는 Not/True 문제이다. (A)는 'Franklin Power will adopt a paperless system next year'에서 Franklin 전력회사는 내년부터 종이를 쓰지 않는 시스템을 채택할 것이라고 했으므로 지문의 내용과 일치한다. (B)는 'In order to reduce expenditures'에서 비용을 절감하려고 한다고 했으므로 지문의 내용과 일치한다. (C)는 'If necessary, a customer service agent will call you ~ to set up a time for a technician to visit your home or business.'에서 필요한 경우 기술자가 가정이나 사업체에 방문할 시간을 정하기 위해 고객 서비스 직원이 전화를 할 것이라고 했으므로 지문의 내용과 일치한다. (D)는 지문에 언급되지 않은 내용이다. 따라서 (D)가 정답이다.

바꾸어 표현하기

adopt a paperless system 종이를 쓰지 않는 시스템을 채택하다 → implement a new system 새로운 시스템을 시행하다
reduce expenditures 비용을 절감하다 → reduce its costs 비용을 줄이다

어휘 **implement** v. 시행하다, 이행하다 **adjust** v. 조정하다, 조절하다

152-153 영수증

MIKE'S ISLAND GROCERIES
152-C89 Cantina Lane
Key West, Florida
Store Code: 0002
152-DCashier: Raymond Tellier
Register Number: 008
152-ADate: August 4
Time: 1:24 P.M.

Items:
– 1 gallon of low-fat milk: $3.50
– 1 can of mild salsa: $5.20
– 2 cans of baked beans: $7.30

MIKE'S ISLAND 식료품점
152-C89번지 Cantina로
키웨스트, 플로리다 주
매장 코드: 0002
152-D계산원: Raymond Tellier
금전 등록기 번호: 008
152-A날짜: 8월 4일
시간: 오후 1시 24분

품목:
– 저지방 우유 1갤런: 3.50달러
– 순한 맛 살사 한 캔: 5.20달러
– 삶은 콩 두 캔: 7.30달러

Subtotal: $16.00
Sales Tax: $1.60
Total: $17.60
Transaction Number: 981246

[153]*Exchanges are valid for canned goods only* and must be made within five days of the purchase date.

THANK YOU FOR SHOPPING AT MIKE'S ISLAND GROCERIES

소계: 16.00달러
단매세: 1.60달러
증액: 17.60달러
거래 번호: 981246

[153]교환은 통조림 상품에만 유효하며 구매일로부터 5일 내에 이루어져야 합니다.

MIKE'S ISLAND 식료품점에서 쇼핑해주셔서 감사합니다

어휘 grocery n. 식료품점, 식료품 cashier n. 계산원, 출납원 register n. 금전 등록기; v. 등록하다 gallon n. 갤런(용량의 단위) subtotal n. 소계 transaction n. 거래, 매매 valid adj. 유효한, 타당한 canned adj. 통조림으로 된 goods n. 상품, 물건 purchase date phr. 구매일

152

난이도 ○○○● 하

What is NOT listed in the receipt?

(A) The date of a transaction
(B) The amount of a discount
(C) The address of a branch
(D) The name of an employee

영수증에 나열되지 않은 것은?

(A) 거래 날짜
(B) 할인 금액
(C) 지점 주소
(D) 직원 이름

해설 유형3 | **Not/True** Not 문제
정답 (B)

영수증에 나열된 내용을 지문에서 찾아 각 보기와 대조하는 Not/True 문제이다. (A)는 'Date: August 4'에서 거래 날짜가 8월 4일임을 알 수 있으므로 지문에 포함된 내용이다. (B)는 지문에 언급되지 않은 내용이다. 따라서 (B)가 정답이다. (C)는 '89 Cantina Lane, Key West, Florida'에서 매장의 주소가 89번지 Cantina로, 키웨스트, 플로리다 주라고 했으므로 지문에 포함된 내용이다. (D)는 'Cashier: Raymond Tellier'에서 계산원이 Raymond Tellier라고 했으므로 지문에 포함된 내용이다.

153

난이도 ○○●● 중

What is indicated about Mike's Island Groceries?

(A) It is having a sale on dairy products.
(B) It does not offer exchanges on fresh produce.
(C) It is open for business on a national holiday.
(D) It does not charge a sales tax.

Mike's Island 식료품점에 대해 암시되는 것은?

(A) 유제품을 할인 중이다.
(B) 신선한 농산물에는 교환을 제공하지 않는다.
(C) 국경일에 영업한다.
(D) 판매세를 부과하지 않는다.

해설 유형4 | **추론** 세부 정보
정답 (B)

질문의 핵심 어구인 Mike's Island Groceries에 대해 추론하는 문제이다. 'Exchanges are valid for canned goods only'에서 교환은 통조림 상품에만 유효하다고 했으므로, 통조림 상품이 아닌 신선한 농산물의 경우 교환이 제공되지 않을 것이라는 사실을 추론할 수 있다. 따라서 (B)가 정답이다.

어휘 dairy adj. 유제품의, 낙농업의 produce n. 농산물; v. 생산하다 open for business phr. 영업하다 charge v. 부과하다, 청구하다

154-155 온라인 채팅 대화문

Roger Jones [9:53 A.M.]
This is BrightRay tech support. How can I help you?

Delma Quade [9:54 A.M.]
Hi. I'm having issues with my smartphone. I dropped it last week and got it repaired. But now [154]when I go to the music folder, I can't find any of the songs I bought.

Roger Jones [9:54 A.M.]
May I ask what model it is?

Roger Jones [오전 9시 53분]
BrightRay 기술 지원팀입니다. 어떻게 도와드릴까요?

Delma Quade [오전 9시 54분]
안녕하세요. 제 스마트폰에 문제가 있어서요. 지난주에 이걸 떨어뜨려서 수리를 했어요. 그런데 이제는 [154]음악 폴더에 가면 제가 구매한 노래들을 하나도 찾을 수가 없어요.

Roger Jones [오전 9시 54분]
무슨 모델인지 여쭤봐도 될까요?

Delma Quade	[9:56 A.M.]
It's an Excalibur 4.	
Roger Jones	[9:57 A.M.]
I see. Unless you delete them on purpose, all your purchases should be automatically reloaded. Have you checked the settings?	
Delma Quade	[9:57 A.M.]
No. I haven't fiddled with any of that.	
Roger Jones	[9:58 A.M.]
Maybe your storage is full. Could you check the storage menu?	
Delma Quade	[10:00 A.M.]
I just checked it, and you're right. I think I need to delete some files.	
Roger Jones	[10:00 A.M.]
155Is there anything else I can help you with?	
Delma Quade	[10:01 A.M.]
That covers it. Thanks for the tip.	

Delma Quade	[오전 9시 56분]
Excalibur 4예요.	
Roger Jones	[오전 9시 57분]
알겠습니다. 귀하께서 그것들을 고의로 삭제한 것이 아니라면, 구매한 것들은 모두 자동으로 다시 로딩되어야 해요. 설정을 확인해보셨나요?	
Delma Quade	[오전 9시 57분]
아니요. 거긴 아무 것도 손대지 않았어요.	
Roger Jones	[오전 9시 58분]
어쩌면 저장소가 가득 찼을 수도 있어요. 저장소 메뉴를 확인해보시겠어요?	
Delma Quade	[오전 10시 00분]
방금 확인했는데, 당신이 맞네요. 파일 몇 개를 지워야 할 것 같아요.	
Roger Jones	[오전 10시 00분]
155제가 도와드릴 다른 무언가가 또 있으신가요?	
Delma Quade	[오전 10시 01분]
그게 전부예요. 조언 감사합니다.	

어휘   issue n. 문제, 안건 drop v. 떨어뜨리다 on purpose phr. 고의로, 일부러 automatically adv. 자동으로 fiddle with phr. ~을 손대다, 만지다 storage n. 저장소, 보관 full adj. 가득 찬, 최대한의 tip n. 조언, 도움

154

난이도 ○○●● 중

What problem does Ms. Quade have with her smartphone?	Ms. Quade의 스마트폰에 무슨 문제가 있는가?
(A) Some content is missing.	(A) 일부 콘텐츠가 없다.
(B) Some updates are installed automatically.	(B) 자동으로 업데이트가 설치된다.
(C) The speakers are damaged.	(C) 스피커가 손상되었다.
(D) A setting cannot be changed.	(D) 설정을 변경할 수 없다.

해설 유형2 | 육하원칙 What　　　　　　　　　　　　　　　　　　　　　　　　　　　　정답 (A)

Ms. Quade의 스마트폰에 무슨(What) 문제가 있는지를 묻는 육하원칙 문제이다. 질문의 핵심 어구인 problem ~ Ms. Quade have with her smarphone과 관련하여, 'when I go to the music folder, I can't find any of the songs I bought'에서 Ms. Quade가 스마트폰의 음악 폴더에서 구매한 노래들을 하나도 찾을 수가 없다고 했으므로 (A)가 정답이다.

바꾸어 표현하기

can't find any of the songs I bought 구매한 노래들을 하나도 찾을 수 없다 → Some content is missing 일부 콘텐츠가 없다

155

난이도 ○○●● 중

At 10:01 A.M., what does Ms. Quade mean when she writes, "That covers it"?	오전 10시 01분에, Ms. Quade가 "That covers it"이라고 썼을 때 그녀가 의도한 것은?
(A) A representative responded in a friendly manner.	(A) 직원이 친절한 태도로 응답했다.
(B) A service fee will be covered by a warranty.	(B) 서비스 비용은 보증으로 처리될 것이다.
(C) A technical difficulty was solved.	(C) 기술적인 문제가 해결되었다.
(D) A corrupted file was repaired.	(D) 오류가 난 파일이 복구되었다.

해설 유형5 | 의도 파악　　　　　　　　　　　　　　　　　　　　　　　정답 (C)

Ms. Quade가 의도한 것을 묻는 문제이므로, 질문의 인용어구(That covers it)가 언급된 주변 문맥을 확인한다. 'Is there anything else I can help you with?'에서 Roger Jones가 Ms. Quade에게 문의한 문제 외에 도와줄 다른 무언가가 있는지 묻자, Ms. Quade가 'That covers it.'(그게 전부예요)이라고 한 것을 통해, Ms. Quade가 문의했던 스마트폰의 기술적인 문제가 해결되었다는 것을 알 수 있다. 따라서 (C)가 정답이다.

어휘   representative n. 직원, 대표 manner n. 태도, 방식 warranty n. 보증 technical adj. 기술적인, 전문적인 difficulty n. 문제, 어려움 corrupt v. (컴퓨터 파일에) 오류를 일으키다, 더럽히다

Bostwich Laundry Service
345 Bay Street, Eagleton, WA 99326

January 6

Christa Lemmings
Oden Fine Dining
5003 Fairview Lane
Eagleton, WA 99326

Dear Ms. Lemmings,

It was a pleasure speaking with you on the phone yesterday afternoon regarding our services. I am very happy that you have decided to use my company to wash your staff members' uniforms, and I hope this is the beginning of a long business relationship.

Enclosed you will find two copies of a contract based on our discussion. It states that [156]we will pick up uniforms from your establishment on Saturday mornings and that the cleaned garments will be returned on Sunday evenings. The contract is for a year and is renewable. The price of $620 per month that we agreed upon is included in the contract as well.

[157]Please read through the documents and, if you have no further requests or questions, sign both of them. One copy is for your personal records, and [157]the other must be returned to me by mail. We will visit your establishment for the first time on January 13.

Thank you for this opportunity.

Sincerely yours,

Dennis Oldmann
Proprietor, Bostwich Laundry Service

Bostwich 세탁 서비스
345번지 Bay가, Eagleton, 워싱턴 주 99326

1월 6일

Christa Lemmings
Oden 고급 식당
5003번지 Fairview로
Eagleton, 워싱턴 주 99326

Ms. Lemmings께,

귀하와 어제 오후에 저희의 서비스에 관해 통화하게 되어 기뻤습니다. 귀사 직원들의 유니폼을 세탁하기 위해 저희 회사를 이용하기로 결정하신 것에 대해 매우 기쁘며, 이것이 장기적인 사업 관계의 시작이길 바랍니다.

저희의 논의 사항을 기반으로 한 계약서 2부가 동봉된 것을 보실 수 있을 것입니다. 계약서는 [156]저희가 귀하의 시설에서 매주 토요일 오전에 유니폼을 수거하겠다는 것과 세탁된 의류들은 매주 일요일 저녁에 돌려드릴 것임을 명시합니다. 계약은 일 년이며 연장이 가능합니다. 저희가 합의한 월 620달러의 비용 또한 계약서에 포함되어 있습니다.

[157]서류를 꼼꼼히 읽어보시고, 추가 요청 사항이나 질문이 없으시다면 두 서류에 모두 서명해 주십시오. 한 부는 귀하의 개인적인 보관을 위한 것이며, [157]다른 한 부는 우편을 통해서 저에게 돌려보내 주셔야 합니다. 저희는 1월 13일에 처음으로 귀하의 시설을 방문할 것입니다.

이 기회에 대해 감사드립니다.

Dennis Oldmann 드림
경영자, Bostwich 세탁 서비스

어휘 laundry n. 세탁, 세탁물 regarding prep. ~에 관해 contract n. 계약서, 계약 based on phr. ~을 기반으로 state v. 명시하다, 진술하다
establishment n. 시설, 기관 garment n. 의류 renewable adj. 연장 가능한, 재생 가능한 record n. 보관, 기록; v. 기록하다

156

난이도 ○○●● 중

What is suggested about Bostwich Laundry Service?

(A) It charges customers on a weekly basis.
(B) It compensates clients for damaged garments.
(C) It carries out deliveries on weekends.
(D) It mends clothing for an extra charge.

Bostwich 세탁 서비스에 대해 암시되는 것은?

(A) 고객들에게 주 단위로 요금을 청구한다.
(B) 고객들에게 손상된 의류에 대한 보상을 한다.
(C) 주말에 배송을 실시한다.
(D) 추가 요금을 받고 유니폼을 수선한다.

해설 **유형4 | 추론** 세부 정보   정답 (C)

질문의 핵심 어구인 Bostwich Laundry Service에 대해 추론하는 문제이다. 'we will pick up uniforms from your establishment on Saturday mornings and that the cleaned garments will be returned on Sunday evenings'에서 Bostwich 세탁 서비스는 매주 토요일 오전에 고객의 시설에서 유니폼을 수거하고 세탁된 의류들을 매주 일요일 저녁에 돌려줄 것이라고 했으므로, Bostwich 세탁 서비스가 주말에 세탁물 배송을 실시한다는 사실을 추론할 수 있다. 따라서 (C)가 정답이다.

어휘 charge v. (요금을) 청구하다 on a weekly basis phr. 주 단위로 compensate v. 보상하다, 환불하다 damaged adj. 손상된, 피해를 입은
carry out phr. 시행하다, 완료하다 mend v. 수선하다, 고치다

TEST 1 TEST 2 TEST 3 **TEST 4** TEST 5 TEST 6 TEST 7

해커스 토익 PART 7 집중공략 777

난이도 ○○●● 중

What is Ms. Lemmings asked to do?	Ms. Lemmings는 무엇을 하도록 요청되는가?
(A) Visit an office on January 13	(A) 1월 13일에 사무실을 방문한다
(B) Make an advance payment of $620	(B) 620달러를 미리 지불한다
(C) Confirm a meeting schedule	(C) 미팅 일정을 확인한다
(D) Send a signed document	(D) 서명된 문서를 보낸다

해설 유형2 | **육하원칙** What　　　　　　　　　　　　　　　　　　정답 (D)

Ms. Lemmings가 무엇(What)을 하도록 요청되는지를 묻는 육하원칙 문제이므로 지문의 마지막 부분을 확인한다. 질문의 핵심 어구인 Ms. Lemmings asked to do와 관련하여, 'Please read through the documents ~ sign both of them.'에서 서류를 꼼꼼히 읽고 두 서류에 모두 서명하라고 한 후, 'the other must be returned to me by mail'에서 서류의 한 부를 우편을 통해서 돌려보내 달라고 했으므로 (D)가 정답이다.

158-160 기사

A New Seine Bistro

[158]For over 25 years, Louis Beaumont has been serving traditional French dishes at the Seine Bistro. His restaurant—located on the corner of Elm Street and Third Avenue—is popular with locals and tourists alike. — [1] —.

However, [158]Mr. Beaumont has decided that it is finally time to retire. "I plan to return to France for several months to visit with family members and see some of the places where I spent my childhood," he said in a recent interview. — [2] —. "After that, I may just take some time to relax and enjoy eating instead of cooking for everyone," he added.

The Seine Bistro will not be closing, though. [158]Mr. Beaumont's daughter, Denise Beaumont, will be taking over as proprietor. [159-C]She has been employed by her father for seven years now, and before that [159-A]she studied at a culinary school in France. Ms. Beaumont plans to update the menu to reflect the most recent trends in French cuisine, and she will renovate the restaurant. — [3] —.

The Seine Bistro will close from April 21 until May 3 while work is being done on the premises. [159-B/160]On May 4, Ms. Beaumont will host a grand reopening featuring a wide variety of new dishes offered at significant discounts. — [4] —.

새로운 Seine 식당

[158]25년 이상 동안, Louise Beaumont는 Seine 식당에서 전통 프랑스 음식을 제공해왔다. Elm가와 3번가 모퉁이에 위치한 그의 식당은 지역 주민들과 관광객들 모두에게 인기가 있다. — [1] —.

그러나, [158]Mr. Beaumont는 마침내 은퇴를 할 시기라고 결정했다. "가족들을 방문하고 제 어린 시절을 보냈던 몇몇 장소들을 보기 위해 몇 개월 동안 프랑스로 돌아갈 계획입니다."라고 그는 최근 인터뷰에서 말했다. — [2] —. "그 후, 모두를 위해 요리하는 대신 휴식하고 식사를 즐길 시간을 가질 것입니다."라고 그는 덧붙였다.

하지만 Seine 식당은 문을 닫지는 않을 것이다. [158]Mr. Beaumont의 딸인 Denise Beaumont가 주인으로서 인계를 받을 것이다. [159-C]그녀는 현재 7년 동안 아버지에게 고용되어 있었고, 그 전에는 [159-A]프랑스의 요리 학교에서 공부했다. Ms. Beaumont는 프랑스 요리의 가장 최신 트렌드를 반영하기 위해 메뉴를 업데이트할 계획이고 식당을 개조할 것이다. — [3] —.

Seine 식당은 그 건물에 작업이 진행되는 4월 21일부터 5월 3일까지 문을 닫을 것이다. [159-B/160]5월 4일에 Ms. Beaumont는 엄청난 할인가로 제공되는 다양하고 새로운 요리를 포함하는 재개장 행사를 주최할 것이다. — [4] —.

어휘 bistro n. 작은 식당　traditional adj. 전통적인　local n. 지역의 주민; adj. 현지의　retire v. 은퇴하다, 퇴직하다　childhood n. 어린 시절
take over phr. 인계받다, 인수하다　proprietor n. 주인, 소유주　culinary adj. 요리의　reflect v. 반영하다, 나타내다　premises n. 건물, 부지

난이도 ○○●● 중

What is the article mainly about?	기사는 주로 무엇에 대한 것인가?
(A) A business closure	(A) 상점 폐업
(B) An investment opportunity	(B) 투자 기회
(C) A company relocation	(C) 회사 이전
(D) An ownership change	(D) 소유권 변경

해설 유형1 | **주제/목적 찾기** 글의 주제　　　　　　　　　　　정답 (D)

기사가 주로 무엇에 대한 것인지를 묻는 주제 찾기 문제이다. 특별히 이 문제는 전체 지문을 요약하여 주제를 찾아야 한다. 'For over 25 years, Louis Beaumont has been serving traditional French dishes at the Se ne Bistro.'에서 25년 이상 동안 Louise Beaumont는 Seine 식당에서 전통 프랑스 음식을 제공해왔다고 했고, 'Mr. Beaumont has decided that it is finally time to retire'에서 Mr. Beaumont가 마침내 은퇴를 할 시기라고 결정했다고 하면서 'Mr. Beaumont s daughter, Denise Beaumont, will be taking over as proprietor.'에서 Seine 식당을 Mr. Beaumont의 딸인 Denise Beaumont가 주인으로서 인계받을 것이라고 했으므로 (D)가 정답이다.

바꾸어 표현하기

taking over as proprietor 주인으로서 인계받다 → ownership change 소유권 변경

159

What is NOT true about Ms. Beaumont?

(A) She attended school in France.
(B) She will host an event in May.
(C) She worked with her father.
(D) She will rename a restaurant.

Ms. Beaumont에 대해 사실이 아닌 것은?

(A) 프랑스에서 학교를 다녔다.
(B) 5월에 행사를 주최할 것이다.
(C) 그녀의 아버지와 함께 일했다.
(D) 식당의 이름을 다시 지을 것이다.

해설 유형3 | Not/True Not 문제 정답 (D)

질문의 핵심 어구인 Ms. Beaumont와 관련된 내용을 지문에서 찾아 각 보기와 대조하는 Not/True 문제이다. (A)는 'she studied at a culinary school in France'에서 Ms. Beaumont가 프랑스의 요리 학교에서 공부했다고 했으므로 지문의 내용과 일치한다. (B)는 'On May 4, Ms. Beaumont will host a grand reopening'에서 5월 4일에 재개장 행사를 주최할 것이라고 했으므로 지문의 내용과 일치한다. (C)는 'She has been employed by her father for seven years now'에서 Ms. Beaumont는 현재 7년 동안 그녀의 아버지에게 고용되어 있었다고 했으므로 지문의 내용과 일치한다. (D)는 지문에 언급되지 않은 내용이다. 따라서 (D)가 정답이다.

160

In which of the positions marked [1], [2], [3], and [4] does the following sentence best belong?

"Anyone interested in attending this event should be sure to make a reservation."

(A) [1]
(B) [2]
(C) [3]
(D) [4]

[1], [2], [3], [4]로 표시된 위치 중, 다음 문장이 들어갈 곳으로 가장 적절한 것은?

"이 행사에 참석하는 데 관심이 있는 모든 분들은 반드시 예약을 하셔야 합니다."

(A) [1]
(B) [2]
(C) [3]
(D) [4]

해설 유형6 | 문장 위치 찾기 정답 (D)

지문의 흐름상 주어진 문장이 들어가기에 가장 적절한 곳을 고르는 문제이다. Anyone interested in attending this event should be sure to make a reservation에서 이 행사에 참석하는 데 관심이 있는 모든 사람들은 반드시 예약을 해야 한다고 했으므로, 문장이 어떤 행사에 대해 언급하는 부분 다음에 들어가야 함을 알 수 있다. [4]의 앞 문장인 'On May 4, Ms. Beaumont will host a grand reopening featuring a wide variety of new dishes offered at significant discounts.'에서 5월 4일에 Ms. Beaumont가 엄청난 할인 가로 제공되는 다양하고 새로운 요리를 포함하는 재개장 행사를 주최할 것이라고 했으므로, [4]에 제시된 문장이 들어가면 재개장 행사에 참여하고 싶은 사람들은 반드시 예약을 해야 한다고 설명하는 자연스러운 문맥이 된다는 것을 알 수 있다. 따라서 (D)가 정답이다.

161-163 이메일

To: All employees
From: Rose Starr
Date: July 1
Subject: Healthcare benefits information
Attachments: Dental_coverage, Vision_plan

Dear employees,

수신: 모든 직원들
발신: Rose Starr
날짜: 7월 1일
제목: 의료 보험 혜택 정보
첨부: 치과_보험, 안과_제도

직원분들께,

As of September 1, there will be some changes to the healthcare benefits offered by the company. Please take note of the following information:

Medical
161-BThe company will continue to use the existing plan from Emerson Insurance. However, 161-Cas the cost of the policy has increased this year, your monthly payments will rise by 4 percent. 161-DFamily members will be covered by this plan but will be excluded from the dental and vision add-ons below.

Dental
Everyone will be eligible to receive additional dental coverage. You will be able to choose between the standard or premium plan. The second option is more costly but covers a wider range of treatments, including braces, implants, and crowns.

Vision
For the first time, we will be providing vision insurance. 163-A/BYou will be fully reimbursed for the cost of two eye exams and one pair of replacement eyeglass lenses and frames each year. 163-CYou will also receive price reductions for vision-enhancement surgeries. Contact lenses and 163-Dsunglasses are not covered by the policy.

To select a dental option and sign up for the vision plan, please fill out the attached forms and submit them to the human resources office by August 1.

Sincerely,

Rose Starr
Human resources manager

9월 1일부로, 자사가 제공하는 의료 보험 혜택에 약간의 변화가 있을 것입니다. 다음 내용에 주목해주십시오:

건강 보험
161-B자사는 Emerson 보험사의 기존 보험 제도를 계속하여 이용할 것입니다. 그러나, 161-C보험료가 올해 인상됨에 따라, 월별 납입금이 4퍼센트 인상될 것입니다. 161-D가족 구성원들도 해당 보험 제도로 보장받을 수 있으나 아래의 치과와 안과 보험의 추가 사항에서는 제외될 것입니다.

치과 보험
직원 모두가 추가적인 치과 보험을 받을 자격이 있을 것입니다. 기본 또는 프리미엄 보험 제도 중에서 선택할 수 있습니다. 두 번째 옵션은 더 많은 비용이 들지만 교정, 임플란트, 치관을 포함한 더 광범위한 치료를 보장합니다.

안과 보험
처음으로, 자사는 안과 보험을 제공할 것입니다. 163-A/B여러분은 매년 두 번의 시력 검사와 한 쌍의 교체 안경 렌즈와 안경테의 비용을 완전히 보상받을 것입니다. 163-C여러분은 또한 시력 강화 수술에 대한 비용 할인을 제공받을 것입니다. 콘택트 렌즈와 163-D선글라스는 해당 보험으로 보장되지 않습니다.

치과 보험 옵션을 선택하고 안과 보험 제도에 가입하기 위해서는, 첨부된 양식을 작성하여 8월 1일까지 인사팀 사무실에 제출해주시기 바랍니다.

Rose Starr 드림
인사팀 관리자

어휘 **healthcare** n. 의료 보험, 건강 관리 **as of** phr. ~로부터 시작하여, 현재로 **cover** v. 보장하다, 포함하다 **exclude** v. 제외하다, 배제하다 **add-ons** n. 추가 사항 **eligible** adj. 자격이 있는, ~할 수 있는 **costly** adj. 많은 비용이 드는, 대가가 큰 **a wide range of** phr. 광범위한 **treatment** n. 치료, 처치 **brace** n. (치아) 교정 **crown** n. 치관, 왕관 **reimburse** v. 보상하다, 상환하다 **replacement** n. 교체, 대체 **frame** n. (안경)테 **enhancement** n. 강화, 향상 **surgery** n. 수술, 진료

161

난이도 ○●●● 상

What is stated in the e-mail?

(A) Healthcare benefits are not available to all employees.
(B) Emerson Insurance is discontinuing a plan.
(C) Medical coverage will become more expensive.
(D) Family members may receive free dental checkups.

이메일에서 언급된 것은?

(A) 의료 보험 혜택은 모든 직원이 이용할 수 있는 것은 아니다.
(B) Emerson 보험사는 보험 제도를 중단할 것이다.
(C) 건강 보험은 더 비싸질 것이다.
(D) 가족 구성원들은 무료 치과 검진을 받을 수 있다.

해설 **유형3 | Not/True** True 문제   정답 (C)

이메일에 언급된 내용을 지문에서 찾아 각 보기와 대조하는 Not/True문제이다. 이 문제는 질문에 핵심 어구가 없으므로 각 보기의 핵심 어구와 관련된 내용을 지문에서 찾아 대조한다. (A)는 지문에 언급되지 않은 내용이다. (B)는 'The company will continue to use the existing plan from Emerson Insurance.'에서 회사는 Emerson 보험사의 기존 보험 제도를 계속하여 이용할 것이라고 했으므로 지문의 내용과 일치하지 않는다. (C)는 'as the cost of the policy has increased this year, your monthly payments will rise by 4 percent'에서 건강 보험의 요금이 올해 인상됨에 따라 월별 납입금이 4퍼센트 인상될 것이라고 했으므로 지문의 내용과 일치한다. 따라서 (C)가 정답이다. (D)는 'Family members will be covered by this plan but will be excluded from the dental and vision add-ons below.'에서 가족 구성원들도 건강 보험 제도로 보상받을 수 있으나 치과 보험의 추가 사항에서는 제외될 것이라고 했으므로 지문의 내용과 일치하지 않는다.

어휘 **discontinue** v. 중단하다, 그만두다 **checkup** n. 검진, 건강 진단

The word "standard" in paragraph 3, line 2, is closest in meaning to

(A) regular
(B) permissible
(C) accepted
(D) auxiliary

3문단 두 번째 줄의 단어 "standard"는 의미상 ~와 가장 가깝다.

(A) 표준의
(B) 허용되는
(C) 인정되는
(D) 보조의

해설 유형7 | 동의어
정답 (A)

standard를 포함하는 구절 'choose between the standard or premium plan'에서 standard가 '기본적인'이라는 뜻으로 사용되었다. 따라서 '표준의, 보통의'라는 뜻을 가진 (A)가 정답이다.

What is NOT included in the eye-care plan?

(A) Vision tests
(B) Glasses frames
(C) Surgery discounts
(D) Sunglasses

안과 보험 제도에 포함되지 않은 것은?

(A) 시력 검사
(B) 안경테
(C) 수술 할인
(D) 선글라스

해설 유형3 | Not/True Not 문제
정답 (D)

질문의 핵심 어구인 included in the eye-care plan과 관련된 내용을 지문에서 찾아 각 보기와 대조하는 Not/True 문제이다. (A)와 (B)는 'You will be fully reimbursed for the cost of two eye exams and one pair of replacement eyeglass lenses and frames each year.'에서 안과 보험 제도로 매년 두 번의 시력 검사와 한 쌍의 교체 안경 렌즈와 안경테의 비용을 완전히 보상받을 것이라고 했으므로 지문의 내용과 일치한다. (C)는 'You will also receive price reductions for vision-enhancement surgeries.'에서 시력 강화 수술에 대한 비용 할인을 제공받을 것이라고 했으므로 지문의 내용과 일치한다. (D)는 'sunglasses are not covered by the policy'에서 선글라스는 안과 보험으로 보장되지 않는다고 했으므로 지문의 내용과 일치하지 않는다. 따라서 (D)가 정답이다.

바꾸어 표현하기
eye exams 시력 검사 → Vision tests 시력 검사
price reductions for vision-enhancement surgeries 시력 강화 수술에 대한 비용 할인 → Surgery discounts 수술 할인

164-167 온라인 채팅 대화문

Jack Porter	10:41 A.M.

[164]The concert we're organizing to raise money for Joplin Farmers Foundation is just over three weeks away. I wanted to check if there are any problems at this point.

Tara Morris	10:43 A.M.

I haven't encountered any. [165]I booked the Pullman Auditorium for April 22 last week, and I'll be meeting with the lighting and audio technicians on April 20 to set everything up.

David Wen	10:45 A.M.

I've run into one. [166]There's an error on the posters we had printed. The Web site address for ticket sales is incorrect.

Jack Porter	10:46 A.M.

I don't believe it. [166]Most of our tickets are sold online. Have you contacted the print shop about this?

Jack Porter	오전 10시 41분

[164]Joplin 농부 협회를 위한 모금을 하기 위해 우리가 주최하는 콘서트가 3주밖에 남지 않았어요. 저는 지금 시점에서 어떤 문제점이 있는지 확인하고 싶네요.

Tara Morris	오전 10시 43분

저는 아무런 문제도 없었어요. [165]지난주에 4월 22일로 Pullman 강당을 예약했고 모든 것을 준비하기 위해 4월 20일에 조명과 음향 기술자들을 만날 거예요.

David Wen	오전 10시 45분

저는 문제가 하나 있었어요. [166]우리가 인쇄했던 포스터에 오류가 있어요. 티켓 판매를 위한 웹사이트 주소가 정확하지 않아요.

Jack Porter	오전 10시 46분

믿을 수가 없군요. [166]우리의 티켓 대부분은 온라인으로 팔리잖아요. 이것에 대해서 인쇄소에 연락해봤나요?

David Wen	10:48 A.M.

I just spoke with the manager a few minutes ago. He promised to reprint the posters. But we won't be able to start putting them up around town until the end of the week.

Tara Morris	10:50 A.M.

Maybe it'll be OK. If we can post them this weekend, there'll still be plenty of time.

Jack Porter	10:51 A.M.

True. I've arranged for a couple of radio stations to promote our event as well. [167]And I'll be interviewed by a newspaper journalist on April 12 to answer questions about the event. So, we'll get lots of publicity.

David Wen	10:52 A.M.

That's a relief. I'll call the print shop back and confirm that we can have the posters by Friday, April 5, at the latest.

David Wen	오전 10시 48분

제가 몇 분 전에 관리자와 얘기했어요. 그가 포스터를 재인쇄 하겠다고 약속했어요. 하지만 이번 주말이 되어서야 시내 곳 곳에 포스터를 붙이기 시작할 수 있을 거예요.

Tara Morris	오전 10시 50분

어쩌면 괜찮을 것 같아요. 만약 우리가 이번 주말에 포스터를 붙일 수 있다면 시간은 여전히 충분할 거예요.

Jack Porter	오전 10시 51분

맞아요. 또 제가 몇몇 라디오 방송국이 우리 행사를 홍보하도 록 해 놓았어요. [167]그리고 행사에 대한 질문들에 답하기 위해 4월 12일에 신문 기자에게 인터뷰를 받을 예정이에요. 그러 니 우리는 많은 언론의 관심을 받을 거예요.

David Wen	오전 10시 52분

다행이네요. 제가 인쇄소에 다시 전화해서 늦어도 4월 5일 금요일까지 우리가 포스터를 받을 수 있도록 확실히 할게요.

어휘　**lighting** n. 조명　**technician** n. 기술자　**set up** phr. 준비하다, 설치하다　**error** n. 오류, 실수　**incorrect** adj. 정확하지 않은, 사실이 아닌
promote v. 홍보하다, 촉진하다　**publicity** n. 언론의 관심, 주목　**relief** n. 다행, 안도

164

What is mainly being discussed?	주로 논의되고 있는 것은 무엇인가?
(A) A concert series	(A) 콘서트 시리즈
(B) A radio program	(B) 라디오 프로그램
(C) A fundraising event	(C) 기금 모금 행사
(D) A Web site launch	(D) 웹사이트 출시

해설　유형1 | 주제/목적 찾기 글의 주제　　　　　　　　　　　　　　　　　　　정답 (C)

주로 논의되고 있는 것이 무엇인지를 묻는 주제 찾기 문제이다. 'The concert we're organizing to raise money for Joplin Farmers Foundation is just over three weeks away. I wanted to check if there are any problems at this point.'에서 Mr. Porter가 Joplin 농부 협회를 위한 모금을 하기 위해 자신들이 주최하는 콘서트가 3주밖에 남지 않았고 지금 시점에서 어떤 문제점이 있는지 확인하고 싶다고 하자, 다른 대화 참여자들이 행사를 준비하는 중에 생긴 문제점들에 대해 이야기하고 있으므로 (C)가 정답이다.

바꾸어 표현하기
concert we're organizing to raise money 모금을 하기 위해 주최하는 콘서트 → **fundraising event** 기금 모금 행사

165

난이도 ○○○● 하

What did Ms. Morris do last week?	Ms. Morris는 지난주에 무엇을 했는가?
(A) Reserved a venue	(A) 장소를 예약했다
(B) Set up equipment	(B) 장비를 설치했다
(C) Met with technicians	(C) 기술자들을 만났다
(D) Designed a poster	(D) 포스터를 디자인했다

해설　유형2 | 육하원칙 What　　　　　　　　　　　　　　　　　　　　　　　　정답 (A)

Ms. Morris가 지난주에 무엇(What)을 했는지를 묻는 육하원칙 문제이다. 'I booked the Pullman Auditorium for April 22 last week' 에서 Ms. Morris가 지난주에 Pullman 강당을 예약했다고 했으므로 (A)가 정답이다.

바꾸어 표현하기
booked the Pullman Auditorium Pullman 강당을 예약했다 → **Reserved a venue** 장소를 예약했다

난이도 ◦◦●● 중

At 10:46 A.M., what does Mr. Porter most likely mean when he writes, "I don't believe it"?

(A) He thinks that an issue is serious.
(B) He prefers to postpone an event.
(C) He wants to change a plan.
(D) He doubts that online sales will increase.

오전 10시 46분에, Mr. Porter가 "I don't believe it" 이라고 썼을 때 그가 의도한 것 같은 것은?

(A) 문제가 심각하다고 생각한다.
(B) 행사를 연기하는 것을 선호한다.
(C) 계획을 변경하고 싶어 한다.
(D) 온라인 구매가 증가할 것이라고 생각하지 않는다.

해설 유형5 | 의도 파악　　　　　　　　　　　　　　　　　　　　　정답 (A)

Mr. Porter가 의도한 것을 묻는 문제이므로, 질문의 인용어구(I don't believe it)가 언급된 주변 문맥을 확인한다. 'There's an error on the posters we had printed. The Web site address for ticket sales is incorrect.'에서 David Wen이 포스터에 오류가 있는데 티켓 판매를 위한 웹사이트 주소가 정확하지 않다고 하자, Mr. Porter가 'I don't believe it.'(믿을 수가 없군요)이라고 한 후, 'Most of our tickets are sold online.'에서 티켓의 대부분이 온라인으로 팔린다고 한 것을 통해 그는 웹사이트 주소가 정확하지 않게 인쇄된 것이 심각한 문제라고 생각한다는 것을 알 수 있다. 따라서 (A)가 정답이다.

난이도 ◦◦◦● 하

On which day will Mr. Porter be interviewed?

(A) April 5
(B) April 12
(C) April 20
(D) April 22

어느 날에 Mr. Porter는 인터뷰를 할 것인가?

(A) 4월 5일
(B) 4월 12일
(C) 4월 20일
(D) 4월 22일

해설 유형2 | 육하원칙 Which　　　　　　　　　　　　　　　　　　　　정답 (B)

Mr. Porter가 어느(which) 날에 인터뷰를 할 것인지를 묻는 육하원칙 문제이다. 'And I'll be interviewed by a newspaper journalist on April 12 to answer questions about the event.'에서 Mr. Porter가 행사에 대한 질문들에 답하기 위해 4월 12일에 신문 기자에게 인터뷰를 받을 예정이라고 했으므로 (B)가 정답이다.

168-171 　책의 서문

Great Hikes in the Pacific Northwest
Foreword, by Matt Spangler, President of the Puget Sound Hiking Society

My first-ever trip into the mountains alone was as an 18-year-old equipped with only a compass, a backpack full of food, and a lot of self-confidence. I wandered off into the Olympic National Forest and, of course, became woefully lost within an hour or so. It would have been much easier if this book had been around then.

169-C The detailed descriptions and maps of the most picturesque hiking trails in Washington, Oregon, and British Columbia would have helped me travel in the right direction. I would have spent my time marveling at my surroundings rather than scrambling among densely packed trees for eight hours.

170 Since being introduced to Marie Henderson during a visit to the Rainier Outdoor Supply Shop, 168-B I have gone with her on a number of the hikes featured in this book. I can safely say that 169-D there is no better guide to the plants and animals of the Pacific Northwest mountains. 169-B/171 This book will also guide you to the best vantage points for taking landscape photographs. ○

태평양 북서부에서의 굉장한 하이킹
서문, Matt Spangler 작성, 퓨젯 사운드 하이킹 동호회 회장

제가 생전 처음으로 혼자 산에 여행 간 것은 오직 나침반, 음식으로 가득 찬 배낭 그리고 엄청난 자신감만을 갖춘 18살 대였습니다. 저는 Olympic 국유림을 돌아다녔는데, 역시나, 한 시간쯤 이내에 한심하게 길을 잃었습니다. 만약 당시에 이 책이 있었더라면 여행은 훨씬 쉬웠을 겁니다.

169-C상세한 설명과 워싱턴 주, 오리건 주, 그리고 브리티시 컬럼비아 주 내의 가장 그림 같은 하이킹 코스들의 지도는 제가 올바른 방향으로 가도록 도와줬을 것입니다. 저는 빽빽하게 채워진 나무들 사이에서 8시간 동안 고생하면서 나아가기보다는 제 주변을 경탄하며 시간을 보냈을 것입니다.

170Rainier 아웃도어 장비점을 방문하는 동안 Marie Henderson을 알게 된 이후로, 168-B저는 이 책 안에 특별히 포함되어 있는 많은 하이킹에 그녀와 함께 해왔습니다. 저는 169-C이것보다 더 좋은 태평양 북서부 산의 식물들과 동물들에 관한 안내서는 없다고 틀림없이 말할 수 있습니다. 169-B/171이 책은 또한 경치 사진을 찍기 위한 가장 좋은 위치로 당신을 안내할 것입니다.

So read on to discover some of the lesser-known trails while also receiving tips for hiking the most famous routes. But most importantly, take this book with you and get out into the fresh air of the mountains. With *Great Hikes in the Pacific Northwest* in your backpack, you won't get lost.

그러니 가장 유명한 경로들을 하이킹하기 위한 조언을 받음과 동시에 덜 알려진 몇몇 코스들을 발견하기 위해 책을 계속 읽어보십시오. 그러나 가장 중요하게, 이 책을 챙겨서 산의 신선한 공기 속으로 나가십시오. 당신의 배낭 속에 *태평양 북서부에서의 굉장한 하이킹*을 가지고 있으면, 길을 잃지 않을 것입니다.

어휘 **foreword** n. 서문, 머리말 **compass** n. 나침반, 컴퍼스 **wander off** phr. 돌아다니다, 방황하다 **woefully** adv. 한심하게, 비통하게 **picturesque** adj. 그림 같은, 생생한 **marvel** v. 경탄하다, 놀라다 **scramble** v. 고생하며 나아가다, 기어오르다 **densely** adv. 빽빽하게, 밀집하여 **vantage point** phr. 좋은 위치, 관점

168

난이도 ○○●● 중

What is true about Mr. Spangler?

(A) He is the author of several books.
(B) He has hiked with Ms. Henderson.
(C) He sells climbing supplies.
(D) He works at a national park.

Mr. Spangler에 대해 사실인 것은?

(A) 몇몇 책의 작가이다.
(B) Ms. Henderson과 하이킹한 적이 있다.
(C) 등산 용품을 판매한다.
(D) 국립공원에서 일한다.

해설 **유형3 | Not/True** True 문제   정답 (B)

질문의 핵심 어구인 Mr. Spangler와 관련된 내용을 지문에서 찾아 각 보기와 대조하는 Not/True 문제이다. (A), (C), (D)는 지문에 언급되지 않은 내용이다. (B)는 'I have gone with her on a number of the hikes featured in this book'에서 Mr. Spangler가 책 안에 특별히 포함되어 있는 많은 하이킹에 그녀, 즉 Ms. Henderson과 함께 해왔다고 했으므로 지문의 내용과 일치한다. 따라서 (B)가 정답이다.

169

난이도 ○○●● 중

What is NOT included in Ms. Henderson's book?

(A) Directions for driving to the mountains
(B) Suggestions on places to take pictures
(C) Maps of hiking trails
(D) Information about local plants

Ms. Henderson의 책에 포함되지 않은 것은?

(A) 산으로 운전해서 가는 길의 안내
(B) 사진 찍을 장소에 대한 제안
(C) 하이킹 코스들의 지도
(D) 지역 식물에 관한 정보

해설 **유형3 | Not/True** Not 문제   정답 (A)

질문의 핵심 어구인 included in Ms. Henderson's book과 관련된 내용을 지문에서 찾아 각 보기와 대조하는 Not/True 문제이다. (A)는 지문에 언급되지 않은 내용이다. 따라서 (A)가 정답이다. (B)는 'This book will also guide you to the best vantage points for taking landscape photographs.'에서 이 책은 경치 사진을 찍기 위한 가장 좋은 위치로 안내해줄 것이라고 했으므로 지문의 내용과 일치한다. (C)는 'The detailed descriptions and maps of the most picturesque hiking trails'에서 상세한 설명과 가장 그림 같은 하이킹 코스들의 지도가 책에 포함되어 있다고 했으므로 지문의 내용과 일치한다. (D)는 'there is no better guide to the plants and animals of the Pacific Northwest mountains'에서 이 책보다 더 좋은 태평양 북서부 산의 식물들과 동물들에 관한 안내서는 없다고 했으므로 지문의 내용과 일치한다.

바꾸어 표현하기
guide you to the best vantage points for taking landscape photographs 경치 사진을 찍기 위한 가장 좋은 위치로 안내해주다
→ Suggestions on places to take pictures 사진 찍을 장소에 대한 제안

170

난이도 ○○●● 중

Where did Mr. Spangler meet Ms. Henderson?

(A) At a photography workshop
(B) At a viewpoint
(C) At a hiking society meeting
(D) At an equipment store

Mr. Spangler는 어디에서 Ms. Henderson을 만났는가?

(A) 사진 워크숍에서
(B) 전망대에서
(C) 하이킹 동호회에서
(D) 장비 상점에서

TEST1
TEST 2
TEST 3
TEST 4
TEST 5
TEST 6
TEST 7

해커스 토익 PART 7 집중공략 777

해설 유형2 | 육하원칙 Where
정답 (D)

Mr. Spangler가 어디(Where)에서 Ms. Henderson을 만났는지를 묻는 육하원츠 문제이다. 질문의 핵심 어구인 Mr. Spangler meet Ms. Henderson과 관련하여, 'Since being introduced to Marie Henderson during a visit to the Rainier Outdoor Supply Shop' 에서 Mr. Spangler는 Rainier 아웃도어 장비점을 방문하는 동안 Marie Henderscn을 알게 되었다고 했으므로 (D)가 정답이다.

바꾸어 표현하기

Outdoor Supply Shop 아웃도어 장비점 → equipment store 장비 상점

171
난이도 ○○○● 하

Who would most likely purchase the book?	누가 이 책을 살 것 같은가?
(A) People who work for magazines	(A) 잡지사에서 일하는 사람들
(B) People who enjoy landscape photography	(B) 경치 사진을 즐겨 찍는 사람들
(C) People who design gardens	(C) 정원을 설계하는 사람들
(D) People who sell hiking gear	(D) 하이킹 장비를 파는 사람들

해설 유형4 | 추론 세부 정보
정답 (B)

질문의 핵심 어구인 Who ~ purchase the book에 대해 추론하는 문제이다. 'Th s book will also guide you to the best vantage points for taking landscape photographs.'에서 이 책은 경치 사진을 찍기 위한 가장 좋은 위치로 안내해줄 것이라고 했으므로 경치 사진을 즐겨 찍는 사람들이 이 책을 살 것이라는 사실을 추론할 수 있다. 따라서 (B)가 정답이다.

172-175 기사

[172]Scientists Move Forward in Fight Against Cancer
By Parvati Singh

[172]Scientists at Seattle's Biocare Labs announced this week that they have developed a new medication called Zerbaplac to treat lung cancer. — [1] —. The research team, led by Dr. Frank Chan and Dr. Scott Dawson, has been working for the last three years to create a medication that can eliminate some cancer cells in lung tissue. "We have slightly modified another medication, Clorawell, so that it seeks out and destroys certain cancer cells instead of just alleviating symptoms of the disease," Dr. Chan said in a telephone interview. — [2] —. He claims that modern technology is allowing medical researchers to make unprecedented discoveries and that cancer could soon become an easily treatable illness.

[174-B]Dr. Chan says his team has recently received approval from the medical board to begin clinical trials on March 15. [175]The team plans to accept an initial testing group of 20 patients currently afflicted with lung cancer and give them regular doses of Zerbaplac. — [3] —.

The researchers say [174-D]Zerbaplac may cause headaches at first. "But this feeling will go away as the drug starts to fight off the cancer cells," Dr. Dawson explained. Biocare has confidence in the project, and preliminary results from the clinical trials will be released to the public in about six months. — [4] —.

[172]과학자들이 암과의 싸움에서 진보를 이루다
Parvati Singh 작성

[172]시애틀의 Biocare 실험실의 과학자들은 폐암을 치료하기 위한 Zerbaplac이라고 불리는 새로운 약물을 개발했다는 것을 이번 주에 발표했다. — [1] —. Dr. Frank Chan과 Dr. Scott Dawson이 이끄는 연구팀은 폐 조직 내 일부 암세포를 제거할 수 있는 약물을 만들기 위해 지난 3년간 연구해왔다. "우리는 Clorawell이라는 다른 약을 약간 변형하여 그것이 단지 병의 증상을 완화시키는 대신 특정 암세포를 찾아내서 파괴하도록 했습니다."라고 Dr. Chan이 전화 인터뷰에서 말했다. — [2] —. 그는 현대 기술이 의학 연구진들로 하여금 전례 없는 발견을 이루게 하고 암이 머지 않아 쉽게 치료할 수 있는 병이 될 수 있다고 주장한다.

[174-B]Dr. Chan은 그의 팀이 최근에 의학 위원회로부터 3월 15일에 임상 시험을 시작하도록 승인을 받았다고 말한다. [175]그 팀은 현재 폐암으로 고통받는 20명의 환자들로 이루어진 초기 시험 집단을 받고 그들에게 정기적으로 Zerbaplac을 복용시킬 계획이다. — [3] —.

연구진들은 [174-D]Zerbaplac이 처음에는 두통을 일으킬 수 있다고 말한다. "그러나 이 느낌은 약이 암세포와 싸우기 시작하면서 사라질 것입니다."라고 Dr. Dawson은 설명했다. Biccare는 이 프로젝트에 자신감을 가지고 있으며, 임상 시험의 사전 결과는 약 여섯 달 이내에 대중에게 공개될 것이다. — [4] —.

어휘 **medication** n. 약물, 약 **treat** v. 치료하다, 다루다 **lung cancer** phr. 폐암 **eliminate** v. 제거하다, 없애다 **cell** n. 세포 **tissue** n. 조직
modify v. 변형하다, 변경하다 **seek out** phr. 찾아내다 **destroy** v. 파괴하다, 훼손하다 **alleviate** v. 완화하다, 편하게 하다
symptom n. 증상, 징후 **claim** v. 주장하다, 요청하다 **technology** n. 기술 **discovery** n. 발견 **treatable** adj. 치료할 수 있는, 처리할 수 있는
illness n. 병, 질환 **approval** n. 승인, 허가 **clinical trial** phr. 임상 시험 **initial** adj. 초기의, 처음의 **afflicted with** phr. ~으로 고통 받는
go away phr. 사라지다 **drug** n. 약 **preliminary** adj. 사전의, 예비의 **release** v. 공개하다, 발표하다

난이도 ○●●● 상

Why was the article written?	기사는 왜 쓰여졌는가?
(A) To encourage participation in an upcoming study	(A) 다가오는 연구에 참여를 장려하기 위해
(B) To provide news of a medical breakthrough	(B) 의학적 발전에 대한 소식을 제공하기 위해
(C) To announce the launch of a research project	(C) 연구 프로젝트의 시작을 알리기 위해
(D) To describe setbacks with medical research	(D) 의학 연구의 실패를 설명하기 위해

해설 유형1 | 주제/목적 찾기 글을 쓴 이유   정답 (B)

기사가 쓰여진 이유를 묻는 목적 찾기 문제이므로 지문의 헤드라인과 첫 세 문장을 주의 깊게 확인한다. 'Scientists Move Forward in Fight Against Cancer'에서 과학자들이 암과의 싸움에서 진보를 이뤘다고 했고, 'Scientists at Seattle's Biocare Labs announced that they have developed a new medication called Zerbaplac to treat lung cancer.'에서 시애틀의 Biocare 실험실의 과학자들은 폐암을 치료하기 위한 Zerbaplac이라고 불리는 새로운 약물을 개발했다는 것을 발표했다고 한 후 새로운 폐암 치료제와 관련된 내용을 설명하고 있으므로 (B)가 정답이다.

바꾸어 표현하기
Move Forward in Fight Against Cancer 암과의 싸움에서 진보를 이루다 → medical breakthrough 의학적 발전

어휘   breakthrough n. (획기적) 발전, 돌파구   launch n. 시작, 착수   setback n. 실패, 패배, 방해

난이도 ○○●● 중

The word "unprecedented" in paragraph 1, line 7, is closest in meaning to	1문단 일곱 번째 줄의 단어 "unprecedented"는 의미상 ~와 가장 가깝다.
(A) invaluable	(A) 귀중한
(B) inaudible	(B) 알아들을 수 없는
(C) innovative	(C) 혁신적인
(D) indifferent	(D) 무관심한

해설 유형7 | 동의어   정답 (C)

unprecedented를 포함하는 구절 'modern technology is allowing medical researchers to make unprecedented discoveries'에서 unprecedented가 '전례 없는'이라는 뜻으로 사용되었는데, 이는 지금까지 없었던 새로운 발견이라는 의미이므로, '혁신적인'이라는 뜻을 가진 (C)가 정답이다.

난이도 ○○●● 중

What is indicated about Zerbaplac?	Zerbaplac에 대해 언급된 것은?
(A) It is effective against a variety of diseases.	(A) 여러 가지 질병에 효과가 있다.
(B) It has been approved for clinical tests.	(B) 임상 시험을 위해 승인을 받았다.
(C) It was developed using government funds.	(C) 정부 지원 자금을 이용해 개발되었다.
(D) It causes long-term harm to some patients.	(D) 일부 환자들에게 장기적인 해를 유발한다.

해설 유형3 | Not/True True 문제   정답 (B)

질문의 핵심 어구인 Zerbaplac과 관련된 내용을 지문에서 찾아 각 보기와 대조하는 Not/True 문제이다. (A)는 지문에 언급되지 않은 내용이다. (B)는 'Dr. Chan says his team has recently received approval from the medical board to begin clinical trials'에서 최근에 의학 위원회로부터 Zerbaplac의 임상 시험을 시작하도록 승인받았다고 했으므로 지문의 내용과 일치한다. 따라서 (B)가 정답이다. (C)는 지문에 언급되지 않은 내용이다. (D)는 'Zerbaplac may cause headaches at first ~ But this feeling will go away'에서 Zerbaplac이 처음에는 두통을 일으킬 수도 있지만 이 느낌은 사라질 것이라고 했으므로 지문의 내용과 일치하지 않는다.

어휘   effective adj. (병에) 효과가 있는, 효과적인   long-term adj. 장기적인

In which of the positions marked [1], [2], [3], and [4] does the following sentence best belong?

"Their health will then be monitored closely for four months."

(A) [1]
(B) [2]
(C) [3]
(D) [4]

[1], [2], [3], [4]로 표시된 위치 중, 다음 문장이 들어갈 곳으로 가장 적절한 것은?

"그들의 건강 상태는 네 달 동안 면밀하게 관찰될 것이다."

(A) [1]
(B) [2]
(C) [3]
(D) [4]

해설 유형6 | 문장 위치 찾기

정답 (C)

지문의 흐름상 주어진 문장이 들어가기에 가장 적절한 곳을 고르는 문제이다. Their health will then be monitored closely for four months에서 그들의 건강 상태는 네 달 동안 면밀하게 관찰될 것이라고 했으므로, 문장이 관찰되어야 하는 대상이 언급된 부분 다음에 들어가야 함을 알 수 있다. [3]의 앞 문장인 'The team plans to accept an initial testing group of 20 patients currently afflicted with lung cancer and give them regular doses of Zerbaplac.'에서 연구팀이 현재 폐암으로 고통받는 20명의 환자들로 이루어진 초기 시험 집단을 받고 그들에게 정기적으로 Zerbaplac을 복용시킬 계획이라고 했으므로, [3]에 제시된 문장이 들어가면 폐암으로 고통받는 20명의 환자들이 임상 시험에 참여하여 Zerbaplac을 복용할 것이고 그들의 건강 상태는 네 달 동안 면밀하게 관찰될 것이라는 자연스러운 문맥이 된다는 것을 알 수 있다. 따라서 (C)가 정답이다.

어휘 **monitor** v. 관찰하다, 감시하다 **closely** adv. 면밀하게, 밀접하게

지문 1

February 3

Jasmine Kennedy
35 Wentworth Road
Phoenix, AZ 85009

Dear Ms. Kennedy,

The Storyweaver Exposition is right around the corner, and [176]I hope you, as one of our esteemed members, are as excited about it as I am. The event will be held at the MGA Hotel in downtown Phoenix, Arizona, and will last from 8 A.M. to 5 P.M. If you haven't registered yet, please do so before February 20.

The primary purpose of the Storyweaver Exposition is to showcase the most distinguished publishing companies in the American Southwest. [177]This event features publishers from the southwestern states of Arizona, Texas, Nevada, and New Mexico.

In the morning, Richard Smiley, director of Tucson University Press, will give some opening remarks. Then, around midday, lunch will be served. In the afternoon, a meet and greet will be held, followed by [180]a closing speech by Wendy Farrell, the head of the American Publishers Association.

Each publisher will be assigned a booth in the hotel's event hall. From 8 A.M. to 3:15 P.M., registered participants will be welcome to wander from booth to booth and visit with the publishers' representatives. Enclosed with this letter is a list of attending publishers and their booth locations, along with a schedule of events. [179]Be sure to check out Arizona University's booth, where free copies of a new book on the state's history will be distributed.

I look forward to seeing all of you at the event.

Sincerely,

[176]Dennis Fitzpatrick
Events coordinator
[176]American Publishers Association

지문 2

AMERICAN PUBLISHERS ASSOCIATION
STORYWEAVER EXPOSITION
MARCH 3, 8 A.M. TO 5 P.M.

LOCATION OF PUBLISHERS' BOOTHS

Publisher	Pueblo Hall
Stars and Stripes	Section A
[179]Arizona University	Section B
Desert Island Press	Section C
Tucson University Press	Section D

SCHEDULE OF EVENTS
Participants may visit publishers' booths at any time from 8 A.M. to 3:15 P.M.

2월 3일

Jasmine Kennedy
35번지 Wentworth로
피닉스, 애리조나 주 85009

Ms. Kennedy께,

Storyweaver 박람회가 아주 가까이 왔고, [176]저는 귀하께서 저희의 귀중한 회원들 중 한 명으로서, 저만큼 기대감으로 들떠있으시길 바랍니다. 행사는 애리조나 주 피닉스 시내에 있는 MGA 호텔에서 열릴 것이며, 오전 8시부터 오후 5시까지 계속될 것입니다. 만약 아직 등록하지 않으셨다면, 2월 20일 이전까지 해 주시기 바랍니다.

Storyweaver 박람회의 주 목적은 미국 남서부 지방의 가장 우수한 출판사들을 소개하기 위함입니다. [177]이 행사는 남서부에 위치한 주인 애리조나, 텍사스, 네바다 그리고 뉴멕시코의 출판사들을 포함합니다.

아침에 Tucson 대학 출판부장인 Richard Smiley가 개회사를 할 것입니다. 그리고 나서, 정오 무렵에는 점심이 제공될 것입니다. 오후에는 만남의 행사가 진행될 것이며, [180]미국 출판사 협회장인 Wendy Farrell의 폐회사가 이어질 것입니다.

각 출판사들은 호텔의 이벤트 홀에 있는 부스를 배정받을 것입니다. 오전 8시부터 오후 3시 15분까지, 등록된 참가자들은 부스에서 부스를 돌아다니며 출판사의 대표들을 만나 이야기할 수 있을 것입니다. 이 편지에 행사 일정과 함께 참여 출판사들과 그들의 부스 위치에 대한 목록을 동봉하였습니다. [179]애리조나 주의 역사에 대한 새 책의 무료 사본이 배부되는 Arizona 대학의 부스를 반드시 확인해보시기 바랍니다.

여러분을 행사에서 뵙기를 기대합니다.

[176]Dennis Fitzpatrick 드림
행사 담당자
[176]미국 출판사 협회

미국 출판사 협회
STORYWEAVER 박람회
3월 3일, 오전 8시부터 오후 5시까지

출판사 부스 위치

출판사	Pueblo 홀
Stars and Stripes	A 구역
[179]Arizona 대학	B 구역
Desert Island 출판부	C 구역
Tucson 대학 출판부	D 구역

행사 일정
참가자들은 오전 8시부터 오후 3시 15분까지 언제든지 출판사들의 부스를 방문하셔도 됩니다.

Time	Details	Location
8:30 A.M. - 10:00 A.M.	**Opening Remarks** The director of Tucson University Press will start off the event with a brief presentation on the publishing field.	Room 32C
11:30 A.M. - 1:00 P.M.	**Lunch** Light fare with vegetarian options from Cushman Catering will be served.	Room 33C
3:30 P.M. - 4:30 P.M.	[178]**Meet and Greet** Representatives from publishing companies will have an opportunity to socialize with exhibition attendees.	[178]Pierce Ballroom
4:30 P.M. - 5:00 P.M.	[180]**Closing Speech** The president of the American Publishers Association will talk and hand out some awards to notable publishers.	Room 32C

시간	내용	장소
오전 8시 30분 - 오전 10시	개회사 Tucson 대학 출판부장이 출판 분야에 대한 짧은 발표로 행사를 시작할 것입니다.	32C호
오전 11시 30분 - 오후 1시	점심 Cushman 출장 음식 서비스의 채식 옵션이 있는 가벼운 식사가 제공될 것입니다.	33C호
오후 3시 30분 - 오후 4시 30분	[178]만남의 행사 출판사의 대표들은 박람회 참석자들과 교류할 기회를 가질 것입니다.	[178]Pierce 대연회장
오후 4시 30분 - 오후 5시	[180]폐회사 미국 출판사 협회장이 연설을 하고 주목할 만한 출판사들에게 몇 가지 상을 수여할 것입니다.	32C호

지문 1　**exposition** n. 박람회, 전시회　**around the corner** phr. 아주 가까이에　**esteemed** adj. 귀중한, 존경 받는　**register** v. 등록하다, 신고하다
primary adj. 주된, 최초의　**showcase** v. 소개하다, 전시하다　**distinguished** adj. 우수한, 유명한　**feature** v. (특별히) 포함하다; n. 특징
opening remark phr. 개회사　**closing speech** phr. 폐회사　**wander** v. 돌아다니다, 헤매다　**distribute** v. 배부하다, 나누어 주다

지문 2　**start off** phr. ~을 시작하다　**fare** n. 식사, 요금　**catering** n. 출장 음식 서비스　**socialize** v. 교류하다, 어울리다　**attendee** n. 참석자
notable adj. 주목할 만한, 중요한

176

난이도 ○○●● 중

To whom was the letter written?	편지는 누구에게 쓰여졌는가?
(A) A university professor	(A) 대학 교수
(B) An organization member	(B) 단체의 회원
(C) A conference center manager	(C) 컨퍼런스 센터 관리자
(D) A hotel reservation clerk	(D) 호텔 예약 담당 직원

해설 유형2 | 육하원칙 Whom　　정답 (B)

편지가 누구(whom)에게 쓰여졌는지를 묻는 육하원칙 문제이므로 첫 번째 지문인 Ms. Kennedy에게 보내진 편지에서 관련 내용을 확인한다. 편지의 'Dennis Fitzpatrick', 'American Publishers Association'에서 편지를 보낸 사람이 미국 출판사 협회의 Dennis Fitzpatrick임을 알 수 있고, 'I hope you, as one of our esteemed members'에서 귀하, 즉 Ms. Kennedy가 단체의 귀중한 회원 중 한 명이라고 한 것에서 그녀가 미국 출판사 협회의 회원임을 알 수 있다. 따라서 (B)가 정답이다.

177

난이도 ○○●● 중

What is indicated about the Storyweaver Exposition?	Storyweaver 박람회에 대해서 암시되는 것은?
(A) It will include publishers from a certain region.	(A) 특정 지역의 출판사들을 포함할 것이다.
(B) It will be held at an educational institution.	(B) 교육 기관에서 개최될 것이다.
(C) It has extended its registration period.	(C) 등록 기간을 연장했다.
(D) It is popular among collectors of antique books.	(D) 고서 수집가들 사이에서 인기가 있다.

해설 유형4 | 추론 세부 정보　　정답 (A)

질문의 핵심 어구인 the Storyweaver Exposition에 대해 추론하는 문제이므로 Storyweaver 박람회와 관련된 내용이 언급된 첫 번째 지문인 편지를 확인한다. 편지의 'This event features publishers from the southwestern states of Arizona, Texas, Nevada, and New Mexico.'에서 이 행사, 즉 Storyweaver 박람회는 남서부에 위치한 주인 애리조나, 텍사스, 네바다 그리고 뉴멕시코의 출판사들을 포함한다고 했으므로 Storyweaver 박람회가 특정 지역의 출판사들을 포함할 것이라는 사실을 추론할 수 있다. 따라서 (A)가 정답이다.

178

What will happen in Pierce Ballroom?	Pierce 대연회장에서 무슨 일이 일어날 것인가?
(A) A book signing	(A) 책 사인회
(B) A keynote speech	(B) 기조 연설
(C) A social occasion	(C) 사교 행사
(D) A product launch	(D) 상품 출시

해설 유형2 | 육하원칙 What 정답 (C)

Pierce 대연회장에서 무슨(What) 일이 일어날 것인지를 묻는 육하원칙 문제이므로 Pierce 대연회장이 언급된 두 번째 지문인 동봉물에서 관련 내용을 확인한다. 동봉물의 'Meet and Greet, Representatives from publishing companies will have an opportunity to socialize with exhibition attendees.', 'Pierce Ballroom'에서 Pierce 대연회장에서 만남의 행사가 있을 것이며, 출판사의 대표들은 박람회 참석자들과 교류할 기회를 가질 것이라고 했으므로 (C)가 정답이다.

바꾸어 표현하기
Meet and Greet 만남의 행사 → social occasion 사교 행사

179

In which section will free books be distributed?	어떤 구역에서 무료 서적들이 배부될 것인가?
(A) Section A	(A) A 구역
(B) Section B	(B) B 구역
(C) Section C	(C) C 구역
(D) Section D	(D) D 구역

해설 유형2 | 육하원칙 연계 문제 정답 (B)

질문의 핵심 어구인 free books be distributed에서 어떤(which) 구역에서 무료 서적들이 배부될 것인지를 묻고 있으므로 무료 서적 배부에 대한 내용이 언급된 편지를 먼저 확인한다.

단서 1 첫 번째 지문(편지)의 'Be sure to check out Arizona University's booth, where free copies of a new book on the state's history will be distributed.'에서 애리조나 주의 역사에 대한 새 책의 무료 사본이 Arizona 대학의 부스에서 배부될 것이라고 했다. 그런데 Arizona 대학의 부스가 어떤 구역에 있는지 제시되지 않았으므로 동봉물에서 관련 내용을 확인한다.

단서 2 두 번째 지문(동봉물)의 'Arizona University, Section B'에서 Arizona 대학의 부스는 B 구역에 있음을 확인할 수 있다.

두 단서를 종합할 때, 무료 서적들은 Arizona 대학의 부스가 있는 B 구역에서 배부된다는 것을 알 수 있다. 따라서 (B)가 정답이다.

180

What will happen during the final event of the exposition?	박람회의 마지막 행사 동안에 무슨 일이 일어날 것인가?
(A) An industry talk by Richard Smiley	(A) Richard Smiley의 업계 강연
(B) A meal prepared by Cushman Catering	(B) Cushman 출장 음식 서비스가 준비한 식사
(C) A closing speech by Dennis Fitzpatrick	(C) Dennis Fitzpatrick의 폐회사
(D) An awards presentation by Wendy Farrell	(D) Wendy Farrell의 수상 발표

해설 유형2 | 육하원칙 연계 문제 정답 (D)

질문의 핵심 어구인 happen during the final event of the exposition에서 박람회의 마지막 행사 동안에 무슨(What) 일이 일어날 것인지를 묻고 있으므로 박람회의 일정과 관련된 내용이 언급된 동봉물을 먼저 확인한다.

단서 1 두 번째 지문(동봉물)의 'Closing Speech', 'The president of the American Publishers Association will talk and hand out some awards to notable publishers.'에서 박람회의 마지막 행사인 폐회사 때 미국 출판사 협회장이 연설을 하고 주목할 만한 출판사들에게 몇 가지 상을 수여할 것이라고 했다. 그런데 미국 출판사 협회장이 누구인지 제시되지 않았으므로 편지에서 관련 내용을 확인한다.

단서 2 첫 번째 지문(편지)의 'a closing speech by Wendy Farrell, the head of the American Publishers Association'에서 폐회사를 할 미국 출판사 협회장은 Wendy Farrell임을 확인할 수 있다.

두 단서를 종합할 때, 박람회의 마지막 행사 동안에는 미국 출판사 협회장인 Wendy Farrell이 수상 발표를 할 것임을 알 수 있다. 따라서 (D)가 정답이다.

지문 1

May 18

Candace Sigridson
Benchley Promotions
3302 West Hampton Road
London, UK E7 0PD

Dear Ms. Sigridson,

This letter serves as an official confirmation of your enrollment in Burgundy Business Academy's summer refresher program. We have received your payment and added your name to the attendance lists for [181]all our available courses, which are as follows:

COURSE	[181]DATES	INSTRUCTOR
Virtual/Web Advertising	June 4 – July 16 Mondays, Thursdays 8:30 A.M. – 12 P.M.	Vy Nguyen
Social Network Promotions	July 2 – August 15 Tuesdays, Fridays 8:30 A.M. – 12 P.M.	Arthur Hendricks
Entertainment Media Marketing	July 16 – August 14 Wednesdays 3 P.M. – 6:30 P.M.	Min-ho Lee
Consumer Targeting	August 1 – September 2 Mondays 6 P.M. – 8:30 P.M.	Marjorie Hacket

All programs will be taught at the academy's 2910 Trencher Road branch. [184]Should you decide to cancel for any reason, a fee of £20 per course will be charged. Regretfully, the school is unable to provide any refunds for cancellations made after a course has begun. [182-D]Course packets will be provided, but registrants are urged to bring materials for taking notes. [182-C]There will be a 15-minute break period during each class, with tea, coffee, and snacks provided.

If you have any questions, feel free to contact me at edhart@bbacademy.edu.uk.

We look forward to seeing you in June!

Edward Harter
Assistant registrar
Burgundy Business Academy

지문 2

TO: Edward Harter <edhart@bbacademy.edu.uk>
FROM: Candace Sigridson <cansig@benchleyprom.co.uk>
SUBJECT: Summer courses
DATE: May 21

Dear Mr. Harter,

I received your letter this morning confirming my enrollment in Burgundy Business Academy's summer refresher program. Yesterday, I learned that my company is sending me on a 10-day ○

5월 18일

Candace Sigridson
Benchley 홍보 회사
3302번지 West Hampton로
런던, 영국 E7 0PD

Ms. Sigridson께,

이 편지는 귀하의 Burgundy 경영 학교의 여름 재교육 프로그램 등록의 공식적인 확인 역할을 합니다. 저희는 귀하의 지불을 받았고 귀하의 이름을 [181]다음과 같은 저희의 모든 교육 과정의 참석자 명단에 추가하였습니다:

교육 과정	[181]날짜	강사
가상/웹 광고	6월 4일 – 7월 16일 매주 월요일, 목요일 오전 8시 30분 – 오후 12시	Vy Nguyen
소셜 네트워크 홍보	7월 2일 – 8월 15일 매주 화요일, 금요일 오전 8시 30분 – 오후 12시	Arthur Hendricks
엔터테인먼트 미디어 마케팅	7월 16일 – 8월 14일 매주 수요일 오후 3시 – 오후 6시 30분	Min-ho Lee
목표 소비자 설정	8월 1일 – 9월 2일 매주 월요일 오후 6시 – 오후 8시 30분	Marjorie Hacket

모든 프로그램은 2910번지 Trencher로의 분교에서 열릴 것입니다. [184]만약 귀하께서 어떠한 이유로든 취소를 결정하신다면, 교육 과정당 20파운드의 수수료가 청구될 것입니다. 유감스럽게도, 학교는 교육 과정이 시작된 이후에 이루어진 취소에 대해서는 어떤 환불도 제공할 수 없습니다. [182-D]수업 자료들은 제공될 것이지만, 등록자들은 필기를 하기 위한 도구들을 가져올 것이 요구됩니다. [182-C]각 수업 동안 15분의 쉬는 시간이 있을 것이고, 차, 커피, 간식이 제공될 것입니다.

질문이 있으시다면 edhart@bbacademy.edu.uk로 언제든지 연락 주시기 바랍니다.

6월에 뵐 것을 기대합니다!

Edward Harter 드림
보조 등록원
Burgundy 경영 학교

수신: Edward Harter <edhart@bbacademy.edu.uk>
발신: Candace Sigridson <cansig@benchleyprom.co.uk>
저목: 여름 교육 과정
날짜: 5월 21일

Mr. Harter께,

오늘 아침 Burgundy 경영 학교의 여름 재교육 프로그램의 등록을 확인하는 귀하의 편지를 받았습니다. 어제 저는 회사가 8월 중순에 저를 브라질로 10일간 출장을 보낸다는 것을

business trip to Brazil in mid-August. So, [183/184]I'd like to cancel the Monday evening course as I would be absent from too many of the classes.

Also, my company's accounting department has said that [184]your academy can charge the cancellation fee to the same corporate credit card that was used for the original payment. [185]Please e-mail me a copy of the receipt so that I can submit it to the accounting department. I look forward to hearing from you soon.

Yours truly,

[184]Candace Sigridson
Associate director of promotions
[184]Benchley Promotions

알았습니다. 그래서, [183/184]너무 많은 수업들을 결석할 것이기 때문에 월요일 저녁 수업을 취소하고 싶습니다.

또한, 제 회사의 회계 부서는 [184]학교가 취소 수수료를 원래 지불을 하는 데 사용되었던 법인카드로 청구할 수 있다고 말했습니다. [185]제가 회계 부서에 제출할 수 있도록 저에게 영수증 사본을 이메일로 보내주시기 바랍니다. 귀하로부터 곧 답변을 듣기를 기대합니다.

[184]Candace Sigridson 드림
홍보부 부책임자
[184]Benchley 홍보 회사

지문 1 **enrollment** n. 등록, 입학 **refresher program** phr. 재교육 프로그램 **virtual** adj. 가상의, 사실상의 **regretfully** adv. 유감스럽게도 **urge** v. 요구하다, 촉구하다 **take note** phr. 필기를 하다

지문 2 **business trip** phr. 출장 **absent from** phr. ~에 결석하다 **corporate** adj. 법인의, 회사의

181

난이도 ○○●● 중

What is indicated about the summer refresher program?

(A) It will have a maximum of 15 students per class.
(B) It will take place at several branches of the school.
(C) It will not include weekend classes.
(D) It will be organized by Mr. Harter.

여름 재교육 프로그램에 대해 암시되는 것은?

(A) 수업당 최대 15명의 학생이 있을 것이다.
(B) 학교의 여러 분교에서 열릴 것이다.
(C) 주말 수업은 포함하지 않을 것이다.
(D) Mr. Harter에 의해서 준비될 것이다.

해설 유형4 | 추론 세부 정보   정답 (C)

질문의 핵심 어구인 the summer refresher program에 대해 추론하는 문제이므로 여름 재교육 프로그램이 언급된 첫 번째 지문인 편지를 확인한다. 편지의 'DATES', 'Mondays, Thursdays', 'Tuesdays, Fridays', 'Wednesdays', 'Mondays'에서 수업들이 매주 월요일과 목요일, 화요일과 금요일, 수요일, 월요일에 있다고 했고, 'all our available courses, which are as follows'에서 해당 목록이 학교가 제공하는 모든 교육 과정을 포함한다고 했으므로 학교가 제공하는 여름 재교육 프로그램에 주말 수업은 포함되지 않는다는 사실을 추론할 수 있다. 따라서 (C)가 정답이다.

182

난이도 ○○●● 중

According to the letter, what will happen during each class?

(A) Participants will give presentations.
(B) Instructors will evaluate students.
(C) Refreshments will be available.
(D) Notepaper will be distributed.

편지에 따르면, 각 수업 동안 무슨 일이 일어날 것인가?

(A) 참가자들이 발표를 할 것이다.
(B) 강사들이 학생들을 평가할 것이다.
(C) 다과를 먹을 수 있을 것이다.
(D) 메모지가 분배될 것이다.

해설 유형2 | 육하원칙 What   정답 (C)

편지에 따르면 각 수업 동안 무슨(what) 일이 일어날 것인지를 묻는 육하원칙 문제이므로 첫 번째 지문인 편지를 확인한다. 편지의 'There will be a 15-minute break period during each class, with tea, coffee, and snacks provided.'에서 각 수업 동안 15분의 쉬는 시간이 있을 것이고 차, 커피, 간식이 제공될 것이라고 했으므로 (C)가 정답이다. (D)는 'Course packets will be provided, but registrants are urged to bring materials for taking notes.'에서 수업 자료들은 제공될 것이지만 등록자들은 필기를 하기 위한 도구들을 가지고 올 것이 요구된다고 했으므로 답이 될 수 없다.

바꾸어 표현하기
tea, coffee, and snacks provided 차, 커피, 간식이 제공되다 → Refreshments will be available 다과를 먹을 수 있을 것이다

어휘 **evaluate** v. 평가하다, 감정하다 **refreshment** n. 다과 **notepaper** n. 메모용지, 편지지 **distribute** v. 분배하다, 나누어 주다

Why was the e-mail written?

(A) To withdraw from a class
(B) To inquire about a new program
(C) To dispute a billing amount
(D) To apologize for an absence

이메일은 왜 쓰여졌는가?

(A) 수업을 취소하기 위해
(B) 새로운 프로그램에 대해 문의하기 위해
(C) 청구 금액에 이의를 제기하기 위해
(D) 결석에 대해 사과하기 위해

해설 유형1 | 주제/목적 찾기 글을 쓴 이유   **정답 (A)**

이메일이 쓰여진 이유를 묻는 목적 찾기 문제이므로 두 번째 지문인 이메일의 내용을 확인한다. 이메일의 요청 표현 주변인 'I'd like to cancel the Monday evening course as I would be absent from too many of the classes'에서 너무 많은 수업들을 결석할 것이기 때문에 월요일 저녁 수업을 취소하고 싶다고 했으므로 **(A)**가 정답이다.

어휘   **withdraw** v. 취소하다, 물러나다   **dispute** v. 이의를 제기하다, 반박하다

What will Benchley Promotions most likely have to do?

(A) Issue a corporate credit card
(B) Reimburse Ms. Sigridson for expenses
(C) Make an additional payment of £20
(D) Cancel Ms. Sigridson's business trip

Benchley 홍보 회사는 무엇을 해야 할 것 같은가?

(A) 법인카드를 발급한다
(B) Ms. Sigridson에게 경비를 상환한다
(C) 추가적으로 20파운드를 지불한다
(D) Ms. Sigridson의 출장을 취소한다

해설 유형4 | 추론 연계 문제   **정답 (C)**

질문의 핵심 어구인 Benchley Promotions ~ have to do에 대한 내용이 언급된 이메일을 먼저 확인한다.

단서 1 두 번째 지문(이메일)의 'Candace Sigridson', 'Benchley Promotions', 'I'd like to cancel the Monday evening course as I would be absent from too many of the classes'에서 Benchley 홍보 회사의 Ms. Sigridson이 월요일 저녁 수업을 취소하고 싶다고 했고, 'your academy can charge the cancellation fee to the same corporate credit card that was used for the original payment'에서 학교가 취소 수수료를 원래 지불을 하는 데 사용되었던 법인카드로 청구할 수 있다고 했다. 그런데 취소 수수료가 얼마인지 제시되지 않았으므로 편지에서 관련 내용을 확인한다.

단서 2 첫 번째 지문(편지)의 'Should you decide to cancel for any reason, a fee of £20 per course will be charged.'에서 만약 수업 취소를 결정한다면 교육 과정당 20파운드의 수수료가 청구될 것이라고 한 것을 확인할 수 있다.

두 단서를 종합할 때, Benchley 홍보 회사는 Ms. Sigridson이 취소한 교육 과정에 대한 수수료로 20파운드를 추가로 지불해야 한다는 사실을 추론할 수 있다. 따라서 **(C)**가 정답이다.

What does Ms. Sigridson ask Mr. Harter to do?

(A) Send her a document
(B) Reschedule an educational session
(C) Mail an invoice to her company
(D) Contact her accountant

Ms. Sigridson은 Mr. Harter에게 무엇을 하도록 요청하는가?

(A) 그녀에게 문서를 보낸다
(B) 교육 일정을 변경한다
(C) 그녀의 회사에 송장을 보낸다
(D) 그녀의 회계사에 연락한다

해설 유형2 | 육하원칙 What   **정답 (A)**

Ms. Sigridson이 Mr. Harter에게 무엇(What)을 하도록 요청하는지를 묻는 육하원칙 문제이므로 Ms. Sigridson이 Mr. Harter에게 보낸 두 번째 지문인 이메일의 마지막 부분을 확인한다. 이메일의 'Please e-mail me a copy of the receipt so that I can submit it to the accounting department.'에서 Ms. Sigridson이 Mr. Harter에게 회계 부서에 제출할 수 있도록 영수증 사본을 자신에게 이메일로 보내달라고 했으므로 **(A)**가 정답이다.

어휘   **invoice** n. 송장, 청구서

지문 1

From: Reservations <reservations@carfairboston.com>
To: Beth Bauer <beth.bauer@42solutions.info>
Subject: Reservation for March 17-18
Date: January 23

Dear Ms. Bauer,

Thank you for choosing CarFair Boston. [186]We have received your query and would like to help you choose the right model. The following cars are currently available for the dates you requested. All have standard features, and [187]full insurance is included for premium models.

– Compact VIVALO: Two-door vehicle, $45 per day
– Premium VIVALO: Four-door vehicle, $75 per day
– Compact PALIZZI: Convertible, two-door vehicle, $100 per day
– [187]Premium PALIZZI: Convertible, four-door vehicle, $200 per day

Also, please provide us with your flight information and arrival details so that we can serve you efficiently. We look forward to receiving your reservation and welcoming you to Boston.

Sincerely,

CarFair Boston

발신: 예약 <reservations@carfairboston.com>
수신: Beth Bauer <beth.bauer@42solutions.info>
제목: 3월 17일–18일에 대한 예약
날짜: 1월 23일

Ms. Bauer께,

CarFair Boston사를 선택해 주셔서 감사합니다. [186]저희는 귀하의 문의를 받았으며 알맞은 모델을 선택하는 것을 도와드리고 싶습니다. 다음의 차량들이 현재 귀하가 요청하신 날짜들에 이용 가능합니다. 모든 차량들은 표준 사양을 가지고 있으며, [187]프리미엄 모델에는 종합 보험이 포함되어 있습니다.

– 소형 VIVALO: 2도어 차량, 1일당 45달러
– 프리미엄 VIVALO: 4도어 차량, 1일당 75달러
– 소형 PALIZZI: 컨버터블, 2도어 차량, 1일당 100달러
– [187]프리미엄 PALIZZI: 컨버터블, 4도어 차량, 1일당 200달러

또한, 저희가 효율적으로 귀하를 모실 수 있도록 귀하의 항공편 정보와 도착 세부 사항을 저희에게 제공해주시기 바랍니다. 귀하의 예약을 받는 것과 보스턴에서 귀하를 맞이하는 것을 기대합니다.

CarFair Boston사 드림

지문 2

Travel Plan

Name: Beth Bauer
[188]Today's date: March 7
Date of business trip: March 17-18

Note: [188]*To receive reimbursement on tickets, car rental, meals, and accommodation, this report must be submitted for approval at least one week before the trip commences.*

March 17

Flight: 093 Air Conto
Departure: Toronto 7:30 A.M.
Arrival: Boston 9:06 A.M.

10:00 A.M.	[187]Rental car pick-up: Boston Airport CarFair (convertible; full insurance included)
10:30 A.M.	Hotel check-in: Majesty Hotel
11:30 A.M.	Conference attendance: Bartholomew Convention Center [190]12:00 P.M. Presentation
7:00 P.M.	Client dinner: Dim-Sum Pavilion (5-star Chinese restaurant; reservation for nine people)

March 18

7:00 A.M.	Breakfast: Majesty Hotel
8:00 A.M.	Rental car drop-off

여행 계획

이름: Beth Bauer
[188]오늘의 날짜: 3월 7일
출장 날짜: 3월 17일–18일

알림: [188]티켓, 자동차 대여, 식사 그리고 숙소에 대한 비용을 상환받기 위해서, 이 보고서는 승인을 위해 출장이 시작되기 최소 일주일 전에 제출되어야만 합니다.

3월 17일

항공편: 093 Air Conto
출발: 토론토 오전 7시 30분
도착: 보스턴 오전 9시 6분

오전 10시	[187]임대차 수령: 보스턴 공항 CarFair사 (컨버터블, 종합 보험 포함됨)
오전 10시 30분	호텔 체크인: Majesty 호텔
오전 11시 30분	회의 참석: Bartholomew 컨벤션 센터 [190]오후 12시 발표
오후 7시	고객과의 저녁식사: Dim-Sum 파빌리온 (5성급 중식당, 9명 예약)

3월 18일

오전 7시	아침: Majesty 호텔
오전 8시	임대차 반납

Flight: 090 Air Conto Departure: Boston 10:21 A.M. Arrival: Toronto 12:13 P.M.	항공편: 090 Air Conto 출발: 보스턴 오전 10시 21분 도착: 토론토 오후 12시 13분

지문 3

From: Patrizio Keller <patrizio.keller@42solutions.info> To: Beth Bauer <beth.bauer@42solutions.info> Subject: Your business trip Date: March 23 Hi Beth, 189-D I just want to give you some feedback on your performance during your first business trip. You did an excellent job at the conference and also at our client dinner. 189-C Since you were able to finalize an agreement with Mr. Cortez, the trip has already led to actual sales—well done! I appreciate that you drove all the way outside of the city to meet them. They also liked your restaurant choice. 190 I heard that your presentation at the conference started later than planned. The organizer reached out to us directly with a small complaint about the half-hour starting delay. In the future, please be fully prepared to begin speaking at the scheduled time. Best, Patrizio Keller	발신: Patrizio Keller <patrizio.keller@42solutions.info> 수신: Beth Bauer <beth.bauer@42solutions.info> 제목: 당신의 출장 날짜: 3월 23일 안녕하세요 Beth, 189-D 저는 당신의 첫 번째 출장에서의 당신의 성과에 관한 몇 가지 의견을 드리고 싶습니다. 당신은 회의와 고객과의 저녁 식사에서 훌륭한 일을 해냈습니다. 189-C 당신이 Mr. Cortez 와의 계약을 마무리 지을 수 있었기 때문에, 출장이 이미 실제 매출로 이어졌습니다. 수고했습니다! 저는 그들을 만나기 위해 당신이 도시 밖으로 먼 길을 운전해서 간 것에 대해 고맙게 생각합니다. 그들은 또한 당신이 선택한 식당을 좋아했습니다. 190 회의에서의 당신의 발표가 계획보다 늦게 시작됐다는 것을 들었습니다. 주최자가 저희에게 30분의 시작 지연에 대한 약간의 불만 사항을 가지고 직접 연락을 취해왔습니다. 향후에는, 예정된 시간에 발표를 시작할 수 있도록 완전히 준비해주시기 바랍니다. Patrizio Keller 드림

지문 1 **query** n. 문의, 의문 **full insurance** phr. 종합 보험 **vehicle** n. 차량, 탈 것 **efficiently** adv. 효율적으로, 유효하게

지문 2 **reimbursement** n. 상환, 배상 **approval** n. 승인, 찬성 **commence** v. 시작하다 착수하다 **departure** n. 출발(편) **arrival** n. 도착, 도입

지문 3 **performance** n. 성과, 수행 **finalize** v. 마무리 짓다, 완료하다 **agreement** n. 계약, 합의 **lead to** phr. ~로 이어지다
actual adj. 실제의, 사실상의 **reach out** phr. 연락을 취하다, 접근하다 **complaint** n. 불만 사항, 불평

186

난이도 ○○●● 중

What is the purpose of the first e-mail? (A) To negotiate a purchase (B) To follow up on an inquiry (C) To reconfirm an arrival (D) To publicize new models	첫 번째 이메일의 목적은 무엇인가? (A) 구매를 협상하기 위해 (B) 문의에 대한 후속 조치를 하기 위해 (C) 도착을 재확인하기 위해 (D) 새로운 모델을 홍보하기 위해

해설 유형1 | 주제/목적 찾기 글의 목적 정답 (B)

첫 번째 이메일의 목적을 묻는 목적 찾기 문제이므로 CarFair Boston사가 작성한 첫 번째 이메일의 내용을 확인한다. 이메일의 응답 표현 주변인 'We have received your query and would like to help you choose the right model.'에서 저희, 즉 CarFair Boston사는 Ms. Bauer의 문의를 받았으며 알맞은 모델을 선택하는 것을 도와주고 싶다고 했으므로 (B)가 정답이다.

어휘 **negotiate** v. 협상하다, 교섭하다 **publicize** v. 홍보하다, 알리다

187

난이도 ○○●● 중

Which car model did Ms. Bauer choose? (A) Compact VIVALO (B) Premium VIVALO (C) Compact PALIZZI (D) Premium PALIZZI	Ms. Bauer는 어떤 차 모델을 선택했는가? (A) 소형 VIVALO (B) 프리미엄 VIVALO (C) 소형 PALIZZI (D) 프리미엄 PALIZZI

TEST 4 해석·해설 **203**

TEST 1 | TEST 2 | TEST 3 | **TEST 4** | TEST 5 | TEST 6 | TEST 7

해커스 토익 실전 1000제 3 READING 777

질문의 핵심 어구인 car model ~ Ms. Bauer choose에서 Ms. Bauer가 어떤(Which) 차 모델을 선택했는지를 묻고 있으므로 Ms. Bauer의 일정표를 먼저 확인한다.

단서 1 두 번째 지문(일정표)의 'Rental car pick-up', '(convertible; full insurance included)'에서 Ms. Bauer가 임대한 차는 컨버터블이고 종합 보험이 포함되어 있다고 했다. 그런데 차 모델들에 대한 세부 사항이 제시되지 않았으므로 첫 번째 이메일에서 관련 내용을 확인한다.

단서 2 첫 번째 지문(이메일)의 'full insurance is included for premium models'에서 프리미엄 모델에는 종합 보험이 포함되어 있다는 것을 알 수 있고, 'Premium PALIZZI: Convertible'에서 프리미엄 PALIZZI가 컨버터블임을 확인할 수 있다.

두 단서를 종합할 때, Ms. Bauer가 선택한 차 모델은 프리미엄 PALIZZI임을 알 수 있다. 따라서 (D)가 정답이다.

188

난이도 ○○●● 중

What does the itinerary imply about Ms. Bauer's trip?

(A) Expenses will be covered by her company.
(B) Airline reward points will be earned.
(C) A room upgrade will be granted.
(D) A conference will last for two days.

일정표가 Ms. Bauer의 출장에 대해 암시하는 것은?

(A) 그녀의 회사가 비용을 댈 것이다.
(B) 항공사 보상 포인트가 획득될 것이다.
(C) 객실 업그레이드가 승인될 것이다.
(D) 회의는 2일 동안 지속될 것이다.

해설 유형4 | 추론 세부 정보   정답 (A)

일정표에서 질문의 핵심 어구인 Ms. Bauer's trip에 대해 암시하는 것을 추론하는 문제이므로 두 번째 지문인 일정표에서 관련 내용을 확인한다. 일정표의 'To receive reimbursement on tickets, car rental, meals, and accommodation, this report must be submitted for approval at least one week before the trip commences.'에서 티켓, 자동차 대여, 식사 그리고 숙소에 대한 비용을 상환받기 위해서 해당 보고서는 승인을 위해 출장이 시작되기 최소 일주일 전에 제출되어야만 한다고 했고, 'Today's date: March 7, Date of business trip: March 17-18'에서 일정표를 제출한 날짜가 3월 7일이고 출장은 3월 17일에 시작하므로 Ms. Bauer가 출장이 시작되기 일주일 전에 일정표를 제출했기 때문에 회사로부터 출장 비용을 상환받을 수 있을 것이라는 사실을 추론할 수 있다. 따라서 (A)가 정답이다.

189

난이도 ○○●● 중

What does Mr. Keller indicate about Ms. Bauer?

(A) She met Mr. Cortez before the conference.
(B) She chose a restaurant close to her hotel.
(C) She completed a contract during her trip.
(D) She has gone on several business trips.

Mr. Keller가 Ms. Bauer에 대해 언급하는 것은?

(A) 회의 이전에 Mr. Cortez를 만났다.
(B) 그녀의 호텔과 가까운 식당을 선택했다.
(C) 출장 동안에 계약을 완료했다.
(D) 여러 번 출장을 갔었다.

해설 유형3 | Not/True True 문제   정답 (C)

Mr. Keller가 Ms. Bauer에 대해 언급한 내용을 지문에서 찾아 각 보기와 대조하는 Not/True 문제이므로 Mr. Keller가 Ms. Bauer에게 보낸 두 번째 이메일에서 관련 내용을 확인한다. (A)와 (B)는 지문에 언급되지 않은 내용이다. (C)는 'Since you were able to finalize an agreement with Mr. Cortez, the trip has already led to actual sales'에서 Ms. Bauer가 Mr. Cortez와의 계약을 마무리 지을 수 있었기 때문에 출장이 이미 실제 매출로 이어졌다고 했으므로 지문의 내용과 일치한다. 따라서 (C)가 정답이다. (D)는 'I just want to give you some feedback on your performance during your first business trip.'에서 이번 출장이 Ms. Bauer의 첫 번째 출장이라고 했으므로 지문의 내용과 일치하지 않는다.

바꾸어 표현하기

finalize an agreement 계약을 마무리 짓다 → completed a contract 계약을 완료했다

190

난이도 ○●●● 상

At what time did Ms. Bauer start her presentation?

(A) 11:15 A.M.
(B) 11:30 A.M.
(C) 12:00 P.M.
(D) 12:30 P.M.

Ms. Bauer는 몇 시에 발표를 시작했는가?

(A) 오전 11시 15분
(B) 오전 11시 30분
(C) 오후 12시
(D) 오후 12시 30분

해설 유형2 | **육하원칙** 연계 문제 　　　　　　　　　　　　　　　　　　　　　　　정답 (D)

질문의 핵심 어구인 Ms. Bauer start her presentation에서 Ms. Bauer가 몇 시(what time)에 발표를 시작했는지를 묻고 있으므로 Ms. Bauer의 발표에 대한 내용이 언급된 두 번째 이메일을 먼저 확인한다.

단서 1 세 번째 지문(이메일)의 'I heard that your presentation at the conference started later than planned. The organizer reached out to us directly with a small complaint about the half-hour starting delay.'에서 Ms. Bauer의 발표가 계획보다 늦게 시작했고, 주최자가 발표 시작이 30분 지연된 것에 대해 불만 사항을 전달했다고 했다. 그런데 발표가 원래 언제 시작할 예정이었는지 제시되지 않았으므로 일정표에서 관련 내용을 확인한다.

단서 2 두 번째 지문(일정표)의 '12:00 P.M., Presentation'에서 Ms. Bauer의 발표는 오후 12시에 시작할 예정이었음을 확인할 수 있다. 두 단서를 종합할 때, Ms. Bauer의 발표는 원래 예정되었던 오후 12시보다 30분 지연된 오후 12시 30분에 시작했음을 알 수 있다. 따라서 (D)가 정답이다.

191-195 ｜ 공고 ｜ 이메일 ｜ 기사

지문 1

INTERPRETER NEEDED FOR UPCOMING TALK

Dr. Bai Lu, one of the world's foremost genetic researchers, will be delivering a lecture next month in Stanley Fields Auditorium at Kendelton College. We are seeking an interpreter who can speak Cantonese and English fluently to assist with this talk. We ask that applicants have experience interpreting for speakers before large audiences. If possible, please send us footage of you doing so. Note that although the lecture is intended for a general audience, some scientific terms will be employed. [191]Qualified applicants with a background in science will be interviewed on March 2, and all others will be interviewed on March 3.

Résumés, cover letters, and other materials should be e-mailed to Amanda Wilson at wilson@kendelton.ac.uk.

다가오는 강연에 통역사가 필요합니다

세계에서 가장 유명한 유전학 연구자들 중 한 명인 Dr. Bai Lu가 다음 달 Kendelton 대학의 Stanley Fields 강당에서 강의를 할 것입니다. 저희는 이번 강연을 도와줄 광둥어와 영어를 유창하게 할 수 있는 통역사를 찾고 있습니다. 저희는 지원자들이 많은 청중 앞에서 강연자들을 위해 통역을 했던 경험을 갖추기를 요구합니다. 가능하다면, 통역을 하는 모습을 담은 영상을 보내주시기 바랍니다. 강연은 일반 대중을 대상으로 하지만, 몇 가지 과학 용어가 사용될 것이라는 점을 알아두시기 바랍니다. [191]과학 분야에 지식이 있는 적합한 지원자들은 3월 2일에 면접을 보게 될 것이고, 다른 모든 지원자들은 3월 3일에 면접을 보게 될 것입니다.

이력서, 자기소개서, 그리고 다른 자료들은 Amanda Wilson에게 wilson@kendelton.ac.uk로 이메일을 보내주시기 바랍니다.

지문 2

TO: Amanda Wilson <wilson@kendelton.ac.uk>
FROM: Robert Wang <r.wang@kendelton.ac.uk>
SUBJECT: Talk by Dr. Bai Lu
ATTACHMENT: résumé, coverletter, Zhou_lecture

Dear Ms. Wilson,

My name is Robert Wang, and [191]I'm a second-year student in Kendelton College's genetics graduate program. I'm interested in serving as the interpreter for Dr. Lu during his talk. I am fluent in both Cantonese and English, and have interpreted for several speakers in the past. [192]Attached is a video of me interpreting a speech by Boyu Mayor Wei Zhou, who visited Kendelton College last year.

In addition, [193]I completed my undergraduate studies at the university where Dr. Lu teaches, and I actually took one of his classes. He probably still remembers me.

I hope to hear from you soon.

Best regards,

Robert Wang

수신: Amanda Wilson <wilson@kendelton.ac.uk>
발신: Robert Wang <r.wang@kendelton.ac.uk>
제목: Dr. Bai Lu의 연설
첨부: 이력서, 자기소개서, Zhou_강연

Ms. Wilson께,

저 이름은 Robert Wang이고, [191]Kendelton 대학의 유전학 대학원 과정에 있는 2학년 학생입니다. 저는 Dr. Lu의 연설 동안 통역사의 역할을 하는 것에 관심이 있습니다. 저는 광둥어와 영어 모두 유창하며, 과거에 몇몇 강연자들을 위해 통역을 한 적이 있습니다. [192]작년에 Kendelton 대학을 방문했던 Boyu 시의 시장 Wei Zhou의 연설을 통역하는 저의 영상을 첨부했습니다.

또한, [193]저는 Dr. Lu가 강연하는 대학에서 학부를 마쳤고, 실제로 그의 수업 중 하나를 수강했습니다. 그는 아마 여전히 저를 기억할 것입니다.

곧 소식을 듣기를 바랍니다.

Robert Wang 드림

지문 3

Dr. Bai Lu to Visit Liverpool
By Fred Cole

Dr. Bai Lu may not be well known to the public, but within academia he's practically a celebrity. The famed geneticist, who published crucial studies on how genes influence a person's behavior, has won countless awards and regularly appears on science programs like *Mind and Matter* to offer his opinions. [193]He is a professor at Shenzen National University and is travelling the world giving talks about his new book, *Decoding Ourselves*.

On August 11 in the Stanley Fields Auditorium at Kendelton College, Liverpool, Dr. Lu will deliver a one-hour talk focused mainly on his recent research into the genes of creative individuals. He will be accompanied by an interpreter. Afterwards, [195]the audience will be permitted to ask questions, and Dr. Lu will sign books and pose for photographs for 30 minutes. Tickets to the event can be reserved here: www.kendelton.ac.uk/events.

Dr. Bai Lu가 리버풀을 방문하다
Fred Cole 작성

Dr. Bai Lu는 대중들에게는 잘 알려지지 않았을지도 모르지만, 학계에서는 사실상 유명 인사이다. 유전자가 어떻게 인간의 행동에 영향을 미치는가에 대한 중요한 연구들을 발표한 이 저명한 유전학자는 무수한 상을 탔으며 그의 의견을 제공하기 위해 *Mind and Matter*와 같은 과학 프로그램에 정기적으로 출연한다. [193]그는 Shenzen 국립대학교의 교수이고 전 세계를 돌아다니며 그의 새로운 책인 *Decoding Ourselves*에 대한 강연을 하고 있다.

8월 11일 리버풀 Kendelton 대학의 Stanley Fields 강당에서 Dr. Lu는 창의적인 사람들의 유전자에 관한 그의 최근 연구에 주로 중점을 둔 1시간짜리 강연을 할 것이다. 그는 통역사를 동반할 것이다. 그 후에, [195]청중들이 질문을 하는 것이 허용될 것이고 Dr. Lu는 30분 동안 책에 사인을 하고 사진 촬영을 위해 포즈를 취해 줄 것이다. 행사의 표는 www.kendelton.ac.uk/events에서 예약할 수 있다.

지문 1 **interpreter** n. 통역사, 연주자 **foremost** adj. 가장 유명한, 주요한 **genetic** adj. 유전학의, 유전의 **deliver a lecture** phr. 강의를 하다 **seek** v. 찾다, 추구하다 **fluently** adv. 유창하게 **applicant** n. 지원자 **audience** n. 청중, 관객 **footage** n. 영상, 화면 **term** n. 용어, 기간 **employ** v. 사용하다, 고용하다 **qualified** adj. 적합한, 자격이 있는 **background** n. 지식, 경력, 배경

지문 2 **serve as** phr. ~의 역할을 하다 **complete** v. 마치다, 수료하다 **undergraduate** adj. 학부의, 대학의

지문 3 **academia** n. 학계 **practically** adv. 사실상, 현실적으로 **celebrity** n. 유명 인사, 명성 **famed** adj. 저명한, 이름난 **gene** n. 유전자 **influence** v. 영향을 미치다; n. 영향 **behavior** n. 행동, 태도 **countless** adj. 무수한, 셀 수 없는 **creative** adj. 창의적인, 창조적인 **individual** n. 사람, 개인; adj. 각각의 **accompany** v. 동반하다, 동행하다 **pose** v. 포즈를 취하다

191

난이도 ○○●● 중

What is suggested about Mr. Wang?

(A) He bought tickets to a lecture.
(B) He majored in Cantonese.
(C) He will be interviewed on March 2.
(D) He is seeking permission to record a scientific talk.

Mr. Wang에 대해 암시되는 것은?

(A) 강의의 표를 구매했다.
(B) 광둥어를 전공했다.
(C) 3월 2일에 면접을 볼 것이다.
(D) 과학 강연을 녹화하기 위한 허가를 구하고 있다.

해설 유형4 | 추론 연계 문제　　　　　　　　　　　　　　　　　　　　　　　　　정답 (C)

질문의 핵심 어구인 Mr. Wang이 작성한 이메일을 먼저 확인한다.

단서 1 두 번째 지문(이메일)의 'I'm a second-year student in Kendelton College's genetics graduate program'에서 Mr. Wang은 Kendelton 대학의 유전학 대학원 과정에 있는 2학년 학생이라고 했다. 그런데 Mr. Wang의 유전학 관련 지식이 그가 지원하고 있는 일자리와 어떤 관련이 있는지 제시되지 않았으므로 공고에서 관련 내용을 확인한다.

단서 2 첫 번째 지문(공고)의 'Qualified applicants with a background in science will be interviewed on March 2'에서 과학 분야에 지식이 있는 적합한 지원자들은 3월 2일에 면접을 보게 될 것임을 확인할 수 있다.

두 단서를 종합할 때, Mr. Wang은 과학 분야에 지식을 가지고 있으므로 3월 2일에 면접을 볼 것이라는 사실을 추론할 수 있다. 따라서 (C)가 정답이다.

어휘 **major in** phr. ~을 전공하다 **permission** n. 허가, 허락 **record** v. 녹화하다, 기록하다

192

난이도 ○○●● 중

What did Mr. Wang do last year?

(A) Assisted with a city official's speech
(B) Graduated from Kendelton College
(C) Organized a science conference
(D) Translated a documentary

Mr. Wang은 작년에 무엇을 했는가?

(A) 시 공무원의 연설을 도왔다
(B) Kendelton 대학을 졸업했다
(C) 과학 학회를 준비했다
(D) 다큐멘터리를 번역했다

TEST 1

TEST 2

TEST 3

TEST 4

TEST 5

TEST 6

TEST 7

해커스 토익 PART 7 집중공략 777

해설 유형2 | **육하원칙** What   정답 (A)

Mr. Wang이 작년에 무엇을(What)을 했는지를 묻는 육하원칙 문제이므로 Mr. Wang이 작성한 두 번째 지문인 이메일에서 관련 내용을 확인한다. 이메일의 'Attached is a video of me interpreting a speech by Boyu Mayor Wei Zhou, who visited Kendelton College last year.'에서 Mr. Wang이 작년에 Kendelton 대학을 방문했던 Boyu 시의 시장 Wei Zhou의 연설을 통역하는 자신의 영상을 첨부했다고 한 것에서 Mr. Wang이 작년에 시장의 연설을 통역했음을 알 수 있으므로 (A)가 정답이다.

바꾸어 표현하기

interpreting a speech by Boyu Mayor Boyu 시의 시장의 연설을 통역하다 → Assisted with a city official's speech 시 공무원의 연설을 도왔다

193   난이도 ○○●● 중

How do Mr. Wang and Dr. Lu know each other?

(A) They studied together at Kendelton College.
(B) They met at Shenzen National University.
(C) They both appeared on *Mind and Matter*.
(D) They coauthored a scientific paper.

Mr. Wang과 Dr. Lu는 어떻게 서로를 알고 있는가?

(A) Kendelton 대학에서 함께 공부했다.
(B) Shenzen 국립대학교에서 만났다.
(C) 둘 다 *Mind and Matter*에 출연했다.
(D) 과학 논문을 공동 집필했다.

해설 유형2 | **육하원칙** 연계 문제   정답 (B)

질문의 핵심 어구인 Mr. Wang and Dr. Lu know each other에서 Mr. Wang과 Dr. Lu가 어떻게(How) 서로를 알고 있는지를 묻고 있으므로 Mr. Wang이 Dr. Lu를 언급한 이메일을 먼저 확인한다.

단서 1 두 번째 지문(이메일)의 'I completed my undergraduate studies at the university where Dr. Lu teaches, and I actually took one of his classes'에서 Mr. Wang이 Dr. Lu가 강연하는 대학에서 학부를 마쳤고 그의 수업 중 하나를 수강했다고 했다. 그런데 Dr. Lu가 강연하는 대학이 어디인지 제시되지 않았으므로 Dr. Lu에 관한 기사에서 관련 내용을 확인한다.

단서 2 세 번째 지문(기사)의 'He is a professor at Shenzen National University'에서 Dr. Lu가 Shenzen 국립대학교의 교수라는 것을 확인할 수 있다.

두 단서를 종합할 때, Mr. Wang과 Dr. Lu는 Shenzen 국립대학교에서 서로를 알게 되었음을 알 수 있다. 따라서 (B)가 정답이다.

194   난이도 ○○●● 중

In the article, the word "crucial" in paragraph 1, line 2, is closest in meaning to

(A) basic
(B) dominant
(C) urgent
(D) important

기사에서, 1문단 두 번째 줄의 단어 "crucial"은 의미상 -와 가장 가깝다.

(A) 기본적인
(B) 우세한
(C) 긴급한
(D) 중요한

해설 유형7 | **동의어**   정답 (D)

세 번째 지문인 기사의 crucial을 포함하는 구절 'The famed geneticist, who published crucial studies on how genes influence a person's behavior'에서 crucial이 '중요한'이라는 뜻으로 사용되었다. 따라서 '중요한'이라는 뜻을 가진 (D)가 정답이다.

195   난이도 ○○○● 하

What will happen at the event?

(A) An upcoming study will be announced.
(B) A question session will be held.
(C) Audience members will be invited onstage.
(D) Free books will be given out.

행사에서 무슨 일이 일어날 것인가?

(A) 곧 있을 연구가 발표될 것이다.
(B) 질문 시간이 열릴 것이다.
(C) 관객들이 무대 위로 초대될 것이다.
(D) 무료 책들이 배포될 것이다.

해설 유형2 | **육하원칙** What   정답 (B)

행사에서 무슨(What) 일이 일어날 것인지를 묻는 육하원칙 문제이므로 행사에 관련된 내용이 언급된 세 번째 지문인 기사에서 관련 내용을 확인한다. 기사의 'the audience will be permitted to ask questions'에서 강연 행사에서 청중들은 질문을 할 수 있다고 했으므로 (B)가 정답이다.

어휘   **study** n. 연구, 공부 **give out** phr. 배포하다, 나눠주다

지문 1

http://glamsafarieast.com/reservations/005323

Home	About	Reservations	Customer Reviews

[196]Reservation confirmation for two-person tent

Date: January 23
Group leader: Isabel Harrison
Confirmation number: 005323

[196]Accommodation	[196]Price per night	Total
1 tent (July 4-8)	$640	$2,560
1 extra person	$40	$160
Extras	**Price per person**	**Total**
Night Walk (July 5) for 3 people	$82	$246
[200]Stare at the Moon (July 7) for 2 people	$55	[200]$110
	Balance due	$3,076

Special note: 1 vegetarian traveler

---

http://glamsafarieast.com/reservations/005323

홈	소개	예약	고객 후기

[196]2인용 텐트 예약 확인

날짜: 1월 23일
단체 인솔자: Isabel Harrison
확인 번호: 005323

[196]숙소	[196]1박당 요금	총액
텐트 1개(7월 4일-8일)	640달러	2,560달러
추가 인원 1명	40달러	160달러
추가 사항	**1인당 요금**	**총액**
야간 산책(7월 5일) 3명분	82달러	246달러
[200]달 바라보기(7월 7일) 2명분	55달러	[200]110달러
	미납 금액	3,076달러

특별 유의사항: 채식주의 여행객 1명

지문 2

http://glamsafarieast.com/about

Home	About	Reservations	Customer Reviews

Spend a luxurious night in East Kenya

Welcome to Glam Safari East, a travel resort known for its luxury tents. [197]These are made of natural materials such as bamboo, which are perfect for environmentally conscious travelers.

[196]A two-person tent ranges from $420 per night during the rainy months of April and May to $640 per night in the high season. For a third person, there is an extra charge of $40 per night. This is an all-inclusive stay with complimentary breakfast and dinner. Lunch boxes will also be provided during the safaris. And here are some special add-ons to make your stay even more memorable.

- **Stare at the Moon**
  Soak in our outdoor spa and gaze at the moon and stars. Snacks and beverages are included.

- **Relaxing Massage**
  Treat your senses to a traditional massage and aromatherapy.

- **Night Walk**
  Our professional safari guides will show you our beautiful surroundings during a night safari.

---

http://glamsafarieast.com/about

홈	소개	예약	고객 후기

케냐 동부에서 호화로운 밤을 보내세요

호화로운 텐트로 알려진 여행 리조트인 Glam Safari East에 오신 것을 환영합니다. [197]텐트들은 대나무와 같은 천연 자재들로 만들어졌으며, 환경을 생각하는 여행객들에게 안성 맞춤입니다.

[196]2인용 텐트는 우기에 해당하는 4월과 5월 동안은 1박당 420달러부터 시작하여 성수기에는 1박당 640달러에 이릅니다. 3명부터는 1박당 40달러의 추가 비용이 있습니다. 이 것은 무료 아침과 저녁 식사가 모두 포함된 숙박입니다. 점심 도시락 또한 사파리 여행 동안 제공될 것입니다. 당신의 숙박 이 더 기억에 남을 수 있도록 하기 위한 특별한 추가 활동들 이 여기에 있습니다.

- 달 바라보기
  야외 스파에 몸을 담그고 달과 별을 바라보세요. 간식 과 음료가 포함되어 있습니다.

- 편안한 마사지
  전통 마사지와 아로마테라피에 당신의 감각을 맡기세요.

- 야간 산책
  저희의 전문 사파리 여행 가이드가 야간 사파리 여행 동안 아름다운 주변 지역을 보여드릴 것입니다.

지문 3

http://glamsafarieast.com/customerreviews

Home	About	Reservations	Customer Reviews

| See previous review ◀ | **Customer Review** – Isabel Harrison (July 16) I want to share my experience with Glam Safari East. What a beautiful resort. It is quite small and homey, and the tents are ○ | See next review ▶ |

---

http://glamsafarieast.com/customerreviews

홈	소개	예약	고객 후기

| 이전 후기를 보세요 ◀ | 고객 후기 – Isabel Harrison(7월 16일) Glam Safari East에서의 저의 경험을 공 유하고 싶습니다. 정말 아름다운 리조트 였습니다. 그것은 꽤 아담하고 편안하며, | 다음 후기를 보세요 ▶ |

beautifully decorated. The resort employees were accommodating and professional. However, there was a mix-up. [198]I had specifically requested vegetarian meals and was disappointed with the lack of options when I arrived. Granted, fresh fruit was available all day. [198]The first day, I was given the wrong type of lunch box and had to wait until we returned to the resort before I could eat. On the second day, the chef was able to improvise better and I was satisfied. [199]Make sure you go on the night safari. I will book it again for sure. The guides are exceptional and very knowledgeable. [200]We could not take advantage of the Stare at the Moon add-on due to poor weather conditions, so we received a refund.

텐트는 아름답게 장식되어 있습니다. 리조트 직원들은 친절하고 전문적이었습니다. 하지만, 약간의 혼동이 있었습니다. [198]저는 특별히 채식주의 식사를 요청했었는데 제가 도착했을 때 선택권이 부족한 것에 실망했습니다. 하지만 확실히, 신선한 과일을 하루 종일 먹을 수 있었습니다. [198]첫날에는 잘못된 종류의 점심 도시락을 받아서 리조트로 돌아올 때까지 기다린 다음에야 식사를 할 수 있었습니다. 둘째 날에는 요리사가 더 잘 처리해 주어서 만족했습니다. [199]야간 사파리 여행에 꼭 가보도록 하세요. 저는 확실히 그것을 다시 예약할 것입니다. 가이드들은 뛰어났고 아는 것이 매우 많았습니다. [200]저희는 좋지 않은 날씨 상태로 인해 달 바라보기 추가 활동을 하지 못했기 때문에 환불을 받았습니다.

지문 1 confirmation n. 확인, 확증 accommodation n. 숙소, 숙박 balance due phr. 메는 금액 vegetarian adj. 채식주의(자)의

지문 2 luxurious adj. 호화로운, 아주 편안한 material n. 자재, 재료 bamboo n. 대나무 environmentally conscious phr. 환경을 생각하는 high season phr. 성수기 complimentary adj. 무료의, 칭찬하는 memorable adj. 기억에 남을 만한, 인상적인 soak v. 담그다, 적시다 gaze v. 바라보다, 응시하다 traditional adj. 전통적인 surrounding n. 주변 지역, 환경

지문 3 share v. 공유하다, 나누다 homey adj. 편안한, 제집 같은 decorated adj. 장식된, 훌륭하게 꾸민 accommodating adj. 친절한, 잘 협조하는 mix-up n. 혼동 granted adv. (하지만) 확실히; conj. ~이므로 improvise v. 처리하다, 즉흥적으로 만들다 exceptional adj. 뛰어난, 예외적인 knowledgeable adj. 아는 것이 많은, 박식한

TEST 1 TEST 2 TEST 3 TEST 4 TEST 5 TEST 6 TEST 7

196

난이도 ●●●● 최상

Which month is most likely the busiest at the resort?	리조트에서 어떤 달이 가장 바쁜 것 같은가?
(A) January	(A) 1월
(B) April	(B) 4월
(C) May	(C) 5월
(D) July	(D) 7월

해설 유형4 | 추론 연계 문제   정답 (D)

질문의 핵심 어구인 month ~ the busiest at the resort에 대한 내용이 언급된 두 번째 웹페이지를 먼저 확인한다.

단서 1 두 번째 웹페이지의 'A two-person tent ranges from $420 per night during the rainy months of April and May to $640 per night in the high season.'에서 2인용 텐트는 우기에 해당하는 4월과 5월 동안은 1박당 420달러이고 성수기에는 1박당 640달러라고 했다. 그런데 어느 달이 성수기인지 제시되지 않았으므로 첫 번째 웹페이지에서 관련 내용을 확인한다.

단서 2 첫 번째 웹페이지의 'Reservation confirmation for two-person tent', 'Accommodation, 1 tent (July 4-8)', 'Price per night, $640'에서 7월 4일에서 8일까지 2인용 텐트 1개가 1박당 640달러에 예약되었음을 확인할 수 있다.

두 단서를 종합할 때, 2인용 텐트 예약에 1박당 640달러의 요금이 적용되는 7월이 성수기라는 사실을 추론할 수 있다. 따라서 (D)가 정답이다.

197

난이도 ○○●● 중

What is implied about Glam Safari East?	Glam Safari East에 대해 암시되는 것은?
(A) It offers local cuisine.	(A) 지역 음식을 제공한다.
(B) It is accessible by boat.	(B) 배를 타고 접근 가능하다.
(C) It uses eco-friendly products.	(C) 친환경적인 제품을 사용한다.
(D) It has been in business for decades.	(D) 수십 년간 영업을 해오고 있다.

질문의 핵심 어구인 Glam Safari East에 대해 추론하는 문제이므로 Glam Safari East를 소개하는 두 번째 웹페이지에서 관련 내용을 확인한다. 두 번째 웹페이지의 'These are made of natural materials such as bamboo, which are perfect for environmentally conscious travelers.'에서 Glam Safari East의 텐트들은 대나무와 같은 천연 자재들로 만들어졌으며 환경을 생각하는 여행객들에게 안성맞춤이라고 했으므로 Glam Safari East는 친환경적인 제품을 사용한다는 사실을 추론할 수 있다. 따라서 (C)가 정답이다.

바꾸어 표현하기

environmentally conscious 환경을 생각하는 → eco-friendly 친환경적인

어휘   cuisine n. 음식, 요리   accessible adj. 접근 가능한, 이용 가능한   for decades phr. 수십 년간

198

난이도 ○○●● 중

What does Ms. Harrison suggest in the review?	후기에서 Ms. Harrison은 무엇을 암시하는가?
(A) Dietary requests were not fully carried out.	(A) 음식에 대한 요청이 제대로 이행되지 않았다.
(B) A tent did not meet her specifications.	(B) 텐트가 그녀의 요구 사항에 맞지 않았다.
(C) A resort was overbooked.	(C) 리조트가 초과 예약되었다.
(D) A massage was unsatisfactory.	(D) 마사지가 불만족스러웠다.

Ms. Harrison이 후기에서 암시하는 것을 추론하는 문제이므로 Ms. Harrison이 작성한 후기인 세 번째 웹페이지에서 관련 내용을 확인한다. 세 번째 웹페이지의 'I had specifically requested vegetarian meals and was disappointed with the lack of options when I arrived.'에서 Ms. Harrison은 채식주의 식사를 요청했으나 선택권이 부족하여 실망했다고 했고, 'The first day, I was given the wrong type of lunch box and had to wait until we returned to the resort before I could eat.'에서 잘못된 종류의 점심 도시락을 받아 리조트에 돌아올 때까지 기다린 다음에야 식사를 할 수 있었다고 한 것에서 Ms. Harrison의 음식에 대한 요청이 제대로 이행되지 않았다는 사실을 추론할 수 있다. 따라서 (A)가 정답이다.

어휘   dietary adj. 음식의, 식이 요법의   carry out phr. 이행하다, 수행하다

199

난이도 ○○●● 중

According to the third Web page, what will Ms. Harrison probably do during her next stay?	세 번째 웹페이지에 따르면, Ms. Harrison은 다음 숙박 동안 무엇을 할 것 같은가?
(A) Try another restaurant	(A) 다른 식당을 간다
(B) Book two tents	(B) 2개의 텐트를 예약한다
(C) Choose a different guide	(C) 다른 가이드를 선택한다
(D) Take part in an evening activity	(D) 야간 활동에 참여한다

질문의 핵심 어구인 Ms. Harrison ~ do during her next stay에 대해 추론하는 문제이므로 Ms. Harrison이 작성한 후기인 세 번째 웹페이지에서 관련 내용을 확인한다. 세 번째 웹페이지의 'Make sure you go on the night safari. I will book it again for sure.'에서 야간 사파리 여행에 꼭 가라고 한 후 저, 즉 Ms. Harrison은 확실히 그것을 다시 예약할 것이라고 했으므로 Ms. Harrison이 다음 숙박 동안에도 야간 사파리 여행에 다시 참여할 것이라는 사실을 추론할 수 있다. 따라서 (D)가 정답이다.

바꾸어 표현하기

go on the night safari 야간 사파리 여행에 가다 → Take part in an evening activity 야간 활동에 참여하다

What amount of money was returned to Ms. Harrison?

(A) $82
(B) $110
(C) $160
(D) $246

얼마의 금액이 Ms. Harrison에게 환불되었는가?

(A) 82달러
(B) 110달러
(C) 160달러
(D) 246달러

해설 유형2 | **육하원칙** 연계 문제

정답 (B)

질문의 핵심 어구인 amount of money ~ returned to Ms. Harrison에서 Ms. Harrison이 얼마(What)의 금액을 환불받았는지를 묻고 있으므로 환불에 대한 내용이 언급된 세 번째 웹페이지를 먼저 확인한다.

단서 1 세 번째 웹페이지의 'We could not take advantage of the Stare at the Moon add-on due to poor weather conditions, so we received a refund.'에서 Ms. Harrison이 좋지 않은 날씨 상태로 인해 달 바라-보기 추가 활동을 하지 못했기 때문에 환불을 받았다고 했다. 그런데 달 바라보기 추가 활동에 Ms. Harrison이 얼마를 지불했는지 제시되지 않았으므로 첫 번째 웹페이지에서 관련 내용을 확인한다.

단서 2 첫 번째 웹페이지의 'Stare at the Moon (July 7) for 2 people, $110'에서 Ms. Harrison이 지불한 달 바라보기 추가 활동의 금액이 총 110달러임을 확인할 수 있다.

두 단서를 종합할 때, Ms. Harrison은 110달러를 환불받았음을 알 수 있다. 따라서 (B)가 정답이다.

무료 토익자료 · 취업정보 제공
Hackers.co.kr

TEST

05

해석 · 해설

EXPLORE THE CITY OF LIGHTS

[147]ExploreParis is one of the most popular tour companies based in the French capital. We boast a staff of over 50 trained tour guides and a schedule of tours that covers over 20 different neighborhoods. We also provide unbeatable deals for those wishing to learn more about the rich history, culture, and architecture of Paris. We offer you a chance to:

- [148-A]Admire the exquisite structures of Paris's grand avenues on our 'Architectural Visionaries' tour

- [148-B]Explore the dark past of Paris's catacombs on our 'Paris Underground' tour

- [148-C]Take in the spectacular sights of riverside Paris on our 'Paris along the Seine' tour, a boating excursion that begins at Notre Dame and ends at the Eiffel Tower

For more information about our tours, including dates and prices, visit our Web site at www.exploreparis.fr or call us at 555-6327.

빛의 도시를 탐험하세요

[147]ExploreParis사는 프랑스 수도에 기반을 둔 가장 유명한 여행사들 중 하나입니다. 저희는 50명이 넘는 훈련된 관광 가이드 직원들과 20군데 이상의 다양한 지역을 포함하는 투어 일정을 자랑합니다. 저희는 또한 파리의 다채로운 역사, 문화, 건축에 대해 더 알고 싶어 하는 사람들을 위해 탁월한 혜택을 제공합니다. 저희는 다음의 기회들을 제공합니다:

- '건축의 선지자들' 투어에서 [148-A]파리의 큰 대로들에 있는 정교한 건축물들에 감탄하기

- '파리의 지하' 투어에서 [148-B]파리 지하 묘지들의 어두운 과거를 탐험하기

- 노트르담에서 시작하여 에펠탑에서 끝나는 [148-C]보트 여행인 '센 강을 따라 파리를' 투어에서 파리 강변의 화려한 경치 바라보기

저희의 투어에 관하여 날짜와 가격을 포함한 더 많은 정보를 위해서는, 저희 웹사이트인 www.exploreparis.fr을 방문하시거나 555-6327로 전화 주십시오.

어휘 **boast** v. 자랑하다, 뽐내다 **cover** v. 포함하다, 가리다 **neighborhood** n. 지역, 마을, 근교 **unbeatable** adj. 탁월한, 무적의 **rich** adj. 다채로운, 풍요로운, 부유한 **architecture** n. 건축, 건축 양식 **admire** v. 감탄하다, 존경하다 **exquisite** adj. 정교한, 매우 아름다운 **structure** n. 건축물, 구조 **avenue** n. 대로, 거리 **visionary** n. 선지자, 공상가 **catacomb** n. 지하 묘지 **underground** n. 지하 **spectacular** adj. 화려한, 장관의, 극적인 **riverside** n. 강변, 강가 **excursion** n. 여행, 소풍

147

난이도 ○○○● 하

What is the main purpose of the brochure?

(A) To announce new transit routes
(B) To promote guided tours
(C) To advertise an international cruise
(D) To introduce city landmarks

브로셔의 주 목적은 무엇인가?

(A) 새로운 교통 경로를 알리기 위해
(B) 가이드 투어를 홍보하기 위해
(C) 국제 유람선 여행을 광고하기 위해
(D) 도시의 주요 건축물을 소개하기 위해

해설 유형1 | 주제/목적 찾기 글의 목적 정답 (B)

브로셔의 목적을 묻는 목적 찾기 문제이므로 지문의 앞부분을 주의 깊게 확인한다. 'ExploreParis is one of the most popular tour companies based in the French capital. We boast a staff of over 50 trained tour guides and a schedule of tours that covers over 20 different neighborhoods.'에서 ExploreParis사는 프랑스 수도에 기반을 둔 가장 유명한 여행사들 중 하나이며 50명이 넘는 훈련된 관광 가이드 직원들과 20군데 이상의 다양한 지역을 포함하는 투어 일정을 자랑한다고 한 후, 투어 프로그램들에 대해 소개하고 있으므로 (B)가 정답이다.

어휘 **landmark** n. 주요 건축물, 획기적인 사건

148

난이도 ○○●● 중

According to the brochure, what does ExploreParis offer?

(A) A lecture on the history of architecture
(B) A train ride through underground tunnels
(C) A sightseeing trip down a river
(D) A visit to a national museum

브로셔에 따르면, ExploreParis사는 무엇을 제공하는가?

(A) 건축의 역사에 대한 강연
(B) 지하 터널을 통한 기차 여행
(C) 강을 따라 내려가는 유람 여행
(D) 국립 박물관 방문

해설 유형2 | 육하원칙 What 정답 (C)

ExploreParis사가 무엇(what)을 제공하는지를 묻는 육하원칙 문제이다. 질문의 핵심 어구 ExploreParis offer와 관련하여, 'Take in the spectacular sights of riverside Paris on our 'Paris along the Seine' tour, a boating excursion'에서 보트 여행인 '센 강을 따

라 파리를' 투어에서 파리 강변의 화려한 경치를 바라볼 수 있는 기회를 제공한다고 했으므로 (C)가 정답이다. (A)는 'Admire the exquisite structures of Paris's grand avenues'에서 파리의 큰 대로들에 있는 건축물들을 구경할 수 있다고 했지 건축의 역사에 대한 강연을 제공하는 것은 아니므로 답이 될 수 없다. (B)는 'Explore the dark past of Paris's catacombs'에서 파리의 지하 묘지들을 탐험할 수 있다고 했지 지하 터널을 통한 기차 여행을 제공하는 것은 아니므로 답이 될 수 없다.

TEST 1
TEST 2
TEST 3
TEST 4
TEST 5
TEST 6
TEST 7

해커스 토익 PART 7 집중공략 777

149-151 안내문

TUDOR ATHLETIC CLUB

[149]Welcome to the Tudor Athletic Club's tennis courts. While using the courts, please observe the following guidelines:

– Do not bring any food or drinks onto the courts, and [150]pick up all your trash before you leave.
– Always wear appropriate sports attire.
– Please keep your belongings in the locker rooms. To rent a personal locker, speak to one of the attendants at the front desk.
– Before you begin a match, ensure that there are no spare balls lying on the court.
– Please practice good sportsmanship, and be respectful of other members.

[151-D]We are proud to have been named "The Best Athletic Club in California" in the July issue of *Sporting Monthly*. As we are always looking for ways to improve, members are encouraged to provide their suggestions to management. Thank you.

TUDOR 운동 클럽

[149]Tudor 운동 클럽의 테니스 코트에 오신 것을 환영합니다. 코트를 사용하시는 동안, 다음 지침들을 지켜주시기 바랍니다:

– 코트에 어떤 음식물이나 음료도 가져오지 마시고, [150]떠나기 전에 모든 쓰레기를 주워주십시오.
– 항상 적절한 운동복을 착용해주십시오.
– 여러분의 소지품은 탈의실에 보관해주시기 바랍니다. 개인 사물함을 대여하시려면, 안내 데스크에 있는 직원들 중 한 명에게 말씀하십시오.
– 경기를 시작하기 전에, 반드시 코트에 여분의 공들이 놓여 있지 않도록 해주십시오.
– 훌륭한 스포츠맨 정신을 발휘해 주시고, 다른 회원들을 존중해주십시오.

[51-D]저희는 *Sporting Monthly*지 7월호에서 "캘리포니아주 최고의 운동 클럽"으로 지명된 것을 자랑스럽게 생각합니다. 저희는 항상 개선 방안들을 찾고 있으므로, 회원들은 관리진에게 의견을 제공하도록 장려됩니다. 감사합니다.

어휘 observe v. (규칙 등을) 지키다, 따르다 guideline n. 지침, 수칙 pick up phr. 줍다 trash n. 쓰레기 appropriate adj. 적절한, 알맞은 attire n. 의복, 복장 belonging n. 소지품 spare adj. 여분의 practice v. 실천하다, 연습하다 sportsmanship n. 스포츠맨 정신 be respectful of phr. ~를 존중하다 name v. 지명하다, 임명하다 management n. 관리진, 경영진

149

난이도 ○○○● 하

For whom is the information most likely intended?

(A) Facility users
(B) Event planners
(C) Tennis instructors
(D) Sports journalists

안내문은 누구를 대상으로 하는 것 같은가?

(A) 시설 사용자들
(B) 행사 기획자들
(C) 테니스 강사들
(D) 스포츠 기자들

해설 유형4 | 추론 전체 정보   정답 (A)

지문 곳곳에 퍼져 있는 여러 단서를 종합하여 안내문의 대상을 추론하는 문제이다. 'Welcome to the Tudor Athletic Club's tennis courts. While using the courts, please observe the following guidelines'에서 Tudor 운동 클럽의 테니스 코트에 온 것을 환영하며 코트를 사용하는 동안 다음 지침들을 지켜달라고 한 후, 지침들에 대해 소개하고 있으므로 테니스 코트를 사용하는 사람들을 대상으로 하는 안내문임을 추론할 수 있다. 따라서 (A)가 정답이다.

150

난이도 ○○○● 하

According to the information, what should people do before leaving the courts?

(A) Speak to an assistant
(B) Return some equipment
(C) Retrieve garbage
(D) Record the score

안내문에 따르면, 사람들은 코트를 떠나기 전에 무엇을 해야 하는가?

(A) 직원에게 말한다
(B) 장비를 반납한다
(C) 쓰레기를 회수한다
(D) 점수를 기록한다

정답 (C)

사람들이 코트를 떠나기 전에 무엇(what)을 해야 하는지를 묻는 육하원칙 문제이다. 질문의 핵심 어구인 people do before leaving the courts와 관련하여, 'pick up all your trash before you leave'에서 떠나기 전에 모든 쓰레기를 주워달라고 했으므로 (C)가 정답이다.

바꾸어 표현하기

pick up all ~ trash 모든 쓰레기를 줍다 → Retrieve garbage 쓰레기를 회수하다

어휘 equipment n. 장비, 설비 retrieve v. 회수하다, 되찾아오다

151

난이도 ○●● 상

What is mentioned about the Tudor Athletic Club?	Tudor 운동 클럽에 대해 언급된 것은?
(A) It was founded in July.	(A) 7월에 설립되었다.
(B) It is going to upgrade its facilities.	(B) 시설들을 업그레이드할 것이다.
(C) It advertises in a magazine.	(C) 잡지에 광고를 한다.
(D) It was featured in a publication.	(D) 출판물에 실렸다.

해설 유형3 | Not/True True 문제 정답 (D)

질문의 핵심 어구인 the Tudor Athletic Club과 관련된 내용을 지문에서 찾아 각 보기와 대조하는 Not/True 문제이다. (A), (B), (C)는 지문에 언급되지 않은 내용이다. (D)는 'We are proud to have been named "The Best Athletic Club in California" in the July issue of *Sporting Monthly*.'에서 Tudor 운동 클럽은 *Sporting Monthly*지 7월호에서 "캘리포니아 주 최고의 운동 클럽"으로 지명된 것을 자랑스럽게 생각한다고 했으므로 지문의 내용과 일치한다. 따라서 (D)가 정답이다.

어휘 found v. 설립하다, 세우다 advertise v. 광고하다, 알리다 publication n. 출판물, 간행물

152-153 메시지 대화문

Peter Lee	9:24 P.M.	Peter Lee	오후 9시 24분

Peter Lee 9:24 P.M.
[152]Can anyone take my shift at the store on Saturday? I'm scheduled to work from 2 to 6 P.M., but I just found out that one of my old classmates is getting married that afternoon.

Mary Reynolds 9:25 P.M.
I wish I could help out, but [152]a real estate agent is showing me an apartment at 3 P.M. on that day. [153]Why don't you just ask our manager for some time off?

Peter Lee 9:27 P.M.
I spoke to Ms. Harris this morning, [153]but she told me that there will likely be a lot of customers this weekend because of the swimwear sale we're holding. So I need to find someone to cover for me.

Brad Lewis 9:28 P.M.
I can do it. I was planning to catch a movie with a friend, but she just called me to cancel. I guess she has a training workshop to attend.

Peter Lee 9:30 P.M.
I really appreciate this, Brad.

Peter Lee 오후 9시 24분
[152]누군가가 토요일에 매장에서 제 근무를 맡아줄 수 있나요? 제가 오후 2시부터 6시까지 일하기로 되어있는데, 저의 동창들 중 한 명이 그날 오후에 결혼을 한다는 걸 방금 알았어요.

Mary Reynolds 오후 9시 25분
제가 도와드릴 수 있으면 좋겠지만, [152]그날 오후 3시에 부동산 중개인이 저에게 아파트를 보여줄 거예요. [153]관리자에게 휴가를 요청하는 게 어때요?

Peter Lee 오후 9시 27분
오늘 아침 Ms. Harris에게 이야기했는데, [153]그녀는 우리가 진행하는 수영복 할인 행사 때문에 이번 주말에 손님들이 많을 것 같다고 말했어요. 그래서 저를 대신해 줄 누군가를 찾아야만 해요.

Brad Lewis 오후 9시 28분
제가 할 수 있어요. 친구와 영화를 보려고 했었는데, 그녀가 방금 전화해서 취소했거든요. 그녀가 참석해야 할 교육 워크숍이 있는 것 같아요.

Peter Lee 오후 9시 30분
정말 고마워요, Brad.

어휘 shift n. (교대) 근무; v. 옮기다 real estate agent phr. 부동산 중개인 time off phr. 휴가, 휴식 swimwear n. 수영복
cover for phr. ~을 대신하다 attend v. 참석하다, 주의를 기울이다 appreciate v. 고마워하다, 진가를 알아보다

난이도 ○○○●● 중

What will Ms. Reynolds do on Saturday?	Ms. Reynolds는 토요일에 무엇을 할 것인가?
(A) Join a workshop	(A) 워크숍에 참석한다
(B) Attend a wedding	(B) 결혼식에 참석한다
(C) View a rental unit	(C) 임대 건물을 둘러본다
(D) Watch a film	(D) 영화를 본다

해설 유형2 | **육하원칙** What   정답 (C)

Ms. Reynolds가 토요일에 무엇(What)을 할 것인지를 묻는 육하원칙 문제이다. 질문의 핵심 어구인 Ms. Reynolds do on Saturday와 관련하여, 'Can anyone take my shift at the store on Saturday?'에서 Mr. Lee가 누군가 토요일에 매장에서 자신의 근무를 맡아줄 수 있는지 묻자 'a real estate agent is showing me an apartment at 3 P.M. on that day'에서 Ms. Reynolds가 그날, 즉 토요일 오후 3시에 부동산 중개인이 자신에게 아파트를 보여줄 것이라고 했으므로 (C)가 정답이다.

바꾸어 표현하기
real estate agent is showing me an apartment 부동산 중개인이 아파트를 보여주다 → View a rental unit 임대 건물을 둘러보다

난이도 ○○○●● 중

At 9:27 P.M., what does Mr. Lee most likely mean when he writes, "I spoke to Ms. Harris this morning"?	오후 9시 27분에, Mr. Lee가 "I spoke to Ms. Harris this morning"이라고 썼을 때 그가 의도한 것 같은 것은?
(A) He contacted a customer.	(A) 고객에게 연락했다.
(B) He asked a colleague to help.	(B) 동료에게 도움을 요청했다.
(C) He made a leave request.	(C) 휴가를 신청했다.
(D) He canceled an appointment.	(D) 약속을 취소했다.

해설 유형5 | **의도 파악**   정답 (C)

Mr. Lee가 의도한 것을 묻는 문제이므로, 질문의 인용어구(I spoke to Ms. Harris this morning)가 언급된 주변 문맥을 확인한다. 'Why don't you just ask our manager for some time off?'에서 Mary Reynolds가 관리자에게 휴가를 요청하는 것이 어떤지 묻자 Mr. Lee가 'I spoke to Ms. Harris this morning'(오늘 아침 Ms. Harris에게 이야기했어요)이라고 한 후, 'but she told me that there will likely be a lot of customers this weekend because of the swimwear sale we're holding'에서 그런데 관리자가 수영복 할인 행사 때문에 이번 주말에 손님들이 많을 것 같다고 말했다고 한 것을 통해 Mr. Lee가 이미 관리자에게 휴가를 신청했음을 알 수 있다. 따라서 (C)가 정답이다.

바꾸어 표현하기
ask ~ for some time off 휴가를 요청하다 → made a leave request 휴가를 신청했다

154-155 [공고]

Lecture Series: *Excellence in Customer Service*	강의 시리즈: 탁월한 고객 서비스
The Association of Marketing Professionals is pleased to announce a series of lectures entitled *Excellence in Customer Service*. The series will run from January 10 to 12 at The Forester Hotel in Needham. The main speaker, [154-D]Tim Wentz, has been a customer service advisor for 20 years and will discuss common customer service issues and share his knowledge about the various ways in which customers' experiences can be quantified and analyzed. [154-B]Mr. Wentz recently released the book *Customer Service Now*. [154-A]He has also given educational talks for a number of professional organizations like ours.	마케팅 전문가 협회는 탁월한 고객 서비스라는 제목의 강의 시리즈를 공고하게 되어 기쁩니다. 이 시리즈는 1월 10일부터 12일까지 니덤의 Forester 호텔에서 진행될 것입니다. 주요 연사인 [154-D]Tim Wentz는 20년 동안 고객 서비스 상담사였고 흔히 있는 고객 서비스 문제에 대해 논의할 것이며 고객들의 경험이 정량화되고 분석될 수 있는 다양한 방법에 대한 그의 지식을 공유할 것입니다. [154-B]Mr. Wentz는 최근에 *Customer Service Now*라는 책을 출간했습니다. [154-A]그는 또한 저희와 같은 다수의 전문 기관들에게 교육적인 강연들을 해왔습니다.

TEST 1 | TEST 2 | TEST 3 | TEST 4 | TEST 5 | TEST 6 | TEST 7

해커스 토익 PART 7 집중공략 777

| 어휘 | excellence n. 탁월함, 뛰어남 entitled adj. ~라는 제목의 quantify v. 정량화하다, 양을 재다 current adj. 현재의, 지금의 |
| | at no charge phr. 무료로 entrance fee phr. 입장료 |

154

난이도 ○○●● 중

What is NOT mentioned about Mr. Wentz?

(A) He has given lectures previously.
(B) He is a published author.
(C) He established a marketing association.
(D) He has experience in customer service.

Mr. Wentz에 대해 언급되지 않은 것은?

(A) 이전에 강연을 한 적이 있다.
(B) 책을 출판한 작가이다.
(C) 마케팅 협회를 창설했다.
(D) 고객 서비스 분야의 경력을 갖고 있다.

해설 유형3 | Not/True Not 문제　　　　　　　　　　　　　　　　　　　　　정답 (C)

질문의 핵심 어구인 Mr. Wentz와 관련된 내용을 지문에서 찾아 각 보기와 대조하는 Not/True 문제이다. (A)는 'He has also given educational talks for a number of professional organizations like ours.'에서 Mr. Wentz는 다수의 전문 기관들에게 교육적인 강연들을 해왔다고 했으므로 지문의 내용과 일치한다. (B)는 'Mr. Wentz recently released the book *Customer Service Now*.'에서 Mr. Wentz가 최근에 *Customer Service Now*라는 책을 출판했다고 했으므로 지문의 내용과 일치한다. (C)는 지문에 언급되지 않은 내용이다. 따라서 (C)가 정답이다. (D)는 'Tim Wentz, has been a customer service advisor for 20 years'에서 Mr. Wentz는 20년 동안 고객 서비스 상담사였다고 했으므로 지문의 내용과 일치한다.

바꾸어 표현하기

released the book 책을 출판했다 → published author 책을 출판한 작가

has been a customer service advisor 고객 서비스 상담사였다 → has experience in customer service 고객 서비스 분야의 경력을 갖고 있다

155

난이도 ○○●● 중

How can members gain entrance to the lecture series?

(A) By calling an event venue
(B) By presenting an invitation
(C) By registering on a Web site
(D) By purchasing a ticket

회원들은 어떻게 강의 시리즈에 입장할 수 있는가?

(A) 행사장에 전화를 함으로써
(B) 초대장을 제시함으로써
(C) 웹사이트에서 등록함으로써
(D) 표를 구매함으로써

해설 유형2 | 육하원칙 How　　　　　　　　　　　　　　　　　　　　　　　정답 (C)

회원들이 어떻게(How) 강의 시리즈에 입장할 수 있는지를 묻는 육하원칙 문제이다. 질문의 핵심 어구인 members gain entrance to the lecture series와 관련하여, 'Current members of the Association of Marketing Professionals may attend any of the lectures in the series at no charge by signing up at www.centerformarkpro.com/members.'에서 마케팅 전문가 협회의 현 회원들은 웹사이트에서 신청하면 시리즈의 어떤 강의든 무료로 참석할 수 있다고 했으므로 (C)가 정답이다.

156-157 회람

TO: Riley Moore, South Farnham Dog Park manager
FROM: Mark Stein, Parks and Recreation director
SUBJECT: Dog park improvements
DATE: March 19

Dear Mr. Moore,

As I am sure you are aware, [156]many regular dog park visitors have requested certain changes. In response to their wishes, we have ○

수신: Riley Moore, South Farnham 애견 공원 관리자
발신: Mark Stein, 공원 및 휴양 시설 관리자
제목: 애견 공원 개선
날짜: 3월 19일

Mr. Moore께,

아시다시피, [156]정기적으로 애견 공원을 방문하는 많은 사람들이 특정한 변화를 요청해오고 있습니다. 그들의 바람에 응하여, 우리는 이번 봄에 공원의 몇몇 부분들을 개선하기로 ○

decided to make some improvements to the park this spring. I would like your team to do the following:

1. Install LED lights around the perimeter of the park for the benefit of evening visitors.
2. Lay new grass next to the walkways. 157-BCheck the automatic sprinkler system for damage, ensure that it is running on schedule, and replace the worn parts.
3. 157-AFix the cracks in the cement fountain in the large-dog area, and 157-Dreinforce the chain-link fence separating it from the small-dog area.
4. 157-CRepaint faded signs.

Please tell your employees about these tasks. I will send you the proposed budget for the project a bit later. Go over it and let me know if you think any of the cost estimates need to be modified.

결정했습니다. 당신의 팀이 다음의 일들을 수행해주시기를 바랍니다:

1. 저녁 방문객들을 위해 공원 주변에 LED 조명을 설치해주십시오.
2. 산책로 옆에 새로운 잔디를 깔아주십시오. 157-B자동 살수 장치 시스템에 손상이 있는지 확인하고 그것이 반드시 일정대로 작동하도록 해주시고, 낡은 부품들은 교체해주십시오.
3. 대형견 구역에 있는 157-A시멘트 분수의 갈라진 부분들을 수리하고 대형견 구역을 소형견 구역으로부터 분리시키는 157-D사슬로 연결된 울타리를 보강해주십시오.
4. 157-C색이 바랜 표지판들을 다시 칠해주십시오.

당신의 직원들에게 이 작업들에 대해 알려주십시오. 프로젝트에 제안된 예산을 나중에 당신에게 보내드리겠습니다. 그것을 검토하시고 비용 견적의 어떠한 부분이라도 수정되어야 한다고 생각하시면 저에게 알려주시기 바랍니다.

어휘 improvement n. 개선, 향상 regular adj. 정기적인, 규칙적인 in response to phr. ~에 응하여, 답하여 install v. 설치하다, 임명하다
perimeter n. 주변, 주위 for the benefit of phr. ~를 위하여 walkway n. 산책로, 통로 automatic adj. 자동의 sprinkler n. 살수 장치
replace v. 교체하다, 대신하다 worn adj. 낡은, 닳은 fountain n. 분수 reinforce v. 보강하다, 강화하다 separate v. 분리하다, 구분 짓다
repaint v. 다시 칠하다 faded adj. 색이 바랜, 희미한 budget n. 예산, 비용 go over phr. 검토하다, 점검하다 modify v. 수정하다, 변경하다

156

난이도 ○○●● 중

Why did Mr. Stein write the memo?

(A) To explain a park policy
(B) To discuss a funding problem
(C) To give instructions for a project
(D) To provide feedback on a task

Mr. Stein은 왜 회람을 썼는가?

(A) 공원 정책을 설명하기 위해
(B) 자금 문제에 대해 논의하기 위해
(C) 프로젝트에 대한 지시 사항을 전달하기 위해
(D) 업무에 대한 의견을 제공하기 위해

해설 유형1 | 주제/목적 찾기 글을 쓴 이유   정답 (C)

Mr. Strein이 회람을 쓴 이유를 묻는 목적 찾기 문제이므로 지문의 앞부분을 주의 깊게 확인한다. 'many regular dog park visitors have requested certain changes. In response to their wishes, we have decided to make some improvements to the park this spring. I would like your team to do the following'에서 많은 의견 공원 방문자들이 변화를 요청해오고 있고 그들의 바람에 응하여 공원의 몇몇 부분들을 개선하기로 결정했다고 한 후, 팀이 수행할 작업들을 지시하고 있으므로 (C)가 정답이다.

어휘 policy n. 정책, 방침 funding n. 자금, 자금 지원 instruction n. 지시, 설명

157

난이도 ○●●● 상

What is one thing that Mr. Moore is asked to do?

(A) Replace a damaged fountain
(B) Inspect a watering system
(C) Remove an old sign
(D) Create a fenced area

Mr. Moore가 하도록 요청된 한 가지 일은 무엇인가?

(A) 손상된 분수를 교체한다
(B) 살수 장치 시스템을 점검한다
(C) 오래된 표지판을 제거한다
(D) 울타리가 있는 지역을 만든다

해설 유형2 | 육하원칙 What   정답 (B)

Mr. Moore가 하도록 요청된 한 가지 일은 무엇(What)인지를 묻는 육하원칙 문제이다. 질문의 핵심 어구인 Mr. Moore is asked to do와 관련하여, 'Check the automatic sprinkler system for damage'에서 자동 살수 장치 시스템에 손상이 있는지 확인하라고 했으므로 (B)가 정답이다. (A)는 'Fix the cracks in the cement fountain'에서 시멘트 분수의 갈라진 부분들을 수리하라고 했지 분수를 교체하라고 한 것은 아니므로 답이 될 수 없다. (C)는 'Repaint faded signs.'에서 색이 바랜 표지판들을 다시 칠하라고 했지 오래된 표지판을 제거하라고 한 것은 아니므로 답이 될 수 없다. (D)는 'reinforce the chain-link fence'에서 사슬로 연결된 울타리를 보강하라고 했지 울타리가 있는 지역을 만들라고 한 것은 아니므로 답이 될 수 없다.

바꾸어 표현하기

Check the automatic sprinkler system for damage 자동 살수 장치 시스템에 손상이 있는지 확인하다
→ Inspect a watering system 살수 장치 시스템을 점검하다

To: Jane Tyler <jane1991@zoommail.com>
From: Health World Gym <membership@healthworld.com>
Subject: New Membership Package
Date: June 3

Dear Ms. Tyler,

159-ACongratulations on switching from a standard to a premium gym membership package. — [1] —. 159-B/160You can use your new membership card to access all of our facilities, including the cardio and weight rooms, the sauna, and the swimming pool. 160Your membership number is 0758446. — [2] —.

158-AAt present, we are offering a special summer deal to all members. From June 15 through June 28 only, 158-A/159-Dyou can sign up for a two-week course led by a professional trainer at no extra charge. This offer includes our yoga, karate, and aerobic classes in addition to many others. — [3] —. So take advantage of this offer and book a complimentary two-week course at our service desk today! — [4] —.

We hope you'll enjoy your time at Health World Gym, and we look forward to seeing you soon.

Best wishes,

Health World Gym

수신: Jane Tyler <jane1991@zoommail.com>
발신: Health World 체육관
        <membership@healthworld.com>
제목: 새로운 회원권 패키지
날짜: 6월 3일

Ms. Tyler께,

159-A기본 체육관 회원권 패키지에서 프리미엄 체육관 회원권 패키지로 변경하신 것을 축하드립니다. — [1] —. 159-B/160귀하께서는 새로운 회원 카드를 사용하여 심근 강화 운동 및 체력 단련실, 사우나와 수영장을 포함한 저희의 모든 시설들을 이용하실 수 있습니다. 160귀하의 회원 번호는 0758446입니다. — [2] —.

158-A현재 저희는 모든 회원들에게 특별한 여름 혜택을 제공하고 있습니다. 6월 15일부터 6월 28일까지만, 158-A/159-D귀하께서는 전문 트레이너가 이끄는 2주 강좌를 무료로 신청할 수 있습니다. 이 혜택은 요가, 가라데, 에어로빅 교실과 많은 다른 것들을 포함합니다. — [3] —. 그러니 오늘 이 혜택을 이용하시고 안내 데스크에서 무료 2주 강좌를 예약하세요! — [4] —.

Health World 체육관에서의 시간을 즐기시길 바라며, 곧 뵙기를 기대합니다.

Health World 체육관 드림

어휘 switch v. 변경하다, 바꾸다 **access** v. 이용하다, 접근하다 **facility** n. 시설, 기관 **cardio** n. (달리기 등의) 심근 강화 운동 **weight room** phr. 체력 단련실 **sign up for** phr. ~을 신청하다 **take advantage of** phr. ~을 이용하다, ~을 기회로 활용하다

158

난이도 ○○●● 중

What is stated about Health World Gym?

(A) It is holding a limited-time promotion.
(B) It is open 24 hours a day.
(C) It has recently renovated its facilities.
(D) It plans to offer more aerobics classes.

Health World 체육관에 대해 언급된 것은?

(A) 기간 한정 판촉 행사를 열고 있다.
(B) 하루 24시간 동안 개방한다.
(C) 최근에 시설들을 개조했다.
(D) 더 많은 에어로빅 교실을 제공할 계획이다.

해설 유형3 | **Not/True** True 문제   정답 (A)

질문의 핵심 어구인 Health World Gym과 관련된 내용을 지문에서 찾아 각 보기와 대조하는 Not/True 문제이다. (A)는 'At present, we are offering a special summer deal ~. From June 15 through June 28 only, you can sign up for a two-week course ~ at no extra charge.'에서 현재 Health World 체육관은 특별한 여름 혜택을 제공하고 있는데 6월 15일부터 6월 28일까지만 무료 강좌를 신청할 수 있다고 했으므로 지문의 내용과 일치한다. 따라서 (A)가 정답이다. (B), (C), (D)는 지문에 언급되지 않은 내용이다.

159

난이도 ○○●● 중

What is NOT indicated about Ms. Tyler?

(A) She upgraded her membership status.
(B) She will be allowed to use a gym's pool.
(C) She pays extra for a personal trainer.
(D) She can participate in a free yoga course.

Ms. Tyler에 대해 언급되지 않은 것은?

(A) 회원권 자격을 업그레이드했다.
(B) 체육관의 수영장을 사용하는 것이 허용될 것이다.
(C) 개인 트레이너를 이용하기 위해 추가 요금을 낸다.
(D) 무료 요가 강좌에 참여할 수 있다.

해설 유형3 | **Not/True** Not 문제   정답 (C)

질문의 핵심 어구인 Ms. Tyler와 관련된 내용을 지문에서 찾아 각 보기와 대조하는 Not/True 문제이다. (A)는 'Congratulations on switching from a standard to a premium gym membership package.'에서 Ms. Tyler가 기본 체육관 회원권 패키지에서 프리미엄 체육관 회원권 패키지로 변경한 것을 축하한다고 했으므로 지문의 내용과 일치한다. (B)는 'You can use your new membership card to access all of our facilities, including ~ the swimming pool.'에서 Ms. Tyler는 새로운 회원 카드로 수영장을 포함한 모든 시설들을 이용할 수 있다고 했으므로 지문의 내용과 일치한다. (C)는 지문에 언급되지 않은 내용이다. 따라서 (C)가 정답이다. (D)는 'you can sign up for a two-week course ~ at no extra charge. This offer includes our yoga ~ classes'에서 무료로 2주 강좌를 신청할 수 있고 이것은 요가 강좌를 포함한다고 했으므로 지문의 내용과 일치한다.

바꾸어 표현하기

switching from a standard to a premium gym membership package 기본 체육관 회원권 패키지에서 프리미엄 체육관 회원권 패키지로 변경하다
→ upgraded her membership status 회원권 자격을 업그레이드했다

어휘   status n. 자격, 지위, 상황

160

In which of the positions marked [1], [2], [3], and [4] does the following sentence best belong? "You'll need to remember it in case you lose your card." (A) [1] (B) [2] (C) [3] (D) [4]	[1], [2], [3], [4]로 표시된 위치 중, 다음 문장이 들어갈 곳으로 가장 적절한 것은? "귀하의 카드를 잃어버릴 경우에 대비하여 이것을 기억하셔야 할 것입니다." (A) [1] (B) [2] (C) [3] (D) [4]

해설 유형6 | 문장 위치 찾기   정답 (B)

지문의 흐름상 주어진 문장이 들어가기에 가장 적절한 곳을 고르는 문제이다. You'll need to remember it in case you lose your card에서 카드를 잃어버릴 경우에 대비하여 이것을 기억해야 할 것이라고 했으므로, 문장이 회원 카드에 대한 내용이 나오는 부분 다음에 들어가야 함을 알 수 있다. [2]의 앞부분인 'You can use your new membership card to access all of our facilities'에서 새로운 회원 카드를 사용하여 체육관의 모든 시설을 이용할 수 있다고 했고, 앞 문장이 'Your membership number is 0758446.'에서 회원 번호는 0758446이라고 했으므로, [2]에 제시된 문장이 들어가면 회원 카드를 잃어버릴 경우를 대비해서 회원 번호를 기억하고 있어야 한다는 자연스러운 문맥이 된다는 것을 알 수 있다. 따라서 (B)가 정답이다.

161-164   온라인 채팅 대화문

David Newman 2:15 P.M. [161]I just got off the phone with Sarah Adams at First National Bank. [162]She wants to invite 40 additional guests to the Christmas party we're catering.	David Newman 오후 2시 15분 [161]방금 First 국립 은행의 Sarah Adams와 통화를 마쳤어요. [162]그녀는 우리가 출장 음식을 제공하는 크리스마스 파티에 추가적으로 40명의 손님들을 초대하고 싶어 해요.
Theresa Jenkins 2:16 P.M. Forty more people? [162]But the party is only four days from now. That doesn't leave us enough time to prepare.	Theresa Jenkins 오후 2시 16분 [162]40명 더요? [162]하지만 파티는 지금부터 4일 후인데요. 우리가 준비할 충분한 시간이 없어요.
Roy Stevens 2:18 P.M. I don't know if we can manage this. We have an event at the Merriam Medical Center the following day.	Roy Stevens 오후 2시 18분 우리가 이걸 해낼 수 있을지 모르겠네요. 그다음 날 Merriam 병원에서 행사가 있잖아요.
David Newman 2:19 P.M. I understand your concerns. But Ms. Adams is a loyal client who's used our services year after year. We need to figure out a way to accommodate her request.	David Newman 오후 2시 19분 저도 여러분의 걱정을 이해해요. 하지만 Ms. Adams는 매년 우리 서비스를 이용해왔던 단골 고객이에요. 그녀의 요구에 부응할 수 있는 방법을 찾아야 해요.
Theresa Jenkins 2:20 P.M. I guess you're right. [163]Let me talk to the other kitchen staff. If they're willing to put in some extra hours over the next few days, I'm sure we can prepare enough food for everyone.	Theresa Jenkins 오후 2시 20분 당신이 맞는 것 같네요. [163]다른 주방 직원들에게 얘기해볼게요. 만약 그들이 다음 며칠 동안 추가 근무를 할 의향이 있다면, 우리가 모두에게 충분한 음식을 준비할 수 있을 거라고 확신해요.

TEST 5 해석·해설   221

TEST 1 | TEST 2 | TEST 3 | TEST 4 | TEST 5 | TEST 6 | TEST 7

해커스 토익 PART 7 집중공략 777

Roy Stevens　　　　　　　　　　　　　　　　2:22 P.M. But we don't have enough servers. We're going to need at least three more waiters for the party.	Roy Stevens　　　　　　　　　　　　　오후 2시 22분 그러나 우리는 서빙하는 사람이 충분하지 않아요. 파티를 위해 최소한 3명의 웨이터가 더 필요할 것 같아요.
David Newman　　　　　　　　　　　　　　2:23 P.M. ¹⁶⁴Why don't we contact the waiters who worked at the banquet we catered for Lawson Industries? The one held in August to celebrate the opening of its first overseas branch.	David Newman　　　　　　　　　　　　오후 2시 23분 ¹⁶⁴우리가 Lawson Industries사를 위한 출장 음식을 제공했던 연회에서 일했던 웨이터들에게 연락해보는 게 어때요? 그 회사의 첫 번째 해외 지사의 개점을 축하하기 위해 8월에 열렸던 것 말이에요.
Roy Stevens　　　　　　　　　　　　　　　2:24 P.M. I forgot about that. I'll contact them now and see if they're available on such short notice.	Roy Stevens　　　　　　　　　　　　　오후 2시 24분 그걸 잊고 있었네요. 그들에게 지금 연락해보고 이렇게 갑작스러운 요청에도 가능한지 알아볼게요.

어휘　**manage** v. ~을 해내다, 경영하다　**year after year** phr. 매년, 해마다　**accommodate** v. 부응하다, 수용하다, 공간을 제공하다
　　　banquet n. 연회, 만찬　**celebrate** v. 축하하다, 기념하다　**overseas** adj. 해외의; adv. 해외로　**on short notice** phr. 갑자기, 충분한 예고 없이

161
난이도 ○○○● 하

Where does Ms. Adams most likely work?	Ms. Adams는 어디에서 일하는 것 같은가?
(A) At a medical clinic (B) At a financial institution (C) At a catering company (D) At a recruitment agency	(A) 병원에서 (B) 금융 기관에서 (C) 출장 음식 서비스 업체에서 (D) 채용 대행사에서

해설　유형4 | 추론 세부 정보　　　　　　　　　　　　　　　　　　　　　　　　정답 (B)
질문의 핵심 어구인 Ms. Adams ~ work에 대해 추론하는 문제이다. 'I just got off the phone with Sarah Adams at First National Bank.'에서 David Newman이 방금 First 국립 은행의 Sarah Adams와 통화를 마쳤다고 한 것에서 Ms. Adams가 은행, 즉 금융 기관에서 일한다는 사실을 추론할 수 있다. 따라서 (B)가 정답이다.

바꾸어 표현하기
National Bank 국립 은행 → financial institution 금융 기관

162
난이도 ○●●● 상

At 2:16 P.M., what does Ms. Jenkins mean when she writes, "Forty more people"?	오후 2시 16분에, Ms. Jenkins가 "Forty more people"이라고 썼을 때 그녀가 의도한 것은?
(A) She hopes an event will be well attended. (B) She believes an error has been made. (C) She wants to confirm an amount. (D) She thinks a request will be difficult to fulfill.	(A) 행사에 많은 사람들이 참석하기를 바란다. (B) 오류가 생겼다고 생각한다. (C) 양을 확인하고 싶어 한다. (D) 요청을 수행하기 어려울 것이라고 생각한다.

해설　유형5 | 의도 파악　　　　　　　　　　　　　　　　　　　　　　　　　　정답 (D)
Ms. Jenkins가 의도한 것을 묻는 문제이므로, 질문의 인용어구(Forty more people)가 언급된 주변 문맥을 확인한다. 'She wants to invite 40 additional guests to the Christmas party we're catering.'에서 David Newman이 그녀, 즉 Ms. Adams가 크리스마스 파티에 추가적으로 40명의 손님들을 초대하고 싶어 한다고 하자 Ms. Jenkins가 'Forty more people?'(40명 더요)이라고 한 후 'But the party is only four days from now. That doesn't leave us enough time to prepare.'에서 하지만 파티는 지금부터 4일 후이고 준비할 충분한 시간이 없다고 한 것을 통해, Ms. Jenkins는 Ms. Adams의 요청을 수행하기 어려울 것이라고 생각함을 알 수 있다. 따라서 (D)가 정답이다.

어휘　**well attended** phr. 많은 사람들이 참석한　**amount** n. 양, 총액　**fulfill** v. 수행하다, 이행하다

163

What does Ms. Jenkins say she will do? (A) Ask employees to work overtime (B) Add some dishes to a menu (C) Order food from a restaurant (D) Hire additional kitchen staff	Ms. Jenkins는 무엇을 할 것이라고 말하는가? (A) 직원들에게 추가 근무를 해달라고 요청한다 (B) 몇몇 요리들을 메뉴에 추가한다 (C) 식당에서 음식을 주문한다 (D) 추가적인 주방 직원을 고용한다

해설 유형2 | 육하원칙 What 정답 (A)

Ms. Jenkins이 무엇(What)을 할 것이라고 말하는지를 묻는 육하원칙 문제이다. 질문의 핵심 어구인 Ms. Jenkins say she will do와 관련하여, 'Let me talk to the other kitchen staff. If they're willing to put in some extra hours over the next few days, I'm sure we can prepare enough food for everyone.'에서 Ms. Jenkins가 다른 주방 직원들에게 얘기해볼 것이고, 만약 그들이 며칠 동안 추가 근무를 할 의향이 있다면 모두에게 충분한 음식을 준비할 수 있을 것이라고 했으므로 (A)가 정답이다.

바꾸어 표현하기
put in some extra hours 추가 근무를 하다 → work overtime 추가 근무를 하다

164

What is indicated about Lawson Industries? (A) It has partnered with a foreign firm. (B) It will relocate its headquarters. (C) It will open a new branch office soon. (D) It has expanded internationally.	Lawson Industries사에 대해 암시되는 것은? (A) 외국 기업과 제휴를 맺었다. (B) 본사를 이전할 것이다. (C) 곧 새로운 지점을 열 것이다. (D) 국제적으로 확장했다.

해설 유형4 | 추론 세부 정보 정답 (D)

질문의 핵심 어구인 Lawson Industries에 대해 추론하는 문제이다. 'Why don't we contact the waiters who worked at the banquet we catered for Lawson Industries? The one held in August to celebrate the opening of its first overseas branch.'에서 David Newman이 Lawson Industries사의 연회에 출장 음식을 제공했었고 그 연회는 Lawson Industries사의 첫 번째 해외 지사의 개점을 축하하기 위해 열렸다고 했으므로, Lawson Industries사가 국제적으로 확장했다는 사실을 추론할 수 있다. 따라서 (D)가 정답이다.

바꾸어 표현하기
the opening of its first overseas branch 회사의 첫 번째 해외 지사의 개점 → It has expanded internationally 회사가 국제적으로 확장하다

165-167 기사

Fireside Creates New Division

[165]Publishing giant Fireside has created a new division called Lost Worlds. According to Fireside CEO Ivan Farley, the division is devoted primarily to publishing "well-crafted science fiction" and will be overseen by Fireside managing editor Amanda Chu.

Though a full catalog for the division has yet to be released, Chu said the division has already acquired some novels that it plans to publish next fall. These include [166-B]*Journey to the Wastelands* by Hugh Ottman, [166-D]whose work was discovered by the famous editor Nina Randall; *Fire on Jupiter* by Brianna Stuart; and *Beyond the Visible* by Abram Marcus, which has been out of print for almost 40 years.

When asked why Fireside, which already operates 10 successful divisions, chose to create a new one, Chu said she believes the firm is filling a niche that has been neglected by other publishers. ○

Fireside사가 새로운 부서를 만들다

[165]거대 출판 기업 Fireside사는 Lost Worlds라고 불리는 새로운 부서를 만들었다. Fireside사의 최고 경영자인 Ivan Farley에 따르면, 이 부서는 "잘 만들어진 공상 과학 소설"을 출판하는 데 주로 전념하며, Fireside사의 편집장인 Amanda Chu에 의해 감독될 것이다.

이 부서의 완전한 도서 목록은 아직 공개되지 않았지만, Chu는 부서가 내년 가을에 출판하기로 계획하고 있는 몇몇 소설들을 이미 입수했다고 말했다. 이것들은 [166-D]유명한 편집자인 Nina Randall에 의해 그 작품이 발견된 [166-B]Hugh Ottman의 *Journey to the Wastelands*, Brianna Stuart의 *Fire on Jupiter*, 그리고 Abram Marcus의 *Beyond the Visible*을 포함하는데, 이것은 거의 40년 동안 절판되었었다.

이미 10개의 성공적인 부서를 운영하는 Fireside사가 왜 새로운 부서를 만드는 것을 택했는지에 대한 질문을 받았을 때, Chu는 회사가 다른 출판사들이 방치해왔던 틈새 시장을

"Plenty of our competitors put out mass-market science fiction and science-related nonfiction, but we don't see many that publish deeper, more thought-provoking titles. There is a strong demand for these types of books," she said.

165/167Sometime in the coming year, Chu added, the division will also begin publishing some nonfiction science titles, including several books by the visionary physicist Harold Weber. By doing so, Fireside hopes to expand its brand and become the most trusted science fiction and science publisher in the industry.

채울 것이라고 말했다. "일반 대중을 상대로 하는 공상 과학 소설과 과학 관련 비소설을 내놓는 경쟁사들은 많지만, 더 깊고 시사하는 바가 많은 서적들을 출판하는 곳은 많이 볼 수 없습니다."라고 그녀는 말했다.

165/167내년 중에는 이 부서가 예지력 있는 물리학자인 Harold Weber의 몇몇 책들을 포함한 몇 가지 비소설 과학 서적들도 출판하기 시작할 것이라고 Chu가 덧붙였다. 그렇게 함으로써, Fireside사는 브랜드를 확장하고 업계 내에서 가장 신뢰받는 공상 과학 소설 및 과학 출판사가 되기를 기대한다.

어휘 **division** n. 부서, 분할 **giant** n. 거대 기업, 위인 **devote** v. 전념하다, 헌신하다 **primarily** adv. 주로, 본래 **well-crafted** adj. 잘 만들어진 **oversee** v. 감독하다, 감시하다 **managing editor** phr. 편집장 **catalog** n. 도서 목록, 카탈로그 **acquire** v. 입수하다, 획득하다 **out of print** phr. 절판되다 **niche** n. 틈새 시장, 틈새 **neglect** v. 방치하다, 잊어버리다 **competitor** n. 경쟁사, 경쟁자 **mass-market** adj. 일반 대중을 상대로 하는 **nonfiction** n. 비소설, 소설 이외의 산문 문학 **thought-provoking** adj. 시사하는 바가 많은 **title** n. 서적, 출판물, 제목 **visionary** adj. 예지력 있는, 공상적인 **physicist** n. 물리학자

165

난이도 ○○●● 중

Where would the article most likely appear?

(A) In a political quarterly
(B) In a publishing newsletter
(C) In a film magazine
(D) In a scientific journal

이 기사는 어디서 볼 수 있을 것 같은가?

(A) 정치 관련 계간지에서
(B) 출판 소식지에서
(C) 영화 잡지에서
(D) 과학 잡지에서

해설 유형4 | 추론 전체 정보 정답 (B)

지문 곳곳에 퍼져 있는 여러 단서를 종합하여 기사를 볼 수 있을 것 같은 곳을 추론하는 문제이다. 'Publishing giant Fireside has created a new division'에서 거대 출판 기업인 Fireside사가 새로운 부서를 만들었다고 하며 그 부서에 대해 자세히 설명한 후, 'Sometime in the coming year, ~ the division will also begin publishing some nonfiction science titles'에서 내년 중에는 그 부서가 몇 가지 비소설 과학 서적들도 출판하기 시작할 것이라는 소식을 전하고 있으므로 출판사 소식지에서 볼 수 있는 기사임을 알 수 있다. 따라서 (B)가 정답이다.

어휘 **quarterly** n. 계간지, 연 4회 간행물 **newsletter** n. 소식지, 회보

166

난이도 ○○●● 중

Who wrote *Journey to the Wastelands*?

(A) Ivan Farley
(B) Hugh Ottman
(C) Amanda Chu
(D) Nina Randall

누가 *Journey to the Wastelands*를 썼는가?

(A) Ivan Farley
(B) Hugh Ottman
(C) Amanda Chu
(D) Nina Randall

해설 유형2 | 육하원칙 Who 정답 (B)

누가(Who) *Journey to the Wastelands*를 썼는지를 묻는 육하원칙 문제이다. 질문의 핵심 어구인 wrote *Journey to the Wastelands* 와 관련하여, '*Journey to the Wastelands* by Hugh Ottman, whose work was discovered by the famous editor Nina Randall'에서 *Journey to the Wastelands*가 Hugh Ottman의 작품이라고 했으므로 (B)가 정답이다. (D)는 Nina Randall이 Hugh Ottman의 작품을 발견한 편집자이지 *Journey to the Wastelands*를 쓴 것은 아니므로 답이 될 수 없다.

167

난이도 ○○●● 중

What does Lost Worlds plan to do next year?

(A) Organize a lecture
(B) Hire a managing editor
(C) Revise a catalog of selections
(D) Release some new publications

Lost Worlds는 내년에 무엇을 하려고 계획하고 있는가?

(A) 강연을 준비한다
(B) 편집장을 고용한다
(C) 선택된 도서 목록을 수정한다
(D) 몇 개의 새로운 출판물을 출시한다

해설 유형2 | **육하원칙** What   정답 (D)

Lost Worlds가 내년에 무엇(What)을 하려고 계획하는지를 묻는 육하원칙 문제이다. 질문의 핵심 어구인 Lost Worlds plan to do next year과 관련하여, 'Sometime in the coming year, ~ the division will also begin publishing some nonfiction science titles' 에서 내년 중에는 이 부서, 즉 Lost Worlds가 몇 가지 비소설 과학 서적들도 출판하기 시작할 것이라고 했으므로 (D)가 정답이다.

168-171 보고서

Shelton University's 10-Year Plan

Shelton University has been an essential part of the city of Crestwood since [168-A]the school was founded nearly two centuries ago. [168-C]Over the years, it has developed into a world-famous institute. It has seen former students go on to prestigious positions in government, business, and education. — [1] —.

In order to continue this tradition, the college's board has developed a 10-year plan for growth in the engineering, veterinary science, communications, and business departments. [168-D/171]The first step will be to engage additional faculty members in order to reduce class sizes. — [2] —.

[170]The second step of the plan will involve increasing the space available for each academic department. This means adding classrooms as well as offices for professors and other staff. In most cases, [170]existing buildings will be renovated and expanded. — [3] —. Additionally, there are plans to construct one new structure on the west side of the campus.

Administrators at Shelton University feel that these changes will make the school more alluring to potential students and thus more competitive overall. — [4] —.

Shelton 대학교의 10년 계획

Shelton 대학교는 [168-A]거의 2세기 전 학교가 설립된 이래로 Crestwood 시에 꼭 필요한 부분이었습니다. [168-C]수년 동안, 학교는 세계적으로 유명한 대학으로 발전하였습니다. 학교는 졸업생들이 정부, 사업, 교육의 명망 있는 위치로 나아가는 것을 지켜보았습니다. — [1] —.

이 전통을 이어가기 위해, 대학 이사회는 공학, 수의학, 커뮤니케이션과 경영 학부의 성장을 위한 10년 계획을 구상했습니다. [168-D/171]첫 번째 단계는 수업 규모를 줄이기 위해 추가적인 교직원들을 고용하는 것이 될 것입니다. — [2] —.

[170]이 계획의 두 번째 단계는 각 학부에 이용 가능한 공간을 늘리는 것을 포함할 것입니다. 이는 교수들과 다른 직원들을 위한 사무실뿐만 아니라 강의실을 추가하는 것을 의미합니다. 대부분의 경우, [170]기존 건물들이 개조되고 확장될 것입니다. — [3] —. 추가적으로, 캠퍼스의 서쪽에 새로운 건축물을 건설할 계획이 있습니다.

Shelton 대학교의 관리자들은 이러한 변화가 잠재적인 학생들에게 학교를 더욱 매력적으로 만들고 그로 인해 전반적으로 더욱 경쟁력을 갖추게 할 것이라고 생각합니다. — [4] —.

어휘 essential adj. 꼭 필요한, 없어서는 안 될 world-famous adj. 세계적으로 유명한 institute n. 대학, 학교, 기관 go on to phr. ~로 나아가다 prestigious adj. 명망 있는, 일류의 tradition n. 전통, 관례 veterinary science phr. 수의학 department n. 학부, 부분 faculty member phr. 교직원 reduce v. 줄이다, 축소하다 involve v. 포함하다, 관련시키다 existing adj. 기존의, 현재 사용되는 structure n. 건축물, 구조 administrator n. 관리자, 행정가 alluring adj. 매력적인, 마음을 끄는 potential adj. 잠재적인, 가능성 있는 competitive adj. 경쟁력을 갖춘, 경쟁의

168   난이도 ○○●● 중

What is mentioned about Shelton University?

(A) It will celebrate its 100th anniversary soon.
(B) It combined several of its departments.
(C) It is an internationally well-known institution.
(D) It will reduce its number of classes.

Shelton 대학교에 대해 언급된 것은?

(A) 곧 100주년 기념일을 축하할 것이다.
(B) 학부들 중 몇 개를 통합했다.
(C) 국제적으로 잘 알려진 대학이다.
(D) 수업의 수를 줄일 것이다.

해설 유형3 | <u>Not/True</u> True 문제   정답 (C)

질문의 핵심 어구인 Shelton University와 관련된 내용을 지문에서 찾아 각 보기와 대조하는 Not/True 문제이다. (A)는 'the school was founded nearly two centuries ago'에서 학교가 거의 2세기 전, 즉 200년 전에 설립되었다고 했으므로 지문의 내용과 일치하지 않는다. (B)는 지문에 언급되지 않은 내용이다. (C)는 'Over the years, it has developed into a world-famous institute.'에서 수년 동안 학교는 세계적으로 유명한 대학으로 발전했다고 했으므로 지문의 내용과 일치한다. 따라서 (C)가 정답이다. (D)는 'The first step will be to engage additional faculty members in order to reduce class sizes.'에서 수업 규모를 줄이기 위해 추가적인 교직원들을 고용할 것이라고 했지 수업의 수를 줄일 것이라고 한 것은 아니므로 지문의 내용과 일치하지 않는다.

바꾸어 표현하기
world-famous 세계적으로 유명한 → internationally well-known 국제적으로 잘 알려진

난이도 ○●●● 상

The word "engage" in paragraph 2, line 3, is closest in meaning to

(A) persuade
(B) possess
(C) debate
(D) hire

2문단 세 번째 줄의 단어 "engage"는 의미상 -와 가장 가깝다.

(A) 설득하다
(B) 소유하다
(C) 토론하다
(D) 고용하다

해설 유형7 | 동의어

정답 (D)

engage를 포함하는 구절 'The first step will be to engage additional faculty members'에서 engage가 '고용하다'라는 의미로 사용되었다. 따라서 '고용하다'라는 뜻을 가진 (D)가 정답이다.

170

난이도 ○○●● 중

What is part of the second step of the plan?

(A) Creating new scholarship programs
(B) Advertising to overseas students
(C) Enlarging several buildings
(D) Training incoming faculty

계획의 두 번째 단계 중 일부는 무엇인가?

(A) 새로운 장학금 프로그램을 만드는 것
(B) 해외 학생들에게 광고하는 것
(C) 몇몇 건물을 확장하는 것
(D) 새로 온 교직원들을 교육하는 것

해설 유형2 | 육하원칙 What

정답 (C)

계획의 두 번째 단계 중 일부가 무엇(What)인지를 묻는 육하원칙 문제이다. 질문의 핵심 어구인 the second step of the plan과 관련하여, 'The second step of the plan will involve increasing the space available for each academic department.'에서 계획의 두 번째 단계는 각 학부에 이용 가능한 공간을 늘리는 것을 포함할 것이라고 했고, 'existing buildings will be renovated and expanded'에서 기존 건물들이 개조되고 확장될 것이라고 했으므로 (C)가 정답이다.

바꾸어 표현하기

existing buildings will be renovated and expanded 기존 건물들이 개조되고 확장될 것이다
→ Enlarging several buildings 몇몇 건물들을 확장하다

어휘   scholarship n. 장학금, 학문 overseas adj. 해외의, 외국의 enlarge v. 확장하다, 크게 하다 incoming adj. 새로 온, 들어오는

171

난이도 ○○●● 중

In which of the positions marked [1], [2], [3], and [4] does the following sentence best belong?

"This will improve the overall quality of education as students will have more opportunities to meet with instructors one-on-one."

(A) [1]
(B) [2]
(C) [3]
(D) [4]

[1], [2], [3], [4]로 표시된 위치 중, 다음 문장이 들어갈 곳으로 가장 적절한 것은?

"학생들이 강사들을 1대 1로 만날 수 있는 더 많은 기회를 갖게 될 것이기 때문에 이것은 교육의 전반적인 질을 향상시킬 것입니다."

(A) [1]
(B) [2]
(C) [3]
(D) [4]

해설 유형6 | 문장 위치 찾기

정답 (B)

지문의 흐름상 주어진 문장이 들어가기에 가장 적절한 곳을 고르는 문제이다. This will improve the overall quality of education as students will have more opportunities to meet with instructors one-on-one에서 학생들이 강사들을 1대 1로 만날 수 있는 더 많은 기회를 갖게 될 것이기 때문에 이것은 교육의 전반적인 질을 향상시킬 것이라고 했으므로, 문장이 학생들이 강사들을 1대 1로 만날 수 있는 기회가 많아지는 것과 관련된 내용이 나오는 부분에 들어가야 함을 알 수 있다. [2]의 앞 문장인 'The first step will be to engage additional faculty members in order to reduce class sizes.'에서 수업 규모를 줄이기 위해 추가적인 교직원들을 고용할 것이라고 했으므로, [2]에 제시된 문장이 들어가면 강사들을 추가적으로 고용하여 학생들이 강사들을 1대 1로 만날 기회가 많아지고, 이로 인해 교육의 전반적인 질이 향상될 것이라는 자연스러운 문맥이 된다는 것을 알 수 있다. 따라서 (B)가 정답이다.

[172]Action Entertainment Expands

By Colin Dunbar

In a press conference on June 3, [172]Action Entertainment CEO Dave Riley stated that his company had acquired the rights to the *Dark Isle* video game from RatuSoft Incorporated. Released three years ago, this popular online role-playing game has over 350,000 current subscribers and generates an estimated $5.2 million in revenue each month. Action Entertainment is believed to have paid over $65 million for *Dark Isle*, although the exact figure has not been made public.

Mr. Riley said that he had been planning to expand into online gaming for some time. However, he was reluctant to create a new game due to the cost of development and the difficulty of breaking into an already crowded market. "Online multiplayer games are the future of our industry," he stated during the conference. "When the opportunity arose to acquire one of the most popular online games, I felt I had to take it."

Action Entertainment will be making significant improvements to *Dark Isle* over the next year. [174]A pamphlet distributed during the press conference states that future versions of the game will have improved graphics and faster loading times. It was also revealed that [175-C]noted game designer Michael Hong has been contracted to create an expansion for *Dark Isle* that includes new lands to explore and magical items to discover. Mr. Hong is expected to make a significant contribution to the future success of *Dark Isle*.

[172]Action Entertainment사가 확장하다

Colin Dunbar 작성

6월 3일 기자 회견에서, [172]Action Entertainment사의 최고 경영자 Dave Riley는 그의 회사가 RatuSoft사로부터 *Dark Isle* 비디오 게임의 판권을 인수했다고 언급했다. 3년 전에 출시된 이 인기 있는 온라인 롤플레잉 게임은 현재 35만 명이 넘는 이용자를 가지고 있으며 매달 약 520만 달러의 수익을 만들어 낸다. Action Entertainment사는 *Dark Isle* 이 6천 5백만 달러가 넘는 비용을 지불한 것으로 여겨지나, 정확한 수치는 공개되지 않았다.

Mr. Riley는 한동안 온라인 게임으로 확장할 계획을 하고 있었다고 말했다. 그러나 그는 개발 비용과 이미 포화 상태인 시장에 진입하는 어려움으로 인해 새로운 게임을 만드는 것을 꺼려했다. "온라인 멀티플레이어 게임은 우리 산업의 미래입니다."라고 그는 기자 회견 동안 언급했다. "가장 인기 있는 온라인 게임들 중 하나를 인수할 기회가 생겼을 때, 그것을 잡아야 한다고 생각했습니다."

Action Entertainment사는 내년 동안 *Dark Isle* 에 상당한 개선을 할 것이다. [174]기자 회견 동안에 배포된 팸플릿은 게임의 이후 버전이 향상된 그래픽과 더 빠른 로딩 시간을 가질 것이라고 명시한다. 또한 [175-C]유명한 게임 디자이너 Michael Hong이 탐험할 새로운 땅과 발견해야 하는 마법 아이템들을 포함한 *Dark Isle* 의 확장판을 만들기 위해 계약했다는 것이 드러났다. Mr. Hong은 *Dark Isle* 의 향후 성공에 중요한 기여를 할 것으로 예상된다.

어휘 **press conference** phr. 기자 회견 **state** v. 언급하다, 명시하다 **acquire** v. 인수하다-, 획득하다 **right** n. 판권, 지적 재산권 **current** adj. 현재의, 통용되는 **revenue** n. 수익, 이익 **figure** n. 수치, 인물 **make public** phr. 공표하다, 일반에 알리다 **reluctant** adj. 꺼리는, 주저하는 **break into** phr. 진입하다 **arise** v. 생기다, 발생하다 **significant** adj. 상당한, 중요한 **distribute** v. 배포하다, 분배하다 **noted** adj. 유명한, 저명한 **magical** adj. 마법의 **discover** v. 발견하다, 찾다 **contribution** n. 기여, 기부금

172

난이도 ○○●● 중

What is the main purpose of the article?

(A) To explain a game feature
(B) To discuss a corporate merger
(C) To announce an acquisition
(D) To introduce a new game company

기사의 주 목적은 무엇인가?

(A) 게임의 특징을 설명하기 위해
(B) 기업의 합병을 논의하기 위해
(C) 인수를 알리기 위해
(D) 새로운 게임 회사를 소개하기 위해

해설 유형1 | 주제/목적 찾기 글의 목적 정답 (C)

기사의 목적을 묻는 목적 찾기 문제이므로 지문의 헤드라인과 첫 세 문장을 주의 깊게 확인한다. 'Action Entertainment Expands'와 'Action Entertainment CEO Dave Riley stated that his company had acquired the rights to the *Dark Isle* video game from RatuSoft Incorporated'에서 Action Entertainment사가 확장하고 있으며, RatuSoft사로부터 *Dark Isle* 비디오 게임의 판권을 인수했다고 한 후 인수와 관련된 세부 사항을 설명하고 있으므로 (C)가 정답이다.

어휘 **feature** n. 특징, 특성 **corporate** n. 기업의, 회사의 **merger** n. 합병 **acquisition** n. 인수, 매입

해커스 토익 PART 7 집중공략 777

173

The word "generates" in paragraph 1, line 3, is closest in meaning to

(A) calculates
(B) reimburses
(C) produces
(D) processes

1문단 세 번째 줄의 단어 "generates"는 의미상 ―와 가장 가깝다.

(A) 계산하다
(B) 보상하다
(C) 만들어내다
(D) 처리하다

해설 유형7 | 동의어   정답 (C)

generates를 포함하는 구절 'this popular online role-playing game ~ generates an estimated $5.2 million in revenue each month'에서 generates가 '만들어내다, 생산하다'라는 의미로 사용되었다. 따라서, '만들어내다'라는 뜻을 가진 (C)가 정답이다.

174

What was provided at a press conference?

(A) A map
(B) A product sample
(C) A brochure
(D) An annual report

기자 회견에서 무엇이 제공되었는가?

(A) 지도
(B) 제품 샘플
(C) 브로셔
(D) 연간 보고서

해설 유형2 | 육하원칙 What   정답 (C)

기자 회견에서 무엇(What)이 제공되었는지를 묻는 육하원칙 문제이다. 질문의 핵심 어구인 provided at a press conference와 관련하여, 'A pamphlet distributed during the press conference'에서 기자 회견 동안에 팸플릿이 배포되었다고 했으므로 (C)가 정답이다.

바꾸어 표현하기

provided at a press conference 기자 회견 동안 제공되다 → distributed during the press conference 기자 회견 동안 배포되다
pamphlet 팸플릿 → brochure 브로셔

175

What is mentioned about Mr. Hong?

(A) He founded Action Entertainment.
(B) He is the original developer of *Dark Isle*.
(C) He will develop new content for a game.
(D) He was employed by RatuSoft Incorporated.

Mr. Hong에 대해 언급된 것은?

(A) Action Entertainment사를 설립했다.
(B) *Dark Isle*의 원래 개발자이다.
(C) 게임의 새로운 콘텐츠를 개발할 것이다.
(D) RatuSoft사에 고용되었다.

해설 유형3 | Not/True True 문제   정답 (C)

질문의 핵심 어구인 Mr. Hong과 관련된 내용을 지문에서 찾아 각 보기와 대조하는 Not/True 문제이다. (A), (B), (D)는 지문에 언급되지 않은 내용이다. (C)는 'noted game designer Michael Hong has been contracted to create an expansion for *Dark Isle* that includes new lands to explore and magical items to discover'에서 유명한 게임 디자이너 Michael Hong이 탐험할 새로운 땅과 발견해야 하는 마법 아이템을 포함한 *Dark Isle*의 확장판을 만들기 위해 계약했다고 했으므로 지문의 내용과 일치한다. 따라서 (C)가 정답이다.

바꾸어 표현하기

create an expansion for *Dark Isle* *Dark Isle*의 확장판을 만들다 → develop new content for a game 게임의 새로운 콘텐츠를 개발하다

어휘   **original** adj. 원래의, 독창적인   **employ** v. 고용하다, 쓰다

지문 1

Pristine Credit Services
Suite 250A, 500 Arabesque Street
Potomac, MD 20854
Tel. 555-6482

March 10

Derek J. Oliver
78 Thistlebrush Terrace
Baltimore, MD 21218

Dear Mr. Oliver,

Thank you for signing up for the Pristine Card. Effective March 20, [176]for every dollar that you charge to this credit card, you will earn one Pristine Point. [178]You can also receive a hotel voucher if you complete and return the short survey that has been sent to your e-mail address. [176]Pristine Points are redeemable at any of the businesses listed at www.pcs.com/partners. These include online shopping malls, airlines, and gas stations.

If you have any questions or concerns regarding the Pristine Points rewards program, log on to our Web site to chat with a service representative. To check your account status and manage your account, visit www.pcs.com/points. [179]Note that as long as your card remains valid, you will regularly receive our text message updates.

We appreciate your patronage.

Sincerely,

Matthew Eddington
Credit Card Department
Pristine Credit Services

Pristine 신용 서비스사
250A호, 500번지 Arabesque가
포토맥, 메릴랜드 주 20854
전화 555-6482

3월 10일

Derek J. Oliver
78번지 Thistlebrush Terrace
볼티모어, 메릴랜드 주 21218

Mr. Oliver께,

Pristine 카드를 신청해주셔서 감사합니다. 3월 20일부터, [176]귀하의 신용카드에 청구되는 1달러마다 Pristine 포인트 1점을 얻게 됩니다. [178]또한 귀하의 이메일 주소로 보내진 짧은 설문조사를 완료하여 보내주시면 호텔 상품권을 받을 수 있습니다. [176]Pristine 포인트는 www.pcs.com/partners에 기재된 모든 업체에서 교환 가능합니다. 이곳들은 온라인 쇼핑몰, 항공사, 주유소를 포함합니다.

만약 Pristine 포인트 보상 프로그램에 대한 질문이나 우려사항이 있으시면, 저희 웹사이트에 로그인하셔서 서비스 직원과 채팅을 하시기 바랍니다. 귀하의 계좌 상태를 확인하고 계좌를 관리하기 위해서는 www.pcs.com/points를 방문해 주시기 바랍니다. [179]귀하의 카드가 유효한 상태이면, 저희의 최신 소식 문자를 정기적으로 받게 될 것임에 유의하십시오.

귀하의 지속적인 이용에 감사 드립니다.

Matthew Eddington 드림
신용카드 부서
Pristine 신용 서비스사

지문 2

www.pcs.com/points/cancel

| Program Overview | Special Offers | Account Details | **Cancel** |

Personal Information

| **Customer Name:** | Derek J. Oliver | **Available points:** | 0 point |
| **User ID:** | djoliver3948 | **Account Number:** | 3874-2303-2312-3495 |

Withdrawal Confirmation

[180]**Reason for Withdrawal:**
I recently signed up for the Pristine Card because I wanted to use it for business travel expenses that my company would later reimburse. However, [180]I received notification yesterday that my company is planning on issuing me a corporate card from another provider, and I will be required to use it for my travel expenses. Though [179]I have decided to cancel my Pristine Card, I was generally satisfied with the service. [178]I also made good use of the hotel voucher I received, which allowed me to stay at Beltway Suites for the first time.

| **Electronic Signature:** | Derek Oliver | **Date:** | March 23 |

SUBMIT

---

www.pcs.com/points/cancel

| 프로그램 개요 | 특별 할인 | 계좌 세부 사항 | 취소 |

개인 정보

| 고객 이름: | Derek J. Oliver | 가용 포인트: | 0점 |
| 이용자 ID: | djoliver3948 | 계좌 번호: | 3874-2303-2312-3495 |

취소 확인

[180]취소 이유:
저는 회사가 나중에 상환해줄 출장 비용에 Pristine 카드를 사용하고 싶어서 최근에 카드를 신청하였습니다. 그런데, [180]저희 회사가 다른 제공 기관으로부터 법인카드를 발급해줄 예정이고, 제가 그것을 출장 비용에 사용해야 할 것이라는 통지를 어제 받았습니다. [179]저는 Pristine 카드를 취소하기로 결정했지만, 대체적으로 서비스에 만족했습니다. [178]저는 또한 제가 받았던 호텔 상품권을 이용하여 처음으로 Beltway 스위트룸에서 머무를 수 있었습니다.

전자 서명: Derek Oliver   날짜: 3월 23일

제출

해커스 토익 PART 7 집중공략 777

지문 1 **sign up** phr. 신청하다 **earn** v. 얻다, 벌다 **redeemable** adj. (현금, 상품과) 교환할 수 있는 **account** n. 계좌, 계정 **valid** adj. 유효한, 타당한 **regularly** adv. 정기적으로, 규칙적으로 **update** n. 최신 소식, 갱신

지문 2 **business travel** phr. 출장 **reimburse** v. 상환하다, 배상하다 **notification** n. 통지, 알림 **issue** v. 발급하다, 발행하다; n. 안건

176

난이도 ○●●● 상

What can holders of the Pristine Card do?

(A) Withdraw cash without paying a service fee
(B) Use points to purchase items from certain sellers
(C) Make advance reservations at some facilities
(D) Pay monthly bills using a mobile device

Pristine 카드 소지자는 무엇을 할 수 있는가?

(A) 수수료를 지불하지 않고 현금을 인출한다
(B) 특정 판매자들에게 물건을 구매하기 위해 포인트를 사용한다
(C) 몇몇 시설에서 사전 예약을 한다
(D) 휴대 기기를 이용하여 월별 청구서를 지불한다

해설 유형2 | **육하원칙** What   정답 (B)

Pristine 카드 소지자가 무엇(What)을 할 수 있는지를 묻는 육하원칙 문제이므로 Pristine 카드의 혜택이 언급된 첫 번째 지문인 편지에서 관련 내용을 확인한다. 편지의 'for every dollar that you charge to this credit card, you will earn one Pristine Point'에서 Pristine 카드에 청구되는 1달러마다 포인트 1점을 얻게 될 것이라고 했고, 'Pristine Points are redeemable at any of the businesses listed at www.pcs.com/partners.'에서 Pristine 포인트는 www.pcs.com/partners에 기재된 모든 업체에서 교환 가능하다고 했으므로 (B)가 정답이다.

바꾸어 표현하기
Points are redeemable at ~ the businesses listed 기재된 업체에서 포인트가 교환 가능하다
→ Use points to purchase items from certain sellers 특정 판매자들에게 물건을 구매하기 위해 포인트를 사용하다

어휘 **withdraw** v. 인출하다, 빼내다 **service fee** phr. 수수료 **seller** n. 판매자

177

난이도 ○●●● 상

In the letter, the word "status" in paragraph 2, line 2, is closest in meaning to

(A) configuration
(B) ranking
(C) capacity
(D) situation

편지에서, 2문단 두 번째 줄의 단어 "status"는 의미상 −와 가장 가깝다.

(A) 배열
(B) 순위
(C) 용량
(D) 상황

해설 유형7 | **동의어**   정답 (D)

첫 번째 지문인 편지의 status를 포함하는 구절 'To check your account status and manage your account'에서 status가 '상태, 상황'이라는 뜻으로 사용되었다. 따라서 '상황'이라는 뜻을 가진 (D)가 정답이다.

178

난이도 ○●●● 상

What is indicated about Mr. Oliver?

(A) He submitted a customer survey.
(B) He will pay a fee to maintain his account.
(C) He failed to log on to a Web site.
(D) He ordered room service at a hotel.

Mr. Oliver에 대해 암시되는 것은?

(A) 고객 설문조사를 제출했다.
(B) 계좌를 유지하기 위한 요금을 지불할 것이다.
(C) 웹사이트에 로그인을 하지 못했다.
(D) 호텔에서 룸서비스를 주문했다.

해설 유형4 | **추론** 연계 문제   정답 (A)

질문의 핵심 어구인 Mr. Oliver가 작성한 웹페이지를 먼저 확인한다.
단서1 두 번째 지문(웹페이지)의 'I also made good use of the hotel voucher I received, which allowed me to stay at Beltway Suites for the first time.'에서 Mr. Oliver가 호텔 상품권을 받아서 이용했고 Beltway 스위트룸에서 머무를 수 있었다고 했다. 그런데 Mr. Oliver가 어떻게 호텔 상품권을 받게 되었는지 제시되지 않았으므로 편지에서 관련 내용을 확인한다.

단서 2 첫 번째 지문(편지)의 'You can also receive a hotel voucher if you complete and return the short survey'에서 설문조사를 완료하여 보내면 호텔 상품권을 받을 수 있다고 한 것을 확인할 수 있다.

두 단서를 종합할 때, Mr. Oliver가 설문조사를 보냈기 때문에 호텔 상품권을 받았다는 사실을 추론할 수 있다. 따라서 (A)가 정답이다.

179

What will most likely happen after Mr. Oliver submits the form?

(A) He will apply for a different credit card.
(B) He will redeem his remaining rewards points.
(C) He will stop receiving notifications.
(D) He will e-mail a membership department.

Mr. Oliver가 양식을 제출한 후에 무슨 일이 일어날 것 같은가?

(A) 다른 신용카드를 신청할 것이다.
(B) 남아있는 Pristine 포인트를 교환할 것이다.
(C) 알림을 받지 않을 것이다.
(D) 멤버십 부서에 이메일을 보낼 것이다.

해설 유형4 | 추론 연계 문제　　　　　정답 (C)

질문의 핵심 어구인 happen after Mr. Oliver submits the form과 관련된 내용이 언급된 Mr. Oliver가 작성한 웹페이지를 먼저 확인한다.

단서 1 두 번째 지문(웹페이지)의 'I have decided to cancel my Pristine Card'에서 Mr. Oliver가 Pristine 카드를 취소하기로 결정했다고 했다. 그런데 취소 신청 양식을 제출한 후 무슨 일이 일어날 것인지 제시되지 않았으므로 편지에서 관련 내용을 확인한다.

단서 2 첫 번째 지문(편지)의 'Note that as long as your card remains valid, you will regularly receive our text message updates.'에서 카드가 유효한 상태이면 저희, 즉 Pristine 신용 서비스사의 최신 소식 문자를 정기적으로 받게 된다는 것을 확인할 수 있다.

두 단서를 종합할 때, Mr. Oliver가 취소 양식을 제출하면 신용카드가 더 이상 유효하지 않게 되므로 Pristine 신용 서비스사의 최신 소식 문자를 더 이상 받지 않을 것이라는 사실을 추론할 수 있다. 따라서 (C)가 정답이다.

180

Why does Mr. Oliver want to cancel his Pristine Card?

(A) He is dissatisfied with the choice of affiliated retailers.
(B) He will be required to use an alternative.
(C) He was not treated well by a customer representative.
(D) He would rather join an airline rewards program.

Mr. Oliver는 왜 Pristine 카드를 취소하고 싶어 하는가?

(A) 제휴 소매업체들의 선정에 만족하지 않는다.
(B) 다른 대안을 사용해야 할 것이다.
(C) 고객 담당자에게 잘 대우받지 못했다.
(D) 대신 항공사 보상 프로그램에 가입하고 싶어 한다.

해설 유형2 | 육하원칙 Why　　　　　정답 (B)

Mr. Oliver가 왜(Why) Pristine 카드를 취소하고 싶어 하는지를 묻는 육하원칙 문제이다. 질문의 핵심 어구인 Mr. Oliver want to cancel his Pristine Card와 관련된 내용이 언급된 두 번째 지문인 웹페이지를 확인한다. 웹페이지의 'Reason for Withdrawal', 'I received notification yesterday that my company is planning on issuing me a corporate card from another provider, and I will be required to use it for my travel expenses'에서 취소 이유가 자신, 즉 Mr. Oliver의 회사가 또 다른 제공 기관으로부터 법인 카드를 발급할 예정이고 그것을 출장 비용에 사용해야 한다고 한 것에서 Mr. Oliver는 다른 카드를 사용해야 해서 Pristine 카드를 취소하고 싶어 한다는 것을 알 수 있으므로 (B)가 정답이다.

181-185 　이메일　일정표

지문 1

To: Lisa Kelley <lisak1981@zipmail.com>
From: Angela Dawson <angela@comhousing.com>
Date: August 27
Subject: Kind Neighbor Day Volunteering
Attachment: Kind_Neighbor_Schedule

Dear Ms. Kelley,

[181]Thank you for volunteering to help again with our annual Kind Neighbor Day this Saturday. [181]I know that you're aware of what usually happens at the event, but I'll provide a quick summary anyway.

수신: Lisa Kelley <lisak1981@zipmail.com>
발신: Angela Dawson <angela@comhousing.com>
날짜: 8월 27일
제목: 친절한 이웃의 날 자원봉사
첨부: 친절한_이웃_일정표

Ms. Kelley께,

이번 주 토요일에 있을 [181]저희의 연례 친절한 이웃의 날에 또 다시 도와주기로 자원해주셔서 감사합니다. [181]저는 귀하께서 행사에서 보통 무엇이 진행되는지 안다는 것을 알고 있지만, 그래도 빠르게 요약해드리겠습니다.

[183]Please come to the volunteer orientation session on Wednesday at 8 P.M. We'll go over the details of the day, ensure workers understand their roles, and hand out volunteer T-shirts. Our office is being used for another event that evening, so [183]the session will be held in City Hall's Smyth Room.

[184]You are scheduled to work between 2 P.M. and 4 P.M., and [182-A]we'll put you at the information table in the room. Your role will be to talk to people about our work and distribute flyers and pamphlets as people come in. Because you'll be by the door, you might also have to direct latecomers to empty seats. The schedule for the day is attached. As always, [182-B]we ask you to arrive 10 minutes prior to the start of your shift. Let me know if you have any questions or if you can't make it for any reason.

Sincerely,

Angela Dawson
Volunteer coordinator
Community Housing Coalition (CHC)

[183]수요일 저녁 8시에 있을 자원봉사자 오리엔테이션 시간에 참석해주시길 바랍니다. 저희는 당일의 세부 사항들을 점검하고, 봉사자들이 자신들의 역할을 확실히 이해하도록 하고, 자원봉사자 티셔츠를 나눠줄 것입니다. 저희 사무실은 그날 저녁에 다른 행사에 사용될 것이므로, [183]이 오리엔테이션은 시청의 Smyth실에서 열릴 것입니다.

[184]귀하는 오후 2시에서 오후 4시 사이에 봉사할 것으로 예정되어 있으며, [182-A]저희는 귀하를 방의 안내 테이블에 배치할 것입니다. 귀하의 역할은 사람들에게 저희가 하는 일에 대해 이야기하고 사람들이 들어올 때 전단지와 팸플릿을 배부하는 것이 될 것입니다. 귀하는 문 옆에 있을 것이기 때문에, 늦게 오는 분들을 비어 있는 자리로 안내하는 일도 해야 할 것입니다. 당일 일정을 첨부하였습니다. 언제나처럼, [182-B]귀하의 교대 근무 시작 10분 전에 도착할 것을 요청드립니다. 질문이 있거나 어떤 이유로든 참석할 수 없으시다면 저에게 알려주시기 바랍니다.

Angela Dawson 드림
자원봉사 책임자
지역사회 주택 연합(CHC)

지문 2

Kind Neighbor Day at the Community Housing Coalition (CHC)

The CHC provides housing and meals to people who have trouble paying their basic expenses. Join us at our fifth annual Kind Neighbor Day to find out more about our work and learn how your charitable donations can make a huge difference in a lot of people's lives.

9–11 A.M.: Guided tours of the facilities will be held. You'll see the kitchen in which we prepare healthy, low-cost meals for the community, and we'll visit some of the affordable residences run by the CHC.

11 A.M.–12:30 P.M.: David Gomez, the director of the CHC, will give a speech titled "The Continued Importance of Social Housing." Mr. Gomez will discuss recent government policy on social housing and explain our work in this area. [185-A]There will be time for questions at the end.

12:30–2 P.M.: Lunch will be served in our community kitchen by volunteers from White Forest High School. Vegetarian and gluten-free options will be available, and [185-D]we ask for a donation of $5 to cover the costs.

[184]2–4 P.M.: Professor Marion Burke of Mountainview University will present a lecture titled "Increasing the Amount of Affordable Housing." [184]Professor Burke will discuss public housing programs across the United States and compare them with approaches that are being taken around the world.

4–6 P.M.: [185-B]Tea and snacks will be served, and there will be a chance to speak to local people who were able to gain financial security thanks to the CHC.

지역사회 주택 연합(CHC)의 친절한 이웃의 날

CHC는 기본적인 비용을 지불하는 데 어려움이 있는 사람들에게 주택과 식사를 제공합니다. 저희의 제5회 연례 친절한 이웃의 날에 함께 하셔서 저희가 하는 일에 대해 더 알아보시고 여러분의 자선 기부가 어떻게 많은 사람들의 삶에 큰 차이를 만들 수 있는지 알아보세요.

오전 9시–11시: 시설의 가이드 견학이 있을 것입니다. 저희가 지역사회를 위해 건강하고 저렴한 비용의 식사를 준비하는 주방을 보실 것이며, CHC가 운영하는 저렴한 가격의 주택들의 일부를 방문할 것입니다.

오전 11시–오후 12시 30분: CHC의 책임자인 David Gomez가 "공공 지원 주택의 지속적인 중요성"이라는 제목의 연설을 할 것입니다. Mr. Gomez는 공공 지원 주택에 대한 최근 정부의 정책을 논의하고 저희가 이 지역에서 하는 일을 설명할 것입니다. [185-A]마지막에 질문을 위한 시간이 있을 것입니다.

오후 12시 30분–2시: 점심 식사가 저희의 공동 주방에서 White Forest 고등학교의 자원봉사자들에 의해 제공될 것입니다. 채식과 글루텐을 함유하지 않은 옵션이 이용 가능할 것이며, [185-D]비용을 부담하기 위해 5달러의 기부금을 요청드립니다.

[184]오후 2시–4시: Mountainview 대학교의 Marion Burke 교수가 "저렴한 가격의 주택을 증가시키는 방법"이라는 제목의 강연을 할 것입니다. [184]Burke 교수는 미국 전역의 공동 주택 프로그램을 논하고 그것들을 전 세계에서 다뤄지고 있는 접근법과 비교해볼 것입니다.

오후 4시–6시: [185-B]차와 간식이 제공될 것이며 CHC 덕분에 재정적 보장을 얻을 수 있었던 지역 사람들과 이야기를 나눌 기회가 있을 것입니다.

지문 1 **be aware of** phr. ~을 알다 **go over** phr. 점검하다, 검토하다 **ensure** v. ~하는 것을 확실히 하다 **hand out** phr. 나눠주다
distribute v. 배부하다 **flyer** n. 전단지 **direct** v. 안내하다, 지시하다 **latecomer** n. 늦게 오는 사람, 지각자 **empty** adj. 비어 있는
prior to phr. ~ 전에 **shift** n. 교대 근무 **housing** n. 주택, 주거 **coalition** n. 연합, 합동

지문 2 **charitable** adj. 자선의, 관대한 **donation** n. 기부, 기부금 **facility** n. 시설 **low-cost** adj. 저렴한 비용의 **affordable** adj. 저렴한 가격의
residence n. 주택, 거주지 **run** v. 운영하다, 관리하다 **social housing** phr. 공공 지원 주택 **government policy** phr. 정부 정책
gluten-free adj. 글루텐을 함유하지 않은 **available** adj. 이용 가능한 **public housing** phr. 공동 주택 **approach** n. 접근법
gain v. 얻다, 늘리다 **financial** adj. 재정의, 금융의 **security** n. 보장, 안정

What is implied about Ms. Kelley?

(A) She lives near City Hall.
(B) She already has this year's volunteer T-shirt.
(C) She has donated money to the CHC.
(D) She has assisted Ms. Dawson before.

Ms. Kelley에 대해 암시되는 것은?

(A) 시청 근처에 산다.
(B) 이미 올해의 자원봉사자 티셔츠를 가지고 있다.
(C) CHC에 돈을 기부해왔다.
(D) 이전에 Ms. Dawson을 도운 적이 있다.

해설 유형4 | 추론 세부 정보 　　　　　　　　　정답 (D)

질문의 핵심 어구인 Ms. Kelley에 대해 추론하는 문제이므로 첫 번째 지문인 Ms Kelley에게 보내진 이메일에서 관련 내용을 확인한다. 이메일의 'Thank you for volunteering to help again with our annual Kind Neighbor Day'에서 Ms. Kelley에게 또다시 도와주기로 자원해줘서 고맙다고 했고, 'I know that you're aware of what usually happens at the event'에서 Ms. Kelley가 행사에서 보통 무엇이 진행되는지 알고 있다고 했으므로 Ms. Kelley가 이전에 자원봉사 활동을 통해 Ms. Dawson을 도와준 적이 있다는 사실을 추론할 수 있다. 따라서 (D)가 정답이다.

182 　　　　　　　　　　　　　　　　　　　난이도 ○○●● 중

What does Ms. Dawson ask Ms. Kelley to do?

(A) Print pamphlets for an information desk
(B) Arrive in advance of her scheduled time
(C) Serve tea and coffee during a speech
(D) Stay at an event after her shift is over

Ms. Dawson은 Ms. Kelley에게 무엇을 하도록 요청하는가?

(A) 안내 데스크에서 사용할 팸플릿을 인쇄한다
(B) 예정된 시간보다 미리 도착한다
(C) 연설 동안에 차와 커피를 제공한다
(D) 교대 근무가 끝난 후에 행사에 머무른다

해설 유형2 | 육하원칙 What 　　　　　　　　정답 (B)

Ms. Dawson이 Ms. Kelley에게 무엇(What)을 하도록 요청하는지를 묻는 육하원칙 문제이므로 Ms. Dawson이 Ms. Kelley에게 보낸 첫 번째 지문인 이메일에서 관련 내용을 확인한다. 이메일의 'we ask you to arrive 10 minutes prior to the start of your shift'에서 Ms. Dawson이 Ms. Kelley에게 교대 근무 시작 10분 전에 도착할 것을 요청한다고 했으므로 (B)가 정답이다. (A)는 'we'll put you at the information table in the room. Your role will be to talk to people about our work and distribute flyers and pamphlets'에서 Ms. Kelley가 안내 테이블에 배치될 것이고 전단지와 팸플릿을 배부할 것이라고 했지 팸플릿을 인쇄해야 하는 것은 아니므로 답이 될 수 없다.

바꾸어 표현하기
arrive 10 minutes prior to the start of your shift 교대 근무 시작 10분 전에 도착하다
→ Arrive in advance of her scheduled time 예정된 시간보다 미리 도착하다

183 　　　　　　　　　　　　　　　　　　　난이도 ○○●● 중

Where will the orientation be held?

(A) At a government building
(B) At a community center
(C) At a housing complex
(D) At a restaurant

오리엔테이션은 어디에서 열릴 것인가?

(A) 정부 건물에서
(B) 지역 문화 회관에서
(C) 주택 단지에서
(D) 식당에서

해설 유형2 | 육하원칙 Where 　　　　　　　정답 (A)

오리엔테이션이 어디(Where)에서 열릴 것인지를 묻는 육하원칙 문제이므로 질문의 핵심 어구인 the orientation be held와 관련된 내용이 언급된 첫 번째 지문인 이메일을 확인한다. 이메일의 'Please come to the volunteer orientation session on Wednesday at 8 P.M.'과 'the session will be held in City Hall's Smyth Room'에서 수요일 저녁에 오리엔테이션이 있을 것이고 오리엔테이션은 시청의 Smyth실에서 열릴 것이라고 했으므로 (A)가 정답이다.

바꾸어 표현하기
City Hall 시청 → government building 정부 건물

184

During which part of the event will Ms. Kelley work?

(A) The group tours of the facilities
(B) The lecture on global housing
(C) The lunch for guests
(D) The talk on government policy

행사의 어떤 부분에서 Ms. Kelley가 일할 것인가?

(A) 시설의 그룹 견학
(B) 세계의 주택에 관한 강연
(C) 손님들을 위한 점심 식사
(D) 정부 정책에 대한 연설

해설 유형2 | **육하원칙** 연계 문제 　　　　　　　　　　　　　　　　　　　　　　　　　　　　정답 (B)

질문의 핵심 어구인 part of the event ~ Ms. Kelley work에서 Ms. Kelley가 행사의 어떤(which) 부분에서 일할 것인지를 묻고 있으므로 Ms. Kelley에게 보내진 이메일을 먼저 확인한다.

단서 1 첫 번째 지문(이메일)의 'You are scheduled to work between 2 P.M. and 4 P.M.'에서 Ms. Kelley는 오후 2시에서 오후 4시 사이에 봉사할 것으로 예정되어 있다고 했다. 그런데 오후 2시에서 오후 4시에 어떤 행사가 있을지 제시되지 않았으므로 일정표에서 관련 내용을 확인한다.

단서 2 두 번째 지문(일정표)의 '2–4 P.M.: Professor Marion Burke ~ will present a lecture'에서 오후 2시에서 4시에 Marion Burke 교수가 강연을 할 것이라고 했고, 'Professor Burke will discuss public housing programs across the United States and compare them with approaches that are being taken around the world.'에서 Burke 교수는 미국 전역의 공동 주택 프로그램들을 논하고 그것들을 전 세계에서 다뤄지고 있는 접근법과 비교해볼 것이라고 한 것을 확인할 수 있다.

두 단서를 종합할 때, Ms. Kelley는 오후 2시에서 4시 사이에 Burke 교수의 세계의 주택에 관한 강연 행사에서 일할 것임을 알 수 있다. 따라서 (B)가 정답이다.

185

What is NOT expected to happen on Kind Neighbor Day?

(A) A question and answer session
(B) A refreshment service
(C) A welcome ceremony
(D) A donation collection

친절한 이웃의 날에 일어날 것으로 예상되지 않는 것은?

(A) 질문과 응답 시간
(B) 다과 서비스
(C) 환영 행사
(D) 기부금 모금

해설 유형3 | **Not/True** Not 문제 　　　　　　　　　　　　　　　　　　　　　　　　　　　　정답 (C)

질문의 핵심 어구인 happen on Kind Neighbor Day와 관련된 내용을 지문에서 찾아 각 보기와 대조하는 Not/True 문제이므로 두 번째 지문인 친절한 이웃의 날의 일정표에서 관련 내용을 확인한다. (A)는 'There will be time for questions at the end.'에서 마지막에는 질문을 위한 시간이 있을 것이라고 했으므로 지문의 내용과 일치한다. (B)는 'Tea and snacks will be served'에서 차와 간식이 제공될 것이라고 했으므로 지문의 내용과 일치한다. (C)는 지문에 언급되지 않은 내용이다. 따라서 (C)가 정답이다. (D)는 'we ask for a donation of $5 to cover the costs'에서 점심 비용을 부담하기 위해 5달러의 기부금을 요청한다고 했으므로 지문의 내용과 일치한다.

바꾸어 표현하기

tea and snacks 차와 간식 → refreshment service 다과 서비스

지문 1

Start-Up Innovators Sought at IBS

January 15—Ipoh Business School (IBS) is now accepting applications for its Start-Up Competition. Individuals or teams of up to five members may enter the competition if they are enrolled at IBS or have graduated within the past year. [186]The contest is set to get underway in the first week of March, when participants will be assigned to business professors who will help them develop their start-up proposals. After these are submitted, they will be put in touch with a local entrepreneur, who will assist with fine-tuning their plan. In April, the selection committee will choose the 12 projects with the most potential. [188]These finalists will receive additional guidance from a legal expert on applying for business licenses and other essential documents in order to fully register their company. Ultimately, the winner, runner-up, and second runner-up will receive grants of $50,000, $35,000, and $20,000, respectively. To participate, visit www.ibs.my/sucentry and create an account. The application period runs until February 1.

IBS에서 신규 사업 혁신자들을 찾습니다

1월 15일—이포 경영 대학원(IBS)은 지금 신규 사업 경연 대회를 위한 신청을 받고 있습니다. 개인이나 최대 5명으로 구성된 팀들은 IBS에 등록되어있거나 지난 1년 내에 졸업했다면 대회에 참가할 수 있습니다. [186]대회는 3월 첫째 주에 진행되는 것으로 예정되어 있으며, 그때 참가자들은 신규 사업 제안서를 개발하는 것을 도와줄 경영학과 교수들에게 배정될 것입니다. 제안서가 제출된 후에는, 그들이 계획을 조정하도록 도와줄 지역 사업가와 연락을 하게 될 것입니다. 4월에, 선발 위원회는 가장 큰 잠재력을 가진 12개의 프로젝트를 선정할 것입니다. [188]이 결승전 출전자들은 그들의 회사를 완전히 등록하기 위하여 사업 허가증과 다른 필수적인 서류들을 신청하는 데 법률 전문가로부터의 추가적인 지도를 받을 것입니다. 마지막으로, 1등, 2등, 3등은 각각 50,000달러, 35,000달러, 20,000달러의 보조금을 받을 것입니다. 참여하기 위해서는, www.ibs.my/sucentry를 방문하셔서 계정을 만드십시오. 신청 기간은 2월 1일까지 계속됩니다.

지문 2

April 19

Najwa Zainal
Azim & Partners
831 Jalan Street
George Town, Penang 10350

Dear Ms. Zainal,

[187]I'm glad that you've accepted my invitation to take part in the Start-Up Competition. [188]As a specialist in patent law, you will be a valuable mentor to whomever we decide to partner you with. At this point, the 17 teams and 11 individuals participating in the challenge are working with accomplished businesspeople, but these numbers will be reduced this week. I will contact you next Wednesday to arrange your first meeting as an advisor.

[189]I should also mention that if the entrant you are paired with wins a grant, you will be invited to an awards ceremony in Kuala Lumpur. In this case, we will cover your travel expenses.

Thank you again for providing your expertise.

Sincerely,

Michael Jaffar
Ipoh Business School

4월 19일

Najwa Zainal
Azim & Partners사
831번지 Jalan가
조지타운, 페낭 10350

Ms. Zainal께,

[187]귀하가 신규 사업 경연 대회에 참여해 달라는 저의 초청을 받아주셔서 기쁩니다. [188]특허법의 전문가로서, 귀하께서는 저희가 귀하와 협력하도록 결정하는 누구에게라도 귀중한 조언자가 될 것입니다. 지금은 대회에 참가하고 있는 17개의 팀과 11명의 개인들이 노련한 사업가들과 함께 작업하고 있지만, 이 숫자들은 이번 주에 줄어들 것입니다. 조언자로서의 귀하의 첫 미팅을 준비하기 위해 다음 주 수요일에 제가 연락드리겠습니다.

[189]또한 만약 귀하와 짝지어진 참가자가 보조금을 얻는다면, 귀하는 쿠알라룸푸르에서 열리는 시상식에 초대될 것임을 말씀드립니다. 이 경우에는, 저희가 귀하의 여행 경비를 부담할 것입니다.

귀하의 전문 지식을 제공해 주시는 것에 대해 다시 한 번 감사드립니다.

Michael Jaffar 드림
이포 경영 대학원

지문 3

Travel Expenses Claim Form	Ipoh Business School
[189]Applicant: Najwa Zainal (Group 11)	Program: Start-Up Competition
Affiliation: Azim & Partners law firm	Date of Submission: July 15

여행 경비 청구 양식	이포 경영 대학원
[189]신청자: Najwa Zainal (그룹 11)	프로그램: 신규 사업 경연 대회
소속: Azim & Partners 법률 사무소	제출 날짜: 7월 15일

TEST 1
TEST 2
TEST 3
TEST 4
TEST 5
TEST 6
TEST 7

해커스 토익 PART 7 집중공략 777

Date	Details	Amount
July 7	[189]Flight with Royal Lembing Air from George Town to Kuala Lumpur	$119.00
	[190]Accommodation at Jentayu Grand Hotel (one night)	[190]$72.00
July 8	Flight with Royal Lembing Air from Kuala Lumpur to George Town	$119.00
Total expenses		$310.00

[190]*A maximum of $50 per night for accommodation, $30 per meal for food, and $150 one-way for flight tickets will be reimbursed.

날짜	세부 사항	금액
7월 7일	[189]조지타운으로부터 쿠알라룸푸르까지 Royal Lembing 항공으로 비행	119,00달러
	Jentayu 그랜드 호텔에서 [190]숙박(1박)	[190]72,00달러
7월 8일	쿠알라룸푸르로부터 조지타운까지 Royal Lembing 항공으로 비행	119,00달러
총 비용		310,00달러

[190]*숙박에 최대 50달러, 식사에 최대 30달러, 편도 항공 티켓에 최대 150달러가 환급될 것입니다.

지문 1 **innovator** n. 혁신자, 도입자 **individual** n. 개인; adj. 개인의 **be set to** phr. ~하도록 예정되어 있다 **underway** adj. 진행 중인, 움직이고 있는 **assign** v. 배정하다, 맡기다 **entrepreneur** n. 사업가, 기업가 **fine-tune** v. ~을 (미세) 조정하다 **selection committee** phr. 선발 위원회 **finalist** n. 결승전 출전자 **guidance** n. 지도, 안내 **business license** phr. 사업 허가증 **essential** adj. 필수적인, 근본적인 **runner-up** n. 2위, (1위 외의) 입상자 **grant** n. (정부나 단체에서 주는) 보조금; v. 승인하다 **respectively** adv. 각각, 각자 **run** v. (얼마의 기간 동안) 계속되다, 운영하다

지문 2 **take part in** phr. ~에 참여하다, 참가하다 **specialist** n. 전문가, 전공자 **patent law** phr. 특허법 **valuable** adj. 귀중한, 값비싼 **mentor** n. 조언자, 멘토 **partner with** phr. 협력하다 **accomplished** adj. 노련한, 재주가 많은, 성취된 **entrant** n. (경주·대회의) 참가자, 출전자 **pair** v. 짝을 짓다; n. 한 쌍 **awards ceremony** phr. 시상식 **cover** v. 부담하다, 다루다, 덮다 **expertise** n. 전문 지식, 전문적 기술

지문 3 **claim** n. 청구; v. 주장하다 **affiliation** n. 소속, 제휴, 가입 **accommodation** n. 숙박, 합의 **one-way** adj. 편도의, 일방적인

186

난이도 ○○●● 중

According to the article, when will the Start-Up Competition begin?

(A) In January
(B) In February
(C) In March
(D) In April

기사에 따르면, 신규 사업 경연 대회는 언제 시작할 것인가?

(A) 1월에
(B) 2월에
(C) 3월에
(D) 4월에

해설 유형2 | 육하원칙 When | 정답 (C)

기사에 따르면 신규 사업 경연 대회가 언제(when) 시작할 것인지를 묻는 육하원칙 문제이므로 첫 번째 지문인 기사를 확인한다. 기사의 'The contest is set to get underway in the first week of March'에서 대회는 3월 첫째 주에 진행되는 것으로 예정되어 있다고 했으므로 (C)가 정답이다.

187

난이도 ○○●● 중

Who most likely is Mr. Jaffar?

(A) A career counselor
(B) A contest organizer
(C) A legal advisor
(D) A local entrepreneur

Mr. Jaffar는 누구인 것 같은가?

(A) 직업 상담가
(B) 대회 주최자
(C) 법률 조언가
(D) 지역 사업가

해설 유형4 | 추론 세부 정보 | 정답 (B)

질문의 핵심 어구인 Mr. Jaffar에 대해 추론하는 문제이므로 Mr. Jaffar가 보낸 두 번째 지문인 편지에서 관련 내용을 확인한다. 편지의 'I'm glad that you've accepted my invitation to take part in the Start-Up Competition.'에서 Mr. Jaffar가 Ms. Zainal에게 신규 사업 경연 대회에 참여해 달라는 자신의 초청을 받아주어 기쁘다고 했으므로 Mr. Jaffar는 신규 사업 경연 대회의 주최자라는 사실을 추론할 수 있다. 따라서 (B)가 정답이다.

어휘 **counselor** n. 상담가, 고문

What can be inferred about Ms. Zainal?

(A) She was asked to assist with business registration.
(B) She accepted a position as an academic advisor.
(C) She agreed to help a student team led by Mr. Jaffar.
(D) She was nominated to join a selection committee.

Ms. Zainal에 대해 추론될 수 있는 것은?

(A) 사업체 등록을 돕도록 요청받았다.
(B) 지도 교수직을 받아들였다.
(C) Mr. Jaffar가 이끄는 학생 팀을 돕는 것에 동의했다.
(D) 선발 위원회에 참여하도록 지명되었다.

해설 유형4 | 추론 연계 문제   정답 (A)

질문의 핵심 어구인 Ms. Zainal에게 보내진 편지를 먼저 확인한다.

단서 1 두 번째 지문(편지)의 'As a specialist in patent law, you will be a valuable mentor to whomever we decide to partner you with.'에서 Ms. Zainal은 특허법의 전문가로서 대회 측에서 그녀와 협력하도록 결정하는 누구에게라도 귀중한 조언자가 될 것이라고 했다. 그런데 Ms. Zainal이 어떠한 조언을 제공해야 하는지 제시되지 않았으므로 기사에서 관련 내용을 확인한다.

단서 2 첫 번째 지문(기사)의 'These finalists will receive additional guidance from a legal expert on applying for business licenses and other essential documents in order to fully register their company.'에서 대회의 결승전 출전자들은 그들의 회사를 완전히 등록하기 위하여 사업 허가증과 다른 필수적인 서류들을 신청하는 데 법률 전문가로부터의 지도를 받을 것이라는 사실을 확인할 수 있다.

두 단서를 종합할 때, Ms. Zainal은 법률 전문가로서 대회의 결승전 출전자들이 회사를 등록하기 위해 서류들을 신청하는 데 도움을 줄 것이라는 사실을 추론할 수 있다. 따라서 (A)가 정답이다.

바꾸어 표현하기

applying for business licenses and other essential documents in order to fully register their company 그들의 회사를 완전히 등록하기 위하여 사업 허가증과 다른 필수적인 서류들을 신청하다 → assist with business registration 사업체 등록을 돕다

어휘   academic advisor phr. (대학의) 지도 교수   nominate v. 지명하다, 추천하다

What is indicated about Group 11?

(A) It registered a patent on July 7.
(B) It started a company in George Town.
(C) It signed a contract with Azim & Partners.
(D) It received a monetary award.

그룹 11에 대해 암시되는 것은?

(A) 7월 7일에 특허를 등록했다.
(B) 조지타운에서 회사를 시작했다.
(C) Azim & Partners사와 계약을 맺었다.
(D) 상금을 받았다.

해설 유형4 | 추론 연계 문제   정답 (D)

질문의 핵심 어구인 Group 11이 언급된 양식을 먼저 확인한다.

단서 1 세 번째 지문(양식)의 'Applicant: Najwa Zainal (Group 11)'과 'Flight ~ to Kuala Lumpur'에서 Najwa Zainal이 그룹 11과 함께 쿠알라룸푸르로 갔다는 사실을 알 수 있다. 그런데 Najwa Zainal과 그룹 11이 왜 쿠알라룸푸르로 갔는지 제시되지 않았으므로 편지에서 관련 내용을 확인한다.

단서 2 두 번째 지문(편지)의 'I should also mention that if the entrant you are paired with wins a grant, you will be invited to an awards ceremony in Kuala Lumpur.'에서 만약 당신, 즉 Ms. Zainal과 짝지어진 참가자가 보조금을 얻는다면 그녀는 쿠알라룸푸르에서 열리는 시상식에 초대될 것이라는 사실을 확인할 수 있다.

두 단서를 종합할 때, Ms. Zainal과 짝지어진 그룹 11이 보조금을 얻었기 때문에 그녀가 쿠알라룸푸르에서 열리는 시상식에 초대되었다는 사실을 추론할 수 있다. 따라서 (D)가 정답이다.

바꾸어 표현하기

wins a grant 보조금을 얻다 → received a monetary award 상금을 받다

어휘   monetary adj. 금전의, 화폐의

What is suggested in the form?

(A) Ms. Zainal works for a firm in Kuala Lumpur.
(B) Ms. Zainal paid for a flight with a credit card.
(C) Ms. Zainal will not be fully reimbursed.
(D) Ms. Zainal received a discount on a meal.

양식에서 암시되는 것은?

(A) Ms. Zainal은 쿠알라룸푸르에 있는 회사에서 일한다.
(B) Ms. Zainal은 항공비를 신용카드로 지불했다.
(C) Ms. Zainal은 완전히 환급받지는 못할 것이다.
(D) Ms. Zainal은 식사에 대한 할인을 받았다.

해설 유형4 | **추론** 세부 정보　　　　　　　　　　　　　　　정답 (C)

양식에서 암시되는 것을 묻는 추론 문제이므로 세 번째 지문인 양식을 확인한다. 이 문제는 질문에 핵심 어구가 없으므로 각 보기의 핵심 어구와 관련된 내용을 지문에서 확인한다. 양식의 '*A maximum of $50 per night for accommodation ~ will be reimbursed.'에서 숙박에는 최대 50달러가 환급된다고 했고, 'Accommodation', '$72.00'에서 Ms. Zainal이 숙박에 72달러를 사용한 것을 알 수 있으므로 Ms. Zainal은 숙박에 대한 비용을 완전히 환급받지는 못할 것이라는 사실을 추론할 수 있다. 따라서 (C)가 정답이다.

191-195 [일정표] [이메일] [기사]

지문 1

SCHEDULE: TMG CHANNEL
[193]MONDAY, NOVEMBER 24

Time	Broadcast
5 P.M.–6 P.M.	*Mr. Orin* (comedy): This new episode is about the struggles of an unpopular middle school principal.
6 P.M.–7 P.M.	*Roman Kings* (drama): The series premiere of this popular show involves a standoff between the Roman emperor and an invading army.
7 P.M.–8 P.M.	[191]*The Prosecution* (drama): This rerun of an episode from Season 3 is about two attorneys who go after a corrupt landlord.
[193]8 P.M.–10:30 P.M.	*Sharks vs. Tigers* (live): The Portland Sharks face off against the Williamsburg Tigers in this football quarterfinals matchup.
[193]10:30 P.M.–11:30 P.M.	*To Paris* (drama): This new episode follows two hotel staff members as they try to accommodate a rock star.

For a complete schedule of the programs airing this month on TMG channel, visit www.tmg.com/calendar.

일정표: TMG 채널
[193]11월 24일 월요일

시간	방송
오후 5시-오후 6시	*Mr. Orin*(코미디): 이 새로운 에피소드는 인기 없는 중학교 교장의 분투에 관한 것이다.
오후 6시-오후 7시	*로마 왕들*(드라마): 이 인기 있는 쇼의 시리즈 첫 화는 로마 황제와 침략군 간의 대립을 포함한다.
오후 7시-오후 8시	[191]*고발*(드라마): 이 시즌 3의 에피소드의 재방송은 부패한 지주를 추격하는 두 변호사에 관한 것이다.
[193]오후 8시-오후 10시 30분	*Sharks 대 Tigers*(생방송): 이 미식축구 준준결승 대결에서 포틀랜드 Sharks가 윌리엄즈버그 Tigers와 대결한다.
[193]오후 10시 30분-오후 11시 30분	*파리로*(드라마): 이 새 에피소드는 락 스타를 숙박시키려고 하는 두 명의 호텔 직원들을 다룬다.

이번 달에 TMG 채널에서 방송되는 프로그램들의 완전한 일정표를 보려면, www.tmg.com/calendar를 방문하세요.

지문 2

TO: Andrea McLane <andrea@tmg.com>
FROM: William Stuart <w.stuart@tmg.com>
DATE: November 22
SUBJECT: Update

Dear Andrea,

I just wanted to give you a brief update on our schedule to make sure it accords with the information you have. [193]On Monday, November 24, we're going to air the *Sharks vs. Tigers* game. As with last time, this game might run later than expected. In this case, we'll have to push back the following program, but that shouldn't be a huge deal.

수신: Andrea McLane <andrea@tmg.com>
발신: William Stuart <w.stuart@tmg.com>
날짜: 11월 22일
제목: 최신 정보

Andrea께,

저는 우리 일정에 대한 간단한 최신 정보를 당신에게 주고 이것이 당신이 가지고 있는 정보와 일치하는지를 확실히 하고 싶습니다. [193]11월 24일 월요일에, 우리는 *Sharks 대 Tigers* 경기를 방영할 것입니다. 지난번과 같이, 이 경기는 예상보다 더 오래 진행될지도 모릅니다. 이러한 경우에 우리는 다음 프로그램을 미뤄야 할 테지만, 그건 큰 문제는 아닐 겁니다.

Also on Monday, we're going to run the series premiere of *Roman Kings*, which should draw an estimated 1 million viewers. We will be airing some of our most expensive commercials during this timeslot.

194-A/DOn Tuesday at 9 P.M., the first episode of *The Wilds II* is going to air. 194-AThis time, the drama will star Jack Holt and Amanda Hertzberg. Considering the success of the first season, 194-Cit's expected to draw about 1.2 million people.

Best,

William Stuart

| 또한 월요일에, 우리는 *로마 왕들*의 시리즈 첫 화를 방영할 것이고, 그것은 어림하여 1백만 명의 시청자들을 끌어모을 것입니다. 이 시간대 동안 우리의 가장 비싼 광고들 몇 개를 방영할 것입니다.

154-A/D화요일 오후 9시에, *Wilds II*의 첫 에피소드가 방영될 것입니다. 154-A이번에, 이 드라마는 Jack Holt와 Amanda Hertzberg를 주연으로 할 것입니다. 첫 시즌의 성공을 고려했을 때, 194-C이 에피소드는 120만 명 정도의 시청자를 끌어모을 것으로 예상됩니다.

William Stuart 드림

지문 3

The Wilds II Delivers on Promise
By Linda Armitage

194-CTwo nights ago, almost 1.5 million viewers tuned in to watch *The Wilds II.* Thankfully, they weren't disappointed. Tension was high throughout the first hour-long episode, which centers on a husband and wife who become stranded in the Alaskan wilderness after their plane crashes. Jack Holt, best known for his roles in various horror movies, did a great job playing the nervous husband, and 195Amanda Hertzberg delivered an impressive performance considering that the episode was her acting debut. We can't wait to see what the writers of the show have in store for us next week.

*Wilds II*가 기대에 부응하다
Linda Armitage 작성

194-C이틀 밤 전, 거의 150만 명의 시청자들이 *Wilds II*를 보기 위해 채널을 맞췄다. 다행스럽게도, 그들은 실망하지 않았다. 첫 한 시간짜리 에피소드 내내 긴장감은 높았고, 에피소드는 그들의 비행기가 추락한 후 알래스카의 황무지에서 오도 가도 못하게 된 남편과 아내에 초점을 맞춘다. 다양한 공포 영화에서의 역할들로 가장 잘 알려진 Jack Holt는 겁먹은 남편 연기를 훌륭히 해냈고, 195Amanda Hertzberg는 이 에피소드가 그녀의 연기 데뷔였던 것을 고려했을 때 인상적인 연기를 보여줬다. 쇼의 작가들이 다음 주에 우리를 위해 무엇을 준비해 놓았을지가 무척 기다려진다.

지문 1 **struggle** n. 분투, 노력 **unpopular** adj. 인기 없는 **standoff** n. 대립, 교착 상태 **emperor** n. 황제, 왕 **invade** v. 침략하다, 침입하다 **prosecution** n. 고발, 기소 **rerun** n. 재방송, 재상영 **attorney** n. 변호사, 대리인 **go after** phr. 추격하다, 뒤쫓다 **corrupt** adj. 부패한, 타락한 **landlord** n. 지주, 건물주 **face off against** phr. ~와 대결하다 **quarterfinal** n. 준준결승 **matchup** n. 대결, 결합 **accommodate** v. 숙박시키다, 공간을 제공하다 **air** v. 방송되다, 방송하다

지문 2 **brief** adj. 간단한, 짧은 **push back** phr. 미루다 **draw** v. 끌다, 유인하다 **viewer** n. 시청자 **commercial** n. (텔레비전·라디오의) 광고(방송) **timeslot** n. 시간대 **star** v. 주연을 시키다; n. 인기 배우

지문 3 **tune in to** phr. (TV 채널을) ~에 맞추다 **thankfully** adv. 다행스럽게도, 고맙게도 **tension** n. 긴장감, 긴장 상태 **center on** phr. ~에 초점을 맞추다 **strand** v. 오도 가도 못하다, 고립되다 **wilderness** n. 황무지, 자연 **crash** v. 추락하다, 충돌하다 **performance** n. 연기, 공연, 성과 **debut** n. 데뷔, 첫 출연 **in store** phr. 준비된, 예비된

191

난이도 C ●●● 상

Which program will TMG Channel air a previously shown episode of?	TMG 채널은 어떤 프로그램의 이전에 보여준 에피소드를 방영할 것인가?
(A) *Mr. Orin*	(A) *Mr. Orin*
(B) *Roman Kings*	(B) *로마 왕들*
(C) *The Prosecution*	(C) *고발*
(D) *To Paris*	(D) *파리로*

해설 유형2 | 육하원칙 Which   정답 (C)

TMG 채널은 어떤(Which) 프로그램의 이전에 보여준 에피소드를 방영할 것인지를 묻는 육하원칙 문제이므로 TMG 채널의 프로그램 일정을 보여주는 첫 번째 지문인 일정표를 확인한다. 일정표의 '*The Prosecution* (drama): This rerun of an episode'에서 드라마 고발의 에피소드를 재방송한다고 했으므로 (C)가 정답이다.

바꾸어 표현하기

air a previously shown episode 이전에 보여준 에피소드를 방영하다 → rerun of an episode 에피소드의 재방송

192

In the e-mail, the phrase "accords with" in paragraph 1, line 1, is closest in meaning to

(A) matches
(B) consents
(C) improves
(D) balances

이메일에서, 1문단 첫 번째 줄의 표현 "accords with"는 의미상 -와 가장 가깝다.

(A) 일치하다
(B) 동의하다
(C) 개선하다
(D) 균형을 이루다

해설 유형7 | 동의어 　　　　　　　　　　　　　　　　　　정답 (A)

두 번째 지문인 이메일의 accords with를 포함하는 구절 'to make sure it accords with the information you have'에서 accords with가 '일치하다'라는 뜻으로 사용되었다. 따라서 '일치하다'라는 뜻을 가진 (A)가 정답이다.

193

According to Mr. Stuart, what might happen on November 24?

(A) Some commercials will not air.
(B) *Roman Kings* will be cut short.
(C) A football game will be canceled.
(D) *To Paris* will be delayed.

Mr. Stuart에 따르면, 11월 24일에 무슨 일이 일어날 것 같은가?

(A) 몇몇 광고들이 방영되지 않을 것이다.
(B) *로마 왕들*이 짧게 방영될 것이다.
(C) 미식축구 경기가 취소될 것이다.
(D) *파리로*가 지연될 것이다.

해설 유형2 | 육하원칙 연계 문제 　　　　　　　　　　　　　정답 (D)

Mr. Stuart에 따르면 11월 24일에 무슨(what) 일이 일어날 것 같은지를 묻는 육하원칙 문제이므로 Mr. Stuart가 작성한 이메일을 먼저 확인한다.

단서1 두 번째 지문(이메일)의 'On Monday, November 24, we're going to air the *Sharks vs. Tigers* game. As with last time, this game might run later than expected. In this case, we'll have to push back the following program'에서 Mr. Stuart가 11월 24일 월요일에 *Sharks 대 Tigers* 경기를 방영할 것인데 경기가 예상보다 오래 진행되는 경우에는 다음 프로그램을 미뤄야 할 것이라고 했다. 그런데 *Sharks 대 Tigers* 경기의 다음 프로그램이 무엇인지 제시되지 않았으므로 일정표에서 관련 내용을 확인한다.

단서2 첫 번째 지문(일정표)의 'MONDAY, NOVEMBER 24', '8 P.M.–10:30 P.M., *Sharks vs. Tigers* (live)', '10:30 P.M.–11:30 P.M., *To Paris* (drama)'에서 11월 24일 월요일의 *Sharks 대 Tigers* 경기의 다음 프로그램은 *파리로*라는 것을 확인할 수 있다.

두 단서를 종합할 때, 11월 24일 *Sharks 대 Tigers* 경기가 오래 진행되는 경우 다음 프로그램인 *파리로*가 지연될 수 있음을 알 수 있다. 따라서 (D)가 정답이다.

어휘 **cut short** phr. 단축하다, 갑자기 끝내다

194

What is indicated about the new episode of *The Wilds II*?

(A) Its producer is Jack Holt.
(B) It is based on a nonfiction book.
(C) It had more viewers than expected.
(D) It is nearing its season finale.

*Wilds II*의 새로운 에피소드에 대해 언급된 것은?

(A) 제작자가 Jack Holt이다.
(B) 논픽션 소설에 기반한다.
(C) 예상했던 것보다 더 많은 시청자들을 모았다.
(D) 시즌 마지막에 가까워지고 있다.

해설 유형3 | Not/True 연계 문제 　　　　　　　　　　　　　정답 (C)

질문의 핵심 어구인 *The Wilds II*와 관련된 내용을 지문에서 찾아 각 보기와 대조하는 Not/True 문제이므로, *The Wilds II*와 관련된 내용이 언급된 두 번째 지문인 이메일과 세 번째 지문인 기사를 확인한다. (A)는 이메일의 'On Tuesday at 9 P.M., the first episode of *The Wilds II* is going to air. This time, the drama will star Jack Holt'에서 화요일 오후 9시에 *Wilds II*의 첫 에피소드가 방영될 것인데 이 드라마는 Jack Holt를 주연으로 한다고 했으므로 지문의 내용과 일치하지 않는다. (B)는 지문에 언급되지 않은 내용이다. (C)는 이메일의 'it's expected to draw about 1.2 million people'에서 *Wilds II*의 첫 에피소드가 120만 명 정도의 시청자를 끌어모을 것이라고 예상된다고 했고, 기사의 'Two nights ago, almost 1.5 million viewers tuned in to watch *The Wilds II*.'에서 *Wilds II*의 첫 에피소드를 보기 위해 거의 150만 명의 시청자들이 채널을 맞췄다고 했으므로 지문의 내용과 일치한다. 따라서 (C)가 정답이다. (D)는

'On Tuesday at 9 P.M., the first episode of *The Wilds II* is going to air.'에서 *Wilds II*의 첫 에피소드가 방영된다고 했으므로 지문의 내용과 일치하지 않는다.

195

What is suggested about Ms. Hertzberg?

(A) She has been nominated for an award.
(B) She does not have much acting experience.
(C) She appeared in the first series of *The Wilds*.
(D) She plays the part of an airline pilot.

Ms. Hertzberg에 대해 암시되는 것은?

(A) 상의 후보로 지명되었다.
(B) 연기 경험이 많지 않다.
(C) *Wilds*의 첫 번째 시리즈에 출연했다.
(D) 비행기 조종사 역할을 연기한다.

해설 유형4 | **추론** 세부 정보   정답 (B)

질문의 핵심 어구인 Ms. Hertzberg에 대해 추론하는 문제이므로 Ms. Hertzberg에 대한 내용이 언급된 세 번째 지문인 기사에서 관련 내용을 확인한다. 기사의 'Amanda Hertzberg delivered an impressive performance considering that the episode was her acting debut'에서 Amanda Hertzberg는 *Wilds II*의 첫 에피소드가 그녀의 연기 데뷔였던 것을 고려했을 때 인상적인 연기를 보여줬다고 했으므로 Ms. Hertzberg는 연기 경험이 많지 않다는 사실을 추론할 수 있다. 따라서 (B)가 정답이다.

바꾸어 표현하기

the episode was her acting debut 이 에피소드가 그녀의 연기 데뷔였다 → does not have much acting experience 연기 경험이 많지 않다

어휘 nominate v. (수상자·지위 등의 후보자로) 지명하다, 추천하다 appear v. 출연하다, 나타나다, ~처럼 보이다

196-200 회람 웹페이지 프로그램

지문 1

Memorandum

To: SpeechCon Organizing Team
From: Rodney Patillo, Senior events coordinator

The time has come to start organizing next year's SpeechCon, and we need to begin by considering the format of the event. [196]Our first planning meeting will be held on September 12. Please come prepared to share your ideas about the points mentioned below.

– The turnout for SpeechCon 10 exceeded our expectations, and with the many new developments in the field of speech-recognition software, I anticipate even more interest next year. Accordingly, we may want to consider using the Auburn Conference Center instead of the Sawtooth Exhibition Hall as it is twice as large.

– Regarding last year's networking brunch, several participants told me they had planned to go but couldn't because of talks scheduled at the same time.

– Lastly, [197]our Tech Teach workshop, in which an expert taught registrants advanced programming techniques, received strong praise. There were requests for more such offerings.

회람

수신: SpeechCon 기획팀
발신: Rodney Patillo, 상급 행사 진행자

내년 SpeechCon의 준비를 시작할 때가 왔고, 우리는 행사의 구성 방식을 고려하는 것에서부터 시작해야 합니다. [196]우리의 첫 기획 회의는 9월 12일에 열릴 것입니다. 아래에 언급된 요점들에 관한 여러분의 생각을 공유할 수 있도록 준비해서 와 주십시오.

– SpeechCon 10의 참가자 수가 우리의 기대를 넘어섰고, 음성 인식 소프트웨어 분야에서의 많은 새로운 발전들과 함께, 내년에는 더 큰 관심이 있을 것으로 예상합니다. 그에 따라, 우리는 Sawtooth 전시 홀 대신 2배로 큰 Auburn 회의장을 이용하는 것을 고려해야 할지도 모릅니다.

– 작년의 교류 브런치에 관련하여, 몇몇 참가자들이 저에게 그 행사에 가는 것을 계획했지만 같은 시간에 일정이 잡힌 연설들 때문에 가지 못했다고 말했습니다.

– 마지막으로, [197]전문가가 등록자들에게 상급 프로그래밍 기술을 가르쳐 주었던 우리의 Tech Teach 워크숍이 많은 찬사를 받았습니다. 그러한 워크숍을 더 제공하는 것에 대한 요청들이 있었습니다.

지문 2

www.speechcon11.com/about

| Home | **About** | Program | Registration | Travel & Where to Stay |

This year's SpeechCon will revolve around the theme "Voice-Driven Devices in the Home and on the Road." The agenda will include a release event for Household Helper 1.0—a robot that performs ○

www.speechcon11.com/about

| 홈 | 소개 | 프로그램 | 등록 | 여행 & 숙소 |

올해의 SpeechCon은 "가정과 길에서 음성으로 작동하는 기기들"이라는 주제를 중심으로 할 것입니다. 일정은 음성 명령을 통해 집안일을 하는 로봇인 Household Helper domestic chores through voice commands. In the main lineup, we will have stimulating talks by pioneers in the field of speech-recognition software. And for the first time in SpeechCon's history, there will be a guest visit by [200]Clementine Yankov, inventor of the popular translation application Otvet. She will oversee a discussion on mobile programs that can automatically process and translate speech from one language to another. Meanwhile, [197]in response to popular demand, we are holding several workshops led by researchers and developers within the industry.

1.0의 출시 행사를 포함할 것입니다. 주요 구성으로는 음성 인식 소프트웨어 분야의 선구자들의 고무적인 연설들이 있을 것입니다. 그리고 SpeechCon 역사상 처음으로, [200]인기 있는 번역 애플리케이션인 Otvet의 발명가인 Clementine Yankov의 초청 방문이 있을 것입니다. 그녀는 자동적으로 말을 처리해서 하나의 언어에서 다른 언어로 번역해주는 모바일 프로그램들에 대한 토론을 감독할 것입니다. 한편, [197]많은 사람들의 요구에 응하여 저희는 업계 내의 연구원들과 개발자들이 이끄는 여러 워크숍들을 열 것입니다.

지문 3

SpeechCon 11: Conference Program

March 22

Time	Main Events	Speaker
9:20 A.M.– 10:05 A.M.	Keynote Address	Ki-woo Jeong, CEO of Sense Solutions
10:10 A.M.– 10:40 A.M.	Speech: [199-D]"How GPS Systems Are Learning to Plot Routes Based on Spoken Directions"	Anita Putenis, professor at Latvia Technology Academy
10:45 A.M.– 11:15 A.M.	Speech: [199-A]"Software Programs to Process Calls to Home-Shopping Hotlines"	Bartholomew Ramsay, program director at Rana Research Center
11:20 A.M.– 11:50 A.M.	Speech: "The Role of Microphones in Voice Detection"	Leila Hannachi, technical advisor at Tunisian Ministry of Science
1:30 P.M.– 2:30 P.M.	[200]Forum: "Using a Mobile Application to Converse in a Foreign Tongue"	
2:35 P.M.– 3:55 P.M.	Forum: [199-B]"Telling TVs and Refrigerators What To Do and How to Do It"	
4:00 P.M.– 4:20 P.M.	Concluding Remarks	Ernest Zambo, director of Digitok Institute
7:00 P.M.– 9:00 P.M.	Networking Dinner	

*Speeches will be given in the Ballroom, and [200]forums will take place in the Knightly Room.
*Large Tech Teach workshops will be held in Meeting Rooms A, B, and C while smaller ones will take place in Training Rooms 1, 2, and 3.

SpeechCon 11: 회의 프로그램

3월 22일

시간	주요 행사	강연자
오전 9시 20분– 오전 10시 5분	기조 연설	Ki-woo Jeong, Sense Solutions사의 최고 경영자
오전 10시 10분– 오전 10시 40분	연설: [199-D]"어떻게 GPS 시스템이 음성 지시에 따라 경로를 계획하는 법을 배워 가는가"	Anita Putenis, Latvia 기술 학교의 교수
오전 10시 45분– 오전 11시 15분	연설: [199-A]"홈쇼핑 서비스 전화들을 처리하기 위한 소프트웨어 프로그램"	Bartholomew Ramsay, Rana 연구 센터의 프로그램 관리자
오전 11시 20분– 오전 11시 50분	연설: "음성 탐지에서의 마이크의 역할"	Leila Hannachi, Tunisian 과학부의 기술 고문
오후 1시 30분– 오후 2시 30분	[200]토론회: "외국어로 대화하기 위해 모바일 애플리케이션을 이용하기"	
오후 2시 35분– 오후 3시 55분	토론회: [199-B]"텔레비전과 냉장고에게 무엇을 할지와 그것을 어떻게 할지 알려주기"	
오후 4시– 오후 4시 20분	폐회사	Ernest Zambo, Digitok 협회장
오후 7시– 오후 9시	교류 저녁	

*연설들은 연회장에서 있을 것이며, [200]토론회들은 Knightly실에서 열릴 것입니다.
*큰 규모의 Tech Teach 워크숍들은 A, B, C 회의실에서 열릴 것이며 좀 더 작은 규모의 워크숍들은 1, 2, 3 교육장에서 열릴 것입니다.

지문 1 **format** n. 구성 방식, 서식 **turnout** n. 참가자의 수, 투표자의 수 **exceed** v. 넘다, 초과하다 **speech recognition** phr. 음성 인식
anticipate v. 예상하다, 기대하다 **registrant** n. 등록자 **advanced** adj. 상급의, 선진의 **praise** n. 찬사, 칭찬; v. 칭찬하다

지문 2 **revolve around** phr. ~을 중심으로 삼다, ~을 중심으로 돌아가다 **theme** n. 주제, 테마 **release** n. 출시, 발표; v. 공개하다
domestic chores phr. 집안일 **command** n. 명령; v. 명령하다, 지시하다 **lineup** n. 구성, 정렬 **stimulating** adj. 고무적인, 자극이 되는
pioneer n. 선구자, 개척자 **translation** n. 번역, 해석 **oversee** v. 감독하다, 두루 살피다 **automatically** adv. 자동적으로, 무의식적으로

지문 3 **keynote address** phr. 기조 연설 **plot** v. 계획하다, 모의하다 **hotline** n. 서비스 전화, 직통 전화 **detection** n. 탐지, 발견, 검출
forum n. 토론회, 포럼 **converse** v. 대화를 나누다, 이야기하다

난이도 ○○●● 중

What is the main purpose of the memo?

(A) To gather ideas on ways to improve attendance
(B) To assign individual tasks to employees
(C) To commend organizers on a successful outcome
(D) To prepare team members for a meeting

회람의 주 목적은 무엇인가?

(A) 참석자 수를 늘릴 방법에 대한 아이디어를 모으기 위해
(B) 직원들에게 각자의 업무를 배정하기 위해
(C) 성공적인 결과에 대해 주최자들을 칭찬하기 위해
(D) 회의를 위해 팀 구성원들을 준비시키기 위해

해설 유형1 | **주제/목적 찾기** 글의 목적

정답 (D)

회람의 목적을 묻는 목적 찾기 문제이므로 첫 번째 지문인 회람의 내용을 확인한다. 회람의 'Our first planning meeting will be held on September 12. Please come prepared to share your ideas about the points mentioned below.'에서 첫 기획 회의가 9월 12일에 열릴 것이고 아래에 언급된 요점들에 관한 생각을 공유할 수 있도록 준비해서 와 달라고 했으므로 (D)가 정답이다.

어휘 attendance n. 참석자 수, 출석 commend v. 칭찬하다, 추천하다 outcome n. 결과·, 성과

난이도 ○●●● 상

What can be inferred about SpeechCon 11?

(A) A new registration system was implemented.
(B) Additional educational sessions were offered.
(C) Exhibition spaces were booked at more than one facility.
(D) A networking dinner was made accessible by invitation only.

SpeechCon 11에 대해 추론될 수 있는 것은?

(A) 새로운 등록 시스템이 시행되었다.
(B) 추가적인 교육 시간들이 제공되었다.
(C) 전시 공간이 한 개 이상의 시설에 예약되었다.
(D) 교류 저녁은 초대장을 가진 사람들만 입장 가능했다.

해설 유형4 | **추론** 연계 문제

정답 (B)

질문의 핵심 어구인 SpeechCon 11과 관련된 내용이 언급된 회람을 먼저 확인한다.

단서1 첫 번째 지문(회람)의 'our Tech Teach workshop ~ received strong praise. There were requests for more such offerings.'에서 지난 행사에서 열린 워크숍이 많은 찬사를 받았고 그러한 워크숍을 더 제공하는 것에 대한 요청들이 있었다고 했다. 그런데 실제로 워크숍을 더 제공했는지 제시되지 않았으므로 웹페이지에서 관련 내용을 확인한다.

단서2 두 번째 지문(웹페이지)의 'in response to popular demand, we are holding several workshops'에서 많은 사람들의 요구에 응하여 SpeechCon 11에서는 여러 워크숍들을 열 것이라는 사실을 확인할 수 있다.

두 단서를 종합할 때, SpeechCon 11에서는 많은 사람들의 요청에 응하여 추가적인 워크숍들을 제공했다는 사실을 추론할 수 있다. 따라서 (B)가 정답이다.

바꾸어 표현하기

several workshops 여러 워크숍들 → Additional educational sessions 추가적인 교육 시간들

어휘 implement v. 시행하다; n. 도구, 기구 accessible adj. 입장 가능한, 접근 가능한

난이도 ○○●● 중

In the Web page, the word "agenda" in paragraph 1, line 2, is closest in meaning to

(A) schedule
(B) checklist
(C) issue
(D) directory

웹페이지에서, 1문단 두 번째 줄의 단어 "agenda"는 의미상 -와 가장 가깝다.

(A) 일정
(B) 체크리스트
(C) 안건
(D) 안내 책자

해설 유형7 | **동의어**

정답 (A)

두 번째 지문인 웹페이지의 agenda를 포함하는 구절 'The agenda will include a release event'에서 agenda가 '일정'이라는 뜻으로 사용되었다. 따라서 '일정'이라는 뜻을 가진 (A)가 정답이다.

난이도 ●●●● 최상

Which topic will most likely NOT be covered at SpeechCon 11?

(A) Automated telephone systems
(B) Software for household appliances
(C) Temperature detection applications
(D) Voice-activated navigation programs

SpeechCon 11에서 다뤄지지 않을 것 같은 주제는 어떤 것인가?

(A) 자동화된 전화 시스템
(B) 가전 제품을 위한 소프트웨어
(C) 온도 탐지 애플리케이션
(D) 음성으로 작동하는 네비게이션 프로그램

해설 유형4 | **추론** 세부 정보

정답 (C)

질문의 핵심 어구인 topic ~ be covered at SpeechCon 11에 대해 추론하는 문제이므로 SpeechCon 11의 일정이 언급된 세 번째 지문인 프로그램에서 관련 내용을 확인한다. (A)는 '"Software Programs to Process Calls to Home-Shopping Hotlines"'에서 홈쇼핑 서비스 전화들을 처리하기 위한 소프트웨어 프로그램에 대해 다룬다고 했으므로 추론될 수 있는 내용이다. (B)는 '"Telling TVs and Refrigerators What To Do and How to Do It"'에서 텔레비전과 냉장고에게 무엇을 할지와 그것을 어떻게 할지 알려주는 것에 대해 다룬다고 했으므로 추론될 수 있는 내용이다. (C)는 지문에 언급되지 않은 내용이다. 따라서 (C)가 정답이다. (D)는 '"How GPS Systems Are Learning to Plot Routes Based on Spoken Directions"'에서 어떻게 GPS 시스템이 음성 지시에 따라 경로를 계획하는 법을 배워가는지에 대해 다룬다고 했으므로 추론될 수 있는 내용이다.

바꾸어 표현하기

Software Programs to Process Calls 전화들을 처리하기 위한 소프트웨어 프로그램 → Automated telephone systems 자동화된 전화 시스템
TVs and Refrigerators 텔레비전과 냉장고 → household appliances 가전 제품
GPS Systems Are Learning to Plot Routes Based on Spoken Directions GPS 시스템이 음성 지시에 따라 경로를 계획하는 법을 배우다
→ Voice-activated navigation programs 음성으로 작동하는 네비게이션 프로그램

어휘 household appliance phr. 가전 제품, 생활 가전

난이도 ●●●● 최상

Where will Ms. Yankov's event take place?

(A) In the Ballroom
(B) In the Knightly Room
(C) In a meeting room
(D) In a training room

Ms. Yankov의 행사는 어디에서 열릴 것인가?

(A) 연회장에서
(B) Knightly실에서
(C) 회의실에서
(D) 교육장에서

해설 유형2 | **육하원칙** 연계 문제

정답 (B)

Ms. Yankov의 행사는 어디(Where)에서 열릴 것인지를 묻는 육하원칙 문제이므로 Ms. Yankov와 관련된 내용이 언급된 웹페이지를 먼저 확인한다.

단서 1 두 번째 지문(웹페이지)의 'Clementine Yankov, inventor of the popular translation application Otvet. She will oversee a discussion on mobile programs that can automatically process and translate speech from one language to another.'에서 인기 있는 번역 애플리케이션인 Otvet의 발명가인 Clementine Yankov가 자동적으로 말을 처리해서 하나의 언어에서 다른 언어로 번역해주는 모바일 프로그램들에 대한 토론을 감독할 것이라고 했다. 그런데 Ms. Yankov가 감독할 토론이 어디에서 열릴 것인지 제시되지 않았으므로 프로그램에서 관련 내용을 확인한다.

단서 2 세 번째 지문(프로그램)의 'Forum: "Using a Mobile Application to Converse in a Foreign Tongue"'과 'forums will take place in the Knightly Room'에서 외국어로 대화하기 위해 모바일 애플리케이션을 이용하는 것에 대한 토론회가 있을 것이고 토론회들은 Knightly실에서 열릴 것이라는 사실을 확인할 수 있다.

두 단서를 종합할 때, Ms. Yankov가 감독할 토론회는 Knightly실에서 열릴 것임을 알 수 있다. 따라서 (B)가 정답이다.

TEST 1

TEST 2

TEST 3

TEST 4

TEST 5

TEST 6

TEST 7

해커스 토익 PART 7 집중공략 777

TEST

06

해석 · 해설

147-148 기사

City Orchestra Takes Steps Forward

147-C Galveston Orchestra, which performs once a year, is auditioning local musicians in order to hire additional members. The manager of the orchestra, Scott March, announced the tryouts shortly after introducing the new conductor, Eloise Mintz from Germany. The appointment of a European as the leader of the orchestra marks a change of direction for the city ensemble. Mr. March explained, "147-A Since its formation, the orchestra has been led exclusively by local conductors. However, 148 our musicians expressed a desire to be exposed to unfamiliar musical styles. As a result, we decided to try finding a conductor from another country and diversifying the type of music we play." This year's list of musical pieces was finalized a year ago, but Mr. March believes that, if things go well this season, there will be a more internationally influenced selection of music next year.

시 관현악단이 앞으로 나아가다

147-C 1년에 한 번 공연을 하는 Galveston 관현악단은 추가 단원을 고용하기 위해 현지 음악가들을 대상으로 오디션을 진행 중이다. 관현악단의 관리자인 Scott March는 새로운 지휘자인 독일 출신의 Eloise Mintz를 소개한 직후에 입단 테스트를 발표했다. 관현악단의 지휘자로서 유럽인을 임명한 것은 시 합주단의 방향의 변화를 나타낸다. Mr. March는 "147-A 창립 이래로, 관현악단은 오로지 현지의 지휘자들에 의해 이끌어져 왔습니다. 그러나, 148 저희 음악가들은 익숙지 않은 음악 스타일을 경험하고 싶은 바람을 표현했습니다. 그 결과, 저희는 다른 나라에서 지휘자를 찾아 저희가 연주하는 음악 종류의 다양화를 시도해보기로 결심했습니다."라고 설명했다. 올해의 음악 작품 목록은 1년 전에 확정되었지만, Mr. March는 이번 시즌에 상황이 좋으면 내년에는 더 국제적으로 영향을 받은 선곡을 할 것이라고 생각한다.

어휘 local adj. 현지의, 지역의 tryout n. 입단 테스트, 적성 시험 conductor n. 지휘자, 안내자 appointment n. 임명, 약속
mark v. 나타내다, 표시하다 direction n. 방향, 지도 ensemble n. 합주단, 합창단 exclusively adv. 오로지, 배타적으로 desire n. 바람, 욕구
expose v. 경험하게 하다, 노출시키다 unfamiliar adj. 익숙지 않은, 잘 모르는 diversify v. 다양화하다 finalize v. 확정하다, 마무리 짓다
internationally adv. 국제적으로

147

난이도 ○○●● 중

What is stated about the orchestra?

(A) It has worked with a foreign conductor before.
(B) It runs a fund-raising program.
(C) It performs for the public annually.
(D) It will play extra musical pieces this year.

관현악단에 대해 언급된 것은?

(A) 이전에 외국인 지휘자와 함께 일한 적이 있다.
(B) 기금 모금 프로그램을 운영한다.
(C) 대중 앞에서 매년 공연한다.
(D) 올해에 추가적인 음악 작품을 연주할 것이다.

해설 유형3 | Not/True True 문제 정답 (C)

질문의 핵심 어구인 the orchestra와 관련된 내용을 지문에서 찾아 각 보기와 대조하는 Not/True 문제이다. (A)는 'Since its formation, the orchestra has been led exclusively by local conductors.'에서 창립 이래로 관현악단은 오로지 현지의 지휘자들에 의해 이끌어져 왔다고 했으므로 지문의 내용과 일치하지 않는다. (B)는 지문에 언급되지 않은 내용이다. (C)는 'Galveston Orchestra, which performs once a year'에서 관현악단은 1년에 한 번 공연을 한다고 했으므로 지문의 내용과 일치한다. 따라서 (C)가 정답이다. (D)는 지문에 언급되지 않은 내용이다.

바꾸어 표현하기

performs once a year 1년에 한 번 공연한다 → performs for the public annually 대중 앞에서 매년 공연한다

148

난이도 ○○○● 하

Why did the Galveston Orchestra hire Ms. Mintz?

(A) She was highly recommended by Mr. March.
(B) The members wanted to try new styles of music.
(C) The musicians required a new manager.
(D) She is a respected local performer.

Galveston 관현악단은 왜 Ms. Mintz를 고용했는가?

(A) Mr. March에 의해 강력히 추천되었다.
(B) 단원들이 새로운 스타일의 음악을 시도하고 싶어 했다.
(C) 음악가들이 새로운 관리자를 필요로 했다.
(D) 존경받는 현지의 연주자이다.

해설 유형2 | 육하원칙 Why 정답 (B)

Galveston 관현악단이 왜(Why) Ms. Mintz를 고용했는지를 묻는 육하원칙 문제이다. 질문의 핵심 어구인 the Galveston Orchestra hire Ms. Mintz와 관련하여, 'our musicians expressed a desire to be exposed to unfamiliar musical styles'에서 음악가들, 즉 관현악단 단원들이 익숙지 않은 음악 스타일을 경험하고 싶은 바람을 표현했다고 했고 'As a result, we decided to try finding a conductor from another country and diversifying the type of music we play.'에서 그 결과 다른 나라에서 지휘자를 찾아 연주하는 음악 종류의 다양화를 시도해보기로 결심했다고 했으므로 (B)가 정답이다.

바꾸어 표현하기

unfamiliar musical styles 익숙지 않은 음악 스타일 → new styles of music 새로운 스타일의 음악

어휘 **respected** adj. 존경받는, 훌륭한

149-150 편지

<table>
<tr>
<td>

June 1

Reginald Watson, Human resources manager
Bateman Accounting Services
898 Walton Way
Chicago, IL 60604

Dear Mr. Watson,

[149]This letter serves as official notice that this will be my last year of working for Bateman Accounting Services. My contract expires at the end of July, and I am planning to retire at that point.

Above all, I would like to thank you and everyone here at the firm for your support over the years. I have truly enjoyed my time with Bateman Accounting Services and have appreciated the opportunity to work with such excellent colleagues.

As mandated in our policy manual, [150]I am providing the company with two months' notice so that there will be time for me to train a replacement for my position. Are you planning to promote someone currently employed at the firm? If not, let me know. [150]I will be happy to suggest an outside candidate who I believe could successfully lead my team.

Sincerest regards,

Martha Lenz
Head of commercial accounting services

</td>
<td>

6월 1일

Reginald Watson, 인사부 관리자
Bateman 회계 서비스사
898번지 Walton로
시카고, 일리노이 주 60604

Mr. Watson께,

[149]이 편지는 이번이 제가 Bateman 회계 서비스사에서 근무하는 마지막 해라는 것에 대한 공식적인 통지의 역할을 합니다. 제 계약은 7월 말에 만료되고, 그 시점에 저는 은퇴할 계획입니다.

무엇보다도, 저는 당신과 여기 회사에 있는 모든 분들에게 수년 동안 도움을 주신 것에 대해 감사를 드리고 싶습니다. 저는 Bateman 회계 서비스사에서의 시간을 진심으로 즐겁게 보냈고 이토록 훌륭한 동료들과 함께 일할 기회를 가진 것에 감사드립니다.

저희 회사 정책 안내서에 지시된 대로, [150]저는 제 자리의 후임자를 교육할 시간이 있도록 회사에 두 달 전 통지를 드리는 바입니다. 현재 회사에 고용된 누군가를 승진시키려고 계획 중인가요? 그렇지 않다면, 제게 알려주십시오. [150]제가 저희 팀을 성공적으로 이끌 수 있을 것이라고 생각하는 외부 후보자를 기꺼이 제안해 드리겠습니다.

Martha Lenz 드림
상업 회계 서비스 부장

</td>
</tr>
</table>

어휘 **serve as** phr. ~의 역할을 하다 **official** n. 공식적인, 공인된 **notice** n. 통지, 주목 **expire** v. 만료되다, 끝나다 **retire** v. 은퇴하다, 퇴직하다 **appreciate** v. 감사하다, 높이 평가하다 **opportunity** n. 기회 **mandate** v. 지시하-, 요구하다 **policy** n. 정책, 방침 **replacement** n. 후임자, 대체 **promote** v. 승진시키다, 홍보하다 **candidate** n. 후보자

149

난이도 ○○○● 하

Why did Ms. Lenz write the letter?

(A) To provide an employment reference
(B) To renew a contract
(C) To inquire about an office policy
(D) To resign from a company

Ms. Lenz는 왜 편지를 썼는가?

(A) 고용 추천서를 제공하기 위해
(B) 계약을 갱신하기 위해
(C) 회사 정책에 대해 문의하기 위해
(D) 회사에서 사직하기 위해

해설 유형1 | **주제/목적 찾기** 글을 쓴 이유
정답 (D)

Ms. Lenz가 편지를 쓴 이유를 묻는 목적 찾기 문제이므로 지문의 앞부분을 주의 깊게 확인한다. 'This letter serves as official notice that this will be my last year of working for Bateman Accounting Services. My contract expires at the end of July, and I am planning to retire at that point.'에서 이 편지는 Ms. Lenz가 Bateman 회계 서비스사에서 근무하는 마지막 해라는 것에 대한 공식적인 통지이며, 그녀는 7월 말 계약이 만료되는 시점에 은퇴할 계획이라고 했으므로 (D)가 정답이다.

어휘 **reference** n. 추천서, 참고 문헌 **renew** v. 갱신하다, 재개하다 **resign** v. 사직하다, 사임하다

What does Ms. Lenz offer to do?	Ms. Lenz는 무엇을 하겠다고 제안하는가?
(A) Find a temporary assistant	(A) 임시 보조원을 찾는다
(B) Interview job applicants	(B) 입사 지원자들의 면접을 본다
(C) Recommend a successor	(C) 후임자를 추천한다
(D) Organize a retirement celebration	(D) 퇴임식을 준비한다

해설 유형2 | 육하원칙 What · 정답 (C)

Ms. Lenz가 무엇(What)을 하겠다고 제안하는지를 묻는 육하원칙 문제이다. 질문의 핵심 어구인 Ms. Lenz offer to do와 관련하여, 'I am providing the company with two months' notice so that there will be time for me to train a replacement for my position'과 'I will be happy to suggest an outside candidate who I believe could successfully lead my team.'에서 자신의 자리의 후임자를 교육할 시간이 있도록 회사에 두 달 전 통지를 하는 바이며, 팀을 성공적으로 이끌 수 있을 것이라고 생각하는 외부 후보자를 기꺼이 제안하겠다고 했으므로 (C)가 정답이다.

어휘 temporary adj. 임시의, 일시적인 assistant n. 보조원, 조수 successor n. 후임자, 계승자

151-152 메시지 대화문

Jenny Laursen	8:44	**Jenny Laursen**	8시 44분
Good morning, Albert. [151]I'm transferring now from Line 1 to Line 2. Which station should I get off at? The last one?		좋은 아침이에요, Albert. [151]저는 이제 1호선에서 2호선으로 환승하는 중이에요. 어느 역에서 내려야 할까요? 종점인가요?	
Albert Overgaard	8:46	**Albert Overgaard**	8시 46분
No, don't ride all the way. You should get off at Wilson Square. [152]Did you get the directions from Dr. Lowicz? He sent an e-mail yesterday to all the participants.		아니요, 끝까지 타고 가면 안 돼요. Wilson 광장에서 내려야 해요. [152]Dr. Lowicz에게 가는 방법에 대한 안내를 받았나요? 그가 어제 모든 참가자들에게 이메일을 보냈는데요.	
Jenny Laursen	8:47	**Jenny Laursen**	8시 47분
I must have missed it. [152]Could you tell me where to go from there?		제가 그걸 못 봤나 봐요. [152]거기에서 어디로 가야 하는지 말해줄 수 있나요?	
Albert Overgaard	8:49	**Albert Overgaard**	8시 49분
Just head out of Exit 9, go straight until you reach the river, and cross the bridge. The campus is on the other side.		9번 출구 밖으로 나와서 강에 도착할 때까지 직진하고 다리를 건너세요. 캠퍼스는 반대편에 있어요.	
Jenny Laursen	8:50	**Jenny Laursen**	8시 50분
Thanks a million. I'm pretty sure I'll make it in time for the meeting.		정말 고마워요. 회의에 시간 맞춰 갈 수 있을 거라고 꽤 확신해요.	

어휘 transfer v. 환승하다, 옮기다 get off phr. 내리다, 떠나다 all the way phr. 처음부터 끝까지, 줄곧 reach v. 도착하다, 도달하다 make it phr. 시간 맞춰 가다, 성공하다

Where most likely is Ms. Laursen?	Ms. Laursen은 어디에 있는 것 같은가?
(A) On a street	(A) 길거리에
(B) In a subway station	(B) 지하철역에
(C) At a plaza	(C) 광장에
(D) Aboard a bus	(D) 버스 안에

해설 유형4 | 추론 세부 정보 · 정답 (B)

Ms. Laursen이 어디에 있는 것 같은지를 추론하는 문제이다. 'I'm transferring now from Line 1 to Line 2. Which station should I get off at?'에서 Ms. Laursen이 이제 1호선에서 2호선으로 환승하는 중이며 어느 역에서 내려야 하는지 물었으므로, Ms. Laursen은 지하철역에 있다는 사실을 추론할 수 있다. 따라서 (B)가 정답이다.

At 8:47, what does Ms. Laursen mean when she writes, "I must have missed it"?

(A) She did not receive some information.
(B) She was unable to attend an event.
(C) She does not know Dr. Lowicz.
(D) She is unaware of an appointment.

8시 47분에, Ms. Laursen이 "I must have missed it" 이라고 썼을 때 그녀가 의도한 것은?

(A) 어떤 정보를 받지 못했다.
(B) 행사에 참석할 수 없었다.
(C) Dr. Lowicz를 모른다.
(D) 약속에 대해 모르고 있다.

해설 유형5 | 의도 파악

정답 (A)

Ms. Laursen이 의도한 것을 묻는 문제이므로, 질문의 인용어구(I must have missed it)가 언급된 주변 문맥을 확인한다. 'Did you get the directions from Dr. Lowicz? He sent an e-mail yesterday to all the participants.'에서 Albert Overgaard가 Dr. Lowicz에게 가는 방법에 대한 안내를 받았냐고 물은 뒤 그가 모든 참가자들에게 이메일을 보냈다고 하자, Ms. Laursen이 'I must have missed it.'(제가 그걸 못 봤나 봐요)이라며 'Could you tell me where to go from there?'에서 어디로 가야 하는지 말해줄 수 있냐고 한 것을 통해, Ms. Laursen은 길 안내에 대한 정보를 받지 못했다는 것을 알 수 있다. 따라서 (A)가 정답이다.

153-154 이메일

From: On Demand Videos <customerservice@ondemand.com>
To: Robert Greene <robgreene@fastmail.com>
Subject: Registration
Date: March 3

Dear Mr. Greene,

[153]Thank you for registering as a member of On Demand Videos. Under your subscription plan, you will be able to stream thousands of movies, TV shows, and other content without commercials or other such interruptions.

To receive your initial log-in and password information, visit www.ondemand.com/user/greene_2. You will be required to change your password after you log in for the first time.

Starting from today, you will be charged $8.99 a month. If you wish to discontinue your membership, please submit a cancellation form at www.ondemand.com/cancel.

[154]Don't forget that you can comment on our Web site about videos after watching them, and share episodes and programs that you love with other members. We are pleased to have you as a member, and we hope you enjoy your viewing experience.

Sincerely,

On Demand Videos

발신: On Demand 비디오
         <customerservice@ondemand.com>
수신: Robert Greene <robgreene@fastmail.com>
제목: 등록
날짜: 3월 3일

Mr. Greene께,

[153]On Demand 비디오의 회원으로 등록해주셔서 감사드립니다. 귀하의 가입 요금제에 따라, 귀하께서는 수천 편의 영화, TV 프로그램과 다른 콘텐츠를 광고나 다른 방해 없이 스트리밍하실 수 있을 것입니다.

귀하의 최초 로그인 정보와 비밀번호 정보를 받기 위해서는 www.ondemand.com/user/greene_2를 방문해주시기 바랍니다. 귀하는 처음으로 로그인하신 후에 비밀번호를 변경하도록 요구될 것입니다.

오늘부터 매달 8.99달러가 청구될 것입니다. 만약 귀하께서 회원권을 중단하고 싶으시다면, www.ondemand.com/cancel에서 해지 양식을 제출해주시기 바랍니다.

[154]비디오를 감상하신 후에는 저희의 웹사이트에 그것들에 대해 의견을 남기실 수 있고 귀하가 좋아하는 에피소드와 프로그램을 다른 회원들과 공유하실 수 있다는 것을 잊지 마십시오. 저희는 귀하께서 회원이 되어주셔서 기쁘며, 귀하의 시청 경험을 즐기시기 바랍니다.

On Demand 비디오 드림

어휘 subscription plan phr. 가입 요금제 commercial n. 광고; adj. 상업적인 interruption n. 방해, 중단 initial adj. 최초의, 초기의 charge v. 청구하다, 충전하다 discontinue v. 중단하다, 정지하다 comment v. 의견을 말하다, 논평하다

153

난이도 ○○●● 중

What is the main purpose of the e-mail?

(A) To advertise a video rental shop
(B) To inform a client of a cancellation
(C) To publicize a new Web site
(D) To supply details about a media service

이메일의 주 목적은 무엇인가?

(A) 비디오 대여점을 광고하기 위해
(B) 고객에게 해지를 알리기 위해
(C) 새로운 웹사이트를 홍보하기 위해
(D) 미디어 서비스에 대한 세부 사항을 제공하기 위해

TEST 1 TEST 2 TEST 3 TEST 4 TEST 5 TEST 6 TEST 7

해커스 토익 PART 7 집중공략 777

이메일의 목적을 묻는 목적 찾기 문제이다. 응답 표현 주변인 'Thank you for registering as a member of On Demand Videos. Under your subscription plan, you will be able to stream thousands of movies, TV shows, and other content without commercials or other such interruptions.'에서 On Demand 비디오의 회원으로 등록해줘서 고맙다고 한 후 영화, TV 프로그램과 다른 콘텐츠들을 스트리밍할 수 있는 서비스의 이용에 대한 세부 사항을 제공하고 있으므로 (D)가 정답이다.

바꾸어 표현하기

stream thousands of movies, TV shows, and other content 수천 편의 영화, TV 프로그램과 다른 콘텐츠를 스트리밍하다

→ media service 미디어 서비스

어휘   **publicize** v. 홍보하다, 알리다   **supply** v. 제공하다, 공급하다

154

What can Mr. Greene do on the Web site?	Mr. Greene은 웹사이트에서 무엇을 할 수 있는가?
(A) Upload home movies	(A) 개인적으로 촬영한 비디오를 업로드한다
(B) Write about online content	(B) 온라인 콘텐츠에 대해 글을 쓴다
(C) Upgrade a subscription plan	(C) 가입 요금제를 업그레이드한다
(D) Apply for a monthly discount	(D) 월간 할인을 신청한다

Mr. Greene이 웹사이트에서 무엇(What)을 할 수 있는지를 묻는 육하원칙 문제이다. 질문의 핵심 어구인 Mr. Greene do on the Web site와 관련하여, 'Don't forget that you can comment on our Web site about videos after watching them'에서 비디오를 감상한 후 웹사이트에 그것에 대해 의견을 남길 수 있다고 했으므로 (B)가 정답이다.

바꾸어 표현하기

comment ~ about videos 비디오에 대해 의견을 남기다 → Write about online content 온라인 콘텐츠에 대해 글을 쓰다

155-157 편지

March 14

Dr. Sylvia Scott
Concord Zoological Institute
4006 McVaney Road
Asheville, NC 28801

Dear Dr. Scott,

I am writing on behalf of the Raleigh Science Museum, which will be hosting a live butterfly exhibit. Given your expertise, I was hoping you could assist with some aspects of this project. [156-B]We are being funded by the Carolinas Science Foundation.

Aside from being visually appealing, the butterfly exhibit will have many engaging features. For instance, [156-C]we will include an open space where visitors can examine the butterflies closely and even hold them in their hands. Another area will use multimedia presentations to explain the life cycle of butterflies. [155]Your vast knowledge of insects would be invaluable when it comes to selecting different species and helping us create an overall experience that will inspire adolescents to take up a career in science.

If you are interested, I would be happy to discuss the project further. Please let me know by contacting me directly at 555-0928 or by e-mailing me at f.rosen@rsm.org.

Sincerely,

3월 14일

Dr. Sylvia Scott
Concord 동물 협회
4006번지 McVaney로
애슈빌, 노스캐롤라이나 주 28801

Dr. Scott께,

저는 Raleigh 과학 박물관을 대표하여 이 편지를 쓰며, 박물관은 살아 있는 나비 전시회를 주최할 것입니다. 당신의 전문 지식을 고려하여, 저는 이 프로젝트의 몇 가지 측면에 대해 당신이 도움을 주길 바라고 있습니다. [156-B]저희는 캐롤라이나 과학 재단으로부터 자금을 지원받고 있습니다.

시각적으로 흥미로운 것 외에도, 나비 전시회는 많은 매력적인 특징들을 가지게 될 것입니다. 예를 들어, [156-C]방문객들이 나비들을 자세히 관찰하고 손으로 잡아볼 수도 있는 개방된 공간을 포함할 것입니다. 다른 구역에서는 나비의 생활 주기를 설명하는 멀티미디어 상영이 있을 것입니다. [155]당신의 곤충에 대한 방대한 지식은 다양한 종을 선정하고 저희가 청소년들이 과학 분야의 직업에 착수하도록 고무할 종합적인 경험을 만드는 데 도움을 주는 것과 관련하여 매우 유용할 것입니다.

관심이 있으시다면, 프로젝트에 대해 기꺼이 더 논의하고 싶습니다. 제게 555-0928로 직접 연락하거나 f.rosen@rsm.org로 이메일을 보내서 알려주시기 바랍니다.

TEST 1
TEST 2
TEST 3
TEST 4
TEST 5
TEST 6
TEST 7

해커스 토익의 PART7 집중공략 777

Fred Rosen Special exhibit director Raleigh Science Museum	Fred Rosen 드림 특별 전시 담당자 Raleigh 과학 박물관

어휘 on behalf of phr. ~을 대표하여 host v. 주최하다, 진행하다 given conj. ~을 고려하여; adj. 정해진 expertise n. 전문 지식, 전문 기술 aspect n. 측면, 양상 aside from phr. ~ 이외에, ~을 제외하고 visually adv. 시각적으로, 눈에 보이게 appealing adj. 흥미로운, 매력적인 engaging adj. 매력적인, 호감이 가는 vast adj. 방대한, 거대한 insect n. 곤충 invaluable adj. 매우 유용한, 귀중한 overall adj. 종합적인, 전반적인 inspire v. 고무하다, 격려하다 adolescent n. 청소년

155

난이도 ○○●● 중

What does Mr. Rosen want Dr. Scott to do?	Mr. Rosen은 Dr. Scott이 무엇을 하기를 원하는가?
(A) Interest some scientists in a project (B) Persuade a foundation to increase funding (C) Choose species for an exhibit (D) Present the findings of a study	(A) 프로젝트에 대한 과학자들의 관심을 끈다 (B) 재정 지원을 늘리도록 협회를 설득한다 (C) 전시회를 위해 종을 선택한다 (D) 연구의 결과를 발표한다

해설 유형2 | **육하원칙** What

정답 (C)

Mr. Rosen은 Dr. Scott이 무엇(What)을 하기를 원하는지를 묻는 육하원칙 문제이다. 질문의 핵심 어구인 Mr. Rosen want Dr. Scott to do와 관련하여, 'Your vast knowledge of insects would be invaluable when t comes to selecting different species'에서 당신, 즉 Dr. Scott의 곤충에 대한 방대한 지식은 다양한 종을 선정하는 데 매우 유용할 것이라고 했으므로 (C)가 정답이다.

어휘 interest v. 관심을 끌다; n. 관심 persuade v. 설득하다, 납득시키다 finding n. 결과, 결론

156

난이도 ○○●● 중

What is mentioned about the butterfly exhibit?	나비 전시회에 대해 언급된 것은?
(A) It is Raleigh Science Museum's most popular attraction. (B) It is being planned by the Carolinas Science Foundation. (C) It will allow visitors to touch live insects. (D) It will feature educational lectures by scholars.	(A) Raleigh 과학 박물관의 가장 인기 있는 구경거리이다. (B) 캐롤라이나 과학 재단에 의해 계획되어지고 있다. (C) 방문객들이 살아있는 곤충들을 만질 수 있도록 할 것이다. (D) 학자들의 교육 강연을 포함할 것이다.

해설 유형3 | **Not/True** True 문제

정답 (C)

질문의 핵심 어구인 the butterfly exhibit과 관련된 내용을 지문에서 찾아 각 보기와 대조하는 Not/True 문제이다. (A)와 (D)는 지문에 언급되지 않은 내용이다. (B)는 'We are being funded by the Carolinas Science Foundation.'에서 캐롤라이나 과학 재단이 자금을 지원해 주었다고 했지 전시회를 계획한 것은 아니므로 지문의 내용과 일치하지 않는다. (C)는 'we will include an open space where visitors can examine the butterflies closely and even hold them in their hands'에서 전시회가 방문객들이 나비들을 자세히 관찰하고 손으로 잡아볼 수도 있는 개방된 공간을 포함할 것이라고 했으므로 지문의 내용과 일치한다. 따라서 (C)가 정답이다.

157

난이도 ●●●● 최상

The phrase "take up" in paragraph 2, line 6, is closest in meaning to	2문단 여섯 번째 줄의 표현 "take up"은 의미상 ~와 가장 가깝다.
(A) capture the attention of (B) raise (C) embark on (D) continue	(A) ~의 관심을 사로잡다 (B) 기르다 (C) 착수하다 (D) 계속하다

해설 유형7 | **동의어**

정답 (C)

take up을 포함하는 구절 'an overall experience that will inspire adolescents to take up a career in science'에서 take up이 '착수하다'라는 뜻으로 사용되었다. 따라서 '착수하다'라는 뜻을 가진 (C)가 정답이다.

Innovative Site Provides Entertainment to Those on a Budget
By Madison Coolidge

[159-A/161]Last-Minute-Tix is a brand-new Web site that has joined up with over 50 theaters and concert halls in New York. [161]Thanks to these partnerships, it has tickets for a wide variety of musicals, theatrical performances, and concerts. — [1] —.

[158]The advantage of using the site is that you pay up to 60 percent off the original ticket cost. And [159-D]Last-Minute-Tix also has a mobile application, allowing clients to check the availability of tickets even when they have no access to computers. Signing up is free, but [159-B]each transaction costs $3.

One interesting aspect of the site is the review forum. — [2] —. This is where [160]users write reviews of different events throughout the city. If you are unfamiliar with a show, you can find out what others think about it.

The downside to Last-Minute-Tix is that planning in advance is difficult. — [3] —. Some tickets only become available two hours prior to a performance, so depending on where you are, getting to the venue on time can prove challenging. — [4] —. Also, most available tickets are for seats with a poor view of the stage.

Learn more about the service by visiting www.lastmintix.com.

혁신적인 사이트가 한정된 예산을 가진 사람들을 위해 오락거리를 제공하다
Madison Coolidge 작성

[159-A/161]Last-Minute-Tix는 뉴욕의 50개가 넘는 극장 및 콘서트 홀들과 제휴한 완전히 새로운 웹사이트이다. [161]이러한 제휴 덕분에, 이 사이트는 다양한 뮤지컬, 연극 및 콘서트의 티켓들을 보유하고 있다. — [1] —.

[158]이 사이트를 이용하는 것의 장점은 원래 가격에서 최대 60퍼센트까지 할인된 티켓 가격을 지불한다는 것이다. 그리고 [159-D]Last-Minute-Tix는 또한 모바일 애플리케이션을 가지고 있는데, 이는 고객들이 컴퓨터를 이용하지 못할 때에도 티켓의 구매 가능 여부를 확인할 수 있도록 한다. 가입은 무료이지만, [159-B]각 거래에는 3달러가 든다.

이 사이트의 한 가지 흥미로운 점은 후기 포럼이다. — [2] —. 이것은 [160]이용자들이 도시 곳곳의 다양한 행사들에 대한 후기를 쓰는 곳이다. 만약 당신이 공연에 대해 잘 알지 못한다면, 다른 사람들이 그것을 어떻게 생각하는지를 확인할 수 있다.

Last-Minute-Tix의 단점은 미리 계획을 세우는 것이 힘들다는 것이다. — [3] —. 일부 티켓들은 공연 2시간 전이 되어서야 구매 가능하므로, 당신이 어디에 있는지에 따라 공연 장소에 제시간에 도착하는 것은 힘들 수 있다. — [4] —. 또한, 구매 가능한 대부분의 티켓들은 무대가 잘 보이지 않는 좌석들이다.

www.lastmintix.com에 방문하면 서비스에 대해 더 많은 것을 알 수 있다.

어휘 **innovative** adj. 혁신적인, 획기적인 **entertainment** n. 오락거리, 기분 전환 **on a budget** phr. 한정된 예산을 가진, 빈곤한
brand-new adj. 완전히 새로운 **join up with** phr. 제휴하다, 연합하다 **partnership** n. 제휴, 협력 **theatrical performance** phr. 연극
advantage n. 장점, 이점 **availability** n. 구매 가능 여부, 이용 가능성 **access** n. 이용, 접근 **sign up** phr. 가입하다, 등록하다
transaction n. 거래, 매매 **forum** n. 포럼, 토론회 **be unfamiliar with** phr. ~에 대해 잘 알지 못하다 **downside** n. 단점, 하락세
in advance phr. 미리 **prior to** phr. ~ 전에 **venue** n. 장소 **challenging** adj. 힘든, 도전적인

158

난이도 ○○●● 중

What can customers do on Last-Minute-Tix?

(A) Purchase discounted tickets
(B) Select preferred seating
(C) View videos of performances
(D) Sell tickets they are unable to use

고객들은 Last-Minute-Tix에서 무엇을 할 수 있는가?

(A) 할인된 티켓을 구매한다
(B) 선호하는 좌석을 선택한다
(C) 공연 영상을 본다
(D) 사용할 수 없는 티켓을 판매한다

해설 유형2 | **육하원칙** What   정답 (A)

고객들이 Last-Minute-Tix에서 무엇(What)을 할 수 있는지를 묻는 육하원칙 문제이다. 질문의 핵심 어구인 customers do on Last-Minute-Tix와 관련하여, 'The advantage of using the site is that you pay up to 60 percent off the original ticket cost.'에서 Last-Minute-Tix 사이트를 이용하는 것의 장점은 원래 가격에서 최대 60퍼센트까지 할인된 티켓 가격을 지불할 수 있다는 것이라고 했으므로 (A)가 정답이다.

바꾸어 표현하기
up to 60 percent off the original ticket cost 원래 티켓 가격에서 최대 60퍼센트까지 할인 → discounted tickets 할인된 티켓

159

What is NOT stated about Last-Minute-Tix?

(A) It partners with various venues.
(B) It charges a fee for each transaction.
(C) It updates its selection of tickets once a day.
(D) It can be accessed on electronic devices.

Last-Minute-Tix에 대해 언급되지 않은 것은?

(A) 다양한 장소들과 제휴한다.
(B) 각 거래에 요금을 부과한다.
(C) 티켓의 종류를 하루에 한 번 업데이트한다.
(D) 전자 기기를 통해 이용할 수 있다.

해설 유형3 | **Not/True** Not 문제　　　　　　　　　　　　정답 (C)

질문의 핵심 어구인 Last-Minute-Tix와 관련된 내용을 지문에서 찾아 각 보기와 대조하는 Not/True 문제이다. (A)는 'Last-Minute-Tix is a brand-new Web site that has joined up with over 50 theaters and concert halls in New York.'에서 Last-Minute-Tix는 뉴욕의 50개가 넘는 극장 및 콘서트 홀들과 제휴한 완전히 새로운 웹사이트라고 했으므로 지문의 내용과 일치한다. (B)는 'each transaction costs $3'에서 각 거래에는 3달러가 든다고 했으므로 지문의 내용과 일치한다. (C)는 지문에 언급되지 않은 내용이다. 따라서 (C)가 정답이다. (D)는 'Last-Minute-Tix also has a mobile application'에서 Last-Minute-Tix가 모바일 애플리케이션을 가지고 있다고 한 것에서 휴대폰, 즉 전자 기기를 통해서 이용할 수 있다는 것을 알 수 있으므로 지문의 내용과 일치한다.

160

According to the article, how can users get information about performances?

(A) By using a search feature
(B) By reading user opinions
(C) By calling box offices
(D) By sending a request via e-mail

기사에 따르면, 이용자들은 어떻게 공연에 대한 정보를 얻을 수 있는가?

(A) 검색 기능을 사용함으로써
(B) 이용자 의견을 읽음으로써
(C) 매표소에 전화를 함으로써
(D) 이메일을 통해 요청을 보냄으로써

해설 유형2 | **육하원칙** How　　　　　　　　　　　　정답 (B)

이용자들이 어떻게(how) 공연에 대한 정보를 얻을 수 있는지를 묻는 육하원칙 문제이다. 질문의 핵심 어구인 users get information about performances와 관련하여, 'users write reviews of different events throughout the city'에서 Last-Minute-Tix의 이용자들이 도시 곳곳의 다양한 행사들에 대한 후기를 쓴다고 했고, 'If you are unfamiliar with a show, you can find out what others think about it.'에서 공연에 대해 잘 알지 못한다면 다른 사람들은 그것을 어떻게 생각하는지를 확인할 수 있다고 했으므로 (B)가 정답이다.

161

In which of the positions marked [1], [2], [3], and [4] does the following sentence best belong?

"Users simply need to log in to the site to purchase these."

(A) [1]
(B) [2]
(C) [3]
(D) [4]

[1], [2], [3], [4]로 표시된 위치 중, 다음 문장이 들어갈 곳으로 가장 적절한 것은?

"이용자들은 이것들을 구매하려면 사이트에 로그인하기만 하면 된다."

(A) [1]
(B) [2]
(C) [3]
(D) [4]

해설 유형6 | **문장 위치 찾기**　　　　　　　　　　　　정답 (A)

지문의 흐름상 주어진 문장이 들어가기에 가장 적절한 곳을 고르는 문제이다. Users simply need to log in to the site to purchase these에서 이용자들은 이것들을 구매하려면 사이트에 로그인하기만 하면 된다고 했으므로, 문장이 사이트에서 구매할 수 있는 것이 언급되는 부분 다음에 들어가야 함을 알 수 있다. [1]의 앞 문장인 'Last-Minute-Tix is a brand-new Web site that has joined up with over 50 theaters and concert halls in New York. Thanks to these partnerships, it has tickets for a wide variety of musicals, theatrical performances, and concerts.'에서 Last-Minute-Tix는 뉴욕의 50개가 넘는 극장 및 콘서트 홀들과 제휴한 완전히 새로운 웹사이트이며 다양한 뮤지컬, 연극 및 콘서트의 티켓들을 보유하고 있다고 했으므로, [1]에 제시된 문장이 들어가면 Last-Minute-Tix라는 웹사이트에서 다양한 공연 티켓들을 제공하는데, 이용자들이 티켓들을 구매하려면 이 사이트에 로그인하기만 하면 된다는 자연스러운 문맥이 된다는 것을 알 수 있다. 따라서 (A)가 정답이다.

Jobs at *The Clairmont Tribune*

The Clairmont Tribune offers its employees competitive salaries, excellent benefits, and a collaborative work environment. We strive to create a comfortable, accommodating workplace. For instance, [162]unlike other newspaper offices, we have a break room with a film projector, a pool table, and arcade games.

Job Vacancy for Graphic Designer

[163]**Qualifications**
- [163-A]Bachelor's degree in visual communications or graphic design
- [163-C]Over 2 years of related experience
- Good knowledge of Top Design, Pedro Drawing, and Splash Photo-Editing software
- [163-B]Ability to work well in groups

Responsibilities
- Designing the layout of all sections of the newspaper
- Working with staff photographers to select images for articles
- Creating and updating visual content for the newspaper's Web site

To Apply
[164]Send a résumé, cover letter, and several examples of your work to hiring manager Alan Thrall (careers@clairmonttribune.com), who will determine which applicants are offered an interview. **Please note that all interviewees will be required to bring a portfolio with them.**

---

*Clairmont Tribune*사의 일자리

*Clairmont Tribune*사는 직원들에게 경쟁력 있는 급여, 훌륭한 혜택과 협조적인 근무 환경을 제공합니다. 저희는 편안하고 호의적인 일터를 만들기 위해 노력합니다. 예를 들어, [162]다른 신문사들과는 달리, 저희는 영사기, 당구대, 오락게임을 갖춘 휴게실을 가지고 있습니다.

그래픽 디자이너를 위한 일자리 공석

[163]자격 요건
- 시각적 커뮤니케이션 또는 그래픽 디자인 [163-A]학사 학위
- [163-C]2년 이상의 관련 경력
- Top Design, Pedro Drawing 및 Splash 사진 편집 소프트웨어에 대한 충분한 지식
- [163-B]그룹 내에서 원활하게 일하는 능력

담당 업무
- 신문의 모든 부분의 레이아웃을 디자인하기
- 기사의 사진 선정을 위해 사진 기자와 함께 작업하기
- 신문사 웹사이트의 시각 자료를 만들고 업데이트하기

지원하시려면
[164]이력서, 자기소개서와 몇 가지 작품 견본을 채용 담당자인 Alan Thrall(careers@clairmonttribune.com)에게 보내주시면, 그가 어떤 지원자들이 면접을 보게 될 것인지를 결정할 것입니다. 모든 면접자들은 포트폴리오를 가져올 것이 요청된다는 점을 유념해 주십시오.

어휘 **competitive** adj. 경쟁력 있는, 경쟁을 하는 **benefit** n. 혜택, 이득 **collaborative** adj. 협조적인, 공동의 **strive** v. 노력하다, 분발하다
accommodating adj. 호의적인, 잘 협조하는 **film projector** phr. 영사기 **pool table** phr. 당구대 **arcade game** phr. 오락게임
vacancy n. 공석, 결원 **determine** v. 결정하다, 확정하다

162

난이도 ○○●● 중

What is unique about *The Clairmont Tribune*?

(A) It changed its employee benefits package.
(B) It recently relocated to a new office.
(C) It provides an entertainment space.
(D) It has merged with another media company.

*Clairmont Tribune*사는 무엇이 특별한가?

(A) 직원 혜택 사항을 변경했다.
(B) 최근에 새로운 사무실로 이전했다.
(C) 오락 공간을 제공한다.
(D) 다른 미디어 회사와 합병했다.

해설 유형2 | 육하원칙 What 정답 (C)

*Clairmont Tribune*사는 무엇(What)이 특별한지를 묻는 육하원칙 문제이다. 질문의 핵심 어구인 unique about *The Clairmont Tribune*과 관련하여, 'unlike other newspaper offices, we have a break room with a film projector, a pool table, and arcade games'에서 다른 신문사들과는 달리 *Clairmont Tribune*사는 영사기, 당구대, 오락게임을 갖춘 휴게실을 가지고 있다고 한 것에서 이러한 오락 공간이 *Clairmont Tribune*사만의 특별한 점이라는 것을 알 수 있으므로 (C)가 정답이다.

바꾸어 표현하기
a break room with a film projector, a pool table, and arcade games 영사기, 당구대, 오락게임을 갖춘 휴게실 → entertainment space 오락 공간

163

난이도 ○○●● 중

What is NOT a requirement for the job?

(A) A university degree
(B) Teamwork skills
(C) Design experience
(D) A training certificate

일자리를 위한 자격 요건이 아닌 것은?

(A) 대학 학위
(B) 협동 능력
(C) 디자인 경력
(D) 교육 수료증

해설 유형3 | Not/True Not 문제

정답 (D)

질문의 핵심 어구인 a requirement for the job과 관련된 내용을 지문에서 찾아 각 보기와 대조하는 Not/True 문제이다. (A)는 'Qualifications', 'Bachelor's degree'에서 자격 요건 중 하나가 학사 학위라고 했으므로 지문의 내용과 일치한다. (B)는 'Ability to work well in groups'에서 자격 요건 중 하나가 그룹 내에서 원활하게 일하는 능력이라고 했으므로 지문의 내용과 일치한다. (C)는 'Over 2 years of related experience'에서 자격 요건 중 하나가 2년 이상의 그래픽 디자인 관련 경력이라고 했으므로 지문의 내용과 일치한다. (D)는 지문에 언급되지 않은 내용이다. 따라서 (D)가 정답이다.

바꾸어 표현하기

Bachelor's degree 학사 학위 → university degree 대학 학위
Ability to work well in groups 그룹 내에서 원활하게 일하는 능력 → Teamwork skills 협동 능력

164

난이도 ○○●● 중

What is Mr. Thrall most likely responsible for?

(A) Narrowing down candidates
(B) Writing weekly editorial pieces
(C) Designing the layout of a publication
(D) Contacting prospective subscribers

Mr. Thrall은 무엇을 담당하는 것 같은가?

(A) 지원자들의 수를 좁히는 것
(B) 주간 사설 기사를 작성하는 것
(C) 출판물의 레이아웃을 디자인하는 것
(D) 장래 구독자들에게 연락하는 것

해설 유형4 | 추론 세부 정보

정답 (A)

질문의 핵심 어구인 Mr. Thrall ~ responsible for에 대해 추론하는 문제이다. 'Send a résumé, cover letter, and several examples of your work to hiring manager Alan Thrall ~ who will determine which applicants are offered an interview.'에서 이력서, 자기소개서와 몇 가지 작품 견본을 채용 담당자인 Alan Thrall에게 보내면 그가 어떤 지원자들이 면접을 보게 될 것인지 결정할 것이라고 했으므로 그가 면접을 위해 지원자들의 수를 좁히는 것을 담당하고 있다는 사실을 추론할 수 있다. 따라서 (A)가 정답이다.

어휘 **narrow down** phr. (수를) 좁히다, 줄이다 **editorial** adj. 사설의, 편집의 **prospective** adj. 장래의, 유망한

165-168 이메일

From: Manish Barua <m.b@dispurt.co.in>
To: Blake Sullivan <sull@kensingtonteahouse.co.uk>
Subject: Tea from Assam
Date: March 13

Dear Mr. Sullivan,

I am the head of production at Dispur Tea Company. I recently met with your colleague, Adam Franklin, at the International Tea Expo in Beijing. — [1] —. After discussing a possible partnership between our firms, he invited me to write to you directly.

Dispur Tea Company has been growing tea since 1863, when we were founded by several plantation owners in Assam. Our tea is considered some of the finest in the world and was even exported to England to be served to the royal family.

These days, it is regularly offered to diplomats who visit New Delhi. — [2] —. 166To produce our single line of top quality tea, we purposefully cultivate a relatively small number of Assam tea plants. — [3] —. However, we are increasingly hoping to sell our product to discerning customers in Western markets. Consequently, 165we wondered if Kensington Tea House might want to form a partnership in which it would have the exclusive right to sell our tea in Glasgow.

167/168We would be willing to provide flights to Assam so that you or another representative from Kensington Tea House can visit our plantations, sample our teas, and, hopefully, come to an agreement. — [4] —.

발신: Manish Barua <m.b@dispurt.co.in>
수신: Blake Sullivan <sull@kensingtonteahouse.co.uk>
제목: 아삼 차
날짜: 3월 13일

Mr. Sullivan께,

저는 Dispur 차 회사의 생산 책임자입니다. 저는 최근에 베이징에서 열린 국제 차 박람회에서 귀하의 동료인 Adam Franklin을 만났습니다. — [1] —. 저희 회사 간의 제휴 가능성에 대해 논의한 후, 그는 제가 귀하께 직접 이메일을 쓸 것을 권했습니다.

Dispur 차 회사는 1863년 이래로 차를 재배해왔으며, 그 당시 아삼의 몇몇 농장주들에 의해 설립되었습니다. 저희의 차는 세계에서 가장 질이 좋은 차 중의 일부로 여겨지고 있으며 영국으로도 수출되어 왕실에 제공되었습니다.

요즘 저희 차는 뉴델리를 방문하는 외교관들에게 정기적으로 제공되고 있습니다. — [2] —. 166저희의 높은 품질의 단일 제품의 차를 생산하기 위해, 저희는 의도적으로 비교적 적은 수의 아삼 차 나무를 경작합니다. — [3] —. 그러나, 저희는 서구 시장의 안목 있는 고객들에게 저희의 제품을 판매하기를 점점 더 바라고 있습니다. 그 결과, 165저희는 Kensington 찻집이 글라스고에서 저희 차를 판매할 수 있는 독점권을 가지는 제휴를 맺고 싶으신지 궁금했습니다.

167/168저희는 귀하 또는 Kensington 찻집의 또 다른 대표께서 저희 농장을 방문하셔서, 차를 시음하시고, 계약을 체결하길 희망하며 아삼행 항공편을 기꺼이 제공하고자 합니다. — [4] —.

해커스 토익 PART 7 집중공략 777

I look forward to hearing from you.

Sincerely,

Manish Barua
Dispur Tea Company

귀하의 답변을 기다리겠습니다.

Manish Barua 드림
Dispur 차 회사

어휘   head n. 책임자, 부장   colleague n. 동료   partnership n. 제휴, 협력   grow v. 재배하다, 자라다   found v. 설립하다, 세우다
plantation n. (대규모) 농장   export v. 수출하다, 내보내다   diplomat n. 외교관   purposefully adv. 의도적으로, 단호하게
cultivate v. 경작하다, 발전시키다   discerning adj. 안목이 있는   exclusive right phr. 독점권   representative n. 대표, 대리인
sample v. 시음하다, 맛보다

165

난이도 ○○●● 중

What is the main purpose of the e-mail?

(A) To remind a supplier about a shipment
(B) To thank an associate for attending an expo
(C) To explain the history of some plantations
(D) To propose a business relationship

이메일의 주 목적은 무엇인가?

(A) 공급업체에게 배송에 대해 상기시키기 위해
(B) 동료에게 박람회 참석에 대해 감사하기 위해
(C) 몇몇 농장의 역사를 설명하기 위해
(D) 사업적 관계를 제안하기 위해

해설 유형1 | 주제/목적 찾기 글의 목적   정답 (D)

이메일의 목적을 묻는 목적 찾기 문제이다. 특별히 이 문제는 지문의 중반에 목적 관련 내용이 언급되었음에 주의한다. 'we wondered
if Kensington Tea House might want to form a partnership in which it would have the exclusive right to sell our tea in
Glasgow'에서 Kensington 찻집이 글라스고에서 우리, 즉 Dispur 차 회사의 제품을 판매할 수 있는 독점권을 가지는 제휴를 맺고 싶은
지 궁금하다고 했으므로 (D)가 정답이다.

바꾸어 표현하기

form a partnership 제휴를 맺다 → business relationship 사업적 관계

어휘   shipment n. 배송, 수송품   associate n. 동료, 직원

166

난이도 ○●●● 상

What is suggested about Dispur Tea Company?

(A) It produces only one tea brand.
(B) It operates a plantation in England.
(C) It has an office in Glasgow.
(D) It is owned by Mr. Franklin.

Dispur 차 회사에 대해 암시되는 것은?

(A) 한 종류의 차 상품만을 생산한다.
(B) 영국에 농장을 운영한다.
(C) 글라스고에 사무실이 있다.
(D) Mr. Franklin의 소유이다.

해설 유형4 | 추론 세부 정보   정답 (A)

질문의 핵심 어구인 Dispur Tea Company에 대해 추론하는 문제이다. 'To produce our single line of top quality tea'에서 Dispur
차 회사는 높은 품질의 단일 제품의 차를 생산한다고 했으므로 회사가 한 종류의 차 상품만을 생산한다는 사실을 추론할 수 있다. 따라
서 (A)가 정답이다.

바꾸어 표현하기

single line of top quality tea 높은 품질의 단일 제품의 차 → only one tea brand 한 종류의 차 상품

167

난이도 ○○●● 중

What does Mr. Barua offer to do?

(A) Lower the price of a bulk order
(B) Pay for transportation to a production site
(C) Mail a package of product samples
(D) Refund the cost of a shipment

Mr. Barua는 무엇을 하겠다고 제안하는가?

(A) 대량 주문에 대한 가격을 낮춘다
(B) 생산지로 가는 교통편의 비용을 지불한다
(C) 제품 샘플 패키지를 발송한다
(D) 배송비를 환불한다

TEST 1

TEST 2

TEST 3

TEST 4

TEST 5

TEST 6

TEST 7

해커스 토익 PART 7 집중공략 171

해설 유형2 | 육하원칙 What 　　　　　　　　　　　　　　　　　　　　　　　　　　　　　정답 (B)

Mr. Barua가 무엇(What)을 하겠다고 제안하는지를 묻는 육하원칙 문제이다. 질문의 핵심 어구인 Mr. Barua offer to do와 관련하여, 'We would be willing to provide flights to Assam so that you or another representative from Kensington Tea House can visit our plantations, sample our teas, and, hopefully, come to an agreement.'에서 Mr. Barua가 Kensington 찻집의 직원들이 농장 을 방문해서 차를 시음하고 계약을 체결할 수 있도록 아삼행 항공편을 제공하고자 한다고 했으므로 (B)가 정답이다.

바꾸어 표현하기

plantations 농장 → a production site 생산지

어휘　bulk order phr. 대량 주문　refund v. 환불하다; n. 환불

168

난이도 ○ ● ● ● 상

In which of the positions marked [1], [2], [3], and [4] does the following sentence best belong?

"Let me know if you would be interested in such an arrangement."

(A) [1]
(B) [2]
(C) [3]
(D) [4]

[1], [2], [3], [4]로 표시된 위치 중, 다음 문장이 들어 갈 곳으로 가장 적절한 것은?

"귀하께서 이러한 계획에 관심이 있으시면 저에게 알려 주십시오."

(A) [1]
(B) [2]
(C) [3]
(D) [4]

해설 유형6 | 문장 위치 찾기 　　　　　　　　　　　　　　　　　　　　　　　　　　　　　정답 (D)

지문의 흐름상 주어진 문장이 들어가기에 가장 적절한 곳을 고르는 문제이다. Let me know if you would be interested in such an arrangement에서 이러한 계획에 관심이 있다면 알려달라고 했으므로, 문장이 어떤 계획에 대한 내용이 나오는 부분 다음에 들어가야 함을 알 수 있다. [4]의 앞 문장인 'We would be willing to provide flights to Assam so that you or another representative from Kensington Tea House can visit our plantations, sample our teas, and, hopefully, come to an agreement.'에서 Mr. Barua는 Mr. Sullivan 또는 다른 대표가 농장을 방문해서 차를 시음하고 계약을 체결할 수 있도록 아삼행 항공편을 제공하고자 한다고 했으므 로, [4]에 제시된 문장이 들어가면 Mr. Barua는 Mr. Sullivan 또는 다른 대표가 아삼의 농장을 방문할 수 있도록 준비를 할 것이고 이러 한 계획에 관심이 있으면 알려달라고 하는 자연스러운 문맥이 된다는 것을 알 수 있다. 따라서 (D)가 정답이다.

169-171　회람

To: Store employees
From: Ronald Law, CEO of Raffia Craft Stores
Date: July 17
Subject: Point-of-sale upgrade

Raffia is experiencing an exciting period of opportunity and growth. A record number of customers are shopping at our locations each week, and our product lines are well matched to consumer demand. Our skilled and dedicated workforce has been the key to our continued success.

169/170Recently, we took a look at the efficiency of our customer service and decided to improve it by introducing a new point-of-sale system next month.

In the past, we only used manual cash registers, but times have changed, and our current system has become outdated. 169/171-CThe new system, Cash-Kruncher R-10, will be installed on all checkout desk computers and will come with cash registers, barcode scanners, receipt printers, and other components. Besides storing pricing details and facilitating customer transactions, 171-Athe system will help us manage our inventory and analyze our clients' purchasing habits. We will continue to accept cash, credit and

수신: 상점 직원들
발신: Ronald Law, Raffia 공예품점의 최고 경영자
날짜: 7월 17일
제목: 매장 업그레이드

Raffia는 기회와 성장의 흥미진진한 시기를 겪고 있습니다. 기록적인 수의 고객들이 매주 우리 지점들에서 쇼핑을 하고 였고, 우리의 제품 라인들은 소비자의 수요에 잘 맞춰져 있습 니다. 우리의 숙련되고 헌신적인 직원들은 우리의 지속적인 성공의 비결이 되어왔습니다.

169/170최근에, 우리의 고객 서비스의 효율성을 살펴보았고 다 음 달에 새로운 매장 시스템을 도입함으로써 이를 개선하기 로 결정했습니다.

과거에는 수동 금전 등록기만을 사용했지만, 시대가 바뀌었 고 현재 우리의 시스템은 구식이 되어버렸습니다. 169/171-C새 로운 시스템인 Cash-Kruncher R-10은 모든 계산대 컴퓨 터에 설치될 것이고 금전 등록기, 바코드 스캐너, 영수증 프 린터 및 다른 구성품들도 딸려있을 것입니다. 가격 세부 사 항을 저장하고 고객의 거래를 용이하게 하는 것 외에, 171-A이 시스템은 우리가 재고를 관리하고 고객들의 구매 습관을 분 석하는 것을 도와줄 것입니다. 우리는 계속해서 현금, 신용 및

debit cards, and personal checks. Plus, [171-D]we will be able to accept mobile payments.

Sometimes, big changes create some anxiety. We will support our cashiers and managers by providing training and offering assistance for six weeks following installation.

직불카드 그리고 개인 수표를 받을 것입니다. 게다가, [171-D]모바일 결제도 받을 수 있을 것입니다.

때때로, 큰 변화는 약간의 걱정거리를 만듭니다. 우리는 설치 이후 6주 동안 교육을 제공하고 도움을 줌으로써 우리의 계산원들과 관리자들을 지원할 것입니다.

어휘 **point-of-sale** adj. 매장의 **consumer** n. 소비자 **demand** n. 수요, 요구 **dedicated** adj. 헌신적인, 전념하는 **workforce** n. 직원, 노동자 **take a look** phr. 살펴보다 **efficiency** n. 효율성, 능률 **manual** adj. 수동의, 손으로 하는 **cash register** phr. 금전 등록기 **outdated** adj. 구식이 된, 시대에 뒤떨어진 **install** v. 설치하다, 임명하다 **come with** phr. ~이 딸려있다 **receipt** n. 영수증 **component** n. 구성 요소, 성분 **facilitate** v. 용이하게 하다, 가능하게 하다 **transaction** n. 거래, 매매 **manage** v. 관리하다, 경영하다 **inventory** n. 재고, 물품 목록 **anxiety** n. 걱정거리, 불안 **assistance** n. 도움, 보조

169

난이도 ○○●● 중

What is described in the memo?

(A) A technology upgrade
(B) An evaluation schedule
(C) A sales strategy
(D) A hiring process

회람에서 설명된 것은 무엇인가?

(A) 기술 업그레이드
(B) 평가 일정
(C) 판매 전략
(D) 고용 절차

해설 유형1 | **주제/목적 찾기** 글의 주제   정답 (A)

회람에서 설명된 것이 무엇인지를 묻는 주제 찾기 문제이다. 특별히 이 문제는 전체 지문을 요약하여 주제를 찾아야 한다. 'Recently, we ~ decided to improve it by introducing a new point-of-sale system next month.'에서 다음 달에 새로운 매장 시스템을 도입함으로써 고객 서비스의 효율성을 개선하기로 결정했다고 했고, 'The new system, Cash-Kruncher R-10, will be installed'에서 새로운 시스템인 Cash-Kruncher R-10이 설치될 것이라고 한 후 새로운 시스템에 대한 세부 사항을 설명하고 있으므로 (A)가 정답이다.

바꾸어 표현하기
The new system ~ will be installed 새로운 시스템이 설치될 것이다 → **technology upgrade** 기술 업그레이드

170

난이도 ○○●● 중

Why most likely is a change being made?

(A) To address customer complaints
(B) To open additional branches
(C) To reduce the size of a workforce
(D) To improve the quality of customer service

변경은 왜 이루어지는 것 같은가?

(A) 고객 불만 사항을 처리하기 위해
(B) 추가적인 지점을 열기 위해
(C) 직원 규모를 줄이기 위해
(D) 고객 서비스의 질을 개선하기 위해

해설 유형4 | **추론** 세부 정보   정답 (D)

질문의 핵심 어구인 a change being made에 대해 추론하는 문제이다. 'Recently, we took a look at the efficiency of our customer service and decided to improve it by introducing a new point-of-sale system next month.'에서 최근에 Raffia는 고객 서비스의 효율성을 살펴보았고 다음 달에 새로운 매장 시스템을 도입함으로써 이를 개선하기로 결정했다고 했으므로, 고객 서비스의 질을 개선하기 위해 변경이 이루어진다는 사실을 추론할 수 있다. 따라서 (D)가 정답이다.

어휘 **address** v. 처리하다, 다루다

171

난이도 ○●●● 상

What is NOT mentioned about Cash-Kruncher R-10?

(A) It keeps track of customer data.
(B) It requires regular software updates.
(C) It includes several devices.
(D) It can handle mobile payments.

Cash-Kruncher R-10에 대해 언급되지 않은 것은?

(A) 고객의 자료를 지속적으로 파악한다.
(B) 정기적인 소프트웨어 업데이트를 요구한다.
(C) 여러 장치를 포함한다.
(D) 모바일 결제를 처리할 수 있다.

TEST 1

TEST 2

TEST 3

TEST 4

TEST 5

TEST 6

TEST 7

해커스 토익 PART 7 집중공략 777

해설 유형3 | Not/True Not 문제   정답 (B)

질문의 핵심 어구인 Cash-Kruncher R-10과 관련된 내용을 지문에서 찾아 각 보기와 대조하는 Not/True 문제이다. (A)는 'the system will help us ~ analyze our clients' purchasing habits'에서 Cash-Kruncher R-10 시스템은 고객들의 구매 습관을 분석하는 것을 도와줄 것이라고 했으므로 지문의 내용과 일치한다. (B)는 지문에 언급되지 않은 내용이다. 따라서 (B)가 정답이다. (C)는 'The new system ~ will come with cash registers, barcode scanners, receipt printers, and other components.'에서 새로운 시스템에는 금전 등록기, 바코드 스캐너, 영수증 프린터 및 다른 구성품들이 딸려있을 것이라고 했으므로 지문의 내용과 일치한다. (D)는 'we will be able to accept mobile payments'에서 모바일 결제도 받을 수 있을 것이라고 했으므로 지문의 내용과 일치한다.

바꾸어 표현하기

analyze our clients' purchasing habits 고객들의 구매 습관을 분석하다 → keeps track of customer data 고객의 자료를 지속적으로 파악하다

어휘   keep track of phr. 지속적으로 파악하다, 기록하다   handle v. 처리하다, 다루다

172-175 온라인 채팅 대화문

Denise Campbell   5:16
Hello, everyone. 172The end of the year is approaching, so we need to start planning our annual party. Most of those who replied to my e-mail said they wanted to have it in our office instead of at Blake's Lobster Hut.

Rory Dunn   5:17
But we can't use the Chesterton Room. Our product demonstrations for the hardware exhibition are still being set up there.

Colin Ross   5:17
Why don't we use the Mathers Room? 174I think it will be spacious enough for all of our employees as well as those working at the Hartsville branch.

Rory Dunn   5:18
Fine by me.

Denise Campbell   5:18
I'll take care of the decorations then. A store in my neighborhood sells balloons and streamers.

Margaret Murray   5:19
As for the food, pizza worked well last year, so why don't we do that again? I'll place the order around 6 P.M. so that it arrives by 6:30 P.M., when the party starts.

Stewart Taylor   5:19
Good. Since we'll also need some beverages, I'll pick up some juice on my way to work that day.

Colin Ross   5:20
173What about if I brought some baked goods for desert? I've got a great recipe for chocolate chip cookies.

Denise Campbell   5:21
Excellent. By the way, since you joined us recently, 175Stewart, you should know that the company pays for office celebrations. Be sure to give Rory the receipts for your purchases.

Stewart Taylor   5:22
Understood.

Denise Campbell   5시 16분
안녕하세요, 여러분. 172연말이 가까워지고 있으니 우리의 연례 파티 준비를 시작해야 해요. 제 이메일에 회신했던 대부분의 사람들은 Blake's Lobster Hut 대신 우리의 사무실에서 파티를 하고 싶다고 했어요.

Rory Dunn   5시 17분
하지만 Chesterton실은 사용할 수 없어요. 하드웨어 전시회에서 진행할 우리의 제품 시연이 여전히 거기에서 준비 중이에요.

Colin Ross   5시 17분
Mathers실을 사용하는 게 어때요? 174그 방은 우리의 모든 직원들뿐만 아니라 Hartsville 지점에서 일하는 사람들을 수용하기에도 충분히 넓을 것 같아요.

Rory Dunn   5시 18분
저는 괜찮아요.

Denise Campbell   5시 18분
그럼 저는 장식을 담당할게요. 저희 동네의 상점에서 풍선과 장식 리본을 팔거든요.

Margaret Murray   5시 19분
음식에 대해 말하자면, 작년에는 피자가 괜찮았으니 다시 그렇게 하는 게 어때요? 파티가 시작하는 오후 6시 30분까지 도착하도록 제가 오후 6시쯤 주문할게요.

Stewart Taylor   5시 19분
좋아요. 음료도 필요할 테니, 제가 그날 출근하는 길에 주스를 사오도록 할게요.

Colin Ross   5시 20분
175제가 후식으로 제과들을 좀 가지고 오면 어때요? 제가 훌륭한 초콜릿칩 쿠키 요리법을 가지고 있거든요.

Denise Campbell   5시 21분
아주 좋아요. 그런데 175Stewart, 당신은 최근에 합류했으니, 회사에서 사무실 행사에 대한 비용을 지불한다는 것을 알아두세요. 당신이 구입한 것에 대한 영수증을 반드시 Rory에게 전달해주세요.

Stewart Taylor   5시 22분
알았어요.

어휘   approach v. 가까워지다, 다가오다   demonstration n. 시연, 설명   set up phr. 준비하다, 설치하다   spacious adj. 넓은, 광활한   decoration n. 장식   streamer n. 장식 리본, 색 테이프   as for phr. ~에 대해 말하자면   beverage n. 음료   baked goods phr. 제과   recipe n. 요리법, 방안   receipt n. 영수증   purchase n. 구입한 것; v. 구입하다

172

What does Ms. Campbell most likely want to prepare?

(A) A ceremony for recognizing achievements
(B) A release event for new products
(C) A welcoming party for an employee
(D) A gathering to mark the end of the year

Ms. Campbell은 무엇을 준비하길 원하는 것 같은가?

(A) 성과를 표창하는 행사
(B) 신제품 출시 행사
(C) 직원을 위한 환영 파티
(D) 연말을 축하하는 모임

해설 유형4 | **추론** 세부 정보   정답 (D)

질문의 핵심 어구인 Ms. Campbell ~ want to prepare에 대해 추론하는 문제이다. 'The end of the year is approaching, so we need to start planning our annual party.'에서 Ms. Campbell이 연말이 가까워지고 있으니 연례 파티 준비를 시작해야 한다고 했으므로 그녀는 연말을 축하하는 모임을 준비하려고 한다는 사실을 추론할 수 있다. 따라서 (D)가 정답이다.

어휘   **recognize** v. 표창하다, 인정하다   **achievement** n. 성과, 업적   **release** n. 출시, 공개   **gathering** n. 모임, 수집   **mark** v. 축하하다, 기념하다

173

What does Mr. Ross propose?

(A) Ordering some office furniture
(B) Canceling a product demonstration
(C) Bringing some homemade food
(D) Reserving an event hall

Mr. Ross는 무엇을 제안하는가?

(A) 사무실 가구를 주문하는 것
(B) 제품 시연을 취소하는 것
(C) 집에서 만든 음식을 가지고 오는 것
(D) 행사장을 예약하는 것

해설 유형2 | **육하원칙** What   정답 (C)

Mr. Ross가 무엇을(What) 제안하는지를 묻는 육하원칙 문제이다. 질문의 핵심 어구인 Mr. Ross propose와 관련하여, 'What about if I brought some baked goods for desert? I've got a great recipe for chocolate chip cookies.'에서 Mr. Ross가 후식으로 제과들을 좀 가지고 오겠다고 한 후 자신이 훌륭한 초콜릿칩 쿠키 요리법을 가지고 있다고 한 것에서 Mr. Ross가 직접 후식을 만들어서 가져올 것임을 알 수 있으므로 (C)가 정답이다.

174

What can be inferred about the event?

(A) It will feature a catered meal.
(B) It will involve staff from another branch.
(C) It will commence at 6 P.M.
(D) It will take place at a rented venue.

행사에 대해 추론될 수 있는 것은?

(A) 출장 음식을 포함할 것이다.
(B) 다른 지점의 직원들을 포함할 것이다.
(C) 오후 6시에 시작할 것이다.
(D) 대여한 장소에서 개최될 것이다.

해설 유형4 | **추론** 세부 정보   정답 (B)

질문의 핵심 어구인 the event에 대해 추론하는 문제이다. 'I think it will be spacious enough for all of our employees as well as those working at the Hartsville branch.'에서 Mr. Ross가 행사를 진행하고자 하는 방이 자신들 지점의 모든 직원들뿐만 아니라 Hartsville 지점에서 일하는 사람들을 수용하기에도 충분히 넓을 것이라고 했으므로, 다른 지점의 직원들도 행사에 참여할 것이라는 사실을 추론할 수 있다. 따라서 (B)가 정답이다.

난이도 ○○●● 중

At 5:22, what does Mr. Taylor most likely mean when he writes, "Understood"?

(A) He will be sure to attend an event.
(B) He intends to pass along a recipe.
(C) He was already familiar with a company tradition.
(D) He will ask for expenses to be reimbursed.

5시 22분에, Mr. Taylor가 "Understood"라고 썼을 때 그가 의도한 것 같은 것은?

(A) 행사에 반드시 참석할 것이다.
(B) 요리법을 전달하려고 한다.
(C) 회사의 전통에 이미 익숙하다.
(D) 비용을 환불받도록 요청할 것이다.

해설 유형5 | 의도 파악
정답 (D)

Mr. Taylor가 의도한 것을 묻는 문제이므로, 질문의 인용어구(Understood)가 언급된 주변 문맥을 확인한다. 'Stewart, you should know that the company pays for office celebrations'에서 Denise Campbell이 Stewart Taylor에게 회사에서 사무실 행사에 대한 비용을 지불한다는 것을 알아두라고 한 후 'Be sure to give Rory the receipts for your purchases.'에서 구입한 것에 대한 영수증을 Rory에게 반드시 전달하라고 하자 Mr. Taylor가 'Understood.'(알겠어요)라고 한 것을 통해, Mr. Taylor는 행사와 관련하여 구입한 것에 대한 비용을 환불받도록 요청할 것임을 알 수 있다. 따라서 (D)가 정답이다.

어휘 familiar with phr. ~에 익숙한, 친숙한 tradition n. 전통 expense n. 비용, 돈

지문 1

Facelifter Remodeling

Are you looking to give your home or company a contemporary appearance? Then look no further than Facelifter Remodeling. [176-A/B/C]For over three decades, we have been providing establishments in towns across Burlington County with the highest quality custom interiors. Facelifter can help you remodel virtually any room imaginable, including:

– Kitchens
– Bathrooms
– Dining Areas
– Living Areas & Lounges
　…And so much more!

For return customers who are homeowners, we offer a 20 percent discount on furniture projects. [180]And for return commercial clients, Facelifter now offers a consultation and quote at no charge. [177]We guarantee to have your renovation done on time, or you'll pay nothing at all. So, give your space the update it deserves! Call 555-6173 to schedule a consultation with one of our specialists.

Facelifter 리모델링 회사

당신의 집이나 회사에 현대적인 외관을 주는 것을 고려하고 있나요? 그렇다면 Facelifter 리모델링 회사 외에는 찾아보지 마십시오. [176-A/B/C]30년 넘게, 저희는 벌링턴 군 전역의 도시들에 있는 시설들에게 최고 품질의 맞춤 인테리어를 제공해 왔습니다. Facelifter사는 다음을 포함하는 사실상 상상할 수 있는 모든 공간을 리모델링하는 데 도움을 드릴 수 있습니다:

– 부엌
– 욕실
– 식사 공간
– 거실 및 라운지
　…그리고 더 많은 공간들이 있습니다!

저희 서비스를 다시 이용하시는 주택 소유주 고객에게, 저희는 가구 프로젝트에 대해 20퍼센트 할인을 제공합니다. [180]그리고 저희 서비스를 다시 이용하시는 상업 고객들을 위해서, Facelifter사는 지금 상담과 견적을 무료로 제공합니다. [177]저희는 당신의 개조 작업을 제시간에 완료할 것을 보장하며, 그렇지 않을 경우 당신은 아무것도 지불하지 않으셔도 됩니다. 그러니, 당신의 공간에 걸맞은 업데이트를 하세요! 555-6173으로 전화하셔서 저희 전문가들 중 한 명과 상담 일정을 잡으시기 바랍니다.

지문 2

TO: Brian Masterson <b_masterson@facelifter.com>
FROM: Alice Tuan <alice.tuan@rosemail.com>
SUBJECT: Frescara restaurant project
DATE: March 2

Dear Mr. Masterson,

[178]I tried getting in touch through your customer consultation line but was unable to reach you. So, I am now sending this e-mail as a formal written complaint regarding the renovation work at my restaurant, Frescara. [180]I was expecting, based on Facelifter's work at some of my other businesses, that excellent service would be provided. However, I am disappointed with how this particular project has been going. Our grand reopening event was supposed to take place last Friday, but due to the delayed renovation work, we have been forced to push that date back for at least another month.

Seeing as the renovations will take longer than agreed upon, I would like to know what compensation you normally provide in this sort of situation.

Regards,

Alice Tuan
Owner and operator, Frescara

수신: Brian Masterson <b_masterson@facelifter.com>
발신: Alice Tuan <alice.tuan@rosemail.com>
제목: Frescara 식당 프로젝트
날짜: 3월 2일

Mr. Masterson께,

[178]저는 귀사의 고객 상담 전화를 통해 연락을 시도했으나 연락이 닿지 않았습니다. 그래서, 제 식당인 Frescara의 개조 작업에 관한 정식 서면 항의서로서 이 이메일을 보냅니다. [180]저의 다른 몇몇 사업체들에서 진행한 Facelifter사의 작업에 근거하여, 저는 훌륭한 서비스가 제공될 것이라고 기대하고 있었습니다. 그러나, 저는 어떻게 이 특정 프로젝트가 진행되었는지에 대해 실망했습니다. 저희의 재개점 행사는 지난주 금요일에 열리기로 되어 있었으나, 지연된 개조 작업 때문에 저희는 그 날짜를 적어도 한 달은 더 미룰 수밖에 없게 되었습니다.

개조 작업이 합의된 것보다 더 오래 걸릴 것이라는 점을 봤을 때, 귀사에서 이러한 경우에 보통 어떤 보상을 제공하는지 알고 싶습니다.

Alice Tuan 드림
Frescara의 소유주 및 경영자

지문 1　**look to** phr. ~을 고려해보다　**contemporary** adj. 현대적인, 동시대의　**appearance** n. 외관, 겉모습　**establishment** n. 시설, 기관　**custom** adj. 맞춤의; n. 관습　**virtually** adv. 사실상, 거의　**imaginable** adj. 상상할 수 있는, 생각할 수 있는　**homeowner** n. 주택 소유주　**commercial** adj. 상업의, 상업적인　**consultation** n. 상담, 협의　**quote** n. 견적; v. 인용하다　**at no charge** phr. 무료로　**guarantee** v. 보장하다, 약속하다

지문 2　**get in touch** phr. 연락하다　**regarding** prep. ~에 관한　**grand reopening event** phr. 재개점 행사　**take place** phr. 열리다　**push back** phr. 미루다　**agreed upon** phr. 합의된　**compensation** n. 보상, 배상　**normally** adv. 보통, 정상적으로

176

What is NOT stated about Facelifter in the advertisement?

(A) It has done projects in several towns.
(B) It remodels rooms according to client specifications.
(C) It has been operating for over 30 years.
(D) It recently hired new consultants.

광고에서 Facelifter사에 대해 언급된 것이 아닌 것은?

(A) 여러 도시들에서 프로젝트를 했다.
(B) 고객의 요구 사항에 따라 방을 리모델링한다.
(C) 30년 넘게 운영되고 있다.
(D) 최근 새로운 상담원을 고용했다.

해설 유형3 | **Not/True** Not 문제 　　　　　　　　　　　　　　　　　　　　　정답 (D)

질문의 핵심 어구인 Facelifter와 관련된 내용을 지문에서 찾아 각 보기와 대조하는 Not/True 문제이므로 첫 번째 지문인 Facelifter사의 광고에서 관련 내용을 확인한다. (A), (B), (C)는 'For over three decades, we have been providing establishments in towns across Burlington County with the highest quality custom interiors.'에서 Facelifter사는 30년 넘게 벌링턴 군 전역의 도시들에 있는 시설들에게 최고 품질의 맞춤 인테리어를 제공해왔다고 했으므로 지문의 내용과 일치한다. (D)는 지문에 언급되지 않은 내용이다. 따라서 (D)가 정답이다.

바꾸어 표현하기

towns across Burlington County 벌링턴 군 전역의 도시들 → several towns 여러 도시들
providing ~ custom interiors 맞춤 인테리어를 제공하다 → remodels ~ according to client specifications 고객의 요구 사항에 따라 리모델링하다
over three decades 30년 넘게 → over 30 years 30년 넘게

어휘 specification n. 요구 사항, 사양

177

Under which circumstance will Facelifter customers not be charged?

(A) If a finished result differs from a plan
(B) If a project runs beyond a deadline
(C) If a contractor cancels unexpectedly
(D) If a specific material is unavailable

Facelifter사의 고객들은 어떤 상황에서 요금이 청구되지 않을 것인가?

(A) 완료된 결과가 계획과 다른 경우
(B) 프로젝트가 마감일을 넘어서 진행될 경우
(C) 계약자가 예상치 못하게 취소할 경우
(D) 특정 자재를 구할 수 없는 경우

해설 유형2 | **육하원칙** Which 　　　　　　　　　　　　　　　　　　　　　정답 (B)

Facelifter사의 고객들은 어떤(which) 상황에서 요금이 청구되지 않을 것인지를 묻는 육하원칙 문제이므로 질문의 핵심 어구인 Facelifter customers not be charged와 관련된 내용이 언급된 첫 번째 지문인 광고를 확인한다. 광고의 'We guarantee to have your renovation done on time, or you'll pay nothing at all.'에서 Facelifter사는 개조 작업을 제시간에 완료할 것을 보장하며 그렇지 않을 경우 아무것도 지불하지 않아도 된다고 했으므로 (B)가 정답이다.

바꾸어 표현하기

not be charged 요금이 청구되지 않다 → pay nothing at all 아무것도 지불하지 않다

어휘 beyond a deadline phr. 마감일을 넘어서 contractor n. 계약자 unexpectedly adv. 예상치 못하게 unavailable adj. 구할 수 없는

178

What is suggested about Ms. Tuan?

(A) She declined an invitation to a grand opening.
(B) She is concerned about her serving staff.
(C) She previously worked for a remodeling company.
(D) She tried to contact Facelifter by phone.

Ms. Tuan에 대해 암시되는 것은?

(A) 개점 행사의 초대를 거절했다.
(B) 서빙 직원에 대해 걱정한다.
(C) 이전에 리모델링 회사에서 근무했었다.
(D) Facelifter사에 전화로 연락을 시도했었다.

해설 유형4 | **추론** 세부 정보 　　　　　　　　　　　　　　　　　　　　　정답 (D)

질문의 핵심 어구인 Ms. Tuan에 대해 추론하는 문제이므로 Ms. Tuan이 작성한 두 번째 지문인 이메일에서 관련 내용을 확인한다. 이메일의 'I tried getting in touch through your customer consultation line'에서 Ms. Tuan이 Facelifter사의 고객 상담 전화로 연락을 시도했다고 했으므로 그녀가 Facelifter사에 전화로 연락을 시도했었다는 사실을 추론할 수 있다. 따라서 (D)가 정답이다.

어휘 decline v. 거절하다, 감소하다 invitation n. 초대 previously adv. 이전에, 미리

In the e-mail, the word "forced" in paragraph 1, line 7, is closest in meaning to (A) persuaded (B) compelled (C) making progress (D) getting ready	이메일에서, 1문단 일곱 번째 줄의 단어 "forced"는 의미상 -와 가장 가깝다. (A) 설득하다 (B) 강요하다 (C) 진행하다 (D) 준비하다

해설 유형7 | 동의어　　　　　　　　　　　　　　　　　　　　　　　　　정답 (B)

두 번째 지문인 이메일의 forced를 포함하는 구절 'we have been forced to push that date back for at least another month'에서 forced가 '~할 수밖에 없다'라는 뜻으로 사용되었는데, 이는 개조 작업의 지연 때문에 행사 일자를 미루도록 강요되었다는 의미이므로, '강요하다, ~하지 않을 수 없게 하다'라는 뜻을 가진 (B)가 정답이다.

What is indicated about the Frescara restaurant project? (A) The work was completed in a month. (B) There was no charge for the price estimate. (C) Ms. Tuan requested an expedited service. (D) Facelifter provided an inaccurate quote.	Frescara 식당 프로젝트에 대해 암시되는 것은? (A) 작업이 한 달 안에 완료되었다. (B) 가격 견적서가 무료였다. (C) Ms. Tuan이 긴급 서비스를 요청했다. (D) Facelifter사가 부정확한 견적을 제공했다.

해설 유형4 | 추론 연계 문제　　　　　　　　　　　　　　　　　　　　　　정답 (B)

질문의 핵심 어구인 Frescara restaurant project에 관련된 내용이 언급된 이메일을 먼저 확인한다.

단서 1 두 번째 지문(이메일)의 'I was expecting, based on Facelifter's work at some of my other businesses, that excellent service would be provided.'에서 Ms. Tuan이 자신의 다른 몇몇 사업체들에서 진행한 Facelifter사의 작업에 근거하여 훌륭한 서비스가 제공될 것이라고 기대하고 있었다고 했으므로, Ms. Tuan이 이전에 Facelifter사의 서비스를 이용했었다는 사실을 알 수 있다. 그런데 서비스를 다시 이용하는 고객에게 어떤 혜택이 제공되는지 제시되지 않았으므로 광고에서 관련 내용을 확인한다.

단서 2 첫 번째 지문(광고)의 'And for return commercial clients, Facelifter now offers a consultation and quote at no charge.'에서 서비스를 다시 이용하는 상업 고객들을 위해서 Facelifter사는 상담과 견적을 무료로 제공한다는 사실을 확인할 수 있다.

두 단서를 종합할 때, Ms. Tuan은 서비스를 다시 이용하는 상업 고객이므로 Frescara 식당 프로젝트의 가격 견적서를 무료로 제공받았다는 사실을 추론할 수 있다. 따라서 (B)가 정답이다.

어휘　**price estimate** phr. 가격 견적서　**inaccurate** adj. 부정확한, 오류가 있는

181-185　이메일　초대장

지문 1

TO: Raquel Delgado <rdelgado@pedroperez.org> FROM: Raul Martin <rmartin@pedroperez.org> SUBJECT: Grand opening [181]DATE: August 29 ATTACHMENT: Invitation_draft Dear Ms. Delgado, Overall, our plans for the Pedro Perez Institute's opening night are going smoothly, and [181]we will send out the invitations early next month. A rough draft of one has been attached. There are a couple of things, though, that I want to bring to your attention. First, [182]the guest speaker we've invited, Professor Garcia, says that he has another engagement from 6:30 to 7:30 P.M. That means [182]he won't be able to arrive at our institute until close to 8 P.M.	수신: Raquel Delgado <rdelgado@pedroperez.org> 발신: Raul Martin <rmartin@pedroperez.org> 제목: 개장 행사 [181]날짜: 8월 29일 첨부: 초대장_초안 Ms. Delgado께, 전반적으로 Pedro Perez 협회의 개장일 밤에 관한 저희의 계획은 순조롭게 진행되고 있으며, [181]저희는 다음 달 초에 초대장을 보낼 것입니다. 초대장의 대략적인 초안을 첨부하였습니다. 그런데, 당신이 주목해주길 바라는 몇 가지가 있습니다. 먼저, [182]저희가 초대한 초청 연사인 Garcia 교수가 오후 6시 30분에서 7시 30분까지 다른 약속이 있다고 했습니다. 그것

I've arranged for the event to start 30 minutes later than originally scheduled.

Also, [184]I've made a reservation at a nearby Mexican restaurant for those who want to linger after the closing remarks. We expect most of the staff to show up as well as several other invited guests. [184]I think this would be a good time for you to read a few Spanish-language poems as you mentioned you would like to do so at some point. Let me know if you have any issues with this arrangement.

Sincerely,

Raul Martin

은 [182]그가 오후 8시가 다 되어서야 저희 협회에 도착할 것임을 의미합니다. 저는 행사가 원래의 일정보다 30분 늦게 시작하도록 조정했습니다.

또한, [184]폐회사 이후에 오래 머물고 싶어 하는 사람들을 위해 근처 멕시코 식당을 예약했습니다. 저희는 몇몇 다른 초대 손님들뿐만 아니라 대부분의 직원들이 나타날 것으로 예상하고 있습니다. 당신이 언젠가 그렇게 하고 싶다고 언급하셨다시피 [184]이때가 당신이 몇 편의 스페인어 시를 낭송하기에 적당한 시간이라고 생각합니다. 이 계획에 문제가 있으시다면 저에게 알려주시기 바랍니다.

Raul Martin 드림

지문 2

GRAND OPENING: PEDRO PEREZ INSTITUTE
Providence's first Latino cultural center

September 30
SCHEDULE OF EVENTS
7 P.M.: Dinner commences
7:50 P.M.: Introduction of Dr. Fernando Garcia, Professor of Spanish Literature at Smith University
8 P.M.: Keynote speech by Dr. Garcia
8:30 P.M.: Short speeches by institute leaders
[184]9:30 P.M.: Closing remarks
10:30 P.M.: After-party at La Vaca Gorda

To confirm your attendance, please visit our Web site, www.pedroperez.org. [185-A]The event is free, and you may bring one person along. Once confirmation is completed, you will be sent a link to a page where you can select your dinner preference. Vegetarian options are available.

[185-B]Please wear semiformal attire. The doors of the institute open at 6:15 P.M. We look forward to seeing you there.

개장 행사: PEDRO PEREZ 협회
프로비던스의 첫 라틴 문화 센터

9월 30일
행사 일정
오후 7시: 저녁 식사 시작
오후 7시 50분: Smith 대학교의 스페인 문학 교수인 Dr. Fernando Garcia의 소개
오후 8시: Dr. Garcia의 기조 연설
오후 8시 30분: 협회장들의 짧은 연설
[184]오후 9시 30분: 폐회사
오후 10시 30분: La Vaca Gorda에서 뒤풀이 파티

잠석 확인을 하려면 저희 웹사이트인 www.pedroperez.org를 방문해주십시오. [185-A]이 행사는 무료이며, 1명을 함께 데려오실 수 있습니다. 일단 확인이 완료되면 귀하의 저녁 식사 선호 사항을 선택하실 수 있는 페이지의 링크가 보내질 것입니다. 채식주의자 옵션이 이용 가능합니다.

[185-B]세미 정장을 입어주시기 바랍니다. 협회의 문은 오후 6시 15분에 열립니다. 여러분을 그곳에서 뵙기를 기대합니다.

지문 1 **grand opening** phr. 개장 행사 **overall** adv. 전반적으로; adj. 전반적인 **institute** r. 협회, 기관 **rough** adj. 대략적인, 거친 **draft** n. 초안, 원고 **engagement** n. 약속, 계약 **arrange** v. 조정하다, 준비하다 **closing remarks** phr. 폐회사 **poem** n. 시

지문 2 **commence** v. 시작하다, 개시하다 **introduction** n. 소개, 도입 **keynote speech** phr. 기조 연설 **after-party** n. 뒤풀이 파티 **attendance** n. 참석, 출석 **bring along** phr. ~을 데려오다 **preference** n. 선호 사항, 선호하는 것

181

난이도 ○○●● 중

According to Mr. Martin, what will happen in early September?

(A) People will be asked to attend an event.
(B) An institute will be shown to the public.
(C) A Mexican restaurant will open.
(D) An after-party will be held.

Mr. Martin에 따르면, 9월 초에 무슨 일이 일어날 것인가?

(A) 사람들이 행사에 참석하도록 요청받을 것이다.
(B) 협회가 대중에게 공개될 것이다.
(C) 멕시코 식당이 문을 열 것이다.
(D) 뒤풀이 파티가 열릴 것이다.

해설 유형2 | 육하원칙 What 정답 (A)
Mr. Martin에 따르면 9월 초에 무슨(what) 일이 일어날 것인지를 묻는 육하원칙 문제이므로 Mr. Martin이 작성한 첫 번째 지문인 이메일에서 관련 내용을 확인한다. 이메일의 'DATE: August 29'에서 이메일이 보내진 날짜가 8월 29일이고, 'we will send out the invitations early next month'에서 Mr. Martin이 다음 달 초, 즉 9월 초에 초대장을 보낼 것이라고 했으므로 (A)가 정답이다.

바꾸어 표현하기
will send out the invitations 초대장을 보낼 것이다 → People will be asked to attend an event 사람들이 행사에 참석하도록 요청받을 것이다

182

What did Mr. Martin do? (A) Reschedule the date of a grand opening (B) Change the starting time of an event (C) Replace a keynote speaker (D) Visit a facility's banquet hall	Mr. Martin은 무엇을 했는가? (A) 개장 행사의 날짜를 변경한다 (B) 행사의 시작 시간을 변경한다 (C) 기조 연설자를 대체한다 (D) 시설의 연회장을 방문한다

해설 유형2 | **육하원칙** What　　　　　　　　　　　　　　　　　　　　　　　　　정답 (B)

Mr. Martin이 무엇(What)을 했는지를 묻는 육하원칙 문제이므로 첫 번째 지문인 Mr. Martin이 작성한 이메일에서 관련 내용을 확인한다. 이메일의 'the guest speaker ~ has another engagement from 6:30 to 7:30 P.M.'과 'he won't be able to arrive at our institute until close to 8 P.M.'에서 초청 연사가 오후 6시 30분에서 7시 30분까지 다른 약속이 있어서 오후 8시가 다 되어서야 협회에 도착할 것이라고 했고, 'I've arranged for the event to start 30 minutes later than originally scheduled.'에서 저, 즉 Mr. Martin은 행사가 원래의 일정보다 30분 늦게 시작하도록 조정했다고 했으므로 (B)가 정답이다.

바꾸어 표현하기

arranged for the event to start 30 minutes later than originally scheduled 행사가 원래의 일정보다 30분 늦게 시작하도록 조정했다
→ **Change the starting time of an event** 행사의 시작 시간을 변경하다

183

In the e-mail, the word "linger" in paragraph 3, line 1, is closest in meaning to (A) dwell (B) await (C) stay (D) prolong	이메일에서, 3문단 첫 번째 줄의 단어 "linger"는 의미상 ~와 가장 가깝다. (A) 거주하다 (B) 기다리다 (C) 머무르다 (D) 연장하다

해설 유형7 | **동의어**　　　　　　　　　　　　　　　　　　　　　　정답 (C)

첫 번째 지문인 이메일의 linger를 포함하는 구절 'I've made a reservation at a nearby Mexican restaurant for those who want to linger after the closing remarks'에서 linger가 '오래 머물다'라는 뜻으로 사용되었다. 따라서 '머무르다'라는 의미를 가진 (C)가 정답이다.

184

When will Ms. Delgado most likely give a literary reading? (A) During a dinner (B) During a keynote speech (C) During closing remarks (D) During an after-party	Ms. Delgado는 언제 문학 낭송을 할 것 같은가? (A) 저녁 식사 동안에 (B) 기조 연설 동안에 (C) 폐회사 동안에 (D) 뒤풀이 파티 동안에

해설 유형4 | **추론** 연계 문제　　　　　　　　　　　　　　　　　정답 (D)

질문의 핵심 어구인 Ms. Delgado ~ give a literary reading과 관련된 내용이 언급된 이메일을 먼저 확인한다.
단서1 첫 번째 지문(이메일)의 'I've made a reservation at a nearby Mexican restaurant for those who want to linger after the closing remarks'와 'I think this would be a good time for you to read a few Spanish-language poems'에서 Mr. Martin이 폐회사 이후에 오래 머물고 싶어 하는 사람들을 위해 근처 멕시코 식당에 예약을 했으며, 이때가 당신, 즉 Ms. Delgado가 몇 편의 스페인어 시를 낭송하기에 적당한 시간이라고 생각한다고 했다. 그런데 폐회사 이후에 어떤 행사가 진행되는지 제시되지 않았으므로 초대장에서 관련 내용을 확인한다.
단서2 두 번째 지문(초대장)의 '9:30 P.M.: Closing remarks', '10:30 P.M.: After party at La Vaca Gorda'에서 폐회사 이후에 La Vaca Gorda에서 뒤풀이 파티가 진행될 것임을 확인할 수 있다.
두 단서를 종합할 때, Ms. Delgado는 폐회사 이후에 La Vaca Gorda라는 멕시코 식당에서 열리는 뒤풀이 파티 동안에 문학 낭송을 할 것이라는 사실을 추론할 수 있다. 따라서 (D)가 정답이다.

What is stated about the grand opening event?

(A) It involves a small participation fee.
(B) It has a dress code.
(C) It will include an art exhibition.
(D) It will be catered by a local restaurant.

개장 행사에 대해 언급된 것은?

(A) 약간의 참석 비용이 든다.
(B) 복장 규정이 있다.
(C) 미술 전시회를 포함할 것이다.
(D) 지역 식당에 의해 출장 음식이 제공될 것이다.

해설 **유형3 | Not/True** True 문제
정답 (B)

질문의 핵심 어구인 the grand opening event와 관련된 내용을 지문에서 찾아 각 보기와 대조하는 Not/True 문제이므로 개장 행사의 일정이 언급된 두 번째 지문인 초대장에서 관련 내용을 확인한다. (A)는 'The event is free'에서 행사는 무료라고 했으므로 지문의 내용과 일치하지 않는다. (B)는 'Please wear semiformal attire.'에서 세미 정장을 입어 달라고 했으므로 지문의 내용과 일치한다. 따라서 (B)가 정답이다. (C)와 (D)는 지문에 언급되지 않은 내용이다.

어휘 **dress code** phr. 복장 규정

지문 1

MAKE BENJAMIN HOTEL YOUR HOME AWAY FROM HOME

Founded over 80 years ago, Benjamin Hotel is one of the most renowned hotels in Berlin. Boasting an extravagant architectural style, lavish rooms, stunning views, and dedicated staff, it has drawn visitors from around the globe. [186-B]Past guests have included the well-known rock band Blue Sunrise and the actor Davis Kramer. The hotel was also the location for a scene in the celebrated film *Berlin Nights*.

Our rooms are in high demand, especially in the summer, so if you want to make a reservation, we suggest doing so several months in advance. [189]We are currently offering half-price discounts on certain services to holders of the Heritage Hospitality Card, which can be used at select hotels throughout Europe. To inquire about availability, e-mail us at inquiries@benjaminhotel.de.

BENJAMIN 호텔을 여러분의 또 다른 집으로 만드세요

80년보다 더 전에 설립된 Benjamin 호텔은 베를린에서 가장 명성 있는 호텔 중 하나입니다. 화려한 건축 양식과 호화로운 객실들, 아름다운 경치와 헌신적인 직원들을 자랑하며, 호텔은 전 세계의 방문객들을 끌어모아 왔습니다. [186-B]과거의 손님들로는 잘 알려진 락 밴드 Blue Sunrise와 배우 Davis Kramer가 있습니다. 호텔은 또한 유명한 영화인 *Berlin Nights*의 한 장면의 촬영지였습니다.

저희의 객실들은 수요가 많고, 특히 여름에 그러하므로 예약을 하고 싶으시다면 몇 달 전에 미리 하실 것을 추천합니다. [189]저희는 현재 Heritage Hospitality 카드 소지자에게 특정 서비스에 대해 반값 할인을 제공하는 중이며, 이 카드는 유럽 전역의 엄선된 호텔들에서 사용할 수 있습니다. 객실 이용 가능 여부에 대해 문의하시려면 inquiries@benjaminhotel.de로 이메일을 보내주시기 바랍니다.

지문 2

TO: Mary Parker <m.parker@fastmail.com>
FROM: Inquiries <inquiries@benjaminhotel.de>
SUBJECT: Re: Availability
DATE: April 7

Dear Ms. Parker,

Thank you for your e-mail. To answer your first question, yes, we have rooms available for August 12 to 16, and I will book one for you. [188]Would you and your friend like a room overlooking the Spree, the river that runs through the city center, or would you prefer a view of the Tiergarten, the city's largest park? The former costs €10 more, so the total would be €110 per night instead of €100.

[187]To answer your second question, the biggest cultural festival happening during that time is the Berlin International Arts Extravaganza, during which thousands of artists from around the globe set up tents in the main square, and people can walk around browsing and buying artworks. You can get there by traveling east on Bus 334 for three stops.

Best regards,

Franz Leiber
Reservation manager
Benjamin Hotel

수신: Mary Parker <m.parker@fastmail.com>
발신: 문의 <inquiries@benjaminhotel.de>
제목: 회신: 객실 이용 가능 여부
날짜: 4월 7일

Ms. Parker께,

귀하의 이메일에 감사드립니다. 귀하의 첫 번째 질문에 대답해 드리자면, 네, 저희는 8월 12일부터 16일까지 이용 가능한 객실을 보유하고 있으며 귀하를 위해 하나를 예약하도록 하겠습니다. [188]귀하와 친구분은 도심을 가로질러 흐르는 Spree강을 내려다보는 객실을 원하십니까, 아니면 도시의 가장 큰 공원인 Tiergarten의 전망을 선호하십니까? 전자의 경우 10유로의 비용이 더 청구되므로, 총액은 하룻밤에 100유로 대신 110유로가 될 것입니다.

[187]귀하의 두 번째 질문에 대답해 드리자면, 그때 열리는 가장 큰 문화 축제는 베를린 국제 예술 쇼인데, 이 기간에는 전 세계에서 온 많은 예술가들이 중앙 광장에 천막을 설치하고, 사람들은 걸어 다니며 예술품을 둘러보고 구매할 수 있습니다. 버스 334번을 타고 동쪽으로 세 정거장을 가시면 거기에 도착하실 수 있습니다.

Franz Leiber 드림
예약 관리자
Benjamin 호텔

지문 3

BENJAMIN HOTEL – BILL

Name: Mary Parker
Stay: August 12–16
Room 224 (2 beds)

[188]Room charge (4 nights/€100 per night)	€400
Breakfast (2 days)	€20*
Gym (single visit)	€22
Wi-Fi (3 hours/€5 per hour)	€15
Pay-per-view cable (1 new-release movie)	€9
Total	€466

[189]*Heritage Hospitality Card promotion has been applied.

BENJAMIN 호텔 – 청구서

이름: Mary Parker
숙박: 8월 12일–16일
224호(침대 2개)

[188]객실 요금(4박/1박당 100유로)	400유로
조식(2일)	20유로*
체육관(1회 방문)	22유로
와이파이(3시간/시간당 5유로)	15유로
유료 시청 케이블(신작 영화 1편)	9유로
총액	466유로

[189]*Heritage Hospitality 카드 혜택이 적용되었습니다.

[190]Note that any billing errors must be pointed out to front desk staff during the check-out process. Any payment made after signing this form will not be reimbursed. Thank you for staying with us, and we hope to see you again in the future.

Signature: _Mary Parker_

[190]청구서 오류는 반드시 체크아웃 과정에서 안내 데스크 직원에게 알려주셔야 한다는 점을 유의하십시오; 이 양식에 서명한 후에 지불되는 금액은 환불되지 않을 것입니다. 저희 호텔에 머물러주셔서 감사드리며, 나중에 다시 뵙기를 바랍니다.

서명: _Mary Parker_

지문 1 renowned adj. 명성 있는, 유명한 boast v. 자랑하다, 뽐내다 extravagant adj. 화려한, 사치스러운 lavish adj. 호화로운, 풍성한 stunning adj. 아름다운, 깜짝 놀랄 dedicated adj. 헌신적인, 전념하는 well-known adj. 잘 알려진 location n. 촬영지, 위치 celebrated adj. 유명한, 저명한 be in high demand phr. 수요가 많다 select adj. 검선된, 고급의 availability n. 이용 가능성, 유용성

지문 2 overlook v. 내려다보다, 간과하다 former n. 전자; adj. 이전의 total n. 총액, 합계 thousands of phr. 많은, 수천의 set up phr. 설치하다 browse v. 둘러보다, 검색하다 artwork n. 예술품, 그림

지문 3 pay-per-view n. 유료 시청(제) apply v. 적용하다, 신청하다 point out phr. 알리다, 언급하다 process n. 과정, 절차 reimburse v. 환불하다, 배상하다

186

난이도 ○○●● 중

What is stated about Benjamin Hotel?

(A) It offers guided tours of a city.
(B) It has hosted famous musicians.
(C) It often holds large conferences.
(D) It is the oldest hotel in Berlin.

Benjamin 호텔에 대해 언급된 것은?

(A) 도시의 가이드 투어를 제공한다.
(B) 유명한 음악가들을 묵게 했다.
(C) 자주 큰 학회를 개최한다.
(D) 베를린에서 가장 오래된 호텔이다.

해설 유형3 | Not/True True 문제   정답 (B)

질문의 핵심 어구인 Benjamin Hotel과 관련된 내용을 지문에서 찾아 각 보기와 대조하는 Not/True 문제이므로 첫 번째 지문인 Benjamin 호텔의 광고에서 관련 내용을 확인한다. (A), (C), (D)는 지문에 언급되지 않은 내용이다. (B)는 'Past guests have included the well-known rock band Blue Sunrise'에서 과거의 손님들로는 잘 알려진 락 밴드 Blue Sunrise가 있다고 했으므로 지문의 내용과 일치한다. 따라서 (B)가 정답이다.

바꾸어 표현하기
well-known rock band 잘 알려진 락 밴드 → famous musicians 유명한 음악가들

187

난이도 ○○●● 중

What did Ms. Parker inquire about?

(A) Booking separate rooms
(B) Extending a hotel stay
(C) Local events
(D) Transportation costs

Ms. Parker는 무엇을 문의했는가?

(A) 독립된 객실을 예약하는 것
(B) 호텔 숙박을 연장하는 것
(C) 지역 행사
(D) 교통 비용

해설 유형2 | 육하원칙 What   정답 (C)

Ms. Parker가 무엇(What)을 문의했는지를 묻는 육하원칙 문제이므로 Ms. Parker에게 보내진 두 번째 지문인 이메일에서 관련 내용을 확인한다. 이메일의 'To answer your second question, the biggest cultural festival happening during that time is the Berlin International Arts Extravaganza'에서 귀하, 즉 Ms. Parker의 두 번째 질문에 대한 대답으로 그녀의 여행 기간에 열리는 가장 큰 문화 축제는 베를린 국제 예술 쇼라고 한 것에서 Ms. Parker가 자신의 여행 기간 동안 열리는 지역 행사에 대해 문의했음을 알 수 있으므로 (C)가 정답이다.

어휘 separate adj. 독립된, 따로 떨어진 extend v. 연장하다, 확장하다 local adj. 지역의, 현지의 transportation n. 교통

난이도 ○●●● 상

What is one feature of Ms. Parker's room?	Ms. Parker의 객실의 한 가지 특징은 무엇인가?
(A) Free Internet access	(A) 무료 인터넷 접속
(B) Air-conditioning	(B) 냉난방 장치
(C) A double bed	(C) 2인용 침대
(D) A view of a park	(D) 공원 전망

해설 유형2 | 육하원칙 연계 문제　　　　　　　　　　　　　　　　　　　　　정답 (D)

질문의 핵심 어구인 one feature of Ms. Parker's room에서 Ms. Parker의 객실의 한 가지 특징은 무엇(What)인지 묻고 있으므로 Ms. Parker에게 보내진 이메일을 먼저 확인한다.

단서 1 두 번째 지문(이메일)의 'Would you and your friend like a room overlooking the Spree, the river that runs through the city center, or would you prefer a view of the Tiergarten, the city's largest park?'에서 Ms. Parker에게 강을 내려다보는 객실과 공원 전망의 객실 중에서 어느 것을 선호하는지 물은 후, 'The former costs €10 more, so the total would be €110 per night instead of €100.'에서 전자, 즉 강을 내려다보는 객실의 경우 10유로의 비용이 더 청구되어 하룻밤에 110유로라고 했다. 그런데 Ms. Parker가 어느 객실을 선택했는지 제시되지 않았으므로 청구서에서 관련 내용을 확인한다.

단서 2 세 번째 지문(청구서)의 'Room charge (4 nights/€100 per night)'에서 Ms. Parker의 객실 요금이 1박당 100유로임을 확인할 수 있다.

두 단서를 종합할 때, Ms. Parker의 객실은 공원 전망을 가지고 있음을 알 수 있다. 따라서 (D)가 정답이다.

난이도 ○○●● 중

What is indicated about Ms. Parker?	Ms. Parker에 대해 암시되는 것은?
(A) She was given a discount.	(A) 할인을 받았다.
(B) She went on a trip by herself.	(B) 혼자서 여행을 갔다.
(C) She has stayed in Berlin multiple times.	(C) 베를린에서 여러 번 머물렀다.
(D) She visited some colleagues.	(D) 몇몇 동료를 방문했다.

해설 유형4 | 추론 연계 문제　　　　　　　　　　　　　　　　　　　　　　정답 (A)

질문의 핵심 어구인 Ms. Parker에 대한 내용이 언급된 청구서를 먼저 확인한다.

단서 1 세 번째 지문(청구서)의 '*Heritage Hospitality Card promotion has been applied.'에서 Ms. Parker의 청구서에 Heritage Hospitality 카드 혜택이 적용되었다고 했다. 그런데 Heritage Hospitality 카드 혜택이 무엇인지 제시되지 않았으므로 광고에서 관련 내용을 확인한다.

단서 2 첫 번째 지문(광고)의 'We are currently offering half-price discounts on certain services to holders of the Heritage Hospitality Card'에서 현재 호텔은 Heritage Hospitality 카드 소지자에게 특정 서비스에 대해 반값 할인을 제공하는 중이라는 것을 확인할 수 있다.

두 단서를 종합할 때, Ms. Parker는 Heritage Hospitality 카드 소지자로서의 혜택으로 할인을 받았다는 사실을 추론할 수 있다. 따라서 (A)가 정답이다.

난이도 ○●●● 상

What does Ms. Parker's signature indicate?	Ms. Parker의 서명이 암시하는 것은?
(A) Amounts on a bill are accurate.	(A) 청구서의 금액이 정확하다.
(B) A reimbursement will be issued.	(B) 환불이 지급될 것이다.
(C) A credit card has been charged.	(C) 신용카드로 비용이 청구되었다.
(D) Personal information may be shared.	(D) 개인 정보를 공유해도 된다.

해설 유형4 | 추론 세부 정보　　　　　　　　　　　　　　　　　　　　　　정답 (A)

질문의 핵심 어구인 Ms. Parker's signature에 대해 추론하는 문제이므로 Ms. Parker가 서명을 한 세 번째 지문인 청구서에서 관련 내용을 확인한다. 청구서의 'Note that any billing errors must be pointed out to front desk staff during the check-out process. Any payment made after signing this form will not be reimbursed.'에서 청구서 오류는 반드시 체크아웃 과정에서 안내 데스크 직원에게 알려져야 하고 양식에 서명한 후에 지불되는 금액은 환불되지 않을 것이라고 했으므로, 청구서에 오류가 없기 때문에 Ms. Parker가 서명했다는 사실을 추론할 수 있다. 따라서 (A)가 정답이다.

지문 1

| Home | Information | **Films** | Schedule |

[191]Join us May 4 to 6 at the Herbert Convention Center for the 9th Annual Everly Film Festival! [192-D]Tickets are $10 per film or $60 for a three-day, all-access pass to any of the 35 films. Purchase tickets online or at the door. The pass can only be bought online.

[193]**This Year's Featured Attractions**

[192-A]*Art Reborn*
After a terrible car accident, a once-famous artist must learn to paint again. His new style attracts a different group of supporters. *Art Reborn* won the Takahashi Movie Award.
[192-B]Running Time: 113 minutes
Language: French (English subtitles)

[193]*Joining the League*
This documentary follows an athlete from Puerto Rico through the ups and downs of joining a major league baseball team. [193]This film received the Silver Trophy at the World Film Gala.
Running Time: 92 minutes
[193]Language: Spanish (English subtitles)

New Tokyo City
A Japanese architect moves to New York in search of inspiration for her work. While there, she meets and falls in love with a young chef.
Running Time: 126 minutes
Language: English (no subtitles)

Dream Village
A rural village in India is turned upside down when a local boy finds a magic rock. It gives him the power to make good dreams become real, so the villagers experience wealth and happiness—until the day the rock falls into evil hands.
Running Time: 105 minutes
Language: Hindi (English subtitles)

For information on other films, click here to download our festival program.

지문 2

Receipt for the 9th Annual Everly Film Festival

Date Purchased: May 2
Name: John Frederick
Confirmation Number: 08744489

Number of Tickets	Price Per Ticket	Total
1	$10	$10

[194]There is no limit on how many people can attend each screening. Get there early to claim a seat.

| 홈 | 정보 | 영화 | 일정 |

[91]5월 4일부터 6일까지 Herbert 컨벤션 센터에서 열리는 제9회 연례 Everly 영화제에 함께하세요! [192-D]티켓은 영화당 10달러 또는 35편의 영화 중 어느 것이나 볼 수 있는 3일 구제 이용권에는 60달러입니다. 온라인으로나 입구에서 티켓을 구매하세요. 이용권은 온라인으로만 구매하실 수 있습니다.

[193]올해의 주요 상영작

[192-A]*Art Reborn*
끔찍한 자동차 사고 이후, 한때 유명했던 예술가가 다시 그림을 그리는 법을 배워야 한다. 그의 새로운 화풍은 여러 집단의 후원자들을 끌어모은다. *Art Reborn*은 Takahashi 영화상을 받았다.
[192-B]상영 시간: 113분
언어: 불어(영어 자막)

[193]*Joining the League*
이 다큐멘터리는 푸에르토리코 출신인 한 운동선수가 메이저리그 야구팀에 입단하면서 겪는 우여곡절을 통해 그에 대해 다룬다. [193]이 영화는 세계 영화 축제에서 은상을 받았다.
상영 시간: 92분
[192]언어: 스페인어(영어 자막)

New Tokyo City
일본 건축가가 그녀의 작품을 위해 영감을 찾아 뉴욕으로 이사한다. 그곳에 머무는 동안, 그녀는 젊은 요리사를 만나 사랑에 빠진다.
상영 시간: 126분
언어: 영어(자막 없음)

Dream Village
마을의 한 소년이 마법의 돌을 찾자 인도의 시골 마을이 뒤집힌다. 그것은 소년에게 좋은 꿈을 현실로 만드는 힘을 주고, 돌이 악당의 손에 들어갈 때까지는 마을 사람들은 부와 행복을 경험하게 된다.
상영 시간: 105분
언어: 힌디어(영어 자막)

다른 영화들에 대한 정보를 원하시면, 여기를 클릭하셔서 영화제 프로그램을 다운로드하세요.

제9회 연례 Everly 영화제 영수증

구매 날짜: 5월 2일
이름: John Frederick
확인 번호: 08744489

티켓 수	티켓당 가격	총액
1	10달러	10달러

[194]각 상영에 대해 참석할 수 있는 관람객의 수에는 제한이 없습니다. 자리를 확보하기 위해 일찍 도착하시기 바랍니다.

지문 3

http://www.filmfestivalreviews.com/everlyfilmfestival

Review:
This was my first time attending the festival, so [193]I decided to see one of the movies in this year's featured attractions. My friend went with me, but he went to see *Art Reborn* instead of the film I saw. He highly recommended it. I really enjoyed the film I watched, too. [193]I thought it was well deserving of the award it won. It was in a foreign language, but I didn't have any trouble watching it because it had English subtitles. [194]Standing was a little hard on my legs, but my enjoyment of the film made up for my discomfort. Everything at the festival seemed well organized and there was so much to do. [195]Next year, I'll buy the three-day pass so I can see more films.

John Frederick
May 7

http://www.filmfestivalreviews.com/everlyfilmfestival
후기:
이번이 처음으로 이 영화제에 참여하는 것이어서, [193]올해의 주요 상영작 중에서 한 편을 보기로 결정했습니다. 제 친구도 저와 함께 갔으나 그는 제가 본 영화 대신 *Art Reborn*을 보러 갔습니다. 그는 그것을 매우 추천했습니다. 저 역시 제가 본 영화를 매우 즐겁게 관람했습니다. [193]저는 그 영화가 탔던 상을 수상할 만 했다고 생각했습니다. 영화는 외국어로 되어있었지만 영어 자막이 있었기 때문에 감상하는 데 어려움은 전혀 없었습니다. [194]서 있어야 해서 다리가 아프긴 했지만, 영화의 즐거움이 저의 불편함을 보상해주었습니다. 영화제의 모든 것이 잘 구성되어 있는 것처럼 보였고 할 만한 것들이 많았습니다. [195]내년에는 더 많은 영화를 감상할 수 있도록 3일 이용권을 구매할 것입니다.

John Frederick 작성
5월 7일

지문 1 | attract v. 끌어모으다, 마음을 끌다 supporter n. 후원자, 지지자 running time phr. 상영 시간 language n. 언어, 말 subtitle n. 자막, 부제 follow v. 다루다, 따라가다 athlete n. 운동선수 ups and downs phr. 우여곡절 architect n. 건축가 in search of phr. ~를 찾아서 inspiration n. 영감, 고무 rural adj. 시골의, 지방의 village n. 마을 wealth n. 부, 재산

지문 2 | limit n. 제한; v. 한정하다 attend v. 참석하다, 주의하다 screening n. 상영 claim v. 확보하다, 차지하다, 청구하다

지문 3 | review n. 후기, 논평 recommend v. 추천하다, 권장하다 foreign language phr. 외국어 enjoyment n. 즐거움, 기쁨 make up for phr. ~을 보상하다, 보충하다 discomfort n. 불편함

191

난이도 ○○●● 중

What is suggested about the festival?

(A) It has been held previously.
(B) Critics selected the films shown at it.
(C) Tickets for it will not be available on May 4.
(D) It will feature talks by filmmakers.

영화제에 대해 암시되는 것은?

(A) 이전에 개최된 적이 있다.
(B) 평론가들이 상영 영화를 선택했다.
(C) 티켓은 5월 4일에 구할 수 없을 것이다.
(D) 영화 제작자들의 강연을 포함할 것이다.

해설 유형4 | 추론 세부 정보　　　　　　　　　　　　　　　　　　　　　　　　　정답 (A)

질문의 핵심 어구인 the festival에 대해 추론하는 문제이므로 영화제와 관련된 내용이 언급된 첫 번째 지문인 웹페이지를 확인한다. 'Join us ~ for the 9th Annual Everly Film Festival!'에서 제9회 연례 Everly 영화제에 함께하라고 했으므로, Everly 영화제는 매년 열리며 이번이 9번째 영화제라는 사실을 추론할 수 있다. 따라서 (A)가 정답이다.

어휘 | critic n. 평론가, 비평가 filmmaker n. 영화 제작자

192

난이도 ○○●● 중

What information is NOT included on the first Web page?

(A) The plots of films
(B) The durations of movies
(C) A refund policy
(D) Ticket prices

첫 번째 웹페이지에 포함되지 않은 정보는?

(A) 영화 줄거리
(B) 영화 상영 시간
(C) 환불 정책
(D) 티켓 가격

해설 유형3 | Not/True Not 문제　　　　　　　　　　　　　　　　　　　　　　　정답 (C)

첫 번째 웹페이지에 포함된 정보를 지문에서 찾아 각 보기와 대조하는 Not/True 문제이므로 첫 번째 웹페이지를 확인한다. 이 문제는 질문에 핵심 어구가 없으므로 각 보기의 핵심 어구와 관련된 내용을 지문에서 찾아 대조한다. (A)는 '*Art Reborn*, After a terrible car accident, a once-famous artist must learn to paint again. His new style attracts a different group of supporters.'에서 영화의 대략적인 줄거리를 설명하고 있으므로 지문에 포함된 내용이다. (B)는 'Running Time: 113 minutes'에서 영화의 상영 시간이 제시되었으므로 지문에 포함된 내용이다. (C)는 지문에 언급되지 않은 내용이다. 따라서 (C)가 정답이다. (D)는 'Tickets are $10 per film or $60 for a three-day'에서 티켓의 가격이 제시되었으므로 지문에 포함된 내용이다.

What film did Mr. Frederick see?	Mr. Frederick은 무슨 영화를 봤는가?
(A) *Art Reborn*	(A) *Art Reborn*
(B) *Joining the League*	(B) *Joining the League*
(C) *New Tokyo City*	(C) *New Tokyo City*
(D) *Dream Village*	(D) *Dream Village*

해설 유형2 | 육하원칙 연계 문제　　　　　　　　　　　　　　　　　　　　　　　　　　　　　　　정답 (B)

질문의 핵심 어구인 film ~ Mr. Frederick see에서 Mr. Frederick이 무슨(What) 영화를 봤는지를 묻고 있으므로 Mr. Frederick이 작성한 후기인 두 번째 웹페이지를 먼저 확인한다.

단서 1 두 번째 웹페이지의 'I decided to see one of the movies in this year's featured attractions. My friend ~ went to see *Art Reborn* instead of the film I saw.'에서 Mr. Frederick은 올해의 주요 상영작 중에서 한 편을 보기로 결정했는데 그의 친구는 그가 본 영화 대신 *Art Reborn*을 봤다고 했고, 'I thought it was well deserving of the award it won. It was in a foreign language, but I didn't have any trouble watching it because it had English subtitles.'에서 Mr. Frederick이 본 영화는 그 영화가 탔던 상을 수상할 만 했으며, 외국어로 되어있었지만 영어 자막이 있었다고 했다. 그런데 올해의 주요 상영작들에 대한 세부 정보가 제시되지 않았으므로 첫 번째 웹페이지에서 관련 내용을 확인한다.

단서 2 첫 번째 웹페이지의 'This Year's Featured Attractions', '*Joining the League*', 'This film received the Silver Trophy at the World Film Gala.', 'Language: Spanish (English subtitles)'에서 올해의 주요 상영작 중 하나인 *Joining the League*라는 영화가 세계 영화 축제에서 은상을 수상했고, 스페인어로 되어있으나 영어 자막이 있음을 확인할 수 있다.

두 단서를 종합할 때, Mr. Frederick이 본 영화는 *Joining the League*임을 알 수 있다. 따라서 (B)가 정답이다.

What is indicated about Mr. Frederick?	Mr. Frederick에 대해 암시되는 것은?
(A) He did not arrive early for a movie.	(A) 영화를 보러 일찍 도착하지 않았다.
(B) He qualified for a discount.	(B) 할인을 받을 자격이 있었다.
(C) He was not able to read some subtitles.	(C) 일부 자막을 읽을 수 없었다.
(D) He bought two tickets for a film.	(D) 2장의 영화표를 구매했다.

해설 유형4 | 추론 연계 문제　　　　　　　　　　　　　　　　　　　　　　　　　　　　　　　정답 (A)

질문의 핵심 어구인 Mr. Frederick이 작성한 후기인 두 번째 웹페이지를 먼저 확인한다.

단서 1 세 번째 지문(웹페이지)의 'Standing was a little hard on my legs'에서 Mr. Frederick이 영화를 볼 때 서 있어야 해서 다리가 아팠다고 했다. 그런데 Mr. Frederick이 왜 서 있어야 했는지 제시되지 않았으므로 영수증에서 관련 내용을 확인한다.

단서 2 두 번째 지문(영수증)의 'There is no limit on how many people can attend each screening. Get there early to claim a seat.'에서 각 상영에 대해 참석할 수 있는 관람객의 수에는 제한이 없으므로 자리를 확보하기 위해서는 일찍 도착하라고 한 것을 확인할 수 있다.

두 단서를 종합할 때, Mr. Frederick은 상영관에 일찍 도착하지 않았기 때문에 자리를 확보하지 못하여 서 있어야 했다는 사실을 추론할 수 있다. 따라서 (A)가 정답이다.

According to the second Web page, what does Mr. Frederick plan to do next year?	두 번째 웹페이지에 따르면, Mr. Frederick은 내년에 무엇을 할 계획인가?
(A) Learn a second language	(A) 제 2언어를 배운다
(B) Watch a film with subtitles	(B) 자막과 함께 영화를 본다
(C) Purchase tickets in advance	(C) 티켓을 미리 구매한다
(D) Get a multi-day pass	(D) 다일권을 구매한다

해설 유형2 | 육하원칙 What　　　　　　　　　　　　　　　　　　　　　　　　　　　　　　　정답 (D)

두 번째 웹페이지에 따르면 Mr. Frederick이 내년에 무엇(what)을 할 계획인지를 묻는 육하원칙 문제이므로 두 번째 웹페이지에서 관련 내용을 확인한다. 두 번째 웹페이지의 'Next year, I'll buy the three-day pass so I can see more films.'에서 Mr. Frederick이 내년에는 더 많은 영화를 감상할 수 있도록 3일 이용권을 구매할 것이라고 했으므로 (D)가 정답이다.

지문 1

Vivid Appliances Corporate Office
Customer Comment Report for Sales Staff

In response to customer demand, [196]we will begin offering a wider selection of dishwasher models at all four of our stores. The following reviews from the shopping site www.buymorehere.com have been collected for sales staff to consult.

– With the Whitemore 7x, I never have to scrub dishes. The price was only $250, and it came with a one-year service warranty.
By Gerald White

– [198]The Spintub 900 works well, but it sometimes leaks. I chose it because it was on sale, but I wish I'd bought the SteelWash 3A.
[198]**By Holly Stevens**

– [200]I like the Arena Blue 89-z's setting for heating dishes to sterilize them after they're washed. It cost $500 (plus $20 for installation) but was worth every penny!
By Bill Walker

– The McNabb 333 dishwasher is a basic model, but it's good enough. It has three racks instead of two. It was installed for no additional cost by Home Comfort, the store where I bought it.
By Sally Coyle

지문 2

Consumer Magazine Weekly

Spintub Initiates Dishwasher Recall
By Logan Baker

December 12—[198]Spintub, a manufacturer of household appliances, has announced a recall of its 900-model dishwasher due to leaking. Several consumers had filed complaints with the company, including one whose dishwasher released so much water that her kitchen floor was damaged. After the problem was reported, Spintub inspected the machines still in its factory and found that the flaw could not be corrected by replacing a single part.

[198]Spintub is allowing customers who bought the defective model to replace it with a more expensive one, the Spintub 1000, at no extra cost. They are advised to contact the store where they bought their Spintub 900 to arrange for it to be picked up and replaced.

지문 3

To: Marcella Jarvis <mjarvis@smytheinteriors.com>
From: Peter Bell <pbell@smytheinteriors.com>
Date: January 19
Subject: Appliances needed

Hello Marcella,

The renovation work on flat #102 in the Westerbury Building is almost done, and I need your help furnishing it with appliances.

Vivid Appliances 본사
판매 직원들을 위한 고객 의견 보고서

고객 요구에 응답하여, [196]우리는 4개의 지점 전체에서 더 많은 종류의 식기세척기 모델을 제공하기 시작할 것입니다. 다음 후기들은 판매 직원들이 참고하도록 www.buymorehere.com이라는 쇼핑 사이트에서 수집한 것입니다.

– Whitemore 7x가 있어서, 접시를 문지르지 않아도 됩니다. 가격은 겨우 250달러이고 1년의 보증 서비스가 딸려 있습니다.
Gerald White 작성

– [198]Spintub 900은 잘 작동하지만 가끔씩 물이 샐 때가 있습니다. 할인 중이었기 때문에 이것을 선택했는데, SteelWash 3A를 샀으면 합니다.
[198]Holly Stevens 작성

– [200]접시가 세척된 후 소독하기 위해 열을 가하는 Arena Blue 89-z의 설정이 마음에 듭니다. 500달러(설치에 추가로 20달러)이지만 그만한 가치가 있었습니다!
Bill Walker 작성

– McNabb 333 식기세척기는 기본적인 모델이지만 충분히 훌륭합니다. 2개 대신 3개의 선반이 있습니다. 이것을 샀던 매장인 Home Comfort사에서 추가 비용 없이 설치해 주었습니다.
Sally Coyle 작성

소비자 주간 잡지

Spintub사가 식기세척기 회수를 시작하다
Logan Baker 작성

12월 12일—[198]가전제품 제조 회사인 Spintub사는 누수로 인해 식기세척기 모델 900의 회수를 발표했다. 여러 소비자들이 회사에 항의를 제기했는데, 그들 중 한 명의 식기세척기에서는 너무 많은 물이 새어 나와 주방 바닥을 손상시켰다. 문제가 보고된 후, Spintub사는 공장에 아직 남아있는 기계들을 점검했고 하나의 부품을 교체하는 것으로는 결함이 고쳐질 수 없다는 것을 발견했다.

[198]Spintub사는 결함이 있는 모델을 구매한 소비자들에게 그것을 더 고가의 모델인 Spintub 1000으로 추가 비용 없이 교체할 수 있도록 하고 있다. 그들은 Spintub 900의 회수 및 교체를 위해 그것을 샀던 매장에 연락하는 것이 권고된다.

수신: Marcella Jarvis <mjarvis@smytheinteriors.com>
발신: Peter Bell <pbell@smytheinteriors.com>
날짜: 1월 19일
제목: 필요한 가전제품

안녕하세요 Marcella,

Westerbury 건물의 아파트 102호의 개조 작업이 거의 완료되었고, 가전제품을 비치하는 데 당신의 도움이 필요합니다.

^{199-C}Please go to the Appliance Warehouse in Epping to check the price of the Beniluxe B7 washing machine and see if it's cheaper than it is at Home Comfort in Craigieburn. **Buy it wherever** it's less expensive. ^{199-B}For the oven, choose any model with an electric grill that's under $700. ^{199-A}Have both items delivered to the flat between January 23 and 25.

²⁰⁰Don't worry about purchasing a dishwasher. I stopped by Vivid Appliances this afternoon and ordered a model with a special disinfection feature. The one I selected was just over $500 including the installation fee.

Sincerely,

Peter

^{199-C}에핑에 있는 Appliance Warehouse사에 가서 Beniluxe B7 세탁기의 가격을 확인하고 그것이 크레이그번에 있는 Home Comfort사에서의 가격보다 더 저렴한지 확인해 주세요. 어디에서든 더 저렴한 데에서 구매하세요. ^{199-B}오븐은 어떤 모델이든 전기 그릴이 있는 700달러 이하의 것으로 선택해 주세요. ^{199-A}두 물품 모두 1월 23일과 25일 사이에 아파트로 배송되도록 해주세요.

²⁰⁰식기세척기 구매에 대해서는 걱정하지 않아도 돼요. 제가 오늘 오후에 Vivid Appliances사에 잠시 들러서 특수 소독 기능이 있는 모델을 주문했어요. 제가 선택한 것은 설치 비용을 포함하여 500달러가 약간 넘어요.

Peter 드림

지문 1 **demand** n. 요구, 수요; v. 요구하다 **dishwasher** n. 식기세척기 **collect** v. 수집하다, 모으다 **consult** v. 참고하다, 상담하다 **scrub** v. 문지르다 **leak** v. 새다, 유출하다 **sterilize** v. 소독하다, 살균하다 **worth every penny** phr. 그만한 가치가 있는 **rack** n. 선반

지문 2 **initiate** v. 시작하다, 착수하다 **manufacturer** n. 제조사, 제작자 **complaint** n. 항의, 불만 **inspect** v. 점검하다, 검사하다 **flaw** n. 결함, 흠 **correct** v. 고치다, 정정하다 **replace** v. 교체하다 **defective** adj. 결함이 있는, 불완전한

지문 3 **renovation** n. 개조 **flat** n. 아파트식 주거지; adj. 평평한 **furnish** v. (가구를) 비치하다 **washing machine** phr. 세탁기 **stop by** phr. 잠시 들르다 **disinfection** n. 소독, 살균 **installation** n. 설치, 실행

196

난이도 ○○ ●● 중

What is indicated about Vivid Appliances?

(A) It asks employees to write product reviews.
(B) It operates several store branches.
(C) It installs some items for free.
(D) It intends to open a new store.

Vivid Appliances사에 대해 암시되는 것은?

(A) 직원들에게 제품 평가를 작성하도록 요구한다.
(B) 여러 개의 지점을 운영한다.
(C) 몇몇 제품들을 무료로 설치해준다.
(D) 새로운 지점을 열 계획이다.

해설 유형4 | 추론 세부 정보

정답 (B)

질문의 핵심 어구인 Vivid Appliances에 대해 추론하는 문제이므로 첫 번째 지문인 Vivid Appliances사의 보고서에서 관련 내용을 확인한다. 보고서의 'we will begin offering a wider selection of dishwasher models at all four of our stores'에서 Vivid Appliances사의 4개의 지점 전체에서 더 많은 종류의 식기세척기 모델을 제공하기 시작할 것이라고 했으므로 Vivid Appliances사가 여러 개의 지점을 운영한다는 사실을 추론할 수 있다. 따라서 (B)가 정답이다.

197

난이도 ○ ●●● 상

In the article, the word "filed" in paragraph 1, line 4, is closest in meaning to

(A) arranged
(B) classified
(C) recorded
(D) submitted

기사에서, 1문단 네 번째 줄의 단어 "filed"는 의미상 -와 가장 가깝다.

(A) 조정하다
(B) 분류하다
(C) 기록하다
(D) 제출하다

해설 유형7 | 동의어

정답 (D)

두 번째 지문인 기사의 filed를 포함하는 구절 'Several consumers had filed complaints with the company'에서 filed가 '제기하다, 제출하다'라는 뜻으로 사용되었다. 따라서 '제출하다'라는 뜻을 가진 (D)가 정답이다.

198

What will Ms. Stevens most likely receive?	Ms. Stevens은 무엇을 받을 것 같은가?
(A) A replacement part	(A) 대체 부품
(B) A different dishwasher	(B) 다른 식기세척기
(C) A complimentary repair	(C) 무상 수리
(D) A discount on future purchases	(D) 향후 구매에 대한 할인

해설 유형4 | **추론** 연계 문제　　　　　　　　　　　　　　　　　　　　　　　　　　　정답 (B)

질문의 핵심 어구인 Ms. Stevens ~ receive에 대해 추론하는 문제이므로 Ms. Stevens가 언급된 보고서를 먼저 확인한다.
단서1 첫 번째 지문(보고서)의 'The Spintub 900 works well, but it sometimes leaks.'와 'By Holly Stevens'에서 Ms. Stevens가
Spintub 900은 잘 작동하지만 가끔씩 물이 샐 때가 있다고 했다. 그런데 Spintub 900을 구매한 Ms. Stevens가 무엇을 받을 것인지가
제시되지 않았으므로 기사에서 관련 내용을 확인한다.
단서2 두 번째 지문(기사)의 'Spintub, a manufacturer of household appliances, has announced a recall of its 900-model
dishwasher due to leaking'과 'Spintub is allowing customers who bought the defective model to replace it with a more
expensive one, the Spintub 1000, at no extra cost.'에서 Spintub사는 누수로 인해 식기세척기 모델 900의 회수를 발표했고, 결함
이 있는 모델을 구매한 소비자들에게 그것을 더 고가의 모델인 Spintub 1000으로 추가 비용 없이 교체할 수 있도록 하고 있다고 했음
을 확인할 수 있다.
두 단서를 종합할 때, Ms. Stevens는 결함이 있는 Spintub 900 식기세척기를 구매했으므로 Spintub사가 제공하는 다른 식기세척기
모델을 받을 것이라는 사실을 추론할 수 있다. 따라서 (B)가 정답이다.

199

According to the e-mail, what task has Ms. Jarvis NOT been asked to undertake?	이메일에 따르면, Ms. Jarvis가 하도록 요청되지 않은 일은?
(A) Arranging some deliveries	(A) 배송을 처리하는 것
(B) Selecting a cooking appliance	(B) 조리 기기를 선택하는 것
(C) Comparing the price of a model	(C) 모델의 가격을 비교하는 것
(D) Buying some furniture	(D) 가구를 구매하는 것

해설 유형3 | **Not/True** Not 문제　　　　　　　　　　　　　　　　　　　　　　　　정답 (D)

질문의 핵심 어구인 Ms. Jarvis ~ been asked to undertake와 관련된 내용을 지문에서 찾아 각 보기와 대조하는 Not/True 문제이므
로 Ms. Jarvis에게 보내진 세 번째 지문인 이메일에서 관련 내용을 확인한다. (A)는 'Have both items delivered to the flat between
January 23 and 25.'에서 두 물품 모두 1월 23일과 25일 사이에 아파트로 배송되도록 해달라고 했으므로 지문의 내용과 일치한다.
(B)는 'For the oven, choose any model with an electric grill that's under $700.'에서 오븐은 어떤 모델이든 전기 그릴이 있는 700달
러 이하의 것으로 선택하라고 했으므로 지문의 내용과 일치한다. (C)는 'Please go to the Appliance Warehouse in Epping to
check the price of the Beniluxe B7 washing machine and see if it's cheaper than it is at Home Comfort in Craigieburn.'에서
에핑에 있는 Appliance Warehouse사에 가서 Beniluxe B7 세탁기의 가격을 확인하고 그것이 크레이그번에 있는 Home Comfort사
에서보다 더 저렴한지 확인해달라고 했으므로 지문의 내용과 일치한다. (D)는 지문에 언급되지 않은 내용이다. 따라서 (D)가 정답이다.

바꾸어 표현하기

see if it's cheaper than it is at ~에서보다 더 저렴한지 확인하다 → **Comparing the price** 가격을 비교하는 것

Which dishwasher model has Mr. Bell most likely purchased?	Mr. Bell은 어떤 식기세척기 모델을 구매한 것 같은가?
(A) The Whitemore 7x	(A) Whitemore 7x
(B) The Spintub 900	(B) Spintub 900
(C) The Arena Blue 89-z	(C) Arena Blue 89-z
(D) The McNabb 333	(D) McNabb 333

해설 유형4 | <u>추론</u> 연계 문제   정답 (C)

질문의 핵심 어구인 dishwasher model ~ Mr. Bell ~ purchased에 대해 추론하는 문제이므로 Mr. Bell이 보낸 이메일을 먼저 확인한다.

단서1 세 번째 지문(이메일)의 'Don't worry about purchasing a dishwasher. I stopped by Vivid Appliances this afternoon and ordered a model with a special disinfection feature. The one I selected was just over $500 including the installation fee.'에서 Mr. Bell이 식기세척기 구매에 대해서는 걱정하지 않아도 된다며 그가 Vivid Appliances사에 들러서 특수 소독 기능이 있는 모델을 주문했고, 선택한 모델은 설치 비용을 포함하여 500달러가 약간 넘는다고 했다. 그런데 식기세척기 모델들에 관한 세부 사항이 제시되지 않았으므로 보고서에서 관련 내용을 확인한다.

단서2 첫 번째 지문(보고서)의 'I like the Arena Blue 89-z's setting for heating dishes to sterilize them after they're washed. It cost $500 (plus $20 for installation)'에서 Arena Blue 89-z 모델에 접시가 세척된 후 소독하기 위해 열을 가하는 설정이 있고 이 모델은 500달러이며 설치에 추가로 20달러가 든다고 했음을 확인할 수 있다.

두 단서를 종합할 때, Mr. Bell은 열을 가해서 소독할 수 있는 기능이 있고 총 500달러가 약간 넘는 Arena Blue 89-z 식기세척기를 구매했다는 사실을 추론할 수 있다. 따라서 (C)가 정답이다.

바꾸어 표현하기

setting for heating dishes to sterilize them 소독하기 위해 접시에 열을 가하는 설정 → special disinfection feature 특수 소독 기능

TEST 1
TEST 2
TEST 3
TEST 4
TEST 5
TEST 6
TEST 7

TEST

07

해석 · 해설

The 23rd Seattle Art and Décor Fair (SADF)
June 16-18, Puget Sound Convention Center

The Seattle Art Council is pleased to announce that it will be hosting its 23rd annual art and décor fair. Reservations for vendor booths are now being accepted. [147-B]All our booths include complimentary Wi-Fi.

[147-D/148]**Regular booth** (6 by 8 meters)	Comes with one table, four chairs, and [148]two posters featuring the vendor name	$200 [147-C]per day ($500 [147-C]for three days)
[147-D/148]**Midsize booth** (8 by 10 meters)	Comes with two tables, six chairs, and [148]four posters featuring the vendor name	$240 per day ($600 for three days)
[147-D/148]**Large booth** (10 by 12 meters)	[148]Comes with everything a midsize booth has as well as a telephone connection	$280 per day ($700 for three days)

To book a booth, visit www.seartcouncil.org/SADF. [147-A]Payments must be made in advance by direct bank transfer, credit card, or corporate check. The deadline for payment is May 31. Setup will commence on June 15 at 8 A.M. Booths will be assigned in the order in which full payment is received.

This event is open to vendors of fine art, sellers of contemporary décor, and antiques dealers. The Seattle Art Council reserves the right to refuse rentals to any retailer that does not qualify as a vendor of any of the aforementioned merchandise.

제23회 시애틀 예술 및 실내장식 박람회(SADF)
6월 16일-18일, 퓨젯 사운드 컨벤션 센터

시애틀 예술 위원회는 제23회 연례 예술 및 실내장식 박람회를 개최할 것이라는 것을 알리게 되어 기쁩니다. 지금 판매자 부스 예약을 받고 있습니다. [147-B]저희의 모든 부스는 무료 와이파이를 포함합니다.

[147-D/148]일반 부스 (가로 6미터에 세로 8미터)	테이블 1개, 의자 4개, [148]판매 회사 이름을 포함한 포스터 2개가 딸려 있습니다	[147-C]1일당 200달러 ([147-C]3일에 500달러)
[147-D/148]중형 부스 (가로 8미터에 세로 10미터)	테이블 2개, 의자 6개, [148]판매 회사 이름을 포함한 포스터 4개가 딸려 있습니다	1일당 240달러 (3일에 600달러)
[147-D/148]대형 부스 (가로 10미터에 세로 12미터)	[148]중형 부스에 있는 모든 것이 딸려 있고 전화선 연결이 추가됩니다	1일당 280달러 (3일에 700달러)

부스를 예약하기 위해서는, www.seartcouncil.org/SADF를 방문해 주십시오. [147-A]지불은 실시간 계좌이체, 신용카드 또는 법인 수표로 미리 이루어져야 합니다. 지불 기한은 5월 31일입니다. 설치는 6월 15일 오전 8시에 시작할 것입니다. 부스는 전액 지불을 받는 순서대로 배정될 것입니다.

이 행사는 미술품 판매자, 현대 실내장식 판매자와 골동품 판매상에게 열려있습니다. 시애틀 예술 위원회는 앞서 언급한 상품들의 판매자로서의 자격을 갖추지 않은 어떤 소매상에게든 대여를 거절할 권리를 갖습니다.

어휘 **décor** n. 실내장식, 무대 장치 **fair** n. 박람회 **vendor** n. 판매자, 판매 회사 **complimentary** adj. 무료의, 칭찬하는 **come with** phr. ~이 딸려있다 **in advance** phr. 미리 **direct bank transfer** phr. 실시간 계좌이체 **corporate check** phr. 법인 수표 **commence** v. 시작하다, 개시하다 **assign** v. 배정하다, 배치하다 **in the order** phr. 순서대로 **fine art** phr. 미술품 **contemporary** adj. 현대의, 동시대의 **antique** n. 골동품 **dealer** n. 판매상, 판매점 **reserve** v. 갖다, 보유하다 **right** n. 권리; adj. 옳은 **refuse** v. 거절하다 **rental** n. 대여, 임대 **qualify** v. 자격을 갖추다, 자격을 얻다 **aforementioned** adj. 앞서 언급한 **merchandise** n. 상품, 물건

147

난이도 ○○●● 중

What is NOT stated about the booths?

(A) They must be paid for in advance.
(B) They come with free Internet access.
(C) They can be booked for a single day.
(D) They are available in only one size.

부스에 대해 언급되지 않은 것은?

(A) 미리 요금이 지불되어야 한다.
(B) 무료 인터넷 연결이 딸려 있다.
(C) 하루 동안 예약할 수 있다.
(D) 한 가지 크기로만 이용 가능하다.

해설 유형3 | Not/True Not 문제   정답 (D)

질문의 핵심 어구인 the booths와 관련된 내용을 지문에서 찾아 각 보기와 대조하는 Not/True문제이다. (A)는 'Payments must be made in advance'에서 부스 예약 요금의 지불은 미리 이루어져야 한다고 했으므로 지문의 내용과 일치한다. (B)는 'All our booths include complimentary Wi-Fi.'에서 모든 부스는 무료 와이파이를 포함한다고 했으므로 지문의 내용과 일치한다. (C)는 'per day'와 'for three days'에서 1일당 이용 요금과 3일간의 이용 요금이 각각 제시된 것에서 부스를 하루 동안 예약할 수 있음을 알 수 있으므로 지문의 내용과 일치한다. (D)는 'Regular booth (6 by 8 meters), Midsize booth (8 by 10 meters), Large booth (10 by 12 meters)'에서 일반, 중형, 대형 부스가 있다고 했으므로 지문의 내용과 일치하지 않는다. 따라서 (D)가 정답이다.

바꾸어 표현하기
complimentary Wi-Fi 무료 와이파이 → free Internet access 무료 인터넷 연결

What will be provided to all participating vendors?

(A) Brochures to hand out to customers
(B) Labels to identify pieces of artwork
(C) Posters to promote their businesses
(D) Devices to process credit card payments

참가하는 모든 판매자들에게 무엇이 제공될 것인가?

(A) 고객들에게 나눠줄 브로셔
(B) 예술품을 식별할 수 있는 라벨
(C) 사업체를 홍보하는 포스터
(D) 신용카드 지불을 처리할 수 있는 기기

해설 유형2 | **육하원칙** What

정답 (C)

참가하는 모든 판매자들에게 무엇(What)이 제공될 것인지를 묻는 육하원칙 문제이다. 질문의 핵심 어구인 provided to all participating vendors와 관련하여, 'Regular booth', 'two posters featuring the vendor name'과 'Midsize booth', 'four posters featuring the vendor name'에서 일반 부스와 중형 부스에 각각 2개, 4개의 판매 회사의 이름이 포함된 포스터가 딸려 있다고 했고, 'Large booth', 'Comes with everything a midsize booth has'에서 대형 부스에는 중형 부스에 있는 모든 것이 딸려 있다고 한 것에서 대형 부스에도 판매 회사의 이름이 포함된 포스터가 있음을 알 수 있으므로 (C)가 정답이다.

바꾸어 표현하기

posters featuring the vendor name 판매 회사의 이름이 포함된 포스터 → Posters to promote their businesses 사업체를 홍보하는 포스터

어휘 hand out phr. 나눠주다 identify v. 식별하다, 알아보다 process v. 처리하다, 가공하다

149-150 기사

[149]**Ribbon-Cutting Ceremony for New Medical Center**

January 19—At the corner of Newport Road and Second Avenue on Tuesday morning, [149]Mayor Tom Holmgren and other esteemed guests convened to celebrate the official launch of the Eastland Medical Center.

The brand-new, 1,200-square-meter building was financed in large part by public funds and completed last month after two years of construction. Following remarks from Mayor Holmgren, [150]center director Dr. Keith Wong led everyone on a comprehensive tour of the building.

The center is now fully operational and appointments are being booked around the clock. For information on the services offered and the hours of operation, or to make an appointment, visit www.eastlandmedcenter.org.

[149]새 의료센터를 위한 개관식

1월 19일—화요일 오전 Newport로와 2번가의 길모퉁이에, [149]시장 Tom Holmgren과 다른 존경받는 내빈들이 Eastland 의료센터의 공식 개관을 축하하기 위해 도열다.

완전히 새로운 1,200제곱미터의 이 건물은 대부분 공공 기금에 의해 자금이 조달되었으며 2년간의 공사 끝에 지난달 완공되었다. 시장 Holmgren의 연설에 이어, [150]센터 원장인 Dr. Keith Wong이 모두가 건물의 전체적인 견학을 하도록 이끌었다.

센터는 현재 완전히 운영 준비를 갖췄으며 진료 예약이 밤낮으로 잡히고 있다. 제공되는 서비스와 운영 시간에 관한 더 많은 정보를 원하거나 진료 예약을 하기 위해서는, www.eastlandmedcenter.org를 방문하면 된다.

어휘 ribbon-cutting ceremony phr. 개관식 mayor n. 시장 esteemed adj. 존경받는, 호평받는 convene v. 모이다, 소집하다 official adj. 공식적인, 공적인 brand-new adj. 아주 새로운 finance v. 자금을 조달하다: n. 재정 remark n. (짧은) 연설, 발언 comprehensive adj. 종합적인, 포괄적인 operational adj. 운영 준비를 갖춘, 운영상의 around the clock phr. 밤낮으로, 24시간 내내

What is the topic of the article?

(A) The launch of a medical program
(B) The founding of an association
(C) The opening of a building
(D) The construction of a community center

기사의 주제는 무엇인가?

(A) 의료 프로그램의 시작
(B) 협회의 설립
(C) 건물의 개관
(D) 시민 문화회관의 건설

해설 유형1 | **주제/목적 찾기** 글의 주제

정답 (C)

기사의 주제를 묻는 주제 찾기 문제이므로 지문의 헤드라인과 첫 세 문장을 주의 깊게 확인한다. 'Ribbon-Cutting Ceremony for New Medical Center'와 'Mayor Tom Holmgren and other esteemed guests convened to celebrate the official launch of the Eastland Medical Center'에서 새 의료센터를 위한 개관식이 있을 것이라고 했고 시장과 다른 내빈들이 Eastland 의료센터의 공식 개관을 축하하기 위해 모였다고 한 후, 의료센터 건물의 준공에 대해 설명하고 있으므로 (C)가 정답이다.

150

What did Dr. Wong do?	Dr. Wong은 무엇을 했는가?
(A) Gave opening remarks at a ceremony	(A) 기념식에서 개회사를 했다
(B) Designed the blueprints for a complex	(B) 건물의 청사진을 설계했다
(C) Offered medical services to local people	(C) 지역 사람들에게 의료 서비스를 제공했다
(D) Showed visitors around a facility	(D) 방문객들에게 시설을 보여줬다

해설 유형2 | 육하원칙 What   정답 (D)

Dr. Wong이 무엇(What)을 했는지를 묻는 육하원칙 문제이다. 질문의 핵심 어구인 Dr. Wong do와 관련하여, 'center director Dr. Keith Wong led everyone on a comprehensive tour of the building'에서 센터 원장인 Dr. Wong이 모두가 건물의 전체적인 견학을 하도록 이끌었다고 했으므로 (D)가 정답이다.

바꾸어 표현하기

led everyone on a comprehensive tour of the building 모두가 건물의 전체적인 견학을 하도록 이끌었다
→ Showed visitors around a facility 방문객들에게 시설을 보여줬다

어휘 opening remark phr. 개회사 blueprint n. 청사진, 계획

151-152 공고

WESTON TRANSPORTATION AUTHORITY

Please note that [151-A]the Orange Line stations between Sackville and Marsh will be closed for repairs from May 28 until June 15. [151-B]During this period, those who wish to travel to a location in between those stations can take advantage of our free shuttle buses, which will operate from 9 A.M. until 11 P.M. outside each of the inoperative stations.

Also note that [151-D]King George Street will be blocked off to vehicles on June 10 to accommodate the annual Weston Folk Music Festival. Anyone who would like to attend will be able to access King George Street on foot.

For a complete list of upcoming repair work and other announcements, visit our Web site at www.westontransportation. gov.uk. And [152]to receive regular text message updates on transit delays, text the word WESTONTRANSIT to 03069-881997.

WESTON 교통국

[151-A]Sackville과 Marsh 사이에 있는 Orange 노선의 역들이 5월 28일부터 6월 15일까지 보수로 인해 폐쇄될 것임을 유념해 주시기 바랍니다. [151-B]이 기간 동안 그 역들 사이에 있는 곳으로 이동하고 싶으신 분들은 저희의 무료 셔틀버스를 이용하실 수 있는데, 이 버스는 이용이 중단된 각각의 역 밖에서 오전 9시부터 오후 11시까지 운영할 것입니다.

또한 [151-D]King George가는 6월 10일에 연례 Weston 포크 음악 축제에 공간을 제공하기 위해 차량이 차단될 것이라는 점도 유념해 주시기 바랍니다. 참가하고 싶으신 분들은 도보로 King George가에 접근하실 수 있습니다.

다가오는 보수 작업의 전체 목록과 다른 공고를 위해서는 저희 웹사이트인 www.westontransportation.gov.uk 를 방문해 주십시오. 그리고 [152]교통 지연에 대한 주기적인 정보 문자 메시지를 수신하시려면, 03069-881997번으로 WESTONTRANSIT이라는 단어를 전송해 주십시오.

어휘 take advantage of phr. ~을 이용하다, ~을 최대한 활용하다 operate v. 운영하다, 영업하다 inoperative adj. 이용이 중단된, 작동하지 않는 block off phr. 차단하다, 막다 accommodate v. 공간을 제공하다, 수용하다 access v. 접근하다, 이용하다; n. 이용, 접근 on foot phr. 도보로 transit n. 교통, 수송 delay n. 지연, 지체

151

What will NOT happen in June?	6월에 무슨 일이 일어나지 않을 것인가?
(A) Some stations will be repaired.	(A) 몇몇 역들이 수리될 것이다.
(B) Free bus rides will be offered.	(B) 무료 버스 탑승이 제공될 것이다.
(C) A new bus terminal will be built.	(C) 새로운 버스 터미널이 지어질 것이다.
(D) A road will be inaccessible to vehicles.	(D) 길에 차량이 접근할 수 없을 것이다.

해설 유형3 | Not/True Not 문제   정답 (C)

질문의 핵심 어구인 happen in June과 관련된 내용을 지문에서 찾아 각 보기와 대조하는 Not/True 문제이다. (A)는 'the Orange Line stations between Sackville and Marsh will be closed for repairs from May 28 until June 15'에서 Sackville과 Marsh 사이

에 있는 Orange 노선의 역들이 5월 28일부터 6월 15일까지 보수로 인해 폐쇄될 것이라고 했으므로 지문의 내용과 일치한다. (B)는 'During this period, those who wish to travel to a location in between those stations can take advantage of our free shuttle buses'에서 이 기간, 즉 역들의 보수 기간 동안 폐쇄된 역들 사이에 있는 곳으로 이동하고 싶은 사람들은 무료 셔틀버스를 이용할 수 있다고 했으므로 지문의 내용과 일치한다. (C)는 지문에 언급되지 않은 내용이다. 따라서 (C)가 정답이다. (D)는 'King George Street will be blocked off to vehicles on June 10'에서 King George가 6월 10일에 차량이 차단될 것이라고 했으므로 지문의 내용과 일치한다.

바꾸어 표현하기
take advantage of our free shuttle buses 무료 셔틀버스를 이용하다 → Free bus rides will be offered 무료 버스 탑승이 제공되다
be blocked off to vehicles 차량이 차단되다 → be inaccessible to vehicles 차량이 접근할 수 없다

152

난이도 ○○●● 중

How can people register to receive transit notifications?	사람들은 어떻게 교통 알림을 받도록 등록할 수 있는가?
(A) By visiting a Web site	(A) 웹사이트에 방문함으로써
(B) By calling a number	(B) 번호로 전화를 함으로써
(C) By sending a message	(C) 메시지를 전송함으로써
(D) By writing an e-mail	(D) 이메일을 작성함으로써

해설 유형2 | 육하원칙 How   정답 (C)
사람들이 어떻게(How) 교통 알림을 받도록 등록할 수 있는지를 묻는 육하원칙 문제이다. 질문의 핵심 어구인 people register to receive transit notifications와 관련하여, 'to receive regular text message updates on transit delays, text the word WESTONTRANSIT to 03069-881997'에서 교통 지연에 대한 주기적인 정보 문자 메시지를 수신하려면 03069-881997번으로 WESTONTRANSIT이라는 단어를 전송하라고 했으므로 (C)가 정답이다.

바꾸어 표현하기
transit notifications 교통 알림 → text message updates on transit delays 교통 지연에 대한 정보 문자 메시지

153-154   메시지 대화문

Darby Smithfield	[12:20 P.M.]	Darby Smithfield	[오후 12시 20분]

¹⁵³A customer just asked about the Rolland T-Series in-line skates. I told him they'll be available as of this Saturday and that I'd get back to him about the price. He also wants to apply for a membership card.

¹⁵³한 손님이 방금 Rolland T 시리즈 인라인스케이트에 대해 물어봤어요. 그에게 이번 주 토요일부터 구매 가능할 거라고 말하고 가격에 대해 다시 알려주겠다고 했어요. 그는 또한 회원 카드를 신청하고 싶어 해요.

Anne McCullough [12:23 P.M.]
Let him know that the suggested retail price is $189.99 but that we'll be offering the skates for just $154.99 as part of our Spring Sale. ¹⁵⁴If you aren't sure how to sign him up, don't worry. I'll come do it in 10 minutes when I get there. Just tell him to browse the store while he's waiting.

Anne McCullough [오후 12시 23분]
그에게 권장 소비자 가격은 189.99달러이지만 봄 할인의 일환으로 우리는 154.99달러에 스케이트를 판매할 것이라고 알려주세요. ¹⁵⁴만약 당신이 그를 등록시키는 방법을 모른다면 걱정하지 말아요. 10분 후에 그곳에 도착하면 내가 하도록 할게요. 그에게 기다리는 동안 가게를 둘러보라고만 말해주세요.

Darby Smithfield [12:26 P.M.]
Leave it to me. ¹⁵⁴I've done it before.

Darby Smithfield [오후 12시 26분]
나에게 맡겨요. ¹⁵⁴전에 해본 적이 있어요.

Anne McCullough [12:27 P.M.]
Great. ¹⁵³And would you mind taking down the ski display if you have a minute? We'll have to set up the promotional stand for the Rolland T-Series later today. See you soon.

Anne McCullough [오후 12시 27분]
좋아요. ¹⁵³그리고 시간이 있으면 스키 진열대를 치워 주시겠어요? 오늘 이따가 Rolland T 시리즈의 홍보 가판대를 설치해야 하거든요. 이따 봐요.

어휘   apply v. 신청하다, 지원하다   browse v. 둘러보다, 훑어보다   promotional adj. 홍보의, 판촉의

153

What type of business does Ms. McCullough most likely work for?

(A) A sporting goods store
(B) An exercise equipment manufacturer
(C) A ski rental shop
(D) An ice-skating rink

Ms. McCullough는 어떤 종류의 사업체에서 일하는 것 같은가?

(A) 스포츠용품점
(B) 운동기구 제조사
(C) 스키 대여점
(D) 아이스링크장

해설 | 유형4 | 추론 세부 정보   정답 (A)

질문의 핵심 어구인 type of business ~ Ms. McCullough ~ work for에 대해 추론하는 문제이다. 'A customer just asked about the Rolland T-Series in-line skates.'에서 Mr. Smithfield가 한 손님이 Rolland T 시리즈 인라인스케이트에 대해 물어봤다고 했고, 'And would you mind taking down the ski display if you have a minute?'에서 Ms. McCullough가 Mr. Smithfield에게 스키 진열대를 치워 달라고 했으므로, Ms. McCullough는 인라인스케이트나 스키와 같은 스포츠용품을 파는 가게에서 일하고 있다는 사실을 추론할 수 있다. 따라서 (A)가 정답이다.

154

At 12:26 P.M., what does Mr. Smithfield mean when he writes, "Leave it to me"?

(A) He will depart before his coworker arrives.
(B) He already possesses a membership card.
(C) He will check the price of the Rolland T-Series.
(D) He can carry out a task without assistance.

오후 12시 26분에, Mr. Smithfield가 "Leave it to me"라고 썼을 때, 그가 의도한 것은?

(A) 그의 동료가 도착하기 전에 떠날 것이다.
(B) 이미 회원 카드를 소지하고 있다.
(C) Rolland T 시리즈의 가격을 확인할 것이다.
(D) 도움 없이 업무를 수행할 수 있다.

해설 | 유형5 | 의도 파악   정답 (D)

Mr. Smithfield가 의도한 것을 묻는 문제이므로, 질문의 인용어구(Leave it to me)가 언급된 주변 문맥을 확인한다. 'If you aren't sure how to sign him up, don't worry. I'll come do it in 10 minutes when I get there.'에서 Anne McCullough가 Mr. Smithfield에게 손님을 등록시키는 방법을 모른다면 자신이 10분 후에 그곳에 도착해서 하겠다고 하자, Mr. Smithfield가 'Leave it to me.'(나에게 맡겨요)라고 한 후, 'I've done it before.'에서 전에 손님을 등록하는 것을 해본 적이 있다고 한 것을 통해, Mr. Smithfield가 도움 없이 업무를 수행할 수 있다고 한 것임을 알 수 있다. 따라서 (D)가 정답이다.

155-157 공고

Patricia Stevens to Visit House & Home in Fredericksburg!

155-C/156-A/D Patricia Stevens, the star of the TV show *Total Redo*, is visiting House & Home retail branches throughout the nation to help homeowners improve their living spaces. And 156-B she will be here in Fredericksburg next Saturday.

Ms. Stevens is known for her practical and affordable home improvement ideas. She has renovated hundreds of properties, turning many older houses into great family homes. Prior to the premiere of *Total Redo* on the Housing Channel, she helped homeowners earn tens of thousands of dollars in profits from the resale of remodeled units.

156-A Ms. Stevens will be taking time to meet viewers and sign autographs from 9 A.M. to 11 A.M. 155-C And from noon until 3 P.M., she will counsel people working on home improvement projects. You are welcome to book a short appointment with Ms. Stevens online. But you'll have to take advantage of this opportunity fast ○

Patricia Stevens가 프레데릭스버그의 House & Home을 방문합니다!

155-C/156-A/D TV 쇼 *Total Redo*의 주역인 Patricia Stevens가 주택 소유주들이 그들의 생활 공간을 개선할 수 있도록 도와주기 위해 전국에 있는 House & Home 소매 지점들을 방문할 것입니다. 그리고 156-B 그녀는 다음 주 토요일에 이곳 프레데릭스버그에 올 것입니다.

Ms. Stevens는 그녀의 실용적이고 가격이 적당한 주택 개조 아이디어로 알려져 있습니다. 그녀는 수백 개의 주택을 보수하여, 많은 오래된 집들을 훌륭한 가족 주택으로 변화시켰습니다. Housing 채널의 *Total Redo*의 첫 방송 전에, 그녀는 주택 소유주들이 리모델링된 세대의 재판매로 수천 수만 달러의 이익을 얻도록 도와주었습니다.

156-A Ms. Stevens는 오전 9시에서 오전 11시까지 시간을 내어 시청자들을 만나고 사인을 해줄 것입니다. 155-C 그리고 정오부터 오후 3시까지 그녀는 주택 개조 작업을 하고 있는 사람들에게 조언을 해줄 것입니다. 여러분은 온라인으로

as reservations are expected to fill up quickly. [157]If you are selected for a free consultation, bring a picture of your project as it currently stands and sketches of what you hope to accomplish. Ms. Stevens will tell you what she thinks. Visit www.houseandhome.com for further details.

Ms. Stevens와의 짧은 약속을 예약해도 좋습니다. 하지만 예약이 빠르게 찰 것으로 예상되기 때문에, 이 기회를 빨리 이용하셔야 할 것입니다. [157]만약 여러분이 무료 상담에 선정된다면, 행사 당일에 현재 상태의 작업 사진과 완성하고자 하는 것의 스케치를 가지고 오시기 바랍니다. Ms. Stevens가 그녀의 의견을 전달해드릴 것입니다. 더 많은 세부 사항을 위해서는 www.houseandhome.com을 방문해 주십시오.

어휘   star n. 주역, 주연 retail adj. 소매의 branch n. 지점 homeowner n. 주택 소유주 improve v. 개선하다
living space phr. 생활 공간, 거주 공간 practical adj. 실용적인 affordable adj. 가격이 적당한, 저렴한 improvement n. 개조, 향상
renovate v. 보수하다, 개조하다 prior to phr. ~ 전에 premiere n. 첫 방송, 첫 상영 earn v. 얻다 resale n. 재판매, 전매
counsel v. 조언하다, 상담하다 take advantage of phr. ~을 이용하다 fill up phr. (꽉) 차다 stand v. ~한 상태이다, 입장을 취하다
accomplish v. 완성하다, 달성하다

155

난이도 ○○●● 중

What is stated about Ms. Stevens?

(A) She no longer hosts a television show.
(B) She intends to sell her current residence.
(C) She offers advice to homeowners.
(D) She has published a book about home decorating.

Ms. Stevens에 대해 언급된 것은?

(A) 더 이상 TV 쇼를 진행하지 않는다.
(B) 그녀의 현 거주지를 판매하려고 한다.
(C) 주택 소유주들에게 조언을 제공한다.
(D) 주택 장식에 관한 책을 출판했다.

해설 유형3 | Not/True True 문제   정답 (C)

질문의 핵심 어구인 Ms. Stevens와 관련된 내용을 지문에서 찾아 각 보기와 대조하는 Not/True 문제이다. (A), (B), (D)는 지문에 언급되지 않은 내용이다. (C)는 'Patricia Stevens ~ is visiting House & Home retail branches throughout the nation to help homeowners improve their living spaces.'에서 Patricia Stevens가 주택 소유주들이 생활 공간을 개선할 수 있도록 도와주기 위해 전국에 있는 House & Home 소매 지점들을 방문할 것이라고 했고, 'And from noon until 3 P.M., she will counsel people working on home improvement projects.'에서 그녀가 주택 개조 작업을 하고 있는 사람들에게 조언도 해줄 것이라고 했으므로 지문의 내용과 일치한다. 따라서 (C)가 정답이다.

바꾸어 표현하기
counsel 조언하다 → offers advice 조언을 제공하다

156

난이도 ○●●● 상

What is NOT indicated about the upcoming event?

(A) It will include a chance to meet a show host.
(B) It will happen on the weekend.
(C) It will only be attended by ticket holders.
(D) It will take place at a retail establishment.

다가오는 행사에 대해 언급되지 않은 것은?

(A) 쇼 진행자를 만날 기회를 포함한다.
(B) 주말에 열릴 것이다.
(C) 티켓 소지자들만 참석할 수 있다.
(D) 소매점에서 열릴 것이다.

해설 유형3 | Not/True Not 문제   정답 (C)

질문의 핵심 어구인 the upcoming event와 관련된 내용을 지문에서 찾아 각 보기와 대조하는 Not/True 문제이다. (A)는 'Patricia Stevens, the star of the TV show *Total Redo*'와 'Ms. Stevens will be taking time to meet viewers and sign autographs from 9 A.M. to 11 A.M.'에서 TV 쇼 *Total Redo*의 주역인 Ms. Stevens가 오전 9시에서 오전 11시까지 시간을 내어 시청자들을 만나고 사인을 해줄 것이라고 했으므로 지문의 내용과 일치한다. (B)는 'she will be here in Fredericksburg next Saturday'에서 그녀, 즉 Ms. Stevens가 다음 주 토요일에 프레데릭스버그에 올 것이라고 했으므로 지문의 내용과 일치한다. (C)는 지문에 언급되지 않은 내용이다. 따라서 (C)가 정답이다. (D)는 'Patricia Stevens ~ is visiting House & Home retail branches throughout the nation'에서 Ms. Stevens가 전국에 있는 House & Home 소매 지점들을 방문할 것이라고 했으므로 지문의 내용과 일치한다.

바꾸어 표현하기
star of the TV show TV 쇼의 주역 → show host 쇼 진행자

어휘   host n. (TV 프로의) 진행자, 주최측 holder n. 소지자 retail establishment phr. 소매점

157

Why should some event attendees bring photographs?

(A) To get autographs
(B) To inquire about a cost estimate
(C) To enter a home improvement contest
(D) To receive professional feedback

일부 행사 참석자들은 왜 사진을 가지고 와야 하는가?

(A) 사인을 받기 위해
(B) 견적에 대해 문의하기 위해
(C) 주택 개조 대회에 출전하기 위해
(D) 전문적인 의견을 받기 위해

해설 유형2 | 육하원칙 Why   정답 (D)

일부 행사 참석자들은 왜(Why) 사진을 가지고 와야 하는지를 묻는 육하원칙 문제이다. 질문의 핵심 어구인 some event attendees bring photographs와 관련하여, 'If you are selected for a free consultation, bring a picture of your project as it currently stands ~. Ms. Stevens will tell you what she thinks.'에서 무료 상담에 선정될 경우 행사 당일에 현재 상태의 작업 사진을 가지고 오면, Ms. Stevens가 그녀의 의견을 전달해줄 것이라고 했으므로 (D)가 정답이다.

158-160 [광고]

Are you looking to jump-start your career in technology?

According to *Computing Weekly*, the technology industry is projected to significantly expand over the next decade. [158]One of the many new jobs could be yours after you successfully complete Crucial Code's intensive 13-week course in basic software development.

Here at Crucial Code, our aim is to teach aspiring programmers the practical skills they need to become developers. [159-A]Students will learn how to design and build software applications using common programming languages. In addition, they will be shown how to connect with other developers on the Internet to refine their coding skills. [159-D]And students will also acquire a basic understanding of the principles necessary for launching a technology start-up.*

Apply today by calling 555-2408 or sending an e-mail to apply@crucialcode.com. The full-time course is taught from 8 A.M. to 6 P.M., Monday to Friday, at our training center in Austin. [159-B]We also offer classes from 7 to 10 P.M. for individuals who are currently working and wish to study part-time. [160]Upon finishing, students will have an opportunity to network with representatives from companies recruiting entry-level Web developers.

*[159-C]Aspiring tech founders with feasible ideas may apply for venture capital and specialized business advice through our partner firm, Eccelera Ventures. Visit www.eccelera.com for more information.

기술 분야의 당신의 경력에 시동을 걸고 싶으신가요?

*Computing Weekly*지에 따르면, 기술 산업은 향후 10년 동안 상당히 성장할 것으로 예상됩니다. [158]Crucial Code사의 기본 소프트웨어 개발에 관한 13주 집중 교육과정을 성공적으로 완료하신 후에는 그 많은 새로운 일자리 중 하나가 당신의 것이 될 수 있습니다.

여기 Crucial Code사에서, 저희의 목표는 프로그래머 지망생들에게 개발자가 되기 위해 필요한 실용적인 기술들을 교육하는 것입니다. [159-A]학생들은 공통의 프로그래밍 언어를 사용하여 소프트웨어 응용 프로그램을 설계하고 구축하는 방법을 배우게 될 것입니다. 게다가, 그들은 코딩 기술을 개선하기 위해 인터넷상에서 다른 개발자들과 교류하는 방법도 보게 될 것입니다. [159-D]그리고 학생들은 또한 기술 신생 기업 창립을 위해 필요한 원칙들에 대한 기본적인 이해를 얻게 될 것입니다.*

오늘 555-2408로 전화하거나 apply@crucialcode.com으로 이메일 주셔서 신청하시기 바랍니다. 전일제 교육과정은 월요일부터 금요일, 오전 8시부터 오후 6시까지 오스틴에 있는 저희 교육 센터에서 진행됩니다. [159-B]저희는 또한 현재 일을 하고 있고 시간제로 공부하기를 바라는 사람들을 위해 오후 7시부터 10시까지의 수업을 제공합니다. [160]교육 과정이 끝난 후에, 학생들은 수습 웹 개발자를 채용 중인 회사들의 대표자들과 교류할 기회를 가질 것입니다.

*[159-C]실현 가능한 아이디어를 가진 기술 회사 창립을 지망하는 분들은 저희 협력사인 Eccelera Ventures사를 통해서 사업 자본금과 전문적인 사업 조언을 신청하실 수 있습니다. 더 많은 정보를 얻기 위해서는 www.eccelera.com을 방문하십시오.

어휘 jump-start v. 시동을 걸다, 활성화하다 project v. 예상하다, 계획하다 significantly adv. 상당히, 중요하게 expand v. 성장하다, 확장하다 decade n. 10년 intensive adj. 집중적인, 철저한 aspiring adj. ~을 지망하는, 장차 ~가 되려는 practical adj. 실용적인, 유용한 application n. 응용 프로그램, 적용 common adj. 공통의, 흔한 refine v. 개선하다, 다듬다 full-time adj. 전일제의, 전임의 entry-level adj. 수습의, 초보의 feasible adj. 실현 가능한, 적당한 capital n. 자본금, 자산

158

What is being advertised?

(A) Job openings at a computer firm
(B) A new type of Web development software
(C) Subscriptions to a technology magazine
(D) An educational course on programming

광고되고 있는 것은 무엇인가?

(A) 컴퓨터 회사의 일자리
(B) 새로운 유형의 웹 개발 소프트웨어
(C) 기술 잡지의 구독
(D) 프로그래밍 교육 과정

해설 유형1 | **주제/목적 찾기** 글의 주제   정답 (D)

광고되고 있는 것을 묻는 주제 찾기 문제이므로 지문의 앞부분을 주의 깊게 확인한다. 'One of the many new jobs could be yours after you successfully complete Crucial Code's intensive 13-week course in basic software development.'에서 Crucial Code 사의 기본 소프트웨어 개발에 관한 13주 집중 교육 과정을 성공적으로 완료한 후에는 기술 분야의 많은 새로운 일자리 중에 하나를 얻을 수 있다고 한 후, 프로그래밍 교육 과정에 대해 자세히 설명하고 있으므로 (D)가 정답이다.

어휘 **job opening** phr. 일자리, 빈 자리 **subscription** n. 구독, 기부

159

What does Crucial Code NOT provide?

(A) Instruction on creating software
(B) Sessions for working people
(C) Funds for start-up companies
(D) Guidance on starting a company

Crucial Code사가 제공하지 않는 것은?

(A) 소프트웨어를 만드는 방법
(B) 직장인들을 위한 수업
(C) 신생 기업 창업을 위한 자금
(D) 신생 기업을 위한 안내

해설 유형3 | **Not/True** Not 문제   정답 (C)

질문의 핵심 어구인 Crucial Code ~ provide와 관련된 내용을 지문에서 찾아 각 보기와 대조하는 Not/True 문제이다. (A)는 'Students will learn how to design and build software applications using common programming languages.'에서 학생들은 공통의 프로그래 밍 언어를 사용하여 소프트웨어 응용 프로그램을 설계하고 구축하는 방법을 배우게 될 것이라고 했으므로 지문의 내용과 일치한다. (B) 는 'We also offer classes from 7 to 10 P.M. for individuals who are currently working and wish to study part-time.'에서 현재 일을 하고 있고 시간제로 공부하기를 바라는 사람들을 위해 오후 7시부터 10시까지의 수업을 제공한다고 했으므로 지문의 내용과 일치한다. (C)는 'Aspiring tech founders with feasible ideas may apply for venture capital ~ through our partner firm, Eccelera Ventures.' 에서 실현 가능한 아이디어를 가진 기술 회사 창립을 지망하는 사람들은 협력사인 Eccelera Ventures사를 통해서 사업 자본금을 신청할 수 있다고 했지 Crucial Code사가 자금을 제공한다고 한 것은 아니므로 지문의 내용과 일치하지 않는다. 따라서 (C)가 정답이다. (D) 는 'And students will also acquire a basic understanding of the principles necessary for launching a technology start-up.'에서 학생들은 기술 신생 기업 창립을 위해 필요한 원칙들에 대한 기본적인 이해를 얻게 될 것이라고 했으므로 지문의 내용과 일치한다.

바꾸어 표현하기
learn how to design and build software applications 소프트웨어 응용 프로그램을 설계하고 구축하는 방법을 배우다
→ Instruction on creating software 소프트웨어를 만드는 방법

160

What is suggested about Crucial Code?

(A) It typically hires its own enrollees.
(B) It holds a networking event for course graduates.
(C) It offers business advice on a Web site.
(D) It employs university students as tutors.

Crucial Code사에 대해 암시되는 것은?

(A) 보통 자사의 교육 과정 등록자들을 고용한다.
(B) 교육 과정 졸업생들을 위해 교류 행사를 개최한다.
(C) 웹사이트에서 사업 조언을 제공한다.
(D) 대학생들을 개인 교사로 고용한다.

해설 유형4 | **추론** 세부 정보   정답 (B)

질문의 핵심 어구인 Crucial Code에 대해 추론하는 문제이다. 'Upon finishing, students will have an opportunity to network with representatives from companies recruiting entry-level Web developers.'에서 교육 과정이 끝난 후에 학생들은 수습 웹 개발자를 채용 중인 회사들의 대표자들과 교류할 기회를 가질 것이라고 했으므로 Crucial Code사가 교육 과정 졸업생들을 위한 교류 행사를 개최한다는 사실을 추론할 수 있다. 따라서 (B)가 정답이다.

어휘 **typically** adv. 보통, 일반적으로 **enrollee** n. 등록자, 가입자 **employ** v. 고용하다, 이용하다 **tutor** n. 개인 교사

TEST 1

TEST 2

TEST 3

TEST 4

TEST 5

TEST 6

TEST 7

해커스 토익 PART 7 집중공략 777

To: Erica Hendrix <erica@battlecreek.com>
From: Elliot Compton <ec@redrex.com>
Date: August 8
Subject: Good news
Attachment: Contractual Agreement

Dear Ms. Hendrix,

It was a pleasure meeting with you and your associate Jeremy Ryan, and the board and I were impressed with your presentation. We admired your designs for our grounds, especially the tree-lined pathway leading up to our building's main entryway.

[161]After vetting all the landscaping businesses that submitted bids, we have opted to go forward with yours. Overall, we found your ideas to be the most feasible and your prices the most economical. — [1] —. However, we would like to request one change. Could you possibly replace the maple trees you have planned for the lot with evergreens? — [2] —. [162]If this affects your overall cost estimate for the anticipated work, please inform us as soon as possible.

As mentioned during our meeting, [163]we will provide 50 percent of the payment prior to the initiation of the project on August 20. — [3] —. I have attached a contractual agreement. Please sign it and send it back. Also, please notify Ms. James of your bank information so that she can deposit funds directly into your account. — [4] —.

Sincerely yours,

Elliot Compton
Facility manager, Red-Rex Business Compound

수신: Erica Hendrix <erica@battlecreek.com>
발신: Elliot Compton <ec@redrex.com>
날짜: 8월 8일
제목: 좋은 소식
첨부: 계약 합의서

Ms. Hendrix께,

귀하와 귀하의 동료인 Jeremy Ryan을 만나게 되어 기뻤으며, 이사회와 저는 귀하의 발표에 매우 감명을 받았습니다. 저희 정원을 위한 귀하의 디자인에 감탄했고, 특히 건물의 중앙 출입 통로로 이어지는 나무가 늘어선 오솔길에 만족했습니다.

[161]입찰 가격을 제시한 모든 조경 업체들에 대한 심사 후, 저희는 귀하의 것을 진행시키기로 선택하였습니다. 전반적으로, 저희는 귀하의 아이디어가 가장 실행 가능성 있고 가격이 가장 경제적이라고 생각하였습니다. — [1] —. 그러나, 저희는 한 가지 변경사항을 요청하고 싶습니다. 혹시 부지를 위해 계획하셨던 단풍나무를 상록수로 대체해주실 수 있나요? — [2] —. [162]만약 이것이 예상 작업에 대한 귀하의 전체 비용 견적에 영향을 미친다면, 가능한 한 빨리 저희에게 알려주십시오.

저희 미팅에서 언급된 것처럼, [163]저희는 프로젝트 시작일인 8월 20일 이전에 납입금의 50퍼센트를 제공할 것입니다. — [3] —. 저는 계약 합의서를 첨부했습니다. 귀하께서 서명하시고 저희에게 반송해주시기 바랍니다. 또한, Ms. James에게 귀하의 은행 정보를 알려주셔서 그녀가 귀하의 계좌로 바로 자금을 입금할 수 있도록 해주시기 바랍니다. — [4] —.

Elliot Compton 드림
시설 관리자, Red-Rex Business Compound사

어휘 **contractual agreement** phr. 계약 합의서 **associate** n. 동료; v. 연관 짓다 **ground** n. (건물 주변의) 정원, 공터 **pathway** n. 오솔길 **entryway** n. 입구의 통로 **vet** v. 심사하다, 조사하다 **landscaping** n. 조경 **bid** n. 입찰 가격; v. 값을 부르다 **opt to** phr. ~하기로 선택하다 **go forward with** phr. 진행시키다 **feasible** adj. 실행 가능한, 적합한 **economical** adj. 경제적인, 실속 있는 **replace A with B** phr. A를 B로 대체하다 **lot** n. 부지, 지역 **evergreen** n. 상록수 **cost estimate** phr. 비용 견적 **anticipated** adj. 예상되는, 기대하던 **initiation** n. 시작, 개시 **deposit** v. 입금하다

161

난이도 ○○●● 중

What is the main purpose of the e-mail?

(A) To highlight the need for a service renewal
(B) To accept a business's proposal to undertake a project
(C) To acquire a cost estimate for landscaping work
(D) To inquire about plants available for purchase

이메일의 주 목적은 무엇인가?

(A) 서비스 갱신이 필요함을 강조하기 위해
(B) 프로젝트에 착수할 사업체의 제안을 수락하기 위해
(C) 조경 작업을 위한 비용 견적을 얻기 위해
(D) 구매 가능한 식물에 대해 문의하기 위해

해설 **유형1 | 주제/목적 찾기** 글의 목적
정답 (B)

이메일의 목적을 묻는 목적 찾기 문제이다. 특별히 이 문제는 지문의 중반에 주제 관련 내용이 언급되었음에 주의한다. 'After vetting all the landscaping businesses that submitted bids, we have opted to go forward with yours.'에서 입찰 가격을 제시한 모든 조경 업체들에 대한 심사 후 귀하, 즉 Ms. Hendrix의 디자인으로 진행하기로 했다고 한 후, 작업에 관련된 계약 내용에 대해 설명하고 있으므로 (B)가 정답이다.

어휘 **highlight** v. 강조하다, 흥미를 집중시키다 **renewal** n. 갱신, 연장 **undertake** v. 착수하다, 약속하다 **acquire** v. 얻다, 취득하다

What might Ms. Hendrix need to do?	Ms. Hendrix는 무엇을 해야 할 수도 있는가?
(A) Explain the problems with a design	(A) 디자인의 문제점들을 설명한다
(B) Make adjustments to an estimate	(B) 견적을 조정한다
(C) Change a construction deadline	(C) 건축 기한을 변경한다
(D) Meet with a landscape contractor	(D) 조경 계약업자와 만난다

해설 유형4 | **추론** 세부 정보 　　　　　　　　　　　　　　　　　　　　　정답 (B)

질문의 핵심 어구인 Ms. Hendrix need to do에 대해 추론하는 문제이다. 'If this affects your overall cost estimate for the anticipated work, please inform us as soon as possible.'에서 만약 이것, 즉 나무를 변경하는 것이 예상 작업에 대한 Ms. Hendrix의 비용 견적에 영향을 미친다면 가능한 한 빨리 알려달라고 했으므로 Ms. Hendrix가 견적을 조정해야 할 수도 있다는 사실을 추론할 수 있다. 따라서 (B)가 정답이다.

어휘 **make adjustment** phr. 조정하다 **contractor** n. 계약업자

In which of the positions marked [1], [2], [3], and [4] does the following sentence best belong?	[1], [2], [3], [4]로 표시된 위치 중, 다음 문장이 들어갈 곳으로 가장 적절한 것은?
"The remainder will be paid once everything has been completed to our satisfaction."	"나머지는 모든 것이 저희가 만족할 정도로 완료된 이후에 지불될 것입니다."
(A) [1]	(A) [1]
(B) [2]	(B) [2]
(C) [3]	(C) [3]
(D) [4]	(D) [4]

해설 유형6 | **문장 위치 찾기** 　　　　　　　　　　　　　　　　　　　　　정답 (C)

지문의 흐름상 주어진 문장이 들어가기에 가장 적절한 곳을 고르는 문제이다. The remainder will be paid once everything has been completed to our satisfaction에서 나머지는 모든 것이 자신들이 만족할 정도로 완료된 이후에 지불될 것이라고 했으므로, 문장이 비용을 지불하는 것에 대해 언급하는 부분에 들어가야 함을 알 수 있다. [3]의 앞 문장인 'we will provide 50 percent of the payment prior to the initiation of the project on August 20'에서 프로젝트 시작일인 8월 20일 이전에 납입금의 50퍼센트를 제공할 것이라고 했으므로 [3]에 제시된 문장이 들어가면 프로젝트 시작 이전에 50퍼센트를 지불하고, 완료 이후에 나머지가 지불될 것이라는 자연스러운 문맥이 된다는 것을 알 수 있다. 따라서 (C)가 정답이다.

164-167　편지

Marian Lewis
6710 Briar Lane,
Los Angeles, CA 90001

August 7

Dear Ms. Lewis,

[165]In the letter concerning your cable bill sent July 15, you were informed that no payment has been received for the past three months. [164]At present, you owe Sharp Cable a total of $192.55. In addition, you will be subjected to a penalty charge for each of the three months. This charge will be 2 percent of the total amount due.

Please send a check in the enclosed envelope to Sharp Cable Billing, 711 Santa Monica Boulevard, Los Angeles, CA 90012. [167]If we obtain payment of your outstanding bill by no later than

Marian Lewis
6710번지 Briar로,
로스앤젤레스, 캘리포니아 주 90001

8월 7일

Ms. Lewis께,

[165]7월 15일 자로 발송된 귀하의 케이블 청구서에 관한 편지에서, 귀하께서는 지난 3개월 동안 요금이 납부되지 않았음을 통지받으셨습니다. [164]현재, 귀하께서는 Sharp 케이블사에 총 192.55달러를 미납 중입니다. 게다가, 귀하는 미납하신 각 3개월에 대한 연체료의 대상이 될 것입니다. 이 요금은 전체 미납 금액의 2퍼센트가 될 것입니다.

이 우편에 동봉된 봉투에 수표를 넣어 711번지 Santa Monica대로, 로스앤젤레스, 캘리포니아 주 90012의 Sharp 케이블사 청구소 주소로 보내주시기 바랍니다. [167]저

August 31, you will be permitted to continue enjoying the various benefits of our cable service. However, if the full amount is not received by this date, your service will be terminated.

We always strive to make our customers as happy as possible. [166]If you are dissatisfied with your service in any way, please visit www.sharpcable.com/feedback and let us know your specific problem. If your router breaks down, or if another piece of equipment needs to be replaced, please call our customer service department at 1-800-555-8512.

Thank you for your cooperation.

Sincerely,

Sharp Cable

희가 귀하의 미납된 청구 대금을 8월 31일까지 받으면, 귀하께서는 계속해서 당사의 케이블 서비스의 다양한 혜택들을 이용하는 것이 허용될 것입니다. 그러나, 만약 이 날짜까지 전체 금액이 수납되지 않으면, 귀하의 서비스는 종료될 것입니다.

저희는 항상 고객들을 가능한 한 만족시키기 위해 노력하고 있습니다. [166]혹시 귀하께서 어떤 식으로든지 서비스에 불만족하신다면, www.sharpcable.com/feedback으로 방문하셔서 구체적인 문제점을 저희에게 알려주시기 바랍니다. 만약 라우터가 고장 났거나, 다른 장비가 교체되어야 할 경우, 저희 고객 서비스 부서에 1-800-555-8512로 전화해 주시기 바랍니다.

협조에 감사드립니다.

Sharp 케이블사 드림

어휘 concerning prep. ~에 관한 penalty charge phr. 연체료 due adj. (돈을) 지불해야 하는, 빚지고 있는 enclosed adj. 동봉된, 에워싸인 outstanding adj. 미납의, 미결제의 terminate v. 종료하다, 끝내다 strive v. 노력하다, 애쓰다 dissatisfied adj. 불만족하는 router n. 라우터(네트워크에서 전달을 촉진하는 중계장치) break down phr. 고장 나다 equipment n. 장비, 도구 replace v. 교체하다, 대체하다

164

난이도 ○○○● 하

Why was the letter written?

(A) To advertise a cable service provider
(B) To point out an outstanding balance
(C) To verify a change in residence
(D) To respond to a customer request

편지는 왜 쓰여졌는가?

(A) 케이블 서비스 공급 업체를 광고하기 위해
(B) 미납 요금을 알리기 위해
(C) 거주지 변경을 확인하기 위해
(D) 고객 요청에 대응하기 위해

해설 유형1 | 주제/목적 찾기 글을 쓴 이유   정답 (B)

편지가 쓰여진 이유를 묻는 목적 찾기 문제이므로 지문의 앞부분을 주의 깊게 확인한다. 'At present, you owe Sharp Cable a total of $192.55. In addition, you will be subjected to a penalty charge for each of the three months.'에서 귀하, 즉 Ms. Lewis는 총 192.55달러를 미납 중이고 미납한 각 3개월에 대하여 연체료의 대상이라고 한 후, 미납 요금 납부 요청과 관련된 내용을 설명하고 있으므로 (B)가 정답이다.

어휘 verify v. 확인하다, 입증하다 residence n. 거주지, 주택 respond v. 대응하다, 응답하다

165

난이도 ○●●● 상

What is suggested about Ms. Lewis?

(A) She has worked for Sharp Cable.
(B) She has paid an overdue bill by check.
(C) She has been contacted before by Sharp Cable.
(D) She has requested a router replacement.

Ms. Lewis에 대해 암시되는 것은?

(A) Sharp 케이블사에서 근무했다.
(B) 납부 기한이 넘은 청구서를 수표로 지불했다.
(C) 이전에 Sharp 케이블사에게 연락을 받은 적이 있다.
(D) 라우터 교체를 요청했었다.

해설 유형4 | 추론 세부 정보   정답 (C)

질문의 핵심 어구인 Ms. Lewis에 대해 추론하는 문제이다. 'In the letter concerning your cable bill sent July 15, you were informed that no payment has been received for the past three months.'에서 7월 15일 자로 발송된 귀하, 즉 Ms. Lewis의 케이블 청구서에 관한 편지에서 Ms. Lewis는 지난 3개월 동안 요금이 납부되지 않았음을 통지받았다고 했으므로 Sharp 케이블사가 Ms. Lewis에게 이전에 연락했었다는 사실을 추론할 수 있다. 따라서 (C)가 정답이다.

어휘 overdue adj. 납부 기한을 넘긴, 이미 늦어진

TEST 1
TEST 2
TEST 3
TEST 4
TEST 5
TEST 6
TEST 7
해커스 토익의 PART 7 집중공략 777

166

난이도 ○○●● 중

According to the letter, what can Sharp Cable customers do online?

(A) View payment history
(B) Submit a complaint
(C) Download an application form
(D) Make an appointment

편지에 따르면, Sharp 케이블사의 고객들은 온라인으로 무엇을 할 수 있는가?

(A) 지불 내역을 확인한다
(B) 불만 사항을 제출한다
(C) 신청서를 내려받는다
(D) 약속을 정한다

해설 유형2 | 육하원칙 What　　정답 (B)

Sharp 케이블사의 고객들은 온라인으로 무엇(what)을 할 수 있는지를 묻는 육하원칙 문제이다. 질문의 핵심 어구인 Sharp Cable customers do online과 관련하여, 'If you are dissatisfied with your service n any way, please visit www.sharpcable.com/feedback and let us know your specific problem.'에서 어떤 식으로든지 서비스에 불만족하면 www.sharpcable.com/feedback으로 방문해서 구체적인 문제점을 알려달라고 했으므로 (B)가 정답이다.

바꾸어 표현하기

let us know your specific problem 구체적인 문제점을 알려주다 → Submit a complaint 불만 사항을 제출하다

167

난이도 ○○●● 중

How can Ms. Lewis continue to use a service?

(A) By calling a customer service number
(B) By visiting a store in Los Angeles
(C) By making a payment in August
(D) By setting up a new account

Ms. Lewis는 어떻게 서비스를 계속 이용할 수 있는가?

(A) 고객 서비스 번호로 전화를 함으로써
(B) 로스앤젤레스에 있는 상점을 방문함으로써
(C) 8월에 지불을 함으로써
(D) 새로운 계정을 개설함으로써

해설 유형2 | 육하원칙 How　　정답 (C)

Ms. Lewis가 어떻게(How) 서비스를 계속 이용할 수 있는지를 묻는 육하원칙 문제이다. 질문의 핵심 어구인 Ms. Lewis continue to use a service와 관련하여, 'If we obtain payment of your outstanding bill by no later than August 31, you will be permitted to continue enjoying the various benefits of our cable service.'에서 Sharp 케이블사가 미납된 청구 대금을 8월 31일까지 받으면 귀하, 즉 Ms. Lewis는 계속해서 케이블 서비스의 다양한 혜택들을 이용하는 것이 허용될 것이라고 했으므로 (C)가 정답이다.

어휘　set up phr. 개설하다, 설치하다　account n. 계정, 계좌

168-171 회람

MEMO

To: Harrisville Track Staff
From: Grace Potter, Head of operations
Date: May 2
Subject: State championships schedule

To all staff:

As you know, the Men's State Track and Field Championships are right around the corner. [168]Below is the finalized schedule of events. — [1] —.

Time	Event
9 A.M.	Long jump
10 A.M.	400-meter relay
11 A.M.	200-meter dash
12 P.M.	1,500-meter race

회람

수신: Harrisville 육상 경기장 직원들
발신: Grace Potter, 운영 위원장
날짜: 5월 2일
제목: 주 선수권 대회 일정

모든 직원분들께:

여러분도 아시다시피, 남성 주 육상 선수권 대회가 아주 가까워졌습니다. [168]아래는 확정된 경기 일정입니다. — [1] —.

시간	경기
오전 9시	멀리 뛰기
오전 10시	400미터 계주
오전 11시	200미터 단거리 경주
오후 12시	1,500미터 경주

^{168/171}I need all staff members, including referees, record keepers, and announcers, to be present at the track at least two hours before the start of the first event. — [2] —.

Record keepers should make sure to deliver the results of each event to ¹⁷⁰Diane Fielding, who will be handing out medals at the awards ceremony. Jack McDonough, head of the state's high school athletics department, will also deliver a short speech. ¹⁶⁹Right after the ceremony, those who won medals will gather for a group photograph to commemorate the event. — [3] —.

I'm looking forward to this year's competition, and I'm sure the same is true of all of you. — [4] —. Let's make this a year to remember.

---

^{168/171}저는 심판, 기록 관리자 및 아나운서를 포함한 모든 직원들에게 첫 경기 시작 최소 2시간 전에 육상 경기장에 와있을 것을 요청하는 바입니다. — [2] —.

기록 관리자들은 반드시 각 경기의 결과가 ¹⁷⁰Diane Fielding에게 전달되도록 해야 하며, 그녀는 시상식에서 메달을 나누어줄 것입니다. 또한 주의 고등학교 체육부의 책임자인 Jack McDonough는 짧은 연설을 할 것입니다. ¹⁶⁹시상식 직후에, 메달을 수상한 선수들은 행사를 기념하기 위한 단체 사진을 찍기 위해 모일 것입니다. — [3] —.

저는 올해 대회를 기대하고 있으며, 분명 여러분 모두도 같은 생각이라고 확신합니다. — [4] —. 올해를 기억할만한 해로 만들어봅시다.

어휘 track and field phr. 육상 경기 around the corner phr. 아주 가까운 finalized adj. 확정된, 마무리된 dash n. 단거리 경주, 돌진
referee n. 심판, 추천인 deliver v. 전달하다, (연설을) 하다 hand out phr. 나누어 주다 awards ceremony phr. 시상식
gather v. 모이다, 모으다 commemorate v. 기념하다, 축하하다

168

난이도 ○○○● 하

What is the purpose of the memo?

(A) To draw attention to a schedule alteration
(B) To invite coaches to a training session
(C) To provide information to staff members
(D) To postpone an upcoming state championship

회람의 목적은 무엇인가?

(A) 일정 변경에 주의를 끌기 위해
(B) 코치들을 교육 시간에 초대하기 위해
(C) 직원들에게 정보를 제공하기 위해
(D) 다가오는 주 선수권 대회를 연기하기 위해

해설 유형1 | **주제/목적 찾기** 글의 목적   정답 (C)

회람의 목적을 묻는 목적 찾기 문제이므로 지문의 앞부분을 주의 깊게 확인한다. 'Below is the finalized schedule of events.'에서 아래는 확정된 경기 일정이라고 했고, 'I need all staff members ~ to be present at the track at least two hours before the start of the first event.'에서 모든 직원들이 첫 경기 시작 최소 2시간 전에 육상 경기장에 와있을 것을 요청한 후, 직원들에게 경기 일정에 대해 자세히 설명하고 있으므로 (C)가 정답이다.

어휘 draw attention to phr. ~에 주의를 끌다 alteration n. 변경, 개조 postpone v. 연기하다, 미루다

169

난이도 ○○○● 하

What will happen after the ceremony?

(A) An announcement will be made.
(B) A video will be shown.
(C) A lecture will be given.
(D) A picture will be taken.

시상식 이후에 무슨 일이 일어날 것인가?

(A) 공지가 있을 것이다.
(B) 비디오가 상영될 것이다.
(C) 강연이 있을 것이다.
(D) 사진을 찍을 것이다.

해설 유형2 | **육하원칙** What   정답 (D)

시상식 이후에 무슨(What) 일이 일어날 것인지를 묻는 육하원칙 문제이다. 질문의 핵심어구 happen after the ceremony와 관련하여, 'Right after the ceremony, those who won medals will gather for a group photograph to commemorate the event.'에서 시상식 직후에 메달을 수상한 선수들은 행사를 기념하기 위한 단체 사진을 찍기 위해 모일 것이라고 했으므로 (D)가 정답이다.

170

난이도 ○○●● 중

What is Ms. Fielding responsible for?

(A) Monitoring race participants
(B) Keeping track of scores
(C) Comparing team results
(D) Distributing some awards

Ms. Fielding은 무엇에 책임이 있는가?

(A) 경주 참가자들을 감독하는 것
(B) 점수를 기록하는 것
(C) 팀 결과를 비교하는 것
(D) 상을 나누어 주는 것

해설 유형2 | 육하원칙 What
정답 (D)

Ms. Fielding이 무엇(What)에 책임이 있는지를 묻는 육하원칙 문제이다. 질문의 핵심 어구 Ms. Fielding responsible for와 관련하여, 'Diane Fielding, who will be handing out medals at the awards ceremony'에서 Diane Fielding이 시상식에서 메달을 나누어 줄 것이라고 했으므로 (D)가 정답이다.

바꾸어 표현하기

handing out medals 메달을 나누어 주다 → Distributing some awards 상을 나누어 주는 것

어휘 monitor v. 감독하다, 감시하다 keep track of phr. ~을 기록하다 compare v. 비교하다, 견주다

171
난이도 ○●●● 상

In which of the positions marked [1], [2], [3], and [4] does the following sentence best belong?

"This will help ensure that we can address all potential problems before the competition begins."

(A) [1]
(B) [2]
(C) [3]
(D) [4]

[1], [2], [3], [4]로 표시된 위치 중, 다음 문장이 들어 갈 곳으로 가장 적절한 것은?

"이것은 경기가 시작하기 전에 모든 잠재적인 문제들이 잘 처리되도록 하는 것을 보장하는 데 도움이 될 것입니다."

(A) [1]
(B) [2]
(C) [3]
(D) [4]

해설 유형6 | 문장 위치 찾기
정답 (B)

지문의 흐름상 주어진 문장이 들어가기에 가장 적절한 곳을 고르는 문제이다. This will help ensure that we can address all potential problems before the competition begins에서 이것은 경기가 시작하기 전에 모든 잠재적인 문제들이 잘 처리되도록 하는 것을 보장하는 데 도움이 될 것이라고 했으므로, 문장이 경기 시작 전에 해야 할 일이 언급된 부분에 들어가야 함을 알 수 있다. [2]의 앞 문장인 'I need all staff members, including referees, record keepers, and announcers, to be present at the track at least two hours before the start of the first event.'에서 심판, 기록 관리자 및 아나운서를 포함한 모든 직원들에게 첫 경기 시작 최소 2시간 전에 육상 경기장에 와있을 것을 요청한다고 했으므로 [2]에 제시된 문장이 들어가면 첫 경기 시작 최소 2시간 전에 모든 직원들이 육상 경기장으로 와야 하며, 이것은 경기 전 모든 잠재적인 문제들이 잘 처리되도록 하는 것을 보장하는 데 도움이 될 것이라는 자연스러운 문맥이 된다는 것을 알 수 있다. 따라서 (B)가 정답이다.

172-175 온라인 채팅 대화문

Sebastian Levy 10:01 A.M.
172Have there been any updates on the visit by the Finnish Renaissance Choir?

Monica Tucker 10:03 A.M.
172Last night I spoke with Magnus Jokinen, who handles their travel arrangements. He said the flights and rooms are booked. They'll be arriving in Sheffield on November 27 and leaving December 2.

Freddie Hering 10:05 A.M.
174What are the choir members doing on the day before the concert? 173Shouldn't one of us show them the sights?

Brenda Donnelly 10:06 A.M.
I wouldn't mind. Though there aren't really any must-sees.

Monica Tucker 10:08 A.M.
173That would be nice of you, Brenda, but I'm not sure they'll have time. 174Magnus said they've agreed to do a magazine interview on that day.

Sebastian Levy 10:09 A.M.
175Who's in charge of managing the budget this time?

Sebastian Levy 오전 10시 1분
172핀란드 르네상스 합창단의 방문에 대한 어떤 최신 정보가 있었나요?

Monica Tucker 오전 10시 3분
172어젯밤에 그들의 여행 준비를 처리하는 Magnus Jokinen과 이야기했어요. 그는 항공편과 객실이 예약되었다고 말했어요. 그들은 셰필드에 11월 27일에 도착해서 12월 2일에 떠날 거예요.

Freddie Hering 오전 10시 5분
174공연 하루 전에 합창단 단원들이 무엇을 할 예정인가요? 173우리 중 한 명이 그들에게 관광지를 안내해야 하지 않을까요?

Brenda Donnelly 오전 10시 6분
제가 해도 상관없어요. 정말 꼭 봐야 하는 것들은 없지만요.

Monica Tucker 오전 10시 8분
173아주 친절하군요, Brenda, 하지만 그들이 시간이 있을지 모르겠어요. 174Magnus가 그날 그들이 잡지사와 인터뷰를 하기로 했다고 말했거든요.

Sebastian Levy 오전 10시 9분
175이번에는 누가 예산 관리를 담당하나요?

TEST 7 해석·해설 **295**

Freddie Hering	10:09 A.M.	Freddie Hering	오전 10시 9분

Freddie Hering 10:09 A.M.
[175]That's me.

Sebastian Levy 10:10 A.M.
And just to confirm, they've agreed to do two shows?

Brenda Donnelly 10:11 A.M.
Right. [174]Both are on November 29. By the way, I'll have the flyers ready on November 20.

Freddie Hering 10:11 A.M.
It sounds like everything's on track. Let's talk more at our weekly cultural committee meeting on Sunday.

Freddie Hering 오전 10시 9분
[175]저예요.

Sebastian Levy 오전 10시 10분
그리고 확인 차원에서, 그들이 두 번 공연을 하기로 동의했었죠?

Brenda Donnelly 오전 10시 11분
맞아요. [174]두 번 모두 11월 29일이에요. 아 그런데, 11월 20일까지 광고지가 준비될 거예요.

Freddie Hering 오전 10시 11분
모든 것이 순조롭게 진행되고 있는 것 같네요. 일요일에 주간 문화 위원회 회의에서 더 이야기하도록 합시다.

어휘 **choir** n. 합창단, 성가대 **handle** v. 처리하다, 다루다 **arrangement** n. 준비, 마련 **show** v. 안내하다, 보여주다 **sight** n. 관광지, 광경 **must-see** n. 꼭 봐야 할 것 **in charge of** phr. ~을 담당하다, 책임지다 **manage** v. 관리하다, 처리하다 **budget** n. 예산, 비용 **flyer** n. 광고지, 전단 **on track** phr. 순조롭게 진행되는

172
난이도 ○○●● 중

What is mainly being discussed?

(A) A change to a concert schedule
(B) The selection of choir members
(C) The opening of a new venue
(D) Arrangements for a performance

주로 논의되고 있는 것은 무엇인가?

(A) 공연 일정의 변경
(B) 합창단 단원의 선정
(C) 새로운 장소의 개관
(D) 공연을 위한 준비

해설 유형1 | 주제/목적 찾기 글의 주제 정답 (D)
주로 논의되는 것이 무엇인지를 묻는 주제 찾기 문제이다. 'Have there been any updates on the visit by the Finnish Renaissance Choir?'에서 Sebastian Levy가 핀란드 르네상스 합창단의 방문에 대한 어떤 최신 정보가 있었는지 묻자, 'Last night I spoke with Magnus Jokinen, who handles their travel arrangements. He said the flights and rooms are booked. They'll be arriving in Sheffield on November 27 and leaving December 2.'에서 Monica Tucker가 합창단의 여행 준비를 처리하는 Magnus Jokinen과 이야기했는데 항공편과 객실이 예약되었고, 그들은 셰필드에 11월 27일에 도착해서 12월 2일에 떠날 것이라고 한 후, 합창단의 공연 준비에 대해 논의하고 있으므로 (D)가 정답이다.

173
난이도 ○●●● 상

At 10:06 A.M., what does Ms. Donnelly most likely mean when she writes, "I wouldn't mind"?

(A) She wants to get out of doing a task.
(B) She can take a group on a tour.
(C) She is not aware of a schedule.
(D) She does not care about tourist attractions.

오전 10시 6분에, Ms. Donnelly가 "I wouldn't mind"라고 썼을 때, 그녀가 의도한 것 같은 것은?

(A) 업무를 하는 것을 회피하고 싶어 한다.
(B) 단체를 인솔하여 투어를 할 수 있다.
(C) 일정을 알지 못한다.
(D) 관광 명소에 대해 관심이 없다.

해설 유형5 | 의도 파악 정답 (B)
Ms. Donnelly가 의도한 것을 묻는 문제이므로, 질문의 인용어구(I wouldn't mind)가 언급된 주변 문맥을 확인한다. 'Shouldn't one of us show them the sights?'에서 Freddie Hering이 우리 중 한 명이 그들, 즉 합창단에게 관광지를 안내해야 할지 묻자, Ms. Donnelly가 'I wouldn't mind.'(제가 해도 상관없어요)라고 했고, 'That would be nice of you, Brenda'에서 Monica Tucker가 Ms. Donnelly에게 아주 친절하다고 했으므로 Ms. Donnelly가 합창단에게 관광지를 안내하겠다고 한 것임을 알 수 있다. 따라서 (B)가 정답이다.

174

난이도 ○●●● 상

What will the Finnish Renaissance Choir most likely do on November 28?

(A) Talk with a journalist
(B) Meet Ms. Tucker at an airport
(C) Review the terms of a contract
(D) Sing for an audience

핀란드 르네상스 합창단은 11월 28일에 무엇을 할 것 같은가?

(A) 기자와 이야기한다
(B) 공항에서 Ms. Tucker를 만난다
(C) 계약서 조항을 검토한다
(D) 관객을 위해 노래한다

해설 유형4 | 추론 세부 정보 정답 (A)

질문의 핵심 어구인 the Finnish Renaissance Choir ~ do on November 28에 대해 추론하는 문제이다. 'Both are on November 29.'에서 Brenda Donnelly가 핀란드 르네상스 합창단의 공연은 두 번 모두 11월 29일에 있을 것이라고 했고, 'What are the choir members doing on the day before the concert?'에서 Freddie Hering이 공연 하루 전, 즉 11월 28일에 합창단 단원들이 무엇을 할 예정인지 묻자, 'Magnus said they've agreed to do a magazine interview on that day.'에서 Monica Tucker가 그들 즉, 합창단 단원들이 그날 잡지사와 인터뷰를 할 것이라고 했으므로 합창단은 11월 28일에 기자를 만날 것이라는 사실을 추론할 수 있다. 따라서 (A)가 정답이다.

바꾸어 표현하기

do a magazine interview 잡지사와 인터뷰를 하다 → Talk with a journalist 기자와 이야기하다

175

난이도 ○○●● 중

What is suggested about Mr. Hering?

(A) He is responsible for booking auditoriums.
(B) He will moderate a cultural committee meeting.
(C) He is in control of some funds.
(D) He will distribute flyers on November 20.

Mr. Hering에 대해 암시되는 것은?

(A) 강당을 예약하는 것에 책임이 있다.
(B) 문화 위원회 회의에서 사회를 볼 것이다.
(C) 자금을 관리하고 있다.
(D) 11월 20일에 광고지를 배부할 것이다.

해설 유형4 | 추론 세부 정보 정답 (C)

질문의 핵심 어구인 Mr. Hering에 대해 추론하는 문제이다. 'Who's in charge of managing the budget this time?'에서 Sebastian Levy가 이번에는 누가 예산 관리를 담당하는지 묻자, 'That's me.'에서 Mr. Hering이 자신이 담당한다고 했으므로 Mr. Hering이 자금을 관리하고 있다는 사실을 추론할 수 있다. 따라서 (C)가 정답이다.

바꾸어 표현하기

in charge of managing the budget 예산 관리를 담당하는 → in control of some funds 자금을 관리하는

어휘 moderate v. 사회를 보다, 조정하다 in control of phr. ~을 관리하고 있는

TEST 1 | TEST 2 | TEST 3 | TEST 4 | TEST 5 | TEST 6 | TEST 7

지문 1

March 14

Marna Stenger
2837 West Preece Drive
Boise, Idaho 83704

Dear Ms. Stenger,

I received your inquiry concerning renting space for your business. Here at The Carousel Salon, we aim to become a one-stop location where customers can satisfy all their personal grooming and body care needs. 177Our present tenants include hair stylists, skin care specialists, massage therapists, and weight loss coaches. A small yoga studio like yours would fit in well.

176-AAlthough the businesses at The Carousel Salon are independently owned and operated, 176-A/180-Athey can make use of our appointment scheduling services and communal waiting area free of charge. 176-DThis significantly reduces their monthly operating costs.

Based on your message, I believe we presently have enough room available to satisfy your needs, along with three parking spaces for your staff. 180-BFor an extra $100/month, you can rent six parking spaces for customers. As soon as I confirm that we have the right unit available, I'll call you to schedule a visit.

Sincerely,

Daniel Okar
Manager, The Carousel Salon

3월 14일

Marna Stenger
2837번지 West Preece로
보이시, 아이다호 주 83704

Ms. Stenger께,

귀하의 사업체를 위해 장소를 빌리는 것과 관련된 귀하의 문의를 받았습니다. 여기 Carousel 살롱에서, 저희는 고객들이 그들의 모든 개인적인 몸단장과 몸 관리의 필요를 충족시킬 수 있는 단일 장소가 되는 것을 목표로 합니다. 177현재 저희 입주자들은 헤어 스타일리스트, 피부 관리 전문가, 마사지 치료사, 체중 감량 코치들을 포함합니다. 귀하의 가게와 같은 작은 요가 스튜디오는 이곳에 잘 맞을 것입니다.

176-A비록 Carousel 살롱의 사업체들은 독립적으로 소유되고 운영되지만, 176-A/180-A그것들은 저희의 예약 일정 관리 서비스와 공동 대기실을 무료로 이용할 수 있습니다. 176-D이것은 그들의 월별 운영비를 상당히 줄여줍니다.

귀하의 메시지에 따르면, 저희는 귀하의 직원들을 위한 3개의 주차 공간에 더하여, 현재 귀하의 요구를 만족시킬 수 있는 이용 가능한 공간을 충분히 가지고 있다고 생각합니다. 180-B한 달에 100달러의 추가 비용으로, 귀하께서는 고객들을 위한 6개의 주차 공간을 임대하실 수 있습니다. 저희가 이용 가능한 적당한 곳을 가지고 있다고 확인하는 즉시 방문을 예약하기 위하여 귀하께 전화를 드리겠습니다.

Daniel Okar 드림
관리자, Carousel 살롱

지문 2

Customer Satisfaction Survey

Body Believers Yoga (BBY)
The Carousel Salon
PO Box 4700
Boise, Idaho 83701

Full name: Annabelle Hardwar   **Date:** May 24
Phone number: 555-0990   **E-mail address:**
                                   Lotus108@earthorbit.com

When did you join BBY?   Mid-April
How many times per week do you usually visit BBY?   4

Please reply to the following questions.

1. **Which of our classes do you attend?**
180-DI go to the Beginner class, though 179-Cthis isn't my first time attending yoga sessions. I've been to some of the free classes at the Amity Community Center.

2. **Which of our instructors do you prefer? Why?**
I prefer Nalan Chari because he offers lots of individual attention. 179-BThe classes taught by the other instructor, Marna Stenger, are hard to follow.

고객 만족 설문조사

Body Believers 요가(BBY)
Carousel 살롱
사서함 4700
보이시, 아이다호 주 83701

성명: Annabelle Hardwar   날짜: 5월 24일
전화번호: 555-0990   이메일 주소:
                          Lotus108@earthorbit.com

언제 BBY에 가입하셨습니까?   4월 중순
보통 일주일에 몇 번 BBY를 방문하십니까?   4번

다음 문항들에 답해 주십시오.

1. 저희의 수업 중 어떤 것을 들으십니까?
179-C이번이 제가 요가 수업을 듣는 처음은 아니지만, 180-D저는 초급자 수업을 듣고 있습니다. 179-C저는 Amity 시민 문화 회관에서 무료 수업을 몇 번 들었었습니다.

2. 어떤 강사를 선호하십니까? 이유는 무엇입니까?
저는 개개인에게 많은 관심을 기울이기 때문에 Nalan Chari를 선호합니다. 179-B다른 강사인 Marna Stenger가 가르치는 수업들은 따라가기가 어렵습니다.

3. What do you think about our new studio?

It is big enough for large groups, but [180-C]there's not enough space in the locker area.

4. Do you use any of the other businesses in The Carousel Salon?

I visit Alisio Hairstylist. It's convenient to make yoga and hair appointments with just one call to the receptionist.

5. [179-A]**Do you drive to our studio? If so, do you find the parking to be adequate?**

[179-A]I always drive, but I rarely find a spot along the street. [180-B]I wish there were spaces for BBY customers in the parking lot.

3. 저희의 새로운 스튜디오에 대해 어떻게 생각하십니까?

많은 사람에게 충분할 만큼 크지만, [180-C]개인 물품 보관 구역에 공간이 충분하지 않습니다.

4. Carousel 살롱의 다른 사업체들을 이용하십니까?

저는 Alisio 헤어 스타일리스트를 방문합니다. 접수원에게 전화 한 번이면 요가와 머리 손질 예약을 잡을 수 있어서 편리합니다.

5. [179-A]저희 스튜디오까지 운전해서 오십니까? 만약 그렇다면, 주차 공간이 충분하다고 생각하십니까?

[179-A]저는 항상 운전해서 오지만, 거리에 주차할 장소를 좀처럼 찾을 수 없습니다. [180-B]주차장에 BBY 고객들을 위한 장소가 있었으면 좋겠습니다.

지문 1 satisfy v. 충족시키다, 만족시키다 grooming n. 몸단장, 차림새 need n. 필요, 욕구; v. 필요로 하다 tenant n. 입주자, 세입자 therapist n. 치료사, 치료 전문가 fit in phr. 맞다, 어울리다 independently adv. 독립적으로, 따로 communal adj. 공동의, 공용의 operating cost phr. 운영비, 영업 경비

지문 2 individual adj. 개인의, 각각의 attention n. 관심, 주의 receptionist n. 접수원, 응접원 adequate adj. 충분한, 적절한 rarely adv. 좀처럼 ~하지 않는, 드물게 spot n. 장소, 위치

176

난이도 ○●●● 상

What is stated about The Carousel Salon?

(A) It provides administrative support to tenants.
(B) It charges higher-than-average rental fees.
(C) It includes residential units.
(D) It plans to reduce its monthly operating costs.

Carousel 살롱에 대해 언급된 것은?

(A) 입주자들에게 관리상의 지원을 제공한다.
(B) 평균 임대 요금보다 더 비싼 값을 청구한다.
(C) 주거 공간을 포함한다.
(D) 월별 운영비를 줄일 계획이다.

해설 유형3 | Not/True True 문제   정답 (A)

질문의 핵심 어구인 The Carousel Salon과 관련된 내용을 찾아 각 보기와 대조하는 Not/True 문제이므로 Carousel 살롱에서 보낸 첫 번째 지문인 편지를 확인한다. (A)는 'Although the businesses at The Carousel Salon are independently owned and operated, they can make use of our appointment scheduling services and communal waiting area free of charge.'에서 Carousel 살롱의 사업체들은 살롱의 예약 일정 관리 서비스와 공동 대기실을 무료로 이용할 수 있다고 했으므로 지문의 내용과 일치한다. 따라서 (A)가 정답이다. (B)와 (C)는 지문에 언급되지 않은 내용이다. (D)는 'This significantly reduces their monthly operating costs.'에서 Carousel 살롱이 제공하는 서비스가 사업체들의 월별 운영비를 줄여준다고 했지만 Carousel 살롱이 월별 운영비를 줄일 계획이라고 한 것은 아니므로 지문의 내용과 일치하지 않는다.

바꾸어 표현하기

can make use of our appointment scheduling services and communal waiting area 예약 일정 관리 서비스와 공동 대기실을 이용할 수 있다
→ provides administrative support 관리상의 지원을 제공하다

어휘 administrative adj. 관리상의, 행정상의 residential adj. 주거의, 주택지의

177

난이도 ○○●● 중

Who would most likely visit The Carousel Salon?

(A) Someone who wants to lose weight
(B) Someone who needs yoga clothing
(C) Someone who would like to receive business advice
(D) Someone who requires pet grooming services

누가 Carousel 살롱을 방문할 것 같은가?

(A) 체중을 감량하고 싶은 사람
(B) 요가 옷이 필요한 사람
(C) 사업 조언을 얻고 싶은 사람
(D) 애완동물 단장 서비스가 필요한 사람

해설 유형4 | 추론 세부 정보   정답 (A)

질문의 핵심 어구인 Who ~ visit The Carousel Salon에 대해 추론하는 문제이므로 Carousel 살롱에서 보낸 첫 번째 지문인 편지를 확인한다. 편지의 'Our present tenants include hair stylists, skin care specialists, massage therapists, and weight loss coaches.'에서 현재 Carousel 살롱의 입주자들은 헤어 스타일리스트, 피부 관리 전문가, 마사지 치료사, 체중 감량 코치들을 포함한다고 했으므로 체중을 감량하고 싶은 사람이 Carousel 살롱을 방문할 것이라는 사실을 추론할 수 있다. 따라서 (A)가 정답이다.

해커스 토익의 PART7 집중공략 177

178

In the letter, the word "aim" in paragraph 1, line 2, is closest in meaning to

(A) accept
(B) intend
(C) point
(D) stay

편지에서, 1문단 두 번째 줄의 단어 "aim"은 의미상 –와 가장 가깝다.

(A) 수락하다
(B) 의도하다
(C) 겨누다
(D) 머무르다

해설 유형7 | 동의어 　　　　　　　　　　　　　　　　　　　　　　　　　　　　　　정답 (B)

첫 번째 지문인 편지의 aim을 포함하는 구절 'we aim to become a one-stop location'에서 aim이 '목표하다'라는 뜻으로 사용되었다. 따라서 '의도하다, ~하려고 생각하다'라는 뜻을 가진 (B)가 정답이다.

179

What does the survey indicate about Ms. Hardwar?

(A) She has stopped driving to the studio.
(B) She prefers to attend Ms. Stenger's classes.
(C) She studied yoga at another facility.
(D) She usually books sessions on a Web site.

설문지가 Ms. Hardwar에 대해 언급하는 것은?

(A) 스튜디오로 운전해서 가는 것을 중단했다.
(B) Ms. Stenger의 수업을 듣는 것을 선호한다.
(C) 다른 시설에서 요가를 배웠다.
(D) 주로 웹사이트에서 수업을 예약한다.

해설 유형3 | Not/True True 문제 　　　　　　　　　　　　　　　　　　　　　　정답 (C)

질문의 핵심 어구인 Ms. Hardwar와 관련된 내용을 설문지에서 찾아 각 보기와 대조하는 Not/True 문제이므로 두 번째 지문인 설문지에서 관련 내용을 확인한다. (A)는 'Do you drive to our studio?', 'I always drive'에서 스튜디오까지 운전해서 오는지에 대한 문항에 Ms. Hardwar는 항상 운전해서 온다고 했으므로 지문의 내용과 일치하지 않는다. (B)는 'The classes taught by the other instructor, Marna Stenger, are hard to follow.'에서 Marna Stenger가 가르치는 수업들은 따라가기가 어렵다고 했으므로 지문의 내용과 일치하지 않는다. (C)는 'this isn't my first time attending yoga sessions. I've been to some of the free classes at the Amity Community Center.'에서 Ms. Hardwar가 이번이 자신이 요가 수업을 듣는 처음은 아니며 자신은 Amity 시민 문화 회관에서 무료 수업을 몇 번 들었다고 했으므로 지문의 내용과 일치한다. 따라서 (C)가 정답이다. (D)는 지문에 언급되지 않은 내용이다.

180

What is NOT true about Body Believers Yoga?

(A) It has access to a shared waiting area.
(B) It pays an additional fee for parking.
(C) It has lockers for customers to use.
(D) It offers instruction to novice learners.

Body Believers 요가에 대해 사실이 아닌 것은?

(A) 공용 대기실 이용 권한이 있다.
(B) 주차에 추가적인 비용을 지불한다.
(C) 고객들이 이용할 수 있는 개인 물품 보관실이 있다.
(D) 초보 수강생들에게 강의를 제공한다.

해설 유형3 | Not/True 연계 문제 　　　　　　　　　　　　　　　　　　　　　정답 (B)

질문의 핵심 어구인 Body Believers Yoga와 관련된 내용을 지문에서 찾아 각 보기와 대조하는 Not/True 문제이므로 Body Believers 요가와 관련된 내용이 언급된 첫 번째 지문과 두 번째 지문 모두를 확인한다. (A)는 편지의 'they can make use of our ~ communal waiting area'에서 Carousel 살롱의 입주자들은 공동 대기실을 이용할 수 있다고 했으므로 지문의 내용과 일치한다. (B)는 편지의 'For an extra $100/month, you can rent six parking spaces for customers.'에서 추가 비용을 내고 고객들을 위한 주차 공간을 임대할 수 있다고 했지만 설문지의 'I wish there were spaces for BBY customers in the parking lot.'에서 고객이 주차장에 BBY 고객들을 위한 장소가 있었으면 좋겠다고 한 것에서 Body Believers 요가는 고객들을 위한 주차 공간을 제공하지 않는다는 것을 알 수 있으므로 지문의 내용과 일치하지 않는다. 따라서 (B)가 정답이다. (C)는 설문지의 'there's not enough space in the locker area'에서 개인 물품 보관 구역에 공간이 충분하지 않다고 한 것에서 개인 물품 보관실이 있다는 것을 알 수 있으므로 지문의 내용과 일치한다. (D)는 설문지의 'I go to the Beginner class'에서 고객인 Ms. Hardwar가 초급자 수업을 듣는다고 했으므로 지문의 내용과 일치한다.

바꾸어 표현하기

Beginner class 초급자 수업 → offers instruction to novice learners 초보 수강생들에게 강의를 제공하다

어휘　access n. 이용할 권리, 접근　novice n. 초보자, 초심자

지문 1

TO: All staff members of Blaize Corp.
FROM: Bailey Patrick, Building services manager
DATE: November 7

[181]To ensure a safe work environment for all employees, management has decided to install an electronic card reader outside each of the main doors. Starting next week, only those who have security passes will be able to open these doors. Visitors will have to be escorted into the building by a staff member.

[182-B]We have already hired a security firm to set up the necessary equipment. Tomorrow, a photographer from the company will be in the main cafeteria taking photos for the new cards. We ask that all staff members stop by the cafeteria tomorrow to have their picture taken.

Because we do not want everyone going down to the cafeteria at once, staff from each department will head there at different times. The schedule is as follows:

[183]Department	Time
Sales	11:30 A.M.
Operations	12 P.M.
Human Resources	12:30 P.M.
Accounting	1 P.M.
Administration	1:30 P.M.
Marketing	2 P.M.

Please send me an e-mail if you have any questions.

지문 2

TO: Bailey Patrick <bsm@blaizecorp.com>
FROM: Mariana DeLuca <mdeluca@blaizecorp.com>
SUBJECT: Photos
DATE: November 7

Dear Mr. Patrick,

I got your memo regarding the security pass photos that will be taken tomorrow. [183]However, I will be unable to go to the cafeteria with my department at 11:30 A.M. I have to make a business call, and I doubt the person I'll be speaking to will be able to reschedule.

I can, however, visit the cafeteria a little later in the day. I think I'll be free at 2 P.M. I'll make sure to point out that I'm with a different department. Please let me know if there is a better way to deal with the situation.

There are also several things I would like you to clarify about the new security measures. I will be on vacation when they take effect, so [185-B]I need to know where to go to retrieve my card. [185-D]And should the keys that I currently use for our main doors be deposited somewhere? [185-C]Furthermore, could you let me know what the security arrangements will be for interns?

Best regards,

Mariana DeLuca

수신: Blaize사의 모든 직원들
발신: Bailey Patrick, 건물 서비스 관리인
날짜: 11월 7일

[181]모든 직원들에게 안전한 근무 환경을 보장하기 위해, 관리진은 각 정문의 바깥에 전자 카드 리더기를 설치하기로 결정했습니다. 다음 주부터, 보안 출입증을 가지고 있는 사람들만이 문들을 열 수 있을 것입니다. 방문객들은 직원의 동행 하에 건물에 들어가야 할 것입니다.

[182-B]저희는 필요한 장비를 설치하기 위해 이미 보안 업체를 고용했습니다. 내일, 회사의 사진사가 새로운 카드를 위한 사진을 찍기 위해 중앙 구내식당에 올 것입니다. 저희는 모든 직원들이 내일 구내식당에 들러서 사진을 찍을 것을 요청드립니다.

모든 사람들이 한 번에 구내식당으로 내려가는 것은 원하지 않으므로, 각 부서의 직원들은 다른 시간대에 그곳으로 가게 될 것입니다. 일정은 다음과 같습니다:

[183]부서	시간
영업	오전 11시 30분
운영	오후 12시
인사	오후 12시 30분
회계	오후 1시
관리	오후 1시 30분
마케팅	오후 2시

만약 질문이 있으시다면 저에게 이메일을 보내주시기 바랍니다.

수신: Bailey Patrick <bsm@blaizecorp.com>
발신: Mariana DeLuca <mdeluca@blaizecorp.com>
제목: 사진
날짜: 11월 7일

Mr. Patrick께,

내일 촬영될 보안 출입증 사진에 관한 귀하의 회람을 받았습니다. [183]그러나, 저는 11시 30분에 저희 부서와 함께 구내식당에 가지 못할 것입니다. 업무상 전화를 해야 하는데, 제가 통화할 상대가 일정을 변경할 수 있을지 확신할 수 없습니다.

그러나 저는 그날 약간 더 늦게 구내식당에 들를 수 있습니다. 오후 2시에 시간이 날 것 같습니다. 제가 다른 부서와 함께 온 것임을 꼭 밝히도록 하겠습니다. 이 상황을 처리하기 위한 더 나은 방법이 있다면 저에게 알려주시기 바랍니다.

또한 새로운 보안 조치에 대해서 명확하게 해주셨으면 하는 것들이 몇 가지 있습니다. 저는 그것들이 시행될 때 휴가를 가 있을 것이라서, [185-B]제 카드를 되찾기 위해 어디로 가야 할지 알아야 합니다. [185-D]그리고 현재 제가 정문에 쓰는 열쇠들은 어딘가에 두어야 할까요? [185-C]게다가, 인턴을 위한 보안 조치는 어떻게 될지 알려주실 수 있습니까?

Mariana DeLuca 드림

지문 1 **ensure** v. 보장하다, 지키다 **security** n. 보안, 경비 **escort** v. 동행하다, 수행하다 **at once** phr. 한꺼번에 **department** n. 부서, 학과

지문 2 **regarding** prep. ~에 관한 **doubt** v. 확신하지 못하다, 의심하다 **deal with** phr. ~을 처리하다, ~에 대처하다
　　　　clarify v. 명확하게 하다, 분명히 말하다 **measure** n. 조치; v. 측정하다 **take effect** phr. 시행되다, 효과가 나타나다
　　　　retrieve v. 되찾아오다, 회수하다 **currently** adv. 현재, 지금 **deposit** v. (특정한 곳에) 두다, 놓다

181

난이도 ○○●● 중

Why was the memo written?

(A) To announce the implementation of a shift system
(B) To provide staff members with a cleaning schedule
(C) To describe a new set of security measures
(D) To discuss renovations to an employee cafeteria

회람은 왜 쓰여졌는가?

(A) 교대 근무 시스템의 실행을 알리기 위해
(B) 직원들에게 청소 일정을 제공하기 위해
(C) 새로운 보안 조치들을 설명하기 위해
(D) 직원 식당의 보수 공사를 논의하기 위해

해설 **유형1 | 주제/목적 찾기** 글을 쓴 이유　　　　　　　　　　　　　　　정답 (C)

회람이 쓰여진 이유를 묻는 목적 찾기 문제이므로 첫 번째 지문인 회람의 내용을 확인한다. 회람의 'To ensure a safe work environment for all employees, management has decided to install an electronic card reader outside each of the main doors.'에서 모든 직원들에게 안전한 근무 환경을 보장하기 위해 관리진은 각 정문의 바깥에 전자 카드 리더기를 설치하기로 결정했다고 한 후, 새로운 보안 조치들과 관련된 세부 사항에 대해 설명하고 있으므로 (C)가 정답이다.

어휘 **implementation** n. 실행, 이행 **shift** n. 교대 근무 **describe** v. 설명하다, 묘사하다 **renovation** n. 보수, 개조

182

난이도 ○●●● 상

What is indicated about Blaize Corp.?

(A) It is holding safety seminars for staff in the cafeteria.
(B) It contracted another company for security services.
(C) It will update currently installed card readers.
(D) It will limit visitations to certain hours of the day.

Blaize사에 대해 언급된 것은?

(A) 구내식당에서 직원들을 위한 안전 교육을 연다.
(B) 보안 서비스를 위해 다른 회사와 계약했다.
(C) 현재 설치된 카드 리더기를 업데이트할 것이다.
(D) 방문을 하루 중 특정 시간으로 제한할 것이다.

해설 **유형3 | Not/True** True 문제　　　　　　　　　　　　　　　　　　　정답 (B)

질문의 핵심 어구인 Blaize Corp.와 관련된 내용을 지문에서 찾아 각 보기와 대조하는 Not/True 문제이므로 첫 번째 지문인 Blaize사의 직원들에게 보내진 회람에서 관련 내용을 확인한다. (A), (C), (D)는 지문에 언급되지 않은 내용이다. (B)는 'We have already hired a security firm to set up the necessary equipment.'에서 Blaize사는 필요한 장비를 설치하기 위해 이미 보안 업체를 고용했다고 했으므로 지문의 내용과 일치한다. 따라서 (B)가 정답이다.

어휘 **contract** v. 계약하다; n. 계약 **limit** v. 제한하다 **visitation** n. 방문, 감찰

183

난이도 ○○●● 중

What is suggested about Ms. DeLuca?

(A) She will have her picture taken with accounting staff.
(B) She will not be in her office on November 8.
(C) She works in the sales department.
(D) She plans to reschedule a meeting.

Ms. DeLuca에 대해 암시되는 것은?

(A) 회계부 직원과 함께 사진을 찍을 것이다.
(B) 11월 8일에 사무실에 없을 것이다.
(C) 영업부에서 일한다.
(D) 회의 일정을 변경할 계획이다.

해설 **유형4 | 추론** 연계 문제　　　　　　　　　　　　　　　　　　　　　정답 (C)

질문의 핵심 어구인 Ms. DeLuca가 작성한 이메일을 먼저 확인한다.

단서 1 두 번째 지문(이메일)의 'However, I will be unable to go to the cafeteria with my department at 11:30 A.M.'에서 Ms. DeLuca가 오전 11시 30분에 자신의 부서와 함께 구내식당에 가지 못할 것이라고 했다. 그런데 오전 11시 30분에 구내식당으로 가야 하는 부서가 어디인지 제시되지 않았으므로 회람에서 관련 내용을 확인한다.

단서2 첫 번째 지문(회람)의 'Department, Sales', 'Time, 11:30 A.M.'에서 영업부가 오전 11시 30분에 구내식당에 가야 한다는 사실을 확인할 수 있다.

두 단서를 종합할 때, Ms. DeLuca는 영업부에서 일한다는 사실을 추론할 수 있다. 따라서 (C)가 정답이다.

184

난이도 ○●●● 상

In the e-mail, the phrase "point out" in paragraph 2, line 2, is closest in meaning to

(A) gesture
(B) indicate
(C) select
(D) deliberate

이메일에서, 2문단 두 번째 줄의 표현 "point out"은 의미상 -와 가장 가깝다.

(A) 손짓을 하다
(B) 말하다
(C) 선택하다
(D) 숙고하다

해설 유형7 | 동의어   정답 (B)

두 번째 지문인 이메일의 point out을 포함하는 구절 'make sure to point out that I'm with a different department'에서 point out이 '밝히다, 언급하다'라는 뜻으로 사용되었다. 따라서 '말하다, 나타내다'라는 뜻을 가진 (B)가 정답이다.

185

난이도 ○○●● 중

What does Ms. DeLuca NOT ask Mr. Patrick about?

(A) When to attend a business meeting
(B) Where to pick up her access card
(C) What the situation will be for temporary staff
(D) Whether items must be returned

Ms. DeLuca가 Mr. Patrick에게 문의한 것이 아닌 것은?

(A) 언제 업무 회의에 참석할지
(B) 어디서 출입 카드를 받아야 할지
(C) 임시 직원들의 상황이 어떻게 될지
(D) 물품들이 반납되어야 하는지

해설 유형3 | Not/True Not 문제   정답 (A)

질문의 핵심 어구인 Ms. DeLuca ~ ask Mr. Patrick about과 관련된 내용을 지문에서 찾아 각 보기와 대조하는 Not/True 문제이므로 두 번째 지문인 Ms. DeLuca가 Mr. Patrick에게 보낸 이메일에서 관련 내용을 확인한다. (A)는 지문에 언급되지 않은 내용이다. 따라서 (A)가 정답이다. (B)는 'I need to know where to go to retrieve my card'에서 자신의 카드를 되찾기 위해 어디로 가야 하는지 물었으므로 지문의 내용과 일치한다. (C)는 'Furthermore, could you let me know what the security arrangements will be for interns?'에서 인턴들을 위한 보안 조치는 어떻게 될지 알려달라고 했으므로 지문의 내용과 일치한다. (D)는 'And should the keys that I currently use for our main doors be deposited somewhere?'에서 현재 정문들에 쓰는 열쇠들을 어딘가에 두어야 할지 물었으므로 지문의 내용과 일치한다.

바꾸어 표현하기

what the security arrangements will be for interns 인턴들을 위한 보안 조치는 어떻게 될지
→ What the situation will be for temporary staff 임시 직원들의 상황이 어떻게 될지

지문 1

http://www.worldlyjourneys.com/journeys

| Home | **Journeys** | Reservations | Customer Reviews |

Worldly Journeys has consistently been rated one of the top tour providers nationwide by *Tourist Digest*. High-end transport and first-class accommodations enhance the travel experience, and our group sizes never exceed 18 people. Please click on the tour names below for detailed itineraries. [190]Deluxe Tours include flights aboard private jets.

Currently Offered

Queen of Sheba Journey

Learn about the ancient country of Ethiopia through carefully planned excursions. Visit Tissisat Falls, shop at local markets, and experience a coffee ceremony. But best of all, indulge in the flavors of traditional dishes.

– Travel Dates: April 4–13; 9 nights, 10 days
– Cost: $5,495
  *Based on double hotel room occupancy.
  [187-B]An additional charge of $900 will be applied for a single room.
– Details: [186]Available for 5 or more people
– Deluxe Tour: No

Heart of a Nation Tour

[188]Discover beautiful Washington, D.C. Cherry blossoms will welcome you to this picturesque capital, and our knowledgeable staff will guide you around the city. [188]The highlight of the trip will be a special tour of the world-famous Pfister Museum.

– Travel Dates: April 9–15; 6 nights, 7 days
– Cost: $3,950
  *Based on double hotel room occupancy.
  [187-B]An additional charge of $600 will be applied for a single room.
– Details: [186]Available for 3 or more people
– Deluxe Tour: No

http://www.worldlyjourneys.com/journeys

| 홈 | 여행 | 예약 | 고객 후기 |

Worldly Journeys사는 *Tourist Digest*지에 의해 지속적으로 전국 최고의 여행사들 중 하나로 평가되었습니다. 최고급 이동 수단과 일류 숙소는 여행의 경험을 향상시키고, 저희의 단체 규모는 절대 18명을 넘지 않습니다. 자세한 여행 일정표를 위해서는 아래의 투어 이름들을 클릭하세요. [190]디럭스 투어는 전용 제트기에서의 비행을 포함합니다.

현재 제공되는 것

시바의 여왕 여행

면밀히 계획된 여행들을 통해 고대 국가 에티오피아를 알아보세요. Tissisat 폭포를 방문하고, 지역 시장에서 쇼핑을 하고, 커피 의식을 체험해 보세요. 하지만 무엇보다도, 전통 음식들의 풍미를 마음껏 즐겨 보세요.

– 여행 날짜: 4월 4일–13일; 9박 10일
– 비용: 5,495달러
  *2인 호텔 객실 사용을 기준으로 합니다.
  [187-B]1인실에는 900달러의 추가 비용이 적용될 것입니다.
– 세부 사항: [186]5명 이상부터 이용 가능
– 디럭스 투어: 아님

국가의 심장 여행

[188]아름다운 워싱턴 D.C. 시를 발견해 보세요. 벚꽃이 여러분을 이 그림 같은 수도로 환영하고, 저희의 박식한 직원들이 여러분들에게 도시를 구경시켜 줄 것입니다. [188]여행의 가장 흥미로운 부분은 세계적으로 유명한 Pfister 박물관의 특별 투어가 될 것입니다.

– 여행 날짜: 4월 9일–15일; 6박 7일
– 비용: 3,950달러
  *2인 호텔 객실 사용을 기준으로 합니다.
  [187-B]1인실에는 600달러의 추가 비용이 적용될 것입니다.
– 세부 사항: [186]3명 이상부터 이용 가능
– 디럭스 투어: 아님

지문 2

http://www.worldlyjourneys.com/customerreviews

| Home | Journeys | Reservations | **Customer Reviews** |

Monique Larson, April 20

[188]I had a positive and fulfilling travel experience with Worldly Journeys on my tour of Washington, D.C. earlier this month. My tour guides were highly skilled, and my room was the perfect place to unwind after participating in the daily activities. On the negative side, though, I wasn't given enough time to explore the city on my own. In addition, [188]we were unable to visit the advertised main attraction due to construction work. A decent alternative was provided, though.

http://www.worldlyjourneys.com/customerreviews

| 홈 | 여행 | 예약 | 고객 후기 |

Monique Larson, 4월 20일

[188]저는 이번 달 초 워싱턴 D.C.시의 여행에서 Worldly Journeys사와 긍정적이고 만족스러운 경험을 했습니다. 제 여행 가이드들은 매우 숙련되었고, 저의 객실은 일일 활동에 참여한 후 긴장을 풀기에 완벽한 장소였습니다. 그러나 부정적인 면으로는, 저는 도시를 혼자 답사할 시간을 충분히 갖지 못했습니다. 게다가, [188]저희는 공사 작업 때문에 광고된 주요 볼거리를 방문하지 못했습니다. 그러나 괜찮은 대안이 제공되었습니다.

지문 3

To: Adrian Tobler <atobler@interpost.com>
From: Monique Larson <mlarson@memail.com>
Subject: Upcoming WJ Tour
Date: August 27

수신: Adrian Tobler <atobler@interpost.com>
발신: Monique Larson <mlarson@memail.com>
제목: 다가오는 WJ 여행
날짜: 8월 27일

Dear Adrian,

Remember the amazing trip I took last spring? When I told you about my experience with Worldly Journeys, you said you'd like to accompany me next time I go on vacation. ¹⁹⁰Well, the company has just announced that it is offering one of its Deluxe Tours. These are only available once or twice a year, and the trips are usually to very exotic destinations—last year's were to Papua New Guinea and the Galápagos Islands. Anyway, this one will run from October 3 to 12, and the destination is Madagascar. ¹⁸⁹Why don't you ask your manager if you can have these days off so that ¹⁸⁹/¹⁹⁰we can go on the tour together?

Yours truly,

Monique

Adrian에게,

지가 지난봄에 갔던 굉장한 여행을 기억하세요? 제가 Worldly Journeys사와의 경험을 당신에게 말했을 때, 당신은 제가 다음에 휴가를 갈 때 동행하고 싶다고 말씀하셨지요. ¹⁹⁰그 회사가 막 디럭스 투어들 중 하나를 제공한다고 공지했습니다. 이런 여행들은 1년에 한 번 혹은 두 번만 이용 가능하고, 주로 아주 이국적인 목적지로 향하는데, 작년의 목적지들은 파푸아뉴기니와 갈라파고스 제도였어요. 어쨌든, 이번 여행은 10월 3일부터 12일까지 계속될 것이고, 목적지는 마다가스카르 섬입니다. ¹⁸⁹/¹⁹⁰우리가 그 여행을 같이 갈 수 있도록 관리자에게 이 날짜에 쉴 수 있는지 물어보는 게 어때요?

Monique 드림

지문 1 **consistently** adv. 지속적으로, 일관되게 **rate** v. 평가하다; n. 속도, 비율 **high-end** adj. 최고급의, 고액의 **exceed** v. 넘다, 초과하다 **itinerary** n. 여행 일정표 **excursion** n. 여행, 소풍 **best of all** phr. 무엇보다도, 첫째로 **indulge** v. 마음껏 즐기다, 채우다 **occupancy** n. (건물·방·토지 등의) 사용 **picturesque** adj. 그림 같은, 생생한 **highlight** n. 가장 흥미로운 부분; v. 강조하다 **world-famous** adj. 세계적으로 유명한

지문 2 **fulfilling** adj. 만족스러운, 성취감을 주는 **highly** adv. 매우, 대단히 **unwind** v. 긴장을 풀다, 풀다 **on one's own** phr. 혼자, 혼자 힘으로 **decent** adj. 괜찮은, 품위 있는 **alternative** n. 대안, 양자택일

지문 3 **accompany** v. 동행하다, 동반하다 **exotic** adj. 이국적인, 외국의 **destination** n. 목적지, 도착지 **run** v. (얼마의 기간 동안) 계속되다, 진행되다

186

난이도 ○○●● 중

What is implied about Worldly Journeys?

(A) Its guides have studied history.
(B) It hires a personal chef for every trip.
(C) Its tours require a minimum number of participants.
(D) It allows customers to create their own itineraries.

Worldly Journeys사에 대해 암시되는 것은?

(A) 가이드들이 역사를 공부했다.
(B) 모든 여행에 개인 요리사를 고용한다.
(C) 여행들에 최소 참가자 수를 필요로 한다.
(D) 고객들이 자신만의 여행 일정을 만들 수 있게 해준다.

해설 유형4 | **추론** 세부 정보 　　　　　　　　　　　　　　　　　　　　　　정답 (C)

질문의 핵심 어구인 Worldly Journeys에 대해 추론하는 문제이므로 Worldly Journeys를 광고하는 첫 번째 웹페이지에서 관련 내용을 확인한다. 첫 번째 웹페이지의 'Available for 5 or more people'과 'Available for 3 or more people'에서 여행들이 각각 5명, 3명 이상부터 이용 가능하다고 했으므로 Worldly Journeys사의 여행들은 최소 참가자 수를 필요로 한다는 사실을 추론할 수 있다. 따라서 (C)가 정답이다.

187

난이도 ○○●● 중

What is mentioned about hotel rooms?

(A) They have to be booked separately.
(B) Single rooms cost more.
(C) Some tours only include dormitory rooms.
(D) They are cleaned twice a day.

호텔 객실에 대해 언급된 것은?

(A) 별도로 예약되어야 한다.
(B) 1인실이 더 비싸다.
(C) 몇몇 여행은 공동 침실 객실만 포함한다.
(D) 하루에 두 번 청소된다.

해설 유형3 | **Not/True** True 문제 　　　　　　　　　　　　　　　　　　정답 (B)

질문의 핵심 어구인 hotel rooms와 관련된 내용을 지문에서 찾아 각 보기와 대조하는 Not/True 문제이므로 호텔 객실이 언급된 첫 번째 웹페이지에서 관련 내용을 확인한다. (A), (C), (D)는 지문에 언급되지 않은 내용이다. (B)는 'An additional charge of $900 will be applied for a single room.'과 'An additional charge of $600 will be applied for a single room.'에서 1인실에는 각각 900달러와 600달러의 추가 비용이 적용된다고 했으므로 지문의 내용과 일치한다. 따라서 (B)가 정답이다.

어휘 **separately** adv. 별도로, 따로따로 **dormitory** n. 공동 침실, 기숙사

TEST 1
TEST 2
TEST 3
TEST 4
TEST 5
TEST 6
TEST 7
해커스 토익 PART7 집중공략 777

What does Ms. Larson indicate about her trip?

(A) A reservation was canceled.
(B) A market was too busy.
(C) A hotel was overbooked.
(D) A museum was closed.

Ms. Larson이 그녀의 여행에 대해 암시하는 것은?

(A) 예약이 취소되었다.
(B) 시장이 너무 붐볐다.
(C) 호텔 예약이 초과되었다.
(D) 박물관이 닫혀 있었다.

해설 유형4 | **추론** 연계 문제   정답 (D)

질문의 핵심 어구인 Ms. Larson이 작성한 후기인 두 번째 웹페이지를 먼저 확인한다.

단서1 두 번째 웹페이지의 'I had a positive and fulfilling travel experience with Worldly Journeys on my tour of Washington, D.C.'와 'we were unable to visit the advertised main attraction due to construction work'에서 Ms. Larson이 Worldly Journeys 사의 워싱턴 D.C. 시의 여행에서 공사 작업 때문에 광고된 주요 볼거리를 방문하지 못했다고 했다. 그런데 Worldly Journeys사의 워싱턴 D.C. 시의 여행이 광고하는 주요 볼거리가 무엇인지 제시되지 않았으므로 첫 번째 웹페이지에서 관련 내용을 확인한다.

단서2 첫 번째 웹페이지의 'Discover beautiful Washington, D.C.'와 'The highlight of the trip will be a special tour of the world-famous Pfister Museum.'에서 워싱턴 D.C. 시를 방문하는 여행이 Pfister 박물관의 특별 투어를 가장 흥미로운 부분으로 광고하고 있다는 사실을 확인할 수 있다.

두 단서를 종합할 때, 워싱턴 D.C. 시를 방문하는 Worldly Journeys사의 여행에 참석한 Ms. Larson은 광고된 주요 볼거리인 박물관을 공사 작업으로 인해 방문하지 못했다는 사실을 추론할 수 있다. 따라서 (D)가 정답이다.

What does Ms. Larson suggest that Mr. Tobler do?

(A) Check the price of a trip
(B) Submit a leave request
(C) Book before a deadline
(D) Read reviews of past tours

Ms. Larson은 Mr. Tobler가 무엇을 하도록 제안하는가?

(A) 여행의 가격을 확인한다
(B) 휴가 신청을 제출한다
(C) 기한 전에 예약한다
(D) 이전 여행들의 후기를 읽는다

해설 유형2 | **육하원칙** What   정답 (B)

Ms. Larson이 Mr. Tobler가 무엇(What)을 하도록 제안하는지를 묻는 육하원칙 문제이므로 Ms. Larson이 Mr. Tobler에게 보낸 세 번째 지문인 이메일을 확인한다. 이메일의 'Why don't you ask your manager if you can have these days off so that we can go on the tour together?'에서 Ms. Larson이 Mr. Tobler에게 여행을 같이 갈 수 있도록 관리자에게 해당 날짜에 쉴 수 있는지 물어보라고 했으므로 (B)가 정답이다.

바꾸어 표현하기

ask your manager if you can have these days off 관리자에게 이 날짜에 쉴 수 있는지 물어보다 → **Submit a leave request** 휴가 신청을 제출하다

What will Ms. Larson most likely do on her next tour?

(A) Travel with a group of friends
(B) Cook with local chefs
(C) Fly in a private aircraft
(D) Stay in a single room

Ms. Larson은 다음 여행에서 무엇을 할 것 같은가?

(A) 친구들과 단체로 여행한다
(B) 지역 요리사들과 요리한다
(C) 전용기를 타고 비행한다
(D) 1인실에 묵는다

해설 유형4 | **추론** 연계 문제   정답 (C)

질문의 핵심 어구인 Ms. Larson ~ do on her next tour와 관련된 내용이 언급된 이메일을 먼저 확인한다.

단서1 세 번째 지문(이메일)의 'Well, the company has just announced that it is offering one of its Deluxe Tours.'와 'we can go on the tour together'에서 Ms. Larson이 Worldly Journeys사가 디럭스 투어를 제공하고 있으며 Mr. Tobler에게 그 여행을 같이 가자고 제안했다. 그런데 디럭스 투어에 대한 세부 정보가 제시되지 않았으므로 첫 번째 웹페이지에서 관련 내용을 확인한다.

단서2 첫 번째 지문(웹페이지)의 'Deluxe Tours include flights aboard private jets.'에서 디럭스 투어들은 전용 제트기에서의 비행을 포함한다는 사실을 확인할 수 있다.

두 단서를 종합할 때, Ms. Larson은 다음에 갈 여행인 디럭스 투어에서 전용 제트기를 타고 비행할 것이라는 사실을 추론할 수 있다. 따라서 (C)가 정답이다.

지문 1

From: Gareth Kent (555-1238)
To: Debra Aldrich (555-3753)

Received: 9:05 A.M.

Hi. I am very sorry that I'm running late this morning. [191]I got into a minor accident right in front of my apartment building. It's nothing serious, but I need to answer some questions for my insurance company. The representative will be here soon. [192]What I'm worried about is that I have a meeting with Mr. Nevill from Barnes Shipping at 9:30. I don't want to reschedule since he's an important client. Could you or someone else on the team meet with him?

발신: Gareth Kent(555-1238)
수신: Debra Aldrich(555-3753)

수신됨: 오전 9시 5분

안녕하세요. 오늘 아침 늦어져서 정말 죄송합니다. [191]제 아파트 바로 앞에서 가벼운 사고를 겪었어요. 심각한 건 아니지만 제 보험을 위해 몇 가지 질문에 답해야 합니다. 직원이 곧 여기로 올 것입니다. [192]제가 걱정하는 것은 Barnes 운송사의 Mr. Nevill과 9시 30분에 미팅이 있다는 것입니다. 그는 중요한 고객이기 때문에 일정을 다시 잡고 싶지 않습니다. 당신이나 팀의 다른 사람이 그와 만날 수 있을까요?

지문 2

Accident Report for Moore and Goodwin Auto Insurance
[194]Claims Representative: Gregory Lawrence
Report Number: 891728

This report is to be filled out by a claims representative of Moore and Goodwin Auto Insurance and signed at the bottom by the driver. A signature confirms that all of the information is accurate.

Driver's Information
Name: Gareth Kent
Phone number: 555-1238
E-mail address: gkent@centralco.com

[191/193]**Accident Information**
[191]Location: Vine St. in Atlanta
[193-A]Date and time: April 12, 8:50 A.M.
Description: [193-D]Driver was stopped at a crosswalk, and [193-C]a truck hit his car from behind. [193-B]Nobody involved in the accident was injured.
Color/make/model of car: Black 2nd generation Weston S6 4-door

Damage Caused by Accident*

Section	Details
Back bumper	Scratched and bent on the left side
Trunk	Unable to open
Left taillight	Broken

*Any damages not listed on this report will not be covered by the insurance policy.

Signature: _____   Date: ___April 12___

Moore and Goodwin 자동차 보험사를 위한 사고 보고서
[194]청구 대리인: Gregory Lawrence
보고서 번호: 891728

이 보고서는 Moore and Goodwin 자동차 보험사의 청구 대리인에 의해 작성되고 운전자에 의해 아래에 서명될 것입니다. 서명은 모든 정보가 정확하다는 것을 확인해 줍니다.

운전자 정보
이름: Gareth Kent
전화번호: 555-1238
이메일 주소: gkent@centralco.com

[191/193]사고 정보
[191]장소: 애틀랜타의 Vine가
[193-A]날짜와 시간: 4월 12일, 오전 8시 50분
설명: [193-D]운전자는 횡단보도에 멈춰 있었고, [193-C]트럭이 그의 차를 뒤에서 박았습니다. [193-B]사고에 관여된 누구도 다치지 않았습니다.
차의 색/제품/모델: 검정 2세대 Weston S6 4도어

고로 인해 생긴 손상*

부분	세부 사항
뒤 범퍼	긁히고 왼쪽이 휨
트렁크	열 수 없음
왼쪽 미등	깨짐

*이 보고서에 기재되지 않은 손상들은 보험 정책에 의해 보증되지 않을 것입니다.

서명: _____   날짜: ___4월 12일___

지문 3

To: Brenda Thomas <thomas@mgauto.com>
From: Gareth Kent <gkent@centralco.com>
Subject: Accident Report Follow-Up
Date: April 13
Attachments: IMAGE_268

Dear Ms. Thomas,

[194]I have carefully reviewed the accident report you sent this morning and found that it includes an omission. Your claims representative inspected my vehicle yesterday, and I'm surprised ⊙

수신: Brenda Thomas <thomas@mgauto.com>
발신: Gareth Kent <gkent@centralco.com>
제목: 사고 보고서 후속 조치
날짜: 4월 13일
첨부: 사진_268

Ms. Thomas께,

[194]당신이 오늘 아침에 보낸 사고 보고서를 주의 깊게 살펴보았고 누락 사항이 있다는 것을 발견했습니다. 귀사의 청구 대리인이 어제 제 차량을 점검했고, 그가 문에 있는 손상을

he missed the damage to my door. Perhaps the error occurred because I was in a rush to get to work and told your employee to do the assessment as quickly as possible.

I have attached a photograph to support my claim. If you need to have an insurance agent examine my car a second time, please let me know.

I trust that my claim will be **processed** without any difficulties.

Regards,

Gareth Kent

놓친 것이 놀랍습니다. 제가 일하러 가기 위해 서두르고 있었고 귀사의 직원에게 조사를 최대한 빨리 해달라고 말했기 때문에 실수가 생긴 것 같습니다.

저의 청구를 뒷받침할 사진을 첨부했습니다. 만약 보험사 직원에게 저의 차를 다시 점검하도록 할 필요가 있다면, 저에게 알려주시기 바랍니다.

저의 청구가 어려움 없이 처리될 것이라고 믿습니다.

Gareth Kent 드림

지문 1 **minor** adj. 가벼운, 작은 **serious** adj. 심각한, 진지한 **insurance** n. 보험, 보험금

지문 2 **claim** n. 청구; v. 청구하다, 주장하다 **signature** n. 서명, 특징 **accurate** adj. 정확한, 정밀한 **crosswalk** n. 횡단보도
injured adj. 다친, 부상을 입은 **taillight** n. (자동차의) 미등 **cover** v. 보장하다, 포함시키다

지문 3 **follow-up** n. 후속 조치, 후속편 **carefully** adv. 주의 깊게, 신중히 **omission** n. 누락, 생략 **inspect** v. 점검하다, 검사하다 **error** n. 실수, 오류
occur v. 발생하다, 일어나다 **assessment** n. 조사, 평가, 과세 **support** v. 뒷받침하다, 지지하다

191

난이도 ○●●● 상

What can be inferred about Mr. Kent?

(A) His residence is on Vine Street.
(B) His vehicle was recently purchased.
(C) His client will cancel an appointment.
(D) His insurance policy has expired.

Mr. Kent에 대해 암시되는 것은?

(A) 그의 거주지는 Vine가에 있다.
(B) 그의 차는 최근에 구매되었다.
(C) 그의 고객은 약속을 취소할 것이다.
(D) 그의 보험은 만료되었다.

해설 **유형4 | 추론** 연계 문제 　　　　　　　　　　　　　　　　　정답 (A)

질문의 핵심 어구인 Mr. Kent가 작성한 문자 메시지를 먼저 확인한다.
단서 1 첫 번째 지문(문자 메시지)의 'I got into a minor accident right in front of my apartment building.'에서 Mr. Kent가 아파트 바로 앞에서 가벼운 사고를 겪었다고 했다. 그런데 Mr. Kent의 아파트가 어디인지 제시되지 않았으므로 보고서에서 관련 내용을 확인한다.
단서 2 두 번째 지문(보고서)의 'Accident Information', 'Location: Vine St. in Atlanta'에서 사고 장소가 애틀랜타의 Vine가라는 사실을 확인할 수 있다.
두 단서를 종합할 때, Mr. Kent가 자신의 아파트 바로 앞인 Vine가에서 사고를 겪었다고 했으므로 Mr. Kent의 거주지가 Vine가에 있다는 사실을 추론할 수 있다. 따라서 (A)가 정답이다.

어휘 **residence** n. 거주지, 주택 **vehicle** n. 차, 탈것 **expire** v. (기한이) 만료되다, 끝나다

192

난이도 ○●●● 상

What does Mr. Kent suggest about the meeting?

(A) It should start without him.
(B) It will be held in his office.
(C) It requires more preparation.
(D) It will take place later than planned.

Mr. Kent가 미팅에 대해 암시하는 것은?

(A) 그 없이 시작되어야 한다.
(B) 미팅은 그의 사무실에서 열릴 것이다.
(C) 준비가 더 필요하다.
(D) 미팅은 계획보다 더 늦게 열릴 것이다.

해설 **유형4 | 추론** 세부 정보 　　　　　　　　　　　　　　　　　정답 (A)

질문의 핵심 어구인 Mr. Kent suggest about the meeting과 관련된 내용이 언급된 첫 번째 지문인 문자 메시지를 확인한다. 문자 메시지의 'What I'm worried about is that I have a meeting with Mr. Nevill from Barnes Shipping at 9:30. I don't want to reschedule since he's an important client. Could you or someone else on the team meet with him?'에서 Mr. Kent가 Barnes 운송사의 Mr. Nevill과 9시 30분에 미팅이 있는데 그는 중요한 고객이기 때문에 일정을 다시 잡고 싶지 않다고 했고, 문자 메시지의 수신자인 Ms. Aldrich나 팀의 다른 사람이 고객을 만날 수 있겠냐고 물었으므로 Mr. Kent는 미팅에 참석하지 못할 것이라는 사실을 추론할 수 있다. 따라서 (A)가 정답이다.

난이도 ○○●● 중

What is NOT indicated about Mr. Kent's accident?

(A) It occurred in the morning.
(B) It did not result in any injuries.
(C) It was caused by another vehicle.
(D) It happened while his car was moving.

Mr. Kent의 사고에 대해 언급되지 않은 것은?

(A) 아침에 발생했다.
(B) 어떤 부상도 야기하지 않았다.
(C) 다른 차량에 의해 발생했다.
(D) 그의 차가 움직이는 중에 발생했다.

해설 유형3 | Not/True Not 문제　　　　　　　　　　　　　정답 (D)

질문의 핵심 어구인 Mr. Kent's accident와 관련된 내용을 찾아 각 보기와 대조하는 Not/True 문제이므로 Mr. Kent의 사고와 관련된 내용이 언급된 두 번째 지문인 보고서를 확인한다. (A)는 'Accident information', 'Date and time: April 12, 8:50 A.M.'에서 사고가 일어난 시간이 오전 8시 50분이라고 했으므로 지문의 내용과 일치한다. (B)는 'Nobody involved in the accident was injured.'에서 사고에 관여된 누구도 다치지 않았다고 했으므로 지문의 내용과 일치한다. (C)는 'a truck hit his car from behind'에서 트럭이 Mr. Kent의 차를 뒤에서 박았다고 했으므로 지문의 내용과 일치한다. (D)는 'Driver was stopped at a crosswalk'에서 운전자, 즉 Mr. Kent는 횡단보도에 멈춰 있었다고 했으므로 지문의 내용과 일치하지 않는다. 따라서 (D)가 정답이다.

바꾸어 표현하기

Nobody involved in the accident was injured 사고에 관여된 누구도 다치지 않았다 → It did not result in any injuries 어떤 부상도 야기하지 않았다

어휘　result in　phr. ~을 야기하다, 결과적으로 ~이 되다

194

난이도 ○●●● 상

According to the e-mail, who may have made a mistake?

(A) Ms. Aldrich
(B) Ms. Thomas
(C) Mr. Nevill
(D) Mr. Lawrence

이메일에 따르면, 누가 실수를 한 것 같은가?

(A) Ms. Aldrich
(B) Ms. Thomas
(C) Mr. Nevill
(D) Mr. Lawrence

해설 유형4 | 추론 연계 문제　　　　　　　　　　　　　정답 (D)

질문의 핵심 어구인 who ~ have made a mistake와 관련된 내용을 이메일에서 추론하는 문제이므로 이메일을 먼저 확인한다.
단서 1 세 번째 지문(이메일)의 'I have carefully reviewed the accident report ~ and found that it includes an omission. Your claims representative inspected my vehicle yesterday ~ Perhaps the error occurred because I ~ told your employee to do the assessment as quickly as possible.'에서 Mr. Kent가 사고 보고서를 주의 깊게 살펴보았고 누락 사항이 있다는 것을 발견했는데, Moore and Goodwin 자동차 보험사의 청구 대리인이 어제 자신의 차량을 점검했고 자신이 직원에게 조사를 최대한 빨리 해달라고 말했기 때문에 실수가 생긴 것 같다고 했다. 그런데 차량을 점검하고 보고서를 작성한 청구 대리인이 누구인지 제시되지 않았으므로 보고서에서 관련 내용을 확인한다.
단서 2 두 번째 지문(보고서)의 'Claims Representative: Gregory Lawrence'에서 Mr. Kent의 사고 보고서를 작성한 청구 대리인은 Gregory Lawrence라는 사실을 확인할 수 있다.
두 단서를 종합할 때, Mr. Lawrence가 보고서에 어떤 사항을 누락하는 실수를 했다는 사실을 추론할 수 있다. 따라서 (D)가 정답이다.

난이도 ○○●● 중

In the e-mail, the word "processed" in paragraph 3, line 1, is closest in meaning to

(A) sent out
(B) taken in
(C) dealt with
(D) set up

이메일에서, 3문단 첫 번째 줄의 단어 "processed"는 의미상 ~와 가장 가깝다.

(A) 발송되다
(B) 섭취되다
(C) 처리되다
(D) 준비되다

해설 유형7 | 동의어　　　　　　　　　　　　　　　　정답 (C)

세 번째 지문인 이메일의 processed를 포함하는 구절 'my claim will be processed without any difficulties'에서 processed가 '처리되다'라는 뜻으로 사용되었다. 따라서 '처리되다'라는 뜻을 가진 (C)가 정답이다.

TEST 1　TEST 2　TEST 3　TEST 4　TEST 5　TEST 6　TEST 7

지문 1

[200]The 7th Annual Web Leaders Conference
Saturday, January 22

For the seventh time, the world's most visionary Web designers, programmers, and marketers are convening in Toronto to discuss Internet-based businesses. The conference will take place from 9 A.M. to 3 P.M., with a three-hour reception afterwards. [200]All speeches will be given in Toronto City College's Brown Auditorium. [196]Pamphlets containing details about the speakers and their work will be available near the entrance—please take one and refer to it as needed.

The schedule of speeches is as follows:

9 A.M.	[199]Melissa Rodriguez	Marketing on social media
10 A.M.	Anthony Ritolo	Finding the right programmers for your project
11 A.M.	Evan Harris	Monetizing various services
12 P.M.	ONE-HOUR LUNCH BREAK	
1 P.M.	Tim O'Connell	Sustaining a Web community via e-mail lists
2 P.M.	Henry Fitzpatrick	Moderating online forums
3 P.M.	[197]Sally Carter	Creating a visually appealing home page
[200]4–7 P.M.	RECEPTION IN THE JACOBSEN BALLROOM	

지문 2

TO: Melissa Rodriguez <m.rodriguez@citywide.com>
FROM: Tim O'Connell <t.oconnell@worldmail.com>
SUBJECT: Meeting
DATE: January 20

Dear Melissa,

I just received a flyer for the upcoming Web Leaders Conference, and I noticed you were one of the speakers. [198]I haven't seen you since we interned together at New Wave Industries 10 years ago. [200]If you're available, we should catch up during the reception. I want to hear about what you've been working on and what your plans for the future are. My company is currently looking for new workers, and I thought you might be interested in hearing more about what we do.

[199]Anyway, I'll be sure to attend your speech. I look forward to hearing what you have to say.

Best regards,

Tim O'Connell
Vice president, Amaze Media

---

[200]제7회 연례 웹 선도자 회의
1월 22일, 토요일

일곱 번째로, 세계의 가장 통찰력 있는 웹디자이너들, 프로그래머들, 마케팅 담당자들이 인터넷을 기반으로 하는 사업에 대해 논의하기 위해 토론토에 모입니다. 회의는 오전 9시에서 오후 3시까지 열릴 것이고, 그 후에 3시간짜리 축하 연회가 있을 것입니다. [200]모든 연설들은 토론토 시립 대학의 Brown 강당에서 진행될 것입니다. [196]연설자들과 그들의 업적에 관한 세부 정보를 담은 소책자들이 입구 근처에서 이용 가능할 것이니, 하나 가져가셔서 필요에 따라 참고하십시오.

연설 일정은 다음과 같습니다:

오전 9시	[199]Melissa Rodriguez	소셜 미디어에서의 마케팅
오전 10시	Anthony Ritolo	당신의 프로젝트를 위한 알맞은 프로그래머 찾기
오전 11시	Evan Harris	다양한 서비스를 현금화하기
오후 12시	1시간의 점심 시간	
오후 1시	Tim O'Connell	이메일 목록을 통해 웹 커뮤니티 유지하기
오후 2시	Henry Fitzpatrick	온라인 포럼 조정하기
오후 3시	[197]Sally Carter	시각적으로 매력적인 홈페이지 만들기
[200]오후 4시–7시	JACOBSEN 대연회장에서의 축하 연회	

수신: Melissa Rodriguez <m.rodriguez@citywide.com>
발신: Tim O'Connell <t.oconnell@worldmail.com>
제목: 미팅
날짜: 1월 20일

Melissa에게,

저는 다가오는 웹 선도자 회의의 광고지를 방금 받았고, 당신이 연설자 중 한 명이라는 것을 발견했습니다. [198]우리가 10년 전에 New Wave Industries사에서 함께 인턴을 했던 이후로 당신을 보지 못했습니다. [200]만약 가능하시다면, 우리는 축하 연회 동안 이야기를 나눌 수 있을 겁니다. 저는 당신이 무슨 일을 해 왔는지와 당신의 미래 계획들이 무엇인지에 관해 듣고 싶습니다. 제 회사는 현재 새로운 직원들을 구하고 있고, 당신이 우리가 하는 일에 대해 더 들어보는 것에 관심이 있을지 모른다고 생각했습니다.

[199]어쨌든, 당신의 연설에 반드시 참석하겠습니다. 당신이 무엇을 이야기할지 기대하고 있습니다.

Tim O'Connell 드림
부사장, Amaze 미디어 회사

East Coast Airways
²⁰⁰**Flight Schedule For:** Melissa Rodriguez

Flight	²⁰⁰Departure	²⁰⁰Time	Arrival	Time
EC981	NEW YORK INTERNATIONAL AIRPORT	JAN 22, 6:32 A.M.	TORONTO HARRIS AIRPORT	JAN 22, 7:55 A.M.
EC812	TORONTO HARRIS AIRPORT	JAN 22, 3:00 P.M.	NEW YORK INTERNATIONAL AIRPORT	JAN 22, 4:37 P.M.

Passengers are permitted to bring two carry-on bags on board. All other baggage must be checked at the East Coast Airways desk before departure.

East Coast 항공사
²⁰⁰Melissa Rodriguez의 비행 일정

항공편	²⁰⁰출발	²⁰⁰시간	도착	시간
EC981	뉴욕 국제 공항	1월 22일, 오전 6시 32분	토론토 해리스 공항	1월 22일, 오전 7시 55분
EC812	토론토 해리스 공항	1월 22일, 오후 3시	뉴욕 국제 공항	1월 22일, 오후 4시 37분

승객들은 기내에 두 개의 기내 휴대용 수하물 가방을 가져오는 것이 허용됩니다. 다른 모든 짐들은 출발 전에 East Coast 항공 접수처에서 부쳐져야 합니다.

지문 1 visionary adj. 통찰력 있는, 환영의 marketer n. 마케팅 담당자, 시장 경영자 convere v. 모이다, 소집하다 reception n. 축하 연회, 접수처 afterwards adv. 그 후에, 나중에 pamphlet n. 소책자, 팸플릿 entrance n. 입구, 입장 monetize v. 현금화하다, 화폐로 정하다 sustain v. 유지하다, 지속시키다 moderate v. 조정하다, 사회를 보다 appealing adj 매력적인, 흥미로운 ballroom n. 대연회장, 무도회장

지문 2 intern v. 인턴으로 근무하다; n. 인턴 currently adv. 현재, 지금 attend v. 참석하다, 주의를 기울이다

지문 3 departure n. 출발, 떠남 passenger n. 승객, 여객 carry-on bag phr. 기내 휴대용 수하물 on board phr. 기내에, 탑승한 baggage n. 짐, 수하물 check v. (비행기 등을 탈 때 수하물을) 부치다, 살피다

196

난이도 ○○●● 중

What are conference visitors encouraged to do?

(A) Take photographs
(B) Buy tickets online
(C) Pick up informational material
(D) Ask questions after speeches

회의 방문자들은 무엇을 하도록 장려되는가?

(A) 사진을 찍는다
(B) 온라인으로 티켓을 산다
(C) 정보를 제공하는 자료를 얻는다
(D) 연설 뒤에 질문을 한다

해설 유형2 | 육하원칙 What 　　　　　　　　　　　　　　　　정답 (C)

회의 방문자들이 무엇(What)을 하도록 장려되는지를 묻는 육하원칙 문제이므로 회의를 소개하고 있는 첫 번째 지문인 광고지를 확인한다. 광고지의 'Pamphlets containing details about the speakers and their work will be available near the entrance—please take one and refer to it as needed.'에서 연설자들과 그들의 업적에 관한 세부 정보를 담은 소책자들이 입구 근처에서 이용 가능할 것이니 가져가서 참고하라고 했으므로 (C)가 정답이다.

바꾸어 표현하기

Pamphlets containing details about the speakers and their work 연설자들과 그들의 업적에 관한 세부 정보를 담은 소책자
→ informational material 정보를 제공하는 자료

197

난이도 ○○●● 중

Which speaker will focus on Web design?

(A) Anthony Ritolo
(B) Evan Harris
(C) Henry Fitzpatrick
(D) Sally Carter

어떤 연설자가 웹디자인에 초점을 맞출 것인가?

(A) Anthony Ritolo
(B) Evan Harris
(C) Henry Fitzpatrick
(D) Sally Carter

해설 유형2 | 육하원칙 Which 　　　　　　　　　　　　　　　　정답 (D)

어떤(Which) 연설자가 웹디자인에 초점을 맞출 것인지를 묻는 육하원칙 문제이므로 연설자들과 관련된 내용이 언급된 첫 번째 지문인 광고지를 확인한다. 광고지의 'Sally Carter, Creating a visually appealing home page'에서 Sally Carter가 시각적으로 매력적인 홈페이지 만들기에 관한 연설을 한다고 했으므로 (D)가 정답이다.

바꾸어 표현하기
Web design 웹디자인 → Creating a visually appealing home page 시각적으로 매력적인 홈페이지 만들기

198

난이도 ○○●● 중

How does Mr. O'Connell know Ms. Rodriguez?

(A) He sat next to her during a flight.
(B) He worked at the same company as her.
(C) He wrote a book with her.
(D) He attended the same college as her.

Mr. O'Connell은 어떻게 Ms. Rodriguez를 아는가?

(A) 비행 동안 그녀의 옆에 앉았다.
(B) 그녀와 같은 회사에서 근무했다.
(C) 그녀와 함께 책을 썼다.
(D) 그녀와 같은 대학을 나왔다.

해설 유형2 | 육하원칙 How

정답 (B)

Mr. O'Connell이 어떻게(How) Ms. Rodriguez를 아는지를 묻는 육하원칙 문제이므로 Mr. O'Connell이 Ms. Rodriguez에게 보낸 두 번째 지문인 이메일을 확인한다. 이메일의 'I haven't seen you since we interned together at New Wave Industries 10 years ago.'에서 Mr. O'Connell이 10년 전에 New Wave Industries사에서 함께 인턴을 했던 이후로 Ms. Rodriguez를 보지 못했다고 했으므로 (B)가 정답이다.

바꾸어 표현하기
interned together at New Wave Industries New Wave Industries사에서 함께 인턴을 했다
→ worked at the same company 같은 회사에서 근무했다

199

난이도 ○○●● 중

What does Mr. O'Connell say that he will do?

(A) Listen to a talk about online marketing
(B) Introduce Ms. Rodriguez to his colleagues
(C) Contact New Wave Industries
(D) Help Ms. Rodriguez prepare a speech

Mr. O'Connell은 무엇을 할 것이라고 말하는가?

(A) 온라인 마케팅에 대한 연설을 듣는다
(B) Ms. Rodriguez를 그의 동료들에게 소개한다
(C) New Wave Industries사에 연락한다
(D) Ms. Rodriguez가 연설을 준비하는 것을 돕는다

해설 유형2 | 육하원칙 연계 문제

정답 (A)

질문의 핵심 어구인 Mr. O'Connell say that he will do에서 Mr. O'Connell이 무엇(What)을 할 것이라고 말하는지를 묻고 있으므로 Mr. O'Connell이 보낸 이메일을 먼저 확인한다.
단서 1 두 번째 지문(이메일)의 'Anyway, I'll be sure to attend your speech.'에서 Mr. O'Connell이 당신, 즉 Ms. Rodriguez의 연설에 반드시 참석하겠다고 했다. 그런데 Ms. Rodriguez의 연설이 무엇에 관한 것인지 제시되지 않았으므로 광고지에서 관련 내용을 확인한다.
단서 2 첫 번째 지문(광고지)의 'Melissa Rodriguez, Marketing on social media'에서 Ms. Rodriguez가 소셜 미디어에서의 마케팅에 대한 연설을 할 것임을 확인할 수 있다.
두 단서를 종합할 때, Mr. O'Connell은 Ms. Rodriguez의 온라인 마케팅에 대한 연설에 참석할 것임을 알 수 있다. 따라서 (A)가 정답이다.

바꾸어 표현하기
Marketing on social media 소셜 미디어에서의 마케팅 → online marketing 온라인 마케팅

어휘 colleague n. 동료 prepare v. 준비하다, 대비하다

난이도 ●●●● 최상

What is indicated about Ms. Rodriguez?

(A) She will not give a speech on January 22.
(B) She holds an executive position at Amaze Media.
(C) She has more than two pieces of luggage.
(D) She will not meet Mr. O'Connell at the reception.

Ms. Rodriguez에 대해 암시되는 것은?

(A) 1월 22일에 연설을 하지 않을 것이다.
(B) Amaze 미디어 회사의 간부직에 있다.
(C) 두 개 이상의 수하물을 가지고 있다.
(D) 축하 연회에서 Mr. O'Connell을 만나지 않을 것이다.

해설 유형4 | 추론 연계 문제

정답 (D)

질문의 핵심 어구인 Ms. Rodriguez에게 보내진 이메일을 먼저 확인한다.

단서 1 두 번째 지문(이메일)의 'If you're available, we should catch up during the reception.'에서 Mr. O'Connell이 Ms. Rodriguez에게 가능하다면 웹 선도자 회의의 축하 연회 동안 이야기를 나눌 수 있을 것이라고 했다. 그런데 웹 선도자 회의의 축하 연회가 언제인지 제시되지 않았으므로 광고지에서 관련 내용을 확인한다.

단서 2 첫 번째 지문(광고지)의 'The 7th Annual Web Leaders Conference, Saturday, January 22'와 'All speeches will be given in Toronto City College's Brown Auditorium.'에서 웹 선도자 회의가 1월 22일에 토론토 시립 대학의 강당에서 있을 것이며, '4–7 P.M., RECEPTION IN THE JACOBSEN BALLROOM'에서 축하 연회는 오후 4시부터 7시까지라는 사실을 확인할 수 있다. 그런데 Ms. Rodriguez가 이 시간에 연회에 참석 가능한지 제시되지 않았으므로 일정표에서 관련 내용을 확인한다.

단서 3 세 번째 지문(일정표)의 'Flight Schedule For: Melissa Rodriguez', 'Departure, TORONTO HARRIS AIRPORT, Time, JAN 22, 3:00 P.M.'에서 Ms. Rodriguez가 행사 개최지인 토론토를 1월 22일 오후 3시에 떠난다는 사실을 확인할 수 있다.

세 단서를 종합할 때, Ms. Rodriguez는 1월 22일 오후 4시부터 있는 웹 선도자 회의의 축하 연회에서 Mr. O'Connell을 만나지 못할 것이라는 사실을 추론할 수 있다. 따라서 (D)가 정답이다.

해커스 토익 **PART 7**
집중공략 **777**

정답
취약 유형 분석표

정답 | ANSWER KEYS

PART 7 유형별 전략

예제·실전 문제 정답

문제 유형 01 주제/목적 찾기 문제

예제 **01** (B) **02** (A)
실전 문제 **01** (D) **02** (C) **03** (C) **04** (A)

문제 유형 02 육하원칙 문제

예제 **01** (C) **02** (B)
실전 문제 **01** (C) **02** (B) **03** (D) **04** (A) **05** (D)

문제 유형 03 Not/True 문제

예제 **01** (B) **02** (B)
실전 문제 **01** (B) **02** (B) **03** (A) **04** (C) **05** (B)

문제 유형 04 추론 문제

예제 (C)
실전 문제 **01** (A) **02** (A) **03** (C) **04** (B) **05** (A)

문제 유형 05 의도 파악 문제

예제 (C)
실전 문제 **01** (C) **02** (C) **03** (C) **04** (D)

문제 유형 06 문장 위치 찾기 문제

예제 **01** (D) **02** (B)
실전 문제 **01** (D) **02** (B) **03** (A) **04** (D) **05** (A)

문제 유형 07 동의어 문제

예제 (B)
실전 문제 **01** (D) **02** (D) **03** (D) **04** (D)

TEST 정답

TEST 01

번호	정답	문제 유형	번호	정답	문제 유형
147	(C)	Not/True	174	(A)	추론
148	(B)	육하원칙	175	(C)	의도 파악
149	(B)	육하원칙	176	(D)	Not/True
150	(C)	Not/True	177	(A)	동의어
151	(C)	주제/목적 찾기	178	(B)	육하원칙
152	(D)	추론	179	(D)	추론
153	(C)	의도 파악	180	(D)	육하원칙
154	(C)	추론	181	(C)	추론
155	(C)	육하원칙	182	(C)	추론
156	(D)	Not/True	183	(A)	육하원칙
157	(D)	문장 위치 찾기	184	(D)	육하원칙
158	(C)	주제/목적 찾기	185	(A)	추론
159	(D)	Not/True	186	(B)	Not/True
160	(B)	육하원칙	187	(D)	추론
161	(C)	주제/목적 찾기	188	(A)	추론
162	(B)	추론	189	(C)	동의어
163	(D)	Not/True	190	(B)	육하원칙
164	(C)	주제/목적 찾기	191	(B)	육하원칙
165	(B)	육하원칙	192	(B)	육하원칙
166	(B)	육하원칙	193	(B)	육하원칙
167	(D)	추론	194	(D)	동의어
168	(C)	주제/목적 찾기	195	(A)	추론
169	(B)	Not/True	196	(B)	육하원칙
170	(A)	동의어	197	(C)	추론
171	(D)	문장 위치 찾기	198	(C)	추론
172	(D)	추론	199	(D)	동의어
173	(A)	Not/True	200	(C)	육하원칙

취약 유형 분석표

문제 유형	문항 수	소계
주제/목적 찾기	5	/5
육하원칙	16	/16
Not/True	9	/9
추론	15	/15
의도 파악	2	/2
문장 위치 찾기	2	/2
동의어	5	/5
총계		54

많이 틀린 유형은 복습 시 유형별 문제 풀이 전략(p.20)에서 집중적으로 학습하세요.

TEST 02

번호	정답	문제 유형	번호	정답	문제 유형
147	(C)	Not/True	174	(C)	Not/True
148	(C)	Not/True	175	(D)	문장 위치 찾기
149	(B)	주제/목적 찾기	176	(D)	육하원칙
150	(D)	추론	177	(C)	육하원칙
151	(D)	의도 파악	178	(A)	육하원칙
152	(C)	육하원칙	179	(B)	추론
153	(B)	Not/True	180	(D)	동의어
154	(D)	육하원칙	181	(D)	주제/목적 찾기
155	(C)	주제/목적 찾기	182	(D)	추론
156	(B)	추론	183	(A)	육하원칙
157	(D)	추론	184	(A)	동의어
158	(C)	추론	185	(A)	육하원칙
159	(D)	Not/True	186	(C)	육하원칙
160	(B)	육하원칙	187	(A)	주제/목적 찾기
161	(B)	주제/목적 찾기	188	(D)	동의어
162	(D)	의도 파악	189	(B)	추론
163	(C)	Not/True	190	(B)	추론
164	(B)	육하원칙	191	(D)	주제/목적 찾기
165	(D)	추론	192	(B)	추론
166	(C)	육하원칙	193	(B)	Not/True
167	(C)	Not/True	194	(B)	추론
168	(D)	Not/True	195	(C)	육하원칙
169	(B)	육하원칙	196	(C)	동의어
170	(C)	Not/True	197	(C)	Not/True
171	(B)	문장 위치 찾기	198	(B)	추론
172	(B)	주제/목적 찾기	199	(C)	육하원칙
173	(C)	육하원칙	200	(A)	육하원칙

취약 유형 분석표

문제 유형	문항 수	소계
주제/목적 찾기	7	/7
육하원칙	16	/16
Not/True	11	/11
추론	12	/12
의도 파악	2	/2
문장 위치 찾기	2	/2
동의어	4	/4
총계	54	

많이 틀린 유형은 복습 시 유형별 문제 풀이 전략(p.20)에서 집중적으로 학습하세요.

TEST 03

번호	정답	문제 유형	번호	정답	문제 유형
147	(E)	주제/목적 찾기	174	(A)	추론
148	(C)	Not/True	175	(A)	Not/True
149	(A)	의도 파악	176	(B)	Not/True
150	(D)	육하원칙	177	(B)	육하원칙
151	(D)	주제/목적 찾기	178	(C)	육하원칙
152	(E)	육하원칙	179	(C)	추론
153	(E)	육하원칙	180	(D)	육하원칙
154	(A)	추론	181	(D)	주제/목적 찾기
155	(D)	Not/True	182	(C)	Not/True
156	(A)	육하원칙	183	(D)	동의어
157	(D)	육하원칙	184	(B)	추론
158	(B)	추론	185	(A)	육하원칙
159	(A)	Not/True	186	(A)	주제/목적 찾기
160	(B)	육하원칙	187	(C)	Not/True
161	(B)	Not/True	188	(B)	육하원칙
162	(B)	Not/True	189	(B)	추론
163	(B)	육하원칙	190	(D)	동의어
164	(C)	문장 위치 찾기	191	(D)	Not/True
165	(D)	주제/목적 찾기	192	(A)	추론
166	(D)	육하원칙	193	(C)	동의어
167	(C)	문장 위치 찾기	194	(D)	추론
168	(C)	육하원칙	195	(C)	추론
169	(D)	육하원칙	196	(B)	주제/목적 찾기
170	(D)	의도 파악	197	(C)	육하원칙
171	(B)	육하원칙	198	(D)	육하원칙
172	(C)	동의어	199	(A)	추론
173	(D)	육하원칙	200	(D)	Not/True

취약 유형 분석표

문제 유형	문항 수	소계
주제/목적 찾기	6	/6
육하원칙	19	/19
Not/True	11	/11
추론	10	/10
의도 파악	2	/2
문장 위치 찾기	2	/2
동의어	4	/4
총계	54	

많이 틀린 유형은 복습 시 유형별 문제 풀이 전략(p.20)에서 집중적으로 학습하세요.

TEST 04

번호	정답	문제 유형	번호	정답	문제 유형
147	(C)	Not/True	174	(B)	Not/True
148	(D)	Not/True	175	(C)	문장 위치 찾기
149	(A)	육하원칙	176	(B)	육하원칙
150	(D)	육하원칙	177	(A)	추론
151	(D)	Not/True	178	(C)	육하원칙
152	(B)	Not/True	179	(B)	육하원칙
153	(B)	추론	180	(B)	육하원칙
154	(A)	육하원칙	181	(C)	추론
155	(C)	의도 파악	182	(C)	육하원칙
156	(C)	추론	183	(A)	주제/목적 찾기
157	(D)	육하원칙	184	(C)	추론
158	(D)	주제/목적 찾기	185	(A)	육하원칙
159	(D)	Not/True	186	(B)	주제/목적 찾기
160	(D)	문장 위치 찾기	187	(D)	육하원칙
161	(C)	Not/True	188	(A)	추론
162	(A)	동의어	189	(C)	Not/True
163	(D)	Not/True	190	(D)	육하원칙
164	(C)	주제/목적 찾기	191	(C)	추론
165	(A)	육하원칙	192	(A)	육하원칙
166	(A)	의도 파악	193	(B)	육하원칙
167	(B)	육하원칙	194	(D)	동의어
168	(B)	Not/True	195	(B)	육하원칙
169	(A)	Not/True	196	(C)	추론
170	(D)	육하원칙	197	(C)	추론
171	(B)	추론	198	(A)	추론
172	(B)	주제/목적 찾기	199	(D)	추론
173	(C)	동의어	200	(B)	육하원칙

TEST 05

번호	정답	문제 유형	번호	정답	문제 유형
147	(B)	주제/목적 찾기	174	(C)	육하원칙
148	(C)	육하원칙	175	(C)	Not/True
149	(A)	추론	176	(B)	육하원칙
150	(C)	육하원칙	177	(D)	동의어
151	(D)	Not/True	178	(A)	추론
152	(C)	육하원칙	179	(C)	추론
153	(C)	의도 파악	180	(B)	육하원칙
154	(C)	Not/True	181	(D)	추론
155	(C)	육하원칙	182	(B)	육하원칙
156	(C)	주제/목적 찾기	183	(A)	육하원칙
157	(C)	육하원칙	184	(B)	육하원칙
158	(A)	Not/True	185	(C)	Not/True
159	(C)	Not/True	186	(C)	육하원칙
160	(B)	문장 위치 찾기	187	(B)	추론
161	(B)	추론	188	(A)	추론
162	(D)	의도 파악	189	(D)	추론
163	(A)	육하원칙	190	(C)	추론
164	(D)	추론	191	(C)	육하원칙
165	(B)	추론	192	(A)	동의어
166	(B)	육하원칙	193	(D)	육하원칙
167	(C)	육하원칙	194	(C)	Not/True
168	(C)	Not/True	195	(B)	추론
169	(D)	동의어	196	(D)	주제/목적 찾기
170	(C)	육하원칙	197	(B)	추론
171	(B)	문장 위치 찾기	198	(A)	동의어
172	(C)	주제/목적 찾기	199	(C)	추론
173	(C)	동의어	200	(B)	육하원칙

취약 유형 분석표

문제 유형	문항 수	소계
주제/목적 찾기	5	/5
육하원칙	19	/19
Not/True	11	/11
추론	12	/12
의도 파악	2	/2
문장 위치 찾기	2	/2
동의어	3	/3
총계		54

많이 틀린 유형은 복습 시 유형별 문제 풀이 전략(p.20)에서 집중적으로 학습하세요.

취약 유형 분석표

문제 유형	문항 수	소계
주제/목적 찾기	4	/4
육하원칙	19	/19
Not/True	8	/8
추론	14	/14
의도 파악	2	/2
문장 위치 찾기	2	/2
동의어	5	/5
총계		54

많이 틀린 유형은 복습 시 유형별 문제 풀이 전략(p.20)에서 집중적으로 학습하세요.

TEST 06

번호	정답	문제 유형	번호	정답	문제 유형
147	(C)	Not/True	174	(B)	추론
148	(B)	육하원칙	175	(D)	의도 파악
149	(D)	주제/목적 찾기	176	(D)	Not/True
150	(C)	육하원칙	177	(B)	육하원칙
151	(B)	추론	178	(D)	추론
152	(A)	의도 파악	179	(B)	동의어
153	(D)	주제/목적 찾기	180	(B)	추론
154	(B)	육하원칙	181	(A)	육하원칙
155	(C)	육하원칙	182	(B)	육하원칙
156	(C)	Not/True	183	(C)	동의어
157	(C)	동의어	184	(D)	추론
158	(A)	육하원칙	185	(D)	Not/True
159	(C)	Not/True	186	(B)	Not/True
160	(B)	육하원칙	187	(C)	육하원칙
161	(A)	문장 위치 찾기	188	(D)	육하원칙
162	(C)	육하원칙	189	(A)	추론
163	(D)	Not/True	190	(A)	추론
164	(A)	추론	191	(A)	추론
165	(D)	주제/목적 찾기	192	(C)	Not/True
166	(A)	추론	193	(B)	육하원칙
167	(B)	육하원칙	194	(A)	추론
168	(D)	문장 위치 찾기	195	(D)	육하원칙
169	(A)	주제/목적 찾기	196	(B)	추론
170	(D)	추론	197	(D)	동의어
171	(B)	Not/True	198	(B)	추론
172	(D)	추론	199	(D)	Not/True
173	(C)	육하원칙	200	(C)	추론

취약 유형 분석표

문제 유형	문항 수	소계
주제/목적 찾기	4	/4
육하원칙	16	/16
Not/True	10	/10
추론	16	/16
의도 파악	2	/2
문장 위치 찾기	2	/2
동의어	4	/4
총계	54	

많이 틀린 유형은 복습 시 유형별 문제 풀이 전략(p.20)에서 집중적으로 학습하세요.

TEST 07

번호	정답	문제 유형	번호	정답	문제 유형
147	(D)	Not/True	174	(A)	추론
148	(C)	육하원칙	175	(C)	추론
149	(C)	주제/목적 찾기	176	(A)	Not/True
150	(D)	육하원칙	177	(A)	추론
151	(C)	Not/True	178	(B)	동의어
152	(C)	육하원칙	179	(C)	Not/True
153	(A)	추론	180	(B)	Not/True
154	(D)	의도 파악	181	(C)	주제/목적 찾기
155	(C)	Not/True	182	(B)	Not/True
156	(C)	Not/True	183	(C)	추론
157	(C)	육하원칙	184	(B)	동의어
158	(C)	주제/목적 찾기	185	(A)	Not/True
159	(C)	Not/True	186	(C)	추론
160	(B)	추론	187	(B)	Not/True
161	(B)	주제/목적 찾기	188	(D)	추론
162	(B)	추론	189	(B)	육하원칙
163	(C)	문장 위치 찾기	190	(C)	추론
164	(B)	주제/목적 찾기	191	(A)	추론
165	(C)	추론	192	(A)	추론
166	(B)	육하원칙	193	(D)	Not/True
167	(C)	육하원칙	194	(D)	추론
168	(C)	주제/목적 찾기	195	(C)	동의어
169	(C)	육하원칙	196	(C)	육하원칙
170	(C)	육하원칙	197	(D)	육하원칙
171	(E)	문장 위치 찾기	198	(B)	육하원칙
172	(C)	주제/목적 찾기	199	(A)	육하원칙
173	(E)	의도 파악	200	(D)	추론

취약 유형 분석표

문제 유형	문항 수	소계
주제/목적 찾기	7	/7
육하원칙	13	/13
Not/True	12	/12
추론	15	/15
의도 파악	2	/2
문장 위치 찾기	2	/2
동의어	3	/3
총계	54	

많이 틀린 유형은 복습 시 유형별 문제 풀이 전략(p.20)에서 집중적으로 학습하세요.

시험 당일!

토익 시험일 실검 **1**위 해커스토익!

14만 토익커가 **해커스토익**으로 몰리는 이유는?

 시험 종료 직후 공개!
토익 정답
실시간 확인 서비스

· 정답/응시자 평균점수 즉시 공개
· 빅데이터 기반 가채점+성적 분석
· 개인별 취약 유형 약점보완문제 무료

2 실시간 시험 후기 확인!
해커스토익
자유게시판

· 토익시험 난이도 & 논란문제 종결
· 생생한 시험후기 공유
· 고득점 비법/무료 자료 공유

3 오늘 시험에서는요!
스타강사의
해커스토익 총평강의

· 스타강사의 파트별 총평강의
· 토익시험 정답 & 난이도 분석
· 취약 파트별 전략 공개

4 토익에 대한 모든 정보가
모여있는 곳!
토익 전문 커뮤니티
해커스토익

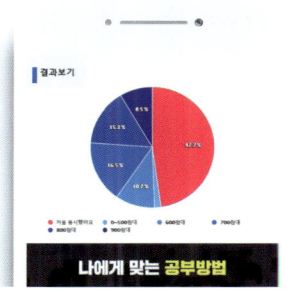

· 토익 고득점 수기, 비법자료 및 스타강사 비법강의 100% 무료!
· 전국 토익 고사장 스피커/시설/평점 공개
· 물토익 VS 불토익 시험당일 난이도 투표부터 나에게 맞는 공부법 추천까지!

시험당일, 토익 정답을 바로 확인하고 싶다면 해커스토익 ▾ 검색

해커스토익
바로가기 ▶

토익정답 확인하고
혜택 몽땅 받기 ▶

스피킹+취업스펙 단기 완성!
외국어인강 1위
해커스 토익스피킹/오픽

실제 수강생들의 **고득점 달성 비법**

토스 세이임 선생님
강의 수강 후
만점 달성!
박*인 수강생

토스 세이임 선생님과 함께 만점 달성!
다양한 주제에 대해 자기만의 주장과 근거를 미리 생각해 놓으라는 선생님의 팁이
실전에서 도움이 되었습니다. 선생님께서 제공해 주신 템플릿도 너무 명확해서 빠르게
흡수하고 체화하여 시험을 응시할 수 있었습니다.

오픽 클라라 선생님
강의 수강 후
AL 달성
한*비 수강생

첫 시험, 2주 준비해서 AL받았어요!
공부를 어떻게 해야 할지부터 시험장에서 어떤 전략을 써야 하는지까지 세세하게
준비해갈 수 있었습니다. 특히 롤플레이 부분이 어려웠는데, 롤플레이에서 써먹을 수
있는 팁들이 도움이 됐어요.

해커스 토익스피킹 / 오픽 교재

11년 연속 토익스피킹
베스트셀러 1위

10년 연속 오픽
베스트셀러 1위

**토스·오픽
고득점 비법 확인
+수강신청 하러 가기!**

해커스영어 **Hackers.co.kr**
해커스인강 **HackersIngang.com**

해커스 토익

PART 7 집중공략 777

실전처럼 풀어보는 문제집

해커스 어학연구소

해커스
토익
PART 7 집중공략 777

실전처럼 풀어보는 문제집

해커스 어학연구소

7가지 유형별 전략 + 7회분 모의고사

해커스
토익 READING RC
PART 7 집중공략 777
실전처럼 풀어보는 문제집

지은이	해커스 어학연구소
펴낸곳	(주)해커스 어학연구소
펴낸이	해커스 어학연구소 출판팀

주소	서울특별시 서초구 강남대로61길 23 (주)해커스 어학연구소
고객센터	02-537-5000
교재 관련 문의	publishing@hackers.com
동영상강의	HackersIngang.com

ISBN	978-89-6542-237-2 (13740)

목차 × CONTENTS

TEST 01

잠깐!
테스트 전 확인사항

<u>1</u> 휴대 전화의 전원을 끄셨나요?　　　　　　　　　　　　　　■ 예
<u>2</u> Answer Sheet, 연필, 지우개를 준비하셨나요?　　　　　　　■ 예
<u>3</u> 시계가 준비되었나요?　　　　　　　　　　　　　　　　　■ 예

모든 준비가 완료되었으면 목표 점수를 떠올린 후 테스트를 시작합니다.

TEST 01을 통해 본인의 실력을 평가해 본 후, 본인에게 맞는 학습 플랜(p.16~17)으로 본 교재를 효율적으로 학습해 보세요.

문제 풀이를 마치는 시간은 지금부터 52분 후인 □□□ 시 □□□ 분입니다.

테스트 시간은 총 54분이며, 시험 종료 전 2분은 정답 검토 및 답안지 마킹을 위해 사용합니다.

PART 7

Directions: In this part, you will be asked to read several texts, such as advertisements, articles, instant messages, or examples of business correspondence. Each text is followed by several questions. Select the best answer and mark the corresponding letter (A), (B), (C), or (D) on your answer sheet.

🕐 **PART 7 권장 풀이 시간   54분**

Questions 147-148 refer to the following invoice.

EDMUNDS RESTAURANT SUPPLIES

Order number: P09Q1617B
Order date: January 24

Client information:
Name: Alfred Finney
Company: Klein's Restaurant
Telephone: 555-2358

Shipping address:
E-mail: a.finney@kleinsrestaurant.com
1312 College Drive, Duluth, MN 55812

Item*	Description	Price
162-K16F	Warner heavy-duty 12-inch meat slicer	$1,480.00
801-B42J	Babbit premium sandwich press	$1,099.98

Notes: Expect delivery in 3 to 5 business days	Subtotal	$2,579.98
	Discount	$257.00
	Tax	$186.02
	Shipping	$18.00
	TOTAL	$2,527.00

*Please enter the appropriate item number. To request the latest catalog by mail, call our customer hotline at 555-0438.

147. What is NOT true about Mr. Finney?

(A) He works at a dining establishment.
(B) He got a discount on a purchase.
(C) He will be reimbursed for tax.
(D) He will receive an order in less than a week.

148. Why would Mr. Finney contact Edmunds Restaurant Supplies?

(A) To report a change of address
(B) To obtain a list of items for sale
(C) To increase the quantity of an order
(D) To take advantage of a promotional offer

**You are cordially invited to attend
the Nancy K. Laughlin Library Dedication Ceremony**
on June 1 at 11:00 A.M.

The city of Martindale is delighted to announce the completion of its newest public library, which will be named after Nancy K. Laughlin. Ms. Laughlin established an adolescent reading program and served the community of Martindale as a librarian for over 40 years. She and her family will be present at the event.

The ceremony, sponsored by the Martindale Chamber of Commerce, will be held outside the entrance of the library. Light refreshments will be served following the event. The staff of the new library will lead tours of the facility every 30 minutes, starting from the circulation desk.

If you plan to attend and would like to reserve a seat, please call Martin Krause at 555-5454. Standing room is also available to the public and does not require a reservation.

149. After whom is the new library named?

(A) A member of a city council
(B) The founder of a youth program
(C) The head of a publishing company
(D) A recently promoted staff member

150. What is NOT true about the event?

(A) It is supported by a local organization.
(B) It will feature guided visits around a facility.
(C) It is open solely to those with invitations.
(D) It will include snacks after the main activity.

GO ON TO THE NEXT PAGE

February 20

Sharon Russell
6531 Sylvan Lake Drive
Sylvan Lake, AB
T4S 1S3 Canada

Dear Ms. Russell,

According to our records, your auto insurance will expire on March 22. Please visit one of our branches to renew your coverage should you desire to continue using your vehicle. To find the location closest to you, visit www.alautoinsurance.ca. Or, for your convenience, you may also make the payment by credit card on the same site.

I am also pleased to inform you that you now qualify for a 12 percent discount on your policy due to your perfect driving record over the past five years. This will be reflected in the cost of your policy.

We thank you for your continued patronage.

Client Services
Alberta Automobile Insurance Agency (AAIA)

151. What is the purpose of the letter?

(A) To announce a new method of payment
(B) To persuade a customer to expand coverage
(C) To inform a client of an expiration date
(D) To accept an insurance policy application

152. What does the letter suggest about Ms. Russell?

(A) She made a request for information.
(B) She is a first-time customer of AAIA.
(C) She has already submitted a payment.
(D) She has had no driving accidents for five years.

Questions 153-154 refer to the following text-message chain.

Anna Yang 3:05 P.M.
Are you still at the office? I forgot some documents I need for my presentation at Benson Legal Services this afternoon.

Lloyd O'Connor 3:06 P.M.
You're in luck. Where did you leave them?

Anna Yang 3:07 P.M.
Check on my desk. They should be in a blue folder labeled "Benson Legal" next to my phone.

Lloyd O'Connor 3:12 P.M.
Found it. I'll bring the folder with me to the meeting. Are you already at their office? I thought Mr. Benson wanted to get together with us at 4 P.M.

Anna Yang 3:13 P.M.
I'm at a print shop right now. Mr. Benson asked to see some examples of other buildings we designed. I thought that it would be good to have some images printed to show him along with the blueprints.

Lloyd O'Connor 3:14 P.M.
Excellent idea. This would be a major project for us, so we need to do everything we can to ensure that he selects our firm.

---

153. At 3:06 P.M., what does Mr. O'Connor mean when he writes, "You're in luck"?

(A) He has prepared for a presentation.
(B) He has not forgotten a file.
(C) He has not left an office yet.
(D) He has met with a client already.

154. Where does Ms. Yang most likely work?

(A) At a print shop
(B) At a Web design company
(C) At an architectural firm
(D) At a law office

GO ON TO THE NEXT PAGE

TEST 1

TEST 2

TEST 3

TEST 4

TEST 5

TEST 6

TEST 7

해커스 토익 PART 7 집중공략 777

Blue Lake Aquariums
Instructions for Testing the pH Value of Aquarium Water

At Blue Lake Aquariums, our expertise lies in creating beautiful, healthy homes for your aquatic pets. In order to ensure that conditions in your tank are optimal for its inhabitants, it is essential that you measure the pH value of the water on a regular basis. For accurate results, please adhere to the following instructions using the chemical test kit included in your Aquarium Starter Package. – [1] –.

Testing the Water Using the pH Test Kit

Clean the test tube provided in the kit. Dip the tube into the tank water and fill it to the 5-milliliter line. – [2] –. Using a dropper, place three drops of the test chemicals into the tube. Put the lid on the tube and lightly shake it for one minute. – [3] –. Compare the resulting shade of liquid to the colors on the chemical color range card. The water should have a pH value of between 6.5 and 7.5. – [4] –. Repeat this process once a week.

155. Why must a test be conducted?

(A) To check whether an aquarium is defective
(B) To measure an aquarium's capacity
(C) To preserve a proper tank environment
(D) To maintain the correct temperature

156. What is NOT included in the instructions?

(A) The amount of water needed for a test
(B) The recommended frequency of a procedure
(C) The ideal range of results
(D) The method for adjusting the pH balance

157. In which of the positions marked [1], [2], [3], and [4] does the following sentence best belong?

"However, if it falls outside of this range, you will need to speak with one of our representatives."

(A) [1]
(B) [2]
(C) [3]
(D) [4]

CLEAN, SPOTLESS DISHES

Cleaning dishes can be difficult, especially when your dishwashing detergent fails to remove spots on your plates and glasses. That is why you should try Waterfall, the powdered dishwashing tablet from Total Soap Incorporated! Waterfall uses a patented rinsing formula that targets grease and grime.

Each box contains 50 tablets made of dishwashing powder. Simply place a tablet in your dishwasher before turning on the machine. The powder will dissolve in the water, and when the dishwasher is finished running, all your cookware will be sparkling clean. It is just that simple.

From now until March 17, we are offering a 10 percent discount on boxes of Waterfall. If you are curious to read customer reviews of Waterfall, visit our Web site at www.totalsoap.com.

158. What is being advertised?

(A) A set of dishware
(B) A new dishwasher
(C) A brand of detergent
(D) A scrubbing sponge

159. What is indicated about Waterfall?

(A) It should only be used on glass items.
(B) It comes in different sizes.
(C) It is sold at online shopping malls.
(D) It is being offered for a reduced price.

160. Why would a customer visit the Web site?

(A) To order a free sample of merchandise
(B) To review feedback from consumers
(C) To learn how to use an item
(D) To request assistance from a technician

GO ON TO THE NEXT PAGE

Questions 161-163 refer to the following notice.

Interlink Transit Notice

Users of Interlink Transit's northern line are asked to take note that, starting on August 15, express buses will be added to weekday routes that start and end at Fairview Shores. This change has been made to facilitate the start of the fall semester at Brandley College. Express buses will operate from 7:00 A.M. until 2:00 P.M., Monday to Friday. Weekend and holiday bus schedules will not be affected. The charge will remain the same for taking an express bus, and the usual reduced rates for students and seniors will still apply. For more information, contact Interlink Transit's customer care center at 555-2309, or visit www.interlinkorlando.net.

161. Why was the notice written?

(A) To publicize a fare reduction
(B) To apologize for a discontinuation of services
(C) To report the addition of bus routes
(D) To announce changes to a holiday schedule

162. For whom were the express buses most likely added?

(A) Suburban commuters
(B) Student passengers
(C) Monthly pass holders
(D) Holiday travelers

163. What is stated about the express buses?

(A) They will travel to an industrial area.
(B) They will not operate on weekdays.
(C) They will have a new weekend schedule.
(D) They will not require users to pay more.

To: David Pastrino <d.pastrino@prestaurant.com>
From: Bill Hallberg <b.hallberg@gvfarms.com>
Date: January 15
Subject: Order

Dear Mr. Pastrino,

Thank you for writing to us regarding the delivery you received last Monday. We would like to sincerely apologize for our errors. I understand that you received 10 crates of eggs instead of 12, and that we sent you low-fat milk instead of whole milk. You must have ended up with someone else's order.

We recently hired a new delivery person, and he is still adjusting to his duties. I have spoken with him, and he assured me that the same mistake will not be made again. To compensate for any inconvenience caused by these oversights, we want to offer you a complimentary one-week supply of eggs and milk. When you receive your regular delivery next Monday, the invoice will only include charges for your other weekly orders of cheese, yogurt, and cream. I hope you will find this a satisfactory resolution.

Sincerely,

Bill Hallberg
Green Valley Farms

164. Why was the e-mail written?

(A) To complain about an order
(B) To request a list of food items
(C) To make amends for an error
(D) To discuss renewing a contract

165. Why was there a problem with the delivery?

(A) The restaurant relocated to a different neighborhood.
(B) A supplier's employee lacks experience.
(C) Mr. Pastrino made a modification to a weekly order.
(D) Mr. Hallberg misread some details on an order form.

166. What does Mr. Hallberg offer?

(A) A shipping charge refund
(B) Some complimentary items
(C) A coupon for online purchases
(D) Express delivery for a future order

167. What is suggested about Green Valley Farms?

(A) It only sells organic products.
(B) It has a partnership agreement with another supplier.
(C) It plans to move its storage facility.
(D) It regularly brings shipments to Mr. Pastrino.

GO ON TO THE NEXT PAGE

Westgate Bus Terminal Will Offer More for Travelers
By Harriet Gardner

At a media event last Thursday morning, the Springvale Transit Authority revealed the brand-new Westgate Bus Terminal. — [1] —. Members of the press were treated to a short talk by transit authority director Warren Middleton before being guided through the state-of-the-art terminal.

Westgate is much more spacious than the City Bus Terminal, which it has replaced. — [2] —. It has parking bays for more than 40 buses and two ticketing areas. In addition, the terminal building has six retail spaces, a coffee shop, and three restaurants, with a BGA Bank branch soon to come. A spokesperson for the transit authority said that all retail and dining spaces have been leased already. — [3] —.

The facilities are a much-needed improvement over the City Bus Terminal, and there is sure to be far less congestion during peak travel hours. However, the interior design and décor are somewhat bland. — [4] —. Muted colors such as gray, black, and white are used everywhere.

The structure was built at a cost of $42 million and will be fully operational in two weeks.

168. What is the purpose of the article?

(A) To announce an upcoming building project
(B) To discuss a new city transit system
(C) To report on a newly opened facility
(D) To introduce a transport authority executive

169. What is NOT currently housed in the Westgate Bus Terminal?

(A) Dining establishments
(B) A bank branch office
(C) A beverage seller
(D) Retail outlets

170. The word "Muted" in paragraph 3, line 4, is closest in meaning to

(A) Subdued
(B) Silent
(C) Arbitrary
(D) Speechless

171. In which of the positions marked [1], [2], [3], and [4] does the following sentence best belong?

"There is no artwork to speak of, and the walls are bare."

(A) [1]
(B) [2]
(C) [3]
(D) [4]

Sandra Quinney	4:34 P.M.	It's about my interview with Isabel Chou on Wednesday. Should I mainly ask about her upcoming exhibition?
Katrina Adeline	4:36 P.M.	Actually, I don't want you to focus too much on that. Harry already covered her career, current work, and solo show at Blinding Comet Gallery in the main article.
Sandra Quinney	4:37 P.M.	Then I'll have to approach it from a different angle. Any ideas?
Harry Wright	4:39 P.M.	I'm sure our readers are interested in getting to know Ms. Chou better. Why don't you focus on the aspects of her life not directly related to her work? Ask about her childhood, her family, and her hobbies.
Sandra Quinney	4:41 P.M.	I'll go with your idea, Harry. And will I be taking the pictures?
Katrina Adeline	4:42 P.M.	Myron might be able to accompany you. Myron, you're free on Wednesday afternoon, right?
Myron Haas	4:46 P.M.	Sure. I enjoyed covering the Bathurst Street Art Week with you, Sandra.
Sandra Quinney	4:46 P.M.	Me too. And I think the story turned out well. Why don't we go together in my car?
Myron Haas	4:46 P.M.	I have a shoot at Sandspit Park that morning, so I'll be close to the studio.
Sandra Quinney	4:47 P.M.	Got it. See you there.

172. Who most likely is Isabel Chou?

(A) A magazine editor
(B) A reporter
(C) A gallery owner
(D) An artist

173. What is mentioned about the upcoming interview?

(A) It will concern Ms. Chou's personal life.
(B) It will be conducted by Mr. Wright.
(C) It will be recorded with a video camera.
(D) It will focus on Ms. Chou's exhibition.

174. What can be inferred about Mr. Haas?

(A) He has worked with Ms. Quinney before.
(B) He is an amateur photographer.
(C) He has visited Ms. Chou's workplace.
(D) He will organize a photography exhibit.

175. At 4:47 P.M., what does Ms. Quinney mean when she writes, "Got it"?

(A) She will join Mr. Haas at an art festival.
(B) She will pick up Mr. Haas at a park.
(C) She will meet Mr. Haas at a studio.
(D) She will visit Mr. Haas at an office.

GO ON TO THE NEXT PAGE

City Council Approves Beautification Project

In a unanimous vote, the Halifax City Council approved a proposed city improvement project at a cost of $7.4 million. Work will include landscaping in public areas and renovation of bus stops and restrooms.

The city will spend $1.8 million redeveloping the existing cruise ship docks and terminal. Plans call for the construction of another berth, new outdoor seating areas, and a food court that will serve a variety of cuisines. Additionally, all facilities will be redecorated to give them a more modern look.

The highlight of the beautification plan is the installation of 20 pieces of art throughout the downtown area. All artwork will be created by regional artists, including stone carver Shirley Weiss and muralist Rick Dawson. The city has decided to go with 12 artists for this project for now, although proposals from artists residing within the province are still being accepted.

Alison Sparrow, a spokesperson for Halifax's urban improvement committee, said, "This is great news for local residents and businesses. It will improve conditions for visitors during the tourist season. And with the upgraded cruise ship dock, we'll be able to draw even more people."

The improvement project will take place over the next three years. It will be funded through local taxes and grants from the provincial government.

TO:	Alison Sparrow <aspar@halifax.gov.ca>
FROM:	Sam Ravenwood <sraven@sendmail.com>
SUBJECT:	City art installation proposals
ATTACHMENT:	Photos
DATE:	April 28

Dear Ms. Sparrow,

My name is Sam Ravenwood, and I am currently studying under Shirley Weiss, who was selected to showcase one of her pieces in the city. Ms. Weiss believes that you may also be interested in my work and advised me to submit an application for the city's beautification project.

I have attached a folder that includes a few photographs of my own carvings, sculptures, and statues. It also contains a short personal biography. Should you like to see some of my artwork up close, Ms. Weiss has given me some space at her studio to use. It is a long trip from Halifax, so I understand if you are unable to travel here.

It would be a great honor to have my work featured in the city, and I look forward to hearing from you soon.

Sincerely yours,

Sam Ravenwood

176. What is NOT part of the city council's beautification plan?

(A) Renovating some public restrooms
(B) Adding more outdoor seating spaces
(C) Creating an area with various dining choices
(D) Constructing a new cruise ship terminal

177. In the article, the phrase "go with" in paragraph 3, line 3, is closest in meaning to

(A) select
(B) accompany
(C) promote
(D) submit

178. According to Ms. Sparrow, what is the goal of the project?

(A) To bring larger businesses to the region
(B) To attract additional tourists
(C) To increase sales for local artists
(D) To raise the employment rate

179. What is suggested about Mr. Ravenwood?

(A) He has already begun working on his city art project.
(B) He recently opened his own sculpture studio.
(C) He is a finalist in an art competition.
(D) He works as an apprentice for a stone carver.

180. What did Mr. Ravenwood send to Ms. Sparrow?

(A) An invitation to an art exhibit
(B) Images of some artwork
(C) An application form for a contest
(D) Details on Ms. Weiss's career

GO ON TO THE NEXT PAGE

GreenJet Airlines: Discount Air Travel with all the Extras!

A discount air ticket isn't so reasonable when passengers are required to fork out extra cash for baggage, seat selection, meals, and even beverages. But at GreenJet Airlines, we don't have hidden charges, like many other airlines do. At the same time we have started offering more flights to several of our current destinations in North America thanks to the purchase of 10 Condor-750 jet airliners last month.

We are continually improving our fleet, and we offer free baggage allowance* to all passengers. Not only that, but complimentary beverages and snacks are served on all flights, and hot meals are free of charge on any flight that is five hours or longer. Vegetarian options are also available for a small extra charge. All seats are equipped with our HiFlyer entertainment console, which is full of music and movie options. Headphones are provided for free.

It's time to stop paying for all the extras when you travel! Check out our incredibly low prices at www.greenjetairlines.com, and book your way to an affordable vacation today!

*Standard: 1 checked bag (25 kilograms maximum)
 Premium: 2 checked bags (50 kilograms maximum combined)

TO	Bookings <bookings@greenjetairlines.com>
FROM	Lana Miller <lanamiller@housemail.com>
DATE	November 29
SUBJECT	Inquiries

Dear Madam or Sir,

I recently booked two tickets to Cancun through your online reservation system. My husband and I are taking the trip to celebrate our anniversary. I have a request regarding our tickets for this flight, however. My reservation number is LM-40394875.

We would like to upgrade to Premium tickets. I confirmed on your Web site that such tickets are available, and I have enough points on my GreenJet Rewards card to cover the cost of the upgrade.

Also, I was wondering if GreenJet Airlines has any partner car rental agencies in the Cancun area. We would be interested in exploring the area while there, and it would be great if we could rent a vehicle from an affiliated business.

I look forward to your response.

Lana Miller

181. What might some passengers pay for on GreenJet flights?

(A) Snacks and beverages
(B) Access to an entertainment system
(C) Special meals
(D) Audio accessories

182. What is indicated about GreenJet Airlines' competitors?

(A) None have a rewards plan.
(B) Many have uncomfortable seating.
(C) Some have unexpected fees.
(D) They use older aircraft.

183. According to the advertisement, what did GreenJet Airlines do last month?

(A) Increased the number of flights for some routes
(B) Introduced additional destinations within North America
(C) Lowered its fares for Premium tickets
(D) Partnered with several major hotel chains

184. Why is Ms. Miller traveling to Cancun?

(A) To participate in a business conference
(B) To take a tour of historical attractions
(C) To commemorate a special date
(D) To watch a sports competition

185. What is suggested about Ms. Miller?

(A) She will be permitted to take two bags on her trip.
(B) She must make an additional payment for her flight.
(C) She can rent a car through GreenJet Airline's Web site.
(D) She plans to attend a wedding ceremony.

GO ON TO THE NEXT PAGE

TEST 1
TEST 2
TEST 3
TEST 4
TEST 5
TEST 6
TEST 7

해커스 토익 PART 7 집중공략 777

Questions 186-190 refer to the following e-mail, survey, and newsletter.

TO: Arthur Gage <arthur28@mailhub.com>
FROM: Customer Support <support@worldstore.com>
SUBJECT: Survey
DATE: January 10

Dear Mr. Gage,

You've been a loyal customer of ours for a while now, having made 15 orders from our store in the past year. Because of this, we are wondering if you'd mind providing feedback about your experience shopping with us. As we hope to become one of the leading online retail stores in the US, we are always anxious to hear how we can improve our service. And for this purpose we ask customers to complete a survey every three months. If you take the survey before January 30, you will be entered into a raffle for a free 49-inch Visionary Tech television.

To take the survey, please click here.

Sincerely,

WorldStore Customer Support

CUSTOMER SURVEY FORM

Name: Arthur Gage
Date: January 25

1. **Overall, how do you feel about WorldStore's service?**
   Very dissatisfied   Dissatisfied   Neutral   <u>Satisfied</u>   Very Satisfied

2. **How often do your orders arrive on time?**
   Never   Seldom   Sometimes   Often   <u>Always</u>

3. **Have you ever returned items because they were damaged during shipping?**
   <u>Yes</u>   No

   If yes, how often does this happen?
   <u>Seldom</u>   Sometimes   Often   Always

4. **Is WorldStore the online retailer you use the most?**
   <u>Yes</u>   No

5. **Are there any ways we can improve our service?**

   There should be a paid membership plan that includes free shipping. I order from this store a lot, and I always have to pay shipping fees.

TEST 1

TEST 2

TEST 3

TEST 4

TEST 5

TEST 6

TEST 7

해커스 토익 PART 7 집중공략 777

WORLDSTORE COMPANY NEWSLETTER
Survey Underscores How Company Can Become Better

To see how we could improve our service as we enter our third year of operation, our customer support department contacted 1,000 regular customers who had been buying products from us frequently and asked them to fill out a questionnaire. They provided some very helpful feedback.

What we've determined from the survey is that, overall, our customers are quite satisfied with our service. Just over 80 percent of them said that orders always arrive on time, and only 16 percent said they had returned an item because it was damaged—we always provide full refunds in such cases. Overwhelmingly, the number one suggestion was for us to offer monthly sales on various items, which we will follow through with in order to increase customer satisfaction. A small number of people also suggested that we include a free shipping option.

To view the full results of our survey, turn to page 8 of this newsletter.

186. What is stated about WorldStore?

(A) It is an international chain store.
(B) It regularly gathers opinions from customers.
(C) It is moving its headquarters to the US.
(D) It is a product review Web site.

187. What is indicated about Mr. Gage?

(A) He does not use WorldStore often.
(B) He sometimes does not receive orders on time.
(C) He began using WorldStore in the last six months.
(D) He will have a chance to win a prize.

188. What has Mr. Gage most likely received from WorldStore before?

(A) A full refund for a product
(B) A gift certificate for electronics
(C) A discount on a new product
(D) A membership card

189. In the newsletter, the word "determined" in paragraph 2, line 1, is closest in meaning to

(A) decided
(B) presented
(C) learned
(D) revised

190. According to the newsletter, what will WorldStore do?

(A) Establish a customer support center
(B) Provide monthly discounts on items
(C) Guarantee timely deliveries
(D) Offer a free shipping service

GO ON TO THE NEXT PAGE

Questions 191-195 refer to the following advertisement, notice, and article.

CALLING ALL ACTORS BETWEEN THE AGES OF 18 AND 27

Shooting will begin this June for Season 2 of the college-themed TV drama *School's In*, and we'll need plenty of extras to help us out. If you're an actor between the ages of 18 and 27, we'd like to hear from you. Right now we're seeking people who can play college students in a garden scene. The shoot will take place on June 24, at Farson University's Cobb Rose Garden, between 8 A.M. and 4 P.M. Lunch from a local restaurant will be provided at 12 P.M. If you're available during that time frame, please send a portrait photo, résumé, and contact information to casting@nsg.com by May 24. Be sure to write "Cobb Rose Garden Scene" in the subject line as e-mails sent without this heading will not be read. Selected applicants will be given a call 10 days before the shoot.

Attention All Farson University Students

The Cobb Rose Garden will be closed on June 24 for the filming of an episode of the show *School's In*. In addition, the parking lot behind the garden and adjacent to the McCormick Dormitory will be open only to those involved in the event, including the television network NSG and Plaza Diner. If you have parked there, please move your car before June 24 or it will be towed. If you have any issues moving your car, please give campus security a call.

All other university facilities will remain open. We've been informed that this is the only time the show will be shot at Cobb Rose Garden, though there may be other shoots on campus. Stay tuned for more information.

David Hart
Dean of Farson University

New Season of *School's In* Brings the Drama

By Susan Richards

School's In, the hit show by NSG, returned this Thursday with a dramatic first episode to start its second season, filmed partly on the campus of Farson University.

The story picks up where the last season left off, with protagonist Luke Marshall (Nick Billings) struggling to pass his freshman year of college, while also dealing with relationship problems. The season premiere comes to a climax when Luke encounters his former girlfriend Sarah (Amanda Stuart) in a rose garden, but she pretends not to see him. So far, online reactions to the episode have been positive, with many commentators calling it an exciting beginning to what is sure to be a great season.

191. According to the advertisement, what should actors submit?

(A) Clips from their previous films
(B) A picture of themselves
(C) Footage of them reading a script
(D) Proof that they are university students

192. What will happen during the shoot?

(A) Extras will be assigned speaking roles.
(B) Plaza Diner will provide catering.
(C) A scene will be filmed in a parking lot.
(D) Acting coaches will provide assistance.

193. According to the notice, what should students do before June 24?

(A) Sign up for a dining plan
(B) Leave McCormick Dormitory
(C) Pay for a parking pass
(D) Move vehicles from an area

194. In the article, the phrase "left off" in paragraph 2, line 1, is closest in meaning to

(A) missed
(B) shifted
(C) occurred
(D) stopped

195. What is suggested about Cobb Rose Garden?

(A) It is only being used for a season premiere.
(B) It is adjacent to a campus security office.
(C) It is the only garden at Farson University.
(D) It is open exclusively to people at a nearby dormitory.

GO ON TO THE NEXT PAGE

TEST 1

TEST 2

TEST 3

TEST 4

TEST 5

TEST 6

TEST 7

해커스 토익 PART 7 집중공략 777

Questions 196-200 refer to the following flyer, form, and e-mail.

Unique Lighting Suppliers

Unique Lighting Suppliers always treats each office with special care, taking into consideration its specific requirements. For over seven years, we have made sure our customers receive reasonably priced, high-quality services.

We offer a variety of lighting types and prices.
• LED $80 per light*
• Fluorescent $65 per light
• Neon $50 per light

There is a $2 installation fee per light (any kind)
*Buy 20 or more LED lights and get free installation (only applicable for LED installation)

Fill out a quote request form online at www.uniquelighting.com. We guarantee you will be sent a quote within 24 hours of submitting the form. And remember, the more details you provide, the better!

Unique Lighting Suppliers
Quote Request Form

Today's date	Monday, February 27
Name	Martha Holland
Company	Chrome Graphics and Design
E-mail address	MHolland@chromegandd.com
Telephone	922-555-9317
Address	1920 S. Wabash St., Chicago, IL
Delivery and installation date (please include three dates in order of preference)	1) Monday, March 6 2) Wednesday, March 8 3) Thursday, March 9
Number of items requested	(25) LED Lights
Comments	We currently use fluorescent lights in our office, but my boss wants to switch to LED lights since they consume less energy and are better for the environment. We are going to be renovating our office in a couple of months, so we may order 15 more fixtures at a later date.

TEST 1

TEST 2

TEST 3

TEST 4

TEST 5

TEST 6

TEST 7

해커스 토익 PART 7 집중공략 777

To: Martha Holland <MHolland@chromegandd.com>
From: Claire Harp <claire@uniquelighting.com>
Date: February 28
Subject: Chrome Graphics and Design Quote Request
Attachment: Quote_101A

Dear Ms. Holland,

Thank you for submitting a quote request form. We would love to help you replace the lighting in your company's office.

I've attached a quote for 25 LED lights, as you requested. Our company was founded five years ago today, and for this reason all orders are 10% off this week. This discount is noted in the attached quote. Unfortunately, we are fully booked on Monday and Thursday. We can, however, accommodate your delivery and installation request on the other day you indicated.

We appreciate your business!

Sincerely,

Claire Harp
Unique Lighting Suppliers

196. Why does Chrome Graphics and Design want to switch to LED lights?

(A) They are less expensive.
(B) They help to save energy.
(C) They are easier to install.
(D) They are less fragile.

197. What is indicated about Ms. Holland?

(A) She wants to return a shipment.
(B) She will pay with a credit card.
(C) She will receive a complimentary installation.
(D) She wants various types of lights.

198. When will the lights probably be installed at Chrome Graphics and Design?

(A) February 28
(B) March 6
(C) March 8
(D) March 9

199. In the e-mail, the word "accommodate" in paragraph 2, line 4, is closest in meaning to

(A) provide room for
(B) get used to
(C) assume
(D) fulfill

200. According to the e-mail, why is Unique Lighting Suppliers providing a discount this week?

(A) To celebrate a product launch
(B) To clear out its warehouse
(C) To mark an anniversary
(D) To attract new customers

정답 [책 속의 책] p.160 / 해석·해설 p.82

▌다음 페이지에 있는 Review 체크리스트에 따라 틀린 문제를 다시 점검해보세요.

Review 체크리스트

TEST 01을 푼 다음, 아래 체크리스트에 따라 틀린 문제를 리뷰하고 박스에 완료 여부를 표시하세요.

먼저 **필수 리뷰 체크리스트**를 참고해 리뷰를 마치세요.
'취약점 진단하기'(p.14)' 결과에 따라 좀 더 꼼꼼하게 리뷰하고 싶은 학습자의 경우,
취약점별 리뷰 체크리스트를 참고해 자신의 취약점을 더욱 확실하게 보완할 수 있습니다.

꼭 확인해야 하는
필수 리뷰 체크리스트

- ☐ 틀린 문제의 문제를 해설을 보지 않고 다시 풀어봤다.
- ☐ 틀린 문제의 **답과 해설**을 확인한 후, **틀린 원인**을 생각해 보았다.
- ☐ 지문을 다시 읽으며 해석이 안 됐던 문장을 **스스로 해석**해 보았다.
- ☐ 지문별로 모르는 **어휘를 정리**하여 암기했다.
- ☐ 지문과 보기에서 사용된 **패러프레이징**을 확인했다.

나의 취약점 맞춤 보완을 위한
취약점별 리뷰 체크리스트

나의 취약점	리뷰 항목
Ⓐ 시간 관리 능력	☐ 시간을 단축할 수 있는 풀이 순서를 정해, 다시 한번 문제를 풀어보았다. ☐ 정확하게 시간을 재어 주어진 시간 내에 가능한 많은 문제를 풀어보았다.
Ⓑ 요점 파악 능력	☐ 주제/목적 찾기 문제를 풀며 답을 예상해보고, 글의 핵심을 정확하게 파악하는 연습을 했다. ☐ 문제의 키워드를 찾고 이를 지문의 단서 부분과 바로 연결시켜 보면서, 지문에서 필요한 부분만 찾아 읽는 연습을 했다.
Ⓒ 추론 능력	☐ 추론 문제를 풀 때, 정확한 단서에 근거하여 논리적으로 정답을 골랐는지 다시 한번 확인했다. ☐ 틀린 추론 문제는 해석, 해설을 꼼꼼히 확인하여 정답의 근거를 확실히 이해했다.
Ⓓ 장문 독해 능력	☐ 문제의 키워드를 바탕으로 정답의 근거가 있을 만한 지문을 정확하게 선택하는 연습을 했다. ☐ 다중 지문의 연계 문제를 복습하며 각각의 지문에서 단서를 찾아 조합하는 연습을 했다.
Ⓔ 어휘력	☐ 테스트가 끝나고 복습을 하며 모르는 어휘를 정리하여 알아두었다. ☐ 바꾸어 표현하기 부분을 따로 정리하여 복습했다.

TEST 02

잠깐!
테스트 전 확인사항

1 휴대 전화의 전원을 끄셨나요?
2 Answer Sheet, 연필, 지우개를 준비하셨나요?
3 시계가 준비되었나요?

■ 예
■ 예
■ 예

모든 준비가 완료되었으면 목표 점수를 떠올린 후 테스트를 시작합니다.
문제 풀이를 마치는 시간은 지금부터 52분 후인 ▢▢시 ▢▢분입니다.
테스트 시간은 총 54분이며, 시험 종료 전 2분은 정답 검토 및 답안지 마킹을 위해 사용합니다.

PART 7

Directions: In this part, you will be asked to read several texts, such as advertisements, articles, instant messages, or examples of business correspondence. Each text is followed by several questions. Select the best answer and mark the corresponding letter (A), (B), (C), or (D) on your answer sheet.

🕐 **PART 7** 권장 풀이 시간   54분

Questions 147-148 refer to the following advertisement.

Tidy-Mate Professional Housekeeping Services
Serving Morgantown for over 30 years

Tidy-Mate provides basic cleaning services to residential customers. Choose from one-time, weekly, biweekly, or monthly visits that include:

- Dusting picture frames, mirrors, shelves, and furniture
- Wiping, mopping, and disinfecting floors
- Vacuuming carpets and upholstery
- Reducing clutter and disposing of household trash

To schedule an appointment, call 555-2309.

Our courteous and fully trained staff members are eager to assist you. We supply all the gear and only use safe cleaning materials.

147. What service is NOT offered by Tidy-Mate?

(A) Cleaning carpets
(B) Wiping away dust
(C) Disinfecting toilets
(D) Discarding garbage

148. What is mentioned about Tidy-Mate?

(A) It has multiple branches.
(B) It serves corporate clients.
(C) It brings its own equipment.
(D) It offers a one-year contract.

Questions 149-150 refer to the following memo.

MEMORANDUM

TO: West Columbia Air flight attendants
FROM: Martin Buckwell, Personnel director
DATE: August 9
SUBJECT: Training

All newly hired West Columbia Air flight attendants are required to attend a training program. This will be conducted in Seattle at our corporate headquarters from September 3 to October 5. Sessions will take place on weekdays and cover topics ranging from performing your duties during emergency situations to interacting with unruly travelers. You'll also learn about a flight attendant's regular tasks, such as making announcements over the intercom and serving food and beverages.

Everyone will be staying at the Gulf Island Hotel, located just a five-minute walk from the training center. Please get in touch with the organizer of the training program, Jane Meyers, and give her your full name and phone number since she's in charge of your accommodation.

149. What is the memo mainly about?

(A) The relocation of an airline's main office
(B) The details of a training course
(C) The plans for a recruitment session
(D) The need to hire additional flight attendants

150. What is suggested about Ms. Meyers?

(A) She will lead some sessions.
(B) She is a former airline employee.
(C) She is Mr. Buckwell's manager.
(D) She will make hotel reservations.

GO ON TO THE NEXT PAGE

TEST 1

TEST 2

TEST 3

TEST 4

TEST 5

TEST 6

TEST 7

해커스 토익 PART 7 집중공략 777

Questions 151-152 refer to the following text-message chain.

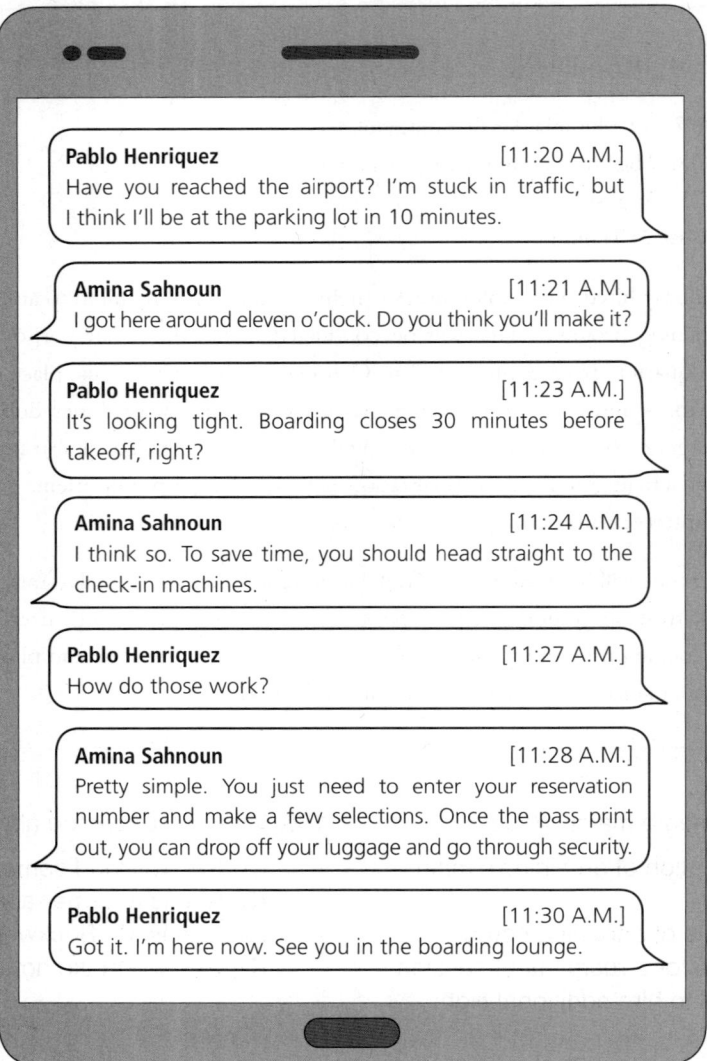

Pablo Henriquez [11:20 A.M.]
Have you reached the airport? I'm stuck in traffic, but I think I'll be at the parking lot in 10 minutes.

Amina Sahnoun [11:21 A.M.]
I got here around eleven o'clock. Do you think you'll make it?

Pablo Henriquez [11:23 A.M.]
It's looking tight. Boarding closes 30 minutes before takeoff, right?

Amina Sahnoun [11:24 A.M.]
I think so. To save time, you should head straight to the check-in machines.

Pablo Henriquez [11:27 A.M.]
How do those work?

Amina Sahnoun [11:28 A.M.]
Pretty simple. You just need to enter your reservation number and make a few selections. Once the pass print out, you can drop off your luggage and go through security.

Pablo Henriquez [11:30 A.M.]
Got it. I'm here now. See you in the boarding lounge.

151. At 11:23 A.M., what does Mr. Henriquez mean when he writes, "It's looking tight"?

(A) He may have to pay an extra fee for luggage.
(B) He is having trouble finding a parking spot.
(C) He is concerned that seats are fully booked.
(D) He may not be able to board a plane on time.

152. What does Ms. Sahnoun advise Mr. Henriquez to do?

(A) Make a new reservation
(B) Speak to a flight attendant
(C) Use an automated service
(D) Download a mobile ticket

TO: All Beaumont Department Store sales staff
FROM: Madeleine Phillippe, Sales director
SUBJECT: Holiday arrangements
DATE: October 28

The holiday season will soon be upon us, so I would like to start arranging work schedules. The store usually closes from December 31 to January 1, but unlike last year, we will stay open from 10 A.M. to 3 P.M. on December 31. Staff willing to work on that day will receive overtime and an additional day of paid vacation to use at their leisure. If you are interested, please notify your department manager.

I am also sure that many of you will be traveling for the holidays and may wish to use your vacation days in December or January. Those wishing to do so are kindly asked to submit a leave application to the administrative office by November 10. Failure to meet this deadline may result in the rejection of a leave request.

Should you have any inquiries regarding the above information, call me at extension 92, or contact Bobby Depuis, our associate sales director, at extension 98.

153. What is mentioned about Beaumont Department Store?

(A) It has increased its overtime rate.
(B) It will have a different holiday schedule this year.
(C) It is holding a seasonal promotion.
(D) It will open later than usual on December 31.

154. According to Ms. Phillippe, what will happen if a deadline is not met?

(A) An establishment will not open on time.
(B) Extra work shifts will be added.
(C) Planned meetings may be canceled.
(D) Requests may not be approved.

GO ON TO THE NEXT PAGE

Market Square Nears Completion

By Timothy Hartwell

YORKVILLE—Construction is nearly finished on Market Square, an outdoor shopping district in the centre of Yorkville. The square, which is set to officially open on June 5, will consist of a cobblestone walkway, a fountain, a variety of businesses, and a sculpture by local artist James Thurwell.

The plaza is the centrepiece of Mayor Hugh Granley's efforts to revitalise the central business district. "After 5 P.M., when everyone goes home from work, our city centre becomes completely empty," Granley said in a recent speech. "Cities like Liverpool, Sheffield, and Manchester have thriving city centres. I see no reason why that shouldn't be true of Yorkville as well."

When it opens, Market Square will have several restaurants, a few cafés, a mobile phone retailer, and some clothing shops. All will be open into the evening, while the cafés and some eateries will remain open past midnight.

If Market Square succeeds in making Yorkville's central business district a popular entertainment destination, Mayor Granley says he will increase its size two years from now to accommodate even more businesses.

155. Why was the article written?

(A) To announce a mayor's speech
(B) To recommend some new restaurants
(C) To publicize an urban project
(D) To praise a new sculpture

156. What does the article suggest about Market Square?

(A) It will contain many spaces for artists.
(B) It is expected to draw people downtown.
(C) It was funded by local businesses.
(D) It resembles a plaza in Manchester.

157. What will the mayor most likely do if the project succeeds?

(A) Hold a public celebration
(B) Launch a tourism campaign
(C) Rename a business district
(D) Add more commercial space

Attention: Blaine Forest Campfire Regulations

Please note that overnight campers at Blaine Forest National Park are permitted to build fires as long as they obey the following guidelines:

1. Campfires are only allowed in officially designated locations. These include all four of the park's campgrounds.

2. Every campsite has a fire pit. Do not start fires outside of these enclosures, and make sure that burning pieces of wood do not extend beyond them.

3. Do not use any wood from the forest. Campers may buy firewood from local retailers or purchase bundles at campground offices for $10 each.

4. Be sure to put out your fire completely. Buckets are available at the water station for this purpose.

5. Do not dispose of your trash in a fire pit as this may attract unwanted wildlife. Please take all garbage with you when you leave the forest.

Fire extinguishers and other safety equipment are located at campground offices. If you see smoke or fire outside of the permitted locations, report it immediately by dialing 555-9111. We kindly thank you for cooperating. By doing so, you can help to prevent a destructive forest fire.

158. For whom is the information most likely intended?

(A) Forestry industry workers
(B) National park staff members
(C) Camping area visitors
(D) Fire department employees

159. What is NOT listed as a policy of Blaine Forest National Park?

(A) Fires must only be lit within designated sites.
(B) Waste must be removed when leaving.
(C) Wood from the forest must not be used for burning.
(D) Campers must not use campfires for cooking.

160. Why would visitors call the number provided?

(A) To reserve a space at a campground
(B) To notify park staff of unauthorized fires
(C) To ask about the location of safety equipment
(D) To report a problem with garbage disposal

GO ON TO THE NEXT PAGE

해커스 토익 PART 7 집중공략 777

Questions 161-164 refer to the following online chat discussion.

Andre Booyens	[1:10 P.M.]	I see that most technology team members are logged in now. Does anyone know when Melina Fourie will be joining us?
Riana Swart	[1:11 P.M.]	She's attending the director's meeting.
Andre Booyens	[1:13 P.M.]	OK. Let's get going. At our last session we agreed that the SA Sports Time application needs to be improved. Naleli, have you had time to go through the user comments?
Naleli Mthembu	[1:13 P.M.]	Yes. Lots of people complained that the headlines at the top of the page switch too quickly.
Donna Phiri	[1:14 P.M.]	And some users said they wanted to browse the daily news by scrolling up and down, not side to side. Others reported that some photographs in the articles weren't clear enough.
Riana Swart	[1:14 P.M.]	Those are the main things we need to fix.
Andre Booyens	[1:14 P.M.]	Do you agree, Lwazi?
Lwazi Mabena	[1:15 P.M.]	I'm on board with simplifying the user interface.
Andre Booyens	[1:15 P.M.]	Before we move on, were there any other big complaints, Naleli?
Naleli Mthembu	[1:16 P.M.]	Well, a lot of users were frustrated by the advertisements. They're in the way and a bit too easy to open accidentally.
Andre Booyens	[1:17 P.M.]	I see. Then Lwazi and Donna, I'd like you to consider these points and submit a detailed analysis about how to fix them. Riana and Naleli, you can work on incorporating the advertisements more smoothly.

Send

161. Why did Mr. Booyens write to the team members?

(A) To announce a company decision
(B) To figure out ways to improve a product
(C) To inform them about user feedback
(D) To summarize the results of a meeting

162. At 1:11 P.M., what does Ms. Swart mean when she writes, "She's attending the director's meeting"?

(A) Ms. Fourie would like to reschedule a team meeting.
(B) Ms. Fourie can perform several tasks at the same time.
(C) Ms. Fourie is no longer a member of the technology team.
(D) Ms. Fourie will be unable to participate in a discussion.

163. What is NOT mentioned about SA Sports Time?

(A) Its news is updated every day.
(B) It features some images.
(C) It was designed by a user.
(D) It includes promotional content.

164. What does Mr. Booyens want to receive?

(A) A grant proposal
(B) A solution report
(C) A complaint form
(D) A budget estimate

Questions 165-167 refer to the following e-mail.

TO	Joanna Denver <jden@westmail.com>
FROM	Richard Mason <rmason@majorflooring.com>
SUBJECT	Re: Service inquiry
DATE	January 12

Dear Ms. Denver,

Thank you for your inquiry yesterday regarding our services and products. I understand that you would like to replace the tile flooring in your firm's lobby with marble. I'm pleased to say that we offer a wide array of styles and colors to choose from. I suggest you visit our store and showroom at 54 Lexington Street to look at the available products. We have some new stock from Italy that you may be interested in. Please keep in mind that our imported and domestically produced tiles have different prices. And of course, labor costs will be added to the amount you are charged for flooring.

Regarding the work, removal and installation will take us several days. And as our employees are off on weekends, you will have to schedule time for us during the week. You can expect noise and disturbances, and your staff will not be able to enter the lobby while the work is being performed. Also note that the newly laid flooring should not be walked on for 24 hours. After the work is completed, we provide one complimentary cleaning.

Should you require any further information, please let me know.

Sincerely,

Richard Mason
Proprietor, Major Flooring

165. What most likely happened on January 11?

(A) Tiles were ordered from Italy.
(B) Installation of marble flooring was completed.
(C) Major Flooring began operations.
(D) Ms. Denver requested some information.

166. What is Ms. Denver interested in doing?

(A) Constructing a residential building
(B) Viewing some imported products
(C) Renovating her company's lobby
(D) Changing a previously selected color

167. What is NOT true about Major Flooring?

(A) The cost of its materials varies.
(B) It provides a free follow-up service.
(C) It undertakes projects on weekends.
(D) It restricts access while work is ongoing.

GO ON TO THE NEXT PAGE

Dubai to Welcome Swiss Watchmaker

Top luxury brands from around the world have established retail operations in Dubai, and later this year, Swiss watchmaker Lancy will follow suit. — [1] —. It will be setting up a branch in Royal Mall, a six-story complex with more stores than any other shopping space in the city.

Naseer Al-Faheem, owner of Royal Mall, stated at a press conference this week, "To reach this agreement, I had to convince representatives of the iconic Swiss brand that our mall was a suitable place to sell their timepieces." — [2] —. The family firm has a history of being highly selective about where its watches are sold. Mr. Al-Faheem addressed this challenge by offering Lancy a central retail space within his mall. Clearly, his approach has worked. — [3] —.

As Lancy spokesperson Liliane Segal explained, "Mr. Al-Faheem took appropriate steps to ensure that Lancy would be given the respect it is due given its 60-year history." The store opening is scheduled to take place on March 15 and will be attended by officials from both the watchmaker and the mall. — [4] —.

168. What does the article mention about Royal Mall?

(A) It employs international sales staff.
(B) It will open a second location.
(C) It is connected to a luxury hotel.
(D) It will include a new store.

169. Who is Mr. Al-Faheem?

(A) A sales representative at a shopping mall
(B) The proprietor of a business establishment
(C) A public relations officer at a watch company
(D) The architectural designer of a city landmark

170. What does Ms. Segal mention about Lancy?

(A) It has inspired other retailers to open stores in Dubai.
(B) It has opened other outlets in the region.
(C) It has been in operation for more than half a century.
(D) It has sold products online for several years.

171. In which of the positions marked [1], [2], [3], and [4] does the following sentence best belong?

"Wary of diminishing its brand value, Lancy was not easily persuaded."

(A) [1]
(B) [2]
(C) [3]
(D) [4]

ANNUAL REPORT OF THE CITY ENGINEER

Peyton, Colorado

Due to an unusually long cold period this year, some improvements scheduled to start in March were delayed until the first week of April. — [1] —. Nevertheless, all work is now proceeding at a good pace, and expectations are high that the backlog will be eliminated by mid-May.

The resurfacing of Mile Road, which connects Main Street to State Highway 24, was completed on schedule and within budget. In addition, several local roads within the city limits were repaired. Throughout the city, 16 road signs were replaced. — [2] —.

Ongoing improvements to increase public safety include the installation of wheelchair ramps outside employee entrances to public buildings. Malfunctioning traffic and crosswalk signals are also being repaired. — [3] —.

As approved by the city council last year in an effort to lower operating costs, all water mains are to be replaced with larger pipes. Parts for the replacement project have been ordered. — [4] —.

Finally, a price estimate for the landscaping of sections of Peyton Highway will be submitted next month, with work expected to start in June. Included in this are the costs of trees, shrubs, lighting, and concrete dividers.

Prepared by:

Charles Whitney, City Engineer
City of Peyton

---

172. Why was the report written?

(A) To approve the recommencement of repairs
(B) To outline the progress of infrastructure projects
(C) To explain payments made to work crews
(D) To halt maintenance operations

173. Which project is currently taking place?

(A) The addition of crosswalk signals
(B) The expansion of a parking area
(C) The improvement of wheelchair access
(D) The repainting of faded signs

174. Which item is NOT included in the cost estimate for Peyton Highway?

(A) Plant varieties
(B) Lighting equipment
(C) Water mains
(D) Concrete dividers

175. In which of the positions marked [1], [2], [3], and [4] does the following sentence best belong?

"They are expected to arrive in May."

(A) [1]
(B) [2]
(C) [3]
(D) [4]

GO ON TO THE NEXT PAGE

Questions 176-180 refer to the following article and e-mail.

Global Music Festival

The annual Global Music Festival, held each year in London's Ludlow Park, is back and bigger than ever. After extensive negotiations, the concert organizers were allotted the entire park rather than just a portion of it, thereby permitting the use of three stages instead of two for the first time in the history of the event.

Concert organizer Stanley Finch stated that each stage will be outfitted to highlight a different variety of music. Stage 1 will focus on stringed instruments, Stage 2 will feature vocalists, and Stage 3 will showcase percussion instruments. Mr. Finch hopes this arrangement will make it easier for people to find performers they want to see.

Although organizers are still booking acts, numerous headliners have already been selected. On July 8, the acclaimed Senegalese drummer Mamadou Niang will perform on Stage 3. And on the 10th, Chinese pipa player Shu Lin will close the night with a concert on Stage 1. Lastly, on the final night of the event, July 11, we will welcome a special mystery performer to close the festival. This performance will start at 8 P.M. on Stage 2.

An eclectic assortment of foods will be available during the festival, with vendors selling snacks and beverages from various nations.

TO: Kate O'Connell <kate@kateoconnellmusic.com>
FROM: Pat Dolan <pat@dublinmusicmanagement.com>
SUBJECT: Global Music Festival
DATE: June 12

Dear Kate,

I'm happy to tell you that I've booked you a spot at the upcoming Global Music Festival in Ludlow Park, London. It's an internationally significant event, and I think performing there will give you an opportunity to reach a new fan base. Your special set will take place on July 11 at 8 P.M. on Stage 2.

I spoke to Stanley Finch, the concert organizer, and he said that every year on the first morning of the event, he meets with musicians to go over some basic rules and to give them an overview of the park's layout. Thus, everyone is asked to convene at the main entrance by 10 A.M.

Ludlow Park is located in the heart of London's commercial district, so it will be easy to secure you lodging in the vicinity. I'll contact you with further information about your accommodation soon.

Sincerely,

Pat Dolan

176. According to the article, what will be different about this year's Global Music Festival?

(A) It will last longer than last year's event.
(B) It will feature locally based musicians.
(C) It will take place outside an urban area.
(D) It will occupy a larger space than previously.

177. What will be sold at the festival?

(A) Discounted souvenirs
(B) Autographed posters
(C) International cuisine
(D) Festival-related attire

178. What will Ms. O'Connell do?

(A) Perform at the end of a festival
(B) Play with a group of violinists
(C) Accompany a percussionist on stage
(D) Make her debut as a solo artist

179. What is indicated about Mr. Finch?

(A) He is Ms. O'Connell's manager.
(B) He has organized past performances.
(C) He writes reviews for a music magazine.
(D) He is a well-known stage designer.

180. In the e-mail, the word "convene" in paragraph 2, line 3, is closest in meaning to

(A) gather
(B) compile
(C) socialize
(D) cooperate

TEST 1
TEST 2
TEST 3
TEST 4
TEST 5
TEST 6
TEST 7

GO ON TO THE NEXT PAGE

Questions 181-185 refer to the following letters.

May 11
Countrywide Tours
Postbus 530
3505 AP, Amsterdam
Netherlands

Dear Madam or Sir,

My husband and I have just returned from a five-day vacation booked through your company to Avia Napa, Cyprus. I chose this destination based on your brochure, which advertised an affordable and relaxing holiday at a hotel near Nissi Beach. Ms. Young, the travel consultant who assisted me, promised to book us a quiet room facing the ocean if we bought a package that also included a flight. We asked for a morning departure and paid a total of €3,000.

However, we did not get what we expected. First of all, our flight was delayed and arrived at Nicosia Airport in the early evening. Second, while we were warmly welcomed by the staff at Hotel Nero, our room was at the rear of the building, directly above the hotel's boisterous outdoor restaurant. We requested a quieter room on a higher floor and were given one after paying €100 for a room upgrade. Finally, as we learned the following morning, the resort was so far from the nearest beach that we had to take a taxi each time we went there. Thus, I believe I am entitled to compensation.

In the end, what should have been an economical and relaxing trip turned out to be quite the opposite. I was planning to reserve a spot on Greek Islands Getaway, the cruise you offer in July, but now I'm not sure I'll do so.

Sincerely,

Lorraine Peluso

May 20

Lorraine Peluso
Prinses 27
3516 AP 190-D, Amsterdam
Netherlands

Dear Ms. Peluso,

On behalf of Countrywide Tours, I sincerely apologize for the difficulties you encountered on your recent excursion to Cyprus. I have called the hotel to find out what went wrong with your room reservation and will make sure that similar mistakes do not happen again.

We would be happy to refund the €100 you paid for a room upgrade. However, the need for transportation to and from the beach is noted in the package brochure that Ms. Young gave you, so that amount cannot be refunded. In place of that, we would be happy to offer a 10 percent discount on the travel package you are considering for July.

Please contact me at 555-2853 if I can be of any further assistance.

Kindest regards,

Jacob Campbell
Head supervisor, Countrywide Tours

181. Why did Ms. Peluso write the letter?

(A) To thank a travel agency for its assistance
(B) To request a change to a travel itinerary
(C) To complain about staff members at a hotel
(D) To express dissatisfaction with a service

182. What is suggested about Hotel Nero?

(A) It is located near an airport.
(B) It recently underwent renovations.
(C) It operates a shuttle service for guests.
(D) It charges extra for higher rooms.

183. What did Mr. Campbell do?

(A) Contacted a hotel
(B) Mailed out a form
(C) Held a training session
(D) Changed a tour package

184. In the second letter, the phrase "In place of" in paragraph 2, line 3 is closest in meaning to

(A) Instead of
(B) In addition to
(C) In terms of
(D) At a location of

185. What will Ms. Peluso receive if she signs up for Greek Islands Getaway?

(A) Free accommodations
(B) Additional excursions
(C) A price reduction
(D) A flight upgrade

GO ON TO THE NEXT PAGE

TEST 1
TEST 2
TEST 3
TEST 4
TEST 5
TEST 6
TEST 7

해커스 토익 PART7 집중공략 777

Back Issue Order Form *Garden Vanguard* magazine

Please note that we cannot guarantee the availability of every issue.

Costs of Back Issues	Number and Description of Issues Requested	No. of Copies
– Rare issues (#1-100) : £29.99 each	#17 (Luisa Mastrangeli shown on cover)	1
	#82 (Schmidt Estate shown on cover)	1
– Old issues (#101-200) : £14.99 each	#120 (10-year anniversary special)	1
	#197 (Pinto Botanical Garden shown on cover)	1
– Recent issues (#201 and later) : £3.99 each	#257 (Turba Manor shown on cover)	1

Name: Tracie Blount
Address: 33B Gors Avenue, Swansea, Wales, UK SA2 8PP
E-mail Address: tblount@notepad.com
Credit Card Type: Bellwether
Number: 2377-2374-7773-1012
Expiry Date: January 11

Shipping is £2.60 for one copy, £3.10 for two copies, £4.50 for three to four issues, and £6.00 for five or more copies, up to a limit of 20.

To:	Tracie Blount <tblount@notepad.com>
From:	Paddy Delmonte <pd@gardenvanguard.co.uk>
Date:	July 8
Subject:	Request

Dear Ms. Blount,

I received your back issue order form on July 6. Regrettably, issue no. 82 was no longer in our inventory. So, four copies were shipped together on July 7, and they should arrive at your address in four to five business days. A total of £75.86, tax included, has been charged to your credit card. Please understand that I have done my best to satisfy your request. Thank you for your interest in *Garden Vanguard* magazine.

Sincerely,

Paddy Delmonte
Customer Service representative
Garden Vanguard magazine

TEST 1

TEST 2

TEST 3

TEST 4

TEST 5

TEST 6

TEST 7

해커스 토익 PART 7 집중공략 777

Miscellanea Mania   An online marketplace for sports memorabilia, commemorative stamps, rare coins, and more!

For Sale: Large set of *Garden Vanguard* magazines!
(Item has been viewed 17 times)

Category: Magazines
Seller: Ralph Nader
Price: £800

Description:
I assembled this collection, spanning exactly 250 issues, by subscribing to *Garden Vanguard* for over 20 years. Though some of the issues are slightly worn, the majority are in excellent condition. Of special note is a perfect copy of the issue commemorating the magazine's first decade. Its cover was specially designed by cartoonist Sam Rosado. Feel free to contact me if you have any questions.

186. How much was Ms. Blount charged for shipping?

(A) £2.60
(B) £3.10
(C) £4.50
(D) £6.00

187. Why was the e-mail written?

(A) To report that an order has been processed
(B) To offer compensation for undelivered items
(C) To send a catalog of magazine titles
(D) To state that a subscription was renewed

188. In the e-mail, the word "satisfy" in paragraph 1, line 4, is closest in meaning to

(A) please
(B) improve upon
(C) assist
(D) carry out

189. Who would most likely visit Miscellanea Mania?

(A) Graphic designers
(B) Stamp collectors
(C) Magazine editors
(D) Sports players

190. What is suggested about Mr. Nader's set of magazines?

(A) Some of the copies have been signed.
(B) It contains a copy of issue number 120.
(C) All of its issues are in excellent condition.
(D) It includes one devoted to Turba Manor.

GO ON TO THE NEXT PAGE

To: StockCom Cable <service@stockcom.net>
From: Paul Thomas <pst@regularlink.com>
Date: February 16
Subject: New cable box (Account #092725)
Attachment: Request form

To Whom It May Concern,

I'm having a problem with my cable box—it doesn't turn on. I called the Lakeridge location to ask for advice at around 9 A.M. on February 15. The person I spoke with, whose name I can't remember, told me to unplug the cable box, wait five minutes, and then plug it back in. The box turned on, so I thought the problem had been fixed. However, when I came home from work last night, I saw that it had stopped working again.

Anyway, I am writing because I was told yesterday that if the problem reoccurred, I'd have to download a form from your Web site and fill it out to request a new cable box. I have attached the form to this e-mail. Could you please send someone to replace the device? I would really like this fixed before the Jameson Tigers vs. Allgate Wizards basketball game this weekend.

Regards,

Paul Thomas

StockCom Cable Call Center Staff Time Sheet (February 15)

Name	Location	Time In*	Time Out*
Bob Kendall	Bakersville	9:07 A.M.	5:08 P.M.
Andrea Strube	Bakersville	10:10 A.M.	6:14 P.M.
Edgar Grayson	Lakeridge	8:35 A.M.	4:39 P.M.
Lisa Miller	Lakeridge	10:03 A.M.	6:05 P.M.

Reminder

You must submit a service report on a daily basis that lists all issues reported by customers.

*Managers: Please confirm that these times are consistent with those registered in the payroll system for your location.

TEST 1

TEST 2

TEST 3

TEST 4

TEST 5

TEST 6

TEST 7

해커스 토익 PART 7 집중공략 777

To: Paul Thomas <pst@regularlink.com>
From: StockCom Cable <service@stockcom.net>
Date: February 17
Subject: Re: New cable box (Account #092725)

Dear Mr. Thomas,

Thank you for sending in the request form. I'm sorry to hear that you have had some issues with your cable box. Will you be home between 8 A.M. and 10 A.M. tomorrow? If so, I will certainly be able to send someone to set up the replacement equipment in time for you to watch the game.

We will provide the installation at no charge, but the new cable box will cost $20, which will be applied to your bill next month.

Sincerely,

Amy Farrington
Manager, StockCom Cable
Lakeridge Branch

---

191. Why was the first e-mail written?

(A) To cancel a service
(B) To request a form
(C) To claim compensation
(D) To submit a document

192. Who most likely did Mr. Thomas speak with on February 15?

(A) Lisa Miller
(B) Edgar Grayson
(C) Bob Kendall
(D) Andrea Strube

193. What is indicated about the StockCom Cable call centers?

(A) Employees receive overtime pay for working late.
(B) Employees are required to submit paperwork each day.
(C) Customers can speak with service staff at any time.
(D) All conversations with customers are recorded.

194. What is suggested about Ms. Farrington?

(A) She will take an item to Mr. Thomas's home.
(B) She is in charge of confirming staff working hours.
(C) She will take the afternoon off on February 18.
(D) She was not in the office on the day Mr. Thomas called.

195. What information is provided in the second e-mail?

(A) The contact information of a technician
(B) The set-up instructions for a product
(C) The amount due for a device
(D) The terms of a warranty agreement

GO ON TO THE NEXT PAGE

Questions 196-200 refer to the following Web page, form, and e-mail.

---

http://artfulmovingcompany.com

Entrust us with your most precious possessions—your art. We have years of experience shipping individual objects, sets of museum pieces, and private collections. Custom-made shipping materials are provided, and temperature-controlled transportation can be arranged upon request. We examine your treasured artworks in advance to determine the safest way to move them. Please note that we require a copy of the certificate of ownership before shipping any painting.

Our standard prices are as follows:

Overnight US shipping = $600
Overnight international shipping = $1,000
Two-day US shipping = $400*
Two-day international shipping = $800*

*Special August promotion: Receive overnight shipping for the price of two-day shipping

---

Artful Moving Company
Order Estimate Request Form

Today's Date	August 4
Name	Ji-hu Jeong
E-Mail Address	ji.hu@seoulmuseumfinearts.com
Phone Number	(305) 555-3477
Delivery Item	1 framed painting
Comments	As this painting is over 200 years old, it can be damaged easily by moisture and high temperatures. The person who donated it to the museum will be moving out of her house in Miami in a few weeks, so the shipment must be scheduled immediately. I should also mention that the frame is quite heavy.

TEST 1

TEST 2

TEST 3

TEST 4

TEST 5

TEST 6

TEST 7

해커스 토익 PART 7 집중공략 777

To: Ji-hu Jeong <ji.hu@seoulmuseumfinearts.com>
From: Rachel Cohen <rcohen@artfulmoving.com>
Date: August 5
Subject: Order details

Dear Mr. Jeong,

Thank you for requesting an estimate from Artful Moving. Over the phone, you asked for our overnight international shipping service from Miami to Seoul. Since we received your order estimate request form this month, you are eligible for our August promotion.

In order to prepare the best possible packaging for your artwork, one of our specialists will visit the pick-up location on August 9 at 4:30 P.M., according to your directions. At this time, our representative will check the dimensions and weight of the object.

Sincerely,

Rachel Cohen
Artful Moving Company

196. In the Web page, the word "examine" in paragraph 1, line 4, is closest in meaning to

(A) interrogate
(B) test
(C) explore
(D) inspect

197. What does Mr. Jeong mention about the item to be shipped?

(A) It will be sold at an auction.
(B) It will be placed in a private collection.
(C) It can be damaged by heat.
(D) It does not have a frame.

198. What is suggested about Mr. Jeong?

(A) He owns a residence in Miami.
(B) He should provide a document.
(C) He has used Artful Moving Company before.
(D) He represents a charitable organization.

199. How much will Mr. Jeong pay for the moving service?

(A) $400
(B) $600
(C) $800
(D) $1,000

200. According to Ms. Cohen, what will her company do?

(A) Measure an item
(B) Provide complimentary shipping
(C) Reschedule a delivery
(D) Insure a shipment

정답 [책 속의 책] p.160 / 해석·해설 p.114

▌다음 페이지에 있는 Review 체크리스트에 따라 틀린 문제를 다시 점검해보세요.

Review 체크리스트

TEST 02를 푼 다음, 아래 체크리스트에 따라 틀린 문제를 리뷰하고 박스에 완료 여부를 표시하세요.

먼저 **필수 리뷰 체크리스트**를 참고해 리뷰를 마치세요.
'취약점 진단하기(p.14)' 결과에 따라 좀 더 꼼꼼하게 리뷰하고 싶은 학습자의 경우,
취약점별 리뷰 체크리스트를 참고해 자신의 취약점을 더욱 확실하게 보완할 수 있습니다.

....

꼭 확인해야 하는
필수 리뷰 체크리스트

☐ 틀린 문제의 문제를 해설을 보지 않고 **다시 풀어봤다.**

☐ 틀린 문제의 **답과 해설**을 확인한 후, **틀린 원인**을 생각해 보았다.

☐ 지문을 다시 읽으며 해석이 안 됐던 문장을 **스스로 해석**해 보았다.

☐ 지문별로 모르는 **어휘를 정리**하여 암기했다.

☐ 지문과 보기에서 사용된 **패러프레이징을 확인**했다.

나의 취약점 맞춤 보완을 위한
취약점별 리뷰 체크리스트

나의 취약점	리뷰 항목
Ⓐ 시간 관리 능력	☐ 시간을 단축할 수 있는 풀이 순서를 정해, 다시 한번 문제를 풀어보았다. ☐ 정확하게 시간을 재어 주어진 시간 내에 가능한 많은 문제를 풀어보았다.
Ⓑ 요점 파악 능력	☐ 주제/목적 찾기 문제를 풀며 답을 예상해보고, 글의 핵심을 정확하게 파악하는 연습을 했다. ☐ 문제의 키워드를 찾고 이를 지문의 단서 부분과 바로 연결시켜 보면서, 지문에서 필요한 부분만 찾아 읽는 연습을 했다.
Ⓒ 추론 능력	☐ 추론 문제를 풀 때, 정확한 단서에 근거하여 논리적으로 정답을 골랐는지 다시 한번 확인했다. ☐ 틀린 추론 문제는 해석, 해설을 꼼꼼히 확인하여 정답의 근거를 확실히 이해했다.
Ⓓ 장문 독해 능력	☐ 문제의 키워드를 바탕으로 정답의 근거가 있을 만한 지문을 정확하게 선택하는 연습을 했다. ☐ 다중 지문의 연계 문제를 복습하며 각각의 지문에서 단서를 찾아 조합하는 연습을 했다.
Ⓔ 어휘력	☐ 테스트가 끝나고 복습을 하며 모르는 어휘를 정리하여 알아두었다. ☐ 바꾸어 표현하기 부분을 따로 정리하여 복습했다.

TEST 03

잠깐!
테스트 전 확인사항

1 휴대 전화의 전원을 끄셨나요?　　　　　　　　　　　　　　■ 예
2 Answer Sheet, 연필, 지우개를 준비하셨나요?　　　　　　■ 예
3 시계가 준비되었나요?　　　　　　　　　　　　　　　　　■ 예

모든 준비가 완료되었으면 목표 점수를 떠올린 후 테스트를 시작합니다.
문제 풀이를 마치는 시간은 지금부터 52분 후인 ▨▨시 ▨▨분입니다.
테스트 시간은 총 54분이며, 시험 종료 전 2분은 정답 검토 및 답안지 마킹을 위해 사용합니다.

PART 7

Directions: In this part, you will be asked to read several texts, such as advertisements, articles, instant messages, or examples of business correspondence. Each text is followed by several questions. Select the best answer and mark the corresponding letter (A), (B), (C), or (D) on your answer sheet.

🕐 PART 7 권장 풀이 시간　54분

Questions 147-148 refer to the following advertisement.

Garden King
Healthy food has never tasted so delicious!

Start your day off on the right foot at Garden King! Garden King Incorporated is pleased to announce that all its branches nationwide are now serving breakfast selections from 7 to 11 A.M.

Choose from a variety of nutritious new sandwiches, wraps, and full meals. And as with our lunch menu, all our breakfast ingredients are completely organic. Not only that, but we don't use trans fats, artificial flavors, or chemical additives in our foods. Customers can also create their own items by selecting from a range of ingredients.

See what our breakfast items look like at www.gardenking.com. And push the "Like" button on any of our social media sites to receive a coupon, sent directly to your mobile device, for a free egg-and-cheese breakfast sandwich!

---

147. What is the advertisement mainly about?

(A) Reduced food prices
(B) Additional menu options
(C) Free meal deliveries
(D) New restaurant branches

148. What is NOT indicated about Garden King's items?

(A) They are free of artificial flavors.
(B) They can be custom-made.
(C) They can be ordered online.
(D) They are shown on a Web site.

Questions 149-150 refer to the following text-message chain.

Greg Harper 2:10 P.M.
How did the interviews go this morning? Were there any promising candidates for the sales position?

Sarah Wilson 2:12 P.M.
We may need to post another advertisement. I couldn't find a good fit for our company.

Greg Harper 2:13 P.M.
I'm not sure if we have time to start the hiring process over. Patrick Miles is retiring in less than a month, and we'll need to find his replacement soon.

Sarah Wilson 2:14 P.M.
What about using a recruitment agency? We worked with a firm called Personnel Solutions to fill a vacancy in the finance department last year. They connected us with several qualified accountants, and the fee was quite reasonable.

Greg Harper 2:15 P.M.
I like that idea. Why don't you set up a meeting for tomorrow afternoon?

Sarah Wilson 2:16 P.M.
OK. I'll call them now.

149. At 2:12 P.M., what does Ms. Wilson most likely mean when she writes, "We may need to post another advertisement"?

(A) None of the applicants are suitable.
(B) More positions have become available.
(C) A different hiring process will be used.
(D) Some interviews were postponed.

150. What does Ms. Wilson recommend?

(A) Calling a finance department
(B) Meeting with some coworkers
(C) Requesting a fee reduction
(D) Contacting an employment agency

GO ON TO THE NEXT PAGE

Questions 151-152 refer to the following notice.

NOTICE: Residents of Ash Avenue

Please note that the Copperton Department of Public Works will be installing a new water line along the length of Ash Avenue starting on August 22.

The project is expected to take two weeks, and those working or residing on the street will experience some inconvenience during this time. Only two lanes will be open to traffic for the duration of the work instead of the regular four, so heavy congestion is expected.

Furthermore, parking on either side of Ash Avenue will not be allowed. Vehicles must be removed by the evening of August 21, or they will be towed the next day at the owners' expense.

We also recommend keeping windows and doors shut as the work is likely to stir up dust.

Thank you for your patience and cooperation.

---

151. What is the notice mainly about?

(A) The opening of new roads
(B) Revised traffic regulations
(C) The renovation of a building
(D) Planned installation work

152. According to the notice, what will happen by August 22?

(A) Ash Avenue will be repaved.
(B) Ash Avenue will be cleared of parked cars.
(C) Some buildings will be inaccessible.
(D) Some traffic signals will be installed.

Questions 153-155 refer to the following schedule.

Weekly Schedule: Mr. James Sheridan, Executive producer

Please note that the location has changed for one of your meetings on Friday. Previously, Mr. Gabriel asked to meet with you and Ms. Harris on the set, but he would now rather meet with both of you in the director's office. Below is your finalized schedule for May 8-12.

Day	Time	Location	Event
MONDAY	9:30 A.M.	Conference Room F	Production meeting —Changes to script will be reviewed
	2 P.M.	On set	Design meeting —Latest information on sets and costumes will be provided
TUESDAY	10 A.M.	Conference Room F	Casting session 1 —Mainly to be conducted by casting manager
WEDNESDAY	12:30 P.M.	Conference Room D	Financing meeting —Funding goals will be discussed; a light lunch will be served
THURSDAY	10 A.M.	Larch Crescent Theater	Casting session 2 —Second round of auditions will be held
FRIDAY	9 A.M.	Director's office	Casting review —Actors will be chosen for main roles
	2:30 P.M.	Conference Room F	Publicity department meeting —Movie poster designs will be considered

153. During which event will a meal be provided?

(A) A production meeting
(B) A financing meeting
(C) A casting review
(D) A publicity department meeting

154. When most likely will Mr. Sheridan discuss stage design?

(A) On Monday
(B) On Tuesday
(C) On Wednesday
(D) On Thursday

155. What does the schedule indicate about Mr. Sheridan?

(A) He will spend Thursday in a conference room.
(B) He will have a discussion about advertisements on Wednesday.
(C) He will visit a movie set to conduct an audition.
(D) He will make a casting selection on Friday morning.

GO ON TO THE NEXT PAGE

TEST 1

TEST 2

TEST 3

TEST 4

TEST 5

TEST 6

TEST 7

해커스 토익 PART7 집중공략 777

Cumberland County Artists' Retreat

Are you an aspiring visual artist? Do you want to spend part of the summer in Connecticut, meeting with other artists and developing your craft? If so, consider participating in Belleview College's Cumberland County Artists' Retreat (CCAR). For three weeks in July, we will host a group of artists at our main campus. Participants will be provided with a dormitory room, art supplies, and meals. They will be able to attend classes taught by established artists. The highlight of this year's CCAR will be the opportunity to attend a special lecture by famous sculptor David Henderson. Register before May 5 and receive free tickets to the *New Artists* show at the New York Museum of Contemporary Art.

156. Where will the event be held?

(A) At an educational institution
(B) At a community center
(C) At an art museum
(D) At a government facility

157. How can participants receive free entry to an exhibition?

(A) By presenting a CCAR membership card
(B) By registering for a certain class
(C) By contributing some artwork
(D) By signing up for the CCAR before a deadline

TEST 1

TEST 2

TEST 3

TEST 4

TEST 5

TEST 6

TEST 7

해커스 토익 PART 7 집중공략 777

Questions 158-160 refer to the following notice.

We are pleased to inform you that the hours of operation for this building's dining facilities have been extended. This has been done to avoid potential overcrowding due to recent staffing increases. The following changes have been made:

FACILITY	LOCATION	PREVIOUS HOURS	NEW HOURS*
Cafeteria	6th floor	11:30 a.m. − 1:30 p.m.	11 a.m. − 2 p.m.
Coffee shop	1st floor	8 a.m. − 4 p.m.	7 a.m. − 7 p.m.
Snack bar	12th floor	10 a.m. − 5 p.m.	8 a.m. − 6 p.m.

*New hours go into effect on March 4.

In addition to the extended hours, the company will be starting a renovation project on the 6th floor on March 20. This will involve enlarging the dining area there to provide room for 80 additional people. A new service counter will also be added, allowing us to offer meals to staff faster. The project is expected to be completed by April 1.

And finally, staff can now find out, in real time, how many seats are available in dining facilities by checking the company Web site. Simply log in with your ID number and password, and click on the "Dining Seats" tab. You'll be able to find out in advance if a facility is full or crowded and plan your meals or breaks accordingly.

158. For whom is the notice most likely intended?

(A) Cafeteria staff members
(B) Company employees
(C) Construction workers
(D) Maintenance technicians

159. What is indicated about the coffee shop?

(A) It will open at 7 A.M. on March 4.
(B) It will be renovated from March 20 to April 1.
(C) Its operating hours will not be changed.
(D) It is located on the same floor as the cafeteria.

160. What can be found on the company's Web site?

(A) Lists of daily menus
(B) Current information on seating
(C) Directions to dining facilities
(D) Plans for a renovation project

GO ON TO THE NEXT PAGE

Hope for Mount Hope

A worrying trend has become noticeable in the San Diego district of Mount Hope over the past decade. "There used to be a grocery shop on this corner and a smaller convenience store where you could get milk and canned goods a couple of blocks down," says Nicole Jackson, a long-term resident. "Now they're both gone."

Mount Hope has been losing many of its stores in recent years, and the area is now at risk of becoming a "food desert." This term refers to an area where affordable, nutritious food is hard to find, especially for people without cars. Many people in the neighborhood now have to walk for 30 minutes to reach a grocery store. — [1] —.

There are signs that things may soon be looking up, however. — [2] —. The San Diego City Council recently approved a revitalization plan for the area. A key part of this is a new shopping plaza that is due to open there at the start of next year. It will include a small grocery store, a bakery, a butcher shop, and several restaurants. Meanwhile, a large supermarket is expected to open on the western edge of the district, which has relatively affordable land and is close to downtown. — [3] —.

The plans still leave large areas of the district underserved. — [4] —. But they are a step in the right direction, and local residents are optimistic about the impact they will have.

161. What does the article mention about food deserts?

(A) They are becoming less common in most cities.
(B) They are areas with limited access to groceries.
(C) They are regions that are unsuitable for growing crops.
(D) They are mainly situated in urban neighborhoods.

162. What is stated about Mount Hope?

(A) Its property taxes have been rising.
(B) The city council has decided to improve it.
(C) A new expressway will be built through it.
(D) Its residents are moving to other areas.

163. What will open early next year in Mount Hope?

(A) A parking facility
(B) A shopping center
(C) A medical clinic
(D) An office complex

164. In which of the positions marked [1], [2], [3], and [4] does the following sentence best belong?

"It is hoped that this will bring more people into the area, encouraging more businesses to open as well."

(A) [1]
(B) [2]
(C) [3]
(D) [4]

To: Tanner Atkins <t.atkins@shomemail.com>
From: Rachel Simpson <r.simpson@haq.com>
Date: May 12
Subject: Appointment Change

Dear Mr. Atkins,

You have an appointment to see Dr. Hamm tomorrow at 11 A M. Unfortunately, the doctor has been scheduled to conduct an emergency operation at the hospital that day, and we must change your appointment. We tried to contact you by phone but were unsuccessful. — [1] —. We would like to ask you to come in at 10 A.M. on May 14. If that is inconvenient, May 16 at 11:30 A.M. is also available. — [2] —. Please tell us which date you prefer in your reply to this e-mail. If you can't make either time, call us at 555-0090, and we'll try to fit you into another opening.

Also, we have noticed that your personal information and health records have not been updated for over a year. — [3] —. Thus, we will do the update at your next appointment. Make sure to arrive 15 minutes early to complete the documents. Remember to bring your driver's license and insurance card so that we can make a copy of each one.

Thank you for your understanding. We look forward to seeing you soon. — [4] —.

Sincerely,

Rachel Simpson
Patient coordinator

165. What is the main purpose of the e-mail?

(A) To ask a new patient for documents
(B) To provide information about a surgery
(C) To confirm an appointment
(D) To reschedule an upcoming visit

166. What is one thing that Mr. Atkins is asked to do?

(A) E-mail some medical history details
(B) Fill out an online document
(C) Bring an insurance application form
(D) Provide a piece of identification

167. In which of the positions marked [1], [2], [3], and [4] does the following sentence best belong?

"The law requires that the hospital collect current information from all patients regularly."

(A) [1]
(B) [2]
(C) [3]
(D) [4]

GO ON TO THE NEXT PAGE

TEST 1
TEST 2
TEST 3
TEST 4
TEST 5
TEST 6
TEST 7

해커스 토익 PART 7 집중공략 777

Questions 168-171 refer to the following online chat discussion.

Katherine Park	9:22 A.M.	I'm a little worried. There haven't been many bookings over the past month. At this rate, many of our rooms are going to be empty during the peak season.
Bill Collins	9:23 A.M.	I suspect it's because of the new resort on Fergus Point that opened in May.
Jane Pearson	9:24 A.M.	I think so, too. A friend of mine just started working there, and she told me that they're almost fully booked for the summer.
Katherine Park	9:26 A.M.	In that case, we need to figure out how to attract more customers. Any suggestions?
Jane Pearson	9:30 A.M.	Maybe we should make some changes. We could replace the beds and armchairs in the rooms.
Katherine Park	9:31 A.M.	But that would be costly and take a long time to implement as well. We need to do something now. What about you, Bill?
Bill Collins	9:32 A.M.	How about holding a promotional event? Guests who book for two nights could stay one more night for free. Or, we could just lower our prices temporarily.
Katherine Park	9:34 A.M.	That's probably the best option. Last spring, we cut our room rates by 15 percent, and it was really effective. We'll do something similar for the summer.

Send

168. Why is Ms. Park concerned?

(A) Several customers have complained.
(B) Many rooms are double-booked.
(C) Few reservations have been made.
(D) Some furniture is outdated.

169. What happened in May?

(A) A resort was remodeled.
(B) A hotel underwent an expansion.
(C) A restaurant was closed.
(D) A facility began operating.

170. At 9:31 A.M., what does Ms. Park mean when she writes, "What about you, Bill"?

(A) She needs a volunteer for a task.
(B) She requires an explanation.
(C) She wants an idea to be approved.
(D) She is seeking another suggestion.

171. What does Ms. Park decide to do?

(A) Extend operating hours
(B) Offer a seasonal discount
(C) Provide hotel vouchers
(D) Create marketing materials

July 23

Daphne Larue
898 Whitson Way
Birmingham, AL 35212

Dear Ms. Larue,

When we met last week, you requested that I send a formal bid to design and maintain a Web site for your new business, Larue Ladies' Wear. I am excited to have the opportunity to create a site that will help promote your clothing line. I have seven years of experience as a freelance Web site designer, and many of my previous clients had their own clothing lines as well. I propose the following services and charges:

– Web Site Planning and Design: $3,500
– Domain Name: $50
– Host Site: $100 annually
– Site Maintenance for the First Year: $500
– Changes After First Year: $50 per hour

I can also provide more details on a social media campaign that I could start to bring traffic to your Web site for a cost of around $500 per month. Can you meet next Tuesday, July 30, for lunch? I'd be happy to answer any questions in the meantime. Please let me know by giving me a call at 555-7684.

Sincerely,

Michael Nelson

172. The word "formal" in paragraph 1, line 1, is closest in meaning to

(A) regular
(B) superficial
(C) official
(D) polite

173. Why does Ms. Larue need a Web site?

(A) To promote a class on fashion design
(B) To list her business experience
(C) To receive feedback from customers
(D) To advertise her products

174. What can be inferred about Mr. Nelson?

(A) He has done projects for clothing companies.
(B) He collaborates with a public relations firm.
(C) He studied graphic design at university.
(D) He attended a fashion show last week.

175. What is NOT included in Mr. Nelson's bid?

(A) Photography editing
(B) Developing a Web site
(C) Maintenance for 12 months
(D) Extra modifications

GO ON TO THE NEXT PAGE

Why not install one of Cucinotta Appliances' kitchen units in your office?

Kitchen facilities at the office can help increase employee productivity by reducing the amount of time spent going for coffee, meals, or snacks outside. It gives staff the option of preparing a simple meal at work or bringing something from home to reheat.

Our kitchen units are created to meet the needs of employees in a variety of work environments and are compact enough to fit into any staff room. We offer the following three units:

Standard Compact Kitchen Unit	Premium Compact Kitchen Unit	Supreme Compact Kitchen Unit
– Teapot – Mini refrigerator – Two-door storage cupboard **Only $1,450**	– Coffee maker – Mini refrigerator – Two-door storage cupboard – One-burner hotplate – Toaster **Only $1,750**	– Espresso machine – Medium-size refrigerator – Microwave oven – Cutlery drawer – Countertop oven **Only $1,950**

One of our staff members will visit your workplace to take measurements and find out exactly how to meet your needs. To schedule a visit, call 1-800-555-3847.

Customers who request multiple units in a single order are eligible for a 20 percent discount! All purchases delivered to companies located in the Boston area will receive free installation. Order forms are available on our Web site or at our branches on 4022 Atlantic Avenue and 390 Hanover Street.

Cucinotta Appliances

4022 Atlantic Avenue
Boston, MA 02121

Order Form

NAME	Davis Pembroke
COMPANY	Trident Incorporated
PHONE	(617) 555-3948
ADDRESS	788 Truman Parkway, Boston
CODE	CSKU-300
PRODUCT	Compact Kitchen Unit
COST	$1,950

Payment Information

An invoice including all applicable taxes and discounts will be sent to you within three business days of your order being received. Items will be delivered and installed once payment has been made in full.

Comments

The address provided above is my company's billing address. The kitchen unit will need to be installed in another building in our complex. Please deliver it to 993 Neponset Avenue, which intersects with Truman Parkway. It's right next to the building where you delivered a kitchen unit to us last month.

176. What does the flyer mention about Cucinotta Appliances' products?

(A) They can be shipped internationally.
(B) They are designed for workplaces.
(C) They come with a one-year warranty.
(D) They are for professional cooks.

177. Why would customers call Cucinotta Appliances?

(A) To ask for an order form
(B) To book a visit
(C) To provide payment details
(D) To schedule a delivery

178. What will be included in the kitchen unit purchased by Trident Incorporated?

(A) A teapot
(B) A toaster
(C) A microwave
(D) A hotplate

179. What is NOT suggested about Mr. Pembroke?

(A) He will receive free installation.
(B) He is employed by Trident Incorporated.
(C) He is eligible to receive a discount on his order.
(D) He has ordered from Cucinotta Appliances previously.

180. Where will the purchase be delivered?

(A) 788 Truman Parkway
(B) 993 Neponset Avenue
(C) 4022 Atlantic Avenue
(D) 390 Hanover Street

GO ON TO THE NEXT PAGE

Questions 181-185 refer to the following e-mails.

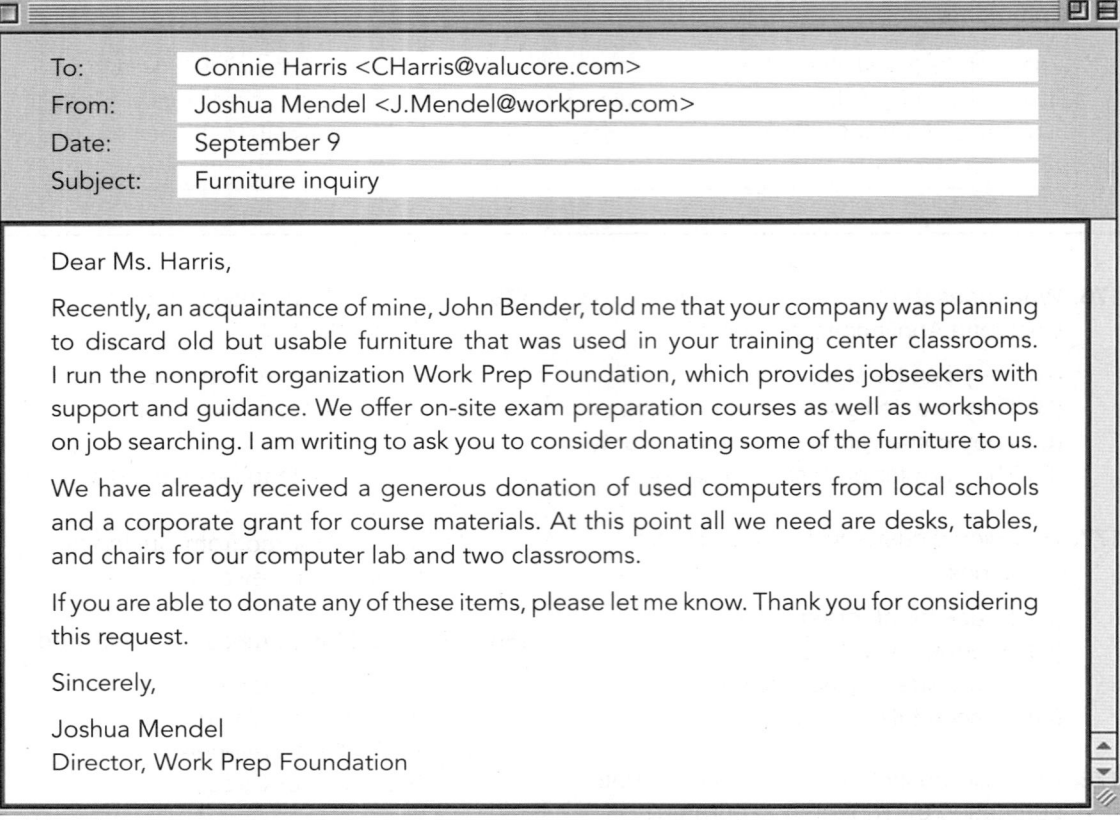

To: Connie Harris <CHarris@valucore.com>
From: Joshua Mendel <J.Mendel@workprep.com>
Date: September 9
Subject: Furniture inquiry

Dear Ms. Harris,

Recently, an acquaintance of mine, John Bender, told me that your company was planning to discard old but usable furniture that was used in your training center classrooms. I run the nonprofit organization Work Prep Foundation, which provides jobseekers with support and guidance. We offer on-site exam preparation courses as well as workshops on job searching. I am writing to ask you to consider donating some of the furniture to us.

We have already received a generous donation of used computers from local schools and a corporate grant for course materials. At this point all we need are desks, tables, and chairs for our computer lab and two classrooms.

If you are able to donate any of these items, please let me know. Thank you for considering this request.

Sincerely,

Joshua Mendel
Director, Work Prep Foundation

To: Joshua Mendel <J.Mendel@workprep.com>
From: Connie Harris <CHarris@valucore.com>
Date: September 9
Subject: Re: Furniture inquiry

Dear Mr. Mendel,

We were delighted to receive your e-mail and to hear about the wonderful work that you do through your organization. Your request was very timely as we have been trying to figure out what to do with the old furniture. Donating it to a nonprofit entity will make ValuCore eligible for a tax deduction, so we are happy to assist you.

Most of the furniture is slightly worn but still functional. We have desks, chairs, bookshelves, and tables. Some of the desks have holes to pass electrical cords through.

Please stop by my office any day next week. If I am not immediately available, my assistant, Linda McKay, can show you the furniture. You can mark any piece that you want for your facility. Also, let me know if you plan to pick up the items or if we should deliver them. I hope to hear from you soon.

Sincerely,

Connie Harris
Assets manager, ValuCore

181. Why did Mr. Mendel write to Ms. Harris?

(A) To order a set of used furniture
(B) To invite her to join an organization
(C) To offer to teach a career development class
(D) To ask for a charitable contribution

182. What is indicated about Mr. Mendel?

(A) He remodels public buildings.
(B) He is a recruiter for an enterprise.
(C) He manages an employment assistance group.
(D) He attended job training with Ms. Harris.

183. In the first e-mail, the word "discard" in paragraph 1, line 2, is closest in meaning to

(A) ignore
(B) disregard
(C) bring up
(D) dispose of

184. What is suggested about Ms. Harris?

(A) She is in charge of decorating an office interior.
(B) She may not have to provide bookshelves to Mr. Mendel.
(C) She makes regular donations to an organization.
(D) She plans to go on a business trip next week.

185. What does Ms. Harris want Mr. Mendel to tell her?

(A) How he will obtain the furniture
(B) What type of tables he needs
(C) When he can stop by an office
(D) Where they can hold a meeting

GO ON TO THE NEXT PAGE

Lightning Study Speed-Reading Classes

In many occupations, the ability to read quickly and accurately is of vital importance. With Lightning Study Classes, you could double or even triple the number of words you can read per minute and improve your reading comprehension.

Check out our upcoming classes:

- Beginner Speed-Reading (every Tuesday, begins February 18)
- Read a Novel in an Hour (only on March 5)
- Speed-Reading for Business (every Thursday, begins March 20)
- Newspaper Speed-Reading (only on March 24)

Just fill out the form at www.lightningread.com to sign up. Each class has a maximum capacity of 10 students, so we can give everyone the personal attention they deserve. Students who sign up for two or more classes will receive a discount.

Lightning Study Speed-Reading Sign-Up Form

Today's Date	Wednesday, February 12
Name	Stanley Dugan
E-mail Address	duganstanley@myemail.com
Telephone	(304) 555-8767
Address	2782 W. Morrison Ave., Tampa, FL
Paid Class/Seminar	(1) Three-week class (1) One-time class
Comments/Questions	I've never taken a speed-reading lesson, so I think the beginner class will be perfect for me. I'm really excited! I am a lawyer, so I spend a lot of time reading legal documents at work. I hope I can learn how to do this task more quickly. Also, I noticed there is a discount for signing up for two classes, so I will also be taking a one-time class as well. I enjoy reading books, so that one sounds interesting.

TEST 1

TEST 2

TEST 3

TEST 4

TEST 5

TEST 6

TEST 7

해커스 토익 PART7 집중공략 777

To:	Stanley Dugan <duganstanley@myemail.com>
From:	Marcella Perez <marcella@ligntningstudy.com>
Date:	Friday, February 14
Subject:	Sign-Up Form Response

Dear Mr. Dugan,

I'm looking forward to instructing you in my three-week Beginner Speed-Reading class. You registered just in time, and the class is now full. Most of the students are working professionals like you.

Please bring the textbook with you to our first lesson, and read Unit 1 ahead of time. In the event that the textbook hasn't arrived at the address specified on your form by tomorrow, please let me know.

See you on Tuesday!

Sincerely,

Marcella Perez
Lightning Study Instructor

186. What is the purpose of the advertisement?

(A) To encourage enrollment in classes
(B) To recruit instructors for new programs
(C) To announce mandatory training sessions
(D) To promote an online educational program

187. What does the form indicate about Mr. Dugan?

(A) He changed careers recently.
(B) He has taken speed-reading class before.
(C) He works in the legal field.
(D) He has to purchase a textbook.

188. Which class will Mr. Dugan attend only once?

(A) Beginner Speed-Reading
(B) Read a Novel in an Hour
(C) Speed-Reading for Business
(D) Newspaper Speed-Reading

189. What can be inferred about Beginner Speed-Reading class?

(A) It will include a short break.
(B) It will have 10 students.
(C) It will feature guest lecturers.
(D) It will meet twice a week.

190. In the e-mail, the word "specified" in paragraph 2, line 2, is closest in meaning to

(A) corrected
(B) confirmed
(C) described
(D) stated

GO ON TO THE NEXT PAGE

Questions 191-195 refer to the following Web site and e-mails.

---

http://www.b2htradeshow.com

| Home | | **About** | | Schedule | | Contact us |

The first-ever Beauty 2 Health (B2H) Trade Show will be held on July 11 and 12. Salons, beauty product manufacturers, and industry professionals from across the US are invited to participate. As more than 10,000 members of the public are expected to attend, B2H will be an invaluable opportunity to show off your products and services.

B2H offers:

- ✓ Three different types of booths: Premium (20 x 20 feet), Standard (15 x 10 feet), and Basic (10 x 7.5 feet)
- ✓ Two performance venues that you can book to present lectures, show movies, or hold contests
- ✓ A preregistration vendor discount of 50 percent off for two-day booth rentals

To book an exhibition space and/or reserve a venue, please e-mail us at info@b2htradeshow. com. We would be happy to answer any questions you might have.

To: Tricia Sayen <tsayen@renabeauty.com>
From: Christian Candela <ccandela@renabeauty.com>
Subject: Trade Show
Date: June 1

Hi Tricia,

I'm writing about the upcoming B2H Trade Show. First of all, please contact the organizers to make sure our registration was processed. I also want to discuss a few details of our plans for the event.

I think it would be great to have Monique Harcourt speak to attendees about how she started and expanded Rena Beauty. Furthermore, we should offer a discount to people at the trade show who register for our salon services and stock our booth with shampoo and conditioner samples for them to take home. Phyllis suggested that we offer haircuts in our booth to demonstrate our services, and I'd like you to do this. If you are willing, please tell the organizers to make the arrangements when you contact them.

Let me know when you hear back from the event organizers. We need to have everything wrapped up as soon as possible.

Christian

To: Tricia Sayen <tsayen@renabeauty.com>
From: Beauty 2 Health <info@b2htradeshow.com>
Subject: Confirmation
Date: June 3

Dear Ms. Sayen,

I'm writing to confirm Rena Beauty's participation at the Beauty 2 Health Trade Show for both days and to let you know that your company qualifies for a 50 percent discount on the booth rental fee. We are so delighted that Ms. Harcourt will be appearing on stage. The booth will be ready for the demonstrations, and the lecture is set for 2 P.M. on the 11th. If you need any assistance, please let me know.

Sincerely,

Inga Hendrickson
Trade Show assistant

191. What is NOT indicated about the trade show?

(A) It may have film screenings.
(B) It offers different booth options.
(C) It is open to cosmetics makers.
(D) It will be free to attend.

192. Who most likely is Ms. Harcourt?

(A) A company founder
(B) An event organizer
(C) A personal assistant
(D) A show host

193. In the first e-mail, the phrase "wrapped up" in paragraph 3, line 1, is closest in meaning to

(A) sent
(B) delivered
(C) settled
(D) packaged

194. What is suggested about Rena Beauty?

(A) It will release a new product line.
(B) It rented multiple trade show booths.
(C) It will participate in a contest.
(D) It signed up for an event in advance.

195. What did Ms. Sayen probably agree to do?

(A) Collect samples from competitors
(B) Give a speech about her employer
(C) Demonstrate a service
(D) Pay a registration deposit

GO ON TO THE NEXT PAGE

Questions 196-200 refer to the following article, e-mail, and information.

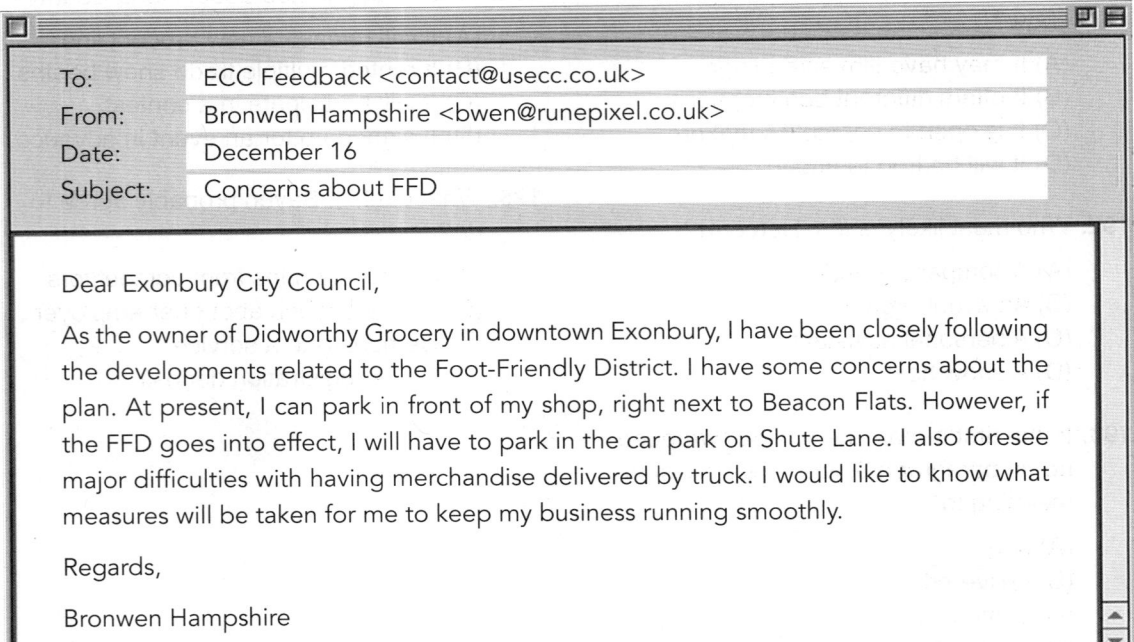

Exonbury City Council   November 24

Update on Foot-Friendly District

The Foot-Friendly District (FFD) project was approved by the Exonbury Planning Committee on November 22. The decision followed a feasibility study undertaken by Winchester and Sons, an urban design firm, which concluded that the FFD would benefit local citizens and businesses alike. By limiting town centre access to pedestrians and cyclists, parking problems will be eliminated, and vehicle-related accidents will be prevented. Visitor numbers are expected to surge as well.

It must be kept in mind during the planning of the FFD that the new restrictions may affect Smyth's Car Park on Kenn Road; residents of Beacon Flats on Otterton Street; small businesses on Lympstone Lane; and workers at Yarner Office Complex, accessible from Filham Street. The city council is considering letting vehicles enter the FFD only in emergency situations. However, it will solicit public opinion by e-mail during the month of December before making a final decision.

To:	ECC Feedback <contact@usecc.co.uk>
From:	Bronwen Hampshire <bwen@runepixel.co.uk>
Date:	December 16
Subject:	Concerns about FFD

Dear Exonbury City Council,

As the owner of Didworthy Grocery in downtown Exonbury, I have been closely following the developments related to the Foot-Friendly District. I have some concerns about the plan. At present, I can park in front of my shop, right next to Beacon Flats. However, if the FFD goes into effect, I will have to park in the car park on Shute Lane. I also foresee major difficulties with having merchandise delivered by truck. I would like to know what measures will be taken for me to keep my business running smoothly.

Regards,

Bronwen Hampshire

Attention FFD Privilege Permit Holder

Enclosed, you will find your new FFD Privilege Permit. Please read these guidelines carefully.

— Be aware that your permit remains invalid unless signed.
— If you lose your permit, you must visit the Exonbury City Council building in person to apply for a replacement.
— To gain admittance to the FFD, present this pass at East Kingsway Gate.
— Delivery truck drivers are asked to enter the FFD before 9 A.M. and after 9 P.M. During this time, you may park immediately in front of your delivery location as long as the unloading is completed within one hour.
— Between 9 A.M. and 9 P.M., you may only park in the Freight Zone at 12 Kenn Road.
— Parking along the Melplash River is restricted at all times.

If you have any questions, call (0116) 555-0920.

---

196. What does the article mainly discuss?

(A) A way to secure funding for a municipal project
(B) The decision to implement a plan
(C) An effort to modernize infrastructure
(D) A campaign to promote walking

197. Where does Ms. Hampshire currently park her car?

(A) Along Shute Lane
(B) Near Kenn Road
(C) Along Otterton Street
(D) Near Lympstone Lane

198. What does Ms. Hampshire request?

(A) Financial assistance with transportation costs
(B) Official confirmation that a petition was received
(C) Stronger efforts to preserve a historic district
(D) A solution to a problem affecting businesses

199. What is indicated about Exonbury City Council?

(A) It made special allowances to meet a public demand.
(B) It hired Winchester and Sons to design a parking facility.
(C) It had to delay a project because of delivery problems.
(D) It was forced to reduce the budget for a plan.

200. What are FFD Privilege Permit holders NOT instructed to do?

(A) Avoid parking in a certain area
(B) Remain parked for a limited time
(C) Use a designated entrance
(D) Sign a log sheet for visitors

정답 [책 속의 책] p.160 / 해석·해설 p.148

▌다음 페이지에 있는 Review 체크리스트에 따라 틀린 문제를 다시 점검해보세요.

Review 체크리스트

TEST 03을 푼 다음, 아래 체크리스트에 따라 틀린 문제를 리뷰하고 박스에 완료 여부를 표시하세요.

먼저 **필수 리뷰 체크리스트**를 참고해 리뷰를 마치세요.
'취약점 진단하기(p.14)' 결과에 따라 좀 더 꼼꼼하게 리뷰하고 싶은 학습자의 경우,
취약점별 리뷰 체크리스트를 참고해 자신의 취약점을 더욱 확실하게 보완할 수 있습니다.

꼭 확인해야 하는
필수 리뷰 체크리스트

☐ 틀린 문제의 문제를 해설을 보지 않고 **다시 풀어봤다.**

☐ 틀린 문제의 **답과 해설**을 확인한 후, **틀린 원인**을 생각해 보았다.

☐ 지문을 다시 읽으며 해석이 안 됐던 문장을 **스스로 해석**해 보았다.

☐ 지문별로 모르는 **어휘를 정리**하여 암기했다.

☐ 지문과 보기에서 사용된 **패러프레이징을 확인**했다.

나의 취약점 맞춤 보완을 위한
취약점별 리뷰 체크리스트

나의 취약점	리뷰 항목
Ⓐ 시간 관리 능력	☐ 시간을 단축할 수 있는 풀이 순서를 정해, 다시 한번 문제를 풀어보았다. ☐ 정확하게 시간을 재어 주어진 시간 내에 가능한 많은 문제를 풀어보았다.
Ⓑ 요점 파악 능력	☐ 주제/목적 찾기 문제를 풀며 답을 예상해보고, 글의 핵심을 정확하게 파악하는 연습을 했다. ☐ 문제의 키워드를 찾고 이를 지문의 단서 부분과 바로 연결시켜 보면서, 지문에서 필요한 부분만 찾아 읽는 연습을 했다.
Ⓒ 추론 능력	☐ 추론 문제를 풀 때, 정확한 단서에 근거하여 논리적으로 정답을 골랐는지 다시 한번 확인했다. ☐ 틀린 추론 문제는 해석, 해설을 꼼꼼히 확인하여 정답의 근거를 확실히 이해했다.
Ⓓ 장문 독해 능력	☐ 문제의 키워드를 바탕으로 정답의 근거가 있을 만한 지문을 정확하게 선택하는 연습을 했다. ☐ 다중 지문의 연계 문제를 복습하며 각각의 지문에서 단서를 찾아 조합하는 연습을 했다.
Ⓔ 어휘력	☐ 테스트가 끝나고 복습을 하며 모르는 어휘를 정리하여 알아두었다. ☐ 바꾸어 표현하기 부분을 따로 정리하여 복습했다.

TEST 04

모든 준비가 완료되었으면 목표 점수를 떠올린 후 테스트를 시작합니다.
문제 풀이를 마치는 시간은 지금부터 52분 후인 ▮▮▮ 시 ▮▮▮ 분입니다.
테스트 시간은 총 54분이며, 시험 종료 전 2분은 정답 검토 및 답안지 마킹을 위해 사용합니다.

PART 7

Directions: In this part, you will be asked to read several texts, such as advertisements, articles, instant messages, or examples of business correspondence. Each text is followed by several questions. Select the best answer and mark the corresponding letter (A), (B), (C), or (D) on your answer sheet.

🕐 **PART 7 권장 풀이 시간**　　**54분**

Questions 147-148 refer to the following advertisement.

Granny May's Lodge

Fall is the best time of the year to visit upstate New York for a weekend getaway as the foliage colors are glorious. Granny May's Lodge is situated in a beautiful location where you can enjoy the natural setting of the surrounding countryside. Our main building features six tastefully decorated rooms, each with a queen-size bed and a large bathroom. All guests can also enjoy a scrumptious complimentary breakfast in the dining room.

If you are traveling with friends or family members, consider renting one of our cottages. Each includes two bedrooms, a living room, a bathroom, and a patio overlooking nearby Lake George.

Come and enjoy our relaxing retreat this fall. To view prices and availability and to make a reservation, visit www. grannymays.com.

---

147. What is NOT true about Granny May's Lodge?

(A) It allows online bookings.
(B) It is located in a rural area.
(C) It is only open in the fall.
(D) It provides free meals to guests.

148. What is mentioned about the cottages?

(A) They have two bathrooms.
(B) They come in a variety of sizes.
(C) They include cooking facilities.
(D) They are close to a lake.

FRANKLIN POWER
Notice: All customers

In order to reduce expenditures and improve efficiency, Franklin Power will adopt a paperless system next year. Starting January 1, billing statements will be sent by e-mail or text message each month. Customers can indicate their preferred method of delivery by logging into their accounts at www.franklinpower.org and selecting the appropriate option. Alternatively, we will accommodate those who wish to continue receiving paper bills in the mail for an additional charge of $2 per month.

Furthermore, signed request forms will no longer need to be submitted to arrange for services such as temporary power suspensions or additional meter readings. Instead, customers should send an e-mail to service@franklinpower.org. If necessary, a customer service agent will call you after the request has been received to set up a time for a technician to visit your home or business.

If you have any questions or concerns about the new system, please call our toll-free service line at 1-800-555-6009.

149. According to the notice, why should customers log in to their accounts?

(A) To select a billing method
(B) To send a service request
(C) To pay a monthly charge
(D) To provide feedback

150. What will Franklin Power charge an additional fee for?

(A) Arranging unscheduled meter readings
(B) Processing online payments
(C) Updating customer account information
(D) Issuing printed copies of documents

151. What is NOT mentioned about Franklin Power?

(A) It will implement a new system.
(B) It is trying to reduce its costs.
(C) It schedules some appointments by phone.
(D) It is planning to adjust service prices.

GO ON TO THE NEXT PAGE

Questions 152-153 refer to the following receipt.

MIKE'S ISLAND GROCERIES

89 Cantina Lane
Key West, Florida
Store Code: 0002
Cashier: Raymond Tellier
Register Number: 008
Date: August 4
Time: 1:24 P.M.

Items:
– 1 gallon of low-fat milk: $3.50
– 1 can of mild salsa: $5.20
– 2 cans of baked beans: $7.30

Subtotal: $16.00
Sales Tax: $1.60
Total: $17.60
Transaction Number: 981246

Exchanges are valid for canned goods only and must be made within five days of the purchase date.

THANK YOU FOR SHOPPING AT MIKE'S ISLAND GROCERIES

---

152. What is NOT listed in the receipt?

(A) The date of a transaction
(B) The amount of a discount
(C) The address of a branch
(D) The name of an employee

153. What is indicated about Mike's Island Groceries?

(A) It is having a sale on dairy products.
(B) It does not offer exchanges on fresh produce.
(C) It is open for business on a national holiday.
(D) It does not charge a sales tax.

Roger Jones	[9:53 A.M.]	This is BrightRay tech support. How can I help you?
Delma Quade	[9:54 A.M.]	Hi. I'm having issues with my smartphone. I dropped it last week and got it repaired. But now when I go to the music folder, I can't find any of the songs I bought.
Roger Jones	[9:54 A.M.]	May I ask what model it is?
Delma Quade	[9:56 A.M.]	It's an Excalibur 4.
Roger Jones	[9:57 A.M.]	I see. Unless you delete them on purpose, all your purchases should be automatically reloaded. Have you checked the settings?
Delma Quade	[9:57 A.M.]	No. I haven't fiddled with any of that.
Roger Jones	[9:58 A.M.]	Maybe your storage is full. Could you check the storage menu?
Delma Quade	[10:00 A.M.]	I just checked it, and you're right. I think I need to delete some files.
Roger Jones	[10:00 A.M.]	Is there anything else I can help you with?
Delma Quade	[10:01 A.M.]	That covers it. Thanks for the tip.

Send

154. What problem does Ms. Quade have with her smartphone?

(A) Some content is missing.
(B) Some updates are installed automatically.
(C) The speakers are damaged.
(D) A setting cannot be changed.

155. At 10:01 A.M., what does Ms. Quade mean when she writes, "That covers it"?

(A) A representative responded in a friendly manner.
(B) A service fee will be covered by a warranty.
(C) A technical difficulty was solved.
(D) A corrupted file was repaired.

GO ON TO THE NEXT PAGE

Bostwich Laundry Service
345 Bay Street, Eagleton WA 99326

January 6

Christa Lemmings
Oden Fine Dining
5003 Fairview Lane
Eagleton, WA 99326

Dear Ms. Lemmings,

It was a pleasure speaking with you on the phone yesterday afternoon regarding our services. I am very happy that you have decided to use my company to wash your staff members' uniforms, and I hope this is the beginning of a long business relationship.

Enclosed you will find two copies of a contract based on our discussion. It states that we will pick up uniforms from your establishment on Saturday mornings and that the cleaned garments will be returned on Sunday evenings. The contract is for a year and is renewable. The price of $620 per month that we agreed upon is included in the contract as well.

Please read through the documents and, if you have no further requests or questions, sign both of them. One copy is for your personal records, and the other must be returned to me by mail. We will visit your establishment for the first time on January 13.

Thank you for this opportunity.

Sincerely yours,

Dennis Oldmann
Proprietor, Bostwich Laundry Service

156. What is suggested about Bostwich Laundry Service?

(A) It charges customers on a weekly basis.
(B) It compensates clients for damaged garments.
(C) It carries out deliveries on weekends.
(D) It mends clothing for an extra charge.

157. What is Ms. Lemmings asked to do?

(A) Visit an office on January 13
(B) Make an advance payment of $620
(C) Confirm a meeting schedule
(D) Send a signed document

Questions 158-160 refer to the following article.

A New Seine Bistro

For over 25 years, Louis Beaumont has been serving traditional French dishes at the Seine Bistro. His restaurant—located on the corner of Elm Street and Third Avenue—is popular with locals and tourists alike. — [1] —.

However, Mr. Beaumont has decided that it is finally time to retire. "I plan to return to France for several months to visit with family members and see some of the places where I spent my childhood," he said in a recent interview. — [2] —. "After that, I may just take some time to relax and enjoy eating instead of cooking for everyone," he added.

The Seine Bistro will not be closing, though. Mr. Beaumont's daughter, Denise Beaumont, will be taking over as proprietor. She has been employed by her father for seven years now, and before that she studied at a culinary school in France. Ms. Beaumont plans to update the menu to reflect the most recent trends in French cuisine, and she will renovate the restaurant. — [3] —.

The Seine Bistro will close from April 21 until May 3 while work is being done on the premises. On May 4, Ms. Beaumont will host a grand reopening featuring a wide variety of new dishes offered at significant discounts. — [4] —.

158. What is the article mainly about?

(A) A business closure
(B) An investment opportunity
(C) A company relocation
(D) An ownership change

159. What is NOT true about Ms. Beaumont?

(A) She attended school in France.
(B) She will host an event in May.
(C) She worked with her father.
(D) She will rename a restaurant.

160. In which of the positions marked [1], [2], [3], and [4] does the following sentence best belong?

"Anyone interested in attending this event should be sure to make a reservation."

(A) [1]
(B) [2]
(C) [3]
(D) [4]

GO ON TO THE NEXT PAGE

Questions 161-163 refer to the following e-mail.

To:	All employees
From:	Rose Starr
Date:	July 1
Subject:	Healthcare benefits information
Attachments:	Dental_coverage, Vision_plan

Dear employees,

As of September 1, there will be some changes to the healthcare benefits offered by the company. Please take note of the following information:

Medical

The company will continue to use the existing plan from Emerson Insurance. However, as the cost of the policy has increased this year, your monthly payments will rise by 4 percent. Family members will be covered by this plan but will be excluded from the dental and vision add-ons below.

Dental

Everyone will be eligible to receive additional dental coverage. You will be able to choose between the standard or premium plan. The second option is more costly but covers a wider range of treatments, including braces, implants, and crowns.

Vision

For the first time, we will be providing vision insurance. You will be fully reimbursed for the cost of two eye exams and one pair of replacement eyeglass lenses and frames each year. You will also receive price reductions for vision-enhancement surgeries. Contact lenses and sunglasses are not covered by the policy.

To select a dental option and sign up for the vision plan, please fill out the attached forms and submit them to the human resources office by August 1.

Sincerely,

Rose Starr
Human resources manager

---

161. What is stated in the e-mail?

(A) Healthcare benefits are not available to all employees.
(B) Emerson Insurance is discontinuing a plan.
(C) Medical coverage will become more expensive.
(D) Family members may receive free dental checkups.

162. The word "standard" in paragraph 3, line 2, is closest in meaning to

(A) regular
(B) permissible
(C) accepted
(D) auxiliary

163. What is NOT included in the eye-care plan?

(A) Vision tests
(B) Glasses frames
(C) Surgery discounts
(D) Sunglasses

Questions 164-167 refer to the following online chat discussion.

Jack Porter	10:41 A.M.	The concert we're organizing to raise money for Joplin Farmers Foundation is just over three weeks away. I wanted to check if there are any problems at this point.
Tara Morris	10:43 A.M.	I haven't encountered any. I booked the Pullman Auditorium for April 22 last week, and I'll be meeting with the lighting and audio technicians on April 20 to set everything up.
David Wen	10:45 A.M.	I've run into one. There's an error on the posters we had printed. The Web site address for ticket sales is incorrect.
Jack Porter	10:46 A.M.	I don't believe it. Most of our tickets are sold online. Have you contacted the print shop about this?
David Wen	10:48 A.M.	I just spoke with the manager a few minutes ago. He promised to reprint the posters. But we won't be able to start putting them up around town until the end of the week.
Tara Morris	10:50 A.M.	Maybe it'll be OK. If we can post them this weekend, there'll still be plenty of time.
Jack Porter	10:51 A.M.	True. I've arranged for a couple of radio stations to promote our event as well. And I'll be interviewed by a newspaper journalist on April 12 to answer questions about the event. So, we'll get lots of publicity.
David Wen	10:52 A.M.	That's a relief. I'll call the print shop back and confirm that we can have the posters by Friday, April 5, at the latest.

Send

164. What is mainly being discussed?

(A) A concert series
(B) A radio program
(C) A fundraising event
(D) A Web site launch

165. What did Ms. Morris do last week?

(A) Reserved a venue
(B) Set up equipment
(C) Met with technicians
(D) Designed a poster

166. At 10:46 A.M., what does Mr. Porter most likely mean when he writes, "I don't believe it"?

(A) He thinks that an issue is serious.
(B) He prefers to postpone an event.
(C) He wants to change a plan.
(D) He doubts that online sales will increase.

167. On which day will Mr. Porter be interviewed?

(A) April 5
(B) April 12
(C) April 20
(D) April 22

GO ON TO THE NEXT PAGE

Questions 168-171 refer to the following foreword of a book.

Great Hikes in the Pacific Northwest
Foreword, by Matt Spangler, President of the Puget Sound Hiking Society

My first-ever trip into the mountains alone was as an 18-year-old equipped with only a compass, a backpack full of food, and a lot of self-confidence. I wandered off into the Olympic National Forest and, of course, became woefully lost within an hour or so. It would have been much easier if this book had been around then.

The detailed descriptions and maps of the most picturesque hiking trails in Washington, Oregon, and British Columbia would have helped me travel in the right direction. I would have spent my time marveling at my surroundings rather than scrambling among densely packed trees for eight hours.

Since being introduced to Marie Henderson during a visit to the Rainier Outdoor Supply Shop, I have gone with her on a number of the hikes featured in this book. I can safely say that there is no better guide to the plants and animals of the Pacific Northwest mountains. This book will also guide you to the best vantage points for taking landscape photographs.

So read on to discover some of the lesser-known trails while also receiving tips for hiking the most famous routes. But most importantly, take this book with you and get out into the fresh air of the mountains. With *Great Hikes in the Pacific Northwest* in your backpack, you won't get lost.

---

168. What is true about Mr. Spangler?

(A) He is the author of several books.
(B) He has hiked with Ms. Henderson.
(C) He sells climbing supplies.
(D) He works at a national park.

169. What is NOT included in Ms. Henderson's book?

(A) Directions for driving to the mountains
(B) Suggestions on places to take pictures
(C) Maps of hiking trails
(D) Information about local plants

170. Where did Mr. Spangler meet Ms. Henderson?

(A) At a photography workshop
(B) At a viewpoint
(C) At a hiking society meeting
(D) At an equipment store

171. Who would most likely purchase the book?

(A) People who work for magazines
(B) People who enjoy landscape photography
(C) People who design gardens
(D) People who sell hiking gear

Scientists Move Forward in Fight Against Cancer

By Parvati Singh

Scientists at Seattle's Biocare Labs announced this week that they have developed a new medication called Zerbaplac to treat lung cancer. — [1] —. The research team, led by Dr. Frank Chan and Dr. Scott Dawson, has been working for the last three years to create a medication that can eliminate some cancer cells in lung tissue. "We have slightly modified another medication, Clorawell, so that it seeks out and destroys certain cancer cells instead of just alleviating symptoms of the disease," Dr. Chan said in a telephone interview. — [2] —. He claims that modern technology is allowing medical researchers to make unprecedented discoveries and that cancer could soon become an easily treatable illness.

Dr. Chan says his team has recently received approval from the medical board to begin clinical trials on March 15. The team plans to accept an initial testing group of 20 patients currently afflicted with lung cancer and give them regular doses of Zerbaplac. — [3] —.

The researchers say Zerbaplac may cause headaches at first. "But this feeling will go away as the drug starts to fight off the cancer cells," Dr. Dawson explained. Biocare has confidence in the project, and preliminary results from the clinical trials will be released to the public in about six months. — [4] —.

172. Why was the article written?

(A) To encourage participation in an upcoming study
(B) To provide news of a medical breakthrough
(C) To announce the launch of a research project
(D) To describe setbacks with medical research

173. The word "unprecedented" in paragraph 1, line 7, is closest in meaning to

(A) invaluable
(B) inaudible
(C) innovative
(D) indifferent

174. What is indicated about Zerbaplac?

(A) It is effective against a variety of diseases.
(B) It has been approved for clinical tests.
(C) It was developed using government funds.
(D) It causes long-term harm to some patients.

175. In which of the positions marked [1], [2], [3], and [4] does the following sentence best belong?

"Their health will then be monitored closely for four months."

(A) [1]
(B) [2]
(C) [3]
(D) [4]

GO ON TO THE NEXT PAGE

February 3

Jasmine Kennedy
35 Wentworth Road
Phoenix, AZ 85009

Dear Ms. Kennedy,

The Storyweaver Exposition is right around the corner, and I hope you, as one of our esteemed members, are as excited about it as I am. The event will be held at the MGA Hotel in downtown Phoenix, Arizona, and will last from 8 A.M. to 5 P.M. If you haven't registered yet, please do so before February 20.

The primary purpose of the Storyweaver Exposition is to showcase the most distinguished publishing companies in the American Southwest. This event features publishers from the southwestern states of Arizona, Texas, Nevada, and New Mexico.

In the morning, Richard Smiley, director of Tucson University Press, will give some opening remarks. Then, around midday, lunch will be served. In the afternoon, a meet and greet will be held, followed by a closing speech by Wendy Farrell, the head of the American Publishers Association.

Each publisher will be assigned a booth in the hotel's event hall. From 8 A.M. to 3:15 P.M., registered participants will be welcome to wander from booth to booth and visit with the publishers' representatives. Enclosed with this letter is a list of attending publishers and their booth locations, along with a schedule of events. Be sure to check out Arizona University's booth, where free copies of a new book on the state's history will be distributed.

I look forward to seeing all of you at the event.

Sincerely,

Dennis Fitzpatrick
Events coordinator
American Publishers Association

AMERICAN PUBLISHERS ASSOCIATION
STORYWEAVER EXPOSITION
MARCH 3, 8 A.M. TO 5 P.M.

LOCATION OF PUBLISHERS' BOOTHS

Publisher	Pueblo Hall
Stars and Stripes	Section A
Arizona University	Section B
Desert Island Press	Section C
Tucson University Press	Section D

SCHEDULE OF EVENTS
Participants may visit publishers' booths at any time from 8 A.M. to 3:15 P.M.

Time	Details	Location
8:30 A.M. - 10:00 A.M.	**Opening Remarks** The director of Tucson University Press will start off the event with a brief presentation on the publishing field.	Room 32C
11:30 A.M. - 1:00 P.M.	**Lunch** Light fare with vegetarian options from Cushman Catering will be served.	Room 33C
3:30 P.M. - 4:30 P.M.	**Meet and Greet** Representatives from publishing companies will have an opportunity to socialize with exhibition attendees.	Pierce Ballroom
4:30 P.M. - 5:00 P.M.	**Closing Speech** The president of the American Publishers Association will talk and hand out some awards to notable publishers.	Room 32C

176. To whom was the letter written?

(A) A university professor
(B) An organization member
(C) A conference center manager
(D) A hotel reservation clerk

177. What is indicated about the Storyweaver Exposition?

(A) It will include publishers from a certain region.
(B) It will be held at an educational institution.
(C) It has extended its registration period.
(D) It is popular among collectors of antique books.

178. What will happen in Pierce Ballroom?

(A) A book signing
(B) A keynote speech
(C) A social occasion
(D) A product launch

179. In which section will free books be distributed?

(A) Section A
(B) Section B
(C) Section C
(D) Section D

180. What will happen during the final event of the exposition?

(A) An industry talk by Richard Smiley
(B) A meal prepared by Cushman Catering
(C) A closing speech by Dennis Fitzpatrick
(D) An awards presentation by Wendy Farrell

GO ON TO THE NEXT PAGE

May 18

Candace Sigridson
Benchley Promotions
3302 West Hampton Road
London, UK E7 0PD

Dear Ms. Sigridson,

This letter serves as an official confirmation of your enrollment in Burgundy Business Academy's summer refresher program. We have received your payment and added your name to the attendance lists for all our available courses, which are as follows:

COURSE	DATES	INSTRUCTOR
Virtual/Web Advertising	June 4 — July 16 Mondays, Thursdays 8:30 A.M. — 12 P.M.	Vy Nguyen
Social Network Promotions	July 2 — August 15 Tuesdays, Fridays 8:30 A.M. — 12 P.M.	Arthur Hendricks
Entertainment Media Marketing	July 16 — August 14 Wednesdays 3 P.M. — 6:30 P.M.	Min-ho Lee
Consumer Targeting	August 1 — September 2 Mondays 6 P.M. — 8:30 P.M.	Marjorie Hacket

All programs will be taught at the academy's 2910 Trencher Road branch. Should you decide to cancel for any reason, a fee of £20 per course will be charged. Regretfully, the school is unable to provide any refunds for cancellations made after a course has begun. Course packets will be provided, but registrants are urged to bring materials for taking notes. There will be a 15-minute break period during each class, with tea, coffee, and snacks provided.

If you have any questions, feel free to contact me at edhart@bbacademy.edu.uk.

We look forward to seeing you in June!

Edward Harter
Assistant registrar
Burgundy Business Academy

TEST 1

TEST 2

TEST 3

TEST 4

TEST 5

TEST 6

TEST 7

해커스 토익 PART 7 집중공략 777

TO: Edward Harter <edhart@bbacademy.edu.uk>
FROM: Candace Sigridson <cansig@benchleyprom.co.uk>
SUBJECT: Summer courses
DATE: May 21

Dear Mr. Harter,

I received your letter this morning confirming my enrollment in Burgundy Business Academy's summer refresher program. Yesterday, I learned that my company is sending me on a 10-day business trip to Brazil in mid-August. So, I'd like to cancel the Monday evening course as I would be absent from too many of the classes.

Also, my company's accounting department has said that your academy can charge the cancellation fee to the same corporate credit card that was used for the original payment. Please e-mail me a copy of the receipt so that I can submit it to the accounting department. I look forward to hearing from you soon.

Yours truly,

Candace Sigridson
Associate director of promotions
Benchley Promotions

181. What is indicated about the summer refresher program?

(A) It will have a maximum of 15 students per class.
(B) It will take place at several branches of the school.
(C) It will not include weekend classes.
(D) It will be organized by Mr. Harter.

182. According to the letter, what will happen during each class?

(A) Participants will give presentations.
(B) Instructors will evaluate students.
(C) Refreshments will be available.
(D) Notepaper will be distributed.

183. Why was the e-mail written?

(A) To withdraw from a class
(B) To inquire about a new program
(C) To dispute a billing amount
(D) To apologize for an absence

184. What will Benchley Promotions most likely have to do?

(A) Issue a corporate credit card
(B) Reimburse Ms. Sigridson for expenses
(C) Make an additional payment of £20
(D) Cancel Ms. Sigridson's business trip

185. What does Ms. Sigridson ask Mr. Harter to do?

(A) Send her a document
(B) Reschedule an educational session
(C) Mail an invoice to her company
(D) Contact her accountant

GO ON TO THE NEXT PAGE

Questions 186-190 refer to the following e-mails and itinerary.

From: Reservations <reservations@carfairboston.com>
To: Beth Bauer <beth.bauer@42solutions.info>
Subject: Reservation for March 17-18
Date: January 23

Dear Ms. Bauer,

Thank you for choosing CarFair Boston. We have received your query and would like to help you choose the right model. The following cars are currently available for the dates you requested. All have standard features, and full insurance is included for premium models.

– Compact VIVALO: Two-door vehicle, $45 per day
– Premium VIVALO: Four-door vehicle, $75 per day
– Compact PALIZZI: Convertible, two-door vehicle, $100 per day
– Premium PALIZZI: Convertible, four-door vehicle, $200 per day

Also, please provide us with your flight information and arrival details so that we can serve you efficiently. We look forward to receiving your reservation and welcoming you to Boston.

Sincerely,

CarFair Boston

Travel Plan

Name: Beth Bauer
Today's date: March 7
Date of business trip: March 17-18

Note: To receive reimbursement on tickets, car rental, meals, and accommodation, this report must be submitted for approval at least one week before the trip commences.

March 17

Flight: 093 Air Conto
Departure: Toronto 7:30 A.M.
Arrival: Boston 9:06 A.M.

10:00 A.M.	Rental car pick-up: Boston Airport CarFair (convertible; full insurance included)
10:30 A.M.	Hotel check-in: Majesty Hotel
11:30 A.M. 12:00 P.M.	Conference attendance: Bartholomew Convention Center Presentation
7:00 P.M.	Client dinner: Dim-Sum Pavilion (5-star Chinese restaurant; reservation for nine people)

March 18

7:00 A.M.	Breakfast: Majesty Hotel
8:00 A.M.	Rental car drop-off

Flight: 090 Air Conto
Departure: Boston 10:21 A.M.
Arrival: Toronto 12:13 P.M.

From: Patrizio Keller <patrizio.keller@42solutions.info>
To: Beth Bauer <beth.bauer@42solutions.info>
Subject: Your business trip
Date: March 23

Hi Beth,

I just want to give you some feedback on your performance during your first business trip. You did an excellent job at the conference and also at our client dinner. Since you were able to finalize an agreement with Mr. Cortez, the trip has already led to actual sales—well done! I appreciate that you drove all the way outside of the city to meet them. They also liked your restaurant choice.

I heard that your presentation at the conference started later than planned. The organizer reached out to us directly with a small complaint about the half-hour starting delay. In the future, please be fully prepared to begin speaking at the scheduled time.

Best,

Patrizio Keller

186. What is the purpose of the first e-mail?

(A) To negotiate a purchase
(B) To follow up on an inquiry
(C) To reconfirm an arrival
(D) To publicize new models

187. Which car model did Ms. Bauer choose?

(A) Compact VIVALO
(B) Premium VIVALO
(C) Compact PALIZZI
(D) Premium PALIZZI

188. What does the itinerary imply about Ms. Bauer's trip?

(A) Expenses will be covered by her company.
(B) Airline reward points will be earned.
(C) A room upgrade will be granted.
(D) A conference will last for two days.

189. What does Mr. Keller indicate about Ms. Bauer?

(A) She met Mr. Cortez before the conference.
(B) She chose a restaurant close to her hotel.
(C) She completed a contract during her trip.
(D) She has gone on several business trips.

190. At what time did Ms. Bauer start her presentation?

(A) 11:15 A.M.
(B) 11:30 A.M.
(C) 12:00 P.M.
(D) 12:30 P.M.

GO ON TO THE NEXT PAGE

Questions 191-195 refer to the following notice, e-mail, and article.

INTERPRETER NEEDED FOR UPCOMING TALK

Dr. Bai Lu, one of the world's foremost genetic researchers, will be delivering a lecture next month in Stanley Fields Auditorium at Kendelton College. We are seeking an interpreter who can speak Cantonese and English fluently to assist with this talk. We ask that applicants have experience interpreting for speakers before large audiences. If possible, please send us footage of you doing so. Note that although the lecture is intended for a general audience, some scientific terms will be employed. Qualified applicants with a background in science will be interviewed on March 2, and all others will be interviewed on March 3.

Résumés, cover letters, and other materials should be e-mailed to Amanda Wilson at wilson@kendelton.ac.uk.

TO: Amanda Wilson <wilson@kendelton.ac.uk>
FROM: Robert Wang <r.wang@kendelton.ac.uk>
SUBJECT: Talk by Dr. Bai Lu
ATTACHMENT: résumé, coverletter, Zhou_lecture

Dear Ms. Wilson,

My name is Robert Wang, and I'm a second-year student in Kendelton College's genetics graduate program. I'm interested in serving as the interpreter for Dr. Lu during his talk. I am fluent in both Cantonese and English, and have interpreted for several speakers in the past. Attached is a video of me interpreting a speech by Boyu Mayor Wei Zhou, who visited Kendelton College last year.

In addition, I completed my undergraduate studies at the university where Dr. Lu teaches, and I actually took one of his classes. He probably still remembers me.

I hope to hear from you soon.

Best regards,

Robert Wang

Dr. Bai Lu to Visit Liverpool

By Fred Cole

Dr. Bai Lu may not be well known to the public, but within academia he's practically a celebrity. The famed geneticist, who published crucial studies on how genes influence a person's behavior, has won countless awards and regularly appears on science programs like *Mind and Matter* to offer his opinions. He is a professor at Shenzen National University and is travelling the world giving talks about his new book, *Decoding Ourselves*.

On August 11 in the Stanley Fields Auditorium at Kendelton College, Liverpool, Dr. Lu will deliver a one-hour talk focused mainly on his recent research into the genes of creative individuals. He will be accompanied by an interpreter. Afterwards, the audience will be permitted to ask questions, and Dr. Lu will sign books and pose for photographs for 30 minutes. Tickets to the event can be reserved here: www.kendelton.ac.uk/events.

191. What is suggested about Mr. Wang?

(A) He bought tickets to a lecture.
(B) He majored in Cantonese.
(C) He will be interviewed on March 2.
(D) He is seeking permission to record a scientific talk.

192. What did Mr. Wang do last year?

(A) Assisted with a city official's speech
(B) Graduated from Kendelton College
(C) Organized a science conference
(D) Translated a documentary

193. How do Mr. Wang and Dr. Lu know each other?

(A) They studied together at Kendelton College.
(B) They met at Shenzen National University.
(C) They both appeared on *Mind and Matter*.
(D) They coauthored a scientific paper.

194. In the article, the word "crucial" in paragraph 1, line 2, is closest in meaning to

(A) basic
(B) dominant
(C) urgent
(D) important

195. What will happen at the event?

(A) An upcoming study will be announced.
(B) A question session will be held.
(C) Audience members will be invited onstage.
(D) Free books will be given out.

GO ON TO THE NEXT PAGE

Questions 196-200 refer to the following Web pages.

---

http://glamsafarieast.com/reservations/005323

| Home | About | Reservations | Customer Reviews |

Reservation confirmation for two-person tent

Date: January 23
Group leader: Isabel Harrison
Confirmation number: 005323

Accommodation	Price per night	Total
1 tent (July 4-8)	$640	$2,560
1 extra person	$40	$160
Extras	**Price per person**	**Total**
Night Walk (July 5) for 3 people	$82	$246
Stare at the Moon (July 7) for 2 people	$55	$110
Balance due		$3,076

Special note: 1 vegetarian traveler

---

http://glamsafarieast.com/about

| Home | About | Reservations | Customer Reviews |

 Spend a luxurious night in East Kenya

Welcome to Glam Safari East, a travel resort known for its luxury tents. These are made of natural materials such as bamboo, which are perfect for environmentally conscious travelers.

A two-person tent ranges from $420 per night during the rainy months of April and May to $640 per night in the high season. For a third person, there is an extra charge of $40 per night. This is an all-inclusive stay with complimentary breakfast and dinner. Lunch boxes will also be provided during the safaris. And here are some special add-ons to make your stay even more memorable.

- **Stare at the Moon**
  Soak in our outdoor spa and gaze at the moon and stars. Snacks and beverages are included.

- **Relaxing Massage**
  Treat your senses to a traditional massage and aromatherapy.

- **Night Walk**
  Our professional safari guides will show you our beautiful surroundings during a night safari.

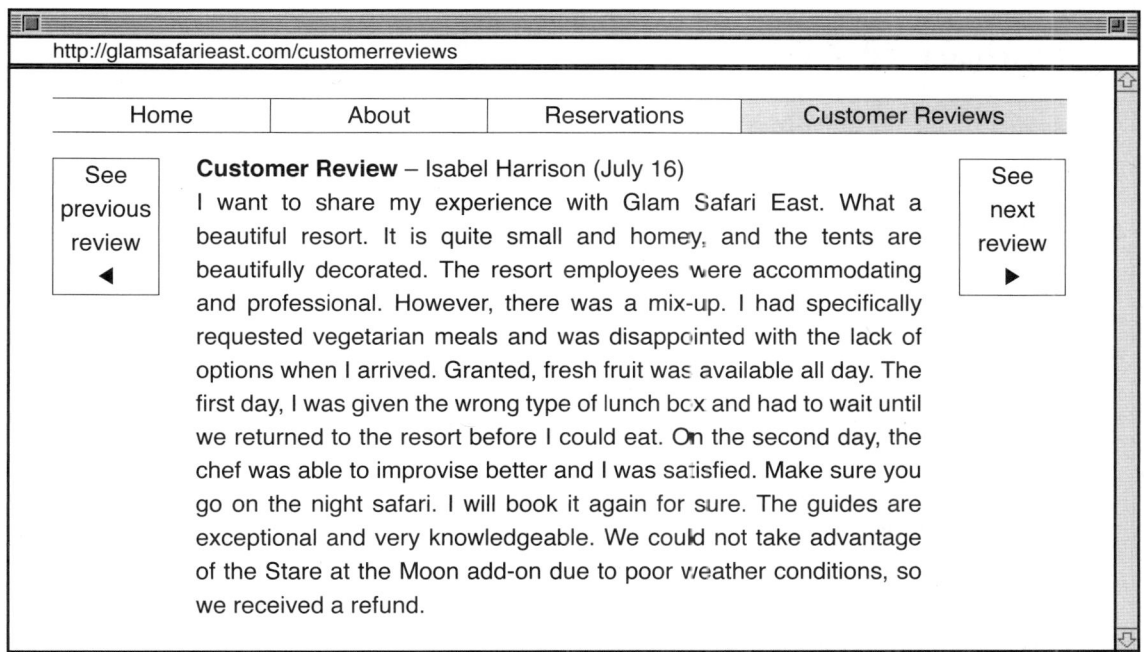

http://glamsafarieast.com/customerreviews

| Home | About | Reservations | **Customer Reviews** |

<table>
<tr><td>See
previous
review
◀</td><td>Customer Review – Isabel Harrison (July 16)
I want to share my experience with Glam Safari East. What a beautiful resort. It is quite small and homey, and the tents are beautifully decorated. The resort employees were accommodating and professional. However, there was a mix-up. I had specifically requested vegetarian meals and was disappointed with the lack of options when I arrived. Granted, fresh fruit was available all day. The first day, I was given the wrong type of lunch box and had to wait until we returned to the resort before I could eat. On the second day, the chef was able to improvise better and I was satisfied. Make sure you go on the night safari. I will book it again for sure. The guides are exceptional and very knowledgeable. We could not take advantage of the Stare at the Moon add-on due to poor weather conditions, so we received a refund.</td><td>See
next
review
▶</td></tr>
</table>

196. Which month is most likely the busiest at the resort?

(A) January
(B) April
(C) May
(D) July

197. What is implied about Glam Safari East?

(A) It offers local cuisine.
(B) It is accessible by boat.
(C) It uses eco-friendly products.
(D) It has been in business for decades.

198. What does Ms. Harrison suggest in the review?

(A) Dietary requests were not fully carried out.
(B) A tent did not meet her specifications.
(C) A resort was overbooked.
(D) A massage was unsatisfactory.

199. According to the third Web page, what will Ms. Harrison probably do during her next stay?

(A) Try another restaurant
(B) Book two tents
(C) Choose a different guide
(D) Take part in an evening activity

200. What amount of money was returned to Ms. Harrison?

(A) $82
(B) $110
(C) $160
(D) $246

Review 체크리스트

TEST 04를 푼 다음, 아래 체크리스트에 따라 틀린 문제를 리뷰하고 박스에 완료 여부를 표시하세요.

먼저 **필수 리뷰 체크리스트**를 참고해 리뷰를 마치세요.
'취약점 진단하기(p.14)' 결과에 따라 좀 더 꼼꼼하게 리뷰하고 싶은 학습자의 경우,
취약점별 리뷰 체크리스트를 참고해 자신의 취약점을 더욱 확실하게 보완할 수 있습니다.

꼭 확인해야 하는
필수 리뷰 체크리스트

- ☐ 틀린 문제의 문제를 해설을 보지 않고 **다시 풀어봤다.**
- ☐ 틀린 문제의 **답과 해설**을 확인한 후, **틀린 원인**을 생각해 보았다.
- ☐ 지문을 다시 읽으며 해석이 안 됐던 문장을 **스스로 해석**해 보았다.
- ☐ 지문별로 모르는 **어휘를 정리**하여 암기했다.
- ☐ 지문과 보기에서 사용된 **패러프레이징**을 확인했다.

나의 취약점 맞춤 보완을 위한
취약점별 리뷰 체크리스트

나의 취약점	리뷰 항목
Ⓐ 시간 관리 능력	☐ 시간을 단축할 수 있는 풀이 순서를 정해, 다시 한번 문제를 풀어보았다. ☐ 정확하게 시간을 재어 주어진 시간 내에 가능한 많은 문제를 풀어보았다.
Ⓑ 요점 파악 능력	☐ 주제/목적 찾기 문제를 풀며 답을 예상해보고, 글의 핵심을 정확하게 파악하는 연습을 했다. ☐ 문제의 키워드를 찾고 이를 지문의 단서 부분과 바로 연결시켜 보면서, 지문에서 필요한 부분만 찾아 읽는 연습을 했다.
Ⓒ 추론 능력	☐ 추론 문제를 풀 때, 정확한 단서에 근거하여 논리적으로 정답을 골랐는지 다시 한번 확인했다. ☐ 틀린 추론 문제는 해석, 해설을 꼼꼼히 확인하여 정답의 근거를 확실히 이해했다.
Ⓓ 장문 독해 능력	☐ 문제의 키워드를 바탕으로 정답의 근거가 있을 만한 지문을 정확하게 선택하는 연습을 했다. ☐ 다중 지문의 연계 문제를 복습하며 각각의 지문에서 단서를 찾아 조합하는 연습을 했다.
Ⓔ 어휘력	☐ 테스트가 끝나고 복습을 하며 모르는 어휘를 정리하여 알아두었다. ☐ 바꾸어 표현하기 부분을 따로 정리하여 복습했다.

TEST 05

잠깐!
테스트 전 확인사항

1 휴대 전화의 전원을 끄셨나요?　　　　　　　　　　　　　　　■ 예
2 Answer Sheet, 연필, 지우개를 준비하셨나요?　　　　　　　■ 예
3 시계가 준비되었나요?　　　　　　　　　　　　　　　　　　　■ 예

모든 준비가 완료되었으면 목표 점수를 떠올린 후 테스트를 시작합니다.

문제 풀이를 마치는 시간은 지금부터 52분 후인 ［　　］시 ［　　］분입니다.

테스트 시간은 총 54분이며, 시험 종료 전 2분은 정답 검토 및 답안지 마킹을 위해 사용합니다.

PART 7

Directions: In this part, you will be asked to read several texts, such as advertisements, articles, instant messages, or examples of business correspondence. Each text is followed by several questions. Select the best answer and mark the corresponding letter (A), (B), (C), or (D) on your answer sheet.

🕐 **PART 7** 권장 풀이 시간   **54분**

Questions 147-148 refer to the following brochure.

EXPLORE THE CITY OF LIGHTS

ExploreParis is one of the most popular tour companies based in the French capital. We boast a staff of over 50 trained tour guides and a schedule of tours that covers over 20 different neighborhoods. We also provide unbeatable deals for those wishing to learn more about the rich history, culture, and architecture of Paris. We offer you a chance to:

– Admire the exquisite structures of Paris's grand avenues on our 'Architectural Visionaries' tour

– Explore the dark past of Paris's catacombs on our 'Paris Underground' tour

– Take in the spectacular sights of riverside Paris on our 'Paris along the Seine' tour, a boating excursion that begins at Notre Dame and ends at the Eiffel Tower

For more information about our tours, including dates and prices, visit our Web site at www.exploreparis.fr or call us at 555-6327.

---

147. What is the main purpose of the brochure?

(A) To announce new transit routes
(B) To promote guided tours
(C) To advertise an international cruise
(D) To introduce city landmarks

148. According to the brochure, what does ExploreParis offer?

(A) A lecture on the history of architecture
(B) A train ride through underground tunnels
(C) A sightseeing trip down a river
(D) A visit to a national museum

Questions 149-151 refer to the following information.

TUDOR ATHLETIC CLUB

Welcome to the Tudor Athletic Club's tennis courts. While using the courts, please observe the following guidelines:

- Do not bring any food or drinks onto the courts, and pick up all your trash before you leave.
- Always wear appropriate sports attire.
- Please keep your belongings in the locker rooms. To rent a personal locker, speak to one of the attendants at the front desk.
- Before you begin a match, ensure that there are no spare balls lying on the court.
- Please practice good sportsmanship, and be respectful of other members.

We are proud to have been named "The Best Athletic Club in California" in the July issue of *Sporting Monthly*. As we are always looking for ways to improve, members are encouraged to provide their suggestions to management. Thank you.

TEST 1   TEST 2   TEST 3   TEST 4   TEST 5   TEST 6   TEST 7

149. For whom is the information most likely intended?

(A) Facility users
(B) Event planners
(C) Tennis instructors
(D) Sports journalists

150. According to the information, what should people do before leaving the courts?

(A) Speak to an assistant
(B) Return some equipment
(C) Retrieve garbage
(D) Record the score

151. What is mentioned about the Tudor Athletic Club?

(A) It was founded in July.
(B) It is going to upgrade its facilities.
(C) It advertises in a magazine.
(D) It was featured in a publication.

GO ON TO THE NEXT PAGE ▶

해커스 토익 PART7 집중공략 777

Questions 152-153 refer to the following text-message chain.

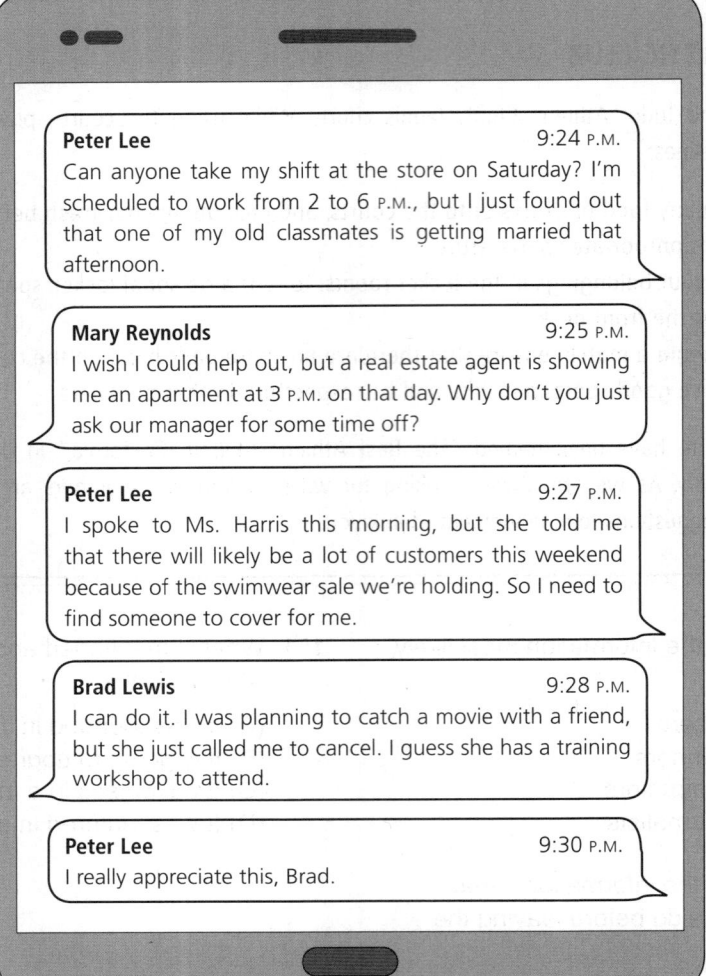

Peter Lee 9:24 P.M.
Can anyone take my shift at the store on Saturday? I'm scheduled to work from 2 to 6 P.M., but I just found out that one of my old classmates is getting married that afternoon.

Mary Reynolds 9:25 P.M.
I wish I could help out, but a real estate agent is showing me an apartment at 3 P.M. on that day. Why don't you just ask our manager for some time off?

Peter Lee 9:27 P.M.
I spoke to Ms. Harris this morning, but she told me that there will likely be a lot of customers this weekend because of the swimwear sale we're holding. So I need to find someone to cover for me.

Brad Lewis 9:28 P.M.
I can do it. I was planning to catch a movie with a friend, but she just called me to cancel. I guess she has a training workshop to attend.

Peter Lee 9:30 P.M.
I really appreciate this, Brad.

152. What will Ms. Reynolds do on Saturday?

(A) Join a workshop
(B) Attend a wedding
(C) View a rental unit
(D) Watch a film

153. At 9:27 P.M., what does Mr. Lee most likely mean when he writes,
"I spoke to Ms. Harris this morning"?

(A) He contacted a customer.
(B) He asked a colleague to help.
(C) He made a leave request.
(D) He canceled an appointment.

Questions 154-155 refer to the following announcement.

Lecture Series: *Excellence in Customer Service*

The Association of Marketing Professionals is pleased to announce a series of lectures entitled *Excellence in Customer Service*. The series will run from January 10 to 12 at The Forester Hotel in Needham. The main speaker, Tim Wentz, has been a customer service advisor for 20 years and will discuss common customer service issues and share his knowledge about the various ways in which customers' experiences can be quantified and analyzed. Mr. Wentz recently released the book *Customer Service Now*. He has also given educational talks for a number of professional organizations like ours.

Current members of the Association of Marketing Professionals may attend any of the lectures in the series at no charge by signing up at www. centerformarkpro.com/members. Nonmembers can also attend by paying an entrance fee of $30 at the hotel reception desk.

154. What is NOT mentioned about Mr. Wentz?

(A) He has given lectures previously.
(B) He is a published author.
(C) He established a marketing association.
(D) He has experience in customer service.

155. How can members gain entrance to the lecture series?

(A) By calling an event venue
(B) By presenting an invitation
(C) By registering on a Web site
(D) By purchasing a ticket

TO: Riley Moore, South Farnham Dog Park manager
FROM: Mark Stein, Parks and Recreation director
SUBJECT: Dog park improvements
DATE: March 19

Dear Mr. Moore,

As I am sure you are aware, many regular dog park visitors have requested certain changes. In response to their wishes, we have decided to make some improvements to the park this spring. I would like your team to do the following:

1. Install LED lights around the perimeter of the park for the benefit of evening visitors.
2. Lay new grass next to the walkways. Check the automatic sprinkler system for damage, ensure that it is running on schedule, and replace the worn parts.
3. Fix the cracks in the cement fountain in the large-dog area, and reinforce the chain-link fence separating it from the small-dog area.
4. Repaint faded signs.

Please tell your employees about these tasks. I will send you the proposed budget for the project a bit later. Go over it and let me know if you think any of the cost estimates need to be modified.

156. Why did Mr. Stein write the memo?

(A) To explain a park policy
(B) To discuss a funding problem
(C) To give instructions for a project
(D) To provide feedback on a task

157. What is one thing that Mr. Moore is asked to do?

(A) Replace a damaged fountain
(B) Inspect a watering system
(C) Remove an old sign
(D) Create a fenced area

Questions 158-160 refer to the following e-mail.

To: Jane Tyler <jane1991@zoommail.com>
From: Health World Gym <membership@healthworld.com>
Subject: New Membership Package
Date: June 3

Dear Ms. Tyler,

Congratulations on switching from a standard to a premium gym membership package. — [1] —. You can use your new membership card to access all of our facilities, including the cardio and weight rooms, the sauna, and the swimming pool. Your membership number is 0758446. — [2] —.

At present, we are offering a special summer deal to all members. From June 15 through June 28 only, you can sign up for a two-week course led by a professional trainer at no extra charge. This offer includes our yoga, karate, and aerobic classes in addition to many others. — [3] —. So take advantage of this offer and book a complimentary two-week course at our service desk today! — [4] —.

We hope you'll enjoy your time at Health World Gym, and we look forward to seeing you soon.

Best wishes,

Health World Gym

158. What is stated about Health World Gym?

(A) It is holding a limited-time promotion.
(B) It is open 24 hours a day.
(C) It has recently renovated its facilities.
(D) It plans to offer more aerobics classes.

159. What is NOT indicated about Ms. Tyler?

(A) She upgraded her membership status.
(B) She will be allowed to use a gym's pool.
(C) She pays extra for a personal trainer.
(D) She can participate in a free yoga course.

160. In which of the positions marked [1], [2], [3], and [4] does the following sentence best belong?

"You'll need to remember it in case you lose your card."

(A) [1]
(B) [2]
(C) [3]
(D) [4]

GO ON TO THE NEXT PAGE

Questions 161-164 refer to the following online chat discussion.

David Newman	2:15 P.M.	I just got off the phone with Sarah Adams at First National Bank. She wants to invite 40 additional guests to the Christmas party we're catering.
Theresa Jenkins	2:16 P.M.	Forty more people? But the party is only four days from now. That doesn't leave us enough time to prepare.
Roy Stevens	2:18 P.M.	I don't know if we can manage this. We have an event at the Merriam Medical Center the following day.
David Newman	2:19 P.M.	I understand your concerns. But Ms. Adams is a loyal client who's used our services year after year. We need to figure out a way to accommodate her request.
Theresa Jenkins	2:20 P.M.	I guess you're right. Let me talk to the other kitchen staff. If they're willing to put in some extra hours over the next few days, I'm sure we can prepare enough food for everyone.
Roy Stevens	2:22 P.M.	But we don't have enough servers. We're going to need at least three more waiters for the party.
David Newman	2:23 P.M.	Why don't we contact the waiters who worked at the banquet we catered for Lawson Industries? The one held in August to celebrate the opening of its first overseas branch.
Roy Stevens	2:24 P.M.	I forgot about that. I'll contact them now and see if they're available on such short notice.

Send

161. Where does Ms. Adams most likely work?

(A) At a medical clinic
(B) At a financial institution
(C) At a catering company
(D) At a recruitment agency

162. At 2:16 P.M., what does Ms. Jenkins mean when she writes, "Forty more people"?

(A) She hopes an event will be well attended.
(B) She believes an error has been made.
(C) She wants to confirm an amount.
(D) She thinks a request will be difficult to fulfill.

163. What does Ms. Jenkins say she will do?

(A) Ask employees to work overtime
(B) Add some dishes to a menu
(C) Order food from a restaurant
(D) Hire additional kitchen staff

164. What is indicated about Lawson Industries?

(A) It has partnered with a foreign firm.
(B) It will relocate its headquarters.
(C) It will open a new branch office soon.
(D) It has expanded internationally.

Fireside Creates New Division

Publishing giant Fireside has created a new division called Lost Worlds. According to Fireside CEO Ivan Farley, the division is devoted primarily to publishing "well-crafted science fiction" and will be overseen by Fireside managing editor Amanda Chu.

Though a full catalog for the division has yet to be released, Chu said the division has already acquired some novels that it plans to publish next fall. These include *Journey to the Wastelands* by Hugh Ottman, whose work was discovered by the famous editor Nina Randall; *Fire on Jupiter* by Brianna Stuart; and *Beyond the Visible* by Abram Marcus, which has been out of print for almost 40 years.

When asked why Fireside, which already operates 10 successful divisions, chose to create a new one, Chu said she believes the firm is filling a niche that has been neglected by other publishers. "Plenty of our competitors put out mass-market science fiction and science-related nonfiction, but we don't see many that publish deeper, more thought-provoking titles. There is a strong demand for these types of books," she said.

Sometime in the coming year, Chu added, the division will also begin publishing some nonfiction science titles, including several books by the visionary physicist Harold Weber. By doing so, Fireside hopes to expand its brand and become the most trusted science fiction and science publisher in the industry.

165. Where would the article most likely appear?

(A) In a political quarterly
(B) In a publishing newsletter
(C) In a film magazine
(D) In a scientific journal

166. Who wrote *Journey to the Wastelands*?

(A) Ivan Farley
(B) Hugh Ottman
(C) Amanda Chu
(D) Nina Randall

167. What does Lost Worlds plan to do next year?

(A) Organize a lecture
(B) Hire a managing editor
(C) Revise a catalog of selections
(D) Release some new publications

GO ON TO THE NEXT PAGE

Shelton University's 10-Year Plan

Shelton University has been an essential part of the city of Crestwood since the school was founded nearly two centuries ago. Over the years, it has developed into a world-famous institute. It has seen former students go on to prestigious positions in government, business, and education. — [1] —.

In order to continue this tradition, the college's board has developed a 10-year plan for growth in the engineering, veterinary science, communications, and business departments. The first step will be to engage additional faculty members in order to reduce class sizes. — [2] —.

The second step of the plan will involve increasing the space available for each academic department. This means adding classrooms as well as offices for professors and other staff. In most cases, existing buildings will be renovated and expanded. — [3] —. Additionally, there are plans to construct one new structure on the west side of the campus.

Administrators at Shelton University feel that these changes will make the school more alluring to potential students and thus more competitive overall. — [4] —.

168. What is mentioned about Shelton University?

(A) It will celebrate its 100th anniversary soon.
(B) It combined several of its departments.
(C) It is an internationally well-known institution.
(D) It will reduce its number of classes.

169. The word "engage" in paragraph 2, line 3, is closest in meaning to

(A) persuade
(B) possess
(C) debate
(D) hire

170. What is part of the second step of the plan?

(A) Creating new scholarship programs
(B) Advertising to overseas students
(C) Enlarging several buildings
(D) Training incoming faculty

171. In which of the positions marked [1], [2], [3], and [4] does the following sentence best belong?

"This will improve the overall quality of education as students will have more opportunities to meet with instructors one-on-one."

(A) [1]
(B) [2]
(C) [3]
(D) [4]

Action Entertainment Expands

By Colin Dunbar

In a press conference on June 3, Action Entertainment CEO Dave Riley stated that his company had acquired the rights to the *Dark Isle* video game from RatuSoft Incorporated. Released three years ago, this popular online role-playing game has over 350,000 current subscribers and generates an estimated $5.2 million in revenue each month. Action Entertainment is believed to have paid over $65 million for *Dark Isle*, although the exact figure has not been made public.

Mr. Riley said that he had been planning to expand into online gaming for some time. However, he was reluctant to create a new game due to the cost of development and the difficulty of breaking into an already crowded market. "Online multiplayer games are the future of our industry," he stated during the conference. "When the opportunity arose to acquire one of the most popular online games, I felt I had to take it."

Action Entertainment will be making significant improvements to *Dark Isle* over the next year. A pamphlet distributed during the press conference states that future versions of the game will have improved graphics and faster loading times. It was also revealed that noted game designer Michael Hong has been contracted to create an expansion for *Dark Isle* that includes new lands to explore and magical items to discover. Mr. Hong is expected to make a significant contribution to the future success of *Dark Isle*.

172. What is the main purpose of the article?

(A) To explain a game feature
(B) To discuss a corporate merger
(C) To announce an acquisition
(D) To introduce a new game company

173. The word "generates" in paragraph 1, line 3, is closest in meaning to

(A) calculates
(B) reimburses
(C) produces
(D) processes

174. What was provided at a press conference?

(A) A map
(B) A product sample
(C) A brochure
(D) An annual report

175. What is mentioned about Mr. Hong?

(A) He founded Action Entertainment.
(B) He is the original developer of *Dark Isle*.
(C) He will develop new content for a game.
(D) He was employed by RatuSoft Incorporated.

GO ON TO THE NEXT PAGE

TEST 1 | TEST 2 | TEST 3 | TEST 4 | **TEST 5** | TEST 6 | TEST 7

해커스 토익 PART 7 집중공략 777

Pristine Credit Services
Suite 250A, 500 Arabesque Street
Potomac, MD 20854
Tel. 555-6482

March 10

Derek J. Oliver
78 Thistlebrush Terrace
Baltimore, MD 21218

Dear Mr. Oliver,

Thank you for signing up for the Pristine Card. Effective March 20, for every dollar that you charge to this credit card, you will earn one Pristine Point. You can also receive a hotel voucher if you complete and return the short survey that has been sent to your e-mail address. Pristine Points are redeemable at any of the businesses listed at www.pcs.com/partners. These include online shopping malls, airlines, and gas stations.

If you have any questions or concerns regarding the Pristine Points rewards program, log on to our Web site to chat with a service representative. To check your account status and manage your account, visit www.pcs.com/points. Note that as long as your card remains valid, you will regularly receive our text message updates.

We appreciate your patronage.

Sincerely,

Matthew Eddington
Credit Card Department
Pristine Credit Services

---

www.pcs.com/points/cancel

| Program Overview | I | Special Offers | I | Account Details | I | **Cancel** |

Personal Information

Customer Name:	Derek J. Oliver	Available points:	0 point
User ID:	djoliver3948	Account Number:	3874-2303-2312-3495

Withdrawal Confirmation

Reason for Withdrawal:
I recently signed up for the Pristine Card because I wanted to use it for business travel expenses that my company would later reimburse. However, I received notification yesterday that my company is planning on issuing me a corporate card from another provider, and

I will be required to use it for my travel expenses. Though I have decided to cancel my Pristine Card, I was generally satisfied with the service. I also made good use of the hotel voucher I received, which allowed me to stay at Beltway Suites for the first time.

Electronic Signature: Derek Oliver **Date:** March 23

SUBMIT

176. What can holders of the Pristine Card do?

(A) Withdraw cash without paying a service fee
(B) Use points to purchase items from certain sellers
(C) Make advance reservations at some facilities
(D) Pay monthly bills using a mobile device

177. In the letter, the word "status" in paragraph 2, line 2, is closest in meaning to

(A) configuration
(B) ranking
(C) capacity
(D) situation

178. What is indicated about Mr. Oliver?

(A) He submitted a customer survey.
(B) He will pay a fee to maintain his account.
(C) He failed to log on to a Web site.
(D) He ordered room service at a hotel.

179. What will most likely happen after Mr. Oliver submits the form?

(A) He will apply for a different credit card.
(B) He will redeem his remaining rewards points.
(C) He will stop receiving notifications.
(D) He will e-mail a membership department.

180. Why does Mr. Oliver want to cancel his Pristine Card?

(A) He is dissatisfied with the choice of affiliated retailers.
(B) He will be required to use an alternative.
(C) He was not treated well by a customer representative.
(D) He would rather join an airline rewards program.

GO ON TO THE NEXT PAGE

해커스 토익 PART 7 집중공략 777

Questions 181-185 refer to the following e-mail and schedule.

To: Lisa Kelley <lisak1981@zipmail.com>
From: Angela Dawson <angela@comhousing.com>
Date: August 27
Subject: Kind Neighbor Day Volunteering
Attachment: Kind_Neighbor_Schedule

Dear Ms. Kelley,

Thank you for volunteering to help again with our annual Kind Neighbor Day this Saturday. I know that you're aware of what usually happens at the event, but I'll provide a quick summary anyway.

Please come to the volunteer orientation session on Wednesday at 8 P.M. We'll go over the details of the day, ensure workers understand their roles, and hand out volunteer T-shirts. Our office is being used for another event that evening, so the session will be held in City Hall's Smyth Room.

You are scheduled to work between 2 P.M. and 4 P.M., and we'll put you at the information table in the room. Your role will be to talk to people about our work and distribute flyers and pamphlets as people come in. Because you'll be by the door, you might also have to direct latecomers to empty seats. The schedule for the day is attached. As always, we ask you to arrive 10 minutes prior to the start of your shift. Let me know if you have any questions or if you can't make it for any reason.

Sincerely,

Angela Dawson
Volunteer coordinator
Community Housing Coalition (CHC)

Kind Neighbor Day at the Community Housing Coalition (CHC)

The CHC provides housing and meals to people who have trouble paying their basic expenses. Join us at our fifth annual Kind Neighbor Day to find out more about our work and learn how your charitable donations can make a huge difference in a lot of people's lives.

9–11 A.M.: Guided tours of the facilities will be held. You'll see the kitchen in which we prepare healthy, low-cost meals for the community, and we'll visit some of the affordable residences run by the CHC.

11 A.M.–12:30 P.M.: David Gomez, the director of the CHC, will give a speech titled "The Continued Importance of Social Housing." Mr. Gomez will discuss recent government policy on social housing and explain our work in this area. There will be time for questions at the end.

12:30–2 P.M.: Lunch will be served in our community kitchen by volunteers from White Forest High School. Vegetarian and gluten-free options will be available, and we ask for a donation of $5 to cover the costs.

2–4 P.M.: Professor Marion Burke of Mountainview University will present a lecture titled "Increasing the Amount of Affordable Housing." Professor Burke will discuss public housing programs across the United States and compare them with approaches that are being taken around the world.

4–6 P.M.: Tea and snacks will be served, and there will be a chance to speak to local people who were able to gain financial security thanks to the CHC.

181. What is implied about Ms. Kelley?

(A) She lives near City Hall.
(B) She already has this year's volunteer T-shirt.
(C) She has donated money to the CHC.
(D) She has assisted Ms. Dawson before.

182. What does Ms. Dawson ask Ms. Kelley to do?

(A) Print pamphlets for an information desk
(B) Arrive in advance of her scheduled time
(C) Serve tea and coffee during a speech
(D) Stay at an event after her shift is over

183. Where will the orientation be held?

(A) At a government building
(B) At a community center
(C) At a housing complex
(D) At a restaurant

184. During which part of the event will Ms. Kelley work?

(A) The group tours of the facilities
(B) The lecture on global housing
(C) The lunch for guests
(D) The talk on government policy

185. What is NOT expected to happen on Kind Neighbor Day?

(A) A question and answer session
(B) A refreshment service
(C) A welcome ceremony
(D) A donation collection

GO ON TO THE NEXT PAGE

Start-Up Innovators Sought at IBS

January 15—Ipoh Business School (IBS) is now accepting applications for its Start-Up Competition. Individuals or teams of up to five members may enter the competition if they are enrolled at IBS or have graduated within the past year. The contest is set to get underway in the first week of March, when participants will be assigned to business professors who will help them develop their start-up proposals. After these are submitted, they will be put in touch with a local entrepreneur, who will assist with fine-tuning their plan. In April, the selection committee will choose the 12 projects with the most potential. These finalists will receive additional guidance from a legal expert on applying for business licenses and other essential documents in order to fully register their company. Ultimately, the winner, runner-up, and second runner-up will receive grants of $50,000, $35,000, and $20,000, respectively. To participate, visit www.ibs.my/sucentry and create an account. The application period runs until February 1.

April 19

Najwa Zainal
Azim & Partners
831 Jalan Street
George Town, Penang 10350

Dear Ms. Zainal,

I'm glad that you've accepted my invitation to take part in the Start-Up Competition. As a specialist in patent law, you will be a valuable mentor to whomever we decide to partner you with. At this point, the 17 teams and 11 individuals participating in the challenge are working with accomplished businesspeople, but these numbers will be reduced this week. I will contact you next Wednesday to arrange your first meeting as an advisor.

I should also mention that if the entrant you are paired with wins a grant, you will be invited to an awards ceremony in Kuala Lumpur. In this case, we will cover your travel expenses.

Thank you again for providing your expertise.

Sincerely,

Michael Jaffar
Ipoh Business School

Travel Expenses Claim Form   Ipoh Business School

| Applicant: Najwa Zainal (Group 11) | Program: Start-Up Competition |
| Affiliation: Azim & Partners law firm | Date of Submission: July 15 |

Date	Details	Amount
July 7	Flight with Royal Lembing Air from George Town to Kuala Lumpur	$119.00
	Accommodation at Jentayu Grand Hotel (one night)	$72.00
July 8	Flight with Royal Lembing Air from Kuala Lumpur to George Town	$119.00
Total expenses		$310.00

*A maximum of $50 per night for accommodation, $30 per meal for food, and $150 one-way for flight tickets will be reimbursed.

186. According to the article, when will the Start-Up Competition begin?

(A) In January
(B) In February
(C) In March
(D) In April

187. Who most likely is Mr. Jaffar?

(A) A career counselor
(B) A contest organizer
(C) A legal advisor
(D) A local entrepreneur

188. What can be inferred about Ms. Zainal?

(A) She was asked to assist with business registration.
(B) She accepted a position as an academic advisor.
(C) She agreed to help a student team led by Mr. Jaffar.
(D) She was nominated to join a selection committee.

189. What is indicated about Group 11?

(A) It registered a patent on July 7.
(B) It started a company in George Town.
(C) It signed a contract with Azim & Partners.
(D) It received a monetary award.

190. What is suggested in the form?

(A) Ms. Zainal works for a firm in Kuala Lumpur.
(B) Ms. Zainal paid for a flight with a credit card.
(C) Ms. Zainal will not be fully reimbursed.
(D) Ms. Zainal received a discount on a meal.

GO ON TO THE NEXT PAGE

Questions 191-195 refer to the following schedule, e-mail, and article.

SCHEDULE: TMG CHANNEL
MONDAY, NOVEMBER 24

Time	Broadcast
5 P.M.–6 P.M.	*Mr. Orin* (comedy): This new episode is about the struggles of an unpopular middle school principal.
6 P.M.–7 P.M.	*Roman Kings* (drama): The series premiere of this popular show involves a standoff between the Roman emperor and an invading army.
7 P.M.–8 P.M.	*The Prosecution* (drama): This rerun of an episode from Season 3 is about two attorneys who go after a corrupt landlord.
8 P.M.–10:30 P.M.	*Sharks vs. Tigers* (live): The Portland Sharks face off against the Williamsburg Tigers in this football quarterfinals matchup.
10:30 P.M.–11:30 P.M.	*To Paris* (drama): This new episode follows two hotel staff members as they try to accommodate a rock star.

For a complete schedule of the programs airing this month on TMG channel, visit www.tmg.com/calendar.

TO: Andrea McLane <andrea@tmg.com>
FROM: William Stuart <w.stuart@tmg.com>
DATE: November 22
SUBJECT: Update

Dear Andrea,

I just wanted to give you a brief update on our schedule to make sure it accords with the information you have. On Monday, November 24, we're going to air the *Sharks vs. Tigers* game. As with last time, this game might run later than expected. In this case, we'll have to push back the following program, but that shouldn't be a huge deal.

Also on Monday, we're going to run the series premiere of *Roman Kings*, which should draw an estimated 1 million viewers. We will be airing some of our most expensive commercials during this timeslot.

On Tuesday at 9 P.M., the first episode of *The Wilds II* is going to air. This time, the drama will star Jack Holt and Amanda Hertzberg. Considering the success of the first season, it's expected to draw about 1.2 million people.

Best,

William Stuart

The Wilds II Delivers on Promise
By Linda Armitage

Two nights ago, almost 1.5 million viewers tuned in to watch *The Wilds II*. Thankfully, they weren't disappointed. Tension was high throughout the first hour-long episode, which centers on a husband and wife who become stranded in the Alaskan wilderness after their plane crashes. Jack Holt, best known for his roles in various horror movies, did a great job playing the nervous husband, and Amanda Hertzberg delivered an impressive performance considering that the episode was her acting debut. We can't wait to see what the writers of the show have in store for us next week.

191. Which program will TMG Channel air a previously shown episode of?

(A) *Mr. Orin*
(B) *Roman Kings*
(C) *The Prosecution*
(D) *To Paris*

192. In the e-mail, the phrase "accords with" in paragraph 1, line 1, is closest in meaning to

(A) matches
(B) consents
(C) improves
(D) balances

193. According to Mr. Stuart, what might happen on November 24?

(A) Some commercials will not air.
(B) *Roman Kings* will be cut short.
(C) A football game will be canceled.
(D) *To Paris* will be delayed.

194. What is indicated about the new episode of *The Wilds II*?

(A) Its producer is Jack Holt.
(B) It is based on a nonfiction book.
(C) It had more viewers than expected.
(D) It is nearing its season finale.

195. What is suggested about Ms. Hertzberg?

(A) She has been nominated for an award.
(B) She does not have much acting experience.
(C) She appeared in the first series of *The Wilds*.
(D) She plays the part of an airline pilot.

GO ON TO THE NEXT PAGE

Questions 196-200 refer to the following memo, Web page, and program.

Memorandum

To: SpeechCon Organizing Team
From: Rodney Patillo, Senior events coordinator

The time has come to start organizing next year's SpeechCon, and we need to begin by considering the format of the event. Our first planning meeting will be held on September 12. Please come prepared to share your ideas about the points mentioned below.

– The turnout for SpeechCon 10 exceeded our expectations, and with the many new developments in the field of speech-recognition software, I anticipate even more interest next year. Accordingly, we may want to consider using the Auburn Conference Center instead of the Sawtooth Exhibition Hall as it is twice as large.

– Regarding last year's networking brunch, several participants told me they had planned to go but couldn't because of talks scheduled at the same time.

– Lastly, our Tech Teach workshop, in which an expert taught registrants advanced programming techniques, received strong praise. There were requests for more such offerings.

---

www.speechcon11.com/about

| Home | About | Program | Registration | Travel & Where to Stay |

This year's SpeechCon will revolve around the theme "Voice-Driven Devices in the Home and on the Road." The agenda will include a release event for Household Helper 1.0—a robot that performs domestic chores through voice commands. In the main lineup, we will have stimulating talks by pioneers in the field of speech-recognition software. And for the first time in SpeechCon's history, there will be a guest visit by Clementine Yankov, inventor of the popular translation application Otvet. She will oversee a discussion on mobile programs that can automatically process and translate speech from one language to another. Meanwhile, in response to popular demand, we are holding several workshops led by researchers and developers within the industry.

SpeechCon 11: Conference Program

March 22

Time	Main Events	Speaker
9:20 A.M.–10:05 A.M.	Keynote Address	Ki-woo Jeong, CEO of Sense Solutions
10:10 A.M.–10:40 A.M.	Speech: "How GPS Systems Are Learning to Plot Routes Based on Spoken Directions"	Anita Putenis, professor at Latvia Technology Academy

10:45 A.M.–11:15 A.M.	Speech: "Software Programs to Process Calls to Home-Shopping Hotlines"	Bartholomew Ramsay, program director at Rana Research Center
11:20 A.M.–11:50 A.M.	Speech: "The Role of Microphones in Voice Detection"	Leila Hannachi, technical advisor at Tunisian Ministry of Science
1:30 P.M.–2:30 P.M.	Forum: "Using a Mobile Application to Converse in a Foreign Tongue"	
2:35 P.M.–3:55 P.M.	Forum: "Telling TVs and Refrigerators What To Do and How to Do It"	
4:00 P.M.–4:20 P.M.	Concluding Remarks	Ernest Zambo, director of Digitok Institute
7:00 P.M.–9:00 P.M.	Networking Dinner	

*Speeches will be given in the Ballroom, and forums will take place in the Knightly Room.

*Large Tech Teach workshops will be held in Meeting Rooms A, B, and C while smaller ones will take place in Training Rooms 1, 2, and 3.

196. What is the main purpose of the memo?

(A) To gather ideas on ways to improve attendance
(B) To assign individual tasks to employees
(C) To commend organizers on a successful outcome
(D) To prepare team members for a meeting

197. What can be inferred about SpeechCon 11?

(A) A new registration system was implemented.
(B) Additional educational sessions were offered.
(C) Exhibition spaces were booked at more than one facility.
(D) A networking dinner was made accessible by invitation only.

198. In the Web page, the word "agenda" in paragraph 1, line 2, is closest in meaning to

(A) schedule
(B) checklist
(C) issue
(D) directory

199. Which topic will most likely NOT be covered at SpeechCon 11?

(A) Automated telephone systems
(B) Software for household appliances
(C) Temperature detection applications
(D) Voice-activated navigation programs

200. Where will Ms. Yankov's event take place?

(A) In the Ballroom
(B) In the Knightly Room
(C) In a meeting room
(D) In a training room

정답 [책 속의 책] p.160 / 해석·해설 p.214

Review 체크리스트

TEST 05를 푼 다음, 아래 체크리스트에 따라 틀린 문제를 리뷰하고 박스에 완료 여부를 표시하세요.

먼저 **필수 리뷰 체크리스트**를 참고해 리뷰를 마치세요.
'취약점 진단하기(p.14)' 결과에 따라 좀 더 꼼꼼하게 리뷰하고 싶은 학습자의 경우,
취약점별 리뷰 체크리스트를 참고해 자신의 취약점을 더욱 확실하게 보완할 수 있습니다.

꼭 확인해야 하는
필수 리뷰 체크리스트

☐ 틀린 문제의 문제를 해설을 보지 않고 **다시 풀어봤다.**
☐ 틀린 문제의 **답과 해설**을 확인한 후, **틀린 원인**을 생각해 보았다.
☐ 지문을 다시 읽으며 해석이 안 됐던 문장을 **스스로 해석**해 보았다.
☐ 지문별로 모르는 **어휘를 정리**하여 암기했다.
☐ 지문과 보기에서 사용된 **패러프레이징을 확인**했다.

나의 취약점 맞춤 보완을 위한
취약점별 리뷰 체크리스트

나의 취약점	리뷰 항목
Ⓐ 시간 관리 능력	☐ 시간을 단축할 수 있는 풀이 순서를 정해, 다시 한번 문제를 풀어보았다. ☐ 정확하게 시간을 재어 주어진 시간 내에 가능한 많은 문제를 풀어보았다.
Ⓑ 요점 파악 능력	☐ 주제/목적 찾기 문제를 풀며 답을 예상해보고, 글의 핵심을 정확하게 파악하는 연습을 했다. ☐ 문제의 키워드를 찾고 이를 지문의 단서 부분과 바로 연결시켜 보면서, 지문에서 필요한 부분만 찾아 읽는 연습을 했다.
Ⓒ 추론 능력	☐ 추론 문제를 풀 때, 정확한 단서에 근거하여 논리적으로 정답을 골랐는지 다시 한번 확인했다. ☐ 틀린 추론 문제는 해석, 해설을 꼼꼼히 확인하여 정답의 근거를 확실히 이해했다.
Ⓓ 장문 독해 능력	☐ 문제의 키워드를 바탕으로 정답의 근거가 있을 만한 지문을 정확하게 선택하는 연습을 했다. ☐ 다중 지문의 연계 문제를 복습하며 각각의 지문에서 단서를 찾아 조합하는 연습을 했다.
Ⓔ 어휘력	☐ 테스트가 끝나고 복습을 하며 모르는 어휘를 정리하여 알아두었다. ☐ 바꾸어 표현하기 부분을 따로 정리하여 복습했다.

TEST 06

잠깐!
테스트 전 확인사항

<u>1</u> 휴대 전화의 전원을 끄셨나요? ■ 예
<u>2</u> Answer Sheet, 연필, 지우개를 준비하셨나요? ■ 예
<u>3</u> 시계가 준비되었나요? ■ 예

모든 준비가 완료되었으면 목표 점수를 떠올린 후 테스트를 시작합니다.
문제 풀이를 마치는 시간은 지금부터 52분 후인 ▢▢ 시 ▢▢ 분입니다.
테스트 시간은 총 54분이며, 시험 종료 전 2분은 정답 검토 및 답안지 마킹을 위해 사용합니다.

PART 7

Directions: In this part, you will be asked to read several texts, such as advertisements, articles, instant messages, or examples of business correspondence. Each text is followed by several questions. Select the best answer and mark the corresponding letter (A), (B), (C), or (D) on your answer sheet.

PART 7 권장 풀이 시간   54분

Questions 147-148 refer to the following article.

City Orchestra Takes Steps Forward

Galveston Orchestra, which performs once a year, is auditioning local musicians in order to hire additional members. The manager of the orchestra, Scott March, announced the tryouts shortly after introducing the new conductor, Eloise Mintz from Germany. The appointment of a European as the leader of the orchestra marks a change of direction for the city ensemble. Mr. March explained, "Since its formation, the orchestra has been led exclusively by local conductors. However, our musicians expressed a desire to be exposed to unfamiliar musical styles. As a result, we decided to try finding a conductor from another country and diversifying the type of music we play." This year's list of musical pieces was finalized a year ago, but Mr. March believes that, if things go well this season, there will be a more internationally influenced selection of music next year.

147. What is stated about the orchestra?

(A) It has worked with a foreign conductor before.
(B) It runs a fund-raising program.
(C) It performs for the public annually.
(D) It will play extra musical pieces this year.

148. Why did the Galveston Orchestra hire Ms. Mintz?

(A) She was highly recommended by Mr. March.
(B) The members wanted to try new styles of music.
(C) The musicians required a new manager.
(D) She is a respected local performer.

June 1

Reginald Watson, Human resources manager
Bateman Accounting Services
898 Walton Way
Chicago, IL 60604

Dear Mr. Watson,

This letter serves as official notice that this will be my last year of working for Bateman Accounting Services. My contract expires at the end of July, and I am planning to retire at that point.

Above all, I would like to thank you and everyone here at the firm for your support over the years. I have truly enjoyed my time with Bateman Accounting Services and have appreciated the opportunity to work with such excellent colleagues.

As mandated in our policy manual, I am providing the company with two months' notice so that there will be time for me to train a replacement for my position. Are you planning to promote someone currently employed at the firm? If not, let me know. I will be happy to suggest an outside candidate who I believe could successfully lead my team.

Sincerest regards,

Martha Lenz
Head of commercial accounting services

149. Why did Ms. Lenz write the letter?

(A) To provide an employment reference
(B) To renew a contract
(C) To inquire about an office policy
(D) To resign from a company

150. What does Ms. Lenz offer to do?

(A) Find a temporary assistant
(B) Interview job applicants
(C) Recommend a successor
(D) Organize a retirement celebration

GO ON TO THE NEXT PAGE

Questions 151-152 refer to the following text-message chain.

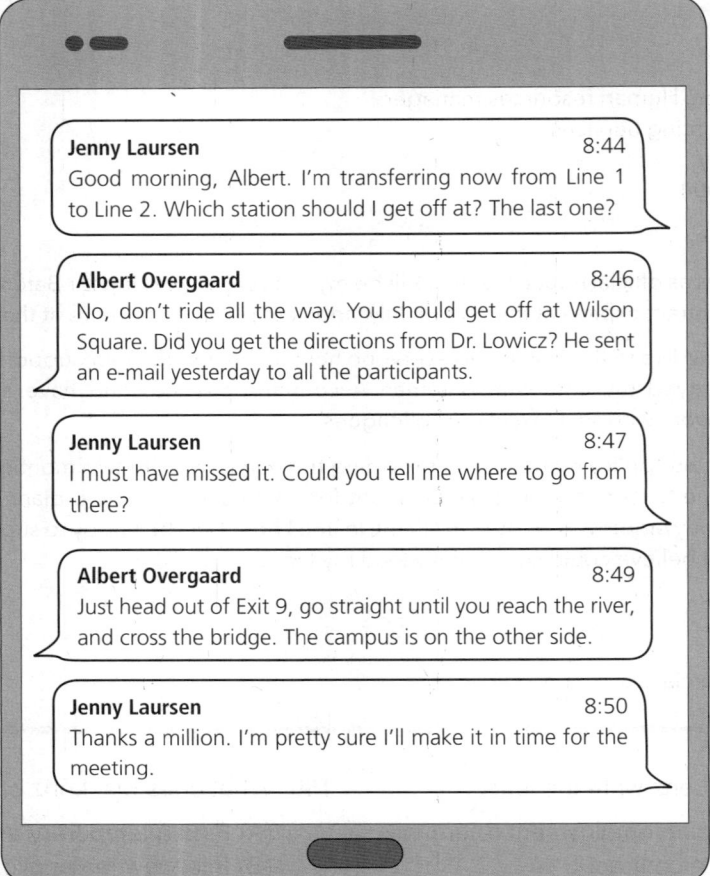

Jenny Laursen   8:44
Good morning, Albert. I'm transferring now from Line 1 to Line 2. Which station should I get off at? The last one?

Albert Overgaard   8:46
No, don't ride all the way. You should get off at Wilson Square. Did you get the directions from Dr. Lowicz? He sent an e-mail yesterday to all the participants.

Jenny Laursen   8:47
I must have missed it. Could you tell me where to go from there?

Albert Overgaard   8:49
Just head out of Exit 9, go straight until you reach the river, and cross the bridge. The campus is on the other side.

Jenny Laursen   8:50
Thanks a million. I'm pretty sure I'll make it in time for the meeting.

151. Where most likely is Ms. Laursen?

(A) On a street
(B) In a subway station
(C) At a plaza
(D) Aboard a bus

152. At 8:47, what does Ms. Laursen mean when she writes, "I must have missed it"?

(A) She did not receive some information.
(B) She was unable to attend an event.
(C) She does not know Dr. Lowicz.
(D) She is unaware of an appointment.

Questions 153-154 refer to the following e-mail.

From:	On Demand Videos <customerservice@ondemand.com>
To:	Robert Greene <robgreene@fastmail.com>
Subject:	Registration
Date:	March 3

Dear Mr. Greene,

Thank you for registering as a member of On Demand Videos. Under your subscription plan, you will be able to stream thousands of movies, TV shows, and other content without commercials or other such interruptions.

To receive your initial log-in and password information, visit www.ondemand.com/user/greene_2. You will be required to change your password after you log in for the first time.

Starting from today, you will be charged $8.99 a month. If you wish to discontinue your membership, please submit a cancellation form at www.ondemand.com/cancel.

Don't forget that you can comment on our Web site about videos after watching them, and share episodes and programs that you love with other members. We are pleased to have you as a member, and we hope you enjoy your viewing experience.

Sincerely,

On Demand Videos

153. What is the main purpose of the e-mail?

(A) To advertise a video rental shop
(B) To inform a client of a cancellation
(C) To publicize a new Web site
(D) To supply details about a media service

154. What can Mr. Greene do on the Web site?

(A) Upload home movies
(B) Write about online content
(C) Upgrade a subscription plan
(D) Apply for a monthly discount

GO ON TO THE NEXT PAGE

해커스 토익 PART 7 집중공략 777

March 14

Dr. Sylvia Scott
Concord Zoological Institute
4006 McVaney Road
Asheville, NC 28801

Dear Dr. Scott,

I am writing on behalf of the Raleigh Science Museum, which will be hosting a live butterfly exhibit. Given your expertise, I was hoping you could assist with some aspects of this project. We are being funded by the Carolinas Science Foundation.

Aside from being visually appealing, the butterfly exhibit will have many engaging features. For instance, we will include an open space where visitors can examine the butterflies closely and even hold them in their hands. Another area will use multimedia presentations to explain the life cycle of butterflies. Your vast knowledge of insects would be invaluable when it comes to selecting different species and helping us create an overall experience that will inspire adolescents to take up a career in science.

If you are interested, I would be happy to discuss the project further. Please let me know by contacting me directly at 555-0928 or by e-mailing me at f.rosen@rsm.org.

Sincerely,

Fred Rosen
Special exhibit director
Raleigh Science Museum

---

155. What does Mr. Rosen want Dr. Scott to do?

(A) Interest some scientists in a project
(B) Persuade a foundation to increase funding
(C) Choose species for an exhibit
(D) Present the findings of a study

156. What is mentioned about the butterfly exhibit?

(A) It is Raleigh Science Museum's most popular attraction.
(B) It is being planned by the Carolinas Science Foundation.
(C) It will allow visitors to touch live insects.
(D) It will feature educational lectures by scholars.

157. The phrase "take up" in paragraph 2, line 6, is closest in meaning to

(A) capture the attention of
(B) raise
(C) embark on
(D) continue

Questions 158-161 refer to the following article.

Innovative Site Provides Entertainment to Those on a Budget
By Madison Coolidge

Last-Minute-Tix is a brand-new Web site that has joined up with over 50 theaters and concert halls in New York. Thanks to these partnerships, it has tickets for a wide variety of musicals, theatrical performances, and concerts. — [1] —.

The advantage of using the site is that you pay up to 60 percent off the original ticket cost. And Last-Minute-Tix also has a mobile application, allowing clients to check the availability of tickets even when they have no access to computers. Signing up is free, but each transaction costs $3.

One interesting aspect of the site is the review forum. — [2] —. This is where users write reviews of different events throughout the city. If you are unfamiliar with a show, you can find out what others think about it.

The downside to Last-Minute-Tix is that planning in advance is difficult. — [3] —. Some tickets only become available two hours prior to a performance, so depending on where you are, getting to the venue on time can prove challenging. — [4] —. Also, most available tickets are for seats with a poor view of the stage.

Learn more about the service by visiting www.lastmintix.com.

---

158. What can customers do on Last-Minute-Tix?

(A) Purchase discounted tickets
(B) Select preferred seating
(C) View videos of performances
(D) Sell tickets they are unable to use

159. What is NOT stated about Last-Minute-Tix?

(A) It partners with various venues.
(B) It charges a fee for each transaction.
(C) It updates its selection of tickets once a day.
(D) It can be accessed on electronic devices.

160. According to the article, how can users get information about performances?

(A) By using a search feature
(B) By reading user opinions
(C) By calling box offices
(D) By sending a request via e-mail

161. In which of the positions marked [1], [2], [3], and [4] does the following sentence best belong?

"Users simply need to log in to the site to purchase these."

(A) [1]
(B) [2]
(C) [3]
(D) [4]

GO ON TO THE NEXT PAGE

Questions 162-164 refer to the following Web page.

Jobs at *The Clairmont Tribune*

The Clairmont Tribune offers its employees competitive salaries, excellent benefits, and a collaborative work environment. We strive to create a comfortable, accommodating workplace. For instance, unlike other newspaper offices, we have a break room with a film projector, a pool table, and arcade games.

Job Vacancy for Graphic Designer

Qualifications
– Bachelor's degree in visual communications or graphic design
– Over 2 years of related experience
– Good knowledge of Top Design, Pedro Drawing, and Splash Photo-Editing software
– Ability to work well in groups

Responsibilities
– Designing the layout of all sections of the newspaper
– Working with staff photographers to select images for articles
– Creating and updating visual content for the newspaper's Web site

To Apply
Send a résumé, cover letter, and several examples of your work to hiring manager Alan Thrall (careers@clairmonttribune.com), who will determine which applicants are offered an interview. Please note that all interviewees will be required to bring a portfolio with them.

---

162. What is unique about *The Clairmont Tribune*?

(A) It changed its employee benefits package.
(B) It recently relocated to a new office.
(C) It provides an entertainment space.
(D) It has merged with another media company.

163. What is NOT a requirement for the job?

(A) A university degree
(B) Teamwork skills
(C) Design experience
(D) A training certificate

164. What is Mr. Thrall most likely responsible for?

(A) Narrowing down candidates
(B) Writing weekly editorial pieces
(C) Designing the layout of a publication
(D) Contacting prospective subscribers

Questions 165-168 refer to the following e-mail.

From: Manish Barua <m.b@dispurt.co.in>
To: Blake Sullivan <sull@kensingtonteahouse.co.uk>
Subject: Tea from Assam
Date: March 13

Dear Mr. Sullivan,

I am the head of production at Dispur Tea Company. I recently met with your colleague, Adam Franklin, at the International Tea Expo in Beijing. — [1] —. After discussing a possible partnership between our firms, he invited me to write to you directly.

Dispur Tea Company has been growing tea since 1863, when we were founded by several plantation owners in Assam. Our tea is considered some of the finest in the world and was even exported to England to be served to the royal family.

These days, it is regularly offered to diplomats who visit New Delhi. — [2] —. To produce our single line of top quality tea, we purposefully cultivate a relatively small number of Assam tea plants. — [3] —. However, we are increasingly hoping to sell our product to discerning customers in Western markets. Consequently, we wondered if Kensington Tea House might want to form a partnership in which it would have the exclusive right to sell our tea in Glasgow.

We would be willing to provide flights to Assam so that you or another representative from Kensington Tea House can visit our plantations, sample our teas, and, hopefully, come to an agreement. — [4] —.

I look forward to hearing from you.

Sincerely,

Manish Barua
Dispur Tea Company

165. What is the main purpose of the e-mail?

(A) To remind a supplier about a shipment
(B) To thank an associate for attending an expo
(C) To explain the history of some plantations
(D) To propose a business relationship

166. What is suggested about Dispur Tea Company?

(A) It produces only one tea brand.
(B) It operates a plantation in England.
(C) It has an office in Glasgow.
(D) It is owned by Mr. Franklin.

167. What does Mr. Barua offer to do?

(A) Lower the price of a bulk order
(B) Pay for transportation to a production site
(C) Mail a package of product samples
(D) Refund the cost of a shipment

168. In which of the positions marked [1], [2], [3], and [4] does the following sentence best belong?

"Let me know if you would be interested in such an arrangement."

(A) [1]
(B) [2]
(C) [3]
(D) [4]

GO ON TO THE NEXT PAGE

Questions 169-171 refer to the following memo.

To: Store employees
From: Ronald Law, CEO of Raffia Craft Stores
Date: July 17
Subject: Point-of-sale upgrade

Raffia is experiencing an exciting period of opportunity and growth. A record number of customers are shopping at our locations each week, and our product lines are well matched to consumer demand. Our skilled and dedicated workforce has been the key to our continued success.

Recently, we took a look at the efficiency of our customer service and decided to improve it by introducing a new point-of-sale system next month.

In the past, we only used manual cash registers, but times have changed, and our current system has become outdated. The new system, Cash-Kruncher R-10, will be installed on all checkout desk computers and will come with cash registers, barcode scanners, receipt printers, and other components. Besides storing pricing details and facilitating customer transactions, the system will help us manage our inventory and analyze our clients' purchasing habits. We will continue to accept cash, credit and debit cards, and personal checks. Plus, we will be able to accept mobile payments.

Sometimes, big changes create some anxiety. We will support our cashiers and managers by providing training and offering assistance for six weeks following installation.

169. What is described in the memo?

(A) A technology upgrade
(B) An evaluation schedule
(C) A sales strategy
(D) A hiring process

170. Why most likely is a change being made?

(A) To address customer complaints
(B) To open additional branches
(C) To reduce the size of a workforce
(D) To improve the quality of customer service

171. What is NOT mentioned about Cash-Kruncher R-10?

(A) It keeps track of customer data.
(B) It requires regular software updates.
(C) It includes several devices.
(D) It can handle mobile payments.

Questions 172-175 refer to the following online chat discussion.

Denise Campbell 5:16		Hello, everyone. The end of the year is approaching, so we need to start planning our annual party. Most of those who replied to my e-mail said they wanted to have it in our office instead of at Blake's Lobster Hut.
Rory Dunn 5:17		But we can't use the Chesterton Room. Our product demonstrations for the hardware exhibition are still being set up there.
Colin Ross 5:17		Why don't we use the Mathers Room? I think it will be spacious enough for all of our employees as well as those working at the Hartsville branch.
Rory Dunn 5:18		Fine by me.
Denise Campbell 5:18		I'll take care of the decorations then. A store in my neighborhood sells balloons and streamers.
Margaret Murray 5:19		As for the food, pizza worked well last year, so why don't we do that again? I'll place the order around 6 P.M. so that it arrives by 6:30 P.M., when the party starts
Stewart Taylor 5:19		Good. Since we'll also need some beverages, I'll pick up some juice on my way to work that day.
Colin Ross 5:20		What about if I brought some baked goods for desert? I've got a great recipe for chocolate chip cookies.
Denise Campbell 5:21		Excellent. By the way, since you joined us recently, Stewart, you should know that the company pays for office celebrations. Be sure to give Rory the receipts for your purchases.
Stewart Taylor 5:22		Understood.

Send

172. What does Ms. Campbell most likely want to prepare?

(A) A ceremony for recognizing achievements
(B) A release event for new products
(C) A welcoming party for an employee
(D) A gathering to mark the end of the year

173. What does Mr. Ross propose?

(A) Ordering some office furniture
(B) Canceling a product demonstration
(C) Bringing some homemade food
(D) Reserving an event hall

174. What can be inferred about the event?

(A) It will feature a catered meal.
(B) It will involve staff from another branch.
(C) It will commence at 6 P.M.
(D) It will take place at a rented venue.

175. At 5:22, what does Mr. Taylor most likely mean when he writes, "Understood"?

(A) He will be sure to attend an event.
(B) He intends to pass along a recipe.
(C) He was already familiar with a company tradition.
(D) He will ask for expenses to be reimbursed.

GO ON TO THE NEXT PAGE

해커스 토익 PART 7 집중공략 777

Facelifter Remodeling

Are you looking to give your home or company a contemporary appearance? Then look no further than Facelifter Remodeling. For over three decades, we have been providing establishments in towns across Burlington County with the highest quality custom interiors. Facelifter can help you remodel virtually any room imaginable, including:

– Kitchens
– Bathrooms
– Dining Areas
– Living Areas & Lounges
   ...And so much more!

For return customers who are homeowners, we offer a 20 percent discount on furniture projects. And for return commercial clients, Facelifter now offers a consultation and quote at no charge. We guarantee to have your renovation done on time, or you'll pay nothing at all. So, give your space the update it deserves! Call 555-6173 to schedule a consultation with one of our specialists.

TO:	Brian Masterson <b_masterson@facelifter.com>
FROM:	Alice Tuan <alice.tuan@rosemail.com>
SUBJECT:	Frescara restaurant project
DATE:	March 2

Dear Mr. Masterson,

I tried getting in touch through your customer consultation line but was unable to reach you. So, I am now sending this e-mail as a formal written complaint regarding the renovation work at my restaurant, Frescara. I was expecting, based on Facelifter's work at some of my other businesses, that excellent service would be provided. However, I am disappointed with how this particular project has been going. Our grand reopening event was supposed to take place last Friday, but due to the delayed renovation work, we have been forced to push that date back for at least another month.

Seeing as the renovations will take longer than agreed upon, I would like to know what compensation you normally provide in this sort of situation.

Regards,

Alice Tuan
Owner and operator, Frescara

176. What is NOT stated about Facelifter in the advertisement?

(A) It has done projects in several towns.
(B) It remodels rooms according to client specifications.
(C) It has been operating for over 30 years.
(D) It recently hired new consultants.

177. Under which circumstance will Facelifter customers not be charged?

(A) If a finished result differs from a plan
(B) If a project runs beyond a deadline
(C) If a contractor cancels unexpectedly
(D) If a specific material is unavailable

178. What is suggested about Ms. Tuan?

(A) She declined an invitation to a grand opening.
(B) She is concerned about her serving staff.
(C) She previously worked for a remodeling company.
(D) She tried to contact Facelifter by phone.

179. In the e-mail, the word "forced" in paragraph 1, line 7, is closest in meaning to

(A) persuaded
(B) compelled
(C) making progress
(D) getting ready

180. What is indicated about the Frescara restaurant project?

(A) The work was completed in a month.
(B) There was no charge for the price estimate.
(C) Ms. Tuan requested an expedited service.
(D) Facelifter provided an inaccurate quote.

GO ON TO THE NEXT PAGE

TO: Raquel Delgado <rdelgado@pedroperez.org>
FROM: Raul Martin <rmartin@pedroperez.org>
SUBJECT: Grand opening
DATE: August 29
ATTACHMENT: Invitation_draft

Dear Ms. Delgado,

Overall, our plans for the Pedro Perez Institute's opening night are going smoothly, and we will send out the invitations early next month. A rough draft of one has been attached. There are a couple of things, though, that I want to bring to your attention.

First, the guest speaker we've invited, Professor Garcia, says that he has another engagement from 6:30 to 7:30 P.M. That means he won't be able to arrive at our institute until close to 8 P.M. I've arranged for the event to start 30 minutes later than originally scheduled.

Also, I've made a reservation at a nearby Mexican restaurant for those who want to linger after the closing remarks. We expect most of the staff to show up as well as several other invited guests. I think this would be a good time for you to read a few Spanish-language poems as you mentioned you would like to do so at some point. Let me know if you have any issues with this arrangement.

Sincerely,

Raul Martin

GRAND OPENING: PEDRO PEREZ INSTITUTE
Providence's first Latino cultural center

September 30

SCHEDULE OF EVENTS
7 P.M.: Dinner commences
7:50 P.M.: Introduction of Dr. Fernando Garcia, Professor of Spanish Literature at Smith University
8 P.M.: Keynote speech by Dr. Garcia
8:30 P.M.: Short speeches by institute leaders
9:30 P.M.: Closing remarks
10:30 P.M.: After-party at La Vaca Gorda

To confirm your attendance, please visit our Web site, www.pedroperez.org. The event is free, and you may bring one person along. Once confirmation is completed, you will be sent a link to a page where you can select your dinner preference. Vegetarian options are available.

Please wear semiformal attire. The doors of the institute open at 6:15 P.M. We look forward to seeing you there.

181. According to Mr. Martin, what will happen in early September?

(A) People will be asked to attend an event.
(B) An institute will be shown to the public.
(C) A Mexican restaurant will open.
(D) An after-party will be held.

182. What did Mr. Martin do?

(A) Reschedule the date of a grand opening
(B) Change the starting time of an event
(C) Replace a keynote speaker
(D) Visit a facility's banquet hall

183. In the e-mail, the word "linger" in paragraph 3, line 1, is closest in meaning to

(A) dwell
(B) await
(C) stay
(D) prolong

184. When will Ms. Delgado most likely give a literary reading?

(A) During a dinner
(B) During a keynote speech
(C) During closing remarks
(D) During an after-party

185. What is stated about the grand opening event?

(A) It involves a small participation fee.
(B) It has a dress code.
(C) It will include an art exhibition.
(D) It will be catered by a local restaurant.

GO ON TO THE NEXT PAGE

Questions 186-190 refer to the following advertisement, e-mail, and bill.

MAKE BENJAMIN HOTEL YOUR HOME AWAY FROM HOME

Founded over 80 years ago, Benjamin Hotel is one of the most renowned hotels in Berlin. Boasting an extravagant architectural style, lavish rooms, stunning views, and dedicated staff, it has drawn visitors from around the globe. Past guests have included the well-known rock band Blue Sunrise and the actor Davis Kramer. The hotel was also the location for a scene in the celebrated film *Berlin Nights*.

Our rooms are in high demand, especially in the summer, so if you want to make a reservation, we suggest doing so several months in advance. We are currently offering half-price discounts on certain services to holders of the Heritage Hospitality Card, which can be used at select hotels throughout Europe. To inquire about availability, e-mail us at inquiries@benjaminhotel.de.

TO: Mary Parker <m.parker@fastmail.com>
FROM: Inquiries <inquiries@benjaminhotel.de>
SUBJECT: Re: Availability
DATE: April 7

Dear Ms. Parker,

Thank you for your e-mail. To answer your first question, yes, we have rooms available for August 12 to 16, and I will book one for you. Would you and your friend like a room overlooking the Spree, the river that runs through the city center, or would you prefer a view of the Tiergarten, the city's largest park? The former costs €10 more, so the total would be €110 per night instead of €100.

To answer your second question, the biggest cultural festival happening during that time is the Berlin International Arts Extravaganza, during which thousands of artists from around the globe set up tents in the main square, and people can walk around browsing and buying artworks. You can get there by traveling east on Bus 334 for three stops.

Best regards,

Franz Leiber
Reservation manager
Benjamin Hotel

TEST 1

TEST 2

TEST 3

TEST 4

TEST 5

TEST 6

TEST 7

해커스 토익 PART7 집중공략 777

BENJAMIN HOTEL – BILL
Name: Mary Parker
Stay: August 12–16
Room 224 (2 beds)

Room charge (4 nights/€100 per night) €400
    Breakfast (2 days) €20*
    Gym (single visit) €22
    Wi-Fi (3 hours/€5 per hour) €15
    Pay-per-view cable (1 new-release movie) €9

Total €466
*Heritage Hospitality Card promotion has been applied.

Note that any billing errors must be pointed out to front
desk staff during the check-out process. Any payment
made after signing this form will not be reimbursed.
Thank you for staying with us, and we hope to see you
again in the future.

Signature: *Mary Parker*

186. What is stated about Benjamin Hotel?

(A) It offers guided tours of a city.
(B) It has hosted famous musicians.
(C) It often holds large conferences.
(D) It is the oldest hotel in Berlin.

187. What did Ms. Parker inquire about?

(A) Booking separate rooms
(B) Extending a hotel stay
(C) Local events
(D) Transportation costs

188. What is one feature of Ms. Parker's room?

(A) Free Internet access
(B) Air-conditioning
(C) A double bed
(D) A view of a park

189. What is indicated about Ms. Parker?

(A) She was given a discount.
(B) She went on a trip by herself.
(C) She has stayed in Berlin multiple times.
(D) She visited some colleagues.

190. What does Ms. Parker's signature indicate?

(A) Amounts on a bill are accurate.
(B) A reimbursement will be issued.
(C) A credit card has been charged.
(D) Personal information may be shared.

GO ON TO THE NEXT PAGE

Questions 191-195 refer to the following Web pages and receipt.

| Home | Information | **Films** | Schedule |

Join us May 4 to 6 at the Herbert Convention Center for the 9th Annual Everly Film Festival! Tickets are $10 per film or $60 for a three-day, all-access pass to any of the 35 films. Purchase tickets online or at the door. The pass can only be bought online.

This Year's Featured Attractions

Art Reborn

After a terrible car accident, a once-famous artist must learn to paint again. His new style attracts a different group of supporters. *Art Reborn* won the Takahashi Movie Award.
Running Time: 113 minutes
Language: French (English subtitles)

Joining the League

This documentary follows an athlete from Puerto Rico through the ups and downs of joining a major league baseball team. This film received the Silver Trophy at the World Film Gala.
Running Time: 92 minutes
Language: Spanish (English subtitles)

New Tokyo City

A Japanese architect moves to New York in search of inspiration for her work. While there, she meets and falls in love with a young chef.
Running Time: 126 minutes
Language: English (no subtitles)

Dream Village

A rural village in India is turned upside down when a local boy finds a magic rock. It gives him the power to make good dreams become real, so the villagers experience wealth and happiness—until the day the rock falls into evil hands.
Running Time: 105 minutes
Language: Hindi (English subtitles)

For information on other films, click here to download our festival program.

Receipt for the 9th Annual Everly Film Festival

Date Purchased: May 2
Name: John Frederick
Confirmation Number: 08744489

Number of Tickets	Price Per Ticket	Total
1	$10	$10

There is no limit on how many people can attend each screening. Get there early to claim a seat.

Review:

This was my first time attending the festival, so I decided to see one of the movies in this year's featured attractions. My friend went with me, but he went to see *Art Reborn* instead of the film I saw. He highly recommended it. I really enjoyed the film I watched, too. I thought it was well deserving of the award it won. It was in a foreign language, but I didn't have any trouble watching it because it had English subtitles. Standing was a little hard on my legs, but my enjoyment of the film made up for my discomfort. Everything at the festival seemed well organized and there was so much to do. Next year, I'll buy the three-day pass so I can see more films.

John Frederick
May 7

191. What is suggested about the festival?

(A) It has been held previously.
(B) Critics selected the films shown at it.
(C) Tickets for it will not be available on May 4.
(D) It will feature talks by filmmakers.

192. What information is NOT included on the first Web page?

(A) The plots of films
(B) The durations of movies
(C) A refund policy
(D) Ticket prices

193. What film did Mr. Frederick see?

(A) *Art Reborn*
(B) *Joining the League*
(C) *New Tokyo City*
(D) *Dream Village*

194. What is indicated about Mr. Frederick?

(A) He did not arrive early for a movie.
(B) He qualified for a discount.
(C) He was not able to read some subtitles.
(D) He bought two tickets for a film.

195. According to the second Web page, what does Mr. Frederick plan to do next year?

(A) Learn a second language
(B) Watch a film with subtitles
(C) Purchase tickets in advance
(D) Get a multi-day pass

GO ON TO THE NEXT PAGE

Questions 196-200 refer to the following report, article, and e-mail.

Vivid Appliances Corporate Office
Customer Comment Report for Sales Staff

In response to customer demand, we will begin offering a wider selection of dishwasher models at all four of our stores. The following reviews from the shopping site www.buymorehere.com have been collected for sales staff to consult.

– With the Whitemore 7x, I never have to scrub dishes. The price was only $250, and it came with a one-year service warranty.
  By Gerald White

– The Spintub 900 works well, but it sometimes leaks. I chose it because it was on sale, but I wish I'd bought the SteelWash 3A.
  By Holly Stevens

– I like the Arena Blue 89-z's setting for heating dishes to sterilize them after they're washed. It cost $500 (plus $20 for installation) but was worth every penny!
  By Bill Walker

– The McNabb 333 dishwasher is a basic model, but it's good enough. It has three racks instead of two. It was installed for no additional cost by Home Comfort, the store where I bought it.
  By Sally Coyle

Consumer Magazine Weekly

Spintub Initiates Dishwasher Recall
By Logan Baker

December 12—Spintub, a manufacturer of household appliances, has announced a recall of its 900-model dishwasher due to leaking. Several consumers had filed complaints with the company, including one whose dishwasher released so much water that her kitchen floor was damaged. After the problem was reported, Spintub inspected the machines still in its factory and found that the flaw could not be corrected by replacing a single part.

Spintub is allowing customers who bought the defective model to replace it with a more expensive one, the Spintub 1000, at no extra cost. They are advised to contact the store where they bought their Spintub 900 to arrange for it to be picked up and replaced.

To: Marcella Jarvis <mjarvis@smytheinteriors.com>
From: Peter Bell <pbell@smytheinteriors.com>
Date: January 19
Subject: Appliances needed

Hello Marcella,

The renovation work on flat #102 in the Westerbury Building is almost done, and I need your help furnishing it with appliances.

Please go to the Appliance Warehouse in Epping to check the price of the Beniluxe B7 washing machine and see if it's cheaper than it is at Home Comfort in Craigieburn. Buy it wherever it's less expensive. For the oven, choose any model with an electric gril that's under $700. Have both items delivered to the flat between January 23 and 25.

Don't worry about purchasing a dishwasher. I stopped by Vivid Appliances this afternoon and ordered a model with a special disinfection feature. The one I selected was just over $500 including the installation fee.

Sincerely,

Peter

196. What is indicated about Vivid Appliances?

(A) It asks employees to write product reviews.
(B) It operates several store branches.
(C) It installs some items for free.
(D) It intends to open a new store.

197. In the article, the word "filed" in paragraph 1, line 4, is closest in meaning to

(A) arranged
(B) classified
(C) recorded
(D) submitted

198. What will Ms. Stevens most likely receive?

(A) A replacement part
(B) A different dishwasher
(C) A complimentary repair
(D) A discount on future purchases

199. According to the e-mail, what task has Ms. Jarvis NOT been asked to undertake?

(A) Arranging some deliveries
(B) Selecting a cooking appliance
(C) Comparing the price of a model
(D) Buying some furniture

200. Which dishwasher model has Mr. Bell most likely purchased?

(A) The Whitemore 7x
(B) The Spintub 900
(C) The Arena Blue 89-z
(D) The McNabb 333

정답 [책 속의 책] p.160 / 해석·해설 p.248

▌다음 페이지에 있는 Review 체크리스트에 따라 틀린 문제를 다시 점검해보세요.

Review 체크리스트

TEST 06을 푼 다음, 아래 체크리스트에 따라 틀린 문제를 리뷰하고 박스에 완료 여부를 표시하세요.

먼저 **필수 리뷰 체크리스트**를 참고해 리뷰를 마치세요.
'취약점 진단하기(p.14)' 결과에 따라 좀 더 꼼꼼하게 리뷰하고 싶은 학습자의 경우,
취약점별 리뷰 체크리스트를 참고해 자신의 취약점을 더욱 확실하게 보완할 수 있습니다.

꼭 확인해야 하는
필수 리뷰 체크리스트

☐ 틀린 문제의 문제를 해설을 보지 않고 **다시 풀어봤다.**
☐ 틀린 문제의 **답과 해설**을 확인한 후, **틀린 원인**을 생각해 보았다.
☐ 지문을 다시 읽으며 해석이 안 됐던 문장을 **스스로 해석**해 보았다.
☐ 지문별로 모르는 **어휘를 정리**하여 암기했다.
☐ 지문과 보기에서 사용된 **패러프레이징을 확인**했다.

나의 취약점 맞춤 보완을 위한
취약점별 리뷰 체크리스트

나의 취약점	리뷰 항목
Ⓐ 시간 관리 능력	☐ 시간을 단축할 수 있는 풀이 순서를 정해, 다시 한번 문제를 풀어보았다. ☐ 정확하게 시간을 재어 주어진 시간 내에 가능한 많은 문제를 풀어보았다.
Ⓑ 요점 파악 능력	☐ 주제/목적 찾기 문제를 풀며 답을 예상해보고, 글의 핵심을 정확하게 파악하는 연습을 했다. ☐ 문제의 키워드를 찾고 이를 지문의 단서 부분과 바로 연결시켜 보면서, 지문에서 필요한 부분만 찾아 읽는 연습을 했다.
Ⓒ 추론 능력	☐ 추론 문제를 풀 때, 정확한 단서에 근거하여 논리적으로 정답을 골랐는지 다시 한번 확인했다. ☐ 틀린 추론 문제는 해석, 해설을 꼼꼼히 확인하여 정답의 근거를 확실히 이해했다.
Ⓓ 장문 독해 능력	☐ 문제의 키워드를 바탕으로 정답의 근거가 있을 만한 지문을 정확하게 선택하는 연습을 했다. ☐ 다중 지문의 연계 문제를 복습하며 각각의 지문에서 단서를 찾아 조합하는 연습을 했다.
Ⓔ 어휘력	☐ 테스트가 끝나고 복습을 하며 모르는 어휘를 정리하여 알아두었다. ☐ 바꾸어 표현하기 부분을 따로 정리하여 복습했다.

TEST 07

잠깐!
테스트 전 확인사항

1 휴대 전화의 전원을 끄셨나요? ■예
2 Answer Sheet, 연필, 지우개를 준비하셨나요? ■예
3 시계가 준비되었나요? ■예

모든 준비가 완료되었으면 목표 점수를 떠올린 후 테스트를 시작합니다.
문제 풀이를 마치는 시간은 지금부터 52분 후인 ▢▢시 ▢▢분입니다.
테스트 시간은 총 54분이며, 시험 종료 전 2분은 정답 검토 및 답안지 마킹을 위해 사용합니다.

PART 7

Directions: In this part, you will be asked to read several texts, such as advertisements, articles, instant messages, or examples of business correspondence. Each text is followed by several questions. Select the best answer and mark the corresponding letter (A), (B), (C), or (D) on your answer sheet.

🕐 PART 7 권장 풀이 시간   54분

Questions 147-148 refer to the following information.

The 23rd Seattle Art and Décor Fair (SADF)
June 16-18, Puget Sound Convention Center

The Seattle Art Council is pleased to announce that it will be hosting its 23rd annual art and décor fair. Reservations for vendor booths are now being accepted. All our booths include complimentary Wi-Fi.

Regular booth (6 by 8 meters)	Comes with one table, four chairs, and two posters featuring the vendor name	$200 per day ($500 for three days)
Midsize booth (8 by 10 meters)	Comes with two tables, six chairs, and four posters featuring the vendor name	$240 per day ($600 for three days)
Large booth (10 by 12 meters)	Comes with everything a midsize booth has as well as a telephone connection	$280 per day ($700 for three days)

To book a booth, visit www.seartcouncil.org/SADF. Payments must be made in advance by direct bank transfer, credit card, or corporate check. The deadline for payment is May 31. Setup will commence on June 15 at 8 A.M. Booths will be assigned in the order in which full payment is received.

This event is open to vendors of fine art, sellers of contemporary décor, and antiques dealers. The Seattle Art Council reserves the right to refuse rentals to any retailer that does not qualify as a vendor of any of the aforementioned merchandise.

147. What is NOT stated about the booths?

(A) They must be paid for in advance.
(B) They come with free Internet access.
(C) They can be booked for a single day.
(D) They are available in only one size.

148. What will be provided to all participating vendors?

(A) Brochures to hand out to customers
(B) Labels to identify pieces of artwork
(C) Posters to promote their businesses
(D) Devices to process credit card payments

Ribbon-Cutting Ceremony for New Medical Center

January 19—At the corner of Newport Road and Second Avenue on Tuesday morning, Mayor Tom Holmgren and other esteemed guests convened to celebrate the official launch of the Eastland Medical Center.

The brand-new, 1,200-square-meter building was financed in large part by public funds and completed last month after two years of construction. Following remarks from Mayor Holmgren, center director Dr. Keith Wong led everyone on a comprehensive tour of the building.

The center is now fully operational and appointments are being booked around the clock. For information on the services offered and the hours of operation, or to make an appointment, visit www.eastlandmedcenter.org.

149. What is the topic of the article?

(A) The launch of a medical program
(B) The founding of an association
(C) The opening of a building
(D) The construction of a community center

150. What did Dr. Wong do?

(A) Gave opening remarks at a ceremony
(B) Designed the blueprints for a complex
(C) Offered medical services to local people
(D) Showed visitors around a facility

GO ON TO THE NEXT PAGE

TEST 1 | TEST 2 | TEST 3 | TEST 4 | TEST 5 | TEST 6 | TEST 7

해커스 토익 PART 7 집중공략 777

WESTON TRANSPORTATION AUTHORITY

Please note that the Orange Line stations between Sackville and Marsh will be closed for repairs from May 28 until June 15. During this period, those who wish to travel to a location in between those stations can take advantage of our free shuttle buses, which will operate from 9 A.M. until 11 P.M. outside each of the inoperative stations.

Also note that King George Street will be blocked off to vehicles on June 10 to accommodate the annual Weston Folk Music Festival. Anyone who would like to attend will be able to access King George Street on foot.

For a complete list of upcoming repair work and other announcements, visit our Web site at www.westontransportation.gov.uk. And to receive regular text message updates on transit delays, text the word WESTONTRANSIT to 03069-881997.

151. What will NOT happen in June?

(A) Some stations will be repaired.
(B) Free bus rides will be offered.
(C) A new bus terminal will be built.
(D) A road will be inaccessible to vehicles.

152. How can people register to receive transit notifications?

(A) By visiting a Web site
(B) By calling a number
(C) By sending a message
(D) By writing an e-mail

Questions 153-154 refer to the following text-message chain.

Darby Smithfield [12:20 P.M.]
A customer just asked about the Rollanc T-Series in-line skates. I told him they'll be available as of this Saturday and that I'd get back to him about the price. He also wants to apply for a membership card.

Anne McCullough [12:23 P.M.]
Let him know that the suggested retail price is $189.99 but that we'll be offering the skates for just $154.99 as part of our Spring Sale. If you aren't sure how to sign him up, don't worry. I'll come do it in 10 minutes when I get there. Just tell him to browse the store whi e he's waiting.

Darby Smithfield [12:26 P.M.]
Leave it to me. I've done it before.

Anne McCullough [12:27 P.M.]
Great. And would you mind taking down the ski display if you have a minute? We'll have to set up the promotional stand for the Rolland T-Series later today. See you soon.

153. What type of business does Ms. McCullough most likely work for?

(A) A sporting goods store
(B) An exercise equipment manufacturer
(C) A ski rental shop
(D) An ice-skating rink

154. At 12:26 P.M., what does Mr. Smithfield mean when he writes, "Leave it to me"?

(A) He will depart before his coworker arrives.
(B) He already possesses a membership card.
(C) He will check the price of the Rolland T-Series.
(D) He can carry out a task without assistance.

GO ON TO THE NEXT PAGE

Questions 155-157 refer to the following notice.

Patricia Stevens to Visit House & Home in Fredericksburg!

Patricia Stevens, the star of the TV show *Total Redo*, is visiting House & Home retail branches throughout the nation to help homeowners improve their living spaces. And she will be here in Fredericksburg next Saturday.

Ms. Stevens is known for her practical and affordable home improvement ideas. She has renovated hundreds of properties, turning many older houses into great family homes. Prior to the premiere of *Total Redo* on the Housing Channel, she helped homeowners earn tens of thousands of dollars in profits from the resale of remodeled units.

Ms. Stevens will be taking time to meet viewers and sign autographs from 9 A.M. to 11 A.M. And from noon until 3 P.M., she will counsel people working on home improvement projects. You are welcome to book a short appointment with Ms. Stevens online. But you'll have to take advantage of this opportunity fast as reservations are expected to fill up quickly. If you are selected for a free consultation, bring a picture of your project as it currently stands and sketches of what you hope to accomplish. Ms. Stevens will tell you what she thinks. Visit www.houseandhome.com for further details.

155. What is stated about Ms. Stevens?

(A) She no longer hosts a television show.
(B) She intends to sell her current residence.
(C) She offers advice to homeowners.
(D) She has published a book about home decorating.

156. What is NOT indicated about the upcoming event?

(A) It will include a chance to meet a show host.
(B) It will happen on the weekend.
(C) It will only be attended by ticket holders.
(D) It will take place at a retail establishment.

157. Why should some event attendees bring photographs?

(A) To get autographs
(B) To inquire about a cost estimate
(C) To enter a home improvement contest
(D) To receive professional feedback

Are you looking to jump-start your career in technology?

According to *Computing Weekly*, the technology industry is projected to significantly expand over the next decade. One of the many new jobs could be yours after you successfully complete Crucial Code's intensive 13-week course in basic software development.

Here at Crucial Code, our aim is to teach aspiring programmers the practical skills they need to become developers. Students will learn how to design and build software applications using common programming languages. In addition, they will be shown how to connect with other developers on the Internet to refine their coding skills. And students will also acquire a basic understanding of the principles necessary for launching a technology start-up.*

Apply today by calling 555-2408 or sending an e-mail to apply@crucialcode.com. The full-time course is taught from 8 A.M. to 6 P.M., Monday to Friday, at our training center in Austin. We also offer classes from 7 to 10 P.M. for individuals who are currently working and wish to study part-time. Upon finishing, students will have an opportunity to network with representatives from companies recruiting entry-level Web developers.

*Aspiring tech founders with feasible ideas may apply for venture capital and specialized business advice through our partner firm, Eccelera Ventures. Visit www.eccelera.com for more information.

158. What is being advertised?

(A) Job openings at a computer firm
(B) A new type of Web development software
(C) Subscriptions to a technology magazine
(D) An educational course on programming

159. What does Crucial Code NOT provide?

(A) Instruction on creating software
(B) Sessions for working people
(C) Funds for start-up companies
(D) Guidance on starting a company

160. What is suggested about Crucial Code?

(A) It typically hires its own enrollees.
(B) It holds a networking event for course graduates.
(C) It offers business advice on a Web site.
(D) It employs university students as tutors.

GO ON TO THE NEXT PAGE

Questions 161-163 refer to the following e-mail.

To: Erica Hendrix <erica@battlecreek.com>
From: Elliot Compton <ec@redrex.com>
Date: August 8
Subject: Good news
Attachment: Contractual Agreement

Dear Ms. Hendrix,

It was a pleasure meeting with you and your associate Jeremy Ryan, and the board and I were impressed with your presentation. We admired your designs for our grounds, especially the tree-lined pathway leading up to our building's main entryway.

After vetting all the landscaping businesses that submitted bids, we have opted to go forward with yours. Overall, we found your ideas to be the most feasible and your prices the most economical. — [1] —. However, we would like to request one change. Could you possibly replace the maple trees you have planned for the lot with evergreens? — [2] —. If this affects your overall cost estimate for the anticipated work, please inform us as soon as possible.

As mentioned during our meeting, we will provide 50 percent of the payment prior to the initiation of the project on August 20. — [3] —. I have attached a contractual agreement. Please sign it and send it back. Also, please notify Ms. James of your bank information so that she can deposit funds directly into your account. — [4] —.

Sincerely yours,

Elliot Compton
Facility manager, Red-Rex Business Compound

---

161. What is the main purpose of the e-mail?

(A) To highlight the need for a service renewal
(B) To accept a business's proposal to undertake a project
(C) To acquire a cost estimate for landscaping work
(D) To inquire about plants available for purchase

162. What might Ms. Hendrix need to do?

(A) Explain the problems with a design
(B) Make adjustments to an estimate
(C) Change a construction deadline
(D) Meet with a landscape contractor

163. In which of the positions marked [1], [2], [3], and [4] does the following sentence best belong?

"The remainder will be paid once everything has been completed to our satisfaction."

(A) [1]
(B) [2]
(C) [3]
(D) [4]

Marian Lewis
6710 Briar Lane,
Los Angeles, CA 90001

August 7

Dear Ms. Lewis,

In the letter concerning your cable bill sent July 15, you were informed that no payment has been received for the past three months. At present, you owe Sharp Cable a total of $192.55. In addition, you will be subjected to a penalty charge for each of the three months. This charge will be 2 percent of the total amount due.

Please send a check in the enclosed envelope to Sharp Cable Billing, 711 Santa Monica Boulevard, Los Angeles, CA 90012. If we obtain payment of your outstanding bill by no later than August 31, you will be permitted to continue enjoying the various benefits of our cable service. However, if the full amount is not received by this date, your service will be terminated.

We always strive to make our customers as happy as possible. If you are dissatisfied with your service in any way, please visit www.sharpcable.com/feedback and let us know your specific problem. If your router breaks down, or if another piece of equipment needs to be replaced, please call our customer service department at 1-800-555-8512.

Thank you for your cooperation.

Sincerely,

Sharp Cable

164. Why was the letter written?

(A) To advertise a cable service provider
(B) To point out an outstanding balance
(C) To verify a change in residence
(D) To respond to a customer request

165. What is suggested about Ms. Lewis?

(A) She has worked for Sharp Cable.
(B) She has paid an overdue bill by check.
(C) She has been contacted before by Sharp Cable.
(D) She has requested a router replacement.

166. According to the letter, what can Sharp Cable customers do online?

(A) View payment history
(B) Submit a complaint
(C) Download an application form
(D) Make an appointment

167. How can Ms. Lewis continue to use a service?

(A) By calling a customer service number
(B) By visiting a store in Los Angeles
(C) By making a payment in August
(D) By setting up a new account

GO ON TO THE NEXT PAGE

Questions 168-171 refer to the following memo.

MEMO

To: Harrisville Track Staff
From: Grace Potter, Head of operations
Date: May 2
Subject: State championships schedule

To all staff:

As you know, the Men's State Track and Field Championships are right around the corner. Below is the finalized schedule of events. — [1] —.

Time	Event
9 A.M.	Long jump
10 A.M.	400-meter relay
11 A.M.	200-meter dash
12 P.M.	1,500-meter race

I need all staff members, including referees, record keepers, and announcers, to be present at the track at least two hours before the start of the first event. — [2] —.

Record keepers should make sure to deliver the results of each event to Diane Fielding, who will be handing out medals at the awards ceremony. Jack McDonough, head of the state's high school athletics department, will also deliver a short speech. Right after the ceremony, those who won medals will gather for a group photograph to commemorate the event. — [3] —.

I'm looking forward to this year's competition, and I'm sure the same is true of all of you. — [4] —. Let's make this a year to remember.

---

168. What is the purpose of the memo?

(A) To draw attention to a schedule alteration
(B) To invite coaches to a training session
(C) To provide information to staff members
(D) To postpone an upcoming state championship

169. What will happen after the ceremony?

(A) An announcement will be made.
(B) A video will be shown.
(C) A lecture will be given.
(D) A picture will be taken.

170. What is Ms. Fielding responsible for?

(A) Monitoring race participants
(B) Keeping track of scores
(C) Comparing team results
(D) Distributing some awards

171. In which of the positions marked [1], [2], [3], and [4] does the following sentence best belong?

"This will help ensure that we can address all potential problems before the competition begins."

(A) [1]
(B) [2]
(C) [3]
(D) [4]

Sebastian Levy	10:01 A.M.	Have there been any updates on the visit by the Finnish Renaissance Choir?
Monica Tucker	10:03 A.M.	Last night I spoke with Magnus Jokinen, who handles their travel arrangements. He said the flights and rooms are booked. They'll be arriving in Sheffield on November 27 and leaving December 2.
Freddie Hering	10:05 A.M.	What are the choir members doing on the day before the concert? Shouldn't one of us show them the sights?
Brenda Donnelly	10:06 A.M.	I wouldn't mind. Though there aren't really any must-sees.
Monica Tucker	10:08 A.M.	That would be nice of you, Brenda, but I'm not sure they'll have time. Magnus said they've agreed to do a magazine interview on that day.
Sebastian Levy	10:09 A.M.	Who's in charge of managing the budget this time?
Freddie Hering	10:09 A.M.	That's me.
Sebastian Levy	10:10 A.M.	And just to confirm, they've agreed to do two shows?
Brenda Donnelly	10:11 A.M.	Right. Both are on November 29. By the way, I'll have the flyers ready on November 20.
Freddie Hering	10:11 A.M.	It sounds like everything's on track. Let's talk more at our weekly cultural committee meeting on Sunday.

Send

172. What is mainly being discussed?

(A) A change to a concert schedule
(B) The selection of choir members
(C) The opening of a new venue
(D) Arrangements for a performance

173. At 10:06 A.M., what does Ms. Donnelly most likely mean when she writes, "I wouldn't mind"?

(A) She wants to get out of doing a task.
(B) She can take a group on a tour.
(C) She is not aware of a schedule.
(D) She does not care about tourist attractions.

174. What will the Finnish Renaissance Choir most likely do on November 28?

(A) Talk with a journalist
(B) Meet Ms. Tucker at an airport
(C) Review the terms of a contract
(D) Sing for an audience

175. What is suggested about Mr. Hering?

(A) He is responsible for booking auditoriums.
(B) He will moderate a cultural committee meeting.
(C) He is in control of some funds.
(D) He will distribute flyers on November 20.

GO ON TO THE NEXT PAGE

Questions 176-180 refer to the following letter and survey.

March 14

Marna Stenger
2837 West Preece Drive
Boise, Idaho 83704

Dear Ms. Stenger,

I received your inquiry concerning renting space for your business. Here at The Carousel Salon, we aim to become a one-stop location where customers can satisfy all their personal grooming and body care needs. Our present tenants include hair stylists, skin care specialists, massage therapists, and weight loss coaches. A small yoga studio like yours would fit in well.

Although the businesses at The Carousel Salon are independently owned and operated, they can make use of our appointment scheduling services and communal waiting area free of charge. This significantly reduces their monthly operating costs.

Based on your message, I believe we presently have enough room available to satisfy your needs, along with three parking spaces for your staff. For an extra $100/month, you can rent six parking spaces for customers. As soon as I confirm that we have the right unit available, I'll call you to schedule a visit.

Sincerely,

Daniel Okar
Manager, The Carousel Salon

Customer Satisfaction Survey

Body Believers Yoga (BBY)
The Carousel Salon
PO Box 4700
Boise, Idaho 83701

Full name: Annabelle Hardwar
Phone number: 555-0990

Date: May 24
E-mail address: Lotus108@earthorbit.com

When did you join BBY? __Mid-April__
How many times per week do you usually visit BBY? ___4___

Please reply to the following questions.

1. **Which of our classes do you attend?**
   I go to the Beginner class, though this isn't my first time attending yoga sessions. I've been to some of the free classes at the Amity Community Center.

2. Which of our instructors do you prefer? Why?

I prefer Nalan Chari because he offers lots of individual attention. The classes taught by the other instructor, Marna Stenger, are hard to follow.

3. What do you think about our new studio?

It is big enough for large groups, but there's not enough space in the locker area.

4. Do you use any of the other businesses in The Carousel Salon?

I visit Alisio Hairstylist. It's convenient to make yoga and hair appointments with just one call to the receptionist.

5. Do you drive to our studio? If so, do you find the parking to be adequate?

I always drive, but I rarely find a spot along the street. I wish there were spaces for BBY customers in the parking lot.

---

176. What is stated about The Carousel Salon?

(A) It provides administrative support to tenants.
(B) It charges higher-than-average rental fees.
(C) It includes residential units.
(D) It plans to reduce its monthly operating costs.

177. Who would most likely visit The Carousel Salon?

(A) Someone who wants to lose weight
(B) Someone who needs yoga clothing
(C) Someone who would like to receive business advice
(D) Someone who requires pet grooming services

178. In the letter, the word "aim" in paragraph 1, line 2, is closest in meaning to

(A) accept
(B) intend
(C) point
(D) stay

179. What does the survey indicate about Ms. Hardwar?

(A) She has stopped driving to the studio.
(B) She prefers to attend Ms. Stenger's classes.
(C) She studied yoga at another facility.
(D) She usually books sessions on a Web site.

180. What is NOT true about Body Believers Yoga?

(A) It has access to a shared waiting area.
(B) It pays an additional fee for parking.
(C) It has lockers for customers to use.
(D) It offers instruction to novice learners.

GO ON TO THE NEXT PAGE

Questions 181-185 refer to the following memo and e-mail.

TO: All staff members of Blaize Corp.
FROM: Bailey Patrick, Building services manager
DATE: November 7

To ensure a safe work environment for all employees, management has decided to install an electronic card reader outside each of the main doors. Starting next week, only those who have security passes will be able to open these doors. Visitors will have to be escorted into the building by a staff member.

We have already hired a security firm to set up the necessary equipment. Tomorrow, a photographer from the company will be in the main cafeteria taking photos for the new cards. We ask that all staff members stop by the cafeteria tomorrow to have their picture taken.

Because we do not want everyone going down to the cafeteria at once, staff from each department will head there at different times. The schedule is as follows:

Department	Time
Sales	11:30 A.M.
Operations	12 P.M.
Human Resources	12:30 P.M.
Accounting	1 P.M.
Administration	1:30 P.M.
Marketing	2 P.M.

Please send me an e-mail if you have any questions.

TO:	Bailey Patrick <bsm@blaizecorp.com>
FROM:	Mariana DeLuca <mdeluca@blaizecorp.com>
SUBJECT:	Photos
DATE:	November 7

Dear Mr. Patrick,

I got your memo regarding the security pass photos that will be taken tomorrow. However, I will be unable to go to the cafeteria with my department at 11:30 A.M. I have to make a business call, and I doubt the person I'll be speaking to will be able to reschedule.

I can, however, visit the cafeteria a little later in the day. I think I'll be free at 2 P.M. I'll make sure to point out that I'm with a different department. Please let me know if there is a better way to deal with the situation.

There are also several things I would like you to clarify about the new security measures. I will be on vacation when they take effect, so I need to know where to go to retrieve my card. And should the keys that I currently use for our main doors be deposited somewhere? Furthermore, could you let me know what the security arrangements will be for interns?

Best regards,

Mariana DeLuca

181. Why was the memo written?

(A) To announce the implementation of a shift system
(B) To provide staff members with a cleaning schedule
(C) To describe a new set of security measures
(D) To discuss renovations to an employee cafeteria

182. What is indicated about Blaize Corp.?

(A) It is holding safety seminars for staff in the cafeteria.
(B) It contracted another company for security services.
(C) It will update currently installed card readers.
(D) It will limit visitations to certain hours of the day.

183. What is suggested about Ms. DeLuca?

(A) She will have her picture taken with accounting staff.
(B) She will not be in her office on November 8.
(C) She works in the sales department.
(D) She plans to reschedule a meeting.

184. In the e-mail, the phrase "point out" in paragraph 2, line 2, is closest in meaning to

(A) gesture
(B) indicate
(C) select
(D) deliberate

185. What does Ms. DeLuca NOT ask Mr. Patrick about?

(A) When to attend a business meeting
(B) Where to pick up her access card
(C) What the situation will be for temporary staff
(D) Whether items must be returned

GO ON TO THE NEXT PAGE

Questions 186-190 refer to the following Web pages and e-mail.

http://www.worldlyjourneys.com/journeys

| Home | Journeys | Reservations | Customer Reviews |

Worldly Journeys has consistently been rated one of the top tour providers nationwide by *Tourist Digest*. High-end transport and first-class accommodations enhance the travel experience, and our group sizes never exceed 18 people. Please click on the tour names below for detailed itineraries. Deluxe Tours include flights aboard private jets.

Currently Offered

Queen of Sheba Journey

Learn about the ancient country of Ethiopia through carefully planned excursions. Visit Tissisat Falls, shop at local markets, and experience a coffee ceremony. But best of all, indulge in the flavors of traditional dishes.
– Travel Dates: April 4–13; 9 nights, 10 days
– Cost: $5,495
  *Based on double hotel room occupancy.
   An additional charge of $900 will be applied for a single room.
– Details: Available for 5 or more people
– Deluxe Tour: No

Heart of a Nation Tour

Discover beautiful Washington, D.C. Cherry blossoms will welcome you to this picturesque capital, and our knowledgeable staff will guide you around the city. The highlight of the trip will be a special tour of the world-famous Pfister Museum.
– Travel Dates: April 9–15; 6 nights, 7 days
– Cost: $3,950
  *Based on double hotel room occupancy.
   An additional charge of $600 will be applied for a single room.
– Details: Available for 3 or more people
– Deluxe Tour: No

http://www.worldlyjourneys.com/customerreviews

| Home | Journeys | Reservations | Customer Reviews |

Monique Larson, April 20

I had a positive and fulfilling travel experience with Worldly Journeys on my tour of Washington, D.C. earlier this month. My tour guides were highly skilled, and my room was the perfect place to unwind after participating in the daily activities. On the negative side, though, I wasn't given enough time to explore the city on my own. In addition, we were unable to visit the advertised main attraction due to construction work. A decent alternative was provided, though.

TEST 1

TEST 2

TEST 3

TEST 4

TEST 5

TEST 6

TEST 7

해커스 토익 PART 7 집중공략 777

To: Adrian Tobler <atobler@interpost.com>
From: Monique Larson <mlarson@memail.com>
Subject: Upcoming WJ Tour
Date: August 27

Dear Adrian,

Remember the amazing trip I took last spring? When I told you about my experience with Worldly Journeys, you said you'd like to accompany me next time I go on vacation. Well, the company has just announced that it is offering one of its Deluxe Tours. These are only available once or twice a year, and the trips are usually to very exotic destinations—last year's were to Papua New Guinea and the Galápagos Islands. Anyway, this one will run from October 3 to 12, and the destination is Madagascar. Why don't you ask your manager if you can have these days off so that we can go on the tour together?

Yours truly,

Monique

186. What is implied about Worldly Journeys?

(A) Its guides have studied history.
(B) It hires a personal chef for every trip.
(C) Its tours require a minimum number of participants.
(D) It allows customers to create their own itineraries.

187. What is mentioned about hotel rooms?

(A) They have to be booked separately.
(B) Single rooms cost more.
(C) Some tours only include dormitory rooms.
(D) They are cleaned twice a day.

188. What does Ms. Larson indicate about her trip?

(A) A reservation was canceled.
(B) A market was too busy.
(C) A hotel was overbooked.
(D) A museum was closed.

189. What does Ms. Larson suggest that Mr. Tobler do?

(A) Check the price of a trip
(B) Submit a leave request
(C) Book before a deadline
(D) Read reviews of past tours

190. What will Ms. Larson most likely do on her next tour?

(A) Travel with a group of friends
(B) Cook with local chefs
(C) Fly in a private aircraft
(D) Stay in a single room

GO ON TO THE NEXT PAGE

Questions 191-195 refer to the following text message, report, and e-mail.

From: Gareth Kent (555-1238)
To: Debra Aldrich (555-3753)

Received: 9:05 A.M.

Hi. I am very sorry that I'm running late this morning. I got into a minor accident right in front of my apartment building. It's nothing serious, but I need to answer some questions for my insurance company. The representative will be here soon. What I'm worried about is that I have a meeting with Mr. Nevill from Barnes Shipping at 9:30. I don't want to reschedule since he's an important client. Could you or someone else on the team meet with him?

Accident Report for Moore and Goodwin Auto Insurance

Claims Representative: Gregory Lawrence
Report Number: 891728

This report is to be filled out by a claims representative of Moore and Goodwin Auto Insurance and signed at the bottom by the driver. A signature confirms that all of the information is accurate.

Driver's Information
Name: Gareth Kent
Phone number: 555-1238
E-mail address: gkent@centralco.com

Accident Information
Location: Vine St. in Atlanta
Date and time: April 12, 8:50 A.M.
Description: Driver was stopped at a crosswalk, and a truck hit his car from behind. Nobody involved in the accident was injured.
Color/make/model of car: Black 2nd generation Weston S6 4-door

Damage Caused by Accident*

Section	Details
Back bumper	Scratched and bent on the left side
Trunk	Unable to open
Left taillight	Broken

*Any damages not listed on this report will not be covered by the insurance policy.

Signature: _____   Date: __April 12__

TEST 1

TEST 2

TEST 3

TEST 4

TEST 5

TEST 6

TEST 7

해커스 토익 PART 7 집중공략 777

To:	Brenda Thomas <thomas@mgauto.com>
From:	Gareth Kent <gkent@centralco.com>
Subject:	Accident Report Follow-Up
Date:	April 13
Attachments:	IMAGE_268

Dear Ms. Thomas,

I have carefully reviewed the accident report you sent this morning and found that it includes an omission. Your claims representative inspected my vehicle yesterday, and I'm surprised he missed the damage to my door. Perhaps the error occurred because I was in a rush to get to work and told your employee to do the assessment as quickly as possible.

I have attached a photograph to support my claim. If you need to have an insurance agent examine my car a second time, please let me know.

I trust that my claim will be processed without any difficulties.

Regards,

Gareth Kent

191. What can be inferred about Mr. Kent?

(A) His residence is on Vine Street.
(B) His vehicle was recently purchased.
(C) His client will cancel an appointment.
(D) His insurance policy has expired.

192. What does Mr. Kent suggest about the meeting?

(A) It should start without him.
(B) It will be held in his office.
(C) It requires more preparation.
(D) It will take place later than planned.

193. What is NOT indicated about Mr. Kent's accident?

(A) It occurred in the morning.
(B) It did not result in any injuries.
(C) It was caused by another vehicle.
(D) It happened while his car was moving.

194. According to the e-mail, who may have made a mistake?

(A) Ms. Aldrich
(B) Ms. Thomas
(C) Mr. Nevill
(D) Mr. Lawrence

195. In the e-mail, the word "processed" in paragraph 3, line 1, is closest in meaning to

(A) sent out
(B) taken in
(C) dealt with
(D) set up

GO ON TO THE NEXT PAGE

The 7th Annual Web Leaders Conference
Saturday, January 22

For the seventh time, the world's most visionary Web designers, programmers, and marketers are convening in Toronto to discuss Internet-based businesses. The conference will take place from 9 A.M. to 3 P.M., with a three-hour reception afterwards. All speeches will be given in Toronto City College's Brown Auditorium. Pamphlets containing details about the speakers and their work will be available near the entrance—please take one and refer to it as needed.

The schedule of speeches is as follows:

9 a.m.	Melissa Rodriguez	Marketing on social media
10 a.m.	Anthony Ritolo	Finding the right programmers for your project
11 a.m.	Evan Harris	Monetizing various services
12 p.m.	ONE-HOUR LUNCH BREAK	
1 p.m.	Tim O'Connell	Sustaining a Web community via e-mail lists
2 p.m.	Henry Fitzpatrick	Moderating online forums
3 p.m.	Sally Carter	Creating a visually appealing home page
4–7 p.m.	RECEPTION IN THE JACOBSEN BALLROOM	

TO: Melissa Rodriguez <m.rodriguez@citywide.com>
FROM: Tim O'Connell <t.oconnell@worldmail.com>
SUBJECT: Meeting
DATE: January 20

Dear Melissa,

I just received a flyer for the upcoming Web Leaders Conference, and I noticed you were one of the speakers. I haven't seen you since we interned together at New Wave Industries 10 years ago. If you're available, we should catch up during the reception.

I want to hear about what you've been working on and what your plans for the future are. My company is currently looking for new workers, and I thought you might be interested in hearing more about what we do.

Anyway, I'll be sure to attend your speech. I look forward to hearing what you have to say.

Best regards,

Tim O'Connell
Vice president, Amaze Media

East Coast Airways
Flight Schedule For: Melissa Rodriguez

Flight	Departure	Time	Arrival	Time
EC981	NEW YORK INTERNATIONAL AIRPORT	JAN 22, 6:32 A.M.	TORONTO HARRIS AIRPORT	JAN 22, 7:55 A.M.
EC812	TORONTO HARRIS AIRPORT	JAN 22, 3:00 P.M.	NEW YORK INTERNATIONAL AIRPORT	JAN 22, 4:37 P.M.

Passengers are permitted to bring two carry-on bags on board. All other baggage must be checked at the East Coast Airways desk before departure.

---

196. What are conference visitors encouraged to do?

(A) Take photographs
(B) Buy tickets online
(C) Pick up informational material
(D) Ask questions after speeches

197. Which speaker will focus on Web design?

(A) Anthony Ritolo
(B) Evan Harris
(C) Henry Fitzpatrick
(D) Sally Carter

198. How does Mr. O'Connell know Ms. Rodriguez?

(A) He sat next to her during a flight.
(B) He worked at the same company as her.
(C) He wrote a book with her.
(D) He attended the same college as her.

199. What does Mr. O'Connell say that he will do?

(A) Listen to a talk about online marketing
(B) Introduce Ms. Rodriguez to his colleagues
(C) Contact New Wave Industries
(D) Help Ms. Rodriguez prepare a speech

200. What is indicated about Ms. Rodriguez?

(A) She will not give a speech on January 22.
(B) She holds an executive position at Amaze Media.
(C) She has more than two pieces of luggage.
(D) She will not meet Mr. O'Connell at the reception.

Review 체크리스트

TEST 07을 푼 다음, 아래 체크리스트에 따라 틀린 문제를 리뷰하고 박스에 완료 여부를 표시하세요.

먼저 **필수 리뷰 체크리스트**를 참고해 리뷰를 마치세요.
'취약점 진단하기(p.14)' 결과에 따라 좀 더 꼼꼼하게 리뷰하고 싶은 학습자의 경우,
취약점별 리뷰 체크리스트를 참고해 자신의 취약점을 더욱 확실하게 보완할 수 있습니다.

꼭 확인해야 하는
필수 리뷰 체크리스트

- ☐ 틀린 문제의 문제를 해설을 보지 않고 **다시 풀어봤다.**
- ☐ 틀린 문제의 **답과 해설을** 확인한 후, **틀린 원인을** 생각해 보았다.
- ☐ 지문을 다시 읽으며 해석이 안 됐던 문장을 **스스로 해석해** 보았다.
- ☐ 지문별로 모르는 **어휘를 정리**하여 암기했다.
- ☐ 지문과 보기에서 사용된 **패러프레이징을 확인**했다.

나의 취약점 맞춤 보완을 위한
취약점별 리뷰 체크리스트

나의 취약점	리뷰 항목
Ⓐ 시간 관리 능력	☐ 시간을 단축할 수 있는 풀이 순서를 정해, 다시 한번 문제를 풀어보았다. ☐ 정확하게 시간을 재어 주어진 시간 내에 가능한 많은 문제를 풀어보았다.
Ⓑ 요점 파악 능력	☐ 주제/목적 찾기 문제를 풀며 답을 예상해보고, 글의 핵심을 정확하게 파악하는 연습을 했다. ☐ 문제의 키워드를 찾고 이를 지문의 단서 부분과 바로 연결시켜 보면서, 지문에서 필요한 부분만 찾아 읽는 연습을 했다.
Ⓒ 추론 능력	☐ 추론 문제를 풀 때, 정확한 단서에 근거하여 논리적으로 정답을 골랐는지 다시 한번 확인했다. ☐ 틀린 추론 문제는 해석, 해설을 꼼꼼히 확인하여 정답의 근거를 확실히 이해했다.
Ⓓ 장문 독해 능력	☐ 문제의 키워드를 바탕으로 정답의 근거가 있을 만한 지문을 정확하게 선택하는 연습을 했다. ☐ 다중 지문의 연계 문제를 복습하며 각각의 지문에서 단서를 찾아 조합하는 연습을 했다.
Ⓔ 어휘력	☐ 테스트가 끝나고 복습을 하며 모르는 어휘를 정리하여 알아두었다. ☐ 바꾸어 표현하기 부분을 따로 정리하여 복습했다.

정답
Answer Sheet

정답 | ANSWER KEYS

TEST 01 — p.6

147	(C)	148	(B)	149	(B)	150	(C)	151	(C)
152	(D)	153	(C)	154	(C)	155	(C)	156	(D)
157	(D)	158	(C)	159	(D)	160	(B)	161	(C)
162	(B)	163	(D)	164	(C)	165	(B)	166	(B)
167	(D)	168	(C)	169	(B)	170	(A)	171	(D)
172	(D)	173	(A)	174	(A)	175	(C)	176	(D)
177	(A)	178	(B)	179	(D)	180	(B)	181	(C)
182	(C)	183	(A)	184	(C)	185	(A)	186	(B)
187	(D)	188	(A)	189	(C)	190	(B)	191	(B)
192	(B)	193	(D)	194	(D)	195	(A)	196	(B)
197	(C)	198	(C)	199	(D)	200	(C)		

TEST 02 — p.28

147	(C)	148	(C)	149	(B)	150	(D)	151	(D)
152	(C)	153	(B)	154	(D)	155	(C)	156	(B)
157	(D)	158	(C)	159	(D)	160	(B)	161	(B)
162	(D)	163	(C)	164	(B)	165	(D)	166	(C)
167	(C)	168	(D)	169	(B)	170	(C)	171	(B)
172	(B)	173	(C)	174	(C)	175	(D)	176	(D)
177	(C)	178	(A)	179	(B)	180	(A)	181	(D)
182	(D)	183	(A)	184	(A)	185	(C)	186	(C)
187	(A)	188	(D)	189	(B)	190	(B)	191	(D)
192	(B)	193	(B)	194	(B)	195	(C)	196	(D)
197	(C)	198	(B)	199	(C)	200	(A)		

TEST 03 — p.50

147	(B)	148	(C)	149	(A)	150	(D)	151	(D)
152	(B)	153	(B)	154	(A)	155	(D)	156	(A)
157	(D)	158	(B)	159	(A)	160	(B)	161	(B)
162	(B)	163	(B)	164	(C)	165	(D)	166	(D)
167	(C)	168	(C)	169	(D)	170	(D)	171	(B)
172	(C)	173	(D)	174	(A)	175	(A)	176	(B)
177	(B)	178	(C)	179	(C)	180	(B)	181	(D)
182	(C)	183	(D)	184	(B)	185	(A)	186	(A)
187	(C)	188	(B)	189	(B)	190	(D)	191	(D)
192	(A)	193	(C)	194	(D)	195	(C)	196	(B)
197	(C)	198	(D)	199	(A)	200	(D)		

TEST 04 — p.72

147	(C)	148	(D)	149	(A)	150	(D)	151	(D)
152	(B)	153	(B)	154	(A)	155	(C)	156	(C)
157	(D)	158	(D)	159	(D)	160	(D)	161	(C)
162	(A)	163	(D)	164	(C)	165	(A)	166	(A)
167	(B)	168	(B)	169	(A)	170	(D)	171	(B)
172	(B)	173	(C)	174	(B)	175	(B)	176	(B)
177	(A)	178	(C)	179	(B)	180	(D)	181	(C)
182	(C)	183	(A)	184	(B)	185	(A)	186	(B)
187	(D)	188	(A)	189	(B)	190	(D)	191	(D)
192	(A)	193	(D)	194	(B)	195	(B)	196	(D)
197	(C)	198	(A)	199	(D)	200	(B)		

TEST 05 — p.94

147	(B)	148	(C)	149	(A)	150	(C)	151	(C)
152	(C)	153	(C)	154	(C)	155	(C)	156	(C)
157	(B)	158	(A)	159	(C)	160	(B)	161	(B)
162	(D)	163	(A)	164	(D)	165	(B)	166	(B)
167	(D)	168	(C)	169	(D)	170	(C)	171	(B)
172	(C)	173	(C)	174	(C)	175	(C)	176	(B)
177	(D)	178	(A)	179	(C)	180	(B)	181	(D)
182	(B)	183	(A)	184	(B)	185	(C)	186	(C)
187	(B)	188	(A)	189	(D)	190	(C)	191	(C)
192	(A)	193	(D)	194	(C)	195	(B)	196	(D)
197	(B)	198	(A)	199	(C)	200	(B)		

TEST 06 — p.116

147	(C)	148	(B)	149	(D)	150	(C)	151	(B)
152	(A)	153	(D)	154	(B)	155	(C)	156	(C)
157	(C)	158	(A)	159	(C)	160	(B)	161	(A)
162	(C)	163	(D)	164	(A)	165	(D)	166	(A)
167	(B)	168	(D)	169	(A)	170	(D)	171	(B)
172	(D)	173	(C)	174	(B)	175	(D)	176	(D)
177	(B)	178	(D)	179	(B)	180	(B)	181	(A)
182	(B)	183	(C)	184	(B)	185	(B)	186	(B)
187	(C)	188	(B)	189	(A)	190	(A)	191	(A)
192	(C)	193	(B)	194	(A)	195	(D)	196	(B)
197	(D)	198	(B)	199	(D)	200	(C)		

TEST 07 — p.138

147	(D)	148	(C)	149	(C)	150	(D)	151	(C)
152	(C)	153	(A)	154	(D)	155	(C)	156	(C)
157	(D)	158	(D)	159	(C)	160	(B)	161	(B)
162	(B)	163	(C)	164	(B)	165	(C)	166	(B)
167	(C)	168	(C)	169	(D)	170	(D)	171	(B)
172	(D)	173	(B)	174	(A)	175	(C)	176	(A)
177	(A)	178	(B)	179	(C)	180	(B)	181	(C)
182	(B)	183	(C)	184	(B)	185	(A)	186	(C)
187	(B)	188	(D)	189	(B)	190	(C)	191	(A)
192	(A)	193	(D)	194	(D)	195	(C)	196	(C)
197	(D)	198	(B)	199	(A)	200	(D)		

Answer Sheet

TEST 01

READING (Part VII)

101	102	103	104	105	106	107	108	109	110	111	112	113	114	115	116	117	118	119	120
121	122	123	124	125	126	127	128	129	130	131	132	133	134	135	136	137	138	139	140
141	142	143	144	145	146	147	148	149	150	151	152	153	154	155	156	157	158	159	160
161	162	163	164	165	166	167	168	169	170	171	172	173	174	175	176	177	178	179	180
181	182	183	184	185	186	187	188	189	190	191	192	193	194	195	196	197	198	199	200

맞은 문제 개수: ___ / 54

Answer Sheet

TEST 02

READING (Part VII)

101	102	103	104	105	106	107	108	109	110	111	112	113	114	115	116	117	118	119	120
121	122	123	124	125	126	127	128	129	130	131	132	133	134	135	136	137	138	139	140
141	142	143	144	145	146	147	148	149	150	151	152	153	154	155	156	157	158	159	160
161	162	163	164	165	166	167	168	169	170	171	172	173	174	175	176	177	178	179	180
181	182	183	184	185	186	187	188	189	190	191	192	193	194	195	196	197	198	199	200

맞은 문제 개수: ___ / 54

자르는 선 ✂

Answer Sheet

TEST 04

READING (Part VII)

맞은 문제 개수: ___ / 54

Answer Sheet

TEST 03

READING (Part VII)

맞은 문제 개수: ___ / 54

자르는 선 ✂

자르는 선 ✂

무료 토익자료 · 취업정보 제공

Hackers.co.kr

Answer Sheet

TEST 06

READING (Part VII)

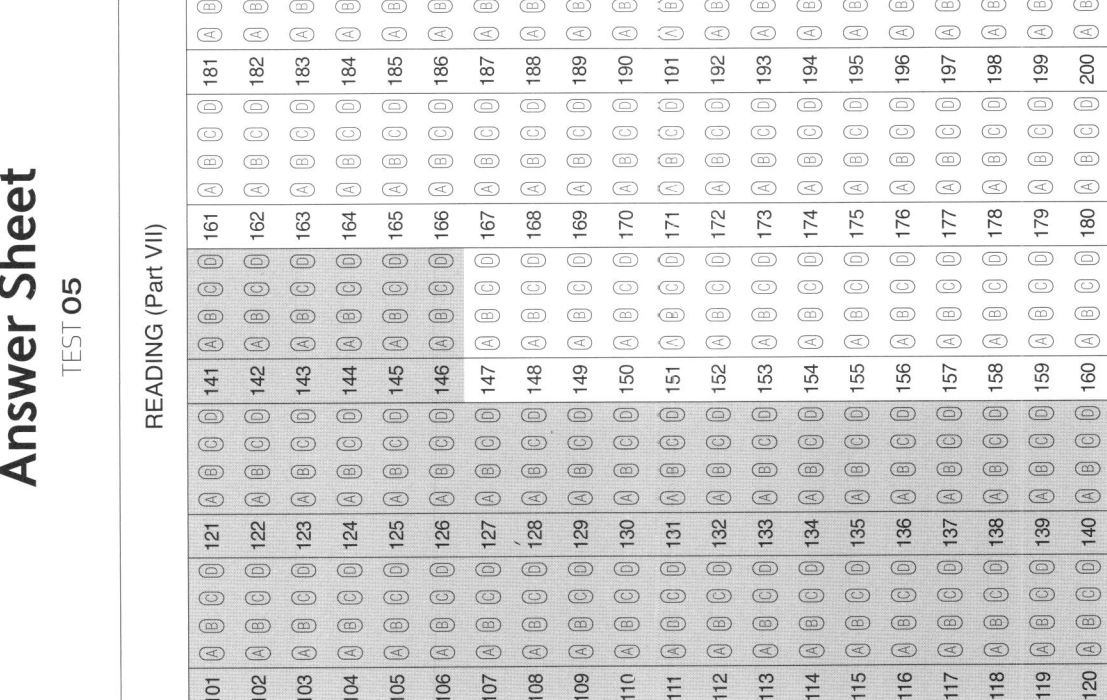

자르는 선 ✂

Answer Sheet

TEST 05

READING (Part VII)

✂ 자르는 선

Answer Sheet

TEST 07

READING (Part VII)

#					#					#					#				
101	A	B	C	D	121	A	B	C	D	141	A	B	C	D	161	A	B	C	D	181	A	B	C	D
102	A	B	C	D	122	A	B	C	D	142	A	B	C	D	162	A	B	C	D	182	A	B	C	D
103	A	B	C	D	123	A	B	C	D	143	A	B	C	D	163	A	B	C	D	183	A	B	C	D
104	A	B	C	D	124	A	B	C	D	144	A	B	C	D	164	A	B	C	D	184	A	B	C	D
105	A	B	C	D	125	A	B	C	D	145	A	B	C	D	165	A	B	C	D	185	A	B	C	D
106	A	B	C	D	126	A	B	C	D	146	A	B	C	D	166	A	B	C	D	186	A	B	C	D
107	A	B	C	D	127	A	B	C	D	147	A	B	C	D	167	A	B	C	D	187	A	B	C	D
108	A	B	C	D	128	A	B	C	D	148	A	B	C	D	168	A	B	C	D	188	A	B	C	D
109	A	B	C	D	129	A	B	C	D	149	A	B	C	D	169	A	B	C	D	189	A	B	C	D
110	A	B	C	D	130	A	B	C	D	150	A	B	C	D	170	A	B	C	D	190	A	B	C	D
111	A	B	C	D	131	A	B	C	D	151	A	B	C	D	171	A	B	C	D	101	A	B	C	D
112	A	B	C	D	132	A	B	C	D	152	A	B	C	D	172	A	B	C	D	192	A	B	C	D
113	A	B	C	D	133	A	B	C	D	153	A	B	C	D	173	A	B	C	D	193	A	B	C	D
114	A	B	C	D	134	A	B	C	D	154	A	B	C	D	174	A	B	C	D	194	A	B	C	D
115	A	B	C	D	135	A	B	C	D	155	A	B	C	D	175	A	B	C	D	195	A	B	C	D
116	A	B	C	D	136	A	B	C	D	156	A	B	C	D	176	A	B	C	D	196	A	B	C	D
117	A	B	C	D	137	A	B	C	D	157	A	B	C	D	177	A	B	C	D	197	A	B	C	D
118	A	B	C	D	138	A	B	C	D	158	A	B	C	D	178	A	B	C	D	198	A	B	C	D
119	A	B	C	D	139	A	B	C	D	159	A	B	C	D	179	A	B	C	D	199	A	B	C	D
120	A	B	C	D	140	A	B	C	D	160	A	B	C	D	180	A	B	C	D	200	A	B	C	D

맞은 문제개수: ____ / 54

자르는 선

해커스토익 Hackers.co.kr

Part 7 유형별 전략 무료 동영상강의 · 무료 매월 적중특강
무료 실시간 토익시험 정답확인/해설강의 · 온라인 실전모의고사 · 무료 매일 실전 문제

—

해커스인강 HackersIngang.com

본 교재 인강 · 무료 단어암기장 · 무료 단어암기 MP3

누적 수강건수 550만 선택

취업 강의 1위 해커스잡
공기업 취업의 모든 것 해커스공기업